KB002283

독일 해상법

1861년부터 2016년까지 법률(대역)과 그 해설

이 도서의 국립중앙도서관 출판예정도서목록(CIP)은 서지정보유통지원시스템 홈페이지(http://seoji.nl.go.kr)와 국가자료공동목록시스템(http://www.nl.go.kr/kolisnet)에서 이용하실 수 있습니다.(CIP제어번호: CIP2016018252)

독일 해상법

1861년부터 2016년까지 법률(대역)과 그 해설

채이식 저

세창출판사

머 리 말

독일 해상법을 한국에 소개하는 것을 이 책의 목표로 삼았다. 그 수단으로 독일 해상법을 대강이나마 먼저 소개하는 것을 시작으로 하여 독일 해상법 법전을 그 개정 과정과 함께 번역하여 놓았다. 필자는 이미 프랑스법, 스페인법, 이탈리아법, 일본법 및 중국법을 대상으로 동일한 작업을 한 바 있다. 이들은 장차 모두 해상법을 공부하고 연구하는 학생이나 학자들은 물론 해상법을 입법하는 입법자들에게 귀중한 자료로 사용될 것을 기대하고 제작되었다. 이러한 작업 중에 가장 어려운 것이 해당 언어를 익히는 것이고, 독자들이 쉽게 이해할 수 있도록 번역의 수준을 높이는 것이다. 특히 번역을 완벽하게 한다는 것은 새로이 저작을 하는 것보다 더욱 어려운 작업임을 잘 알고 있기에, 대역을 하여 놓음으로써 전문지식을 가진 후학들이 이를 비교하고 또 그 수준을 높일 것을 기대하며, 나의 능력 범위를 넘는다는 것을 잘 알면서 이 작업을 시작하였다.

독일 상법이 우리나라 상법에 많은 영향을 미쳤다는 것은 주지의 사실이다. 독일 상법 내에 포함되어 있는 독일 해상법도 우리 해상법에 많은 영향을 미쳤음은 물론이다. 그리하여, 비록 독일 해상법이 오늘날 세계적인 시각에서 볼 때에 많은 발전을 이룩한 국제적인 선도적 입법은 아니지만, 우리나라 해상법을 이해하려면 독일 해상법을 이해하지 않으면 안 된다. 독일 해상법은 일본 해상법을 통하여 우리 해상법에 영향을 미쳤다. 일본 해상법의 모태가 되었던 것은 프랑스 해상법과 독일 해상법이다. 현행 독일 해상법이 포함된 독일 상법은 1897년에 입법이 되어 1900년에 독일 민법과 함께 시행되기에 이르렀다. 우리 상법의 모태가 된 일본 상법은 1899년에 제정되어 많은 개정을 거쳐 현재까지 일본에서 그 형태를 유지하며 시행되고 있다. 그런데 1899년에 제정된 일본 상법은 1897년에 제정된 독일 상법이 아니라 1861년에 제정된 독일 상법을 기초로 제정되었다. 1861년 독일 상법은, 독일이 1870년에 실질적으로 독립 국가로 태어나기 이전에, 현재 독일 지역에 있던 작은 국가들이 연합하여 채택하였고, 이들이 각자 이를 국내법으로 채택하는 형식으로 실시되었다. 또 1861년 독일 상법은 아직 독일 전체에 통일적으로 적용될 독일 민법이 제정되기도 전에 제정되었다. 이러한 특이한 상황을 이해하지 않고서는 1861년 독일 상법을 이해할 수 없다. 물론 1897년에 제정된 독일 상법은 많은 부분을 1861년 독일 상법에서 가져왔고 그 과정에서 연방법의 형식을 벗어 버려야 했고 또 새로이 제정된 민법과의 조화도 고려하여야 했다. 이 1897년 독일 상법에 포함된 독일 해상법은 2013년까지 그 골격을 유지하며 시행되어 오다가 2013년에 대대적인 개정을 하여 새로운 형태의 해상법으로 태어났다. 그러나 현행 독일 해상법은 실질에 있어서는 2013년에 새로이 제정된 입법이지만, 형식은 1897년 상법의 개정이란 형식을 밟았기 때문에, 결국 현행 독일 해상법은 2013년에 개정된 1897년 독일 상법의 일부로 남게 되었다. 필자는 1897년 제정 당시부터 2013년 이전까지 그 개정, 추가 및 삭제도 전부 추적하여 이를 정리하여 놓았기에, 결국 독자가 1861년부터 2016년까지 독일 해상법이 변경된 것을 일목요연하게 볼 수 있게 하였다.

1861년부터 2016년까지 150년간 독일 해상법의 변경 사항을 모두 추적하는 것도 결코 쉬운 작업이 아니었다. 더욱이 비록 고등학교에서 독일어를 배우기 시작하여 대학과 대학원까지 독일어 공부가 이어졌지만 모두 그저 건성건성 지나간 것이라 이 책을 위하여 언어를 다시 익혀야 했는데, 그것도 쉬운 것이 아니었다. 의욕만 앞세워 방대한 작업을 하자니 자연 많은 주위 사람의 도움에 의지하지 않을 수 없었다. 다행히도 필자가 재직하던 고대 법대 및 법학전문대학원에 독일에서 공부한 많은 분들이 재직 중이라 이들의 지도와 협조에 기대어 짧은 시간 내에 본서를 완성할 수 있게 되었다. 나에게 독일 역사와 법률의 기초를 소개하고 여러 가지 자료를 제공하여 준 민법의 안법영 교수, 헌법적인 기초를 소개하여 주고 각종 자료를 제공하여 준 헌법의 차진아 교수, 해상법과 관련된 민사소송의 이해를 위해 자문과 자료를 제공하여 준 민사소송법의 김경욱 교수, 해상법의 법사학적 이해를 돕고 관련 자료를 제공하여 준 법철학 및 법사학의 윤재왕 교수 및 상법의 이해를 도와주고 자료를 제공하여 준 상법의 김정호 교수 및 안효질 교수 등이 모두 든든한 후원자였고, 의문이 나는 법률 용어가 있을 때마다 수시로 전화를 하였던 바로 옆방에 연구실이 있는 하경호 교수와, 이해가 되지 않는 독어 문장이 있을 때마다 전화와 문자로 문의를 하였고 인터넷으로 독일어를 영어로 번역하여 그 뜻을 찾아볼 수 있게 하여 준 독문학과 임환재 교수의 도움도 잊을 수가 없다. 특히 필자를 1년간 베를린 대학에 가서 공부할 수 있도록 주선하여 준 고대 법대 Bohn 교수 및 베를린대 법대 학장 Zinger 교수의 도움도 컸다. 그리고 독일 민법을 대역하여 놓은 양창수 교수 저 독일민법전, 박영사(2002)도 많은 참고가 되었다. 이들 모두의 도움과 지원에 진심으로 감사를 드린다.

마지막으로 어려운 환경 속에서 출판을 승낙하여 주신 세창출판사 이방원 사장님과 꼼꼼하게 조판과 교정을 하여 주신 임길남 상무님과 강윤경 대리님에게도 감사드리며, 인생의 선배로서 시종 학문의 길을 동행하며 격려와 후원을 하여 주시고 나아가 퇴직 후에는 공동으로 사무실을 마련하여 항상 같이 연구할 수 있게 된 고대 법대 김일수 명예교수님에게도 감사드리며, 마지막으로 변함없는 우정으로 나의 연구에 항상 든든한 후원자로 버팀목이 되어 주시고 이 책이 출판될 수 있도록 재정적인 지원을 하여 주신 해송법률문화재단 정유근 이사장님에게도 다시 한 번 진심으로 감사드린다.

2016년 6월 30일
여의도 은행로 3번지 일이초막에서
저 자 채이식

차 례

독일 해상법 해설

vi

Handelsgesetzbuch 1861

1861년 독일 상법

Handelsgesetzbuch 1897 [1897-2012]

1897년 독일 상법 [1897-2012]

x

Handelsgesetzbuch 1897; wie geändert in 2013

2013년 개정된 1897년 독일 상법

독일 해상법 해설

제1 독일 국가의 형성[1]

1) 우리가 일반적으로 상상하는 것과 달리 독일은 아주 최근에 성립한 국가이다. 현재와 같은 영토와 국민을 가진 국가로 실질상 토대를 마련한 것은 1871년이라고 말할 수 있다. 물론 그 이전에도 일정한 문화를 공유하는 사람들이 현재 독일을 구성하고 있는 지역에 자리 잡고 살고 있었다. 이 문화를 대표하는 것은 언어이다. 독일인이 누구인가라는 물음에 대해 "독일인이란 독일어를 사용하면서 명확하게 규정된 지정학적 영토 내에서 사는 사람들을 말한다."고 한다.[2] 그러나 언어는 시대에 따라 항상 변하는 것이고, 또 지역에 따라 여러 변형이 자연적으로 발생하는 것인지라, 언어를 기준으로 국가의 정통성을 가린다는 것은 쉬운 일이 아니다. 더욱이 오랫동안 독일에서는 글을 쓰는 일은 수도원 가톨릭 사제에 한정된 작업이었고, 이들은 라틴어가 우월하고 고귀한 언어라고 굳게 믿고 있었으며, 11세기 말이 되어서야 상인들이 업무를 수행하기 위해 독일어를 읽고 쓰는 법을 배우기 시작했고, 많은 사람들은 12세기까지 독일어는 문학작품에는 어울리지 않는 언어라고 생각했다는 것을 고려하면,[3] 언어로서 독일 민족을 정의하고 한정한다는 것이 그만큼 어렵고 부정확하다는 것을 의미한다. 독일인이 하나의 민족이라는 독특한 문화와 삶의 형태를 가지고 살았다고 주장하는 지역도 분명하지 않다. 지금도 유럽 중부 어디서 어디까지가 역사적, 민족적, 문화적인 의미에서 독일인이 살고 있고 독일 영토라고 보아야 하는지가 매우 불분명하다.

2) 이같이 영토적, 민족적, 문화적으로 그 정의와 특색이 불분명한 중에서도 오늘날 유럽 연합을 호령하는 대국으로 성장한 독일이라는 나라가 출현한 배경을 이해하려면 그 역사적인 생성 과정을 들여다보는 것이 가장 빨리 독일을

---

1) 필자가 독일 국가의 형성에 관한 역사적인 고찰을 할 지식을 갖추지 못한 것은 자명하지만, 단순히 독일 상법의 형성 과정을 이해하는 데 도움이 되는 범위 내에서 여기에서 이러한 설명을 도입하였다. 오류가 있다 하더라도 독자는 물론 역사학자들의 관용이 있기를 기대한다.
2) 마틴 키친 저/유정희 역, 케임브리지 독일사, 시공사(2001), 18면 참조.
3) 위의 책, 케임브리지 독일사, 30-31면 참조.

이해하는 방법이라고 생각한다. 로마가 대제국으로 천하를 호령할 때에, 오늘날 독일 지역은 원시림에 둘러싸여 문명의 혜택을 받지 못한 야만인이 사는 지역이었다. 로마가 멸망하고 지금의 유럽 지역에 힘의 공백 상태가 발생하자 이 야만인이 남쪽으로 넘어와 이주를 하고 나라를 건설하기 시작했으며, 그중 하나인 프랑크 왕국이 유럽 전체를 아우르는 대국으로 발전했다. 이 프랑크 왕국이 왕자들에 의한 분할 상속과 세대를 이어가면서 정권 교체를 통해 오늘날 독일 지역을 통치하는 '신성로마제국'으로 발전하였다. 이 신성로마제국이 오늘날의 독일의 모태라고 할 수 있다.[4] 신성로마제국은 로마제국을 계승한 제국임을 자처하였고, 가톨릭을 신봉하고 로마 교황과 종교적, 정치적으로 밀접한 관련을 맺고 있었다. 신성로마제국이 오랫동안 오늘날 독일 지역을 지배한 것은 사실이고, 또 독일 지역이 동 제국의 중요한 영토인지라 15세기 말부터는 "독일국민의 신성로마제국"이라는 표현도 공식문서에 사용하였지만,[5] 다른 한편 신성로마제국은 그 이외에도 오늘날 북부 이탈리아는 물론 헝가리, 오스트리아, 체코, 슬로바키아 및 루마니아 지역을 지배하고 있었고, 신성로마제국은 독일어를 사용하는 독일인을 본류로 삼아 성립한 국가가 아니었기에, 사실 정체성이라는 관점에서 볼 때에는, 신성로마제국이 오늘날 독일의 뿌리라고 주장하는 데에는 한계가 있다.[6] 최근에도 어느 독일 역사학자는 "독일사는 과연

---

4) 가쿠치 요시오 저/이경덕 역, 신성로마제국, 다른세상(2003), 199-200면; 프랑스는 신성로마제국과 달리 왕권이 크게 신장하였다. 그러나 프랑스 왕은 왕 이상은 될 수 없었다. 이와 달리 독일 왕은 황제라는 칭호를 사용했다. 황제는 여러 왕들의 위에 있는 왕이며 따라서 프랑스 왕은 그 호칭에 있어서는 독일 황제의 아래에 있었다. 역대 프랑스 왕은 아무도 스스로 황제라고 칭하지 않았다. "짐이 국가다."라고 선언했던 태양왕 루이14세조차도 프랑스 황제라고 칭하는 일탈을 범하지는 않았다. 당시 유럽 사람들이 보기에는 황제의 자리는 그 빛나던 고대제국이 남긴 인류 공통의 세계 문화유산과 같은 것이었다. 이러한 고정 관념을 넘어 19세기에 와서 나폴레옹이 비로소 스스로를 황제라고 호칭했다. 나폴레옹은 "황제라면 로마황제와 카를대제와 같은 정통성을 가져야 한다."라는 중세적인 황제 이념의 주술에서 유럽을 해방시켰다. 이에 영감을 얻어 곧이어 오스트리아 왕도 자기 영토만을 가지고 스스로 황제로 호칭하고 이에 뒤질세라 프로이센 왕, 러시아왕도 황제라고 자칭하였다.

5) 가쿠치 요시오 저/이경덕 역, 신성로마제국, 다른세상(2003), 211면.

6) 조규창, 독일법사(상), 고대출판부(2010), 186면; 서프랑크왕국과 분리된 동프랑크왕국은 동프랑크 또는 프랑크왕국이라는 국호를 사용하였으며, 경우에 따라 독일왕국으로 부르기도 했다. 그러나 Konrad 2세(1024년-1039년) 이래 로마제국이라는 명칭이 사용되었고, Friedrich 1세(1152년-1190년) 하에서는 신성제국이라 하였으며, 그 후에는 국호를 신성로마제국으로 결정하여 사용하였으며, 일부 문헌에는 신성로마제국독일국가라는 국호가 사용되기도 했다.

존재하는가?'라는 질문을 던졌다고 하는데 이는 이같은 정체성의 혼란에서 연유한 것이라고 생각된다.

　3) 이 신성로마제국은 거의 독립적인 지위를 누리는 여러 분방국으로 구성된 연합체의 성격을 띤 제국이었고, 그 우두머리로 황제는 있었지만 이 황제는 분방국이 선거에 의하여 정하는 것이 원칙이었고,[7] 제국을 다스리는 수도의 개념도 없었다. 이 제국은 독자적인 강력한 중안집권적인 행정적, 군사적[8] 조직을 갖추지 못하였고, 제국에 소속된 분방국 중에서 어느 한 강력한 분방국이 운영을 책임지는 구조였다. 즉, 영국과 프랑스의 국왕이 중앙집권적인 통치체제를 확립하여 지방의 봉신을 철저히 조정하였음에 반하여, 신성로마제국의 황제는 봉신에 대한 통제능력을 상실함으로써 지방 제후 세력의 강화를 가져왔다.[9] 그리고 통치 이념으로도 로마를 계승하고 가톨릭을 수호한다는 것[10] 이외에 국가로서 혹은 제국으로 강력한 민족적 혹은 경제적인 결집 요소가 미약했었다.[11] 1517년 마르틴 루터를 선봉으로 하는 가톨릭에 대항하는 종교 개혁이 오늘날 독일 지역을 중심으로 이루어졌고, 이 개신교도들이 강력한 정치적인 세력으로 성장하고, 독일어를 자기의 언어로 여기기 시작하자, 가톨릭을 신봉하고 라틴어를 사용하는 신성로마제국은 근본부터 무너지기 시작하였다. 17세기 초에는 사실상 독립된 국가인 수백 개의 작은 분방국으로 나누어지게 되었고, 분방국은 아주 큰 나라에서부터 아주 작은 나라까지 그 규모에 있어 전혀

---

　7) 조규창, 독일법사(상), 고대출판부(2010), 191면; 황제를 선출하는 방식은 1356년 금인칙서에 의하여 확정되었다. 선제후단에 의하여 제국의 황제로 선출된 독일국왕은 로마에서 교황의 대관세례의식을 통해 제국황제로 즉위하여 제권의 장악과 동시에 제국황제의 칭호를 보유했다.
　8) 조규창, 독일법사(상), 고대출판부(2010), 193면; 황제가 제국 군대를 동원하려면 그의 봉신인 제국제후에게 출병을 명하고 그 봉신은 다시 하급봉신에게 출동을 명하는 방식으로 군대를 동원할 수 있을 뿐이지 황제가 직접 제국군대를 동원할 수는 없었다.
　9) 조규창, 독일법사(상), 고대출판부(2010), 193면.
　10) 이는 황제와 교황이 끊임없이 정치적, 경제적인 주도권을 둘러싸고 투쟁하는 결과를 가져왔다.
　11) 가쿠치 요시오 저/이경덕 역, 신성로마제국, 다른세상(2003), 14면 및 16면; 18세기 계몽사상가 볼테르는 "신성로마제국은 신성하지도 않고 로마와도 관계가 없으며 이미 제국이 아니다"라고 신성로마제국을 조롱했다고 한다. 필자의 견해에 의하면 이는 지나친 비하이고 현실을 정확하게 반영한 언급은 아니라고 생각된다; 원 파우스트에는 "사랑하는 신성로마제국이여, 어떻게 해서 지금까지 존립할 수 있었는가"라는 구절이 있었다고 한다. 이는 모두 신성로마제국에 있어서 근대적 의미의 국가로 그 정체성을 찾기에 어려움을 표현한 것이라고 생각된다.

정형성이 결여되어 있었다.[12] 여러 나라 중에서 가장 규모가 큰 나라가 남쪽에 있는 오스트리아이었고, 오스트리아가 수백 년간 황제를 배출하고 제국의 주도권을 행사했었다. 나폴레옹이 유럽을 점령하여 사실상 신성로마제국이 소멸한 다음인[13] 1806년 7월 12일에 16명의 독일 영주들이 신성로마제국으로부터의 탈퇴를 선언하고 나폴레옹의 보호를 받는 "라인동맹"을 창설하였다. 이는 1천여 년에 걸쳐 존재했던 신성로마제국의 임종을 의미했다.[14] 그 후 나폴레옹이 패망하여 권력의 공백이 생기자,[15] 그 뒤처리를 위한 빈 외교회의에서 통일독일의 창설이 논의되기에 이르렀다. 그러나 엘바 섬을 탈출한 나폴레옹이 복귀하자 독일에 있어 국가 형태에 대한 협상을 재빠르게 결정해야 할 상황이 만들어졌고, 이를 이용하여 독립되어 있던 분방국 영주들은 연합국에 군사적인 지원을 제공하는 대가로 완전한 자치적인 통치권을 보장받으려고 했다. 그 결과 영주권을 제한하고 중앙집권적인 국가를 건설하려는 오스트리아와 프로이센의 시도는 이를 포기해야만 했다. 빈 외교회의의 결실로서 독일연방의 구성에 관해 채택된 1815년 6월 8일 독일연방약관(Deutche Bundesakte)은 결국 이러한 상황을 반영하는 것으로 만족해야 했다.[16] 이 독일연방은 37명의 세습군(영)주와 4개 자유도시로 구성되어 있었다. 독일연방을 주도하는 오스트리아와 프로이센은 이전에 신성로마제국에 속해 있던 영토와 국민을 가지고 여기에 참여했다. 이 독일연방약관을 통하여 구성원의 독립성과 불가침성이 선언되고,

---

12) 이 작은 나라들은 근대적인 의미의 국가가 아니라 봉건 영주가 세습적으로 개인 재산과 같이 해당 지역을 통치하였다. 그리하여 근대 연방을 창설하는 과정에 소속 국가 헌법을 가져야 하는 것이 항상 강조되었고 이를 부정하고 이에 저항하는 움직임이 횡횡했다.

13) 발터 슈미트 등 저/강대석 역, 독일근대사, 한길사(1994), 99면; 프로이센은 1805년 12월 15일 나폴레옹의 요구조건을 수용하여 쉰브룬 조약을 체결하였고, 오스트리아는 1805년 12월 26일 나폴레옹에 굴복하여 프레스부르크에서 평화협정을 맺고 남부 독일, 스위스, 이탈리아에서 그 근거를 모두 상실하였으며, 이 조약은 결국 독일의 지역들이 나폴레옹과 동맹관계에 들어서고 신성로마제국의 종말을 의미하는 라인동맹의 효시가 되었다.

14) 발터 슈미트 등 저/강대석 역, 독일근대사, 한길사(1994), 100면; 가쿠치 요시오 저/이경덕 역, 신성로마제국, 다른세상(2003), 14면; 신성로마제국의 마지막 황제였던 프란츠 2세는 1806년 8월 6일 빈 궁전 내에서 "짐은 여러 사정을 고려하여 제국을 해산하고 짐 스스로 황제의 관을 벗기로 결정했다"라고 선언했다고 한다.

15) 발터 슈미트 등 저/강대석 역, 독일근대사, 한길사(1994), 210면; 1814년 파리 평화조약은 프랑스에게 대단히 유리하여 부르봉 왕가가 복귀하는 것을 전제로 전쟁배상금도 없이 나폴레옹 집권 이전 국경선을 회복하였다.

16) 발터 슈미트 등 저/강대석 역, 독일근대사, 한길사(1994), 216면 참조.

연방의 권한을 최소한의 영역에 국한시켰으며, 그 결과 회원들은 외교권을 가졌고 회원국들 사이에는 관세장벽이 그대로 남아 있었다. 유일한 연방기구로 사실상 오스트리아가 이끄는 연방의회가 오늘날 독일 프랑크 푸르트에 개설되었고, 이를 제외하면 독일연방은 국가로는 오로지 서류상으로만 존재했다고 할 수 있다.[17]

4) 군주제를 폐지하고 공화정을 수립한 1848년 프랑스 혁명의 영향을 받아 독일연방을 주도하는 오스트리아와 프로이센은 물론 많은 독일연방 회원국들이 민주화를 향한 거센 내부적 저항에 부딪히게 되었다. 특히 1848년 3월에 있었던 오스트리아의 수도인 빈의 민중항쟁 및 프로이센의 수도인 베를린에서 있었던 민중혁명은 독일이 시민적인 통일국가로 태어날 길을 열었다고 할 수 있고,[18] 결국 프로이센과 오스트리아는 독일연방의 개혁을 위한 군주회의의 개최에 동의할 수밖에 없게 되었다. 이러한 민주화, 자주화의 물결은 회원국 국경을 넘어 일체감을 형성하고 통일된 독일 국가를 구성하려는 움직임으로 번졌고, 미합중국과 유사한 독일연방을 꿈꾸며 행정부서를 구성하려고까지 노력하였다. 다른 한편 군소 독일 영주들은 가령 통일이 된다 하더라도 오스트리아나 프로이센에 의해 주도되는 통일 국가가 출현될 것이고 그 결과 자기들의 입지와 권력이 축소되는 것을 우려하여 이에 강력히 저항하였다. 결국에는 독일연방은 국가로서 군사적, 재정적으로 독립된 실체를 갖추지 못하였고, 또 각국으로부터 승인도 받지 못하였다.[19] 이러한 운동을 주도한 남부에 있는 오스트리아를 지배하고 있던 합스부르크가는 독일인 640만 명 이외에도, 인근 지역에 거주하는 슬라브인 1480만 명, 헝가리인 530만 명, 이탈리아인 450만 명 및 루마니아인 150만 명을 지배하고 있었기에 이들을 모두 포함하는, 독일어나 독일 문화와 상관없는, 신성로마제국의 후신인 독일연맹, 이른바 '대독일주의'를 구상하고 있었다. 이러한 흐름에 반대하여 독일어를 사용하고 독일 문화를 공유하는 지역에 한하여 근대 국가를 창설하려는 운동이 북부 지역의 강국

---

17) 발터 슈미트 등 저/강대석 역, 독일근대사, 한길사(1994), 227면 참조.
18) 발터 슈미트 등 저/강대석 역, 독일근대사, 한길사(1994), 485면.
19) 위의 책, 케임브리지 독일사, 211-212면 참조.

으로 개신교도가 압도적으로 많은 프로이센을 중심으로 진행되었다.[20] 이를
'소독일주의'라고 한다. 1818년 프로이센 정부에 의하여 시작된 관세동맹에 의
하여 북부에 있는 여러 나라들부터 시작하여 점차 경제적인 통합이 이루어졌
다. 소독일주의는 유럽 대륙에서 거대한 군사적 강국의 출현을 바라지 않는 영
국, 프랑스 등 주변 국가의 지지를 받았다. 그러나 종래 수백 년간 신성로마제
국이라는 틀 속에서 이 지방을 호령하여 온 오스트리아의 합스부르크가의 입
장에서 볼 때에는, 불과 640만 독일인을 가지고 독일연방에 참여해 보아야 연
방의 소국으로 전락할 수밖에 없었고, 이는 그때까지 행사하여 오던 주도권의
상실을 의미하는 것이라, 이를 도저히 받아들일 수 없었다.[21]

5) 최후의 승자는 전쟁에 의하여 결정되었고, 비스마르크가 추진한 철혈정책
이 결실을 보아 결국 프로이센이 승자로 등장했다. 오스트리아에 대한 프로이
센의 승리는 비스마르크에 의해 통일 독일을 건설하는 절호의 기회를 제공했
다. 프로이센의 왕가가 신생 국가를 지배하는 것을 전제로 하여 1866년 8월에
북부 독일 22개 영주국이 먼저 북부 독일연방을 창설하였고, 1867년 2월에는
보통선거에 의한 연방의회를 구성하고 동년 4월 북부 독일연방의 헌법을 채택
하였다. 프로이센이 주도하는 북부 독일연방은 남부 독일 여러 분봉국들과 개
별적인 보호조약과 관세동맹으로 그 흡수를 꾀했다. 1871년에 프로이센과 프
랑스의 전쟁이 프로이센의 승리로 끝나자 이제 독일 통일을 주도할 승자가 분
명해졌다. 남부 독일 분봉국들이 북부 독일연방에 가입하는 형식으로 독일 통
일이 이루어졌다.[22] 드디어 1871년에 와서는 독일어를 사용하는 현재 독일 영
토 내 여러 영주들이 결합하여 독일연방을 구성하여 공식적으로 독립된 국가
가 선포되었다. 여기에서 오스트리아는 독일어 사용 지역마저 독일연방으로부
터 완전히 배제되었다. 비록 종래 신성로마제국에 비해 신생 독일연맹이 지배
하는 지역은 많이 축소되었지만, 종래 오스트리아 황제를 대신하여 이제 프로

---

20) 프로이센도 현재 독일 외부 폴란드 지역에 많은 영토와 신민을 가지고 있었다.
21) 위의 책, 케임브리지 독일사, 220면; 1851년 드레스덴에서 열린 장관회의에서 프로이센은 오스
    트리아와 동등한 대접을 받지는 못했으나 합스부르크 제국 전체를 독일 연방에 포함시킴으로
    써 독보적인 위치를 점하려는 오스트리아의 시도를 좌절시켰다.
22) 발터 슈미트 등 저/강대석 역, 독일근대사, 한길사(1994), 835면.

이센 왕 빌헬름 1세가 제국의 황제로 선포되었다. 그리하여 1871년은 오늘날 독일이 근대적 의미의 국가로 다시 태어나는 해라고 할 수 있다. 다만, 비록 최후로 무력에 의해 결판이 났지만, 이로 인하여 바로 우리나라와 같은 단일 국가가 탄생했던 것은 아니었다. 종래 신성로마제국 하에서, 오스트리아가 제국을 지배하고는 있었지만, 소속 분방국이 사실상 국가로 독립적으로 군대를 보유하고 세금을 징수하여[23] 상당한 독자성을 가졌고, 황제도 이들이 선출하는 형식을 취하였는데, 1871년에 독일연방이 선포된 후에도, 이제 제국을 오스트리아 황제 대신에 프로이센 황제가 다스리게 되었지만, 통치 방식은 종래 오스트리아의 지배하에 있던 신성로마제국의 제도를 완전히 버리지 못하고 황제를 추대하는 형식을 취하였다. 이러한 전통은 지금까지도 독일 정부에 남아 있어 현재 독일 정부도 정치적, 경제적 및 문화적으로 강력한 지방 분권이 행해지고 있다.

제2 독일 해상법의 배경과 형성

1) 오늘날 독일법의 뿌리는 게르만법에서 찾을 수 있다. 게르만법이란 로마법과 대비되는 독일 고유 법제도를 의미한다.[24] 게르만법은 기원전 1세기경 서(西) 게르만족이 발전시킨 법 제도로서 로마법과 대비하여 법리와 내용은 물론 그 대상과 형식을 달리한다.[25] 게르만법은 9세기 말경 프랑크제국이 동서로 분할됨과 동시에 게르만–프랑스법과 게르만–독일법으로 분리되었고, 고유한 의미의 독일법은 10세기경부터 신성로마제국의 법으로 독자적인 발전을 시작하였다.[26] 신성로마제국은 강력한 중앙집권적인 국가로서 통치제도를 확립하지 못하였고, 여러 봉건 영주가 절대적인 지배권을 행사하는 무수한 분방국으로 나누어져 있었기 때문에, 제국에 시행될 독자적인 입법 활동은 제한되어 있

---

23) 그 일부를 황제에게 납부하는 방식으로 징세가 이루어졌다.
24) 조규창, 독일법사(상), 고대출판부(2010), 38면.
25) 현승종 · 조규창, 게르만법, 박영사(1988 증보판), 3면.
26) 현승종 · 조규창, 게르만법, 박영사(1988 증보판), 4-5면.

었다. 그리고 국가 명칭이 말하여 주듯이, 로마 교황의 축복을 받은 신성한 국가이고 로마 제국을 승계한 제국이라고 스스로 자부하고 있었기에, 15세기부터 로마법을 포괄적으로 계수하여 사용하게 되었다. 독일의 로마법 수용은 법전을 통한 계수가 아니라 법률가의 재판실무를 통하여 장시일에 걸쳐 관습적으로 전파된 사법적인 계수였다. 제국과 분방국의 상급법원의 재판관이 로마법을 공부한 법률가로서 상소사건에 로마법을 적용함으로써 로마법 계수에 문호를 개방하였다. 분방과 도시의 법률에 있어서 로마법은 고유법이 없을 때에 보충적으로 적용되게 되어 있었으나, 고유법의 내용과 효력을 확인할 수 없다는 이유로 로마법을 적용하자, 차츰 시간이 흐름에 따라 로마법이 제국의 보통법으로 격상되는 결과를 가져왔다. 특히 1495년 제국법원은 이러한 사안에서 로마법에 따라 판결할 것을 지시하여 로마법의 계수가 전면적으로 이루어지게 되었다.[27] 그 이후에도 분방국에 적용될 법 또는 도시에 적용될 법으로 게르만법이 관습법으로 남아 있었지만, 제국법원이 사실상 로마법을 우선하여 적용하였고 그 결과로 로마법이 성문법으로 제국 전체를 아우르는 일반법으로 자리를 잡게 되었다. 영국은 로마법의 침투를 저지하여 게르만법을 기초로 역사적 단절 없이 독자적인 법문화를 이룩했으며, 프랑스도 또한 법원의 판례나 관습법에 저촉되지 않는 범위 내에서 로마법을 채용하는 선택적인 계수를 통해 고유법의 로마법화를 저지할 수 있었음에 반하여, 독일은 오랜 재판 관행을 통하여 아무런 저항 없이 로마법을 포괄적으로 수용함으로써 로마법이 고유한 게르만법을 완전히 대체하는 결과를 낳았다. 오늘날 독일의 모태라고 할 수 있는 신성로마제국이 로마법을 제국의 보통법으로 적용한 결과로, 독일이 역사적으로는 전통적 고유의 법 제도와 단절되었다고 할 수 있지만, 이는 자기 상실이 아니라 자기완성이라는 역사적 발전 과정이라고 이해하여야 하고, 또 이는 단순한 로마법 규정의 원용이 아니라 역사적인 발전 현상으로 독일 고유의 법제도의 합리화 과정으로 이해하기도 한다.[28] 독일에서 로마법 계수의 사상적 근거는 '제권이양사상'이다. 제권이양사상이란 고대 로마황제의 권리가 신성로마제국의 황제에게 이양되었으며, 따라서 로마법은 독일황제의 조상

---

27) 조규창, 독일법사(상), 고대출판부(2010), 658면.
28) 현승종·조규창, 게르만법, 박영사(1988 증보판), 96-97면 및 119면.

이 제정한 법률이므로 로마법은 외국법이 아니라 독일황제의 법이라는 이론이
다.[29]

 2) 로마법 관용시대에 있어서 상법은 민법과 자연법의 구성 부분이지 독자적
인 법 분야로 취급되지 않았다. 따라서 학문적으로 상법은 민법의 주석서나 자
연법의 해설서에서 이를 다루었고 독자적인 법 분야로 분화, 독립되어 있지 않
았다. 영주의 지배하에 장원 내에서 자급자족을 원칙으로 하고, 극히 예외적으
로 교환경제가 형성되었기 때문에, 이는 극히 자연스러운 현상이라고 할 수 있
다. 17세기를 전후하여 이탈리아에서 발전한 상법의 이론적인 기초가 독일에
소개되고 독일에서도 많은 상법 문헌이 간행되었지만, 이는 모두 독일의 법학
이나 재판실무를 기초로 한 것이 아니라 로마법이나 프랑스법을 기초로 한 것
이었다. 그리하여 민법이 로마법의 영향을 받은 것과 달리 상법은 게르만 고유
법을 기초로 형성·발전하였다거나, 혹은 독일 상법이 순전히 재판실무를 통
하여 독자적인 법체계를 구성하게 되었다는 것은 신뢰할 만한 주장이 되지 못
한다. 상법은 지역적으로 사정이 달라 남부 유럽에서는 로마법적인 제정법을
중심으로 발달하였음에 반하여, 북부 유럽에서는 상인 단체가 주도하여 도시
를 중심으로 상법이 발달하였다.[30] 북부 유럽의 경우, 로마법에는 별로 알려지
지 아니했던 상법은 불문법의 형태로 게르만 고유법의 형태를 유지하고 있었
고, 특히 제국법원의 영향이 적게 미친 한자도시 및 북부 독일에서 독일 고유의
보통법권을 형성하고 있었다.[31]
 신성로마제국의 입법권은 제국황제와 제국의회가 행사했다. 제국의회는 결
의사항을 폐회 시에 제국최종결정으로 요약했으며 이 최종결정은 제국에 일반
적으로 적용되는 제국법의 효력이 있었다. 그러나 제국의회는 특별법의 제정
에만 관여하고 독일제국에 일반적으로 적용되는 통일법의 제정이나 제국의 법
적인 통일을 시도하지는 않았다.[32] 제국에 속하는 분방국은 정치적으로는 분

29) 조규창, 독일법사(상), 고대출판부(2010), 652면.
30) 조규창, 독일법사(상), 고대출판부(2010), 737-741면.
31) 현승종 · 조규창, 게르만법, 박영사(1988년 증보판), 115면.
32) 조규창, 독일법사(상), 고대출판부(2010), 709면.

리되고 때로는 이해관계가 상충하여 서로가 무력으로 승패를 가렸지만, 다른 한편 분방국 사이에는 활발한 거래가 있었고 교통의 발전과 더불어 산업화가 진행되면 될수록 공통의 이익을 위한 질서의 확립이 필요하게 되었다. 이를 위해 처음 나타난 것이 상거래를 규제의 대상으로 삼는 제국경찰령이다. 1548년과 1577년에 개정된 제국경찰령은 불공정계약, 폭리행위, 상품매매, 파산, 독점, 수공업자에 관한 규정을 포함하고 있었다.[33] 그러나 이 당시에는 아직 상거래를 하는 당사자 사이의 권리와 의무를 입법적으로 규제하기 위한 사법을 도입한다는 것은 생각하지 못하였다. 당시에는 제국을 아우르는 효율적인 재판제도와 이를 시행할 효과적인 집행 제도가 없었기 때문에, 공통적으로 적용될 사법을 도입할 필요성을 느끼지 못하였겠지만, 무엇보다도 제국이 전체적으로 관심을 가져 사법적인 규제를 생각할 만큼 상거래의 규모가 크지 않았다.

거래에 있어서 당사자 사이의 권리와 의무를 규제하기 위한 사법, 즉 초기 상사법은 분방국에 의해 분방국 내에서 적용될 특별법의 형태로 먼저 나타났다. 그 시작은 도시 분방국에서 이루어졌다. 도시 분방국은 상업이 국가의 가장 중요한 산업이며 경우에 따라서는 상업을 위해 창설된 국가이다. 도시법은 대부분 궁극적으로 도시 그 자체의 창설과 운영을 목적으로 하는 것이었지만, 많은 경우 도시법 내에 도시로 보아 가장 중요한 활동인 상거래에 관한 규정을 담고 있었다.[34] 그 예로서 1603년에 제정된 함부르크 도시법은 상인의 청구권, 상업장부, 상사회사, 상인파산, 어음법은 물론 해상법을 그 내용으로 담고 있었다. 종래에는 입법자는 새로운 법의 창설자가 아니라 기존 질서의 보충자일 뿐이라는 사상이 지배하였으나, 18세기 중엽에 이르러 자연법론자의 이념에 기초하여 모든 법 규범을 성문의 법전 형식으로 작성할 것을 입법자에게 촉구하였고, 계몽군주는 절대주의라는 신념하에 국가의 포괄적인 법적 안정성의 확보와 법적 평등을 보장하려는 절대군주의 소망이 국가통일에 관한 의식과 결합하여 기존의 로마-게르만법을 축출하는 형태로 하여 자신의 영토에 적용될 법전의 편찬 작업에 착수하였다. 1756년 바이에른 민법전, 1794년 프로이센 일반

---

33) 조규창, 독일법사(상), 고대출판부(2010), 740면.
34) 채이식 편역, 스페인 해상법, 고려대학교출판부(2008), 5면; 1737년 빌바오 상사칙령 참조.

분방법 등이 그 예이다.[35] 장차 독일 통일을 주도할 프로이센도 1794년에 프로이센에 적용될 모든 법을 포괄적으로 담은 프로이센 일반분방법을 제정하면서[36] 거기에 상인의 정의, 상사대리, 점원, 도제, 상업장부와 상사회사, 어음, 도선업 및 보험에 관한 규정을 담고 있었다.

3) 독일은 통일을 이룬 19세기에 들어와서 국가적으로 독자적인 법 제도를 발전시켰다. 19세기 초 독일법의 발전에 절대적인 영향을 미친 국가의 법은 프랑스 법이다. 나폴레옹이 패배하여 프랑스로 돌아간 후에도 당시 최신 법률 제도인 프랑스 법률은 선진 법률로서 독일 법률에 많은 영향을 끼쳤다.[37] 로마법과 게르만법의 역사적인 배경과 프랑스 혁명사상인 시민의 자유와 평등이 이념적인 기초를 이룬 프랑스의 「나폴레옹 민법전」은 가장 성공적인 민법전으로 나폴레옹의 패망과 상관없이 인접한 벨기에, 네덜란드 및 일부 독일 분방국에서 수용되었고, 이를 넘어 이탈리아, 러시아는 물론 일본을 위시한 아시아 제국, 대서양을 넘어 남미 제국에 지대한 영향을 미쳤다. 일부 독일 분방국에서는 분방법으로 민법과 함께 프랑스 상법까지도 채용하였다.[38] 독일의 산업혁명은 영국 및 프랑스와 달리 교통 및 통신에서 눈부신 발전을 이루어 냈다.[39] 관세동맹 하에서 분방국 국경을 넘는 상거래가 증가하자 자연 제국 전체에 적용될 상거래에 관한 법을 도입할 필요가 있다는 인식에 공감이 생겼고, 이를 위해 부득이 그 효율성의 면에서는 불구에 지나지 않고 권익의 보호를 위한 방패막이에 지나지 않았던 신성로마제국의 입법을 찾게 되었다. 이러한 필요는 오래전부터 이미 예견되었던 것으로, 연방헌법 제4조는 연방 전체에 필요한 상거래에 관한 법률의 제정에 관해 규정하고 있다. 크림 전쟁 직후에는 오스트리아나 프로이센 같은 강대국을 제외한 중간 규모의 국가들이 독일연방 내에서 주도권

---

35) 조규창, 독일법사(상), 고대출판부(2010), 817-819면 참조.
36) 1794년 프로이센 일반분방법은 19,194조에 달하는 방대한 법전으로 민법과 상법은 물론 형법과 행정법을 모두 포괄하고 있다.
37) 마틴 키친 저/유정희 역, 케임브리지 독일사, 시공사(2001), 176면 참조; 나폴레옹은 독일에 나폴레옹 법전과 근대적인 헌법을 도입하면 독일인들의 전폭적인 지지를 얻을 수 있으리라고 확신하고 있었다.
38) 조규창, 독일법사(상), 고대출판부(2010), 843면 참조.
39) 박래식, 이야기 독일사, 청아출판사(2006), 170면.

을 잡고 여러 가지 법안을 제출하였다. 이 중 많은 나라들은 1806년 나폴레옹의 치하에서 신성로마제국을 탈퇴하고 프랑스 황제의 보호 아래 라인동맹[40]을 체결한 분방국인 점을 상기하면, 비록 그 동맹이 독자적인 정체성과 깊은 애국심을 바탕으로 하는 제3의 독일국가는 아니라 할지라도, 프랑스법이 이들 분방국의 법적 사고에 많은 영향을 미쳤을 것은 의심할 여지가 없다. 이러한 노력의 일환으로 독일 최초로 1861년에 독일상법이 제정되었다.[41] 상법이라는 개념 자체가 1807년 나폴레옹 상법전의 편찬을 통하여 처음으로 세상에 선보였다. 일반법인 민법이 있고 상인과 상거래에 적용될 특별법인 상법이 있었으며, 상법에 포함될 내용도 개념적, 논리적 기초 위에 구성된 것이 아니라 다분히 현실적, 자의적 선택에 의해 정해졌다. 당시 상거래란 하층 천민들이 종사하는 소규모 거래에 불과했었고 국가가 관심을 가졌던 상거래는 해외 무역에 불과했었기에, 새로이 제정된 나폴레옹 상법전에도 해상법이 가장 중요한 내용으로 자리를 잡고 있었다. 아직 독일민법이 제정되기 이전이라 독일에서 그 특별법인 상법을 제정할 토대는 마련되어 있지 않았지만, 1807년 나폴레옹 상법을 교범으로 삼아 1861년 독일상법을 제정하기에 이르렀고, 그 내용도 나폴레옹 상법과 마찬가지로 해상법에 관한 규정에 가장 많은 부분을 할애했다. 그리하여 1861년 상법 조문 911개 중 과반이 넘는 479조가 해상에 관한 규정이었다. 1851년 프로이센 상법 초안을 기초로 연방의회가 창설한 국민회의가 1861년 독일상법안을 의결하였으나 독일연방은 그 한정된 입법권 때문에 이를 연방 전체에 효력을 갖는 입법으로 삼지 못하고, 대신 1861년 3월 31일에 모든 분방국에서 이를 조속히 인준하여 법적인 효력을 부여할 것을 내용으로 하는 결의안을 채택하였다. 1868년 말에 오스트리아를 포함한 모든 분방국에서 이 1861년 독일상법안을 승인함으로써 결국 1869년 1월 제국 내에서 사실상 동법이 시행되게 되었다.[42]

---

40) 조규창, 독일법사(하), 고대출판부(2010), 20면; 라인동맹이 의회를 구성하려고 하였으나 실천되지 않았으며, 라인동맹의 가입국은 대대적으로 독립한 통일국가를 의미하지는 않는다.
41) 마틴 키친 저/유정희 역, 케임브리지 독일사, 시공사(2001), 220면 참조.
42) 조규창, 독일법사(하), 고대출판부(2010), 114면.

4) 위에서 본 바와 같이 1871년에 프로이센 주도 하에 독일은 종래 분방국 연합체와 같은 제국의 형태를 벗어나 단일 국가로 다시 탄생하였고, 그 직접적인 결과로 1871년에 새로운 헌법이 채택되었다. 원칙적으로 새로운 헌법 하에서 새로운 상법이 제정되고 그 효과로 헌법에 따라 법적인 효력을 갖게 되어야 하겠지만, 독일에서 있어서는 상법의 경우 그 예외로서, 그 이전에 독일연방에 의하여 채택되어 사실상 독일제국에서 이미 시행되고 있었던 1861년 독일상법을 이러한 적법 절차를 거치지 아니하고 바로 새로운 헌법 하에서 일반적 효력을 갖는 법률로 인정하여 수계하였다. 그 이전에도 이미 독일에서 전국적으로 시행되고 있었기 때문에, 이러한 조치는 실질적 의미에 있어서는 별로 영향이 없다 하더라도 형식적인 면에서 완전하다고 할 수 없었고 그 결과 내용에도 미세한 조정이 필요했었다. 특히 1861년 독일상법은 독립된 분방국이 있고 이들의 개별적인 채택을 전제로 하는 많은 조문이 있었기에 이러한 모순은 피할 수 없었다. 그리고 1861년 독일상법의 모델인 나폴레옹 상법전은 사법으로 기본법인 민법이 있고 특별법으로 상법이 제정된 것인 데 반하여, 1861년 독일상법은 민법이 제정되기 이전에 상법만 독립하여 제정된 것이기에 논리와 해석에 모순과 한계가 있을 수밖에 없었다. 독일민법은 1873년부터 제정을 위한 초안 작성이 시작되었고, 오랜 기간이 소요되어 1896년에 와서 비로소 공포되었다. 그러나 이와 병행하여 그 초안을 전제로 새로이 상법도 초안이 마련되어 독일민법이 공포된 다음 바로 이어서 1897년에 독일상법이 제정되기에 이르렀다. 헌법적인 기초 위에서 그 적법 절차를 거치고 직접적으로 법적인 효력을 갖는 법률로서, 사법의 태두리 내에서 일반법인 민법의 존재를 전제로 상거래에 적용되는 특별법으로 완전한 형식을 갖추고 제정된 최초의 독일 상법이 1897년 독일상법이다. 1897년 독일상법은 그 형식에 있어 완전성을 갖춘 새로운 입법이었지만, 그 내용에 있어서는 종래에 있었던 1861년 독일상법을 많은 부분에서 그대로 답습하고 있었다. 따라서 1897년 독일상법을 이해하려면 1861년 독일상법을 이해하지 않으면 아니 되며, 본서에서도 비록 역사적인 의미밖에 없다고 볼 수도 있지만 이를 간과할 수 없어, 1861년 독일상법의 번역을 시도하였다. 우리 상법의 관점에서 이 두 법률이 관심의 대상이 되는 것은, 이 두 법률이 일본 상법에 끼친 영향 때문이다. 우리 상법의 원형이라고 할 수 있는 일본상법은

1899년에 제정되어 현재까지 그 기본 틀을 유지하며 일본에서 시행되어 오고 있다. 1899년 일본상법을 제정하는 과정에 1897년 독일 상법이 많은 참고가 되었음은 의심의 여지가 없다. 일본은 사실 1899년 이전인 1890년에 한번 상법을 제정하여 시행까지 해보다가 1899년에 여러 가지 변형을 가해 새로이 최종적으로 상법을 확정하였다. 이 변형의 과정에 그사이 제정된 1897년 독일상법을 많이 참고하였고, 원전인 1890년 일본상법은 일부 프랑스 법계의 입법을 참조하였지만 근본적으로는 1861년 독일상법을 모델로 삼았다.[43] 이로 미루어 보아 1861년 독일상법이 우리나라 상법을 이해하는 데에도 많은 참고가 될 것은 의심의 여지가 없다.

5) 독일 해상법은, 1861년 상법에서이든 1897년 상법에서이든, 1807년 나폴레옹 상법전의 형태를 유지하여 상법전의 일부를 구성하여 그 주요한 내용으로 자리 잡고 있었다. 1897년 독일상법은, 해상법에 관한 한, 그 기본 틀을 유지한 채 2013년까지 독일에서 시행되어 왔다. 물론 세부 사항에 관해서는 115년이라는 긴 세월 동안 많은 개폐가 이루어졌다. 이 기간 동안에 운송의 형태는 물론 많은 국제 조약이 새로이 제정되었다는 것을 감안하면, 1897년의 기본 발상이 2013년까지 유지되었다고 하는 것은 기적에 가깝다고 할 수 있고, 다른 한편 그사이에 내용과 형식에 있어 많은 변화를 가져왔다는 것을 뜻한다. 1861년 독일상법 및 1897년 독일상법이 우리 상법을 처음 제정할 당시에 일본상법을 통하여 우리 해상법에 많은 영향을 끼친 것 외에도, 이러한 개정이 그사이에 있었던 우리 해상법의 개정에도 많은 참고가 되었다고 보여진다. 그리고 그사이에 있었던 개정을 통하여 나타난 입법의 방향도 우리 해상법의 발전에 많은 참고가 된다고 생각된다. 그리하여 최대한 노력하여 1897년에 제정된 독일상법이 2013년까지 115년 동안 경험한 변경을 모두 추적하여 이 책에 담으려고 노력하였다. 2013년에 개정된 새로운 해상법은, 형식은 종전 1897년 상법전을 개정하는 형식을 취하고 있지만, 실질에 있어서는, 해상법에 관한 한, 종전 상법 규정과 완전히 단절된 새로운 입법을 의미한다. 그 정도에 있어서는 1861

---

43) 채이식 편역, 한중일 비교 해상법, 세창출판사(2013), 129-130면; 와세다 대학 하코이 타카시 교수 해설 참조.

년 독일상법이 1897년 독일상법으로 개정될 때보다, 해상법에 관한 한, 더욱 큰 변화와 충격을 안겨주었다. 새로이 2013년에 개정된(형식적이나마) 해상법이 독일 해상법 전반에 미칠 영향은 이를 가늠하기에 아직 너무 일천한 감이 없지 않기에, 이를 통하여 장차 독일 해상법이 나아갈 방향을 제시한다는 데에서 그 의미를 찾아야 할 것이다. 이러한 제한된 목적 하에 2013년 개정된 독일 해상법을 이 책의 말미에 싣는다.[44]

제3 독일 해상법의 성립과 구성

1) 독일 해상법은 그 구성과 체계에 있어 우리나라 해상법과 매우 유사하다. 먼저 헌법이 최상위의 법으로 존재하고, 해상법은 입법기관인 국회가 제정한 법률이다. 해상법은 상위법인 헌법에 기해 그 법적 효력이 부여되며, 해상법은 헌법과 상치되지 않는 범위 내에서 그 효력을 갖는다. 다른 한편, 사법에는 기본법으로 민법전이 있고 상인과 상행위에 우선적으로 적용될 특별법으로 상법전이 있다. 해상법은 상법전의 일부로 존재한다. 상법전에는 상인과 상행위에 적용될 일반 규정이 "상법총칙" 및 "상행위법"이라는 명칭 하에 있고, 이어서 회사 등 특정한 형식의 상인, 보험 등 특정한 상거래에 적용될 특칙이 "회사법" 및 "보험법"이라는 통칭 하에 있으며, 마지막으로 해상의 활동에 참여하는 "상인"과 해상에서 활동하는 "상거래"에 적용될 특칙이 결합하여 "해상법"이라는 통칭 하에 존재한다. 그리하여 해상에서의 상거래에 참여하는 주체와 행위에 대해, 해상법에 다른 규정이 없으면, 상법총칙 편과 상행위 편이 보충적으로 적용되며, 상법전에 다른 규정이 없으면, 민법전의 규정이 보충적으로 적용된다.

위에서 이미 지적했듯이 독일 최초의 해상법은, 1861년 독일상법의 일부로서, 위와 같은 형식으로 그 마지막 제5편에 포함되어 있었다. 1861년 독일상법 제5편에 포함된 독일해상법이 우리나라의 입장에서 보아 중요한 이유는, 일본 최

---

44) 해상법의 역사에 관하여는 유용한 자료로; "R Wagner, Handbuch des Seerechts(1884)" "해상법 서설", 塙 浩 譯, 産大法學 16권 2호, 107면, 京都産大法學會(1982년); 동 자료는 동서의 서문을 번역한 것임.

초 상법전인 1899년 일본상법이 1861년 독일상법을 모델로 삼아 제정되었고 이일본상법은 그 근본 체계를 그대로 유지한 채 현재까지 일본에서 존속하고 있으며, 이 일본상법이 1916년부터 당시 식민지였던 우리나라에 적용되었을 뿐만 아니라 1961년 이래 우리나라 상법의 제정과 개정을 거치면서 우리나라 상법에서도 그 골격이 그대로 유지되고 있기 때문이다. 그리하여 오늘날에 있어서도 우리 상법상 해상편을 이해하려면 그 원전에 해당하는 1861년 독일 상법상 해상편을 이해하지 않으면 아니 된다. 비록 오래된 법이라 역사적 가치밖에 없다고 생각할지 모르지만, 이러한 이유로 1861년 독일상법 제5편 해상 편을 번역하여 본서에 포함시켰다는 것은 이미 위에서 강조한 바 있다.

2) 오늘날 대학에서 법학교육을 받은 사람이면 누구나 기본 6법 중 하나인 '상법'이라는 개념에 익숙하다. 전혀 의문을 품지 않고 무의식적으로, 사법에는 기본법으로 민법이 있고, 그에 대한 특별법으로 상적 생활관계에 적용되는 상법이 있으며, 상법의 일부로 그 마지막 편에 해상 편이 있다고 생각한다. 그런데 이 상법이라는 개념은 그렇게 오래된 개념이 아니며, 다소 자의적으로 창설된 개념이다. 근대 사법의 모체에 해당하는 로마법에도 상법이라는 개념이 없었고, 오늘날에도 영미법에는 상법이라는 개념이 없다. 일정한 지역 내에서 자립적 생활에 만족해야 했던 시대에는 상거래가 그 품목이나 수량에 있어 극히 제한되어 있었다. 상거래에 종사하는 것을 부의 창출에 기여하지 않는 것으로 보았고, 상거래를 통해 부를 축적하는 것을 적대시하고 이에 종사하는 상인을 허언과 사기에 능한 사람으로 보고 천대하였다. 거래를 통한 교환이 부의 창출에 획기적 기여를 한다는 것을 이해하는 데에는 오랜 세월이 걸렸고, 또 화폐경제가 발전되지 아니하여 물건의 교환에 어려움이 있었던 것이며, 이를 통해 부를 축적하여 생산 시설에 투자한다는 것은 최근에야 그 가치를 인정하였다. 그러나 여기에 예외가 있었으니 그것은 바로 도시 국가이다. 도시는 그 존립과 번성을 처음부터 상거래에 의존하였다. 도시가 번성하고 규모가 성장하자 정치적 세력으로 변화하여 그 독자성을 추구하였다. 어느 정도 독자성을 획득한 도시에서는 부는 이제 신분의 상징으로 변했고 상인은 정치적인 영향력을 행사하기 시작했으며, 그 수단으로 도시를 규율하는 법제를 추구하게 되었

다. 유럽에서 번영을 구가했던 많은 도시는 당시 중요한 교통수단이었던 수상
교통에 편리한 하천이나 해안에 인접한 도시였다. 그러나 이러한 현상은 어디
까지나 지역적으로 제한된 활동이었고 중앙 정부 혹은 기존 토지에 근거한 귀
족들의 관심사는 아니었다. 그러나 15-16세기에 들어와 새로운 바람이 불었
다. 그것은 아메리카나 아프리카를 넘어 아시아까지로 뻗어나가 식민지를 개
척하는 것이었다. 이를 위해 대규모 자본의 투입이 요구되는 것은 물론 범선으
로 거대한 해양을 항해해야 하는 위험도 감내해야 했다. 처음에는 식민지를 개
척하기 위해 정부의 주도로 이루어졌던 탐험이 거대한 부를 낳았다는 소문이
퍼지자 여러 나라들이 경쟁적으로 뛰어들었다. 그러나 곧 항구적이고 지속적
인 탐험과 부의 창출은 민간인과 민간 자본의 참여 없이는 불가능하다는 것이
판명되었다. 특히 영리를 목적으로 하는 다수의 민간 자본의 참여가 필요불가
결한 요소임이 밝혀졌다. 이를 실현하는 수단으로 초기에는 동인도 회사와 같
이 반관, 반민 형태의 회사가 세워졌다. 민간자본이 해외진출에 관여하자 이들
의 이해를 조절하는 제도적 장치가 요구되었다. 이러한 요구를 충족하기 위해
출현한 것이 「해상법」이다. 갑자기 해상에 관한 입법을 해야만 했던 당시 정부
는 오랫동안 해양무역을 기초로 존립과 번영을 추구했던 도시국가에서 그 선
례를 찾을 수밖에 없었다. 그리고 이에 추가하여 많은 사람이 해상무역에 참여
하여 거대 자본을 모으고 위험을 분산할 수 있도록 공동으로 선박을 운영하는
제도 및 거대한 농장을 가지고 대대로 풍족하게 살 수 있는 귀족도 자기 신분
이나 재산에 근본적인 위험을 가하지 않고 해상무역에 참여할 수 있도록 그 책
임을 제한하는 제도를 고안하였다. 이러한 배경 속에 고안된 해상법에 특이한
제도인 공유선박 및 선주책임제한은 오늘날에도 우리 상법에 그대로 남아 있
다. 15-16세기 해상법이 출현할 즈음 다른 분야의 상거래도 그 규모에 있어 지
속적으로 비약적인 발전을 하고 있었다. 이는 근대적인 중앙 집권적 정부가 출
연하여 화폐제도가 자리를 잡게 되었고 교통이 발달하여 물자의 이동이 쉽게
된 것이 가장 중요한 원인이었다. 그러나 이러한 상거래는 그 규모나 관심에
있어 아직 해상활동과는 비교할 수 없을 정도로 미약했다. 1680년경 프랑스에
서 입법을 할 때에 해상무역에 관한 해상칙령은 약 500개가 넘는 조문을 가졌
는 데 반하여, 상사거래에 관한 상사칙령은 100여 조문에 불과하였다는 것이

이를 잘 설명해 준다.

3) 1807년에 「나폴레옹 상법전」이 제정되었다. 해상법이 포함된 오늘날 우리가 사용하는 상법전은 나폴레옹 상법전에서 최초로 그 체계를 갖추었다. 나폴레옹 상법전은 적어도 상인과 상거래라는 개념에 있어서는, 오랫동안 연구를 거치고 실증적인 경험을 통해 제정한 것이 아니라, 관념적인 기초 위에서 서둘러서 창조하기에 이른 것이고 그 과정에 다소 자의적인 재단이 개입할 수밖에 없이 제정되었다. 이를 억지로 정당화한다면 상인과 상거래의 개념, 상법의 범위와 한계가 시대를 반영한 것이라고 할 수 있다. 그리하여 나폴레옹 상법전은 이전에 있었던 조문을 통합하는 형식을 취할 수밖에 없었다. 이때까지도 중앙정부가 관심을 갖는 상거래는 극히 제한되었고 가장 중요한 상거래는 해상무역이었다. 나폴레옹 상법전에서 총 644개 조문 중에 해상법에 해당하는 제2편이 247개 조문이나 된다. 당시 나폴레옹 상법전은 상법에 관한 한 최신 선진법제로 인식되어 왔고 1829년 스페인 상법, 1865년 이탈리아 상법이 모두 그 체계를 그대로 수용하였다. 1861년 독일 상법도 이와 마찬가지로 1807년 나폴레옹 상법전의 체계는 물론 그 많은 내용을, 특히 해상법에 관한 한, 대부분 그대로 수용하였다. 그리하여 1861년 독일 상법전의 총조문 911개 중 479조문이 해상법에 관한 것이었다. 1807년 나폴레옹 상법전에 의해 도입된 상법이라는 개념이 이론적, 개념적인 기반이 미약하고 현실을 반영하는 다소 자의적인 것이었기 때문에 이것이 오히려 상법이라는 개념 하에 여기에 가감이나 변형을 가하기가 어렵게 만들었다. 위에서 보았듯이 1861년 독일상법은 종래 독일연맹 하에서 나폴레옹의 집권에 협력했던 군소 분방국의 주도로 성립되었다는 것도 이러한 영향을 불가피하게 끼쳤다고 보여진다. 그러나 구체적으로 세부 사항에 들어가 양 법전을 비교하면 나폴레옹 상법전에서는 찾아볼 수 없는 독일인 특유의 꼼꼼하고 섬세함을 엿볼 수 있다. 내용면에서도 단순히 모방을 한 것이 아니라 입법 과정에 많은 개선을 시도하였고, 특히 규정의 방식과 내용이 자세하고 구체적이라는 것을 쉽게 알 수 있다.

4) 1861년 독일상법이 1807년 나폴레옹 상법전, 1829년 스페인 상법전, 1865

년 이탈리아 상법전과 근본적으로 다른 것이 두 가지가 있다. 나폴레옹 상법전 등은 모두 법률의 형식으로 제정되어 어느 한 국가의 헌법에 기해 영토 내에서 당연히 효력을 갖는 것인 데 비하여, 1861년 독일상법은 헌법적인 근거가 전혀 없는 것은 아니나 법률로서 당연히 효력을 갖는 것이 아니었다. 연방 국가의 형태를 전제로 동법은 소속 분방국이 이를 수용하여 분방국의 법으로 효력을 가졌지만, 실제로는 모든 분방국이 자기 지배지역 내에서 법적인 효력을 부여하여, 실질상 제국 내에서 상법의 통일을 기하고 있었다. 그리하여 1861년 독일상법 내에는 분방국의 존재를 전제로 한 많은 규정을 쉽게 찾아볼 수 있다. 1871년 독일 헌법이 제정되면서 1861년 독일상법은 새로운 헌법 하에서 일반 법률로서 효력을 갖게 되었다는 것은 위에서 이미 보았다. 1861년 독일상법의 또 다른 특색은 동법의 제정 당시 독일민법이 없었기 때문에 민법과의 관계에 관한 규정을 둘 수 없었다는 것이다. 이 점이 1807년 나폴레옹 상법전, 1829년 스페인 상법전, 1865년 이탈리아 상법전과 다르다. 그러나 1861년 독일상법을 제정하면서 나폴레옹 상법전을 모델로 삼는 과정에서 일반법으로 민법 혹은 민법전이 있고 그 특별법으로 상법 혹은 상법전이 존재한다는 인식을 가졌고 이를 반영한 규정도 보인다. 이는 각 분방국에 있었던 사법 일반을 민법으로 전제한 것이 아닌가 생각된다. 예컨대 1861년 독일상법 제439조에는 선박양도의 경우 그 취득을 위해 "민법 일반원칙에[45] 의해 필요한 인도는 소유권이 양수인에게 즉시 이전된다는 당사자 사이의 약정으로 대체할 수 있다"라는 규정이 있다.[46] 여기에서 알 수 있는 것은, 그 근거는 밝히지 않았지만, 부동산 물권변동에 있어 어디엔가 형식주의가 "민법 일반원칙"으로 존재한다는 것이다.

5) 1896년 독일민법전이 비로소 제정되었다. 일반법이 정식으로 제정되었은 즉, 이제 그 특별법인 상법전도 새로이 제정된 일반법을 전제로 개정할 필요가 생겼다. 그리하여 새로이 제정된 법률이 1897년 독일상법이다. 1897년 독일상

---

45) 동 규정은 민법이 제정된 이후 제정된 1897년 상법전에서는 "민법상 소유권이전"으로 변경되었다. 1897년 독일상법 제474조 참조.
46) 1861년 상법에도 "민법의 규정"이라는 언급이 동 상법 제894조에 있다. 그러나 여기에서 민법이란 분방국 민법을 말한다고 해석된다.

법은 그 사이에 많은 개정도 있었지만 그 골격을 그대로 유지한 채 오늘날까지 115년을 넘는 오랫동안 독일에서 시행되어 오고 있다. 이 1897년 독일상법 중에 포함되어 있던 해상 편은 1899년 일본상법의 제정 당시에 이미 일본에 소개되어 일본상법에 많은 참고가 되었다. 그 이후 2013년까지 독일에서 있었던 상법 중 해상 편의 개정이 우리나라 상법 중 해상 편의 개정에도 많은 참고가 되었음은 물론이다. 1897년 독일상법을 새로이 제정함에 있어서 그 내용이나 형식은 대체로 종전 1861년 독일상법을 그대로 따랐다. 다만 1861년 독일상법이 1807년 제정된 나폴레옹 상법전에 기초하였기 때문에 1897년 독일상법이 제정될 당시에는 그 기초에 있어 100년 가까운 오랜 기간이 경과하였고, 이 오랜 기간에 걸쳐 사회적, 경제적으로 많은 변혁도 경험했다. 특히 이 100년 동안 해상법의 관점에서 보면 두 가지 중대한 변화가 있었다. ⅰ) 첫 번째로 해상운송의 수단에 중대한 변혁이 있었다. 이 100년 사이에 목선이 철선으로 변하고 범선이 증기선으로 변했다. 이러한 기술적인 변화로 인해 선박의 규모가 거대해지고, 운송 거리와 속도도 급속히 성장했으며, 또한 새로운 안전설비와 통신수단의 혁명은 해상운송에 따르는 위험도 현저히 감소시켰다. 그리하여 20세기 초에는 정기선이 일반적 해상운송의 형식으로 등장하였다. ⅱ) 다른 하나 중대한 변화는 상적 생활관계의 확장과 일반화이다. 19세기 유럽에서 발생한 산업화는 모든 사회적 경제활동이 상적 생활관계와 연관을 맺는 결과를 가져왔다. 이는 상적 생활관계와 일반 생활관계 사이에 한계와 범위가 불분명해지는 결과도 가져왔지만, 다른 한편 상법의 규율 대상인 거래 종류가 다양해지는 결과도 가져왔다. 상법의 규율 대상이 다양해지자 종래 상법에서 본류로 자리를 잡고 있던 해상법에 대해 의문과 불만을 제기하기 시작했다. 이러한 상법의 제정 역사를 모르는 학생들은 물론 법률가들, 심지어 상법 학자들도, 상법에 왜 해상법에 관한 규정이 이렇게 많이 포함되어 있는지 의문을 제기한다. 이는 논리적으로 보면 당연한 것이다. 해상활동보다 한결 중요한 은행거래에 대하여는 일언반구 언급이 없는데, 왜 해상거래에 관한 규정이 우리 상법에서 한 편(編)으로 자리를 잡고 있는지 설명하기가 쉽지 않다. 상법 중에서 해상 편은 특히 난해하여 보통 법률가는 물론 상법을 전공하는 학자들도 이를 위해 별도로 오랫동안 연구하지 않으면 그 진수를 알기 어려운 단점이 있다. 위에서 이미 언급하였듯이 현행 상법전의 체계에 의하면, 해상법은 상법전의 일부로 해상편에 규정이 없으면 상법 중 상인 편과 상행위 편에 있는 규정이 보충적으로 적용되고, 상법전에 규정이 없으면 민법전을 위시한 민법 규정이 적용된다. 많은 법률가들이 난해한 해상법을 제쳐 두고 익숙한 민상법 일반원리에 의하여 해상법을 이해하려는 경향을 보여 왔다. 이같이 해상활동은 상거래의 한 종류에 지나지 않고 해상법은 상법의 일부에 지나지 않는다는 주장을 "해상법의 상법성"이라고 칭하여 설명하기도 한다.

  6) 해상법은 위에서 보았듯이 본래 도시법의 일부로 성장하여 도시에서 오랜 역사와 전통을 가지고 발전하여 오다가, 근대 국가가 설립되면서 국가 입법으로 편입되었고 그 한참 후에 다시 상법의 일부로 자리를 잡게 되었다. 이 도시 국가는 베니스, 제노아와 같이 대개 해안을 끼고 있는 도시이었고, 이 도시들은 자연 해상법에 관해 지대한 관심을 가졌다. 그런데 국제 무역에 도시의 존재와 번영이 달려 있는 이들 해안 도시에 있어 해상법은, 오늘날 우리가 볼 때에 해상활동에 관한 사적 생활관계를 규율하는 법이 아니라, 헌법이나 민법이 없는 상황 하에서 만들어진 국법 질서를 다루는 중대한 법이었다. 그리하여 다른 상거래와 관련된 법, 예컨대 어음, 파산, 대리점과 관련된 법도 해상법과 결합하여 병존하고, 나아가 해운의 운영과 관련된 행정에 관한 공법적 규정도 거기에 포함되어 있었고, 심지어 도시의 일반 행정은 물론 도시의 존립에 관한 규정도 거기에 포함되어 있었다. 오늘날 우리 대륙법상 해상법에 있어 이른바 원조라고 할 수 있는 「1681년 프랑스 해사칙령」에는 오늘날 우리가 이해하는 해상법은 오히려 그 분량이 적었고 선박, 해안과 항구 및 어업의 관리와 통제에 관한 규정은 물론, 해운을 관리하는 행정 기구와 그 권한에 관해 많은 규정이 포함되어 있었다. 도시법으로 오늘날 우리가 사용하는 상법에 가장 영향을 많이 끼친 「1737년 빌바오 상사칙령」에는 도시에서 무역을 위시한 상거래를 규제하기 위한 규정 이외에, 도시 자체의 구성에 관한 법도 거기에 포함되어 있었다. 상법 전반에 관한 규정을 담고 있는 1737년 빌바오 상사칙령은 1807년 나폴레옹 상법전과 비교할 때에 놀랍도록 많은 유사점이 보인다는 점에서, 나폴레옹 상법전을 제정할 때에 이 빌바오 상사칙령이 많은 영향을 끼쳤을 것은 쉽

게 추측이 된다. 1737년 빌바오 상사칙령이나 1681년 해사칙령은 모두 민법과 상법의 개념이나 규정이 명확히 정립되기 이전에 제정되었고, 또 거기에는 선박, 바다 및 어업 등의 관리에 관한 행정적, 형사적인 규정이 포함되어 있는 통합법이었다. 그러다가 1807년 나폴레옹 상법전의 제정 과정에, 그중 행정적, 형사적인 규정은 가능한 한 삭제하고, 사법적인 규정은 대부분 그대로 수용하여 상법전에 편입되었다. 그 결과로 해상 편이 다른 상법 규정 및 민법 규정과 완벽한 조화를 이루기가 쉽지 않게 되고, 또한 그 결과로 해상법이 난해할 수밖에 없게 되었다. 오늘날 해상법은 이를 크게 논리적, 실질적으로 분류하면 ⅰ) 기업조직, ⅱ) 기업 활동, ⅲ) 특수위험에 관한 규정으로 나눌 수 있다.[47] 오늘날 상법의 관점에서 보면 이 중 핵심적인 것은 기업 활동에 관한 규정이다. 그러나 나폴레옹 상법전에는 기업 활동에 관한 조문은 아주 적고 기업 조직과 특수 위험에 관한 규정이 대부분이다. 그런데 기업 조직에 관한 분야나 특수 위험에 관한 분야에서는, 차츰 민법과 상법의 일반원칙이 굳게 자리를 잡게 되자, 종래 해상법상 제도는 그 효용이 제한되고 존립의 이론적 근거가 박약하게 되었다. 해상기업도 근대적인 회사 형태를 띠게 되었고, 해상 위험에 관한 선박충돌, 공동해손, 해난구조도 근대 민법에서 확립된 불법행위, 부당이득, 사무관리와 근본에 있어 큰 차이가 없게 되었다. 그럼에도 불구하여, 해상법의 발전을 위하여, 해상법은 민법이나 상법과는 별도로 독립하여 제정되고 해석되어야 한다는 주장이 '해상법의 독자성'이라는 명칭 하에 존재한다. '해상법의 상법성'과 반대되는 개념인 '해상법의 독자성'은 오늘날에도 많은 지지자들을 가지고 있으며, 해상법의 상법성을 지지하는 학자들이 주로 법률가로서 해상법을 공부하는 사람들인 반면, 해상법의 독자성을 지지하는 학자들은 주로 선장이나 선원의 경험을 가지고 해상법에 뛰어든 사람들이다.[48] 해상법의 '독자성'을 강조하는 사람은 해상법에서 주로 해상기업의 조직에 관한 분야에 중점을 두고 있는 데 반하여, 해상법의 '상법성'을 강조하는 사람은 해상기업의 활동에 중점을 둔다. 나폴레옹 상법전에는 해상기업의 조직에 관한 장이 5개 장(章)인 데 반하여 해상기업 활동에 관한 규정은 3개 장(章)에 불과했다. 우리 상법은

---

47) 현행 우리나라 상법 제5편 1장, 2장 및 3장이 이러한 형식으로 꾸며져 있다.

48) 채이식, "한국해상법 50년 회고와 전망", 해상법 50년사(한국해법학회, 2013), 30면 참조.

1991년 개정 시에는 물론 2007년 개정 시에도 상법성을 강화하는 방향으로 나아가서 해상기업의 조직에 관한 규정은 차츰 축소하고 해상기업의 활동에 관한 규정은 이를 강화하였다. 1861년 독일상법은 해상법에 관한 한 나폴레옹 상법전과 마찬가지로 해상기업의 활동보다는 해상기업의 조직에 중점을 두고 있다가 1897년 상법 개정 시에 일부 변경을 시도하여 미세하나마 해상기업의 조직에 관한 규정을 축소하고 해상기업의 활동에 관한 규정을 확대하였다. 그러다가 2013년 상법 개정 시에 급격한 변화를 시도하여 해상기업의 조직에 관한 규정을 극히 일부로 축소하고 대신 해상기업의 활동에 관한 규정을 확대하였다. 그러나 이같이 '상법성'이 강화되고 '독자성'이 축소되어 결국 해상법으로서의 특성을 상실하고 상법의 일부로 남는 것이 자연적이고 당연한 것이라 단정할 수는 없다. 해상법의 발전을 위하여 어느 방향이 더욱 좋다고 단정하기는 쉽지 않다. 세계적으로 최근에 오히려 반대 방향으로 나아가 해상법을 독립화하여 그 독자성을 강조하는 나라도 있다. 1942년 이탈리아 항행법과 2006년 스페인 해상법은 종래 상법의 일부이던 해상법을 따로 분리하여 독자 입법을 하였을 뿐만 아니라 해상법의 원래 형태인 해사 행정에 관한 규정도 여기에 추가하는 방향으로 입법을 하였으며, 종래에도 불문법이라 상법전이 별도로 없었던 캐나다도 2008년 해사행정에 관한 규정을 포함한 새로운 해상법을 제정하였다. 해사위험에 관하여는 해상법에서 아주 오랫동안 독특한 제도로 자리 잡고 있어 상법화의 경향에도 불구하고 아직까지 민상법과 통합하려는 움직임이 별로 없다. 이 점에 있어서는 1897년 독일상법과 2013년 개정된 독일상법이 별반 차이가 없다.

7) 1861년 독일상법 제1장 내지 제4장에는 해상기업의 조직에 관한 규정이 있고, 제5장과 제6장에는 해상기업의 활동에 관한 규정이 있으며, 이어서 공동해손(제8장 제1절), 선박충돌(제8장 제2절) 및 해난구조(제9장) 등 해상 위험에 관한 규정이 있었다. 그 외에도 선박의 담보와 관련이 있는 규정으로, 제7장에 모험대차에 관한 규정과 제11장에 해상보험에 관한 규정 이외에, 제11장에 선박채권자에 관한 규정이 있었다. 여기서 우리가 알 수 있는 것은, 1961년 제정되어 수차에 걸쳐 변경을 경험한 우리나라 현행 상법 해상 편의 규정 체계가 1861

년 독일상법의 해상 편의 체계와 아주 유사하다는 것이다. 모험대차에 관한 규정은, 선박이나 해운의 자금을 마련하는 방법으로 그 사이에 모험대차에서 저당권으로 그 제도가 변경되어 모험대차가 사실상 사라졌기 때문에, 모험대차에 관한 규정이 삭제되었고, 해상보험에 관한 규정이 우리 상법 제4편 보험 편으로 편입되어 간 것을 제외하면, 입법 체계가 대체로 동일하다. 1897년 독일상법은 1861년 독일상법의 체계를 대체로 그대로 유지하여 모험대차에 관한 규정이 포함되어 있고 해상보험에 관한 규정을 해상 편에 남겨 두었다. 우리나라 상법에 많은 영향을 끼친 1899년 일본상법에서는, 모험대차에 관한 규정은 찾아볼 수 없지만, 해상보험에 관한 규정은 해상 편에 그대로 포함되어 있고, 이러한 제도는 현재까지 일본 상법에서 그 형태가 그대로 유지되고 있다. 1861년 독일상법은 해상법의 상법성과 해상법의 독자성을 조화롭고 균형 있게 반영하였다고 할 수 있다. 어느 한쪽에 꼭 무게를 부여했다고 구태여 결정해야 한다면 해상기업의 조직에 4개의 장을, 해상기업의 활동에 2개의 장을 둔 점을 고려한다면, 해상기업의 조직에 약간 중점을 둔 경도된 입법이라고 할 수 있다. 그러나 1897년 독일상법은 기업조직에 관한 규정 중에서 해원에 관한 장(제4장)을 완전히 삭제하여 해상법의 상법성의 방향으로 한 걸음 옮겨와 균형을 맞추려고 시도했다고 할 수 있다. 2013년 개정된 독일상법에 있어서는 기업조직에 관한 규정을 대부분 삭제하고 그 규정 수를 최소화하여 이제 독일 해상법은 거의 완전히 상법화되었다고 해도 과언이 아니다. 해상보험에 관한 규정은 그 이전 2007년에 이미 보험계약법의 일부로 넘어가서 1897년 독일상법에서는 완전히 떨어져 나갔다.

1861년 독일상법이 고안한 새로운 제도로 실체법적인 마지막 장인 제11장에 선박채권자라는 제목으로 새로운 장을 마련하여 선박우선특권을 그 규율 대상으로 삼고 있었다. 그 이전 1807년 나폴레옹 상법전, 1829년 스페인 상법전, 그 이후 입법인 1865년 이탈리아 상법전은 모두 선박우선특권을 기업조직, 특히 선박에 관한 규정으로 보아 선박에 관한 규정 내에 선박우선특권으로 포함시켰다.[49] 이처럼 선박우선특권에 관해 그 이전에도 별도의 장을 가진 입법례

---

49) 나폴레옹 상법전 제191조, 1829년 스페인 상법전 제596조, 1865년 이탈리아 상법전 제285조 각 참조.

가 있는지 및 이러한 새로운 분류를 하여 장을 만든 이론적인 근거가 무엇인지 약간 불분명하다. 선박우선특권이 담보하는 채권이 해상기업의 활동과 관련하여 발생하고 해상기업의 활동을 뒷받침하는 제도이기 때문에 기업 활동에 관한 규정 다음에, 새로이 장을 마련하여 해상보험에 관한 규정의 인근에 배치한 것이 아닌가 생각된다. 1861년 독일상법에서 도입되어 시행된 선박우선특권에 관한 장은 1897년 독일상법, 1899년 일본상법, 1961년 우리나라 상법에 그대로 계수되어 존속하여 왔다. 그러나 그 사이에 해상보험이나 모험대차에 관한 규정이 모두 삭제되고 선박우선특권에 관한 규정만 별도로 해상법 편 말미에 남아 있어서 그 역사와 배경을 모르는 상법학자들을 당황하게 하였고, 특히 그 제목이 1861년 독일상법 이래로 계속 해사채권 혹은 해사채권자라고 하여 혼란이 더욱 가중되었다. 우리 상법은 이러한 모순을 해결하고자 2007년 상법 개정 시에 이를 다시 해상기업의 조직에 관한 규정으로 가지고 와서 선박담보라는 새로운 절을 마련하여 여기에 남겨 두게 되었다.[50]

제4 해상기업의 조직

1) 해상기업의 주체로 현행 상법은 '선박소유자'라는 개념을 사용하고 있다.[51] 선박소유자라는 용어는 법학을 전공하는 사람도 헷갈릴 수밖에 없는 개념이다. 선박소유자와 선박의 소유자는 확실히 다르다는데, 어째서 두 가지 개념이 서로 다르고, 왜 이 두 개념이 병존하는지, 명쾌한 설명을 해 주는 사람이 없다. 해상법을 전공했다고 자부하는 사람이 다른 법률가들에게 과시용으로 이처럼 용어의 혼란을 다소 부추기고 활용하는 측면도 없지 않다. 상법은 또 화주와 사이에 운송계약 혹은 용선계약을 체결하는 사람은 '운송인'이라고 부른다.[52] 그렇다면 '선박소유자'는 선박의 소유자는 물론 운송인과도 다른 개념임에 틀림없다. 여기에 해상기업의 주체를 가리키는 용어로 '의장자'라는 개

---

50) 현행 상법 제777조 이하 참조.
51) 우리나라 상법 제769조.
52) 상법 제791조 이하 참조.

넘이 들어와서 '자선 의장자'와 '타선 의장자'를 구별하면서 혼란을 더욱 가중시킨다. 1861년 독일상법, 1897년 독일상법, 2013년 개정 독일상법은 일관되게 Reeder (Rheder)[53]라는 용어를 해상기업의 주체라는 의미로 사용하고 있다. 그리고 1861년 독일상법 제450조, 1897년 독일상법 제484조, 2013년 개정 독일상법 제476조는, 모두 동일하게, "Reeder란 수익을 얻을 목적으로 스스로 항해에 제공하는 선박의 소유자를 말한다."고 Reeder를 정의하고 있다. 이 정의가 일본 사람들에 의하여 선박소유자로 번역되었고 이것이 우리나라까지 전해져 지금도 우리 상법에서 사용되고 있다고 생각된다. 일본 사람들이 이를 선박소유자로 번역하여 사용한 것은 아마 위와 같은 독일상법에 있는 Reeder의 정의를 의역하여 만든 용어가 아닌가 생각된다. 또 영미법에서도 비슷하게 불명확한 용어로 이를 Shipowner라고 하는데, 이에도 영향을 받았던 것이 아닌가 생각된다. 독일상법에서 사용하는 Reeder는 프랑스 상법에서 사용하는 'Armateur'라는 용어와는 다른 개념이라고 생각된다. Armateur라는 용어는 'armer'에서 온 용어이고, armer는 본래 '무장하다' 혹은 영어의 'arm'과 마찬가지 의미이다. 근대 초기에 선주가 대개 원양선박에 무장을 하여 출항을 시켰던 것을 반영하는 것이라고 생각된다. 나무로 제작된 선박은 그 수명이 대개 10여 년에 불과하고, 또 선적항을 떠나 연락이 두절된 상태로 고도의 위험 속에 전적으로 선장의 지시 하에 항해를 하는 선박의 입장에서 보면 선박소유자의 신원은 중요하지 아니했다. 선박소유자에게 부여할 의미가 있다면 선박에 자금을 댄 사람이고 행정적으로 어느 정도 책임을 질 사람이었다. 이러한 필요에 의하여 Reeder 혹은 Armateur라는 용어가 편의상 생겨났다고 생각된다. 당시에는 아직 민상법상 법인이나 상인의 개념이 확립되기 이전이라, 이는 부득이한 조치였다고 생각된다. 이를 한때에 우리말로 '의장자'로 번역하여 사용했었다. 그리고 선박을 소유하며 운영하는 자선 의장자와 다른 사람의 선박을 빌려서 사용하는 타선 의장자로 구별하여 왔다. 1861년 독일상법 제477조와 1897년 독일상법 제510조에 다른 사람의 선박을 빌려서 사용하는 사람에 관한 규정이 있다. 이때에 일부 법전은 동 조문의 제목으로 Ausrüster라는 용어를 사용했

---

53) 이전 용어로 1861년 법에서는 이렇게 쓰고 있다.

다. 의장이라는 말에는 설비나 치장이라는 의미도 있는데, 아마 독일어에서도 ausrüsten은 이러한 의미를 담고 있는 것이 아닌가 생각된다. 여하튼 독일어에 있어서는 reeden이라는 용어가 ausrüsten이라는 용어보다 더욱 강력한 지배를 나타내는 용어가 아닌가 생각된다. 2013년 개정 독일상법 제477조 제1항은 그 내용으로 Ausrüster를 타선의장자로 정의하고 있다. 이로써 이제 적어도 독일 상법에서는 종래 자선 의장자는 Reeder로, 타선 의장자는 Ausrüster 로 입법상으로 용어가 정리되었다고 할 수 있다. 우리 상법에서 사용하는 선박소유자라는 용어는 용어 속에 선박과 소유자라는 두 가지 개념이 포함되어 있기 때문에 그 이해에 혼란이 현재까지도 지속되고 있다. 그리하여 이 책에서는 우리나라 상법상 용어인 선박소유자라는 용어를 사용하지 않고 그 대신 독일상법에서 말하는 Reeder와 Ausrüster 모두 대변하는 의미로 선주라는 용어를 사용하여 번역하였다. 그리고 1861년 독일상법 제557조 이하 규정, 1897년 독일상법 제556조 이하 규정 및 2013년 개정 독일상법 제481조 이하 규정에서는, 해상운송계약을 다루면서, 일관되게 의장자나 선박소유자와 구별하여 운송계약을 체결하고 운송을 이행하는 사람을 'Verfrachter' 즉 '운송인'이라고 지칭하고 있다.

2) 1861년 독일상법에 있어서 해상기업의 주체의 존재 형식에 관한 의미 있는 규정은 선박공유에 관한 규정이다. 선박소유자에 관한 규정의 대부분을 여기에 할애했다고 해도 과언이 아니다. 즉 선박소유자에 관한 총규정 28개 조문 중에서 21개 조문을 선박공유에 할애하고 있다. 거대한 자금이 필요한 식민지 개척과 거대한 해양을 넘는 대항해가 포함된 국제무역에 다수인이 참여할 수 있고 그에 수반되는 고도의 위험을 최대한 분산하는 제도로 선박공유가 중요하게 취급되었다. 1861년 독일상법이 선박공유와 관련해 도입한 중대한 원리는 공동기업으로 민법상 조합의 원칙인 '두수주의'가 아니라 투자한 자본의 크기에 따라 경영과 위험을 책임지는 '자본주의'를 수용한 것이다. 오늘날 거대기업이 모두 주식회사라는 형식을 이용한 물적 결합을 통해 사업을 하고 있는 점을 감안하면, 선각자적인 지혜가 여기에 내포되어 있다고 생각한다. 그렇다고 하더라도 선박소유자의 규정 대부분을 선박공유에 할애하는 것은 어느 모로 보나 균형이 맞지 않는다고 생각된다. 그 이전에 제정된 1807년 나폴레옹 상법

30

전이나 1829년 스페인 상법전은 물론 비슷한 시기에 제정된 1865년 이탈리아 상법전에도 선박공유에 관한 규정은 모두 몇 개 조문에 불과했다. 1861년 독일상법이 선박공유에 관해 그 유래를 찾아볼 수 없게 이처럼 많은 조문을 할애한 이유는 약간 불분명하다. 민법이 만들어지기 이전이고 상법상 공동기업의 방식도 아직 마련되지 아니하여 상법에 있는 선박공유에 관해 이처럼 많은 규정을 둔 것이 아닌가 생각된다. 그러나 민법이 제정된 이후에 만들어진 1897년 독일상법에서도 선박공유에 관한 규정은 내용에 별반 변경 없이 많은 규정이 그대로 반복되고 있다. 이 규정은 거의 대부분 1899년 일본 상법에 의해 그대로 모방되었고, 우리나라에서도 1961년 상법 제정 이래 여러 차례 개정을 거쳤지만, 선박공유에 관한 한, 별로 변동 없이 동일한 내용으로 그대로 유지되었다. 그러나 그 내용을 자세히 분석하여 보면, 민법이나 상법상 공동기업에 관한 제 규정과 큰 차이가 없고, 또 회사의 형태로 동일한 목적을 달성하지 못할 이유도 없다. 그리하여 오늘날 선박공유는 아주 예외적으로, 특히 어선에서 제한적으로, 존재할 뿐이다. 아이러니하게도 이러한 모순의 단초를 제공한 독일상법은 2013년 상법을 개정하면서 이제 선박공유에 관한 규정을 모두 삭제하기에 이르렀고, 이는 우리 상법에서도 앞으로 나아갈 바를 잘 시사한다고 생각된다.[54]

3) 기업조직과 관련하여 가장 중요한 규정은 선주책임제한이다. 선주책임제한은 오랜 역사를 가지고 많은 비난도 견디어 내며 오늘날까지 해상법에서 가장 중요한 원칙으로 자리 잡고 있다. 15-16세기 식민지의 건설 사업과 밀접한 관련 속에 자리 잡기 시작한 해상무역은, 목선이고 범선인 소형 선박을 가지고 1년 이상 항해를 요하는 대단히 위험한 사업일 뿐만 아니라, 거대한 자본이 들어가는 장치 사업이었다. 국가의 발전을 위해 필요하여 국가가 주도하고 장려해야 한다는 인식에 공감을 했지만, 상업자본이나 산업자본이 형성되기 이전이라 거대한 투자를 할 사람이 없었고, 오늘날 의미로 거대한 자본을 가진 사람이라고 한다면 대규모 토지를 소유한 귀족들밖에 없었다. 그러나 이들 귀족

---

[54] 2007년 상법 개정 시에 필자는 위원장으로 이를 삭제하려고 하였으나 다른 위원들의 공감을 얻지 못하였다.

들은 해상 무역으로 갑자기 일확천금을 움켜질 수 있다는 소문을 들었다 하더라도, 조상 대대로 내려오고 가문이 달려 있는 재산을 내놓고 위험을 감수할 수는 없었다. 더욱이 안락한 생활과 사회적 지위가 보장되어 있던 이들 귀족들은 상거래에 참여하는 것 자체를 부끄럽게 생각했고, 마지못해 간접적으로 혹은 하인의 명의로 관여를 했다. 이러한 역사적 사회 상황 하에서, 당시에는 혁신적 제도로 고안된 것이 물적 기업결합제도와 물적 유한책임제도이다. 참여하는 사람의 인격이나 신분을 가리거나 묻지 않고 오로지 투자한 금액의 대소에 따라 지분을 가졌고, 결합된 자본을 전문가에게 맡겨서 운영하여 비용을 공제한 다음에 나오는 과실을 지분의 크기에 따라 분배하는 물적 기업결합제도와, 고율의 이익이 기대되지만 고도의 위험도 수반되기 때문에 위험을 다수 사람에게 분산하고 투자한 사람은 투자한 금액을 날리는 것으로 끝나고 대대로 내려오는 가산에는 영향이 없도록 하는 방안으로 물적 유한책임제도가 출발했다. 이러한 배경 하에 생긴 제도가 선주책임제한제도이다. 초기에는 이것으로 부족하여 1681년 프랑스 해사칙령에는 심지어 "국민이면 누구이든 신분과 지위를 가리지 않고, 소형 물건의 판매에 해당하는 영업이 아닌 한, 해사 영리 활동에 참여한다 하더라도 건전한 귀족으로 명예에 손상이 온다고 보지 않는다."라는 규정[55]을 두기까지 했다.

선주를 보호하기 위하여 최초로 고안된 제도가 위부제도이다. 이 '위부주의' 하에서 선주는 선박과 관련된 모든 권리를 포기한다는 공개된 의사를 표시하면 그 선박과 관련된 모든 책임으로부터 해방될 수 있었다. 나폴레옹 상법전도 이 제도를 채택하고 있었다.[56] 선주의 입장에서 위부주의의 문제점은 위부 여부 및 그 시점을 파악하기가 매우 어렵다는 데 있다. 선주가 위험을 회피하기 위해 무조건 조기에 일단 선박을 포기한다면 이는 채권자에게도 불리해질 수 있다. 그리하여 선주가 선박을 포기할 필요 없이 동일한 목적을 달성할 수 있는 제도로 고안된 것이 집행주의이다. '집행주의' 하에서는, 선박과 관련하여 발생한 채권을 가진 채권자는 오로지 선박에 대해서만 강제집행을 할 수 있고,

---

55) 동 칙령, 제8장 제1조 참조.
56) 나폴레옹 상법전 제216조 참조. 이는 1681년 프랑스 해사칙령에서도 마찬가지이다.; 1861년 해사칙령 제8장 제2조 참조.

따라서 선주는 운항을 계속하면서 종국에 가서는 선박에 관한 권리를 상실하는 것으로, 즉 위부 시와 마찬가지 손실을 당하는 것으로, 그 책임을 제한 혹은 회피할 수 있다. 1861년 독일상법은 1807년 나폴레옹 상법전이 채택했던 위부주의보다 이러한 관점에서 보면 한 걸음 앞서갔다고 볼 수 있는 이 집행주의를 선주책임제한과 관련하여 채택하였다.[57] 1897년 독일상법도 1861년 상법과 동일하게 집행주의를 채택하였다.[58] 집행주의보다 한 걸음 앞선 입법주의가 '선가주의'이다. 선가주의는 선박의 가격을 책임한도로 하는 입법주의이다. 위부주의나 집행주의가 책임을 선박이라는 물건과 연결시키는 데 반하여, 선가주의는 책임질 한도 금액을 정하는 데 있어 선박이 관련은 있지만 그것은 오로지 금액을 계산하는 수단이고 산출된 금액은 선박과 상관이 없이 선주의 인적 책임 한도가 되는 것이다. 이 선가주의는 1924년 선주책임조약이 채택하고 있는 입법주의이다. 1899년 일본상법은 나폴레옹 상법전과 마찬가지로 위부주의를 채택하여 1975년까지 일본에서 위부주의가 시행되어 왔다, 1961년 우리나라 최초 상법은, 1807년 나폴레옹 상법전 및 1899년 일본상법의 위부주의를 따르지 않고, 또 1861년 독일상법 및 1897년 독일상법의 집행주의도 채택하지 않았으며, 여기에서 말하는 선가주의를 채택하였다. 선가주의 하에서 선주의 인적 책임으로 변한 채권은 그 이행할 담보가 없어지게 되어서 채권은 이제 선주 개인의 일반 재산에 그 실효성을 맡길 수밖에 없게 된다. 그 대책으로 1924년 조약이 들고 나온 것이 담보를 획득하는 방법으로 선박압류와 해방공탁의 제도이며,[59] 1926년 선박우선특권조약에 의하여 추진된 것이 선박의 운항과 관련하여 발생한 채권에 대해 부여하는 우선적 권리를 확장하려는 시도이다. 선가주의에서 한 걸음 더 나아간 제도가 '톤수주의'이다. 톤수주의 하에서 선주의 책임 한도는 선박톤수에 연관되어 산정된 일정금액으로 정하며, 이 톤수주의의 장점은 선가를 평가할 필요가 없기 때문에 산정이 용이하고 선가를 둘러싼 분쟁을 미연에 방지할 수 있다는 것이다. 그리하여 오늘날 세계 주요국 대부분이 이 톤수주의 입법을 채택하고 있다. 국제적으로는 1957년 선주책임조약에 의

---

57) 1861년 독일상법 제452조.
58) 1897년 독일상법 제486조.
59) 1924년 선주책임제한 조약 제8조.

하여 처음으로 톤수주의가 채택되었다. 1957년 선주책임조약은 1968년에 발효되었고 독일은 1972년 이를 비준함과 동시에 상법 규정도 톤수주의로 변경하였다.[60] 이 톤수주의는 이후 제정된 1976년 선주책임조약 및 1996년 그 개정조약에서도 모두 그대로 원칙이 유지되었고, 다만 조약이 개정될 때마다 책임한도 금액에 있어 변경을 가져왔다. 독일은 이 양 조약에 모두 가입하였고 1986년에 있었던 1897년 독일상법 개정, 2013년에 있었던 1897년 독일상법 개정의 형식으로 모두 상법에서 그 내용이 반영되었다. 2013년 개정된 독일상법은 상법과 별도로 책임한도를 가진 유류오염손해배상에 관한 책임 한도와, 상법상 책임한도를 공유하는 연료유오염손해배상에 관한 책임 한도를, 해당 조약을 반영하여, 상법에 편입하였다.

  4) 해상기업의 물적 설비인 선박에 관해 1861년 독일상법은 제한된 규정을 두고 있었다. 그중 선박의 양도 및 항해준비선박의 압류금지에 관한 규정이 가장 중요한 규정이었다. 그 이외에 중요한 규정으로 선박의 등록에 관한 규정을 들 수 있다. 이러한 등록에도 불구하고, 선박 자체의 내구성이 극히 제한되어 있었기 때문에, 건조에 자본을 투자하는 사람에게 담보를 제공하는 방법으로 저당권 기타 등록 권리를 제공하는 제도는 갖지 못했다. 그 대신 적어도 경제적인 측면에 있어서는 선박저당권과 매우 유사하게 선박에 투자하는 자본을 담보하는 수단으로 모험대차 제도를 두고 있었다. 이 모험대차는 1897년 상법에서 그대로 이어받아 그 명맥을 유지하여 왔지만, 1972년에 이르러 1897년 독일상법에서 모험대차제도가 완전히 폐지되기에 이르렀다. 이제 모험대차는 해상법에 있어 역사의 유물로 남아 차츰 해상법을 전공하는 사람에게까지 생소한 용어가 되었다. 선박의 내구성이 차츰 강화되고 그 가격이 점차 증가하자 이를 부동산과 같이 등록하게 하고, 부동산과 같이 처분하고 담보로 제공하는 방법을 찾게 되었다. 이러한 수요에 대응하여 1940년 독일 선박권리법(Shiffsrechtegesetz)이 제정되었다. 이 법에 의하여 선박등록제도가 생겨나고 양도

---

60) 1972년 개정된 1897년 독일상법 제486조 및 제487조의 (a) 참조; 그러나 동 조문에서 말하는 책임한도액이 1957년 조약상 책임한도액과 완전히 일치한다고 할 수는 없다. 동 조약 가입 시에 일부 변경을 조건으로 하여 가입하였는지 약간 불분명하다.

시 그 등록을 대항요건으로 하게 되었다. 그리고 부동산과 마찬가지로 이 등록을 통하여 담보의 수단으로 저당권이 생겨났다.[61] 저당권이 선박을 담보로 제공하는 중요한 수단으로 등장하자 결국 위에서 본 모험대차는 사실상 소멸하게 되었다.

위에서 보았듯이 선박으로 담보되는 제도로 선박우선특권이 있지만, 1961년 독일상법은 이를 선박이 활동 중에 발생하는 채권의 강화 수단이라는 점에 착안하여, 이를 운송 계약에 관한 규정 이후에 별도의 장으로 처리하고 있었다. 독일 상법의 특색은 선박우선특권을 하나의 법정 질권으로 취급하고 있다는 것이다. 이 법정 질권은 다른 일반 채권에 우선한다.[62] 1897년 일본상법은 물론 1961년 이래 우리나라 상법도 모두, 처음부터 모험대차를 도입하지 않았고, 그 대신 선박저당제도를 도입하였다.

5) 1861년 독일상법은 인적 설비에 관하여도 많은 규정을 두고 있었다. 선장에 관해 하나의 장(章)을 두는 것은 물론 선원에 관해서도 다른 하나의 장을 마련하고 있었다. 그 내용도 단순히 거래에 있어 선장이나 선원이 차지하는 법적인 지위에 그치지 아니하고 선장이나 선원과 선주 사이의 내부관계에 관하여도 자세한 규정을 두고 있었다. 특히 선원에 관한 장에서는 대부분의 규정이 이처럼 선주와 선원 사이의 내부관계에 관한 규정이었다. 그러나 1897년 독일상법은 선원에 관한 규정은 이를 계수하지 않았고 선장에 관한 규정도 내부관계 규정은 이를 계수하지 않았다. 1899년 일본상법도 1861년 독일상법과 마찬가지로 선장과 선원에 관해 외부관계뿐만 아니라 내부관계에 관하여도 많은 규정을 두었다가, 1897년 독일상법과 마찬가지로 주로 내부관계에 관한 규정이었던 선원관계의 규정은 1937년에 상법에서 삭제되었고, 이 규정은 일본 선원법으로 편입되었다. 1961년 우리나라 상법은 처음 제정 당시부터 선원에 관한 규정 없이 오로지 선장에 관한 규정만 두었다. 그리고 이후 상법이 개정될 때마다 내부관계에 관한 선장의 규정이 부분적으로 삭제되었다. 2013년 개정된 독일상법은 선장에 관해 오로지 외부관계에 관한 규정만 두고 있을 뿐만

---

61) Rolf Herber, Seehandelsrecht, de Guyter(1998), 105면 내지 109면 참조.
62) 1861년 독일상법 제779조; 여기에는 저당채권도 포함된다고 생각된다.

아니라, 그 내용도 최대한 축소하여 제3자에 대한 선장의 지위에 관한 규정이 그 전부이다.

제5 해상운송에 관한 규정

1) 해상운송에 관한 규정은 해상활동에 관한 규정이다. 해상활동을 통하여 이윤이 창조된다고 본다면, 해상활동에 관한 규정은 해상법에 있어서 가장 핵심적 규정이라고 할 수 있다. 그럼에도 불구하고 해상운송에 관한 규정은 해상법 중에서 가장 부실한 것이 보통이다. 해상활동은 변화무쌍하여 시대와 장소에 따라 다양 다기한 것이라 공무원이 입법으로 이를 규제한다는 것이 거의 불가능하기 때문에 원칙적으로 당사자의 자율에 맡겨져 있다. 법적으로 말하면 해상활동은 계약자치의 원칙이 지배하며, 또 어떠한 규정을 둔다 하더라도 원칙적으로 임의 규정으로 당사자의 의사를 보충하는 역할을 할 뿐이다. 그리하여 나폴레옹 상법전에서는 제6장 운송계약에 불과 8개의 조문[63]을 두고 있고, 다만 운송증권, 운임 및 해손에 별도로 약간의 규정을 두고 있을 뿐이었다. 1861년 독일상법은 이에 비하여 무려 123개 조문[64]을 신설하고, 이를 물건운송과 여객운송으로 나누어 별도의 장을 마련하고 있다. 1897년 독일상법도 해상운송에 관한 규정은 많은 부분에서 1861년 규정을 그대로 답습하고 있고, 형식에 있어서도 동일하게 화물운송에 관한 규정과 여객운송에 관한 규정을 나누어 별도의 장으로 처리하고 있다. 2013년 개정된 독일상법은 위에서 이미 언급하였듯이 그 내용에 중대한 변혁을 꾀하면서 해상기업의 조직에 관한 부분을 대부분 삭제하고 이제 해상운송에 관한 규정을 해상법의 중심에 배치하고 있다. 이는 해상법의 상법화의 한 표현이라는 것도 이미 위에서 언급하였다.

2) 해상운송에 관한 규정은 1924년 헤이그 규칙이 채택되어 국제적인 규범으로 발전하자 새로운 국면을 맞게 되었다. 1897년 독일 상법도 이를 반영하여

---

[63] 제273조 내지 280조.
[64] 제557조 내지 679조.

1937년 대대적인 개정을 단행하였다. 1924년 헤이그 규칙과 동일하게 책임 발생에 있어서 원칙을 정하고,[65] 나아가 헤이그 규칙에서 정한 면책사유[66]와 단위 및 포장당 책임한도를 도입하였으며, 또한 이러한 규정을 편익적 강행 규정화하였다.[67] 이러한 규정들은 이후 개정된 1968년 헤이그 비스비 규칙을 반영하여 1986년 다시 대대적인 개정을 단행하였다. 2013년 개정 독일상법도 이 1968년 헤이그 비스비 규칙에 근거하고 있다. 다만 함부르크 규칙에 나타나는 실제 운송인의 개념을 도입하여 종래 해상운송인이 타인의 선박을 용선하여 제3자와 개품운송계약을 했을 경우에 책임 주체에 관한 규정을 두어 약간의 혼란이 있었던 것을 근본적으로 해결하였다.[68] 위에서 이미 언급하였듯이 2013년 개정 독일상법은 이제 해상운송에 관한 규정을 해상법의 중심에 놓아두고 있지만 그 이외 내용에 있어서는 중대한 변화는 찾기 어렵다. 해상운송에 관한 법은 이제 세계적으로 영미법에 의하여 규율되고 있는바, 이러한 추세는 2013년 개정 독일상법이 시행되고 난 이후에도 크게 변화하지 않을 것이라고 생각된다. 이는 주로 규제에 중점을 두고 있는 대륙법적 접근보다, 주로 해석에 중점을 두고 있는 영미법적인 접근이, 해상활동에 관한 한, 더욱 현실적이기에 제도 그 자체가 가져온 결과물이라 할 수 있다.

  3) 1861년 독일상법은 해상운송에 관한 규정을 근대적으로 체계화하였다. 이전 1807년 나폴레옹 상법전은 해상운송에 관한 규정을 i) 해상운송, ii) 선하증권, iii) 운임 및 iv) 해손의 4개의 장으로 나누어 다루고 있었다. 그러나 1861년 독일상법은 이를 화물운송과 여객운송으로 나누어 기능적으로 정리하여 이해를 도왔고, 다만 해손이라는 종래 장은 단독해손과 공동해손을 한데 묶어서 종전 그대로 유지하고 있었다. 체계에 관한 한, 1897년 독일 상법은 1861년 독일상법을 그대로 답습하고 있다. 그러나 2013년 개정된 독일상법은 그 체계에 있어 완전한 변혁을 시도하였다. 근대적인 상관행을 반영하고 해상

---

65) 1897년 독일상법 제606조 참조.
66) 1897년 독일상법 제608조 참조.
67) 1897년 독일상법 제622조 참조.
68) 2013년 개정된 독일상법 제546조 참조.

활동에 관한 법을 화물운송과 여객운송으로 나누고 화물운송에 관한 규정을 다시 화물운송에 관한 규정과 선박의 인계에 관한 규정으로 나눈 다음 선박인계에 관한 규정 내에 정기용선과 선체용선에 관한 규정을 배치하였다. 이제 체계에 있어서 2013년 개정된 독일상법은 2007년에 개정된 우리나라 상법과 매우 유사하게 되었다. 다만 운송계약을 개품운송계약과 항해용선계약으로 나누어 종래 정기용선계약과 개품운송계약을 혼용하여 오던 전통을 개선하는 것으로 만족하고, 선박을 인도하여 주는 계약인 항해용선계약을 억지로 개품운송계약과 함께 운송계약이라는 제목하에 묶어두는 다소 불완전한 개혁으로 만족하였다.[69] 1861년 독일상법과 1897년 독일상법은 선체용선을 선박소유자에 관해 규정하면서 해상기업의 주체의 한 형식으로 취급하였지만, 2013년 개정 독일상법은 이제 이를 별도의 계약 형식으로 정기용선과 나란히 규정하기에 이르렀다. 이는 2007년 개정 이전 우리나라 상법과 2007년 개정 이후 우리나라 상법이 취하고 있는 태도의 변화와 동일하다. 독일상법은 종래 운송계약이라는 개념에 집착하다 보니 여객운송을 위한 항해용선계약에 관한 규정이 결국 없어지는 결과를 가져왔다. 2013년 독일 상법이 가져온 체계상 가장 중요한 기여는 운송계약에 관한 규정을 1) 권리와 의무에 관한 규정과 2) 책임에 관한 규정으로 나누어 규정하고 있는 것이다. 종래 민법에 자세한 규정에 없는 책임에 관한 규정이 해상운송에서 권리와 의무에 관한 규정과 혼재하여 있었기 때문에 실무가나 학자들이 민법과의 관계를 설정하는 데 어려움이 있었던 바, 이는 우리나라에서도 장차 입법에 본받아야 할 규정 체계라고 생각된다.

4) 위에서 언급하였듯이 1861년 독일상법은 1807년 나폴레옹 상법전에는 없던 여객운송에 관한 규정을 두고 있다. 해상에서 화물의 운송이 있다면 마찬가지로 여객의 운송도 있는즉, 적어도 논리상으로는 여객운송에 관한 규정을 두는 것이 마땅하다. 사실 이후 이를 참고하여 입법이 이루어진 일본상법 및 우리나라 상법도 모두 같은 형태를 취하고 있다.

1861년 독일상법에 있는 여객운송에 관한 규정은 그 내용의 면에서 특별한

---

69) 이에 비하여 2007년 개정된 우리나라 상법은 이를 분류하지 아니하고 별도 절로 취급하여 이러한 분류상 혼란을 근본적으로 개선하였다.

규정이 없다. 1897년 독일상법도 여객운송에 관한 한 1861년 독일상법을 대부분 그대로 답습하고 있다. 다만 1897년 독일상법은 1971년 아테네 협약을 반영하여 1986년에 대대적인 개정을 하였으며, 2013년 개정 독일상법은 2002년 위 아테네협약의 개정의정서를 반영하여 책임원칙과 책임한도를 정하였다.

제6 해상위험에 관한 규정

1) 해상위험에 관한 규정은 ⅰ) 공동해손 ⅱ) 선박충돌 ⅲ) 해난구조로 구성되어 있다. 우리 상법에서는, 2007년 상법 개정 이전에는 이들이 모두 개별적으로 별도의 장(章)을 구성하고 있었다가, 2007년 상법 개정 시에 해상위험이라는 하나의 장을 구성하고 그 밑에서 제1절, 제2절 및 제3절로 각각 하나의 절을 형성하고 있다. 입법례도 없고 우리 상법의 원조라고 할 수 있는 일본상법, 멀리는 독일상법의 체계를 무시하고, 우리나라가 독자적으로 이러한 체계를 만들 수 있는지[70] 당시에도 논란이 없지 않았다. 그러나 이러한 논란은 2013년에 독일상법이 대대적으로 개정되면서 이 부분의 체계를 정하며 우리나라 상법의 체계를 따라 개정을 하였기에 어느 정도는 비난이 완화될 수 있었다. 이 세 가지 과제를 해상위험이라고 묶어서 하나의 별도 장으로 처리하였고, 이를 필자가 입안하고 제안했었지만,[71] 이 3가지 과제에 성질상 공통점이 있어 거기에서 해상위험이라는 용어를 도출한 것은 아니다. 다만 여러 용어를 검토한 결과 해상위험이라는 용어가 떠올라 편의상 붙인 것일 뿐이다. 오늘날 논리적으로 본다면 이 3가지 주제는 민법상 비계약적인 채권 발생 원인에 해당하는 ⅰ) 부당이득, ⅱ) 불법행위 및 ⅲ) 사무관리와 유사한 제도이다. 이러한 제도는 민법에서도 현재까지 체계화되고 발전되는 과정에 있는 제도들이다. 상법상의 공동해손, 선박충돌 및 해난구조는 민법이 생기기 이전에 해상법에서 오랫동안 자리 잡고 있는 제도이었기에 그 명맥을 유지하고 아직까지 해상법에서 한 자리를

---

70) 개정 위원장으로 이러한 변화를 주도한 필자는 당시 그로 인한 비난을 받을 각오는 하고 있었다.

71) 당시 필자는 법무부 상법개정위원회(해상 편) 위원장이었다.

차지하고 있다. 따라서 유사한 제도인 민법상의 부당이득, 불법행위 및 사무관리와 아직까지도 유기적으로 연관을 맺지 못한 채 입법이 이루어지고 있다. 따라서 앞으로 이러한 민법상 제도와 연관 속에서 다시 자리를 잡아야 할 분야이며, 현재에도 이들 제도와 관계를 설정하고 그 모순을 해결해야 하는 과제가 남아 있다.

2) 1861년 독일상법은 해손이라는 장(제8장)을 두고 제1절에 공동해손 및 단독해손, 제2절에 선박충돌에 관한 규정을 두고 있었다. 그리고 그에 이어서 별도 장(제9장)으로 해난구조에 관한 규정을 두고 있었다. 해손이라는 개념 속에는 운송을 하는 도중에 그 대상인 적하에 손상 혹은 손해가 발생하여 계약상 이행에 지장을 가져온 결과라는 것이 담겨져 있었던 것이 아닌가 생각된다. 이러한 점에서 공동해손과 단독해손은 연관이 있고 선박충돌도 이들과 다르지 않다. 그리고 이 규정을 계약행위인 모험대차 바로 다음에 둔 것을 보면, 비계약적인 채권의 발생 요인이라는 개념은 존재하였던 것 같다.[72] 나폴레옹 상법전은 보험에 관한 규정을 해손에 관한 규정 이전에 배치하고 있다. 1897년 독일상법도 해상위험에 관한 한 1861년 독일상법과 동일한 체계를 유지하고 있다. 그 내용에 있어서도 많은 부분에 있어 동일하며, 이는 다른 말로 말하면 해상위험에 관한 한 1861년 독일상법의 규정이 그만큼 충실했었다는 의미이기도 하다. 2013년 개정된 독일상법은 우리나라 상법과 동일한 체계를 채용하여 해상위험이란 제목하에 절로서 공동해손, 선박충돌 및 해난구조를 차례로 다루고 있다. 이는 그 이전 법에 있던 단독해손을 여기에서 별도로 취급하지 않고 있는 것을 의미한다. 일본상법은 1899년 이래 일관되게 해손에 관한 장(제4장)과 해난구조에 관한 장(제5장)을 두고 있고 단독해손도 해손에 관한 장에서 다루고 있다. 일본상법은 선박 충돌에 관해 별도로 장 혹은 절을 마련하지 않고 해손의 한 종류로 보고 단지 한 개의 조문을 두고 있을 뿐이다. 이는 1861년 독일상법 및 1897년 독일상법과 다르고 1807년 나폴레옹 상법전과 동일하다. 이

---

72) 그리하여 이러한 채권을 담보하는 선박채권에 관한 규정을 그 다음 장(제10장)에 두고 있다. 물론 이후 제11장에 계약행위인 해상보험에 관한 규정을 두고 있지만, 이는 별도의 거래라고 본 것이 아닌가 생각된다.

에 비하여 우리 상법은 1961년 최초 제정 시부터 공공해손, 선박충돌 및 해난구조를 별도 장으로 나누어 차례로 처리하고 있고, 다만 위에서 이미 언급하였듯이 2007년 개정 상법은 이를 해상위험이라는 장으로 묶고 각각 별도 절로서 나누어 처리하고 있다.

3) 오늘날에도 공동해손은 해상법에 특이한 제도로 자리 잡고 있다. 이 제도는 오랜 기간 국제적인 관습법으로 시행되어 오면서 국제적으로 널리 인정된 제도로 정착하게 되었다. 해상법에 관해 관심을 가지지 않았던 로마법에도 이 공동해손에 관해서는 약간의 언급이 있다.[73] 공동해손에 관한 규정도 민법이나 상법이 출현하기 오래 전에 이미 성립되었기에, 오늘날에 와서 민법이나 상법과 조화를 이루기가 여간 어렵지 않다. 특히 오늘날에 있어서도 공동해손은 정산에 종사하는 극히 소수의 실무가가 전례에 따라 이를 해석하고 적용하는 분야이고, 그 결과 극히 일부 해상법 학자나 실무가를 제외하고는 법률가들도 이 제도에 대한 이해가 거의 없는 실정이다. 1861년 독일상법은 공동해손에 대해 무려 35개 조문을[74] 할애하고 있고 그 내용도 전통적인 독일식 입법 방식에 따라 매우 자세하다. 이같이 어려운 주제를 가지고 이처럼 자세한 규정을 마련한 것은 독일인들이 갖는 끈기와 치밀함의 결실이라고 생각된다. 1897년 독일상법은, 공동해손에 관한 한, 1861년 독일상법을 대부분 그대로 계승하고 있지만, 1972년에 와서 그 내용에 부분적인 수정을 시도하고 있다. 1861년 독일상법과 1897년 독일상법에 있던 공동해손에 관한 규정은 아주 축약되어(12개의 조문) 그 요지만 1899년 일본상법에 반영되었다. 일본상법에 있는 공동해손에 관한 규정은 우리나라 상법에도 거의 가감 없이 그대로 수용되었다. 우리나라 상법은 1961년 그 제정 시부터 여러 차례 개정을 거쳤지만, 다른 부분과 달리 공동해손에 관해서는 그 내용에 있어 거의 변경이 없이 그대로 유지되었다. 공동해손에 관한 규정이 이처럼 변동 없이 오랫동안 존속하는 것은, 이 부분에 관한 대부분의 규정이 모두 오랫동안 실무 관행을 반영하는 것이고 논리적이고 원론적인 것이 아니기 때문에, 입법자가 여기에 대해 자기 견해를 가지고 변경을

---

73) 유스티아누스 법전 법학전집(Digest) 제4부의 1에 투기에 관한 해석이 있다.

74) 제703조 단독해손에 관한 규정을 제외하고 계산했다.

주도하기가 어렵기 때문이다. 해상실무에서는 대개 국제적 관행으로 자리 잡은 요크-안트워프 규칙을 운송예약에 편입하여 이 규칙에 의하여 정산이 이루어진다. 공동해손에 관한 규정이 원칙적으로 임의 규정이기 때문에 상법상 공동해손에 관한 규정은 실제로 실무상 무의미한 경우가 대부분이며, 이러한 이유로 입법자도 공동해손에 관한 규정의 개변에 별로 관심을 갖지 않는 경향이 있다. 2013년 개정 독일상법은 이러한 세계적인 추세를 반영하여 공동해손에 관한 규정을 우리 상법 수준으로 축소하여 규정하고 있다. 즉, 2013년 개정된 독일상법은 공동해손에 관한 규정을 이전 35개 조문에서 8개 조문으로 축소하여 규정하고 있다.

4) 1861년 독일상법은 해손이라는 장에 별도의 절을 두고 선박충돌에 관해 자세한 규정을 하고 있다. 원래 선박충돌은 해손이라는 개념 하에서 운송계약의 테두리 내에서 그 이행 과정에서 발생하는 멸실이나 훼손을 염두에 두고 있었다. 이러한 시각에서 보면 선박충돌도 멸실이나 훼손이 발생하는 하나의 과정에 불과하다. 그리하여 1807년 나폴레옹 상법전은 해손이라는 장(章) 하에서 선박충돌에 관해 하나의 조문을 두고 있을 뿐이었다.[75] 1861년 독일상법은 선박충돌을 별도의 장으로 규정하고 있을 뿐만 아니라 선박충돌을 별도의 과제로 처리하고 있다. 즉 선박충돌을 운송계약상 발생하는 불이행의 관점에서 규정을 하는 것이 아니라, 충돌로 인한 손해를 상호간 분담하기 위한 불법행위의 관점에서 규정을 하고 있다. 1861년 독일상법은 단순히 별도로 절을 두어 자세한 규정을 한 것을 넘어 선박충돌을 보는 해상법의 시각을 근본적으로 변화시켰다고 할 수 있다. 이러한 혁신적인 시각은 1899년 일본상법에서는 채택되지 못하였다. 1899년 일본상법은 나폴레옹 상법전과 마찬가지로 이를 운송계약의 관점에서 해손이 발생하는 하나의 과정이라고 보고 단지 한 개의 조문을 두고 있을 뿐이며, 이는 현행 일본상법에 있어서도 마찬가지이다. 1961년 이래 우리나라 상법은 일관되게, 이와 반대 방향으로 가서, 선박충돌을 별도의 독립된 장이나 절로 승격시켜 처리하고 있다.

---

75) 1807년 나폴레옹 상법전 제407조 참조.

　1861년 독일상법은 책임원칙으로 과실주의를 채택하고, 어느 일방에도 귀책사유가 없다든가 혹은 쌍방에 귀책사유가 있는 경우에는 배상책임을 부인했다. 1897년 독일상법은 책임원칙이나 면책사유에 있어 대부분 1861년 독일상법과 동일한 원칙을 채택하고 있다. 다만 쌍방과실의 경우에 과실의 경중에 따라 책임을 분담하는 원칙을 채택하고 있다.[76] 국제적으로 1910년 「선박충돌로 인한 민사책임의 통일에 관한 조약」이 채택되어 선박충돌에 관한 민사책임의 국제적인 통일을 기하고 있다. 독일도 1913년 이 국제조약에 가입하였고, 그 내용을 반영하여 1913년에 1897년 독일상법을 개정하였다. 그러나 그 내용에 있어서는 실제로 약간의 변경이 있었을 뿐이다. 그 대표적인 것으로 과실의 비율을 확정할 수 없는 경우 손해를 균분하고[77] 인적 손해에 대해 연대책임을 지는 것으로 정하고,[78] 또 선박이 상호간 직접적인 충돌 없는 간접충돌에 관한 규정을 신설하였다.[79] 1861년 독일상법은 강제도선 중인 선박이 도선사의 과실로 충돌이 발생한 경우 선원에게 귀책사유가 없으면 선주는 면책되는 것으로 정하였고 이 원칙은 1897년 독일상법에서도 그대로 계승되었다.[80] 이는 간접적으로 임의도선의 경우 도선사의 과실에 대해 선주가 책임을 진다는 취지라고 해석된다. 그러나 이와 달리 위 1910년 통일조약은 강제도선과 임의도선을 구별하지 않고 그에게 귀책사유가 있으면 선주가 책임지는 것으로 정하였다.[81] 그러나 동 조약은 이 규정이 선주책임조약이 도입되는 것을 전제로 적용된다는 동 조문의 적용 한계를 규정하고 있다.[82] 1897년 독일상법은 1972년에 개정을 하여 위 1910년 통일조약과 그 궤를 같이했다.[83] 2013년 개정된 독일상법은 위에서 이미 지적하였듯이 선박의 비상상황이라는 장(章) 하에서 하나의 독립된 절로 선박충돌을 취급하고 있다. 그 내용도 종전과 달리 아주 간소화

---

76)　1897년 독일상법 제735조 제2항 참조.
77)　1913년 개정된 1897년 독일상법 제736조 제1항 참조.
78)　1913년 개정된 1897년 독일상법 제736조 제2항 참조.
79)　1913년 개정된 1897년 독일상법 제738조 및 1972년 개정된 1897년 독일상법 제738조의 (c) 참조.
80)　1861년 독일상법 제740조 및 1897년 독일상법 제738조 참조.
81)　1910년 통일조약 제5조.
82)　1910년 통일조약 추가조항(Additional Article) 참조.
83)　1972년 개정된 1897년 독일상법 제737조 제2항.

하여 불과 4개의 조문을 두고 있을 뿐이다. 그러나 2013년 개정된 독일상법은 1910년 통일조약 중에서 가장 중요한 내용을 대부분 모두 담고 있다.

5) 해난구조에 관한 개념과 그 규율은 아주 오래 되었다. 1681년 프랑스 해사칙령에도 이미 해난구조에 관한 규정을 찾아볼 수 있다.[84] 그러나 당시 해난구조란 해안에 거주하는 주민이 난파를 당한 선박을 지원하고, 이들의 약탈을 금지하는 것을 주된 목적으로 하였다. 그리하여 이를 국가 정책적인 혹은 행정적인 기능으로 이해하였다. 이러한 이유로 1807년 나폴레옹 상법전을 제정할 때에는, 이를 상법이 다룰 과제가 아니라고 생각하고 이 규정을 상법에 전혀 반영하지 않았다. 1861년 독일상법은 이 1807년 나폴레옹 상법전과 달리 해난구조에 15개의 조문에 달하는 하나의 장을 할애했고, 이러한 전통은 1897년 독일상법에 의하여 그대로 계승되었다. 20세기에 들어와 해난구조가 종전과 완전히 다른 양상을 이루어 구조를 전문으로 하는 업자가 나타나자, 해난구조에 관한 규정의 중요성이 새로이 부각되었을 뿐만 아니라, 해난구조에 관한 규정의 국제적 통일의 필요성이 생겨났다. 그리하여 체결된 최초의 국제조약이 1910년 「해난구조와 원조에 관한 통일조약」이다. 1913년에 독일도 이 조약에 가입하였고 해난구조에 관한 규정도 이에 맞추어 전면적으로 개정하였다. 1967년에 위 1910년 해난구조와 원조에 관한 조약의 개정의정서가 채택되어 일부 공유선박에 대한 특칙이 정하여졌으나 독일은 동 조약에 직접 가입하지는 않았다. 다만 독일은 1972년에 1897년 독일상법의 일부 규정의 개정을 시도하였다. 그리고 1989년에 새로운 국제조약으로 해난구조협약이 채택되었고, 이를 통해 새로이 환경손해의 방지조치에 대해 구조의 성공과 상관없이 비용을 보상하여 주는 특별보수 제도를 도입하였다. 2001년에 독일도 이 조약에 가입하였고 그에 맞추어 1897년 독일상법도 대대적인 개정을 하였다. 2013년 개정된 독일상법은 해난구조에 관한 한 그 내용을 별로 변경하지 않고 기존 규정을 정리하는 것으로 만족하였다. 일본상법은 나폴레옹 상법전의 예에 따라 해난구조에 관한 규정이 전혀 없었으나 위 1910년 해난구조와 원조에 관한 국제

---

84) 1861년 프랑스 해사칙령 제4편 제9장 참조.

조약이 채택되는 것을 보고 그 내용을 반영하여 새로이 해난구조에 관한 장을 마련하였다.[85] 프랑스도 이 조약을 반영하여 특별법으로 1916년 해난구조법을 제정하였다. 우리나라는 1961년 제정 이래 해난구조에 관한 장이 별도로 마련되어 있었으며, 2007년 상법 개정 시에 새로운 절(節)로서 위 1989년 해난구조 조약을 대부분 반영하였다.

제7 기 타

1) 독일상법에 있는 해상에 관한 규정에는 시효에 관한 별도의 규정이 있다. 이는 1861년 독일상법이 제정된 이래 일관된 태도이다. 시효기간은 일부는 1년, 일부는 2년이다. 시효의 기산에 관하여도 일부 규정을 두고 있고, 제3자에 대한 구상에 관해 특칙도 두고 있다. 특히 2013년 개정 독일상법은 시효에 관한 한 이와 같은 원칙은 그대로 유지하되 아주 간단하고 명료한 몇 개의 조문으로 새로이 정리를 했다.

그리고 1972년까지 독일상법에는 모험대차에 관한 규정이 있었다. 모험대차는 아주 오래된 제도로 초기에는 선박 공유와 함께 해운업에 필요한 사업 자금을 구하는 수단이었고, 다른 한편 항해 도중에 해난을 당하여 긴급히 자금이 필요할 때에 이를 변통하는 수단이기도 하였다. 그러나 금융과 통신이 발달되어 모험대차 제도는 이미 오래전에 사실상 이용되지 않게 되고 그 결과가 1972년에 뒤늦은 감이 있지만 독일상법에 반영되어 완전히 삭제되었다.

그리고 독일상법은 1861년 최초 독일상법 제정 시부터 계속하여 해상편에 해상보험에 관한 규정을 두고 있었다. 그러나 2007년 해상보험에 관한 규정이 새로이 제정된 보험계약법으로 넘어가게 되자, 그 이후에는 이제 독일상법에서 해상보험에 관한 규정을 찾아볼 수 없게 되었다.

2) 독일 헌법 제25조는 "국제법의 일반원칙은 연방법의 구성 부분이고 그

---

85) 일본상법 제5장 800조 내지 814조 참조.

것은 법률에 우선하고 연방 영역의 주민에 대하여 직접 권리 및 의무를 발생시킨다."라고 규정하고 있다. 여기에서 말하는 국제법의 일반원칙이란 일반적으로 인정되는 국제관습법을 가리킨다고 생각된다. UN 국제해양법(1982년)과 같이 처음에는 조약의 형식으로 도입되었지만 국제적으로 널리 인정되는 다자조약도 국제법의 일반원칙으로 인정될 수 있다고 생각된다. 그러나 원칙적으로 일반적인 국제조약은, 그것이 다자조약이든 양자조약이든, 여기에 해당되지 않는다고 생각되며, 독일 헌법 제59조 제2항은 연방의 입법 사항과 관련되는 국제조약은 연방 법률의 형식으로 하도록 규정하고 있다. 해상 관련 각종 국제조약이 여기에서 말하는 입법 사항과 관련된다고 해석된다. 그러면 그 조약은 법률과 동일한 효력을 갖는다고 생각된다. 실제로 입법하는 과정을 보면 독일이 비준한 개별 조약을 위해 그 내용을 명문화하는 독립된 입법을 하는 것이 아니고, 상법과 같은 법률에 단순히 조약을 인용하고 그 내용을 적시하지 않고 이를 법률로 삼는 형식을 취하고 있다(예: 독일 상법 제611조). 그러나 우리 상법과 마찬가지 형식으로 조약의 내용을 정리하여 상법의 내용으로 삼는 수도 있다(예: 독일 상법 제504조 이하 및 제541조 이하). 우리의 관심을 끄는 규정으로는 독일 헌법 제27조가 있다. 동 제27조는 "전 독일 상선은 하나의 통일된 상선단을 구성한다."라고 규정하고 있으나 그 헌법적인 의미와 효력은 약간 불분명하다.

Handelsgesetzbuch 1861

1861년 독일 상법

Handelsgesetzbuch 1861

Fünftes Buch. Vom Seehandel.

Erster Titel. Allgemeine Bestimmungen.

Artikel 432. Für die zum Erwerb durch die Seefahrt bestimmten Schiffe, welchen das Recht, die Landesflagge zu führen, zusteht, ist ein Schiffsregister zu führen. Das Schiffsregister ist öffentlich; die Einsicht desselben ist während der gewöhnlichen Dienststunden einem Jeden gestattet.

Artikel 433. Die Eintragung in das Schiffsregister darf erst geschehen, nachdem das Recht, die Landesflagge zu führen nachgewiesen ist. Vor der Eintragung in das Schiffsregister darf das Recht, die Landesflagge zu führen, nicht ausgeübt werden.

Artikel 434. Die Landesgesetze bestimmen die Erfordernisse, von welchen das Recht eines Schiffs, die Landesflagge zu führen, abhängig ist. Sie bestimmen die Behörden, welche das Schiffsregister zu führen haben. Sie bestimmen, ob und unter welchen Voraussetzungen die Eintragung in das Schiffsregister für ein aus einem anderen Lande erworbenes Schiff vorläufig durch eine Konsulatsurkunde ersetzt werden kann.

Artikel 435. Die Eintragung in das Schiffsregister muß enthalten:

1) die Thatsachen, welche das Recht des Schiffs, die Landesflagge zu führen, begründen;

2) die Thatsachen, welche zur Feststellung der Identität des Schiffs und seiner Eigenthumsverhältnisse erforderlich sind;

1861년 독일 상법

제5편 해　상

제1장 일반 규정

제432조　수익을 얻을 목적으로 해상운송에 제공된, 독일연방 소속 주의 국기를 게양할 권리를 가진 선박을 위해 선박등록부를 둔다. 선박등록부는 공개한다.; 선박등록부의 열람은 통상의 근무시간이면 누구에게나 허용된다.

제433조　선박등록부의 등록은 주의 국기를 게양할 수 있는 권리가 입증된 다음에 비로소 할 수 있다. 선박등록부에 등록하기 이전에는 국기를 게양할 수 있는 권리를 행사할 수 없다.

제434조　주의 국기를 게양할 권리를 갖기 위한 요건은 주의 법률로 정한다. 동법률은 선박등록부를 관리할 관청을 정하여야 한다. 다른 주에서 취득한 선박에 대하여 선박등록부의 등록을 영사관 증서로 임시로 대체할 수 있는지 여부 및 그 조건은 법률로 정한다.

제435조　선박등록부에는 다음 사항을 기재하여야 한다.;
  1) 선박이 주의 국기를 게양할 수 있는 권리를 갖게 된 근거가 된 기초 사실;
  2) 선박의 동일성과 소유관계를 확인하는 데 필요한 기초 사실;
  3) 선박을 가지고 항해를 지휘하는 항구(선적항, 등록항).

3) den Hafen, von welchem aus mit dem Schiff die Seefahrt betrieben werden soll (Heimathshafen, Registerhafen).

Ueber die Eintragung wird eine, mit dem Inhalte derselben übereinstimmende Urkunde (Zertifikat) ausgefertigt.

Artikel 436. Treten in den Thatsachen, welche in dem vorhergehenden Artikel bezeichnet sind, nach der Eintragung Veränderungen ein, so müssen dieselben in das Schiffsregister eingetragen und auf dem Zertifikat vermerkt werden. Im Fall das Schiff untergeht oder das Recht, die Landesflagge zu führen, verliert, ist das Schiff in dem Schiffsregister zu löschen und das ertheilte Zertifikat zurückzuliefern, sofern nicht glaubhaft bescheinigt wird, daß es nicht zurückgeliefert werden könne.

Artikel 437. Die Landesgesetze bestimmen die Fristen, binnen welcher die Thatsachen anzuzeigen und nachzuweisen sind, welche eine Eintragung oder Löschung erforderlich machen, sowie die Strafen, welche für den Fall der Versäumung dieser Fristen oder der Nichtbefolgung der vorhergehenden Vorschriften verwirkt sind.

Artikel 438. Die Landesgesetze können bestimmen, daß die Vorschriften der Artikel 432. bis 437. auf kleinere Fahrzeuge (Küstenfahrer u.s.w.) keine Anwendung finden.

Artikel 439. Bei der Veräußerung eines Schiffs oder eines Antheils am Schiff (Schiffspart) kann zum Eigenthumserwerb die nach den Grundsätzen des bürgerlichen Rechts etwa erforderliche Uebergabe durch die unter den Kontrahenten getroffene Vereinbarung ersetzt werden, daß das Eigenthum sofort auf den Erwerber übergehen soll.

Artikel 440. In allen Fällen der Veräußerung eines Schiffs oder einer Schiffspart kann jeder Theil verlangen, daß ihm auf seine Kosten eine beglaubigte Urkunde über die Veräußerung ertheilt werde.

Artikel 441. Wird ein Schiff oder eine Schiffspart veräußert, während das Schiff auf der Reise sich befindet, so ist im Verhältniß zwischen dem Veräußerer und Erwerber in Ermangelung einer anderen Vereinbarung anzunehmen, daß dem Erwerber der Gewinn der laufenden Reise gebühre oder der Verlust derselben zur Last falle.

Artikel 442. Durch die Veräußerung eines Schiffs oder einer Schiffspart wird in den persönlichen Verpflichtungen des Veräußerers gegen Dritte nichts geändert.

등록에 관하여 등록 내용과 동일한 내용의 증서(등록증)를 발행한다.

제436조   위 조문에 열거된 기초 사실이 선박이 등록된 다음에 변경이 생기면 이를 선박등록부에 등록하여야 하고 또 등록증에도 부기하여야 한다. 선박이 침몰하거나 혹은 소속 주의 국기를 게양할 권리를 상실하면, 그 선박을 선박등록부에서 말소하여야 하고 또 교부한 등록증은, 반환될 수 없다고 보여 지지 않는 한, 이를 반환하여야 한다.

제437조   등록이나 말소에 필요한 기초 사실을 신고하고 입증할 기간은 이를 각주 법률로 정하고, 또 기간의 지체 또는 전시 규정의 불이행에 대한 처벌도 각주 법률로 정한다.

제438조   주법은 제432조 내지 제437조 규정이 소형 운송용구(연안항해선 등)에는 적용되지 않는 것으로 정할 수 있다.

제439조   선박 또는 선박의 일부(선박 지분)를 양도하는 경우에 있어서, 그 취득을 위해 민법 일반원칙에 의해 필요한 인도는, 소유권이 양수인에게 즉시 이전된다는 당사자 사이에서 약정으로 이를 대체할 수 있다.

제440조   선박 또는 선박 지분이 양도된 경우, 어느 당사자이든 언제나 자기의 비용으로 양도에 관한 인증 서면을 작성하여 자기에게 교부하여 줄 것을 요구할 수 있다.

제441조   선박 또는 선박 지분이 항해 중에 양도된 경우, 양도인과 양수인 사이의 내부 관계에 있어서, 다른 약정이 없는 한, 진행 중인 항해를 통한 수입은 양수인에 귀속하고, 또한 진행 중인 항해로 인한 손실도 양수인이 부담한다고 본다.

제442조   양도인이 제3자에게 지고 있는 인적 채무는 선박 또는 선박 지분의 양도로 인하여 변경되지 아니한다.

제443조   항해를 함에 있어 선박의 이용에 지속적으로 제공되는 모든 물건은 선

52

Artikel 443. Unter dem Zubehör eines Schiffs sind alle Sachen begriffen, welche zu dem bleibenden Gebrauch des Schiffs bei der Seefahrt bestimmt sind. Dahin gehören insbesondere die Schiffsboote. Im Zweifel werden Gegenstände, welche in das Schiffsinventar eingetragen sind, als Zubehör des Schiffs angesehen.

Artikel 444. Im Sinne dieses fünften Buches gilt ein seeuntüchtig gewordenes Schiff

1) als reparaturunfähig, wenn die Reparatur des Schiffs überhaupt nicht möglich ist, oder an dem Orte, wo das Schiff sich befindet, nicht bewerkstelligt, dasselbe auch nicht nach dem Hafen, wo die Reparatur auszuführen wäre, gebracht werden kann;

2) als reparaturunwürdig, wenn die Kosten der Reparatur ohne Abzug für den Unterschied zwischen alt und neu mehr betragen würden, als drei Viertel seines früheren Werths.

Ist die Seeuntüchtigkeit während einer Reise eingetreten, so gilt als der frühere Werth derjenige, welchen das Schiff, bei dem Antritt der Reise gehabt hat, in den übrigen Fällen derjenige, welchen das Schiff, bevor es seeuntüchtig geworden ist, gehabt hat oder bei gehöriger Ausrüstung gehabt haben würde.

Artikel 445. Zur Schiffsbesatzung werden gerechnet der Schiffer, die Schiffsmannschaft, sowie alle übrigen auf dem Schiff angestellten Personen.

Artikel 446. Ein zum Abgehen fertiges (segelfertiges) Schiff kann wegen Schulden nicht mit Beschlag belegt werden. Diese Bestimmung tritt jedoch nicht ein, wenn die Schulden zum Behuf der anzutretenden Reise gemacht worden sind.

Durch eine Beschlagnahme von bereits an Bord des Schiffs befindlichen Gütern wegen Schulden kann deren Widerausladung nur in denjenigen Fällen erwirkt werden, in welchen der Ablader selbst die Wiederausladung noch zu fordern befugt wäre, und nur gegen Leistung desjenigen, was dieser alsdann zu leisten haben würde.

Eine zur Schiffsbesatzung gehörige Person kann wegen Schulden von dem Zeitpunkt an nicht mehr verhaftet werden, in welchem das Schiff segelfertig ist.

Artikel 447. Wenn in diesem fünften Buche die Europäischen Häfen den nichteuropäischen Häfen entgegengesetzt werden, so sind unter den ersteren zugleich die nichteuropäischen Häfen des Mittelländischen, Schwarzen und Azowschen Meeres als mitbegriffen anzusehen.

Artikel 448. Die Bestimmungen des fünften Buchs, welche sich auf den Aufenthalt

박의 종물에 해당된다. 특히 선박의 보트는 종물에 해당된다. 의문이 있는 경우, 선박의 속구목록에 등록된 물건은 이를 그 선박의 종물로 본다.

제444조 다음의 경우, 선박은 본법 제5편의 의미에서 이를 감항능력이 없게 된 선박으로 본다.

> 1) 선박을 수리하는 것이 아예 전혀 불가능하거나, 선박이 있는 곳에서 수리를 할 수 없고 수리를 할 항구로 예인하는 것도 불가능하여, 선박 수리불가능의 경우;
> 2) 수리비용이, 신구 차이를 공제함이 없이, 이전 가격의 4분지 3을 넘는 금액에 해당되어, 선박 수리무가치의 경우.

이전 가격이란, 항해 중에 감항능력의 부재가 발생한 경우, 항해를 개시했을 때에 선박의 가격을 말하고, 기타의 경우, 감항능력을 상실하기 이전에 가졌던 가격 또는 적절한 의장을 했을 때에 가졌을 가격을 말한다.

제445조 선장, 해원, 기타 선상에 근무하도록 임명된 모든 사람을 선원으로 본다.

제446조 출발할 준비가 완료된(항해준비완료) 선박은 채무를 이유로 압류[1]할 수 없다. 그러나 이 규정은 시작할 항해를 위해 채무를 부담한 때에는 적용되지 않는다.

이미 선상에 있는 화물은, 선적인 자신이 그 화물을 다시 양륙할 것을 요구할 수 있고 나아가 그러한 때에 선적인이 제공하여야 할 것을 제공한 다음 비로소, 채무를 이유로 한 압류[2] 명령을 통하여 화물을 다시 양륙할 수 있다.

선원에 속하는 사람은 선박이 항해 준비를 완료한 다음부터는 더 이상 그 채무를 이유로 체포할 수 없다.

제447조 본법 제5편에서 유럽항구를 비유럽 항구와 구분할 때에, 비유럽 항구인

---

1) 전후 문맥으로 보아 가압류 및 가처분을 포함한 개념이라고 해석된다. 동산의 압류는 Pfänndung(독일 민사소송법 제808조), 부동산의 압류는 Beschlag(독일 강제경매 및 관리법 (Z.V.G.) 제20조 참조), 가압류는 Arrest(독일 민사소송법 916조: 등기된 선박에 대하여도 할 수 있다.; 제931조), 가처분은 einstweiligen Verfügung(독일 민사소송법 938조: 등기된 선박에 대하여도 할 수 있다.; 독일 민사소송법 941조)이라고 한다.
2) 이 경우에도 가압류 및 가처분을 포함하는 개념이라고 해석된다.

des Schiffs im Heimathshafen beziehen, können von den Landesgesetzen auf alle oder einige Häfen des Reviers des Heimathshafens ausgedehnt werden.

Artikel 449. Für die Postanstalten gelten die Bestimmungen des fünften Buchs nur insoweit, als nicht durch besondere Gesetze oder Verordnungen für dieselben ein Anderes vorgeschrieben ist.

Zweiter Titel. Von dem Rheder und von der Rhederei.

Artikel 450. Rheder ist der Eigenthümer eines ihm zum Erwerb durch die Seefahrt dienenden Schiffs.

Artikel 451. Der Rheder ist für den Schaden verantwortlich, welchen eine Person der Schiffsbesatzung einem Dritten durch ihr Verschulden in Ausführung ihrer Dienstverrichtungen zufügt.

Artikel 452. Der Rheder haftet für den Anspruch eines Dritten nicht persönlich, sondern er haftet nur mit Schiff und Fracht:

1) wenn der Anspruch auf ein Rechtsgeschäft gegründet wird, welches der Schiffer als solcher kraft seiner gesetzlichen Befugnisse, und nicht mit Bezug auf eine besondere Vollmacht geschlossen hat;

2) wenn der Anspruch auf die Nichterfüllung oder auf die unvollständige oder mangelhafte Erfüllung eines von dem Rheder abgeschlossenen Vertrages gegründet wird, insofern die Ausführung des Vertrages zu den Dienstobliegenheiten des Schiffers gehört hat, ohne Unterschied, ob die Nichterfüllung oder die unvollständige oder die mangelhafte Erfüllung von einer Person der Schiffsbesatzung verschuldet ist oder nicht;

3) wenn der Anspruch auf das Verschulden einer Person der Schiffsbesatzung gegründet wird.

In den unter Ziffer 1. und 2. bezeichneten Fällen kommt jedoch dieser Artikel nicht

지중해, 흑해 및 아조프해의 항구는 이를 유럽 항구에 포함되는 것으로 본다.

제448조 선적항에 체재하는 선박과 관련된 본법 제5편의 규정은, 주법에 의하여 선적항의 구역 내에 있는 전부 혹은 일부 항구에 체재하는 선박으로 그 규정을 확장할 수 있다.

제449조 본법 제5편의 규정은, 특별 법령에 달리 규정되어 있지 않는 범위 내에서만, 우편 시설에 대해 적용된다.

제2장 선주 및 선박공유

제450조 선주란 수익을 얻을 목적으로 스스로 항해에 제공하는 선박의 소유자를 말한다.

제451조 선주는 선원이 그 직무를 수행하는 중에 그의 귀책사유로 제3자에게 가한 손해를 배상할 책임이 있다.

제452조 선주는, 다음의 경우, 제3자의 청구권에 대해 개인적으로는 책임이 없고, 오로지 선박과 운임을 가지고 책임을 진다.:
  1) 선장이 개별적인 특별 수권이 아니라 그의 법적인 권한에 기한 법률행위에 의한 청구권의 경우;
  2) 선주가 체결한 계약의 불이행, 불완전 이행, 또는 하자 있는 이행으로 인한 채권으로, 그 불이행, 불완전 이행 또는 하자 있는 이행이 선원의 귀책사유에 기인한 것인지 여부는 불문하고, 계약의 이행이 선장의 직무범위 내에 속하는 경우;
  3) 선원의 귀책사유에 근거한 청구권의 경우.
  그러나 위 1)호 및 2)호에 표시된 경우에, 계약의 이행과 관련하여 선주 자신에게 귀책사유가 있는 때, 혹은 선주가 계약의 이행을 특별히 보증한 때에는 적용되

zur Anwendung, wenn den Rheder selbst in Ansehung der Vertragserfüllung ein Verschulden trifft, oder wenn derselbe die Vertragserfüllung besonders gewährleistet hat.

Artikel 453. Der Rheder haftet für die Forderungen der zur Schiffsbesatzung gehörenden Personen aus den Dienst- und Heuerverträgen nicht nur mit Schiff und Fracht, sondern zugleich persönlich.

Wenn jedoch das Schiff dem Rheder ohne sein Verschulden vor Vollendung der Reise verloren geht, insbesondere wenn es verunglückt, wenn es als reparaturunfähig, oder reparaturwürdig kondemnirt (Artikel 444.) und in dem letzteren Falle ohne Verzug öffentlich verkauft wird, wenn es geraubt wird, wenn es aufgebracht oder angehalten und für gute Prise erklärt wird, so haftet der Rheder für die Forderungen aus der nicht vollendeten Reise oder, sofern dieselbe aus mehreren Abschnitten besteht, für die Forderungen aus dem letzten Reise-Abschnitt nicht persönlich.

Der letzte Reise-Abschnitt beginnt in dem Hafen, in welchem das Schiff zuletzt Ladung eingenommen oder gelöscht hat, und mit dem Zeitpunkt, in welchem mit dem Laden der Anfang gemacht oder die Löschung vollendet ist. Ein Nothhafen wird als Ladungs- oder Löschungshafen im Sinne dieser Vorschrift nicht angesehen.

Der Rheder ist in keinem der vorgenannten Fälle befugt, die etwa gezahlten Handgelder und Vorschüsse zurück zu fordern.

Artikel 454. Die übrigen Fälle, in welchen der Rheder nicht persönlich, sondern nur mit Schiff und Fracht haftet, sind in den folgenden Titeln bestimmt.

Artikel 455. Der Rheder als solcher kann wegen eines jeden Anspruchs, ohne Unterschied ob er persönlich oder nur mit Schiff und Fracht haftet, vor dem Gerichte des Heimathshafens (Artikel 435.) belangt werden.

Artikel 456. Wird von mehreren Personen ein ihnen gemeinschaftlich zustehendes Schiff zum Erwerb durch die Seefahrt für gemeinschaftliche Rechnung verwendet, so besteht eine Rhederei.

Der Fall, wenn das Schiff einer Handelsgesellschaft gehört, wird durch die Bestimmungen über die Rhederei nicht berührt.

Artikel 457. Das Rechtsverhältniß der Mitrheder unter einander bestimmt sich zunächst nach dem zwischen ihnen geschlossenen Vertrage. Soweit eine Vereinbarung

지 않는다.

제453조 선원계약[3]에 기한 선원의 채권에 대하여는, 선주는 선박 및 운임을 가지고 책임을 질 뿐만 아니라, 동시에 개인적으로도 책임을 진다.

그러나 선박이 항해를 종료하기 이전에 선주의 귀책사유 없이 소멸된 경우, 특히 선박이 난파된 때, 선박의 수선이 불가능하거나 무가치하게 된 때(제444조), 수선이 무가치하지만 지체 없이 공매된 때, 선박이 약탈을 당한 때, 나포나 억류되어 포획물로 선언된 때에는, 항해를 종료하지 아니한 것으로, 혹은 항해가 다수 구간으로 구성되어 있으면, 최종 항해 구간을 종료하지 아니한 것으로 인한 청구권에 대해서는, 선주는 개인적으로 책임이 없다.

최종 항해 구간은 선박이 마지막으로 적하를 인수하거나 적하를 양륙한 항구에서 시작되며, 또 적하를 가지고 항해를 개시한 시점 또는 양륙을 완료한 시점에 개시된다. 피난항은 이 규정의 의미로 이를 선적항 또는 양륙항으로 보지 않는다.

위에서 본 여하한 경우에도, 지급했던 계약금 또는 선급금이 있다 하더라도, 선주는 그 반환을 청구할 수 없다.

제454조 선주가 개인적으로는 책임을 지지 않고 오로지 선박과 운임을 가지고 책임을 지는 여타의 경우는 아래 장에서 이를 정한다.

제455조 선주에 대한 소는, 무슨 청구권에 기하든, 개인적으로 책임을 지는지 혹은 오로지 선박과 운임을 가지고 책임을 지는지 가리지 않고, 선적항(제435조)을 관할하는 법원에 제기할 수 있다.

제456조 다수인이 공동으로 소유한 선박을 이익을 얻을 목적으로 공동의 계산으로 항해에 이용하면 선박공유가 성립한다.

---

3) Heuer는 승선 선원에게 지급되는 급료를 말하며 여기에서는 편의상 이렇게 번역하였다.

nicht getroffen ist, kommen die Bestimmungen der nachfolgenden Artikel zur Anwendung.

Artikel 458. Für die Angelegenheiten der Rhederei sind die Beschlüsse der Mitrheder maaßgebend. Bei der Beschlußfassung entscheidet die Mehrheit der Stimmen.

Die Stimmen werden nach der Größe der Schiffsparten gezählt. Die Stimmenmehrheit für einen Beschluß ist vorhanden, wenn der Person oder den Personen, welche für den Beschluß gestimmt haben, zusammen mehr als die Hälfte des ganzen Schiffs gehört.

Einstimmigkeit sämmtlicher Mitrheder ist erforderlich zu Beschlüssen, welche eine Abänderung des Rhedereivertrages bezwecken oder welche den Bestimmungen des Rhedereivertrages entgegen oder dem Zwecke der Rhederei fremd sind.

Artikel 459. Durch Beschluß der Mehrheit kann für den Rhedereibetrieb ein Korrespondentrheder (Schiffsdirektor, Schiffsdisponent) bestellt werden. Zur Bestellung eines Korrespondentrheders, welcher nicht zu den Mitrhedern gehört, ist ein einstimmiger Beschluß erforderlich.

Die Bestellung des Korrespondentrheders kann zu jeder Zeit durch Stimmenmehrheit widerrufen werden, unbeschadet der Rechte auf Entschädigung aus bestehenden Verträgen.

Artikel 460. Im Verhältniß zu Dritten ist der Korrespondentrheder kraft seiner Bestellung befugt, alle Geschäfte und Rechtshandlungen vorzunehmen, welche der Geschäftsbetrieb einer Rhederei gewöhnlich mit sich bringt. Diese Befugniß erstreckt sich insbesondere auf die Ausrüstung, Erhaltung und Verfrachtung des Schiffs, auf die Versicherung der Fracht, der Ausrüstungskosten und der Havereigelder, sowie auf die mit dem gewöhnlichen Geschäftsbetrieb verbundene Empfangnahme von Geldern.

Der Korrespondentrheder ist in demselben Umfange befugt, die Rhederei vor Gericht zu vertreten.

Er ist befugt, den Schiffer anzustellen und zu entlassen; der Schiffer hat sich nur an dessen Anweisungen und nicht auch an die etwaigen Anweisungen der einzelnen Mitrheder zu halten.

Im Namen der Rhederei oder einzelner Mitrheder Wechselverbindlichkeiten einzugehen oder Darlehen aufzunehmen, das Schiff oder Schiffsparten zu verkaufen oder zu verpfänden oder für dieselben Versicherung zu nehmen, ist der

인적 회사가 선박을 소유하는 경우, 선박공유에 관한 규정에 의하여 영향을 받지 않는다.

제457조 선박공유자 상호간 법률관계는 제1차적으로 당사자 사이에 있는 계약에 의하여 정하여진다. 다른 약정이 없는 범위 내에서, 이하 조문의 규정이 적용된다.

제458조 선박공유의 업무는 공유자의 결의에 의하여 처리한다. 결의는 투표수의 과반에 의하여 정한다.

투표수는 선박지분의 크기에 따라 이를 계산한다. 어느 한 의안에 관해 결의에 찬성하는 사람 또는 사람들이 합하여 선박 전부의 과반을 넘는 투표를 가질 때에 과반 득표가 존재한다.

공유계약의 변경을 목적으로 하는 결의 또는 공유계약의 규정에 반하거나 공유선박의 목적과 상치되는 결의를 하려면, 공유자 전원의 일치된 동의가 필요하다.

제459조 선박공유의 운영을 위해 다수결의 결의에 의해 업무 담당 공유자(선박운영자, 선박관리인)를 임명할 수 있다. 선박공유자가 아닌 사람을 선박관리인으로 임명하려면 선박공유자 전원이 찬성하는 결의가 있어야 한다.

선박관리인의 임명은 다수결의 결의로 언제든지 철회할 수 있으며, 다만 이로 인하여 기존의 계약에 기한 손해배상청구권은 영향을 받지 않는다.

제460조 제3자와의 관계에 있어, 선박관리인은 임명을 통하여, 선박공유의 업무처리를 위해 통상 수반되는 모든 거래 및 법률행위를 할 권한이 있다. 특히 이 권한은 선박의 의장, 관리 및 운송에 대하여, 운임, 의장 비용 및 해손 금액의 부보에 대하여, 및 통상의 업무처리와 관련된 금전의 수령에 대하여도 미친다.

선박관리인은 선박공유자들과 동일한 범위로 재판상 선박공유를 대리할 권한이 있다.

선박관리인은 선장을 임명하고 해임할 권한이 있다.; 선장은 오로지 선박관리

Korrespondentrheder nicht befugt, es sei denn, daß ihm eine Vollmacht hierzu besonders ertheilt ist.

Im Uebrigen bedarf es zu den Geschäften und Rechtshandlungen, welche er kraft seiner Bestellung vorzunehmen befugt ist, der in den Landesgesetzen etwa vorgeschriebenen Spezialvollmacht nicht.

Artikel 461. Durch ein Rechtsgeschäft, welches der Korrespondentrheder als solcher innerhalb der Grenzen seiner Befugnisse geschlossen hat, wird die Rhederei dem Dritten gegenüber auch dann berechtigt und verpflichtet, wenn das Geschäft ohne Nennung der einzelnen Mitrheder geschlossen ist.

Ist die Rhederei durch ein von dem Korrespondentrheder abgeschlossenes Geschäft verpflichtet, so haften die Mitrheder in gleichem Umfange (Artikel 452.), als wenn das Geschäft von ihnen selbst geschlossen wäre.

Artikel 462. Eine Beschränkung der im Artikel 460. bezeichneten Befugnisse des Korrespondentrheders kann die Rhederei einem Dritten nur insofern entgegensetzen, als sie beweist, daß die Beschränkung dem Dritten zur Zeit des Abschlusses des Geschäfts bekannt war.

Artikel 463. Der Rhederei gegenüber ist der Korrespondentrheder verpflichtet, die Beschränkungen einzuhalten, welche von derselben für den Umfang seiner Befugnisse festgesetzt sind; er hat sich ferner nach den gefaßten Beschlüssen zu richten und dieselben zur Ausführung zu bringen.

Im Uebrigen ist der Umfang seiner Befugnisse auch der Rhederei gegenüber nach den Bestimmungen des Artikels 460. mit der Maßgabe zu beurtheilen, daß er zu neuen Reisen und Unternehmungen, zu außergewöhnlichen Reparaturen, sowie zur Anstellung oder Entlassung des Schiffers vorher die Beschlüsse der Rhederei einholen muß.

Artikel 464. Der Korrespondentrheder ist verpflichtet, in den Angelegenheiten der Rhederei die Sorgfalt eines ordentlichen Rheders anzuwenden.

Artikel 465. Der Korrespondentrheder hat über seine die Rhederei betreffende Geschäftsführung abgesondert Buch zu führen und die dazu gehörigen Beläge aufzubewahren. Er hat auch jedem Mitrheder auf dessen Verlangen Kenntniß von allen Verhältnissen zu geben, die sich auf die Rhederei, insbesondere auf das Schiff, die

인의 지시를 따라야 하며, 개별 선박공유자의 지시를 따라서는 아니 된다.

선박관리인은, 특별수권이 부여된 경우를 제외하고는, 선박공유 또는 개별 선박공유자의 명의로 어음채무를 부담하거나 금전을 대부받을 권한이 없고, 또 선박이나 그 지분을 매각 또는 입질하거나 보험에 들 권한이 없다.

그 외에도, 그의 임명을 통하여 할 권한이 있는 거래 및 법률행위를 하기 위해, 주법에 규정된 특별 수권은 이를 요하지 않는다.

제461조 선박관리인이 그의 권한의 범위 내에서 행한 법률행위를 통하여, 비록 선박공유자들을 개별적으로 적시하지 않고 법률행위를 했다 하더라도, 선박공유는 제3자에 대해 권리를 취득하고 의무를 부담한다.

선박관리인이 행한 행위에 의하여 선박공유가 책임을 지는 경우에, 선박공유자는 그 행위를 자기 스스로 했을 때와 동일한 범위(제452조)로 책임을 진다.

제462조 제460조에 적시된 선박관리인의 권한에 대한 제한은, 행위를 할 때에 그러한 제한이 제3자에게 알려진 것을 선박공유자가 입증하는 때에 한해, 이를 가지고 선박공유는 그 제3자에게 대항할 수 있다.

제463조 선박관리인은, 선박공유에 대하여, 자기의 권한의 범위에 대해 선박공유가 정한 권한의 제한을 준수하여야 한다.; 그는 또 이미 취한 결의를 따라야 하고 이를 수행하여야 한다.

그 외에도 그의 권한의 범위는 선박공유에 대해서도 마찬가지로 제460조의 규정에 의하여 판단하여야 하고, 다만 새로운 항해 및 영업, 비통상적인 수리, 및 선장의 임면을 하려면 사전에 선박공유의 결의를 구하여야 한다.

제464조 선박관리인은 선박공유의 사무를 처리함에 있어 선주로서 요구되는 통상의 주의를 다하여야 할 의무가 있다.

Reise und die Ausrüstung beziehen; er muß ihm jederzeit die Einsicht der die Rhederei betreffenden Bücher, Briefe und Papiere gestatten.

Artikel 466. Der Korrespondentrheder ist verpflichtet, jederzeit auf Beschluß der Rhederei derselben Rechnung zu legen. Die Genehmigung der Rechnung und die Billigung der Verwaltung des Korrespondentrheders durch die Mehrheit hindert die Minderheit nicht, ihr Recht geltend zu machen.

Artikel 467. Jeder Mitrheder hat nach Verhältniß seiner Schiffspart zu den Ausgaben der Rhederei, insbesondere zu den Kosten der Ausrüstung und der Reparatur des Schiffs, beizutragen.

Ist ein Mitrheder mit Leistung seines Beitrags in Verzug und wird das Geld von Mithredern für ihn vorgeschossen, so ist er denselben von Rechtswegen zur Entrichtung von Zinsen von dem Zeitpunkt der Vorschüsse an verpflichtet. Ob durch einen solchen Vorschuß ein Pfandrecht an der Schiffspart des säumigen Mitrheders erworben wird, ist nach den Landesgesetzen zu beurtheilen. Auch wenn ein Pfandrecht nicht erworben ist, wird durch den Vorschuß ein versicherbares Interesse hinsichtlich der Schiffspart für die Mitrheder begründet. Im Fall der Versicherung dieses Interesse hat der säumige Mitrheder die Kosten derselben zu ersetzen.

Artikel 468. Wenn eine neue Reise oder wenn nach Beendigung einer Reise die Reparatur des Schiffes oder wenn die Befriedigung eines Gläubigers beschlossen worden ist, welchem die Rhederei nur mit Schiff und Fracht haftet, so kann jeder Mitrheder, welcher dem Beschlusse nicht zugestimmt hat, sich von der Leistung der zur Ausführung desselben erforderlichen Einzahlungen dadurch befreien, daß er seine Schiffspart ohne Anspruch auf Entgelt aufgibt.

Der Mitrheder, welcher von dieser Befugniß Gebrauch machen will, muß dies den Mitredern oder dem Korrespondentrheder innerhalb dreier Tage nach dem Tage des Beschlusses oder, wenn er bei der Beschlußfassung nicht anwesend und nicht vertreten war, innerhalb dreier Tage nach der Mittheilung des Beschlusses gerichtlich oder notariell kundgeben.

Die aufgegebene Schiffspart fällt den übrigen Mitredern nach Verhältniß der Größe ihrer Schiffsparten zu.

Artikel 469. Die Vertheilung des Gewinnes und Verlustes geschieht nach der Größe

제465조　선박관리인은 선박공유의 업무 수행과 관련하여 별도로 장부를 보유하고 거기에 따르는 증빙 서류를 보관하여야 한다. 어느 선박공유자이든 청구를 하면 선박공유에 관한, 특히 선박, 항해 및 의장에 관한 상황을 보고하여야 한다.; 선박관리인은 선박공유자가 선박공유와 관련된 장부, 서신 기타 서류를 언제든지 열람할 수 있도록 허용하여야 한다.

제466조　선박관리인은 선박공유의 결의가 있으면 언제든지 선박공유에 관한 계산서를 제출하여야 한다. 다수결에 의하여 이 계산서가 추인되고 또 선박관리인의 관리가 승인되었다고 하여 그로 인하여 소수자의 권리에 지장을 가져오는 것은 아니다.

제467조　모든 선박공유자는 자기의 지분의 비율에 따라 선박공유의 경비, 특히 선박의 수선과 의장의 비용을 분담하여야 한다.

　어느 선박공유자가 분담금의 납부를 지체하여 다른 공유자들이 대신 그 금액을 선급한 경우, 그 선박공유자는 다른 선박공유자에게 선급한 시점부터 법적으로 이자를 지급할 의무가 있다. 이러한 선급에 의해 체납한 선박공유자의 선박 지분에 질권이 성립하는지 여부는 주법에 의하여 판단한다. 질권이 성립하지 않는 경우, 다른 선박공유자는 그 선박지분에 관해 피보험이익을 갖는다. 이 이익을 보험에 붙인 경우, 체납한 선박공유자는 부보의 비용을 보상하여야 한다.

제468조　선박공유가 새로운 항해를 할 것을 결의한 때, 어느 항해를 종료한 다음 선박을 수리하기로 결의한 때, 혹은 오로지 선박과 운임을 가지고 책임을 지는 채권자에게 변제하기로 결의한 때, 그 결의에 동의하지 아니한 선박공유자는 누구나 보상을 청구하지 않고 자기의 지분을 포기함으로써 그 결의를 수행하는 데 필요한 입금의 의무로부터 면제를 받을 수 있다.

　이러한 권한을 행사하려는 선박공유자는, 결의가 있는 날로부터 3일 이내에, 또는 선박공유자나 그 대리인이 결의에 참여하지 않았다면 결의를 통지받은 날로부터 3일 이내에, 다른 선박공유자들 또는 선박관리인에게 재판상 혹은 공증인을 통

der Schiffsparten.

Die Berechnung des Gewinnes und Verlustes und die Auszahlung des etwaigen Gewinnes erfolgt jedesmal, nachdem das Schiff in den Heimathshafen zurückgekehrt ist, oder nachdem es in einem anderen Hafen seine Reise beendigt hat und die Schiffsmannschaft entlassen ist.

Außerdem müssen auch vor dem erwähnten Zeitpunkte die eingehenden Gelder, insoweit sie nicht zu späteren Ausgaben oder zur Deckung von Ansprüchen einzelner Mitrheder an die Rhederei erforderlich sind, unter die einzelnen Mitrheder nach Verhältniß der Größe ihrer Schiffsparten vorläufig vertheilt und ausgezahlt werden.

Artikel 470. Jeder Mitrheder kann seine Schiffspart jederzeit und ohne Einwilligung der übrigen Mitrheder ganz oder theilweise veräußern.

Ein gesetzliches Vorkaufsrecht steht den Mitrhedern nicht zu. Es kann jedoch die Veräußerung einer Schiffspart, in Folge welcher das Schiff das Recht, die Landesflagge zu führen, verlieren würde, rechtsgültig nur mit Zustimmung aller Mitrheder erfolgen. Die Landesgesetze, welche eine solche Veräußerung überhaupt für unzulässig erklären, werden durch diese Bestimmung nicht berührt.

Artikel 471. Der Mitrheder, welcher seine Schiffspart veräußert hat, wird, so lange die Veräußerung von ihm und dem Erwerber den Mitrhedern oder dem Korrespondentrheder nicht angezeigt worden ist, im Verhältniß zu den Mitrhedern noch als Mitrheder betrachtet und bleibt wegen aller vor dieser Anzeige begründeten Verbindlichkeiten als Mitrheder den übrigen Mitrhedern verhaftet.

Der Erwerber der Schiffspart ist jedoch im Verhältniß zu den übrigen Mitrhedern schon seit dem Zeitpunkte der Erwerbung als Mitrheder verpflichtet.

Er muß die Bestimmungen des Rhedereivertrages, die gefaßten Beschlüsse und eingegangenen Geschäfte gleich wie der Veräußerer gegen sich gelten lassen; die übrigen Mitrheder können außerdem alle gegen den Veräußerer als Mitrheder begründeten Verbindlichkeiten in Bezug auf die veräußerte Schiffspart gegen den Erwerber zur Aufrechnung bringen, unbeschadet des Rechts des letzteren auf Gewährleistung gegen den Veräußerer.

Artikel 472. Eine Aenderung in den Personen der Mitrheder ist ohne Einfluß auf den Fortbestand der Rhederei.

해 이를 통지하여야 한다.

포기한 선박 지분은 다른 공유자들에게 그 지분의 크기에 비례하여 귀속한다.

제469조 수익과 손실의 분배는 지분의 크기에 따라 이를 실시한다.

수지의 계산과 수익의 분배는 선박이 선적항에 돌아온 다음, 또는 다른 항구에서 항해를 종료하고 해원이 모두 해고된 다음, 그때마다 이를 실시한다.

그 외에 위에서 본 시점 이전이라도 들어온 금전이 만일 추후 비용의 지출이나 혹은 선박공유자 개인의 선박공유에 대한 청구를 감당하기 위해 필요한 것이 아니라면 이를 선박공유자들에게 그 지분의 크기에 비례하여 임시로 분배한 다음 이를 지급하여야 한다.

제470조 선박공유자는 누구나 다른 공유자의 동의 없이, 언제든지, 자기 지분을 전부이든 일부이든 양도할 수 있다.

다른 공유자에게 법정 우선매수권이 없다. 그러나 선박 지분의 양도가 양도의 결과로 선박이 주의 기를 게양할 권리를 상실한다면, 오로지 다른 선박공유자의 동의가 있는 때에만, 유효하게 양도할 수 있다. 그러한 양도를 전혀 허용하지 않는 주 법률은 본 규정으로 인하여 영향을 받지 않는다.

제471조 지분을 양도한 선박공유자는 양수인과 함께 그 양도를 다른 선박공유자들 또는 선박관리인에게 통지하지 않는 한, 다른 선박공유자들과의 관계에 있어 아직 선박공유자로 간주하며, 통지 이전에 발생한 모든 채무에 관해 다른 선박공유자에 대해 선박공유자로서의 책임을 진다.

그러나 선박 지분의 양수인은 다른 선박공유자와의 관계에서 취득 시점부터 이미 선박공유자로서의 의무를 진다.

공유 계약의 규정, 이미 통과된 결의 및 행하여진 거래는 양도인과 마찬가지로 양수인에게도 그 효력이 있다.; 그 외에도 다른 선박공유자는 양도된 지분과 관련된 선박공유자로서 양도인에 대해 발생했던 모든 채무를 양수인을 상대로 이행하게 할 수 있으며, 다만 양수인의 양도인에 대한 담보에 관한 권리는 이로 인하여

Wenn ein Mitrheder stirbt oder in Konkurs geräth oder zur Verwaltung seines Vermögens rechtlich unfähig wird, so hat dies die Auflösung der Rhederei nicht zur Folge.

Eine Aufkündigung von Seiten eines Mitrheders oder eine Ausschließung eines Mitrheders findet nicht statt.

Artikel 473. Die Auflösung der Rhederei kann durch Stimmenmehrheit beschlossen werden. Der Beschluß, das Schiff zu veräußern, steht dem Beschlusse der Auflösung gleich.

Ist die Auflösung der Rhederei oder die Veräußerung des Schiffs beschlossen, so muß das Schiff öffentlich verkauft werden. Der Verkauf kann nur geschehen, wenn das Schiff zu einer Reise nicht verfrachtet ist und in dem Heimathshafen oder in einem inländischen Hafen sich befindet. Ist jedoch das Schiff als reparaturunfähig oder reparaturunwürdig (Artikel 444.) kondemnirt, so kann der Verkauf desselben, auch wenn es verfrachtet ist, und selbst im Auslande erfolgen. Soll von den vorstehenden Bestimmungen abgewichen werden, so ist die Zustimmung aller Mitrheder erforderlich.

Artikel 474. Die Mitrheder als solche haften Dritten, wenn ihre persönliche Haftung eintritt, nur nach Verhältniß der Größe ihrer Schiffsparten.

Ist eine Schiffspart veräußert, so haften für die in der Zeit zwischen der Veräußerung und der im Artikel 471. erwähnten Anzeige etwa begründeten persönlichen Verbindlichkeiten rücksichtlich dieser Schiffspart sowohl der Veräußerer als der Erwerber.

Artikel 475. Die Mitrheder als solche können wegen eines jeden Anspruchs, ohne Unterschied, ob dieser von einem Mitrheder oder von einem Dritten erhoben ist, vor dem Gerichte des Heimathshafens (Artikel 435.) belangt werden. Diese Vorschrift kommt auch dann zur Anwendung, wenn die Klage nur gegen einen Mitrheder oder gegen einige Mitrheder gerichtet ist.

Artikel 476. Auf die Vereinigung zweier oder mehrerer Personen, ein Schiff für gemeinschaftliche Rechnung zu erbauen und zur Seefahrt zu verwenden, finden die Artikel 457. 458. 467., der letztere mit der Maßgabe Anwendung, daß er zugleich auf die Baukosten zu beziehen ist, desgleichen die Artikel 472. und 474. und, sobald das Schiff vollendet und von dem Erbauer abgeliefert ist, außerdem die Artikel 470. 471.

영향을 받지 않는다.

제472조 선박공유자의 인적 변경은 선박공유의 존속에는 하등의 영향이 없다.
어느 선박공유자가 사망하거나, 파산절차에 들어가거나, 법적으로 재산을 관리
할 능력을 상실한다고 하여, 그 결과로 선박공유가 해산되는 것은 아니다.
선박공유자 측에 의한 탈퇴 혹은 어느 선박공유자의 제명은 인정되지 않는다.

제473조 다수결에 의하여 선박공유의 해산을 결의할 수 있다. 선박을 양도한다
는 결의는 이를 선박공유를 해산한다는 결의와 마찬가지로 본다.
선박공유를 해산하거나 선박을 양도한다는 결의가 있으면, 선박을 공매하여야
한다. 선박이 어느 항해를 위해 운송계약이 되어 있지 않고 또 선적항이나 국내 어
느 항구에 정박하여 있는 때에 비로소 그 선박을 매각할 수 있다. 그러나 선박이
수리 불가능하거나 수리 무가치한 것으로 판명된 경우(제444조), 그 선박은 운송계
약이 되어 있거나 해외 항구에 있다 하더라도, 이를 매각할 수 있다. 이러한 규정
과 달리 행하려면 모든 선박공유자의 동의가 있어야 한다.

제474조 선박공유자들은 그들의 인적 책임이 발생하면 지분의 크기에 비례하여
제3자에 대해 책임을 진다.
선박공유의 지분이 양도된 경우, 양도와 제471조에서 말하는 통지의 사이 기간
에 발생한 지분과 관련된 채무에 대해 양도인은 물론 양수인도 책임이 있다.

제475조 선박공유자에 대한 소는, 제3자가 제기한 것이든 다른 선박공유자가 제
기한 것이든 가리지 않고, 여하한 채권이든, 선적항(제435조)을 관할하는 법원에
제기할 수 있다. 이 규정은, 소가 어느 한 선박공유자를 상대로 하든 혹은 몇몇 공
유자를 상대로 하든, 마찬가지로 적용된다.

und 473.

Der Korrespondentrheder (Artikel 459.) kann auch schon vor Vollendung des Schiffs bestellt werden; er hat in diesem Fall sogleich nach seiner Bestellung in Bezug auf den künftigen Rhedereibetrieb die Rechte und Pflichten eines Korrespondentrheders.

Artikel 477. Wer ein ihm nicht gehöriges Schiff zum Erwerb durch die Seefahrt für seine Rechnung verwendet und es entweder selbst führt oder die Führung einem Schiffer anvertraut, wird im Verhältniß zu Dritten als Rheder angesehen.

Der Eigenthümer kann denjenigen, welcher aus der Verwendung einen Anspruch als Schiffsgläubiger herleitet, an der Durchführung des Anspruchs nicht hindern, sofern er nicht beweist, daß die Verwendung ihm gegenüber eine widerrechtliche und der Gläubiger nicht in gutem Glauben war.

Dritter Titel. Von dem Schiffer.

Artikel 478. Der Führer des Schiffs (Schiffskapitain, Schiffer) ist verpflichtet, bei allen Dienstverrichtungen, namentlich bei der Erfüllung der von ihm auszuführenden Verträge, die Sorgfalt eines ordentlichen Schiffers anzuwenden. Er haftet für jeden durch sein Verschulden entstandenen Schaden, insbesondere für den Schaden, welcher aus der Verletzung der in diesem und den folgenden Titeln ihm auferlegten Pflichten entsteht.

Artikel 479. Diese Haftung des Schiffers besteht nicht nur gegenüber dem Rheder, sondern auch gegenüber dem Befrachter, Ablader und Ladungsempfänger, dem Reisenden, der Schiffsbesatzung und demjenigen Schiffsgläubiger, dessen Forderung aus einem Kreditgeschäft (Artikel 497.) entstanden ist, insbesondere dem Bodmereigläubiger.

Der Schiffer wird dadurch, daß er auf Anweisung des Rheders gehandelt hat, den

제476조   2명 혹은 그 이상 사람이 공동의 계산으로 선박을 건조하여 해상운송에 이용하기로 약정한 경우에도, 제457조, 제458조 및 제467조가 적용되고, 다만 마지막 제467조는 건조비용에 대하여도 마찬가지로 적용되며, 또 제472조 및 제474조도 마찬가지로 적용되고, 나아가 선박이 완성되어 건조자가 인도하여 주면 그외에도 제470조, 제471조 및 제473조가 마찬가지로 적용된다.

선박의 건조가 완료되기 이전이라도 선박관리인(제459조)을 임명할 수 있다.; 이 경우, 선박관리인은 임명 즉시 선박공유의 장래 운영에 관해 선박관리인으로서의 권리와 의무가 있다.

제477조   자기에게 속하지 아니하는 선박을 항해를 통해 수익을 얻을 목적으로 자기 계산으로 이용하고 그 운영을 스스로 하거나 혹은 선장에게 위임하는 사람은 제3자와의 관계에서 이를 선주로 본다.

선박의 소유자는 선박의 이용과 관련하여 선박채권자로서 청구권을 취득한 사람에 대해 그 권리행사를 저지할 수 없고, 다만, 선박의 소유자가, 그 이용이 자기에 대해 위법적인 것이고 채권자가 이에 관해 선의가 아니었던 것을 입증하는 때에는, 그러하지 않다.

제3장 선   장

제478조   선박의 지휘자(선장)는 그의 모든 직무에 임하여, 특히 그에 의하여 수행되는 계약의 이행에 관하여, 선장으로서 통상의 주의를 다하여야 한다. 선장은 자기의 귀책사유로 인해 발생한 모든 손해, 특히 본장 및 이하 다른 장에서 그에게 부과한 의무를 위반하여 발생한 손해를 배상할 책임이 있다.

제479조   이러한 선장의 책임은 선주에 대하여서뿐만 아니라 송하인, 선적인, 수하인, 여객, 선원 및 신용거래(제497조)로 인한 채권의 선박채권자, 특히 모험대차의 채권자에 대하여도 발생한다.

선장이 선주의 지시에 따라 행위를 했다고 하여 위에서 열거된 다른 사람에 대한 선장의 책임이 면제되는 것은 아니다. 이러한 지시를 할 때에 선주가 사정을 알

übrigen vorgenannten Personen gegenüber von der Haftung nicht befreit. Durch eine solche Anweisung wird auch der Rheder persönlich verpflichtet, wenn er bei Ertheilung derselben von dem Sachverhältniß unterrichtet war.

Artikel 480. Der Schiffer hat vor Antritt der Reise dafür zu sorgen, daß das Schiff in seetüchtigem Stande, gehörig eingerichtet und ausgerüstet, gehörig bemannt und verproviantirt ist, und daß die zum Ausweis für Schiff, Besatzung und Ladung erforderlichen Papiere an Bord sind.

Artikel 481. Der Schiffer hat zu sorgen für die Tüchtigkeit der Geräthschaften zum Laden und Löschen, sowie für die gehörige Stauung nach Seemannsbrauch, auch wenn die Stauung durch besondere Stauer bewirkt wird.

Er hat dafür zu sorgen, daß das Schiff nicht überladen, und daß es mit dem nöthigen Ballaste und der erforderlichen Garnirung versehen wird.

Artikel 482. Wenn der Schiffer im Auslande die dort geltenden gesetzlichen Vorschriften, insbesondere die Polizei-, Steuer-, und Zollgesetze nicht beobachtet, so hat er den daraus entstehenden Schaden zu ersetzen.

Desgleichen hat er den Schaden zu ersetzen, welcher daraus entsteht, daß er Güter ladet, von welchen er wußte oder wissen mußte, daß sie Kriegskontrebande seien.

Artikel 483. Sobald das Schiff zum Abgehen fertig ist, hat der Schiffer die Reise bei der ersten günstigen Gelegenheit anzutreten.

Auch wenn er durch Krankheit oder andere Ursachen verhindert ist, das Schiff zu führen, darf er den Abgang oder die Weiterfahrt desselben nicht ungebührlich aufhalten; er muß vielmehr, wenn Zeit und Umstände gestatten, die Anordnung des Rheders einzuholen, diesem ungesäumt die Verhinderung anzeigen und für die Zwischenzeit die geeigneten Vorkehrungen treffen, im entgegengesetzten Fall einen anderen Schiffer einsetzen. Für diesen Stellvertreter ist er nur insofern verantwortlich, als ihm bei der Wahl desselben ein Verschulden zur Last fällt.

Artikel 484. Vom Beginn des Ladens an bis zur Beendigung der Löschung darf der Schiffer das Schiff gleichzeitig mit dem Steuermann nur in dringenden Fällen verlassen; er hat in solchen Fällen zuvor aus den Schiffsoffizieren oder der übrigen Mannschaft einen geeigneten Vertreter zu bestellen.

Dasselbe gilt auch vor Beginn des Ladens und nach Beendigung der Löschung, wenn

고 있었다면 그러한 지시를 통해 선주는 인적인 의무[4]를 진다.

제480조 선장은 항해를 개시하기 전에 선박이 감항능력을 갖추고 있고 적절하게 설비를 갖추고 의장을 하였으며, 또 적당하게 인원을 구비하고 물자를 공급받았는지에 관해 주의를 다하여야 하고, 나아가 선박, 선원 및 적하를 증명하기 위해 필요한 서류도 갖추고 있는지 주의를 다하여야 한다.

제481조 선장은 선적과 양륙을 위한 장비가 건재한지 주의를 다하여야 하고, 또 해운관습에 따라 적절하게 적부가 되었는지 주의를 다하여야 하며, 이는 하역 작업이 별도의 하역인에 의하여 이루어지는 때에도 마찬가지이다.
  선장은 선박이 과적을 하지 않았는지, 선박이 필요한 흘수를 확보하고 있는지, 및 요구되는 고정을 하였는지 등에 관해 주의를 다하여야 한다.

제482조 선장이 외국에서 그곳에서 시행 중인 법의 규정, 특히 치안, 세금 및 관세에 관한 법 규정을 준수하지 아니한 때에는, 선장은 그로 인해 발생하는 손해를 배상할 책임이 있다.
  선장이 전쟁금수품을 선적하였고, 선장이 전쟁금수품인 줄 알았거나 혹은 알았어야 했던 경우, 마찬가지로 선장은 그로 인하여 발생하는 손해를 배상할 책임이 있다.

제483조 선박이 출발을 위한 준비가 완료되면, 선장은 지체 없이 항해를 개시하여야 한다.
  질병 기타 사고로 인해 선장이 선박을 지휘하는 데 지장이 있는 경우, 선장은 항해의 개시 혹은 속행을, 부당하지 않은 범위 내에서, 중지할 수 있다.; 나아가 시간과 상황이 허용하면, 선장은 지체 없이 선주에게 장애를 보고하고 선주의 지시를 구하여야 하며, 그 사이에 적절한 대비 조치를 취하고, 그렇지 못한 경우 다른 선장을 영입하여야 한다. 이 대행선장의 행위에 대해 선장은 오로지 그 선정에 귀책사유가 있는 경우에 한해 책임이 있다.

---

4) 선박과 운임에 한정하여 책임을 지지 않고 다른 일반 채무와 마찬가지로 모든 재산을 가지고 책임을 진다.

das Schiff in einem nicht sicheren Hafen oder auf einer nicht sicheren Rhede liegt.

Bei drohender Gefahr oder wenn das Schiff in See sich befindet, muß der Schiffer an Bord sein, sofern nicht eine dringende Nothwendigkeit seine Abwesenheit rechtfertigt.

Artikel 485. Wenn der Schiffer in Fällen der Gefahr mit den Schiffsoffizieren einen Schiffsrath zu halten für angemessen findet, so ist er gleichwohl an die gefaßten Beschlüsse nicht gebunden; er bleibt stets für die von ihm getroffenen Maaßregeln verantwortlich.

Artikel 486. Auf jedem Schiffe muß ein Journal geführt werden, in welches für jede Reise alle erheblichen Begebenheiten, seit mit dem Einnehmen der Ladung oder des Ballastes begonnen ist, einzutragen sind.

Das Journal wird unter Aufsicht des Schiffers von dem Steuermann und im Fall der Verhinderung des letzteren von dem Schiffer selbst oder unter seiner Aufsicht von einem durch ihn zu bestimmenden geeigneten Schiffsmann geführt.

Artikel 487. Von Tag zu Tag sind in das Journal einzutragen:

die Beschaffenheit von Wind und Wetter;

die von dem Schiffe gehaltenen Kurse und zurückgelegten Distanzen;

die ermittelte Breite und Länge;

der Wasserstand bei den Pumpen.

Ferner sind in das Journal einzutragen:

die durch das Loth ermittelte Wassertiefe;

jedes Annehmen eines Lootsen und die Zeit seiner Ankunft und seines Abganges;

die Veränderungen im Personal der Schiffsbesatzung;

die im Schiffsrath gefaßten Beschlüsse;

alle Unfälle, welche dem Schiff oder der Ladung zustoßen, und die Beschreibung derselben.

Auch die auf dem Schiffe begangenen strafbaren Handlungen und die verhängten Disziplinarstrafen, sowie die vorgekommenen Geburts- und Sterbefälle sind in das Journal einzutragen.

Die Eintragungen müssen, soweit die Umstände nicht hindern, täglich geschehen.

Das Journal ist von dem Schiffer und dem Steuermann zu unterschreiben.

Artikel 488. Das Journal, wenn es ordnungsmäßig geführt und in der Form

제484조 선적의 개시부터 양륙의 완료까지 사이에는 오로지 급박한 경우에 한해 선장은 항해장과 함께 동시에 선박을 이탈할 수 있다.; 그러한 경우에도 선장은 미리 사관 혹은 여타 선원 중에 적절한 대행자를 지정하여야 한다.

이는, 선적의 개시 이전 또는 양륙의 종료 이후라 할지라도, 선박이 안전하지 않은 항구 혹은 안전하지 않은 정박소에 있는 경우에도, 마찬가지이다.

현저한 위험에 처하거나 혹은 선박이 해상에 있는 동안에는, 다른 급박한 불가피한 사정에 의해 그의 부재가 정당화되지 않는 한, 선장은 선상에 머물러야 한다.

제485조 위험에 처하여 선장이 적절하다고 판단하여 다른 사관과 함께 선상 회의를 열어야 했던 경우에, 선장은 그럼에도 불구하고 통과된 결의에 구속되지 않는다.; 선장은 항상 자기가 취한 조치에 대해 책임을 져야 한다.

제486조 모든 선박에는 일지를 보유하여야 하고 거기에 적하의 수령 또는 저하의 삽입 시부터 항해에 관한 모든 중요한 사항을 기록하여야 한다.

이 일지는 선장의 감독 하에 항해장이 작성하여야 하고, 항해장이 이를 작성할 수 없는 사정이 있는 경우, 선장 자신이나 그의 감독 하에 그가 지명한 적당한 선원이 이를 작성한다.

제487조 일지에는 매일 다음 사항을 기재하여야 한다.:
바람과 날씨의 상태;
선박이 취한 항로 및 항해 거리;
산정한 위도와 경도;
펌프에 있어 수위
   그 외에도 일지에는 다음 사항을 기재하여야 한다.:
측연에 의하여 산정한 수심;
모든 승선 도선사 및 그들의 도착과 퇴선;
선원의 구성 변경;
선상 회의에서 통과된 결의;
선박과 적하에 영향을 주는 모든 사고와 그 내용.
   선상에서 행해졌던 범죄행위 및 가해진 징계와 일어난 출생과 사망도 일지에 기재하여야 한다.

unverdächtig ist, liefert für die Begebenheiten der Reise, soweit darüber weder eine Verklarung erforderlich (Artikel 490.), noch die Beibringung anderer Beläge gebräuchlich ist, in der Regel einen unvollständigen Beweis, welcher durch den Eid oder andere Beweismittel ergänzt werden kann. Jedoch hat der Richter nach seinem durch die Erwägung aller Umstände geleiteten Ermessen zu entscheiden, ob dem Inhalt des Journals ein größeres oder geringeres Maaß der Beweiskraft beizulegen ist.

Artikel 489. Die Landesgesetze können bestimmen, daß auf kleineren Fahrzeugen (Küstenfahrer u. dgl.) die Führung eines Journals nicht erforderlich sei.

Artikel 490. Der Schiffer hat über alle Unfälle, welche sich während der Reise ereignen, sie mögen den Verlust oder die Beschädigung des Schiffs oder der Ladung, das Einlaufen in einen Nothhafen oder einen sonstigen Nachtheil zur Folge haben, mit Zuziehung aller Personen der Schiffsbesatzung oder einer genügenden Anzahl derselben eine Verklarung abzulegen.

Die Verklarung ist ohne Verzug zu bewirken und zwar; im Bestimmungshafen oder bei mehreren Bestimmungshäfen, in demjenigen, welchen das Schiff nach dem Unfalle zuerst erreicht; im Nothhafen, sofern in diesem reparirt und gelöscht wird; am ersten geeigneten Orte, wenn die Reise endet, ohne daß der Bestimmungshafen erreicht wird.

Ist der Schiffer gestorben oder außer Stande, die Aufnahme der Verklarung zu bewirken, so ist hierzu der im Range nächste Schiffsoffizier berechtigt und verpflichtet.

Artikel 491. Die Verklarung muß einen Bericht über die erheblichen Begebenheiten der Reise, namentlich eine vollständige und deutliche Erzählung der erlittenen Unfälle, unter Angabe der zur Abwendung oder Verringerung der Nachtheile angewendeten Mittel enthalten.

Artikel 492. Im Gebiete dieses Gesetzbuchs muß die Verklarung, unter Vorlegung des Journals und eines Verzeichnisses aller Personen der Schiffsbesatzung, bei dem zuständigen Gericht angemeldet werden.

Das Gericht hat nach Eingang der Anmeldung so bald als thunlich die Verklarung aufzunehmen. Der dazu anberaumte Termin wird in geeigneter Weise öffentlich bekannt gemacht, insofern die Umstände einen solchen Aufenthalt gestatten.

Die Interessenten von Schiff und Ladung, sowie die etwa sonst bei dem Unfalle Betheiligten sind berechtigt, selbst oder durch Vertreter der Ablegung der Verklarung

상황이 허락하는 한 기록은 매일 하여야 한다. 그리고 선장과 항해장이 거기에 서명하여야 한다.

제488조 항해일지는 정상적으로 작성되고 형식에 의문의 여지가 없다면, 항해 중에 발생한 사건에 관해, 그에 관해 특별히 해난신고서를 요구하거나(제490조) 혹은 다른 증빙 서류의 첨부가 관습적인 경우를 제외하고는, 원칙적으로 선서서 또는 기타 증거방법에 의하여 보충될 수 있는 하나의 불완전한 증거로서 기능을 한다. 다만 판사는 모든 상황을 형량하여 이르게 된 평가를 통해 일지의 내용에 고도의 혹은 경미한 증명력을 부여할지 여부를 결정한다.

제489조 주법에 의해, 소형 운송용구(연안항해선 및 이와 유사한 선박)은 항해일지를 보유할 것을 요하지 않는다고 정할 수 있다.

제490조 선장은, 항해 중에 일어난, 선박이나 적하의 멸실이나 훼손, 피난항에의 입항, 또는 기타 손해를 유발할 수 있는 사고에 관해, 모든 선원 또는 충분한 수의 선원의 참여 하에, 해난보고서를 작성하여야 한다.
　해난보고서는 지체 없이 작성하여야 하며; 목적항에서 작성하여야 하고, 목적항이 다수 있으면 사고 후 선박이 최초로 도달하는 항구에서 작성하여야 하며; 피난항에서 선박의 수리를 하고 선박이 화물을 내리면 그 피난항에서 작성하여야 하며; 목적항에 도착하지 못하고 항해가 종료된 때에는 최초로 도달하는 다른 적당한 장소에서 작성하여야 한다.
　선장이 사망하거나 혹은 해난보고서를 작성할 수 없는 상태에 있는 경우, 서열에 있어 그 다음 사관이 이를 작성할 의무와 권리가 있다.

제491조 해난보고서에는 항해 중 발생한 중요 사건에 관한 보고, 특히 항해 중 당하였던 사고에 관한 완전하고 상세한 설명이, 손해의 방지 또는 축소를 위해 취한 수단에 관한 기술과 함께, 포함되어 있어야 한다.

제492조 본법이 적용되는 지역 내에 있어서는, 해난보고서는 항해일지와 선원명부를 첨부하여 관할 법원에 제출하여야 한다.
　법원은 제출을 받은 후 가능한 한 신속히 해난보고서를 승인하여야 한다. 이를

beizuwohnen.

Die Verklarung geschieht auf Grundlage des Journals. Kann das geführte Journal nicht beigebracht werden oder ist ein Journal nicht geführt (Artikel 489.), so ist der Grund hiervon anzugeben.

Artikel 493. Der Richter ist befugt, außer den gestellten noch andere Personen der Schiffsbesatzung, deren Abhörung er angemessen findet, zu vernehmen. Er kann zum Zweck besserer Aufklärung dem Schiffer sowohl als jeder anderen Person der Schiffsbesatzung geeignete Fragen zur Beantwortung vorlegen.

Der Schiffer und die zugezogenen übrigen Personen der Schiffsbesatzung haben ihre Aussagen zu beschwören.

Die über die Verklarung aufgenommene Verhandlung ist in Urschrift aufzubewahren und jedem Betheiligten auf Verlangen beglaubigte Abschrift zu ertheilen.

Artikel 494. Die in Gemäßheit Artikel 492. und 493. aufgenommene Verklarung liefert vollen Beweis der dadurch beurkundeten Begebenheiten der Reise.

Jedem Betheiligten bleibt im Prozesse der Gegenbeweis vorbehalten.

Artikel 495. Rechtsgeschäfte, welche der Schiffer eingeht, während das Schiff im Heimathshafen sich befindet, sind für den Rheder nur dann verbindlich, wenn der Schiffer auf Grund einer Vollmacht gehandelt hat, oder wenn ein anderer besonderer Verpflichtungsgrund vorhanden ist.

Zur Annahme der Schiffsmannschaft ist der Schiffer auch im Heimathshafen befugt.

Artikel 496. Befindet sich das Schiff außerhalb des Heimathshafens, so ist der Schiffer Dritten gegenüber kraft seiner Anstellung befugt, für den Rheder alle Geschäfte und Rechtshandlungen vorzunehmen, welche die Ausrüstung, Bemannung, Verproviantirung und Erhaltung des Schiffs, sowie überhaupt die Ausführung der Reise mit sich bringen.

Diese Befugniß erstreckt sich auch auf die Eingehung von Frachtverträgen; sie erstreckt sich ferner auf die Anstellung von Klagen, welche sich auf den Wirkungskreis des Schiffers beziehen.

Artikel 497. Zur Aufnahme von Darlehen, zur Eingehung von Käufen auf Borg, sowie zum Abschlusse ähnlicher Kreditgeschäfte ist jedoch der Schiffer nur dann befugt, wenn es zur Erhaltung des Schiffes oder zur Ausführung der Reise nothwendig

위해 지정된 날짜는, 상황이 그러한 시간을 허용한다면, 이를 적당한 방법으로 공시하여야 한다.

선박과 적하의 이해관계인은 물론 여타 사고의 관계인은 해난보고서의 작성에, 스스로 또는 대리인을 통하여, 참여할 수 있다.

해난보고서는 항해일지를 기초로 작성한다. 보유한 항해일지를 제출할 수 없거나 항해 일지가 작성되지 않은 경우(제489조) 그 이유를 기술하여야 한다.

제493조 판사는 이미 소환되어 온 이외 선원도 그의 증언이 필요하다고 인정되면 이를 심문할 수 있다. 판사는 또 사안을 더욱 명확히 파헤치기 위해 선장은 물론 다른 선원에게도 응답해야 할 적절한 질의를 할 수 있다.

선장과 기타 참여 선원은 그 진술에 대해 선서를 하여야 한다.

해난보고서를 승인하는 모든 행위는 그 원본으로 이를 보관하여야 하고 관계인이 누구든 청구를 하면 그 인증 사본을 교부하여야 한다.

제494조 제492조 및 제493조에 따라 승인된 해난보고서는 그 보고서에 의하여 보고된 항해 사고에 관해서 완전한 증명력을 갖는다.

관계인은 누구든 민사절차에서 반증을 댈 수 있다.

제495조 선박이 선적항에 머물고 있는 동안 선장이 취한 법률행위는, 선장이 특별히 부여한 수권을 가지고 그 행위를 하거나, 선장에게 부여된 특별한 의무가 있어 그에 기해 행위를 한 때에 한해, 선주에게 구속력이 있다.

비록 선박이 선적항에 있다 하더라도, 선장은 선원을 채용할 권한이 있다.

제496조 선박이 선적항 이외에 있는 경우에는, 선장은 임명이 되면 제3자와의 관계에 있어 선주를 대리하여 선박의 의장, 충원, 공급 및 유지는 물론 일반적으로 항해의 수행에 수반되는 모든 거래 및 법률행위를 할 권한이 있다.

이 권한은 운송계약을 체결하는 것에도 미치고; 나아가 선장의 업무범위 내에 있으면 제소를 하는 것도 포함된다.

제497조 그러나 금전을 차용하고, 외상으로 구입 계약을 체결하고, 기타 유사한 신용계약을 체결하는 것은, 선박을 유지하거나 항해를 수행하기 위해 불가피하고

und nur insoweit, als es zur Befriedigung des Bedürfnisses erforderlich ist. Ein Bodmereigeschäft ist er einzugehen nur dann befugt, wenn es zur Ausführung der Reise nothwendig und nur insoweit, als es zur Befriedigung des Bedürfnisses erforderlich ist.

Die Gültigkeit des Geschäfts ist weder von der wirklichen Verwendung, noch von der Zweckmäßigkeit der unter mehreren Kreditgeschäften getroffenen Wahl, noch von dem Umstande abhängig, ob dem Schiffer das erforderliche Geld zur Verfügung gestanden habe, es sei denn, daß dem Dritten der böse Glaube bewiesen wurde.

Artikel 498. Auf dem persönlichen Kredit des Rheders Geschäfte abzuschließen, insbesondere Wechselverbindlichkeiten für denselben einzugehen, ist der Schiffer nur auf Grund einer ihn hierzu ermächtigenden Vollmacht (Artikel 452. Ziffer 1.) befugt. Verhaltungsmaßregeln und dienstliche Anweisungen, welche der Schiffer vom Rheder erhält, genügen nicht, die persönliche Haftung des Rheders dem Dritten gegenüber zu begründen.

Artikel 499. Die Befugniß zum Verkaufe des Schiffs hat der Schiffer nur im Falle dringender Nothwendigkeit, und nachdem dieselbe durch das Ortsgericht nach Anhörung von Sachverständigen und mit Zuziehung des Landeskonsuls, wo ein solcher vorhanden, festgestellt ist.

Ist keine Gerichtsbehörde und auch keine andere Behörde, welche die Untersuchung übernimmt, am Orte vorhanden, so hat der Schiffer zur Rechtfertigung seines Verfahrens das Gutachten von Sachverständigen einzuholen und, wenn dies nicht möglich ist, mit anderen Beweisen sich zu versehen.

Der Verkauf muß öffentlich geschehen.

Artikel 500. Der Rheder, welcher die gesetzlichen Befugnisse des Schiffers beschränkt hat, kann dem Dritten die Nichteinhaltung dieser Beschränkungen nur dann entgegensetzen, wenn er beweist, daß dieselben dem Dritten bekannt waren.

Artikel 501. Hat der Schiffer ohne besonderen Auftrag für Rechnung des Rheders aus eigenen Mitteln Vorschüsse geleistet oder sich verpflichtet, so stehen ihm gegen den Rheder wegen des Ersatzes keine größeren Rechte als einem Dritten zu.

Artikel 502. Durch ein Rechtsgeschäft, welches der Schiffer in seiner Eigenschaft als Führer des Schiffs, sei es mit, sei es ohne Bezeichnung des Rheders, innerhalb seiner gesetzlichen Befugnisse geschlossen hat, wird der Rheder dem Dritten gegenüber

또 오로지 긴급히 필요한 것을 변제하기 위한 범위 내에서만, 선장이 이를 할 수 있다. 또 선장은 항해를 수행하기 위해 불가피하고, 필요하고 긴급히 필요한 것을 변제하기 위한 범위 내에서만 모험대차에 들어갈 수 있다.

이때에 그 거래의 효력은, 선장이 그 금전을 효과적으로 사용했는지 여부 및 여러 신용 거래 중 선택이 합목적적으로 이루어졌는지 여부와는 상관이 없고, 또 선장이 처분할 수 있는 필요한 자금을 보유하고 있었는지 여부와도 상관이 없으며, 다만 제3자의 악의가 증명된 경우에는 그러하지 않다.

제498조   선주의 인적 신용에 기한 거래를 하려면, 특히 선주를 대리하여 어음채무를 부담하려고 하면, 선장은 그에 관해 특별수권(제452조 1호)이 있는 때에 한해 그에 기해 비로소 이를 할 수 있다. 선장이 선주로부터 받은 행동규칙 또는 근무지시는 그것만으로 선주의 인적 책임을 발생시킬 근거로 충분하지 않다고 본다.

제499조   긴급하고 불가피한 경우에 한해, 선장은 선박을 매각할 권한이 있고, 현지 법원이 감정인의 의견을 듣고 그곳에 주 영사가 있으면 그의 참여 하에 이를 확인한 다음, 선박을 매각할 수 있다.

조사를 수행할 법원 및 다른 관청이 없는 경우, 선장은 자기의 조치를 정당화하기 위해 감정인의 의견을 구하여야 하며, 이것도 불가능한 경우 다른 적당한 증거를 마련하여야 한다.

매각은 공적 절차에 의해 이를 실시하여야 한다.

제500조   선장의 법적 권한을 제한한 선주는 제3자가 이를 알았다는 것을 입증하는 때에 한해 비로소 그 제한을 준수하지 않았음을 이유로 제3자에게 대항할 수 있다.

제501조   선장이 별도의 위임이 없음에도 불구하고 자기의 자금으로 선주의 계산으로 선급을 하거나 의무를 진 경우, 선장은 그 체당에 관해 선주에 대해 다른 제3자 이상의 권리를 갖지 못한다.

제502조   선장이 선박의 지휘자의 자격으로, 선주를 표시하든 아니하든, 그 법적인 권한의 범위 내에서 법률행위를 하면, 이를 통하여 선주는 제3자에 대해 권리

berechtigt und die Haftung des Rheders mit Schiff und Fracht begründet.

Der Schiffer selbst wird dem Dritten durch das Rechtsgeschäft nicht verpflichtet, es sei denn, daß er eine Gewährleistung für die Erfüllung übernommen oder seine Befugnisse überschritten hätte. Die Haftung des Schiffers nach Maaßgabe der Artikel 478. und 479. wird hierdurch nicht ausgeschlossen.

Artikel 503. Auch dem Rheder gegenüber sind für den Umfang der Befugnisse des Schiffers die vorstehenden Artikel maaßgebend, soweit der Rheder diese Befugnisse nicht beschränkt hat.

Außerdem ist der Schiffer verpflichtet, von dem Zustande des Schiffs, den Begebnissen der Reisen, den von ihm geschlossenen Verträgen und den anhängig gewordenen Prozessen den Rheder in fortlaufender Kenntniß zu erhalten und in allen erheblichen Fällen, namentlich in den Fällen der Artikel 497. und 499., oder wenn er eine Reise zu ändern oder einzustellen sich genöthigt findet, oder bei außergewöhnlichen Reparaturen und Anschaffungen die Ertheilung von Verhaltungsmaaßregeln nachzusuchen, sofern die Umstände es gestatten.

Zu außergewöhnlichen Reparaturen und Anschaffungen, selbst wenn er sie mit den ihm zur Verfügung stehenden Mitteln des Rheders bestreiten kann, darf er nur im Falle der Nothwendigkeit schreiten.

Wenn er das zur Bestreitung eines Bedürfnisses nöthige Geld nicht anders sich verschaffen kann, als entweder durch Bodmerei, oder durch den Verkauf von entbehrlichem Schiffszubehör, oder durch den Verkauf von entbehrlichen Schiffsvorräthen, so hat er diejenige Maaßregel zu ergreifen, welche für den Rheder mit dem geringsten Nachtheil verbunden ist.

Er muß dem Rheder nach der Rückkehr in den Heimathshafen und außerdem, so oft es verlangt wird, Rechnung legen.

Artikel 504. Im Interesse der Ladungsbetheiligten hat der Schiffer während der Reise zugleich für das Beste der Ladung nach Möglichkeit Sorge zu tragen.

Werden zur Abwendung oder Verringerung eines Verlustes besondere Maaßregeln erforderlich, so liegt ihm ob, das Interesse der Ladungsbetheiligten als Vertreter derselben wahrzunehmen, wenn thunlich deren Anweisungen einzuholen und, insoweit es den Verhältnissen entspricht zu befolgen, sonst aber nach eigenem Ermessen zu

를 취득하고, 또 선박과 운임을 가지고 책임을 진다.

선장은 이러한 법률행위를 통하여 의무를 지지 않으며, 다만 선장이 개인적으로 이행을 보증하거나 권한을 초과한 경우에는 그러하지 않다. 제478조 및 제479조의 규정에 의한 선장의 책임은 이로 인하여 배제되지 않는다.

제503조 선장의 권한의 범위는, 선주와의 관계에 있어서도, 선주가 이를 제한하지 않는 한, 위에서 본 조문들이 적용된다.

그 외에도, 선장은 선박의 상태, 항해 중의 사고, 그가 체결한 계약, 및 진행 중인 소송절차에 관해 계속적으로 보고를 하여야 하며, 나아가 다른 중요한 사안, 특히 제497조 및 제499조의 경우, 항해를 변경하거나 조정할 필요가 있다고 판단되는 때, 및 통상적이지 아니한 수리나 구입을 하는 경우에, 선장은 사정이 허락하는 한 새로운 행동지침을 구하여야 한다.

통상적이지 아니한 수리 또는 공급의 경우, 선장은, 비록 자기가 처분할 수 있는 선주의 자금으로 이를 감당할 수 있다 하더라도, 불가피한 경우에 한해 이를 진행할 수 있다.

모험대차를 통하거나 혹은 불필요한 선박의 속구나 장비의 매각을 통하지 않고는 긴급한 필요에 대처하기 위한 자금을 마련할 수 없는 때에는, 선장은 선주에게 최소한 피해가 유발될 조치를 택하여 이를 취하여야 한다.

선박이 선적항에 귀항한 후, 혹은 그 외에도 요구가 있을 때마다, 선장은 선주에게 계산서를 제출하여야 한다.

제504조 항해 도중에 선장은 적하관계인의 이익을 위하여도 마찬가지로 적하를 위해 가장 유리하게 최선을 다하여야 한다.

멸실을 방지하거나 감축하기 위해 특별한 조치가 필요한 경우, 선장은 적하관계인의 대리인으로서 그들의 이익을 보호하여야 하고, 가능한 한 그들의 지시를 구하고 그 지시가 상황에 적합하면 이를 따라야 하고, 그렇지 않으면 스스로 판단하여 조치를 취하고, 나아가 일반적으로 적하관계인에게 그러한 사고와 그로 인해 취해진 초치에 관해 가능한 한 신속히 보고하여야 한다.

특히 이러한 경우에, 선장은 적하 전부 혹은 일부를 양륙할 수 있고, 최악의 경우로, 임박한 부패 혹은 기타 사유로 달리 중대한 멸실을 회피할 수 없는 때에는 적하를 매각할 수 있고, 적하의 보존과 계속 운송을 위한 자금을 마련하기 위해 적

verfahren und überhaupt thunlichst dafür zu sorgen, daß die Ladungsbetheiligten von solchen Vorfällen und den dadurch veranlaßten Maaßregeln schleunigst in Kenntniß gesetzt werden.

Er ist in solchen Fällen namentlich auch berechtigt, die Ladung ganz oder zum Theil zu löschen, äußerstenfalls, wenn ein erheblicher Verlust wegen drohenden Verderbs oder aus sonstigen Gründen anders nicht abzuwenden ist, zu verkaufen oder Behufs Beschaffung der Mittel zu ihrer Erhaltung und Weiterförderung zu verbodmen, sowie im Falle der Anhaltung oder Aufbringung zu reklamiren oder, wenn sie auf andere Weise seiner Verfügung entzogen ist, ihre Wiedererlangung außergerichtlich und gerichtlich zu betreiben.

Artikel 505. Wird die Fortsetzung der Reise in der ursprünglichen Richtung durch einen Zufall verhindert, so ist der Schiffer befugt, die Reise entweder in einer anderen Richtung fortzusetzen, oder dieselbe auf kürzere oder längere Zeit einzustellen, oder nach dem Abgangshafen zurückzukehren, je nachdem es den Verhältnissen und den möglichst zu berücksichtigenden Anweisungen entspricht.

Im Falle der Auflösung des Frachtvertrages hat er nach den Vorschriften des Artikels 634. zu verfahren.

Artikel 506. Auf den persönlichen Kredit der Ladungsbetheiligten Geschäfte abzuschließen, ist der Schiffer auch in den Fällen des Artikels 504. nur auf Grund einer ihn hierzu ermächtigenden Vollmacht befugt.

Artikel 507. Außer den Fällen des Artikels 504. ist der Schiffer zur Verbodmung der Ladung oder zur Verfügung über Ladungstheile durch Verkauf oder Verwendung nur dann befugt, wenn und insoweit es zum Zweck der Fortsetzung der Reise nothwendig ist.

Artikel 508. Gründet sich das Bedürfniß in einer großen Haverei und kann der Schiffer demselben durch verschiedene Maaßregeln abhelfen, so hat er diejenige Maaßregel zu ergreifen, welche für die Betheiligten mit dem geringsten Nachtheil verbunden ist.

Artikel 509. Liegt der Fall einer großen Haverei nicht vor, so ist der Schiffer zur Verbodmung der Ladung oder zur Verfügung über Ladungstheile durch Verkauf oder Verwendung nur dann befugt, wenn er dem Bedürfniß auf anderem Wege nicht abhelfen kann, oder wenn die Wahl eines anderen Mittels einen unverhältnißmäßigen

하를 담보로 모험대차를 할 수 있으며, 또 적하가 억류나 나포된 경우 그 반환을 요구할 수 있고, 또 기타 방법으로 그 처분이 배제되면 재판상 혹은 재판외의 방법으로 그 회수를 시도할 수 있다.

제505조 원래 방향으로의 항해의 지속이 우연한 사고로 인해 지장을 받는 경우, 선장은 다른 방향으로 항해를 계속하거나, 보다 장기 혹은 단기 항해로 조정하거나 혹은 출발항으로 귀환할 수 있으며, 어느 경우이든 그것이 주위 상황은 물론 가능한 한 고려해야 할 지시에 적합한 것이어야 한다.

운송계약이 소멸한 경우, 선장은 제634조의 규정에 따라 조치를 하여야 한다.

제506조 제504조의 경우라 하더라도, 선장은 오로지 이를 위해 그에게 수여한 특별대리권에 의해, 적하관계인의 인적 신용에 기한 거래를 할 수 있다.

제507조 제504조의 경우를 제외하고는, 항해를 계속하기 위해 불가피한 때와 그 범위 내에서만, 선장이 적하를 담보로 모험대차를 하거나 적하의 일부 매각 또는 이용을 통한 처분을 할 수 있다.

제508조 공동해손에서 긴급한 조치가 필요하고, 선장이 여러 조치를 통해 그 위난을 회피할 수 있는 경우, 선장은 관계인에게 가장 적은 손해를 일으킬 조치를 취하여야 한다.

제509조 공동해손이 전제되지 않는 해난이 있는 경우, 다른 방법으로는 그 위난을 피할 수 없거나, 혹은 다른 방법을 선택하면 선주에게 과도한 손해가 따를 것인 때에 한해, 선장은 적하를 담보로 모험대차를 하거나 적하를 일부 매각하거나 사용하는 방법으로 처분할 수 있다.

이러한 경우에도, 선장은, 오로지 선박과 운임을 적하와 함께 담보로 하여, 모험대차를 할 수 있다(제681조 제2항).

선장은 매각보다는 우선적으로 모험대차를 하여야 하며, 다만 모험대차를 하면 선주에게 과도한 손실이 발생될 수 있는 경우에는 그러하지 아니하다.

제510조 적하를 담보로 한 모험대차, 또는 매각이나 사용을 통한 일부 적하의 처

Schaden für den Rheder zur Folge haben würde.

Auch in diesen Fällen kann er die Ladung nur zusammen mit dem Schiff und der Fracht verbodmen (Artikel 681. Absatz 2.).

Er hat die Verbodmung vor dem Verkauf zu wählen, es sei denn, daß die Verbodmung einen unverhältnißmäßigen Schaden für den Rheder zur Folge haben würde.

Artikel 510. Die Verbodmung der Ladung oder die Verfügung über Ladungstheile durch Verkauf oder Verwendung wird in den Fällen des vorstehenden Artikels als ein für Rechnung des Rheders abgeschlossenes Kreditgeschäft (Artikel 497. und 757. Ziffer 7.) angesehen.

Artikel 511. In Bezug auf die Gültigkeit der in den Fällen der Artikel 504. und 507. bis 509. von dem Schiffer abgeschlossenen Rechtgeschäfte kommen die Vorschriften des Artikels 497. zur Anwendung.

Artikel 512. Zu den Geschäften und Rechtshandlungen, welche der Schiffer nach den Artikeln 495. 496. 497. 499. 504. 507. bis 509. vorzunehmen befugt ist, bedarf er der in den Landesgesetzen etwa vorgeschriebenen Spezialvollmacht nicht.

Artikel 513. Was der Schiffer vom Befrachter, Ablader oder Ladungsempfänger außer der Fracht als Kaplaken, Primage oder sonst als Belohnung oder Entschädigung, gleichviel unter welchem Namen, erhält, muß er dem Rheder als Einnahme in Rechnung bringen.

Artikel 514. Der Schiffer darf ohne Einwilligung des Rheders für eigene Rechnung keine Güter verladen. Handelt er dieser Bestimmung zuwider, so muß er dem Rheder die höchste am Abladungsorte zur Abladungszeit für solche Reisen und Güter bedungene Fracht erstatten, unbeschadet des Rechts des Rheders, einen erweislich höheren Schaden geltend zu machen.

Artikel 515. Der Schiffer kann, selbst wenn das Gegentheil vereinbart ist, jederzeit von dem Rheder entlassen werden, jedoch unbeschadet seiner Entschädigungsansprüche.

Artikel 516. Erfolgt die Entlassung, weil der Schiffer untüchtig befunden ist, oder weil er seiner Pflicht nicht genügt, so erhält er nur dasjenige, was er von der Heuer einschließlich aller sonst bedungenen Vortheile bis dahin verdient hat.

Artikel 517. Wenn ein Schiffer, welcher für eine bestimmte Reise angestellt ist, entlassen wird, weil die Reise wegen Krieg, Embargo oder Blokade, oder wegen

분은, 위에 있는 조문의 경우에 있어서 선주의 계산으로 하는 신용거래(제497조 및 제757조 7호)라고 본다.

제511조 제504조 및 제507조 내지 509조의 경우에 있어 선장이 행한 법률행위의 유효성에 관해서는 제497조가 적용된다.

제512조 제495조, 제496조, 제497조, 제499조, 제504조, 제507조 내지 제509조에 의해 선장이 행할 권한이 있는 거래 및 법률행위의 경우, 선장은 주 법에서 달리 정한 특별수권을 요하지 않는다.

제513조 선장이 송하인, 선적인 또는 수하인으로부터 운임 이외에 선장사례금, 할증료 혹은 기타 그 명칭이 무엇이든 사례금 또는 보상금으로 수령한 것은 선주와 계산에 있어 이를 선주의 수입으로 산입하여야 한다.

제514조 선장은 선주의 동의가 없으면 자기 자신의 계산으로 어떠한 화물도 선적할 수 없다. 선장이 이 규정에 위반하는 행위를 한 경우, 그는 선적한 장소와 시간에 그러한 적하의 항해에 요구하는 최고 운임을 선주에게 보상하여야 하며, 이와 별도로 추가로 손해가 있으면, 선주는 이를 증명하여 그 배상을 청구할 수 있다.

제515조 선주는 선장을 해임할 수 있고, 이는 반대의 약정이 있다 하더라도 마찬가지이며, 다만 선장이 가질 수 있는 손해배상청구권은 이로 인하여 영향을 받지 아니한다.

제516조 선장이 무능하기 때문에, 또는 그 의무를 완수하지 못하였기 때문에 해임된 경우, 그 선장은 오로지 그때까지 그가 받을 모든 약정한 이익을 포함한 임금만 수령한다.

제517조 전쟁, 통상 금지 및 항구 봉쇄 때문에, 출항 또는 입항의 금지 때문에, 또는 다른 선박 또는 적하와 관련된 우연한 사고 때문에, 항해를 개시하거나 속행할 수 없기에, 특정한 항해를 위해 임명된 선장이 해임된 경우, 그 선장은 마찬가

eines Einfuhr- oder Ausfuhrverbots, oder wegen eines anderen Schiff oder Ladung betreffenden Zufalls nicht angetreten oder fortgesetzt werden kann, so erhält er gleichfalls nur dasjenige, was er von der Heuer einschließlich aller sonst bedungenen Vortheile bis dahin verdient hat. Dasselbe gilt, wenn ein auf unbestimmte Zeit angestellter Schiffer entlassen wird, nachdem er die Ausführung einer bestimmten Reise übernommen hat.

Erfolgt in diesen Fällen die Entlassung während der Reise, so hat der Schiffer außerdem nach seiner Wahl entweder auf freie Zurückbeförderung nach dem Hafen, wo er geheuert worden ist, aber auf eine entsprechende Vergütung Anspruch.

Wenn nach den Bestimmungen dieses Gesetzbuchs ein Anspruch auf freie Zurückbeförderung begründet ist, so umfaßt derselbe auch den Unterhalt während der Reise.

Artikel 518. Wird ein Schiffer, welcher auf unbestimmte Zeit angestellt ist, aus anderen als den in den Artikeln 516. und 517. angeführten Gründen entlassen, nachdem er die Ausführung einer bestimmten Reise übernommen hat, so erhält er außer demjenigen, was ihm nach den Bestimmungen des vorigen Artikels gebührt, als Entschädigung noch Heuer für zwei oder vier Monate, je nachdem die Entlassung in einem Europäischen oder in einem nichteuropäischen Hafen erfolgt ist. Jedoch erhält er in keinem Falle mehr, als er erhalten haben würde, wenn er die Reise zu Ende geführt hätte.

Artikel 519. War die Heuer nicht zeitweise, sondern in Bausch und Bogen für die ganze Reise bedungen, so wird in den Fällen der Artikel 516. bis 518. die verdiente Heuer mit Rücksicht auf den vollen Heuerbetrag nach Verhältniß der geleisteten Dienste, sowie des etwa zurückgelegten Theils der Reise bestimmt.

Zur Ermittelung der im Artikel 518. erwähnten Heuer für zwei oder vier Monate wird die durchschnittliche Dauer der Reise einschließlich der Ladungs- und Löschungszeit unter Berücksichtigung der Beschaffenheit des Schiffs in Ansatz gebracht, und danach die Heuer für die zwei oder vier Monate berechnet.

Artikel 520. Endet die Rückreise des Schiffs nicht in dem Heimathshafen, und war der Schiffer für die Aus- und Rückreise oder auf bestimmte Zeit angestellt, so hat der Schiffer Anspruch auf freie Zurückbeförderung nach dem Hafen, wo er geheuert worden ist, und auf Fortbezug der Heuer während der Reise oder nach seiner Wahl auf eine entsprechende Vergütung.

지로 오로지 그때까지 그가 받을 모든 약정한 이익을 포함한 임금만 수령한다. 이는 부정기 기간 동안 임명된 선장이 특정한 항해를 할 것을 인수하고 난 다음에 해임된 때에도 마찬가지로 적용된다.

이러한 경우에, 항해 도중에 해고가 이루어진 때에는, 그 외에도, 선장은 그의 선택에 따라 그가 승선한 항구로 무료 귀환 또는 그에 상당하는 보상을 청구할 수 있다.

본법의 규정에 의해 무료 귀환을 청구할 수 있는 권리가 발생하면, 그 무료 귀환에는 항해 중의 숙박도 포함된다.

제518조 부정기 기간 동안 임명된 선장이, 특정한 항해를 할 것을 인수하고 난 다음, 제516조 및 제517조에 열거된 이유가 아닌 이유로 해임된 경우, 그 선장은, 전조 규정에 의하여 그에게 부여된 것 이외에, 손해배상으로 해고가 유럽 항구에서 이루어지는지 또는 유럽 외 항구에서 이루어지는지에 따라 2개월 혹은 4개월의 임금을 추가로 수령한다. 그러나 여하한 경우라 하더라도 선장은 그가 항해를 끝까지 수행했었다면 수령했을 금액 이상을 수령할 수 없다.

제519조 임금이 기간을 단위로 정하여진 것이 아니라 전 항해에 대해 일정 금액으로 정하여진 때에는, 제516조 내지 제518조의 경우에, 받을 임금은 그 총액에 비추어 이미 행한 근무와 수행한 일부 항해의 비율에 의하여 이를 정한다.

제518조에서 말하는 2개월 또는 4개월의 임금을 산정함에 있어서는, 선박의 상태를 고려한 선적 및 양륙 기간을 포함한 평균 항해기간을 도출한 다음 2개월 또는 4개월의 기간에 해당하는 임금을 산정한다.

제520조 선박의 귀환항해가 선적항에서 종료되지 않은 경우, 선장이 진행항해와 귀환항해를 위해 임명되거나 일정한 기간 동안 임명이 된 때에는, 선장은 승선했던 항구까지 무료 귀환운송을 청구할 수 있고, 나아가 귀환항해 동안 임금의 계속 지급을 요구하거나, 원하면 대신 상당한 보상을 청구할 수 있다.

제521조 부정기 기간 임명된 선장은, 항해가 한번 개시되면, 선박이 선적항 또는 국내항으로 돌아와 양륙을 완료할 때까지 근무를 계속해야 한다.

그러나 선장은 최초 출발로부터 사임 시에 선박이 유럽항에 있는지 혹은 비유

Artikel 521. Der Schiffer, welcher auf unbestimmte Zeit angestellt ist, muß, sobald er eine Reise angetreten ist, in dem Dienste verbleiben, bis das Schiff in den Heimathshafen oder in einen inländischen Hafen zurückgekehrt und die Entlöschung erfolgt ist.

Er kann jedoch seine Entlassung fordern, wenn seit der ersten Abreise zwei oder drei Jahre verflossen sind, nachdem das Schiff zur Zeit der Aufkündigung in einem Europäischen oder in einem nichteuropäischen Hafen sich befindet. Er hat in einem solchen Falle dem Rheder die zu seiner Ersetzung erforderliche Zeit zu gewähren und den Dienst inzwischen fortzusetzen, jedenfalls die laufende Reise zu beendigen.

Hat der Rheder sofort nach der Kündigung die Rückreise angeordnet, so muß der Schiffer das Schiff zurückführen.

Artikel 522. Die Schiffspart, mit welcher der Schiffer auf Grund einer mit den übrigen Rhedern getroffenen Vereinbarung als Mitrheder an dem Schiff betheiligt ist, muß im Fall seiner unfreiwilligen Entlassung auf sein Verlangen von den Mitrhedern gegen Auszahlung des durch Sachverständige zu bestimmenden Schätzungswerthes übernommen werden. Dieses Recht des Schiffers erlischt, wenn er die Erklärung, davon Gebrauch zu machen, ohne Grund verzögert.

Artikel 523. Falls der Schiffer nach Antritt der Reise erkrankt oder verwundet wird, so trägt der Rheder die Kosten der Verpflegung und Heilung:

1) wenn der Schiffer mit dem Schiffe zurückkehrt und die Rückreise in dem Heimathshafen oder in dem Hafen endet, wo er geheuert worden ist, bis zur Beendigung der Rückreise;

2) wenn er mit dem Schiffe zurückkehrt und die Reise nicht in einem der genannten Häfen endet, bis zum Ablauf von sechs Monaten seit Beendigung der Rückreise:

3) wenn er während der Reise am Lande zurückgelassen werden mußte, bis zum Ablauf von sechs Monaten seit der Weiterreise des Schiffs.

Auch gebührt ihm in den beiden letzteren Fällen freie Zurückbeförderung(Artikel 517.) oder nach seiner Wahl eine entsprechende Vergütung.

Der Heuer einschließlich aller sonst bedungenen Vortheile bezieht der nach Antritt der Reise erkrankte oder verwundete Schiffer, wenn er mit dem Schiffe zurückkehrt, bis zur Beendigung der Rückreise, wenn er am Lande zurückgelassen werden mußte,

럽항에 있는지에 따라 2년 혹은 3년이 경과한 때에는 종임을 청구할 수 있다. 이러한 경우, 선장은 선주에게 자기를 대체하는 데 필요한 시간을 주고 그사이 근무를 계속하여야 하고, 여하한 경우라도 선장은 진행 중인 항해를 완료하여야 한다.

사임 후 바로 선주가 귀환항해를 지시하면, 선장은 선박을 가지고 귀환하여야 한다.

제522조 선장이 다른 선주와 체결한 계약에 기해 선박의 공유자로서 참여를 하는 때에는, 그 선장이 자유의사에 의하지 않고 해임된 경우, 그가 요청을 하면 다른 공유자는 감정인이 정한 감정가액을 지급하고 그의 지분을 인수하여야 한다. 이러한 선장의 권리는 이 권리를 행사하려는 의사표시를 이유 없이 지체하면 소멸한다.

제523조 항해를 개시한 후 선장이 질병에 걸리거나 혹은 부상을 당한 경우, 선주는 다음 기간 동안 그의 양호와 치료의 비용을 부담하여야 한다.:

  1) 선장이 선박을 가지고 귀환하고 그 귀환항해가 선적항 또는 승선하였던 항구에서 종료된 때에는, 귀환항해의 종료 시까지;

  2) 선장이 선박을 가지고 귀환하고 그 귀환항해가 전시 항구에서 종료하지 않은 때에는, 그 귀환항해의 종료 시부터 6개월이 경과 시까지;

  3) 항해 도중에 선장을 육지에 남겨놓을 수밖에 없었던 경우, 선박이 항해를 속행한 때부터 6개월이 경과 시까지.

마지막 두 경우에는 선장은 무료 귀환운송(제517조)을 요구할 수 있고 그 선택에 따라 대신 상응하는 보상을 청구할 수도 있다.

항해를 개시한 후 질병에 걸리거나 부상을 당한 선장은, 선박을 가지고 귀환한 경우 귀환항해를 종료한 때까지, 선장을 육지에 남겨 놓을 수밖에 없었던 경우 그가 선박을 떠난 날까지, 다른 모든 약정 이익을 포함한 임금을 받는다.

선장이 선박을 방어하다가 부상을 당한 경우, 그 선장은 그 외에도 상당한, 필요한 경우 판사가 정하는, 사례금을 청구할 수 있다.

제524조 선장이 근무를 시작한 다음 사망한 경우, 선주는 사망한 날까지 발생한 모든 약정 이익을 포함한 임금을 지급하여야 한다.; 선장이 항해를 개시한 후에 사망하면, 선주는 장례비용도 부담하여야 한다.

bis zu dem Tage, an welchem er das Schiff verläßt.

Ist der Schiffer bei Vertheidigung des Schiffs beschädigt, so hat er überdies auf eine angemessene, erforderlichenfalls von dem Richter zu bestimmende Belohnung Anspruch.

Artikel 524. Stirbt der Schiffer nach Antritt des Dienstes, so hat der Rheder die bis zum Todestage verdiente Heuer einschließlich aller sonst bedungenen Vortheile zu entrichten; ist der Tod nach Antritt der Reise erfolgt, so hat der Rheder auch die Beerdigungskosten zu tragen.

Wird der Schiffer bei Vertheidigung des Schiffs getödtet, so hat der Rheder überdies eine angemessene, erforderlichenfalls von dem Richter zu bestimmende Belohnung zu zahlen.

Artikel 525. Auf die in den Artikeln 523. und 524. bezeichneten Forderungen findet die Vorschrift des Artikels 453. gleichfalls Anwendung.

Artikel 526. Auch nach dem Verluste des Schiffs ist der Schiffer verpflichtet, noch für die Verklarung zu sorgen und überhaupt das Interesse des Rheders so lange wahrzunehmen, als es erforderlich ist. Er hat aber auch für diese Zeit Anspruch auf Fortbezug der Heuer und auf Erstattung der Kosten des Unterhalts. Für diese Heuer und Unterhaltskosten haftet der Rheder persönlich. Außerdem behält der Schiffer, jedoch nur nach Maaßgabe des Artikels 453., Anspruch auf freie Zurückbeförderung(Artikel 517.) oder nach seiner Wahl auf eine entsprechende Vergütung.

Artikel 527. Die Bestimmungen der Landesgesetze über die von dem Schiffer nachzuweisende Qualifikation werden durch dieses Gesetzbuch nicht berührt.

Vierter Titel. Von der Schiffsmannschaft.

Artikel 528. Zur "Schiffsmannschaft" werden auch die Schiffsoffiziere mit Ausschluß des Schiffers gerechnet; desgleichen ist unter "Schiffsmann" auch jeder Schiffsoffizier mit Ausnahme des Schiffers zur verstehen.

Artikel 529. Die Bestimmungen des mit der Schiffsmannschaft abgeschlossenen Heuervertrages sind in die Musterrolle aufzunehmen.

Artikel 530. Wird ein Schiffsmann erst nach Anfertigung der Musterrolle geheuert, so gelten für ihn in Ermangelung anderer Vertragsbestimmungen die nach Inhalt der

선장이 선박을 방어하다가 사망한 경우, 선주는 그 외에도 상당한, 필요한 경우 판사가 정하는, 사례금을 지급하여야 한다.

제525조　제453조의 규정은 제523조 및 제524조에서 말하는 채권에 대하여도 마찬가지로 적용된다.

제526조　선박이 멸실된 다음에도 선장은 해난보고서를 작성하는 데 주의를 다하여야 하고, 또 전반적으로 필요한 범위 내에서 선주의 이익을 보호할 의무가 있다. 이 기간 동안 선장은 임금의 계속적인 지급과 체재비용의 상환을 청구할 수 있다. 이러한 임금과 체재비용에 대해 선주는 인적 책임을 진다. 그 외에도 선장은, 비록 제453조에 따라야 하지만, 무료 귀환운송(제517조)을 요구하거나 혹은 원하면 대신 그에 상응하는 보상을 청구할 수 있다.

제527조　선장이 입증해야 할 자격에 관한 주법의 규정은 본법에 의하여 양향을 받지 아니한다.

제4장　해　원

제528조　선장을 제외한 선박의 사관들도 해원에 포함된다.; 마찬가지로 사관도 선장을 제외하고는 이를 모두 해원이라고 본다.

제529조　해원과 체결한 승선계약의 규정은 선원명부에 기록하여야 한다.

제530조　어느 해원이 선원명부에 등록된 다음 고용된 경우, 계약에서 달리 약정하지 않는 한, 선원명부의 내용에 따라 다른 해원과 맺은 협약이 그에게도 적용되

Musterrolle mit der übrigen Schiffmannschaft getroffenen Abreden, insbesondere kann er nur dieselbe Heuer fordern, welche nach der Musterrolle den übrigen Schiffsleuten seines Ranges gebührt.

Artikel 531. Die Verpflichtung der Schiffsmannschaft, an Bord zu kommen und Schiffsdienste zu leisten, beginnt, wenn nicht ein Anderes bedungen ist, mit der Anmusterung.

Von demselben Zeitpunkt an ist, in Ermangelung einer anderweitigen Abrede, die Heuer zu zahlen.

Artikel 532. Den Schiffsmann, welcher nach der Anmusterung dem Antritt oder der Fortsetzung des Dienstes sich entzieht, kann der Schiffer zur Erfüllung seiner Pflicht zwangsweise anhalten lassen.

Artikel 533. Der Schiffsmann ist verpflichtet, in Ansehung des Schiffsdienstes den Anordnungen des Schiffers unweigerlich Gehorsam zu leisten und zu jeder Zeit alle für Schiff und Ladung ihm übertragenen Arbeiten zu verrichten.

Er ist der Disziplinargewalt des Schiffers unterworfen. Die näheren Bestimmungen über die Disziplinargewalt des Schiffers bleiben den Landesgesetzen vorbehalten.

Artikel 534. Der Schiffsmann darf ohne Erlaubniß des Schiffers keine Güter an Bord bringen. Für die gegen dieses Verbot beförderten eigenen oder fremden Güter, muß er die höchste am Abladungsorte zur Abladungszeit für solche Reisen und Güter bedungene Fracht erstatten, unbeschadet der Verpflichtung zum Ersatz eines erweislich höheren Schadens.

Der Schiffer ist auch befugt, die Güter über Bord zu werfen, wenn dieselben Schiff oder Ladung gefährden.

Die Landesgesetze, welche die Uebertretung des Verbots mit noch anderen Nachtheilen bedrohen, werden hierdurch nicht berührt.

Artikel 535. Der Schiffsmann ist verpflichtet, auf Verlangen bei der Verklarung mitzuwirken und seine Aussage eidlich zu bestärken.

Artikel 536. Die Heuer ist dem Schiffsmann, sofern keine andere Vereinbarung getroffen ist, erst nach Beendigung der Reise oder bei der Abdankung zu zahlen, wenn diese früher erfolgt.

Ob und inwieweit vor dem Antritt und während der Reise Vorschußzahlungen

며, 특히 그러한 해원은 선원명부에 따라 동급의 다른 선원에게 지급하는 급료만 청구할 수 있다.

제531조　해원으로 선박에 나와 선박 근무를 할 의무는 다른 약정이 없으면 선원명부에 등록한 때부터 발생한다.
　다른 특별한 협약이 없다면 급료도 이 시점부터 지급하여야 한다.

제532조　선원명부에 등록한 다음 근무의 개시 또는 계속을 회피하는 해원이 있으면 선장은 강제적으로 이들이 각자 자기의 의무를 이행하도록 하게 할 수 있다.

제533조　해원은 선박 근무에 관한 선장의 지시에 무조건 복종하여야 하고, 항상 선박 또는 적하에 관해 그에게 부여된 업무를 수행하여야 한다.
　선장은 해원에 대해 징계권을 행사한다. 선장의 징계권에 관한 자세한 규정은 각 주 주법에 의하여 이를 정한다.

제534조　해원은 선장의 허락 없이 화물을 선박으로 가지고 올라올 수 없다. 이러한 금지에 위반하여 운송되는 자기 또는 제3자의 화물에 대해, 해원은 선적한 시간과 장소에서 그러한 화물의 운송에 대해 요구했을 최고 운임을 배상하여야 하며, 이와 별도로 추가로 손해가 있어 이를 입증하면 이를 배상할 의무가 있다.
　선장은 화물이 선박이나 적하에 위험을 야기하면 이를 선박 밖으로 투기할 권한이 있다.
　이 금지의 위반에 대해 다른 불이익을 부과한 주법은 본조로 인하여 영향을 받지 않는다.

제535조　해원은 요청을 받으면 해난신고를 하는 데 있어 협조를 하고 그 내용을 선서 후 확인하여 줄 의무가 있다.

제536조　급료는 다른 약정이 없으면 항해가 종료된 다음 선원에게 지급하여야 하며 그 이전이라도 면직이 되면 면직과 동시에 지급하여야 한다.
　항해 개시 이전 및 항해 도중에 임금의 선급 및 분할급의 여부와 그 범위는 주법, 주법이 없으면 선적항 지역 관습에 의하여 이를 정한다.

und Abschlagszahlungen zu leisten sind, bestimmen die Landesgesetze und in deren Ermangelung der Ortsgebrauch des Heimathshafens.

Artikel 537. Der Schiffsmann darf den Schiffer vor einem fremden Gericht nicht belangen. Handelt er dieser Bestimmung zuwider, so ist er nicht allein für den daraus entstehenden Schaden verantwortlich, sondern er wird außerdem der bis dahin verdienten Heuer verlustig.

Er kann in Fällen, die keinen Aufschub leiden, die vorläufige Entscheidung des Landeskonsuls oder desjenigen Konsuls, welcher dessen Geschäfte zu versehen berufen ist, und in Ermangelung eines solchen die des Konsuls eines anderen Deutschen Staates nachsuchen.

Jeder Theil hat die Entscheidung des Konsuls einstweilen zu befolgen, vorbehaltlich der Befugniß, nach Beendigung der Reise seine Rechte vor der zuständigen Behörde geltend zu machen.

Artikel 538. Der Schiffsmann ist verpflichtet, während der ganzen Reise einschließlich etwaiger Zwischenreisen bis zur Beendigung der Rückreise im Dienste zu verbleiben, wenn in dem Heuervertrage nicht ein Anderes bestimmt ist.

Endet die Rückreise nicht in dem Heimathshafen, so hat er Anspruch auf freie Zurückbeförderung (Artikel 517.) nach dem Hafen, wo er geheuert worden ist, und auf Fortbezug der Heuer während der Reise oder nach seiner Wahl auf eine entsprechende Vergütung.

Artikel 539. Ist nach Beendigung der Ausreise eine Zwischenreise beschlossen oder ist eine Zwischenreise beendigt, so kann der Schiffsmann seine Entlassung fordern, wenn seit dem Dienstantritt zwei oder drei Jahre verflossen sind, je nachdem das Schiff in einem Europäischen oder in einem nichteuropäischen Hafen sich befindet. Bei der Entlassung ist dem Schiffsmann die bis dahin verdiente Heuer, nicht aber eine weitere Vergütung zu zahlen.

Die Entlassung kann nicht gefordert werden, sobald die Rückreise angeordnet ist.

Artikel 540. Der vorstehende Artikel findet keine Anwendung, wenn der Schiffsmann für eine längere Zeit sich verheuert hat.

Die Verheuerung auf unbestimmte Zeit oder mit der allgemeinen Bestimmung, daß nach Beendigung der Ausreise der Dienst für alle Reisen, welche noch beschlossen werden

제537조 해원은 선장을 외국 법원에 제소할 수 없다. 해원이 이 규정에 위반하는 행동을 한 경우, 그 해원은 그로 인한 손해를 배상해야 하는 것은 물론 그 외에도 그때까지 받을 임금도 상실한다.

　일시라도 지체를 할 수 없는 경우, 주의 영사 또는 그의 업무를 처리할 자격이 있는 영사에게, 이러한 영사가 없으면 독일 연방에 속하는 다른 주의 영사에게, 임시 결정을 청구할 수 있다.

　모든 당사자는, 영사의 결정에 일시적이지만 반드시 따라야 하며, 다만 항해가 종료된 다음에 해당 관청에 권리를 행사하는 권한을 보유한다.

제538조 해원은 승선계약에서 달리 정하지 않는 한, 중간항해가 있다면 이를 포함하여 귀환항해가 종료될 때까지 전 항해 동안 근무를 계속할 의무가 있다.

　선적항에서 귀환항해가 종료되지 않는 경우, 그를 채용하여 승선한 항구까지 무료 귀환운송(제517조)을 청구할 수 있고 그 항해 동안 급료의 계속적 지급이나 그가 원하면 대신 상응하는 보상을 청구할 수 있다.

제539조 진행항해가 종료된 다음 중간항해가 결정되거나 중간항해가 종료된 경우, 선박이 유럽항에 있는지 혹은 비유럽항에 있는지에 따라, 근무 개시부터 2년 혹은 3년이 경과하면, 해원은 면직을 요구할 수 있다. 면직이 이루어지면, 해원은 그 때까지 발생한 급료를 지급받지만, 별도로 추가 보상은 청구할 수 없다.

　귀환항해의 지시가 있으면, 그때부터 면직을 요구할 수 없다.

제540조 전조 규정은 해원이 더욱 장기의 승선약정을 한 경우에는 적용되지 않는다.

　부정기 기간으로 승선약정을 한 경우, 또는 진행항해가 종료된 다음 장차 결정될 수 있는 모든 항해를 위해 근무한다는 일반 규정으로 승선약정을 한 경우, 이를 여기에서 보는 더욱 장기의 승선약정이라고 보지 않는다.

제541조 선박이 타지에서 2년 이상 체류하는 모든 경우에, 급료가 기간에 따라 약정된 때에는, 다른 별도의 협정이 없으면, 진행항해 이후 근무하는 해원에 대하여는 급료의 인상이 발생한다.

　인상의 크기는 주법에 의하여 정한다.

möchten, fortzusetzen sei, wird als eine Verheuerung auf längere Zeit nicht angesehen.

Artikel 541. In allen Fällen, in welchen ein Schiff länger als zwei Jahre auswärts verweilt, tritt in Ermangelung einer anderweitigen Abrede für den seit der Ausreise im Dienste befindlichen Schiffsmann eine Erhöhung der Heuer ein, wenn diese nach Zeit bedungen ist.

Das Maaß der Erhöhung bestimmen die Landesgesetze.

Artikel 542. Der Heuervertrag endet, wenn das Schiff durch einen Zufall dem Rheder verloren geht, insbesondere

wenn es verunglückt,

wenn es als reparaturunfähig oder reparaturunwürdig kondemnirt (Artikel 444.) und in dem letzteren Falle ohne Verzug öffentlich verkauft wird,

wenn es geraubt wird,

wenn es aufgebracht oder angehalten und für gute Prise erklärt wird.

Dem Schiffsmann gebührt alsdann nicht alleine die verdiente Heuer, sondern auch freie Zurückbeförderung nach dem Hafen, wo er geheuert worden ist, oder nach Wahl des Schiffers eine entsprechende Vergütung.

Er bleibt verbunden, bei der Bergung gegen Fortbezug der Heuer Hülfe zu leisten und bei der Verklarung gegen Zahlung der etwa erwachsenden Reise- und Versäumniskosten mitzuwirken. Für diese Kosten haftet der Rheder persönlich, im Uebrigen haftet er nur nach Maaßgabe des Artikels 453.

Artikel 543. Der Schiffer kann den Schiffsmann, abgesehen von den in dem Heuervertrage bestimmten Fällen, vor Ablauf der Dienstzeit entlassen:

1) So lange die Reise noch nicht angetreten ist, wenn der Schiffsmann zu

dem Dienste, zu welchem er sich verheuert hat, untauglich ist; wird die Untauglichkeit erst später entdekt, so ist der Schiffer befugt, den Schiffsmann, mit Ausschluß des Steuermannes, im Range herabzusetzen und seine Heuer verhältnißmäßig zu verringern;

2) wenn der Schiffsmann eines groben Dienstvergehens, insbesondere des wiederholten Ungehorsams oder der fortgesetzten Widerspenstigkeit, der Schmuggelei aber einer mit schwerer Strafe bedrohten Handlung sich schuldig macht;

3) wenn der Schiffmann mit einer syphilitischen Krankheit behaftet ist, aber wenn er durch eine unerlaubte Handlung eine Krankheit oder Verwundung sich zuzieht,

제542조   선주가 우연한 사고로 선박을 상실하면 승선계약은 종료하며, 특히 다음 경우에 종료한다.

선박이 난파된 때,

선박이 수선 불가능한 것으로 판명(제444조)된 때 혹은 선박이 수선 무가치한 것으로 판명(제444조)되어 지체없이 공매된 때,

선박이 약탈된 때,

선박이 나포 혹은 억류되어 포획물로 판정된 때.

그 다음에, 해원은 그때까지 발생한 급료는 물론, 승선계약을 한 항구까지 무료 귀환운송이나 선장이 선택하면 그 대신 상당한 보상을 청구할 수 있다.

해원은 구조 시에는 급료의 계속 지급을 전제로 원조를 계속하고 해난신고 시에는 증가한 항해비용과 체재비용의 지급을 전제로 협력을 계속할 의무가 있다. 선주는 이 비용에 대하여는 인적 책임이 있고, 기타 채무에 대하여 선주는 오로지 제453조의 규정에 의해 책임을 진다.

제543조   승선계약에서 정하고 있는 것과 상관없이, 선장은 근무기간의 도과 이전이라도 다음 경우에는 선원을 해임할 수 있다.:

1) 항해를 개시하기 이전에 해원이 그가 승선약정에 의해 수행할 직책에 부적합한 것이 판명된 때; 부적합한 것이 그 이후에 비로소 발견된 경우, 선장은 항해장을 제외한 다른 해원에 대해 그 지위를 강등하고 급료도 그에 비례하여 감액할 수 있다.;

2) 해원이 중대한 직무위반, 특히 반복적인 명령불복종이나 지속적인 항명을 저지른 때 및 엄한 형벌이 뒤따르는 행동에 의한 밀수를 범한 때;

3) 해원이 성병에 감염된 때, 해원이 허용되지 않는 행동을 하여 질병에 걸리거나 부상을 당하고 그로 인하여 업무를 수행할 수 없게 된 때;

4) 항해가 전쟁, 거래 금지 또는 항구 봉쇄로 인해, 수출 또는 수입금지로 인해, 혹은 다른 선박 또는 적하가 일으킨 우연한 사고로 인해, 해원이 승선하여 수행하기로 약정한 항해를 개시할 수 없거나 계속할 수 없는 때.

제544조   위 제543조 1호 내지 3호의 경우, 해원은 이미 발생한 급료 이상을 청구

welche ihn arbeitsunfähig macht;

4) wenn die Reise, für welche der Schiffsmann geheuert war, wegen Krieg, Embargo oder Blokade, oder wegen eines Ausfuhr- oder Einfuhrverbots, oder wegen eines anderen Schiff oder Landung betreffenden Zufalls nicht angetreten oder fortgesetzt werden kann.

Artikel 544. Dem Schiffsmann gebührt in den Fällen der Ziffern 1. bis 3. des Artikels 543. nicht mehr als die verdiente Heuer; in den Fällen der Ziffer 4. hat er, wenn er nach Antritt der Reise entlassen wird, nicht allein auf die verdiente Heuer, sondern auch auf freie Zurückbeförderung (Artikel 517.) nach dem Hafen, wo er geheuert worden ist, oder nach Wahl des Schiffers auf eine entsprechende Vergütung Anspruch.

Die Landesgesetze, welche den Schiffsmann in Fällen der Pflichtverletzung (Ziffer 2.) mit Verlust der verdienten Heuer bedrohen, werden durch die vorstehende Bestimmung nicht berührt.

Den Landesgesetzen bleibt auch vorbehalten, noch aus anderen als den im Artikel 543. angeführten Gründen die unfreiwillige Entlassung des Schiffsmannes ohne Entschädigung oder gegen theilweise Entschädigung zu gestatten.

Artikel 545. Der für eine Reise geheuerte Schiffsmann, welcher aus anderen als den in den Artikel 543. und 544. erwähnten Gründen vor Ablauf des Heuervertrages entlassen wird, behält, wenn die Entlassung vor Antritt der Reise erfolgt, als Entschädigung die etwa empfangenen Hand- und Vorschussgelder, soweit dieselben den üblichen Betrag nicht übersteigen.

Sind Hand- und Vorschussgelder nicht gezahlt, so hat er als Entschädigung die Heuer für einen Monat zu fordern.

Ist die Entlassung erst nach Antritt der Reise erfolgt, so erhält er außer der verdienten Heuer noch die Heuer für zwei oder vier Monate, je nachdem er in einem Europäischen oder in einem nichteuropäischen Hafen entlassen ist, jedoch nicht mehr als er erhalten würde, wenn er erst nach Beendigung der Reise entlassen worden wäre.

Außerdem hat er Anspruch auf freie Zurückbeförderung (Artikel 517.) nach dem Hafen, wo er geheuert worden ist, aber nach Wahl des Schiffers auf eine entsprechende Vergütung.

Artikel 546. Ist die Heuer in Bausch und Bogen bedungen, so wird die verdiente

할 수 없다.; 제4호의 경우, 만일 항해를 개시한 후 면직되었다면, 해원은 이미 발생한 급료를 청구하는 것은 물론 승선약정을 한 항구까지 무료 귀환운송(제517조)을 청구하거나 선장이 선택하면 그 대신 상응한 보상을 청구할 수도 있다.

의무 위반(2호)의 경우에, 해원이 이미 발생한 급료도 상실할 수 있는 주법은 위 규정에 의하여 영향을 받지 않는다.

제543조에 열거된 사유가 아닌 사유로, 보상을 전혀 하지 않고 혹은 부분적인 보상을 하고서, 해원을 그의 자유의사에 반하여 해고하는 것을, 주법으로 허용할 수 있다.

제545조 어느 항해를 위해 승선약정을 한 해원이 제543조 및 제544조에 열거된 사유가 아닌 사유로 승선계약이 도과되기 이전에 해고된 경우, 그 해고가 항해개시 이전에 이루어진 때에는, 해원이 계약금 및 선급금을 수령했다면, 그 금액이 관행적인 금액을 초과하지 않는 한, 그 해원은 이를 보상금으로 수령한다.

계약금 및 선급금이 지급되지 않았다면 선원은 1개월의 급료를 청구할 수 있다.

항해를 개시한 다음에 해고가 이루어지면, 해원은 이미 발생한 급료를 청구할 수 있는 것은 물론, 그 외에 그가 유럽항에서 해고가 이루어졌는지 비유럽항에서 해고가 이루어졌는지에 따라 2개월 또는 4개월 급료를 받고, 여하한 경우에도 해원은 항해가 종료된 다음에 면직되었다면 받았을 금액을 초과하여 받을 수 없다.

그 외에도 해원은 그가 승선약정을 한 항구까지 무료 귀환운송(제517조)을 요구하고, 선장이 선택하면 대신 상당한 보상을 청구할 수 있다.

제546조 급료가 전체 항해에 대해 일정액으로 약정된 경우, 이미 발생한 급료(제537조, 제539조, 제542조, 제544조 및 제545조) 및 1개월, 2개월 또는 4개월 급료(제545조)는 제519조의 기준으로 산정한다.

제547조 선장이 해원을 위해 선장에게 부과된 의무의 중대한 위반을, 특히 중대한 가혹 행위 또는 식음료의 이유 없는 제한을 통하여 위반을 한 경우, 해원은 자기의 종임을 요구할 수 있다.

Heuer (Artikel 537. 539. 542. 544. 545.) und die ein-, zwei- oder viermonatliche Heuer (Artikel 545.) nach Anleitung des Artikels 519. berechnet.

Artikel 547. Der Schiffsmann kann seine Entlassung fordern, wenn sich der Schiffer einer groben Verletzung seiner ihm gegen denselben obliegenden Pflichten, insbesondere durch schwere Mißhandlung oder durch grundlose Vorenthaltung von Speise und Trank schuldig macht.

Der Schiffsmann, welcher aus einem solchen Grunde seine Entlassung nimmt, hat dieselben Ansprüche, welche für den Fall des Artikels 545. bestimmt sind.

Die Landesgesetze können bestimmen, ob und aus welchen anderen Gründen dem Schiffsmann das Recht, die Entlassung zu fordern, außerdem noch zustehe.

In einem anderen Lande darf der Schiffsmann, welcher seine Entlassung fordert, nicht ohne Genehmigung des zuständigen Konsuls (Artikel 537.) den Dienst verlassen.

Artikel 548. Falls der Schiffsmann nach Antritt des Dienstes erkrankt oder verwundet wird, so trägt der Rheder die Kosten der Verpflegung nach Heilung:

1) wenn der Schiffsmann wegen der Krankheit oder Verwundung die Reise nicht antritt, bis zum Ablauf von drei Monaten seit der Erkrankung oder Verwundung;

2) wenn er die Reise antritt und mit dem Schiffe nach dem Heimathshafen oder beim Hafen, wo er geheuert worden ist, zurückkehrt, bis zum Ablauf von drei Monaten seit der Rückkehr des Schiffs;

3) wenn er die Reise antritt und mit dem Schiffe zurückkehrt, die Rückreise des Schiffs jedoch nicht in einem der genannten Häfen endet, bis zum Ablauf von sechs Monaten seit der Rückkehr des Schiffs;

4) wenn er während der Reise am Lande zurückgelassen werden mußte, bis zum Ablauf von sechs Monaten seit der Weiterreise des Schiffs.

Auch gebührt dem Schiffsmann in den beiden letzteren Fällen freie Zurück-beförderung (Artikel 517.) nach dem Hafen, wo er geheuert worden ist, oder nach Wahl des Rheders eine entsprechende Vergütung.

Artikel 549. Die Heuer bezieht der erkrankte oder verwundete Schiffsmann: wenn er die Reise nicht antritt, bis zur Einstellung des Dienstes;

wenn er die Reise antritt und mit dem Schiffe zurückkehrt, bis zur Beendigung der Rückreise;

이러한 이유로 종임을 한 해원은 제545조의 경우에 정해진 것과 동일한 청구권을 갖는다.

주법은 그 외에도 해원이 종임을 요구할 권리를 갖는지 여부와 그 이유를 정할 수 있다.

종임을 요구하는 해원이 다른 주에 있으며, 관할 영사(제537조)의 동의가 없으면, 그 직무를 그만둘 수 없다.

제548조 근무를 개시한 다음 선원이 질병에 걸리거나 부상을 당한 경우에, 다음 시기까지 선주가 치료 후 양호의 비용을 부담한다.:

1) 해원이 질병이나 부상 때문에 항해를 개시하지 않은 때에는, 질병이나 부상 후 3개월이 경과할 때까지;

2) 해원이 항해를 개시하여 선박과 함께 선적항 또는 승선항에 귀환한 때에는, 선박의 귀환 후 3개월이 경과할 때까지;

3) 선장이 항해를 개시하여 선박과 함께 귀환하였지만 선박의 귀환항해가 위에서 언급한 항구에서 종료되지 않은 때에는, 선박의 귀환 후 6개월이 경과할 때까지;

4) 해원이 항해 도중 육지에 남겨질 수밖에 없었던 때에는, 선박이 항해를 재개한 후 6개월이 경과할 때까지.

마지막 두 경우에는, 해원은 승선한 항구까지 무료 귀환운송(제517조)을 요구할 수 있고, 선주는 그가 선택하면 그 대신 상당한 보상을 지급할 수 있다.

제549조 질병에 걸리거나 부상을 당한 선원은 다음과 같이 급료를 받는다.:

항해를 개시하지 않은 때에는, 근무를 그만둘 때까지;

항해를 개시하여 선박과 함께 귀환한 때에는, 귀환항해의 종료 시까지;

항해 도중 육지에 남겨놓아야 했던 때에는, 선박을 떠난 날까지.

해원이 선박을 방어하던 중 상해를 당한 경우, 그 외에도 선원은 상당한, 필요한 경우 판사가 정한, 사례금을 청구할 수 있다.

wenn er während der Reise am Lande zurückgelassen werden mußte, bis zu dem Tage, an welchem er das Schiff verläßt.

Ist der Schiffsmann bei Vertheidigung des Schiffs beschädigt, so hat er überdies auf eine angemessene, erforderlichenfalls von dem Richter zu bestimmende Belohnung Anspruch.

Artikel 550. Auf den Schiffsmann, welcher die Krankheit oder Verwundung durch eine unerlaubte Handlung sich zugezogen hat oder mit einer syphilitischen Krankheit behaftet ist, finden die Artikel 548. und 549. keine Anwendung.

Artikel 551. Stirbt der Schiffsmann nach Antritt des Dienstes, so hat der Rheder die bis zum Todestage verdiente Heuer (Artikel 546.) zu zahlen und die Beerdigungskosten zu tragen. Wird der Schiffsmann bei Vertheidigung des Schiffs getötet, so hat der Rheder überdies eine angemessene, erforderlichenfalls von dem Richter zu bestimmende Belohnung zu entrichten.

Soweit der Nachlaß des während der Reise verstorbenen Schiffsmannes an Bord sich befindet, hat der Schiffer für die Aufzeichnung und die Aufbewahrung, sowie erforderlichenfalls für den Verkauf des Nachlasses Sorge zu tragen.

Artikel 552. Auf die in den Artikeln 548. 549. und 551. bezeichneten Forderungen findet die Vorschrift des Artikel 453. gleichfalls Anwendung.

Artikel 553. Den Landesgesetzen bleibt vorbehalten, die Voraussetzung zu bestimmen, ohne welche kein Schiffsmann wider seinen Willen in einem anderen Lande zurückgelassen werden darf, sowie das Verfahren zu regeln, welches der Schiffer im Falle einer solchen Zurücklassung einhalten muß.

Artikel 554. Personen, welche, ohne zur Schiffsmannschaft zu gehören, auf einem Schiff als Maschinisten, Aufwärter oder in anderer Eigenschaft angestellt sind, haben, sofern nicht durch Vertrag ein Anderes bestimmt ist, dieselben Rechte und Pflichten, welche in diesem Titel in Ansehung der Schiffsmannschaft festgesetzt sind.

Es macht hierbei keinen Unterschied, ob sie von dem Schiffer oder Rheder angenommen worden sind.

Artikel 555. Der dem Schiffsmann als Lohn zugestandene Antheil an der Fracht oder an dem Gewinn wird als Heuer im Sinne dieses Titels nicht angesehen.

Artikel 556. Den Landesgesetzen bleibt vorbehalten, sowohl in Ansehung des im vorhergehenden Artikel erwähnten Lohnverhältnisses, als in anderen Beziehungen die

제550조   허용되지 않는 행위를 통해 질병에 걸리거나 부상을 당한 선원 또는 성병에 감염된 선원에 대하여는 제548조 및 제549조의 규정이 적용되지 않는다.

제551조   해원이 근무를 개시한 후에 사망한 경우, 선주는 사망 시까지 발생한 급료(제546조)를 지급하여야 하고, 또 장례비를 부담하여야 한다. 해원이 선박을 방어하다가 살해된 경우, 선주는 그 외에도 상당한 금액의, 필요하다면 판사가 정한 금액의, 사례금을 지급하여야 한다.

항해 중 사망한 해원의 유품이 선상에 남아 있는 경우, 이를 기록하고 보관하며 필요하다면 매각하는 데 있어, 선장은 주의를 다하여야 한다.

제552조   제548조, 제549조 및 제551조에 나타난 채권에 대해, 제453조의 규정이 마찬가지로 적용된다.

제553조   주법에 의하여 자기 의사에 반하여 해원을 다른 주에 남겨 놓을 수 있는 조건을 정하고, 이처럼 남겨 놓는 경우에 선장이 준수할 절차도 주법에 의하여 규정한다.

제554조   해원에 속하지 아니하면서 기계공, 사환 기타 자격으로 선상에 근무하도록 임명받은 사람은, 계약으로 달리 정하지 않는 한, 본 장(章)에서 해원과 관련하여 규정하고 있는 권리 및 의무와 동일한 권리 및 의무를 가진다.

여기에서 선주가 그를 임명하였는지 혹은 선장이 그를 임명하였는지는 아무런 상관이 없다.

제555조   사례로서 해원에 속하는 운임 또는 수익의 일부 지분은 본 장에서 이를 급료로 보지 않는다.

Vorschriften dieses Titels zu ergänzen.

Fünfter Titel. Von dem Frachtgeschäft zur Beförderung von Gütern.

Artikel 557.　Der Frachtvertrag zur Beförderung von Gütern bezieht sich entweder

1) auf das Schiff im Ganzen oder einen verhältnißmäßigen Theil oder einen bestimmt bezeichneten Raum des Schiffs, oder

2) auf einzelne Güter (Stückgüter).

Artikel 558.　Wird das Schiff im Ganzen oder zu einem verhältnißmäßigen Theil, oder wird ein bestimmt bezeichneter Raum des Schiffs verfrachtet, so kann jede Partei verlangen, daß über den Vertrag eine schriftliche Urkunde (Chartepartie) errichtet werde.

Artikel 559.　In der Befrachtung eines ganzen Schiffs ist die Kajüte nicht einbegriffen; es dürfen jedoch in dieselbe ohne Einwilligung des Befrachters keine Güter verladen werden.

Artikel 560.　Bei jeder Art von Frachtvertrag (Artikel 557.) hat der Verfrachter das Schiff in seetüchtigem Stande zu liefern.

Er haftet dem Befrachter für jeden Schaden, welcher aus dem mangelhaften Zustande des Schiffs ensteht, es sei denn, daß die Mängel aller Sorgfalt ungeachtet nicht zu entdecken waren.

Artikel 561.　Der Schiffer hat zur Einnahme der Ladung das Schiff an den vom Befrachter oder, wenn das Schiff an Mehrere verfrachtet ist, von sämmtlichen Befrachtern ihm angewiesenen Platz hinzulegen.

Wenn die Anweisung nicht rechtzeitig erfolgt, oder wenn von sämmtlichen Befrachtern nicht derselbe Platz angewiesen wird, oder wenn die Wassertiefe, die Sicherheit des Schiffs oder die örtlichen Verordnungen oder Einrichtungen die Befolgung der Anweisung nicht gestatten, so muß der Schiffer an dem ortsüblichen Ladungsplatz anlegen.

Artikel 562.　Sofern nicht durch Vertrag oder durch die örtlichen Verordnungen des Abladungshafens und in deren Ermangelung durch einen daselbst bestehenden Ortsgebrauch ein Anderes bestimmt ist, müssen die Güter von dem Befrachter

제556조 위 조문에서 말하는 사례금의 비율은 물론, 다른 수입에 관해, 본장의 규정을 보충할 규정은 이를 주법으로 정할 수 있다.

제5장 화물운송을 위한 운송계약

제557조 화물의 운송을 위한 운송계약은 다음 중 하나에 관한 것이다.
  1) 선박의 전부 또는 일정 비율 혹은 선박의 특정한 공간,
  2) 개별적인 화물(개품)

제558조 선박의 전부나 일정 비율 또는 선박의 특정한 공간이 운송계약의 목적이 되면, 당사자는 각자 상대방에게 계약에 관해 서면증서(용선계약서)의 작성을 요구할 수 있다.

제559조 선박 전체를 용선한 경우라도 거기에 선실은 포함되지 않는다.; 그러나 용선자의 동의가 없으면 거기에 아무런 화물도 선적할 수 없다.

제560조 모든 종류의 운송계약(제557조)에서 운송인은 선박을 감항능력이 있는 상태로 제공하여야 한다.
  운송인은 운송계약자에게 선박의 하자 있는 상태로 인해 발생한 손해를 배상할 책임이 있고, 다만 모든 주의를 다하여도 그 하자를 발견할 수 없었던 때에는 그러하지 않다.

제561조 선장은 적하를 수령하기 위해 운송계약자가, 또는 다수 사람과 운송계약을 맺은 때에는 모든 운송계약자가, 그에게 지시하는 장소로 선박을 접안시켜야 한다.
  지시가 적기에 이루어지지 않는 때, 모든 운송계약자가 동일한 장소를 지시하지 않는 때, 수심, 선박의 안전, 또는 지역 규정이나 설비가 지시를 따르는 것을 허용하지 않는 때에는, 선장은 선박을 통상 선적 장소에 대기시켜야 한다.

제562조 운송계약 또는 선적항의 지역 규정에 의하여, 이러한 것이 없으면 그곳

kostenfrei bis an das Schiff geliefert, dagegen die Kosten der Einladung derselben in das Schiff von dem Verfrachter getragen werden.

Artikel 563. Der Verfrachter muß statt der vertragsmäßigen Güter andere, von dem Befrachter zur Verschiffung nach demselben Bestimmungshafen ihm angebotene Güter annehmen, wenn dadurch seine Lage nicht erschwert wird.

Diese Bestimmung findet keine Anwendung, wenn die Güter im Vertrage nicht blos nach Art oder Gattung, sondern speziell bezeichnet sind.

Artikel 564. Der Befrachter oder Ablader, welcher die verladenen Güter unrichtig bezeichnet oder Kriegskontrebande oder Güter verladet, deren Ausfuhr oder deren Einfuhr in den Bestimmungshafen verboten ist, oder welcher bei der Abladung die gesetzlichen Vorschriften, insbesondere die Polzei-, Steuer- und Zollgesetze übertritt, wird, insofern ihm dabei ein Verschulden zur Last fällt, nicht blos dem Verfrachter, sondern auch allen übrigen im ersten Absatz des Artikels 479. bezeichneten Personen für den durch sein Verfahren veranlaßten Aufenthalt und jeden anderen Schaden verantwortlich.

Dadurch, daß er mit Genehmigung des Schiffers gehandelt hat, wird seine Verantwortlichkeit den übrigen Personen gegenüber nicht ausgeschlossen.

Er kann aus der Konfiskation der Güter keinen Grund herleiten, die Zahlung der Fracht zu verweigern.

Gefährden die Güter das Schiff oder die übrige Ladung, so ist der Schiffer befugt, dieselben ans Land zu setzen oder in dringenden Fällen über Bord zu werfen.

Artikel 565. Auch derjenige, welcher ohne Wissen des Schiffers Güter an Bord bringt, ist nach Maaßgabe des vorigen Artikels zum Ersatze des daraus entstehenden Schadens verpflichtet. Der Schiffer ist befugt, solche Güter wieder ans Land zu setzen oder, wenn sie das Schiff oder die übrige Ladung gefährden, nöthigenfalls über Bord zu werfen. Hat der Schiffer die Güter an Bord behalten, so muß dafür die höchste am Abladungsort zur Abladungszeit für solche Reisen und Güter bedungene Fracht bezahlt werden.

Artikel 566. Der Verfrachter ist nicht befugt, ohne Erlaubniß des Befrachters die Güter in ein anderes Schiff zu verladen. Handelt er dieser Bestimmung zuwider, so ist er für jeden Schaden verantwortlich, in Ansehung dessen er nicht beweist, daß derselbe auch dann entstanden und dem Befrachter zur Last gefallen sein würde, wenn die Güter nicht in ein anderes Schiff verladen worden wären.

에 존재하는 지역 관습에 의하여 달리 정하여지지 않는 한, 운송계약자는 자기 비용으로 화물을 선박 측면에 옮겨와야 하고, 다른 한편 적하를 선박에 선적하는 비용은 운송인이 부담하여야 한다.

제563조 운송계약자가 운송인에게 선적을 위해 약정한 화물 대신에 동일한 목적항으로 가는 다른 화물을 제공한 경우, 운송인은 그로 인해 자기의 지위가 더욱 불리하게 되지 않는 때에는 이를 인수하여야 한다.

이 규정은 운송계약에서 화물을 단순히 성질 또는 종류로 표시한 것이 아니고 특별히 지정하여 표시한 때에는 적용되지 않는다.

제564조 운송계약자 또는 선적인이 선적된 화물을 부정확하게 표시한 경우, 전쟁 금수품을 선적하거나 출발항에서 반출이나 목적항에서 반입이 금지된 화물을 선적한 경우, 또는 선적을 하는 데 있어 적용될 법규, 특히 치안, 세금 또는 관세 법규를 위반한 경우, 거기에 귀책사유가 있는 운송계약자 또는 선적인은 운송인 뿐만 아니라 제479조 제1문에 표시된 다른 사람에 대하여도, 자기의 조치로 유발된 지체 및 기타 모든 손해를 배상할 책임이 있다.

선장의 동의를 얻고 그러한 행위를 했다 하더라도 그로 인하여 다른 사람에 대한 책임이 배제되는 것은 아니다.

그는 화물이 몰수되었다고 하여 이를 근거로 삼아 운임의 지급을 거절할 수 없다.

화물이 선박 또는 다른 적하를 위태롭게 하는 경우, 선장은 이를 육지에 내려놓을 수 있고, 긴급한 경우에는 해상에 투기할 수 있다.

제565조 선장 몰래 화물을 선상에 가지고 온 사람도 전조 규정에 따라 그로 인해 발생한 손해를 배상할 의무가 있다. 선장은 그러한 화물을 다시 육지에 내려놓거나, 혹은 선박 또는 적하를 위태롭게 하면 부득이 할 때에는 이를 해상에 투기할 수 있다. 선장이 그 화물을 선상에 보유하고 운송한 경우, 그에 대하여는 선적 장소와 시간에 그 화물의 운송에 요구할 최고 운임을 지급하여야 한다.

제566조 운송인은 운송계약자의 허락 없이 다른 선박에 화물을 선적할 수 없다. 운송인이 이 규정에 위반한 행위를 한 경우, 운송인은 화물을 다른 선박에 선적하

Auf Umladungen in ein anderes Schiff, welche in Fällen der Noth nach Antritt der Reise erfolgen, findet dieser Artikel keine Anwendung.

Artikel 567. Ohne Genehmigung des Abladers dürfen dessen Güter weder auf das Verdeck verladen, noch an die Seiten des Schiffs gehängt werden. Den Landesgesetzen bleibt vorbehalten zu bestimmen, daß in Ansehung der Küstenschifffahrt die vorstehende Vorschrift, soweit sie auf die Beladung des Verdecks sich bezieht, keine Anwendung finde.

Artikel 568. Bei der Verfrachtung eines Schiffs im Ganzen hat der Schiffer, sobald er zur Einnahme der Ladung fertig und bereit ist, dies dem Befrachter anzuzeigen.

Mit dem auf die Anzeige folgenden Tage beginnt die Ladezeit.

Ueber die Ladezeit hinaus hat der Verfrachter auf die Abladung noch länger zu warten, wenn es vereinbart ist (Ueberliegezeit).

Für die Ladezeit kann, sofern nicht das Gegentheil bedungen ist, keine besondere Vergütung verlangt werden. Dagegen muß der Befrachter dem Verfrachter für die Ueberliegezeit eine Vergütung (Liegegeld) gewähren.

Artikel 569. Ist die Dauer der Ladezeit durch Vertrag nicht festgesetzt, so wird sie durch die örtlichen Verordnungen des Abladungshafens und in deren Ermangelung durch den daselbst bestehenden Ortsgebrauch bestimmt. Besteht auch ein solcher Ortsgebrauch nicht, so gilt als Ladezeit eine den Umständen des Falles angemessene Frist.

Ist eine Ueberliegezeit, nicht aber deren Dauer durch Vertrag bestimmt, so beträgt die Ueberliegezeit vierzehn Tage.

Enthält der Vertrag nur die Festsetzung eines Liegegeldes, so ist anzunehmen, daß eine Ueberliegezeit ohne Bestimmung der Dauer vereinbart sei.

Artikel 570. Ist die Dauer der Ladezeit oder der Tag, mit welchem dieselbe enden soll, durch Vertrag bestimmt, so beginnt die Ueberliegezeit ohne Weiteres mit dem Ablauf der Ladezeit.

In Ermangelung einer solchen vertragsmäßigen Bestimmung beginnt die Ueberliegezeit erst, nachdem der Verfrachter dem Befrachter erklärt hat, daß die Ladezeit abgelaufen sei. Der Verfrachter kann schon innerhalb der Ladezeit dem Befrachter erklären, an welchem Tage er die Ladezeit für abgelaufen halte. In diesem Falle ist zum Ablauf der Ladezeit und zum Beginn der Ueberliegezeit eine neue

지 않았다 하더라도 손해가 발생했고 그 손해를 운송계약자가 부담하였을 것이라는 것을 입증하지 않는 한, 모든 손해에 대해 책임이 있다.

본조는 항해를 개시한 다음에, 해난에 조우하여 다른 선박에 전적한 것에 대하여는 적용되지 않는다.

제567조　선적인의 동의가 없으면 그의 화물을 갑판에 선적하거나 또는 선측에 매달 수 없다. 연안 항해에 관하여서는, 이 규정 중에 갑판에 선적하는 것에 대하여는, 주법으로 그 적용이 배제되는 것으로 정할 수 있다.

제568조　선박 전부를 용선하는 계약에 있어서, 선장은 적하를 수령할 준비가 되면, 이를 운송계약자(용선자)에게 통지하여야 한다.

선적기간은 이 통지 다음 날부터 시작된다.

별도의 약정(체선기간)이 있는 때에는, 운송인은 선적기간이 경과한다 하더라도 이 체선기간동안 선적을 위해 선박을 더 대기시켜야 한다.

선적기간에 대해서는 반대의 약정이 없는 한 그에 대해 특별한 보수를 청구할 수 없다. 이와 반대로 체선기간에 대하여는 운송계약자(용선자)는 운송인에게 보수(체선료)를 지급하여야 한다.

제569조　선적기간의 길이가 계약에 의하여 확정되지 않는 경우, 그 기간은 선적항 지역 규정에 의하여 정하고, 지역 규정도 없으면 선적항에 있는 지역 관습에 의하여 정한다. 이러한 관습마저 없는 경우, 상황에 비추어 상당한 기간을 선적기간이라고 본다.

계약을 통해 체선기간을 정하면서도 그 기간을 확정하지 않는 경우, 체선기간은 14일에 이른다고 본다.

체선료만 정하여 운송계약에 포함된 경우, 기간을 확정함이 없이 체선기간만 약정한 것으로 본다.

제570조　선적기간의 길이 또는 선적기간이 종료하는 날이 계약에 의하여 정하여진 경우, 선적기간이 경과하면 바로 체선기간이 진행된다.

이러한 계약적 특정이 없는 경우, 체선기간은 운송인이 운송계약자(용선자)에게 선적기간이 경과한다는 의사표시를 한 때에 비로소 체선기간이 개시된다. 운송인

Erklärung des Verfrachters nicht erforderlich.

Artikel 571. Nach Ablauf der Ladezeit oder, wenn eine Ueberliegezeit vereinbart ist, nach Ablauf der Ueberliegezeit ist der Verfrachter nicht verpflichtet, auf die Abladung noch länger zu warten. Er muß jedoch seinen Willen, nicht länger zu warten, spätestens drei Tage vor Ablauf der Ladezeit oder der Ueberliegezeit dem Befrachter erklären. Ist dies nicht geschehen, so läuft die Ladezeit oder Ueberliegezeit nicht eher ab, als bis die Erklärung nachgeholt ist und seit dem Tage der Abgabe derselben drei Tage verstrichen sind. Die in diesem Artikel erwähnten drei Tage werden in allen Fällen als ununterbrochen fortlaufende Tage nach dem Kalender gezählt.

Artikel 572. Die in den Artikeln 570. und 571. erwähnten Erklärungen des Verfrachters sind an keine besondere Form gebunden. Weigert sich der Befrachter, den Empfang einer solchen Erklärung in genügender Weise zu bescheinigen, so ist der Verfrachter befugt, eine öffentliche Urkunde darüber auf Kosten des Befrachters errichten zu lassen.

Artikel 573. Das Liegegeld wird, wenn es nicht durch Vertrag bestimmt ist, von dem Richter nach billigem Ermessen, nöthigenfalls nach Anhörung von Sachverständigen festgesetzt.

Der Richter hat hierbei auf die näheren Umstände des Falles, insbesondere auf die Heuerbeträge und Unterhaltskosten der Schiffsbesatzung, sowie auf den dem Verfrachter entgehenden Frachtverdienst Rücksicht zu nehmen.

Artikel 574. Bei Berechnung der Lade- und Ueberliegezeit werden die Tage in ununterbrochen fortlaufender Reihenfolge gezählt; insbesondere kommen in Ansatz die Sonn- und Feiertage, sowie diejenigen Tage, an welchen der Befrachter durch Zufall die Ladung zu liefern verhindert ist.

Nicht in Ansatz kommen jedoch die Tage, an welchen durch Wind und Wetter oder durch irgend einen anderen Zufall entweder 1) die Lieferung nicht nur der bedungenen, sondern jeder Art von Ladung an das Schiff, oder 2) die Uebernahme der Ladung verhindert ist.

Artikel 575. Für die Tage, während welcher der Verfrachter wegen Verhinderung der Lieferung jeder Art von Ladung hat länger warten müssen, gebührt ihm Liegegeld, selbst wenn die Verhinderung während der Ladezeit eingetreten ist. Dagegen ist für die

은 아직 체선기간 내에 있는 동안에도 운송계약자(용선자)에게 어느 날 선적기간
이 경과하는지 의사표시를 할 수 있다. 이러한 경우에 있어서는 선적기간의 경과
와 체선기간의 개시를 위해 새로운 의사표시를 할 필요가 없다.

제571조　선적기간이 경과한 후에는, 또는 체선기간이 약정되어 있다면 체선기
간이 경과한 후에는, 운송인은 선적을 위해 더 이상 대기할 의무가 없다. 그러나
그는 선적기간 또는 체선기간이 경과하기 늦어도 3일 전에 운송계약자(용선자)에
게 더 이상 대기하지 않는다는 뜻을 표시하여야 한다. 이러한 의사표시를 하지 않
으면, 후에라도 의사표시를 하고 이를 한 날로부터 3일이 경과하기 이전에는 선적
기간 또는 체선기간은 경과하지 않는다. 본조에서 말하는 3일은 어느 경우이든 중
단 없이 세력으로 진행되는 날로 계산한다.

제572조　제570조 및 제571조에서 말하는 운송인의 의사표시는 특별한 형식을
취할 필요가 없다. 운송계약자(용선자)가 이러한 의사표시의 수령을 적당한 방법
으로 확인하기를 거절하는 경우, 운송인은 운송계약자(용선자)의 비용으로 그에
관한 공적 증서를 작성하게 할 수 있다.

제573조　체선료가 계약에 의해 확정되지 않는 경우, 판사가, 필요하다면 감정인
을 심문한 다음에, 공정한 평가를 거쳐 체선료를 정한다.
　이를 함에 있어, 판사는 사안의 자세한 상황, 특히 선원의 급료 액수 및 유지비
용은 물론, 운송인이 상실한 운임 수입을 고려하여야 한다.

제574조　선적기간 및 체선기간을 계산함에 있어 일은 단절없이 계속 진행되는
순서대로 이를 계산한다.; 특히 일요일 및 공휴일은 물론 우연한 사고로 인해 운송
계약자(용선자)가 적하를 인도하여 주는 데 지장이 있는 날도 이를 산입한다.
　그러나 바람이나 날씨로 인해 혹은 무엇이든 우연한 사고로 인해 1) 약정한 화
물뿐만 아니라 모든 종류의 화물을 선박에 인도하여 주는 데 지장이 있거나 혹은
2) 화물을 인수하는 데 지장이 있는 날은 이를 산입하지 않는다.

제575조　모든 종류의 화물이 인도에 지장이 있어 운송인이 더욱 장기간 대기하
여야 한 날에 대하여 운송인은 체선료를 청구할 수 있고, 이는 지장이 선적기간에

Tage, während welcher er wegen Verhinderung der Uebernahme der Ladung hat länger warten müssen, Liegegeld nicht zu entrichten, selbst wenn die Verhinderung während der Ueberliegezeit eingetreten ist.

Artikel 576. Sind für die Dauer der Ladezeit nach Artikel 569. die örtlichen Verordnungen oder der Ortsgebrauch maaßgebend, so kommen bei Berechnung der Ladezeit die beiden vorstehenden Artikel nur insoweit zur Anwendung, als die örtlichen Verordnungen oder der Ortsgebrauch nichts Abweichendes bestimmen.

Artikel 577. Hat der Verfrachter sich ausbedungen, daß die Abladung bis zu einem bestimmten Tage beendigt sein müsse, so wird er durch die Verhinderung der Lieferung jeder Art von Ladung (Artikel 574. Ziffer 1.) zum längeren Warten nicht verpflichtet.

Artikel 578. Soll der Verfrachter die Ladung von einem Dritten erhalten, und ist dieser Dritte ungeachtet der von dem Verfrachter in ortsüblicher Weise kundgemachten Bereitschaft zum Laden nicht zu ermitteln, oder verweigert er die Lieferung der Ladung, so hat der Verfrachter den Befrachter schleunigst hiervon zu benachrichtigen und nur bis zum Ablauf der Ladezeit, nicht auch während der etwa vereinbarten Ueberliegezeit auf die Abladung zu warten, es sei denn, daß er von dem Befrachter oder einem Bevollmächtigten desselben noch innerhalb der Ladezeit eine entgegengesetzte Anweisung erhält.

Ist für die Ladezeit und Löschzeit zusammen eine ungetheilte Frist bestimmt, so wird für den oben erwähnten Fall die Hälfte dieser Frist als Ladezeit angesehen.

Artikel 579. Der Verfrachter muß auf Verlangen des Befrachters die Reise auch ohne die volle bedungene Ladung antreten. Es gebührt ihm aber alsdann nicht allein die volle Fracht und das etwaige Liegegeld, sondern er ist auch berechtigt, insoweit ihm durch die Unvollständigkeit der Ladung die Sicherheit für die volle Fracht entgeht, die Bestellung einer anderweitigen Sicherheit zu fordern. Außerdem sind ihm die Mehrkosten, welche in Folge der Unvollständigkeit der Ladung ihm etwa erwachsen, durch den Befrachter zu erstatten.

Artikel 580. Hat der Befrachter bis zum Ablauf der Zeit, während welcher der Verfrachter auf die Abladung zu warten verpflichtet ist (Wartezeit), die Abladung nicht vollständig bewirkt, so ist der Verfrachter befugt, sofern der Befrachter nicht von dem Vertrage zurücktritt, die Reise anzutreten und die im vorstehenden Artikel bezeichneten

발생한 때에도 마찬가지이다. 이와 반대로 적하의 인수에 지장이 있어 더욱 장기간 대기를 하여야 한 날에 대하여는 체선료를 지급하지 아니하며, 이는 그 지장이 체선기간 내에 발생한 때에도 마찬가지이다.

제576조   선적기간의 길이가 제569조에 따라 지역 규정 또는 지역 관습에 의하여 정하여지는 경우, 선적기간을 산정함에 있어 위 2개 조문은 그 지역 규정이나 지역 관습이 이와 달리 정하고 있는 않는 경우에 한해 적용된다.

제577조   운송인이 특정한 날까지 반드시 선적이 완료되어야 한다고 하여 그같이 약정을 한 경우, 모든 종류의 화물에 인도의 지장(제574조 1호)이 있었다 하더라도 그로 인하여 운송인이 더욱 장기간 대기할 의무를 지는 것은 아니다.

제578조   운송인이 제3자로부터 적하를 수령하여야 하는데, 운송인이 선적의 준비를 하고 이를 지역 관행적 방법으로 공고하였음에도 불구하고 그 제3자를 찾을 수 없거나, 제3자가 적하의 인도를 거절하는 경우, 운송인은 이를 지체 없이 운송계약자에게 통지하여야 하며 또 체선기간이 있다 하더라도 체선기간이 아니라 오로지 선적기간동안 선적을 위해 대기하여야 하며, 다만 운송계약자 또는 그 대리인이 선적기간 내에 이와 반대의 지시를 한 경우에는 그러하지 않다.
   선적기간과 양륙기간이 함께 분리되지 않고 단일 기간으로 정하여진 경우, 위에서 본 예에서 이 기간의 절반이 선적기간에 해당된다고 본다.

제579조   운송인은, 약정한 적하를 전부 선적하지 않았다 하더라도, 운송계약자가 요청하면, 항해를 개시하여야 한다. 그러면 운송인은 운임 전액과 체선료가 있으면 그 체선료도 청구할 수 있고, 나아가 적하가 불충분하여 운송인이 운임 전액에 대한 담보를 상실하면, 운송인은 추가로 담보의 제공을 요구할 수 있다. 그 외에도 운송인은, 적하가 충분하지 않음으로 인해 증가한 추가비용이 있다면, 그 보전을 요구할 수 있다.

제580조   운송인이 선적을 위해 대기하여야 할 의무가 있는 기간(대기기간)이 경과할 때까지 운송계약자가 적하 전부를 선적하지 않는 경우, 운송계약자가 운송계약을 해제하지 않는 한, 운송인은 항해를 개시하고 위에 조문에 표시된 채권을

Forderungen geltend zu machen.

Artikel 581. Der Befrachter kann vor Antritt der Reise, sei diese eine einfache oder zusammengesetzte, von dem Vertrage unter der Verpflichtung zurücktreten, die Hälfte der bedungenen Fracht als Fautfracht zu zahlen.

Bei Anwendung dieser Bestimmung wird die Reise schon dann als angetreten erachtet:

1) wenn der Befrachter den Schiffer bereits abgefertigt hat;

2) wenn er die Ladung bereits ganz oder zum Theil geliefert hat und die Wartezeit verstrichen ist.

Artikel 582. Macht der Befrachter von dem im vorstehenden Artikel bezeichneten Rechte Gebrauch, nachdem Ladung geliefert ist, so muß er auch die Kosten der Einladung und Wiederausladung tragen und für die Zeit der mit möglichster Beschleunigung zu bewirkenden Wiederausladung, soweit sie nicht in die Ladezeit fällt, Liegegeld (Artikel 573.) zahlen.

Der Verfrachter ist verpflichtet, den Aufenthalt, welchen die Wiederausladung verursacht, selbst dann sich gefallen zu lassen, wenn dadurch die Wartezeit überschritten wird, wogegen ihm für die Zeit nach Ablauf der Wartezeit Liegegeld und der Ersatz des durch Ueberschreitung der Wartezeit entstandenen Schadens gebührt, soweit der letztere den Betrag dieses Liegegeldes erweislich übersteigt.

Artikel 583. Nachdem die Reise im Sinne des Artikels 581. angetreten ist, kann der Befrachter nur gegen Berichtigung der vollen Fracht, sowie aller sonstigen Forderungen des Verfrachters (Artikel 615.) und gegen Berichtigung oder Sicherstellung der im Artikel 616. bezeichneten Forderungen von dem Vertrage zurücktreten und die Wiederausladung der Güter fordern.

Im Fall der Wiederausladung hat der Befrachter nicht nur die hierdurch entstandenen Mehrkosten, sondern auch den Schaden zu ersetzen, welcher aus dem durch die Wiederausladung verursachten Aufenthalt dem Verfrachter entsteht. Zum Zweck der Wiederausladung der Güter die Reise zu ändern oder eine Hafen anzulaufen, ist der Verfrachter nicht verpflichtet.

Artikel 584. Der Befrachter ist statt der vollen Fracht nur zwei Drittel derselben Fautfracht zu zahlen verpflichtet, wenn das Schiff zugleich auf Rückladung verfrachtet ist oder in Ausführung des Vertrags zur Einnahme der Ladung eine Fahrt aus einem

행사할 수 있다.

제581조   항해를 개시하기 이전에는, 항해가 단순항해든 결합항해이든, 운송계약자는, 약정한 운임의 반액에 해당하는 공적운임을 지급할 의무를 지고서, 운송계약을 해제할 수 있다.

이 규정을 적용함에 있어 다음 경우에는 항해가 이미 개시되었다고 본다.:

1) 운송계약자가 선장에게 출항 준비 완료를 확인한 때;
2) 운송계약자가 적하의 전부 또는 일부를 인도하여 주고 대기기간을 경과한 때.

제582조   적하를 인도하여 주고 난 다음에 전게 조문에 표시된 권리를 행사하는 운송계약자는, 선적과 양륙의 비용을 부담하여야 하고 최대한 신속히 양륙하여야 하며, 그 양륙기간이 선적기간에 해당되지 않으면 체선료(제573조)를 지급하여야 한다.

양륙으로 발생하는 지체로 인해 대기기간이 도과된다 하더라도 운송인은 이를 용인할 의무가 있고, 대신 대기기간의 경과 후 기간에 대해 운송인은 체선료를 청구할 수 있고, 대기기간의 초과로 인해 발생한 손해가 체선료를 초과하여 발생한 것이 입증되면, 그 배상도 청구할 수 있다.

제583조   제581조의 의미에서 항해를 개시한 후에는, 운송계약자는 운임 전액과 기타 모든 운송인의 채권(제615조)을 변제하고, 또 제616조에 표시된 채권에 대해 변제 혹은 담보를 제공하고서, 비로소 운송계약을 해제하고 화물을 다시 양륙할 것을 요구할 수 있다.

화물을 다시 양륙하는 경우, 운송계약자는 그로 인해 발생한 추가비용은 물론 양륙으로 인한 지체로 운송인에게 발생한 손해도 배상하여야 한다. 운송인은 화물을 양륙하기 위해 항해를 변경하거나 어느 항구에 기항할 의무는 없다.

제584조   선박이 동시에 회항 적하를 위해서도 계약되어 있거나, 혹은 다른 항구로부터 계약에 따라 적하를 수령하기 위해 항해를 하여야 하고, 또 이 두 경우에 귀항항해 또는 선적항으로부터의 항해가 제581조의 의미에서 개시되기 이전에 해지 통지를 하면, 운송계약자는 운임 전액이 아니라 운임의 3분지 2만 공적운임

anderen Hafen zu machen hat, und wenn in diesen beiden Fällen der Rücktritt früher erklärt wird, als die Rückreise oder die Reise aus dem Abladungshafen im Sinne des Artikels 581. angetreten ist.

Artikel 585. Bei anderen zusammengesetzten Reisen erhält der Verfrachter, wenn der Befrachter den Rücktritt erklärt, bevor in Bezug auf den letzten Reiseabschnitt die Reise im Sinne des Artikels 581. angetreten ist, als Fautfracht zwar die volle Fracht, es kommt von dieser jedoch eine angemessene Quote in Abzug, sofern die Umstände die Annahme begründen, daß der Verfrachter in Folge der Aufhebung des Vertrages Kosten erspart und Gelegenheit zu anderweitigem Frachtverdienst gehabt habe.

Können sich die Parteien über die Zulässigkeit des Abzuges oder die Höhe desselben nicht einigen, so entscheidet darüber der Richter nach billigem Ermessen.

Der Abzug darf in keinem Falle die Hälfte der Fracht übersteigen.

Artikel 586. Hat der Befrachter bis zum Ablauf der Wartezeit keine Ladung geliefert, so ist der Verfrachter an seine Verpflichtungen aus dem Vertrage nicht länger gebunden, und befugt, gegen den Befrachter dieselben Ansprüche geltend zu machen, welche ihm zugestanden haben würden, wenn der Befrachter von dem Vertrage zurückgetreten wäre (Artikel 581. 584. 585.).

Artikel 587. Auf die Fautfracht wird die Fracht, welche der Verfrachter für andere Ladungsgüter erhält, nicht angerechnet. Durch diese Bestimmung wird jedoch die Vorschrift im ersten Absatz des Artikels 585. nicht berührt.

Der Anspruch des Verfrachters auf Fautfracht ist nicht davon abhängig, daß er die im Vertrage bezeichnete Reise ausführt.

Durch die Fautfracht werden die Ansprüche des Verfrachters auf Liegegeld und die übrigen ihm etwa zustehenden Forderungen (Artikel 615.) nicht ausgeschlossen.

Artikel 588. Ist ein verhältnißmäßiger Theil oder ein bestimmt bezeichneter Raum des Schiffs verfrachtet, so gelten die Artikel 568. bis 587. mit folgenden Abweichungen:

1) Der Verfrachter erhält in den Fällen, in welchen er nach diesen Artikeln mit einem Theil der Fracht sich begnügen müßte, als Fautfracht die volle Fracht, es sei denn, daß sämmtliche Befrachter zurücktreten oder keine Ladung liefern.

Von der vollen Fracht kommt jedoch die Fracht für diejenigen Güter in Abzug, welche der Verfrachter an Stelle der nicht gelieferten angenommen hat.

으로 지급하면 된다.

제585조 그러나, 다른 결합항해에 있어서 항해의 최종 구간에 관해 제581조의 의미에서 항해의 개시가 있기 전에 운송계약자가 해제의 의사표시를 하였음에도 불구하고 운송인이 공적운임으로 운임 전액을 수령하는 경우, 상황에 비추어 운송계약이 소멸된 결과 운송인이 비용을 절약하고 다른 추가 운임 수입을 얻을 기회를 가진 것이 인정되면, 이 전액 운임으로부터 상당한 비율로 감액을 하여야 한다.

이러한 감액의 허용 여부나 혹은 그 금액에 대해 당사자 사이에 합의가 이루어지지 아니하면, 이에 대해 판사가 공정한 평가를 통해 결정한다.

이 경우에 감액은 운임의 반액을 초과할 수 없다.

제586조 대기기간이 경과하기까지 운송계약자가 적하를 전혀 인도하여 주지 않는 경우, 운송인은 더 이상 계약상 의무에 구애받지 않으며, 운송계약자가 운송계약을 해제했을 때(제581조, 제584조, 제585조)에 가졌을 권리와 동일한 권리를 행사할 수 있다.

제587조 운송인이 다른 적하 화물로 수령한 운임은 공적운임에 산입하지 않는다. 그러나 제585조 제1문의 규정은 이 규정으로 인하여 영향을 받지 않는다.

운송인의 공적운임청구권은 운송인이 계약에 표시된 항해를 실제 수행했는지 여부와 상관이 없다.

운송인의 체선료 청구권 및 기타 그에게 속하는 채권(제615조)은 공적운임으로 인하여 배제되지 않는다.

제588조 선박의 일정한 비율 또는 특정한 공간이 용선된 경우에는 제568조 내지 제587조의 규정이 다음과 같이 변경되어 적용된다.:

1) 이러한 규정들에 의하면 운송인이 운임 일부로 만족해야 했던 경우에도 운송인은 공적운임으로 운임 전액을 수령하며, 다만 모든 운송계약자가 해제를 하거나 혹은 전혀 적하를 인도하여 주지 않는 경우에는 그러하지 않다.

그러나 운임 전액으로부터 인도하여 주지 아니한 화물 대신에 인수한 화물의 운임은 이를 공제하여야 한다.

2) 제582조 및 제583조의 경우에 적하의 양륙은, 만일 그것이 항해의 지체를 가

2) In den Fällen der Artikel 582. und 583. kann der Befrachter die Wiederausladung nicht verlangen, wenn dieselbe eine Verzögerung der Reise zur Folge haben oder eine Umladung nöthig machen würde, es sei denn, daß alle übrigen Befrachter ihre Genehmigung ertheilten. Außerdem ist der Befrachter verpflichtet, sowohl die Kosten als auch den Schaden zu ersetzen, welche durch die Wiederausladung entstehen.

Machen sämmtliche Befrachter von dem Rechte des Rücktritts Gebrauch, so hat es bei den Vorschriften der Artikel 582. und 583. sein Bewenden.

Artikel 589. Hat der Frachtvertrag Stückgüter zum Gegenstand, so muß der Befrachter auf die Aufforderung des Schiffers ohne Verzug die Abladung bewirken.

Ist der Befrachter säumig, so ist der Verfrachter nicht verpflichtet, auf die Lieferung der Güter zu warten; der Befrachter muß, wenn ohne dieselben die Reise angetreten wird, gleichwohl die volle Fracht entrichten. Es kommt von der letzteren jedoch die Fracht für diejenigen Güter in Abzug, welche der Verfrachter an Stelle der nicht gelieferten angenommen hat.

Der Verfrachter, welcher den Anspruch auf die Fracht gegen den säumigen Befrachter geltend machen will, ist bei Verlust des Anspruchs verpflichtet, dies dem Befrachter vor der Abreise kund zu geben. Auf diese Erklärung finden die Vorschriften des Artikels 572. Anwendung.

Artikel 590. Nach der Abladung kann der Befrachter auch gegen Berichtigung der vollen Fracht, sowie aller sonstigen Forderungen des Verfrachters (Artikel 615.) und gegen Berichtigung oder Sicherstellung der im Artikel 616. bezeichneten Forderungen nur nach Maaßgabe des ersten Absatzes der Vorschrift unter Ziffer 2. des Artikels 588. von dem Vertrage zurücktreten und die Wiederausladung der Güter fordern.

Außerdem findet auch für diese Fälle die Vorschrift im letzten Absatz des Artikels 583. Anwendung.

Artikel 591. Ist ein Schiff auf Stückgüter angelegt und die Zeit der Abreise nicht festgesetzt, so hat auf Antrag des Befrachters der Richter nach den Umständen des Falles den Zeitpunkt zu bestimmen, über welchen hinaus der Antritt der Reise nicht verschoben werden kann.

Artikel 592. Bei jeder Art von Frachtvertrag hat der Befrachter innerhalb der Zeit, binnen welcher die Güter zu liefern sind, dem Schiffer zugleich alle zur Verschiffung

져오거나 혹은 화물의 환적을 필요로 하게 만들 것인 때에는, 운송계약자가 이를 요구할 수 없고, 다만 모든 다른 운송계약자가 동의의 의사를 표시한 때에는 그러하지 않다. 그 이외에도 운송계약자는 양륙으로 인해 발생하는 비용은 물론 손해도 보상하여야 한다.

모든 운송계약자가 해제권을 행사하는 경우에는 제582조 및 제583조 규정이 그대로 적용된다.

제589조 개품을 운송계약의 목적으로 하는 경우, 선장이 요청하면 운송계약자는 지체 없이 선적을 실시하여야 한다.

운송계약자가 이를 지체하는 경우, 운송인은 화물의 인도를 기다릴 의무가 없다.; 그 적하가 없이 항해를 개시했다 하더라도 운송계약자는 마찬가지로 운임 전액을 지급하여야 한다. 그러나 이 마지막 금액으로부터, 인도하여 주지 않은 화물대신에 운송인이 인수한 화물의 운임은, 이를 공제하여야 한다.

지체한 운송계약자에 대해 운임청구권을 행사하고자 하는 운송인은, 항해를 개시하기 전에, 이를 운송계약자에게 고지하여야 하고, 그렇지 않으면 그는 운임청구권을 상실한다. 이러한 의사표시에는 제572조의 규정이 적용된다.

제590조 선적을 한 후에는 운송계약자는 운임 전액과 운송인의 다른 모든 채권(제615조)을 변제하고 또 제616조에 표시된 채권을 변제하거나 담보를 제공하고 나서 비로소 제588조 제1문 2호 규정에 따라 운송계약을 해제하고 화물의 양륙을 요구할 수 있다.

그 외에 이 경우에도 제583조 마지막 문의 규정이 적용된다.

제591조 선박이 개품운송에 제공되고 출항의 시기가 확정되지 않는 경우, 운송계약자가 요청하면, 판사가 사안의 여러 정황을 고려하여 항해의 개시를 더 이상 연기할 수 없는 일정한 시점을 정한다.

제592조 모든 종류의 운송계약에 있어서 운송계약자는 화물을 인도하여 주어야 할 기간 내에 선장에게 화물의 선적에 필요한 서류도 또한 제공하여야 한다.

제593조 적하의 양륙을 위해 선장은, 적하를 인도하여 줄 사람(수하인)이, 또는

derselben erforderlichen Papiere zuzustellen.

Artikel 593. Der Schiffer hat zur Löschung der Ladung das Schiff an den Platz hinzulegen, welcher ihm von demjenigen, an den die Ladung abzuliefern ist (Empfänger), oder, wenn die Ladung an mehrere Empfänger abzuliefern ist, von sämmtlichen Empfängern angewiesen wird.

Wenn die Anweisung nicht rechtzeitig erfolgt, oder wenn von sämmtlichen Empfängern nicht derselbe Platz angewiesen wird, oder wenn die Wassertiefe, die Sicherheit des Schiffs oder die örtlichen Verordnungen oder Einrichtungen die Befolgung der Anweisung nicht gestatten, so muß der Schiffer an dem ortsüblichen Löschungsplatz anlegen.

Artikel 594. Sofern nicht durch Vertrag oder durch die örtlichen Verordnungen des Löschungshafens und in deren Ermangelung durch einen daselbst bestehenden Ortsgebrauch ein Anderes bestimmt ist, werden die Kosten der Ausladung aus dem Schiffe von dem Verfrachter, alle übrigen Kosten der Löschung von dem Ladungsempfänger getragen.

Artikel 595. Bei der Verfrachtung eines Schiffs im Ganzen hat der Schiffer, sobald er zum Löschen fertig und bereit ist, dies dem Empfänger anzuzeigen.

Die Anzeige muß durch öffentliche Bekanntmachung in ortsüblicher Weise geschehen, wenn der Empfänger dem Schiffer unbekannt ist.

Mit dem auf die Anzeige folgenden Tage beginnt die Löschzeit.

Ueber die Löschzeit hinaus hat der Verfrachter nur dann auf die Abnahme der Ladung noch länger zu warten, wenn es vereinbart ist (Ueberliegezeit).

Für die Löschzeit kann, sofern nicht das Gegentheil bedungen ist, keine besondere Vergütung verlangt werden. Dagegen muß dem Verfrachter für die Ueberliegezeit eine Vergütung (Liegegeld) gewährt werden.

Das Liegegeld wird von dem Richter nach Anleitung des Artikels 573. festgesetzt, wenn es nicht durch Vertrag bestimmt ist.

Artikel 596. Ist die Dauer der Löschzeit durch Vertrag nicht festgesetzt, so wird sie durch die örtlichen Verordnungen des Löschungshafens und in deren Ermangelung durch den daselbst bestehenden Ortsgebrauch bestimmt. Besteht auch ein solcher Ortsgebrauch nicht, so gilt als Löschzeit eine den Umständen des Falles angemessene Frist.

화물을 다수 수하인에게 인도하여 주어야 하는 때에는 모든 수하인이 지정한 장소에 선박을 접안시켜야 한다.

지정이 적기에 이루어지지 않는 때, 모든 수하인이 동일한 장소를 지정하지 않는 때, 또는 수심, 선박의 안전, 지역 규정이나 설비에 비추어 지시를 따를 수 없는 때에는, 선장은 지역 관행에 따른 양륙 장소에 선박을 접안시켜야 한다.

제594조   계약에 의하여 또는 양륙항 지역 규정에 의하여, 이러한 것이 없으면 양륙항 지역 관습에 의하여, 달리 규정되어 있지 않는 한, 선박으로부터 적하를 가지고 나오는 비용은 운송인이 부담하고, 나머지 양륙과 관련된 모든 비용은 수하인이 부담한다.

제595조   선박 전부가 용선된 경우, 양륙의 준비가 완료되면, 선장은 즉시 이를 수하인에게 통지하여야 한다.

선장이 수하인을 알지 못하는 때에는, 이 통지는 지역의 관행적 방법으로 공고하는 방식으로 한다.

통지가 있고 난 다음 날부터 양륙기간이 개시된다.

화물의 인수를 위한 양륙기간이 경과한 다음에는, 오로지 그러한 특약이 있는 때에 한해(체선기간), 선장이 그 이상 대기할 의무가 있다.

양륙기간에 대해서는, 다른 반대 약정이 있지 않는 한, 아무런 보상도 청구할 수 없다. 이와 반대로 체선기간에 대하여는 운송인에게 보상을 하여야 한다(체선료).

체선료는 계약에서 이를 약정하고 있지 않으면 제573조를 참조하여 판사가 정한다.

제596조   양륙기간의 길이가 계약에 의하여 정하여지지 않은 경우, 양륙항 지역 규정에 의하여 이를 정하고, 이러한 규정이 없으면 그 지역에 존재하는 지역관습에 의하여 이를 정한다. 그러한 지역관습도 없는 경우, 사안의 여러 사정에 비추어 상당한 기간을 양륙기간으로 본다.

계약으로 체선기간을 정하면서도 그 기간을 확정하지 않은 경우, 체선기간은 14일에 이른다고 본다.

운송계약에 오로지 체선료만 정하여 놓은 경우, 체선기간은 정하고 그 기간을 확정하지 않은 것으로 추정한다.

Ist eine Ueberliegezeit, nicht aber deren Dauer durch Vertrag bestimmt, so beträgt die Ueberliegezeit vierzehn Tage.

Enthält der Vertrag nur die Festsetzung eines Liegegeldes, so ist anzunehmen, daß eine Ueberliegezeit ohne Bestimmung der Dauer vereinbart sei.

Artikel 597. Ist die Dauer der Löschzeit oder Tag, mit welchem dieselbe enden soll, durch Vertrag bestimmt, so beginnt die Ueberliegezeit ohne Weiteres mit dem Ablauf der Löschzeit.

In Ermangelung einer solchen vertragsmäßigen Bestimmung beginnt die Ueberliegezeit erst, nachdem der Verfrachter dem Empfänger erklärt hat, daß die Löschzeit abgelaufen sei. Der Verfrachter kann schon innerhalb der Löschzeit dem Empfänger erklären, an welchem Tage er die Löschzeit für abgelaufen halte. In diesem Falle ist zum Ablauf der Löschzeit und zum Beginn der Ueberliegezeit eine neue Erklärung des Verfrachters nicht erforderlich.

Auf die in diesem Artikel erwähnten Erklärungen des Verfrachters finden die Vorschriften des Artikels 572. Anwendung.

Artikel 598. Bei Berechnung der Lösch- und Ueberliegezeit werden die Tage in ununterbrochen fortlaufender Reihenfolge gezählt; insbesondere kommen in Ansatz die Sonn- und Feiertage, sowie diejenigen Tage, an welchen der Empfänger durch Zufall die Ladung abzunehmen verhindert ist.

Nicht in Ansatz kommen jedoch die Tage, an welchen durch Wind und Wetter oder durch irgend einen anderen Zufall entweder 1) der Transport nicht nur der im Schiffe befindlichen, sondern jeder Art von Ladung von dem Schiff an das Land, oder 2) die Ausladung aus dem Schiffe, verhindert ist.

Artikel 599. Für die Tage, während welcher der Verfrachter wegen Verhinderung des Transportes jeder Art von Ladung von dem Schiff an das Land hat länger warten müssen, gebührt ihm Liegegeld, selbst wenn die Verhinderung während der Löschzeit eingetreten ist. Dagegen ist für die Tage, während welcher er wegen Verhinderung der Ausladung aus dem Schiffe hat länger warten müssen, Liegegeld nicht zu entrichten, selbst wenn die Verhinderung während der Ueberliegezeit eingetreten ist.

Artikel 600. Sind für die Dauer der Löschzeit nach Artikel 596. die örtlichen Verordnungen oder der Ortsgebrauch maaßgebend, so kommen bei Berechnung

제597조   양륙기간의 길이 또는 양륙기간의 종료일이 계약으로 정하여진 경우, 체선기간은 양륙기간이 도과하면 즉시 개시된다.

이러한 계약상 규정이 없는 경우, 체선기간은 운송인이 수하인에게 체선기간이 경과했다는 의사표시를 한 다음에 비로소 개시된다. 운송인은 양륙기간 내에도 수하인에게 양륙기간이 종료된다고 보는 일자에 대해 의사표시를 할 수 있다. 이렇게 하면 양륙기간이 경과하고 체선기간이 개시되기 위해 새로이 의사표시를 할 필요가 없다.

제572조의 규정은 이 조문에서 말하는 운송인의 의사표시에도 적용된다.

제598조   양륙기간 및 체선기간을 산정함에 있어 날은 중단 없이 연속하여 순차로 계산한다.; 특히 일요일과 공휴일은 물론 수하인이 우연한 사고로 화물의 인수에 지장이 있는 날도 이를 산입한다.

그러나 바람 및 날씨에 의한다든가 다른 어떠한 우연한 사고로 인하여 1) 선박에 있는 적하뿐만 아니라 모든 종류의 적하를 선박으로부터 육지로 수송하는 데에 지장이 있는 경우, 또는 2) 화물을 선박으로부터 내려놓는 데에 지장이 있는 경우에는, 이를 산입하지 않는다.

제599조   선박으로부터 육지로 모든 종류의 적하를 수송하는 것에 지장이 있어 양륙기간을 초과하여 선박이 대기한 날에 대하여는, 체선료는 비록 그 지장이 양륙기간에 발생했다 하더라도 발생한다. 이와 반대로, 선박으로부터 내려놓는 데 지장이 있어 선박이 양륙기간을 초과하여 대개하였던 날에 대하여는, 비록 지장이 체선기간에 발생했다 하더라도, 체선료를 지급하지 않는다.

제600조   선적기간을 계산함에 있어 제596조에 의해 지역 규정 또는 지역 관습이 적용되는 경우, 위 두 조문은 양륙기간을 계산함에 있어 오로지 지역 규정이나 지역 관습이 달리 규정하지 않는 때에 한해 적용된다.

제601조   운송인이 양륙이 어느 특정한 날에 종료될 것이 틀림없다고 약속을 받은 경우, 그 운송인은 선박으로부터 육지로 모든 종류의 적하가 수송에 지장이 있다(제598조 1호) 하더라도, 선적기간을 넘어 대기할 의무가 없다.

der Löschzeit die beiden vorstehenden Artikel nur insoweit zur Anwendung, als die örtlichen Verordnungen oder der Ortsgebrauch nichts Abweichendes bestimmen.

Artikel 601. Hat der Verfrachter sich ausbedungen, daß die Löschung bis zu einem bestimmten Tage beendigt sein müsse, so wird er durch die Verhinderung des Transports jeder Art von Ladung von dem Schiff an das Land (Artikel 598. Ziffer 1.) zum längeren Warten nicht verpflichtet.

Artikel 602. Wenn der Empfänger zur Abnahme der Güter sich bereit erklärt, dieselbe aber über die von ihm einzuhaltenden Fristen verzögert, so ist der Schiffer befugt, die Güter, unter Benachrichtigung des Empfängers, gerichtlich oder in anderer sicherer Weise niederzulegen.

Der Schiffer ist verpflichtet, in dieser Weise zu verfahren und zugleich den Befrachter davon in Kenntniß zu setzen, wenn der Empfänger die Annahme der Güter verweigert oder über dieselbe auf die in Artikel 595. vorgeschriebene Anzeige sich nicht erklärt, oder wenn der Empfänger nicht zu ermitteln ist.

Artikel 603. Insoweit durch die Säumniß des Empfängers oder durch das Niederlegungsverfahren die Löschzeit ohne Verschulden des Schiffers überschritten wird, hat der Verfrachter Anspruch auf Liegegeld (Artikel 595.), unbeschadet des Rechts, für diese Zeit, soweit sie keine vertragsmäßige Ueberliegezeit ist, einen erweislich höheren Schaden geltend zu machen.

Artikel 604. Die Artikel 595. bis 603. kommen auch dann zu Anwendung, wenn ein verhältnißmäßiger Theil oder ein bestimmter bezeichneter Raum des Schiffs verfrachtet ist.

Artikel 605. Der Empfänger von Stückgütern hat dieselben auf die Aufforderung des Schiffers ohne Verzug abzunehmen. Ist der Empfänger dem Schiffer nicht bekannt, so muß die Aufforderung durch öffentliche Bekanntmachung in ortsüblicher Weise geschehen.

In Ansehung des Rechts und der Verpflichtung des Schiffers, die Güter niederzulegen, gelten die Vorschriften des Artikels 602. Die im Artikel 602. vorgeschriebene Benachrichtigung des Befrachters kann durch öffentliche, in ortsüblicher Weise zu bewirkende Bekanntmachung erfolgen.

Für die Tage, um welche durch die Säumniß des Empfängers oder durch das Niederlegungsverfahren der Frist, binnen welcher das Schiff würde entlöscht worden sein, überschritten ist, hat der Verfrachter Anspruch auf Liegegeld (Artikel 595.),

제602조 수하인이 화물을 인수할 의사를 밝혔지만 그가 준수해야 할 기간이 지나도록 이를 지체하고 있는 경우, 선장은 수하인에게 이를 통보하고 법원을 통해 혹은 기타 안전한 방법으로 화물을 보관시킬 수 있다.

수하인이 화물의 수령을 거절하거나, 제595조에 규정한 통지를 하여도 수령에 대한 의사를 표시하지 않는 때, 혹은 수하인을 찾을 수 없는 때에는, 이와 마찬가지로 처리하고 이를 운송계약자에게 고지할 의무가 있다.

제603조 수하인의 지체로 인해 또는 보관절차로 인해 선장의 귀책사유가 없이 양륙기간을 도과한 경우, 운송인은 체선료(제595조)를 청구할 수 있고, 또 이와 상관없이, 그 기간이 체선기간에 해당되지 않는 것을 전제로, 추가로 손해가 있으면 이를 입증하여 그 배상을 청구할 수 있다.

제604조 제595조 내지 제603조 규정은 선박의 일정 비율 또는 특정한 공간을 용선한 경우에도 마찬가지로 적용된다.

제605조 개품운송계약의 수하인은 선장이 요청하면 화물을 지체 없이 인수하여 가야 한다. 선장이 수하인을 알 수 없는 경우, 인수 요청은 그 지역에서의 관행적 방법으로 한다.

화물을 보관시킬 권리와 의무에 관해서는 제602조가 적용된다. 제602조에 규정한 운송계약자에 대한 보고는 그 지역의 관행적인 방법으로 공적인 공고를 통해 할 수 있다.

수하인의 지체로 인해 또는 보관 조치로 인해 선박으로부터 양륙을 해야 할 기간을 도과한 날에 대하여 운송인은 체선료(제595조)를 청구할 수 있고, 이와 상관없이 추가로 손해가 있으면 이를 입증하여 보상을 청구할 수 있다.

제606조 선박의 전부나 일정 비율 또는 선박의 특정한 공간을 용선한 운송계약자가 특정한 화물의 운송을 위해 재운송계약을 체결한 때에는, 위 제595조 내지 제603조는 원래 운송계약의 운송인의 권리와 의무에 변함없이 그대로 적용된다.

제607조 운송인은 화물을 수령할 때부터 인도하여 줄 때까지 그 멸실 또는 훼손으로 인한 손해를 배상할 책임이 있으며, 다만 운송인이 불가항력에 의하여, 화물

unbeschadet des Rechts, einen erweislich höheren Schaden geltend zu machen.

Artikel 606. Wenn bei der Verfrachtung des Schiffs im Ganzen oder eines verhältnißmäßigen Theils oder eines bestimmt bezeichneten Raums des Schiffs der Befrachter Unterfrachtverträge über Stückgüter geschlossen hat, so bleiben für die Rechte und Pflichten des ursprünglichen Verfrachters die Artikel 595. bis 603. maaßgebend.

Artikel 607. Der Verfrachter haftet für den Schaden, welcher durch Verlust oder Beschädigung der Güter seit der Empfangnahme bis zur Ablieferung entstanden ist, sofern er nicht beweist, daß der Verlust oder die Beschädigung durch höhere Gewalt (vis major) oder durch die natürliche Beschaffenheit der Güter, namentlich durch inneren Verderb, Schwinden, gewöhnliche Leckage und dergleichen, oder durch äußerlich nicht erkennbare Mängel der Verpackung entstanden ist.

Verlust und Beschädigung, welche aus einem mangelhaften Zustande des Schiffs entstehen, der aller Sorgfalt ungeachtet nicht zu entdecken war (Artikel 560. Absatz 2.), werden dem Verluste oder der Beschädigung durch höhere Gewalt gleichgeachtet.

Artikel 608. Für Kostbarkeiten, Gelder und Werthpapiere haftet der Verfrachter nur in dem Falle, wenn diese Beschaffenheit oder Werth der Güter bei der Abladung dem Schiffer angegeben ist.

Artikel 609. Bevor der Empfänger die Güter übernommen hat, kann sowohl der Empfänger als der Schiffer, um den Zustand oder die Menge der Güter festzustellen, die Besichtigung derselben durch zuständige Behörde oder durch die zu dem Zweck amtlich bestellten Sachverständigen bewirken lassen.

Bei diesem Verfahren ist die am Orte anwesende Gegenpartei zuzuziehen, sofern die Umstände es gestatten.

Artikel 610. Ist die Besichtigung vor der Uebernahme nicht geschehen, so muß der Empfänger binnen acht und vierzig Stunden nach dem Tage der Uebernahme die nachträgliche Besichtigung der Güter nach Maaßgabe des Artikels 609. erwirken, widrigenfalls alle Ansprüche wegen Beschädigung oder theilweisen Verlustes erlöschen. Es macht keinen Unterschied, ob Verlust und Beschädigung äußerlich erkennbar waren oder nicht.

Diese Bestimmung findet keine Anwendung auf solche Verluste und Beschädigungen, welche durch eine bösliche Handlungsweise einer Person der Schiffsbesatzung

의 자연적인 성질, 특히 그 내적 부패, 감축, 통상적 유출 및 이와 유사한 사고로 인하여, 혹은 외부적으로 인식할 수 없는 포장상 하자로 인하여 발생한 손해는 운송인이 이를 입증하면 그러하지 않다.

모든 주의의무를 다한다 하더라도 이를 발견할 수 없는(제560조 제2문) 하자가 있는 선박의 상태로 인해 발생한 멸실과 훼손은 이를 불가항력에 의한 멸실 및 훼손과 마찬가지로 본다.

제608조　고가물, 금전 및 유가증권에 대해서는, 선장에게 인도하여 줄 때에, 그 성질 또는 가격을 신고한 경우에 한해, 운송인은 책임이 있다.

제609조　수하인이 화물을 인수하기 이전에, 수하인은 물론 선장도, 화물의 상태 또는 수량을 확인하기 위해, 관할 행정관청 또는 이를 위해 공적으로 임명된 감정인을 통하여, 검사를 하게 할 수 있다.

이 과정에, 상대방이 현장에 없으면, 사정이 허용하는 한, 그를 여기에 참여하게 하여야 한다.

제610조　인수하기 전에 이러한 검사가 이루어지지 않는 경우, 수하인은 수령한 날로부터 48시간 내에 제609조에 따라 화물의 사후 검사를 하게 하여야 하고, 그렇지 아니하면 수하인은 훼손 또는 일부 멸실로 인한 손해배상청구권을 상실한다. 여기에서 그 멸실 또는 훼손이 외부적으로 인식할 수 있는지 여부는 아무 상관이 없다.

이 규정은 멸실 또는 훼손이 선원이 악의로 행동하여 발생한 때에는 적용하지 않는다.

제611조　검사의 비용은 그것을 요청하는 사람이 부담한다.

그러나 수하인이 검사를 요청하고, 운송인이 배상하여야 할 멸실 또는 훼손이 발견된 경우, 검사 비용은 운송인이 부담하여야 한다.

제612조　제607조에 근거하여 멸실된 화물에 대해 보상을 하여야 하는 경우, 단지 사라진 화물의 가격을 보상하면 된다. 여기에서 말하는 가격은, 선박이 양륙을 개시한 때에, 그곳에서 양륙이 일어나지 않은 경우에는 화물이 도착한 때에, 그 화

128

entstanden sind.

Artikel 611. Die Kosten der Besichtigung hat derjenige zu tragen, welcher dieselbe beantragt hat.

Ist jedoch die Besichtigung von dem Empfänger beantragt, und wird ein Verlust oder eine Beschädigung ermittelt, wofür der Verfrachter Ersatz leisten muß, so fallen die Kosten dem letzteren zur Last.

Artikel 612. Wenn auf Grund des Artikels 607. für den Verlust von Gütern Ersatz geleistet werden muß, so ist nur der Werth der verlorenen Güter zu vergüten. Dieser Werth wird durch den Marktpreis bestimmt, welchen Güter bei Beginn der Löschung des Schiffs oder, wenn eine Entlöschung des Schiffs an diesem Orte nicht erfolgt, bei seiner Ankunft daselbst haben.

In Ermangelung eines Marktpreises, oder falls über denselben oder über dessen Anwendung, insbesondere mit Rücksicht auf die Qualität der Güter Zweifel bestehen, wird der Preis durch Sachverständige ermittelt.

Von dem Preise kommt in Abzug, was an Fracht, Zöllen und Unkosten in Folge des Verlustes der Güter erspart wird.

Wird der Bestimmungsort der Güter nicht erreicht, so tritt an Stelle des Bestimmungsorts der Ort, wo die Reise endet, oder wenn die Reise durch Verlust des Schiffs endet, der Ort, wohin die Ladung in Sicherheit gebracht ist.

Artikel 613. Die Bestimmungen des Artikels 612. finden auch auf diejenigen Güter Anwendung, für welche der Rheder nach Artikel 510. Ersatz leisten muß.

Uebersteigt im Falle der Verfügung über die Güter durch Verkauf der Reinerlös derselben den im Artikel 612. bezeichneten Preis, so tritt an Stelle des letzteren der Reinerlös.

Artikel 614. Muß für Beschädigung der Güter auf Grund des Artikels 607. Ersatz geleistet werden, so ist nur die durch die Beschädigung verursachte Werthsverminderung der Güter zu vergüten. Diese Werthsverminderung wird bestimmt durch den Unterschied zwischen dem durch Sachverständige zu ermittelnden Verkaufswerth, welchen die Güter im beschädigten Zustande haben, und dem im Artikel 612. bezeichneten Preise nach Abzug der Zölle und Unkosten, soweit sie in Folge der Beschädigung erspart sind.

Artikel 615. Durch Annahme der Güter wird der Empfänger verpflichtet, nach

물이 가졌던 시장가격을 통하여 정한다.

시장가격이 없는 경우, 또는 시장가격이나 그 적용에, 특히 화물의 품질에 비추어, 의문이 있는 경우, 감정인이 가격을 평가한다.

화물이 멸실된 결과 운임, 관세 및 경비에서 절약된 것은 가격에서 공제한다.

여기에서 목적지는, 화물이 목적지에 도착하지 아니한 경우, 항해가 종료된 곳이 이를 대신하고, 항해가 선박의 멸실로 종료된 경우, 적하를 안전한 곳으로 가지고 나온 곳이 이를 대신한다.

제613조   제612조의 규정은 제510조에 따라 선주가 보상하여야 하는 화물에 대하여도 적용된다.

매각하는 방식으로 화물을 처분한 경우에, 만일 대금이 제612조에 표시된 가격을 초과하면, 이 대금이 그 가격을 대신한다.

제614조   화물의 훼손에 대해 제607조에 기해 손해를 배상하는 경우, 훼손으로 인해 발생한 감소 가격을 보상한다. 이 감소 가격은, 감정인이 평가한 훼손된 상태의 화물의 매각 가격과, 제612조에 표시된 가격에서, 관세와 경비로서 훼손의 결과 절약된 금액을 공제한 금액의 차이를 가지고 결정한다.

제615조   수하인은, 화물의 수령을 통하여 수령의 근거가 된 운송계약 또는 선하증권에 따라, 운임 기타 부대 요금은 물론 체선료가 있으면 체선료를 지급하여야 하고, 납부한 관세 및 기타 대체한 금전을 보전하여야 하며, 또 그 외 그에게 부과된 의무를 이행하여야 한다.

운송인은 운임의 지급 및 기타 의무의 이행과 상환으로 화물을 수하인에게 인도하여 주어야 한다.

제616조   운송인은 화물이 부담할 공동해손분담금, 구조비와 원조비, 및 모험대차금액을 변제하거나 담보를 제공하기 전까지는 화물을 인도하여 줄 의무가 없다.

모험대차가 선주의 계산으로 이루어진 경우, 위 규정은, 선주의 의무에는 영향이 없이, 인도 이전에 화물이 모험대차의 채무로부터 해방되게 하여야 한다는 데에도 적용된다.

Maaßgabe des Frachtvertrages oder des Konnossements, auf deren Grund die Empfangnahme geschieht, die Fracht nebst allen Nebengebühren, sowie das etwaige Liegegeld zu bezahlen, die ausgelegten Zölle und übrigen Auslagen zu erstatten und die ihm sonst obliegenden Verpflichtungen zu erfüllen.

Der Verfrachter hat die Güter gegen Zahlung der Fracht und gegen Erfüllung der übrigen Verpflichtungen des Empfängers auszuliefern.

Artikel 616. Der Verfrachter ist nicht verpflichtet, die Güter früher auszuliefern, als bis die auf denselben haftenden Beiträge zu großen Haverei, Bergungs- und Hülfskosten und Bodmereigelder bezahlt oder sichergestellt sind.

Ist die Verbodmung für Rechnung des Rheders geschehen, so gilt die vorstehende Bestimmung unbeschadet der Verpflichtung des Verfrachters, für die Befreiung der Güter von der Bodmereischuld noch vor der Auslieferung zu sorgen.

Artikel 617. Der Verfrachter ist nicht verpflichtet, die Güter, mögen sie verdorben oder beschädigt sein oder nicht, für die Fracht an Zahlungsstatt anzunehmen.

Sind jedoch Behältnisse, welche mit flüssigen Waaren angefüllt waren, während der Reise ganz oder zum größeren Theil ausgelaufen, so können dieselben dem Verfrachter für die Fracht und seine übrigen Forderungen (Artikel 615.) an Zahlungsstatt überlassen werden.

Durch die Vereinbarung, daß der Verfrachter nicht für Leckage hafte, oder durch die Klausel: 'frei von Leckage" wird dieses Recht nicht ausgeschlossen.

Dieses Recht erlischt, sobald die Behältnisse in den Gewahrsam des Abnehmers gelangt sind.

Ist die Fracht in Bausch und Bogen bedungen, und sind nur einige Behältnisse ganz oder zum größeren Theile ausgelaufen, so können dieselben für einen verhältnißmäßigen Theil der Fracht und der übrigen Forderungen des Verfrachters an Zahlungsstatt überlassen werden.

Artikel 618. Für Güter, welche durch irgend einen Unfall verloren gegangen sind, ist keine Fracht zu bezahlen und die etwa vorausbezahlte zu erstatten, sofern nicht das Gegentheil bedungen ist.

Diese Bestimmung kommt auch dann zur Anwendung, wenn das Schiff im Ganzen oder ein verhältnißmäßiger oder ein bestimmt bezeichneter Raum des Schiffs verfrachtet ist. Sofern in einem solchen Falle das Frachtgeld in Bausch und Bogen

제617조   운송인은, 화물이 부패하거나 훼손되었든 아니든, 운임 대신에 대물변제로 화물을 인수할 의무는 없다.

그러나 유동 상품을 담고 있는 용기가 운송 도중에 내용물 전부 또는 대부분이 유출된 경우, 운임 및 여타 채권(제615조)에 대한 대물변제로 이를 운송인에게 인계할 수 있다.

유출에 대해 운송인이 책임을 지지 않는다는 약정을 통하여, 또는 "유출책임면제"라는 문구를 통하여, 이러한 권리가 배제되는 것은 아니다.

이 권리는 용기가 인수인의 보관 하에 놓여지면 소멸한다.

운임이 화물 전체를 기준으로 일정 금액으로 책정되고, 일부 용기가 전부 혹은 대부분의 내용물이 유출된 경우에는, 그 유출된 용기를 그에 비례하는 일부 운임 및 기타 채권에 대한 대물변제로 운송인에게 인계할 수 있다.

제618조   어떤 사고로 인해 멸실된 화물에 대하여는, 반대의 약정이 없는 한, 운임을 지급하지 않고, 선급한 운임이 있으면 이를 반환하여야 한다.

이 규정은 선박의 전부 혹은 일정 비율 또는 선박의 특정 공간이 용선된 경우에도 마찬가지로 적용된다. 이러한 경우에, 운임은 화물 전체에 대해 일정한 금액으로 약정되어 있으나 화물은 오로지 일부가 멸실된 때에는, 운임은 그 비율에 따라 감액을 청구할 수 있다.

제619조   화물이 그 자연적인 성질(제607조)에 의하여 멸실된 경우는 물론, 동물이 운송 도중에 죽은 경우에는, 그 미인도와 상관없이 그에 대한 운임을 지급하여야 한다.

공동해손으로 희생된 화물에 대한 운임을 어느 정도 보상할지는 공동해손에 관한 규정에 의하여 정한다.

제620조   운임의 액수에 대해 합의가 없이 운송을 위해 인수한 화물에 대하여서는 선적한 장소와 일시에 관행적으로 적용되는 운임을 지급하여야 한다.

운송계약자와 약정한 수량을 초과하여 운송을 위해 인수한 화물에 대해서는 약정한 운임에 비례한 운임을 지급하여야 한다.

제621조   화물의 용적, 중량 또는 수량에 의하여 운임이 약정되어 있는 때에는,

bedungen ist, berechtigt der Verlust eines Theils der Güter zu einem verhältnißmäßigen Abzuge von der Fracht.

Artikel 619. Ungeachtet der Nichtablieferung ist die Fracht zu zahlen für Güter, deren Verlust in Folge ihrer natürlichen Beschaffenheit (Artikel 607.) eingetreten ist, sowie für Thiere, welche unterwegs gestorben sind.

Inwiefern die Fracht für Güter zu ersetzen ist, welche in Fällen der großen Haverei aufgeopfert worden sind, wird durch die Vorschriften über die große Haverei bestimmt.

Artikel 620. Für Güter, welche ohne Abrede über die Höhe der Fracht zur Beförderung übernommen sind, ist die am Abladungsorte zur Abladungszeit übliche Fracht zu zahlen.

Für Güter, welche über das mit dem Befrachter vereinbarte Maaß hinaus zu Beförderung übernommen sind, ist die Fracht nach Verhältniß der bedungenen Fracht zu zahlen.

Artikel 621. Wenn die Fracht nach Maaß, Gewicht oder Menge der Güter bedungen ist, so ist im Zweifel anzunehmen, daß Maaß, Gewicht oder Menge der abgelieferten und nicht der eingelieferten Güter für die Höhe der Fracht entscheiden soll.

Artikel 622. Außer der Fracht können Kaplaken, Prämien und dergleichen nicht gefordert werden, sofern sie nicht ausbedungen sind.

Die gewöhnlichen und ungewöhnlichen Unkosten der Schifffahrt, als Lootsengeld, Hafengeld, Leuchtfeuergeld, Schlepplohn, Quarantainegelder, Auseisungskosten und dergleichen, fallen in Ermangelung einer entgegenstehenden Abrede dem Verfrachter allein zur Last, selbst wenn derselbe zu den Maaßregeln, welche die Auslagen verursacht haben, auf Grund des Frachtvertrages nicht verpflichtet war.

Die Fälle der großen Haverei, sowie die Fälle der Aufwendung von Kosten zur Erhaltung, Bergung und Rettung der Ladung werden durch diesen Artikel nicht berührt.

Artikel 623. Wenn die Fracht Zeit bedungen ist, so beginnt sie in Ermangelung einer anderen Abrede mit dem Tage zu laufen, der auf denjenigen folgt, an welchem der Schiffer angezeigt hat, daß er zur Einnahme der Ladung, oder bei einer Reise in Ballast, daß er zum Antritt der Reise fertig und bereit sei, sofern aber einer Reise in Ballast diese Anzeige am Tage vor dem Antritt der Reise noch nicht erfolgt ist, mit dem Tage, an welchem die Reise angetreten wird.

운임의 금액을 정함에 있어, 불분명한 경우, 받아 인수한 것이 아니라 인도하여 준 화물의 용적, 중량 또는 수량에 의하여 이를 정하여야 한다고 본다.

제622조 운임 이외에, 선장 사례금, 할증료 기타 유사한 금전은, 이를 별도로 약속하여 준 경우가 아니면, 이를 청구할 수 없다.

도선료, 항만료, 등대료, 예선료, 검역료, 유빙 제거비 기타 유사 경비와 같은 항해에 따르는 통상 또는 비통상 경비는, 반대의 합의가 없는 한, 운송인이 단독으로 부담하며, 이는 운송계약에 의하면 운송인이 그 비용을 유발한 조치를 취할 의무가 없는 때에도 마찬가지이다.

공동해손의 경우 및 적하의 보존, 원조 또는 구조를 위한 비용 지출의 경우, 본조로 인하여 영향을 받지 않는다.

제623조 기간으로 운임을 약정한 경우, 다른 합의가 없는 한, 선장이 적하를 수령할 준비가 완료된 것을 통지한 날의, 또는 저하만 가지고 항해를 하는 때에는, 항해를 개시하기 위한 준비가 완료된 것을 통지한 날의, 다음 날부터 기간이 진행하며, 다만 저하만 가지고 하는 항해에서 항해를 개시하기 이전 날에 이러한 통지가 아직 없었다면 항해를 개시한 날에 기간이 진행된다.

체선료 또는 체선기간의 약정이 있는 경우, 기간운임은 여하한 경우라 하더라도 항해를 개시한 날에 개시된다.

기간운임은 양륙이 완전히 종료된 날에 종료한다.

운송인의 귀책사유 없이 항해가 지체되거나 중단된 경우, 그 사이에도 기간운임은 계속 지급하여야 하며, 다만 이로 인하여 제639조와 제640조는 영향을 받지 않는다.

제624조 운송인은 제615조에 열거된 채권에 기해 화물에 대한 질권을 가진다.

이 질권은 화물이 유보되어 가지고 있거나 다른 사람에게 보관시켜 놓는 동안 존속한다.; 이 질권은 인도를 하여 준 후에도 인도의 종료 후 30일 내에 재판상 권리를 행사하면 계속 존속한다.; 그러나 이 권리는 재판상 권리행사 이전에 화물이 수하인을 위하여 점유하는 사람이 아닌 제3자의 점유 하에 놓이면 소멸한다.

Ist Liegegeld oder Ueberliegezeit bedungen, so beginnt in allen Fällen die Zeitfracht erst mit dem Tage zu laufen, an welchem der Antritt der Reise erfolgt.

Die Zeitfracht endet mit dem Tage, an welchem die Löschung vollendet ist.

Wird die Reise ohne Verschulden des Verfrachters verzögert oder unterbrochen, so muß für die Zwischenzeit die Zeitfracht fortentrichtet werden, jedoch unbeschadet der Bestimmungen der Artikel 639. und 640.

Artikel 624. Der Verfrachter hat wegen der Artikel 615. erwähnten Forderungen ein Pfandrecht an den Gütern.

Das Pfandrecht besteht, so lange die Güter zurückbehalten oder deponirt sind; es dauert auch nach der Ablieferung noch fort, sofern es binnen dreißig Tagen nach Beendigung derselben gerichtlich geltend gemacht wird; es erlischt jedoch, sobald vor der gerichtlichen Geltendmachung die Güter in den Gewahrsam eines Dritten gelangen, welcher sie nicht für den Empfänger besitzt.

Artikel 625. Im Falle des Streits über die Forderungen des Verfrachters ist dieser die Güter auszuliefern verpflichtet, sobald die streitige Summe bei Gericht oder bei einer anderen Annahme von Depositen ermächtigten Behörde oder Anstalt deponirt ist.

Nach Ablieferung der Güter ist der Verfrachter zu Erhebung der deponirten Summe gegen angemessene Sicherheitsleistung berechtigt.

Artikel 626. So lange das Pfandrecht des Verfrachters besteht, kann das Gericht auf dessen Ansuchen verordnen, daß die Güter ganz oder zu einem entsprechenden Theil Behufs Befriedigung des Verfrachters öffentlich verkauft werden.

Dieses Recht gebührt dem Verfrachter auch gegenüber den übrigen Gläubigern und der Konkursmasse des Eigenthümers.

Das Gericht hat die Betheiligten, wenn sie am Orte anwesend sind, über das Gesuch, bevor der Verkauf verfügt wird, zu hören.

Artikel 627. Hat der Verfrachter die Güter ausgeliefert, so kann er wegen der gegen den Empfänger ihm zustehenden Forderungen (Artikel 615.) an dem Befrachter sich nicht erholen. Nur insoweit der Befrachter mit dem Schaden des Verfrachters sich etwa bereichern würde, findet ein Rückgriff statt.

Artikel 628. Hat der Verfrachter die Güter nicht ausgeliefert, und von dem im ersten Absatz des Artikels 626. bezeichneten Rechte Gebrauch gemacht, jedoch durch den

제625조 운송인의 채권에 대해 분쟁이 있는 경우, 법원 기타 보관을 인수할 권한이 부여된 다른 관청이나 기관에 이 분쟁이 있는 금액을 공탁하면, 운송인은 즉시 화물을 인도하여 줄 의무가 있다.

화물을 인도하여 준 다음에, 운송인은 상당한 담보를 제공하고서, 공탁한 금액을 청구할 권리가 있다.

제626조 운송인의 질권이 존속하는 한, 운송인이 요청하면 법원은 운송인에게 변제하기 위해 화물의 전부 또는 필요한 일부를 공매할 것을 명할 수 있다.

운송인은 다른 채권자 및 소유자의 파산재단에 대하여도 이러한 권리를 가진다.

법원은 관계인이 현지에 있으면 매각을 인가하기 전에 신청에 관해 관계인의 의견을 들어야 한다.

제627조 운송인이 화물을 인도하여 준 경우, 운송인은 그가 수하인에 대해 가진 채권(제615조)을 가지고 운송계약자에게 그 이행을 구할 수 없다. 다만 운송계약자가 운송인의 손해로 인해 이득을 얻은 경우, 운송인은 그 상환을 청구할 수 있다.

제628조 운송인이 화물을 인도하여 주지 아니하고 제626조 제1문에 표시된 권리를 행사했지만, 화물의 매각을 통해 그 채권을 모두 변제받지 못한 경우, 운송인이 운송계약자와 체결한 운송계약에 기한 채권을 모두 변제받지 못하였다면, 운송계약자에게 그 채무의 이행을 구할 수 있다.

제629조 수하인이 화물을 인수하여 가지 않는 경우, 운송계약자가 운송계약에 따라 운임 기타 운송인의 채권을 변제하여야 한다.

운송계약자가 수하물을 수령하여 가면, 제593조 내지 제626조를 적용함에 있어 운송계약자가 그 조문에 표시된 수하인을 대신한다. 특히 이러한 경우에 운송인은 그의 채권에 기해 제624조, 제625조 및 제626조의 규정에 따라 화물에 대한 유치권과 질권을 가지며, 또 제616조에 표시된 권리도 갖는다.

제630조 항해를 개시하기 이전에 어떤 우연한 사고로 인하여 다음 일이 발생하면, 운송계약은 실효되고 어느 한 당사자도 다른 당사자에게 손해를 배상할 의무가 없다.

Verkauf der Güter seine vollständige Befriedigung nicht erhalten, so kann er an dem Befrachter sich erholen, soweit er wegen seiner Forderungen aus dem zwischen ihm und dem Befrachter abgeschlossenen Frachtvertrage nicht befriedigt ist.

Artikel 629. Werden die Güter von dem Empfänger nicht abgenommen, so ist der Befrachter verpflichtet, den Verfrachter wegen der Fracht und der übrigen Forderungen dem Frachtvertrage gemäß zu befriedigen.

Bei der Abnahme der Güter durch den Befrachter kommen die Artikel 593. bis 626. in der Weise zur Anwendung, daß an Stelle des in diesen Artikeln bezeichneten Empfängers der Befrachter tritt. Insbesondere steht in einem solchen Falle dem Verfrachter wegen seiner Forderungen das Zurückbehaltungs- und Pfandrecht an den Gütern nach Maaßgabe der Artikel 624. 625. 626., sowie das im Artikel 616. bezeichnete Recht zu.

Artikel 630. Der Frachtvertrag tritt außer Kraft, ohne daß ein Theil zur Entschädigung des anderen verpflichtet ist, wenn vor Antritt der Reise durch einen Zufall

1) das Schiff verloren geht, insbesondere wenn es verunglückt, wenn es als reparaturunfähig oder reparaturunwürdig kondemnirt (Artikel 444.) und in dem letzten Falle ohne Verzug öffentlich verkauft wird, wenn es geraubt wird, wenn es aufgebracht oder angehalten und für gute Prise erklärt wird; oder

2) die im Frachtvertrage nicht blos nach Art oder Gattung, sondern speziell bezeichneten Güter verloren gehen; oder

3) die, wenn auch nicht im Frachtvertrage speziell bezeichneten Güter verloren gehen, nachdem dieselben bereits an Bord gebracht oder Behufs Einladung in das Schiff an der Ladungsstelle von dem Schiffer übernommen worden sind.

Hat aber in dem unter Ziffer 3. bezeichneten Falle der Verlust der Güter noch innerhalb der Wartezeit (Artikel 580.) sich zugetragen, so tritt der Vertrag nicht außer Kraft, sofern der Befrachter ohne Verzug sich bereit erklärt, statt der verloren gegangenen andere Güter (Artikel 563.) zu liefern, und mit der Lieferung noch innerhalb der Wartezeit beginnt. Er hat die Abladung der anderen Güter binnen kürzester Frist zu vollenden, die etwaigen Mehrkosten dieser Abladung zu tragen, und insoweit durch dieselbe die Wartezeit überschritten wird, den dem Verfrachter daraus entstehenden Schaden zu ersetzen.

Artikel 631. Jeder Theil ist befugt, von dem Vertrage zurückzutreten, ohne zur

1) 선박이 멸실된 경우, 특히 선박이 난파된 때, 선박이 수리 불가능하게 되거나, 혹은 수리 무가치하다 하여(제444조) 지체 없이 공매된 때, 선박이 약탈을 당한 때, 혹은 선박이 나포나 억류되어 포획물의 선언이 있는 때;

2) 운송계약에서 단순히 성질이나 종류를 지정하지 않고 운송계약에 의해 특별히 확정된 화물이 멸실된 경우; 혹은

3) 운송계약에서 특정한 화물은 아니지만 이미 선상에 가져왔거나 혹은 선적을 위해 선장이 선적 장소에서 인수를 한 화물이 멸실된 경우.

그러나 위 3호에 표시된 사안에서 화물의 멸실이 대기기간(제580조) 내에 발생한 경우, 운송계약자가 지체 없이 멸실된 화물(제563조) 대신 다른 화물을 인도할 의사를 표시하고 대기기간 내에 인도를 개시하면 운송계약은 실효되지 않는다. 운송계약자는 최단 기간 내에 다른 화물의 선적을 완료하여야 하고, 선적에 추가 비용이 발생하면 이를 부담하여야 하며, 선적이 대기기간을 초과하면 그로 인하여 운송인에게 발생하는 손해를 배상하여야 한다.

제631조 다음과 같은 경우에는 당사자이면 누구든지 상대방의 손해를 배상하지 않고 운송계약을 해제할 수 있다.:

1) 항해를 개시하기 이전에 선박에 출입금지의 명령이 내려지거나 주의 공무 또는 타국의 공무에 종사하기 위해 징발이 된 때, 목적지와 상거래가 금지된 때, 선적항 또는 목적항이 봉쇄된 때, 계약에 따라 선적한 화물의 선적항으로부터의 출항 또는 목적항으로의 입항이 금지된 때, 정부의 다른 조치로 인하여 선박의 출항 또는 운송계약에 따라 인도할 화물이 항해 또는 송출이 금지된 때.

위 모든 경우에 있어서 정부의 처분은, 발생한 장애가 오로지 단기간 지속되는 일시적인 것이 아닌 때에만, 해제할 권리를 발생시킨다.

2) 항해를 개시하기 이전에 전쟁이 발발하고 그 결과 선박, 운송계약에 따라 선적할 화물 또는 양자가 모두 나포의 위험에 노출되어 더 이상 자유롭다고 할 수 없는 때.

제563조에서 운송계약자에게 부여한 권한의 행사는 위 규정의 경우에 이를 배제하지 않는다.

Entschädigung verpflichtet zu sein:

1) wenn vor Antritt der Reise das Schiff mit Embargo belegt oder zum landesherrlichen Dienst oder zum Dienst einer fremden Macht in Beschlag genommen, der Handel mit dem Bestimmungsort untersagt, der Abladungs- oder Bestimmungshafen blokirt, die Ausfuhr der nach dem Frachtvertrage zu verschiffenden Güter aus dem Abladungshafen oder die Einfuhr derselben in den Bestimmungshafen verboten, durch eine andere Verfügung von hoher Hand das Schiff am Auslaufen oder die Reise oder die Versendung der nach dem Frachtvertrage zu liefernden Güter verhindert wird.

In allen vorstehenden Fällen berechtigt jedoch die Verfügung von hoher Hand nur dann zum Rücktritt, wenn das eingetretene Hinderniß nicht voraussichtlich von nur unerheblicher Dauer ist.

2) wenn vor Antritt der Reise ein Krieg ausbricht, in Folge dessen das Schiff oder die nach dem Frachtvertrage zu verschiffenden Güter oder beide nicht mehr als frei betrachtet werden können der Gefahr der Aufbringung ausgesetzt würden.

Die Ausübung der im Artikel 563. dem Befrachter beigelegten Befugniß ist in den Fällen der vorstehenden Bestimmungen nicht ausgeschlossen.

Artikel 632. Wenn nach Antritt der Reise das Schiff durch einen Zufall verloren geht (Artikel 630. Ziffer 1.), so endet der Frachtvertrag. Jedoch hat der Befrachter, soweit Güter geborgen oder gerettet sind, die Fracht im Verhältniß der zurückgelegten zur ganzen Reise zu zahlen (Distanzfracht).

Die Distanzfracht ist nur soweit zu zahlen, als der gerettete Werth der Güter reicht.

Artikel 633. Bei Berechnung der Distanzfracht kommt in Anschlag nicht allein das Verhältniß der bereits zurückgelegten zu der noch zurückzulegenden Entfernung, sondern auch das Verhältniß des Aufwandes an Kosten und Zeit, der Gefahren und Mühen, welche durchschnittlich mit dem vollendeten Theile der Reise verbunden sind, zu denen des nicht vollendeten Theiles.

Können sich die Parteien über den Betrag der Distanzfracht nicht einigen, so entscheidet darüber der Richter nach billigem Ermessen.

Artikel 634. Die Auflösung des Frachtvertrages ändert nichts in den Verpflichtungen des Schiffers bei Abwesenheit der Betheiligten auch nach dem Verluste des Schiffes

제632조 항해가 개시된 다음에 우연한 사고로 인하여 선박이 멸실되면(제630조 1
호), 운송계약은 종료된다. 그러나 화물이 구조나 원조를 받은 경우, 운송계약자는
수행한 항해의 전부 항해에 대한 비율에 따라(거리운임) 운임을 지급하여야 한다.

　이 거리운임은 구조된 화물의 가격의 범위 내에서 지급하면 된다.

제633조 거리운임은 이미 수행했던 항해거리의 장차 수행할 항해거리에 대한
비율뿐만 아니라, 비용과 시간의 소비 및 위험과 노력에 있어, 평균하여, 이미 종
료된 부분에 연관된 것의 아직 종료되지 않은 부분과 연관된 것에 대한 비율도 참
고하여 이를 산정한다.

　당사자가 거리운임에 관해 합의를 할 수 없는 경우, 판사가 공정한 평가를 하여
이를 정한다.

제634조 선박이 멸실되어 운송계약이 소멸된다 하더라도 선장이 관계인의 부재
시에 적하의 이익을 보호하기 위해 주의를 해야 하는 의무(제504조 내지 제506조)는
아무런 변함이 없다. 그 결과로 선장은, 급박한 경우에는 사전 문의 없이, 그러나
항상 상황에 적합하게, 관계인의 계산으로 적하를 다른 선박으로 목적지까지 운
송하게 하거나, 그렇지 않고 적하를 보관하거나 매각할 권리와 의무가 있고, 나아
가 계속 운송을 하거나 보관하는 때에 거기에 필요하고 적하를 보존하는 데 필요
한 자금을 마련하기 위해 일부 화물을 매각하고, 계속 운송을 하는 때에 적하 전부
또는 일부를 담보로 모험대차를 할 의무와 권리가 있다.

　그러나 거리운임 기타 운송인의 채권(제615조), 적하가 부담할 공동해손분담금,
구조비와 원조비 및 모험대차 금액을 변제하거나 담보를 제공하기 이전에는, 선
장은 적하를 인도하여 주거나 계속 운송을 위해 다른 선장에게 인계하여 줄 의무
가 없다.

　본조 제1문에 따라 선장이 지는 의무의 이행에 관해, 선주는 구조된 선박 및 운
임을 가지고 책임은 진다.

제635조 항해를 개시한 후에 우연한 사고로 화물이 멸실되면 운송계약은 종료
되고, 어느 당사자이든 상대방에 대해 손해를 배상할 의무가 없다.; 특히 법에서
달리 규정하고 있지 않는 한(제619조), 운임은 전부든 일부든 지급할 필요가 없다.

für das Beste der Ladung zu sorgen (Artikel 504. bis 506.). Der Schiffer ist demzufolge berechtigt und verpflichtet, und zwar im Falle der Dringlichkeit auch ohne vorherige Anfrage, je nachdem es den Umständen entspricht, entweder die Ladung für Rechnung der Betheiligten mittelst eines anderen Schiffes nach dem Bestimmungshafen befördern zu lassen, oder die Auflagerung oder den Verkauf derselben zu bewirken und im Falle der Weiterbeförderung oder Auflagerung, Behufs Beschaffung der hierzu, sowie zur Erhaltung der Ladung nöthigen Mittel, einen Theil davon zu verkaufen, oder im Falle der Weiterbeförderung die Ladung ganz oder zum Theil zu verbodmen.

Der Schiffer ist jedoch nicht verpflichtet, die Ladung auszuantworten oder zur Weiterbeförderung einem andern Schiffer zu übergeben, bevor die Distanzfracht nebst den sonstigen Forderungen des Verfrachters (Artikel 615.) und die auf der Ladung haftenden Beiträge zur großen Haverei, Bergungs- und Hülfskosten und Bodmereigelder bezahlt oder sichergestellt sind.

Auch für die Erfüllung der nach dem ersten Absatz dieses Artikels dem Schiffer obliegenden Pflichten haftet der Rheder mit dem Schiffe, soweit etwas davon gerettet ist, und mit der Fracht.

Artikel 635. Gehen nach Antritt der Reise die Güter durch einen Zufall verloren, so endet der Frachtvertrag, ohne daß ein Theil zur Entschädigung des anderen verpflichtet ist; insbesondere ist die Fracht weder ganz noch theilweise zu zahlen, insofern nicht im Gesetze das Gegentheil bestimmt ist (Artikel 619.)

Artikel 636. Ereignet sich nach dem Antritt der Reise einer der im Artikel 631. erwähnten Zufälle, so ist jeder Theil befugt, von dem Vertrage zurückzutreten, ohne zur Entschädigung verpflichtet zu sein.

Ist jedoch einer der im Artikel 631. unter Ziffer 1. bezeichneten Zufälle eingetreten, so muß, bevor der Rücktritt stattfindet, auf die Beseitigung des Hindernisses drei oder fünf Monate gewartet werden, je nachdem das Schiff in einem Europäischen oder in einem nichteuropäischen Hafen sich befindet.

Die Frist wird, wenn der Schiffer das Hinderniß während des Aufenthalts in einem Hafen erfährt, von dem Tage der erhaltenen Kunde, anderenfalls von dem Tage an berechnet, an welchem der Schiffer, nachdem er davon in Kenntniß gesetzt worden ist, mit dem Schiffe zuerst einen Hafen erreicht.

제636조 항해를 개시한 후에 제631조에 열거된 우연한 사고가 발생한 경우, 당사자는 누구이든 손해배상의무를 짐이 없이 운송계약을 해제할 수 있다.

그러나 제631조 1호에 기재된 우연한 사고가 발생한 경우, 해제하기 전에, 선박이 유럽항에 있는지 혹은 비유럽항에 있는지에 따라 3개월 또는 5개월 동안 장애의 제거를 위해 기다려야 한다.

선박이 어느 항구에 체재하는 동안 선장이 장애에 직면한 때에는 이 기간은 사고 소식을 들은 날로부터, 그렇지 않은 때에는 선장이 사고에 대해 안 다음 선박을 가지고 최초로 어느 항구에 도착한 날로부터 계산한다.

선박으로부터의 양륙은, 다른 약정이 없으면, 해제의 의사표시를 할 때에 선박이 있던 항구에서 이를 한다.

이미 수행한 항해 부분에 대해서 운송계약자는 거리운임(제632조 및 제633조)을 지급할 의무가 있다.

장애의 결과로 선박이 출발항 또는 다른 항구로 귀환한 경우, 거리운임을 계산하는 데 있어, 선박이 도달한 목적항과 가장 가까운 지점을, 수행한 운송거리를 확정하기 위한 지점으로 취한다.

본조의 경우에 있어서도, 운송계약의 실효 전 및 후에, 선장은 화물의 이익을 보호하기 위해 제504조 내지 제506조 및 제634조의 규정에 따라 주의를 다하여야 한다.

제637조 적하를 인수한 선박이, 제631조에 열거된 사고로 인하여, 항해를 개시하기 전에 선적항에서 체류를 해야 하는 경우, 또는 항해를 개시한 후에 중간 기착항 혹은 피난항에서 체류를 해야 하는 경우, 그 체류 비용은, 비록 공동해손의 요건을 갖추지 못한다 하더라도, 공동해손의 원리에 따라 선박, 운임 및 적하가 이를 분담하며, 이는 그 후 그 계약이 해제되든지 혹은 완전히 이행되든지 마찬가지이다. 체류 비용에는 제708조 제2문 4호에 열거된 모든 비용이 포함되며, 다만 입항과 출항의 비용은 해난으로 인해 피난항에 기항한 때에 한해 여기에 포함된다.

제638조 오로지 적하의 일부가 항해의 개시 전에 우연한 사고를 당하고, 그 사고가 적하 전부에 발생했다면 제630조 및 제631조에 따라 계약의 소멸을 가져오거나 혹은 당사자가 계약을 해제할 수 있었을 경우에는, 운송계약자는, 다른 화물의 운송으로 인해 운송인의 지위가 더욱 불리하게 되지 않는 것을 전제로(제563

Die Ausladung des Schiffes erfolgt, in Ermangelung einer anderweitigen Vereinbarung, in dem Hafen, in welchem es zur Zeit der Erklärung des Rücktritts sich befindet.

Für den zurückgelegten Theil der Reise ist der Befrachter Distanzfracht (Artikel 632. 633.) zu zahlen verpflichtet.

Ist das Schiff in Folge des Hindernisses in den Abgangshafen oder in einen anderen Hafen zurückgekehrt, so wird bei Berechnung der Distanzfracht der dem Bestimmungshafen nächste Punkt, welchen das Schiff erreicht hat, Behufs Feststellung der zurückgelegten Entfernung zum Anhalt genommen.

Der Schiffer ist auch in den Fällen dieses Artikels verpflichtet, vor und nach der Auflösung des Frachtvertrags für das Beste der Ladung nach Maaßgabe der Artikel 504. bis 506. und 634. zu sorgen.

Artikel 637. Muß das Schiff, nachdem es die Ladung eingenommen hat, vor Antritt der Reise in dem Abladungshafen oder nach Antritt derselben in einem Zwischen- oder Nothhafen in Folge eines der im Artikel 631. erwähnten Ereignisse liegen bleiben, so werden die Kosten des Aufenthalts, auch wenn die Erfordernisse der großen Haverei nicht vorliegen, über Schiff, Fracht und Ladung nach den Grundsätzen der großen Haverei vertheilt, gleichviel ob demnächst der Vertrag aufgehoben oder vollständig erfüllt wird. Zu den Kosten des Aufenthalts werden alle in dem zweiten Absatz des Artikels 708. Ziffer 4. aufgeführten Kosten gezählt, diejenigen des Ein- und Auslaufens jedoch nur dann, wenn wegen des Hindernisses ein Nothhafen angelaufen ist.

Artikel 638. Wird nur ein Theil der Ladung vor Antritt der Reise durch einen Zufall betroffen, welcher, hätte er die ganze Ladung betroffen, nach den Artikeln 630. und 631. den Vertrag aufgelöst oder die Parteien zum Rücktritt berechtigt haben würde, so ist der Befrachter nur befugt, entweder statt der vertragsmäßigen andere Güter abzuladen, sofern durch deren Beförderung die Lage des Verfrachters nicht erschwert wird (Artikel 563.), oder von dem Vertrage unter der Verpflichtung zurückzutreten, die Hälfte der bedungenen Fracht und die sonstigen Forderungen des Verfrachters zu berichtigen (Artikel 581. und 582.).

Bei Ausübung dieser Rechte ist der Befrachter jedoch nicht an die sonst einzuhaltende Zeit gebunden. Er hat sich aber ohne Verzug zu erklären, von welchem der beiden Rechte er Gebrauch machen wolle und, wenn er die Abladung anderer Güter wählt, dieselbe binnen kürzester Frist zu bewirken, auch die etwaigen Mehrkosten dieser

조), 계약상 화물 대신에 다른 화물을 선적하거나, 혹은 약정한 운임의 반액 및 운송인의 다른 채권을 변제하고서(제581조 및 제582조) 운송계약을 해제할 수 있다.

이 권한을 행사하는 운송계약자는 그 이외에 그가 본래 지켜야 할 기간에 구애되지 않는다. 그러나 운송계약자는 지체 없이 두 가지 권리 중 어느 권리를 행사하는지 의사표시를 하여야 하고, 다른 화물을 선적하기로 선택한 때에는, 운송계약자는 가능한 한 단기간 내에 다른 화물을 선적하여야 하고, 선적으로 인한 추가 비용이 있으면 이를 부담하여야 하며, 이로 인해 대기기간이 초과되면 그로 인해 운송인에게 발생한 손해를 배상하여야 한다.

운송계약자가 이 두 가지 권리를 모두 행사하지 않는 경우, 그는 우연한 사고를 당한 적하 부분에 대해 운임 전부를 지급하여야 한다. 전쟁, 출입항 금지, 기타 정부의 조치로 자유롭지 않게 된 적하 부분은 운송계약자가 언제나 이를 양륙할 의무가 있다.

항해를 개시한 후 우연한 사고가 발생한 경우, 운송계약자는 사고를 당한 화물 부분의 운임 전액을 지급하여야 하고, 이는 선장이 사고를 당한 부분을 목적지가 아닌 다른 항구에 양륙할 수밖에 없었고 이후에 지체가 없이 또는 지체하면서 항해를 계속한 때에도 마찬가지이다.

제618조 및 제619조 규정은 본조로 인하여 영향을 받지 않는다.

제639조 제631조 내지 제638조의 경우를 제외하고는, 항해를 개시하기 전이든 후이든, 자연적인 사고 또는 기타 우연한 사고로 인해 항해에 지장을 가져온 지체는, 당사자의 권리와 의무에 아무런 영향이 없으며, 다만 그러한 지체를 통하여 명백히 계약의 목적이 좌절된 때에는 그러하지 않다. 그러나 우연한 사고로 인해 발생하는 상당한 기간 지속될 것이라고 예상되는 지체 중에는, 운송계약자는 화물이 거기에서 재선적이 이루어지는 것을 보장할 담보를 제공하고서 자기의 비용과 위험으로 화물을 양륙할 수 있다. 재선적을 하지 아니한 운송계약자는 운임 전액을 지급하여야 한다. 어떠한 경우에도 운송계약자는 그가 일으킨 재양륙으로 인해 발생하는 손해를 배상하여야 한다.

지체가 정부의 조치로 인해 발생하고, 운임이 기간을 기준으로 약정된 경우(제623조), 운송계약자는 처분의 기간 동안은 운임을 지급할 필요가 없다.

Abladung zu tragen, und insoweit durch sie die Wartezeit überschritten wird, den dem Verfrachter daraus entstehenden Schaden zu ersetzen.

Macht er von keinem der beiden Rechte Gebrauch, so muß er auch für den durch Zufall betroffenen Theil der Ladung die volle Fracht entrichten. Den durch Krieg, Ein- und Ausfuhrverbot oder eine andere Verfügung von hoher Hand unfrei gewordenen Theil der Ladung ist er jedenfalls aus dem Schiffe herauszunehmen verbunden.

Tritt der Zufall nach Antritt der Reise ein, so muß der Befrachter für den dadurch betroffenen Theil der Ladung die volle Fracht auch dann entrichten, wenn der Schiffer diesen Theil in einem anderen als dem Bestimmungshafen zu löschen sich genöthigt gefunden und hierauf mit oder ohne Aufenthalt die Reise fortgesetzt hat.

Durch diesen Artikel werden die Bestimmungen der Artikel 618. und 619. nicht berührt.

Artikel 639. Abgesehen von den Fällen der Artikel 631. bis 638. hat ein Aufenthalt, welchen die Reise vor oder nach ihrem Antritt durch Naturereignisse oder andere Zufälle erleidet, auf die Rechte und Pflichten der Parteien keinen Einfluß, es sei denn, daß der erkennbare Zweck des Vertrages durch einen solchen Aufenthalt vereitelt würde. Der Befrachter ist jedoch befugt, während jedes durch einen Zufall entstandenen, voraussichtlich längeren Aufenthalts die bereits in das Schiff geladenen Güter auf seine Gefahr und Kosten gegen Sicherheitsleistung für die rechtzeitige Wiedereinladung auszuladen. Unterläßt er die Wiedereinladung, so hat er die volle Fracht zu zahlen. In jedem Falle muß er den Schaden ersetzen, welcher aus der von ihm veranlaßten Wiederausladung entsteht.

Gründet sich der Aufenthalt in einer Verfügung von hoher Hand, so ist für die Dauer derselben keine Fracht zu bezahlen, wenn diese zeitweise bedungen war (Artikel 623.).

Artikel 640. Muß das Schiff während der Reise ausgebessert werden, so hat der Befrachter die Wahl, ob er die ganze Ladung an dem Orte, wo das Schiff sich befindet, gegen Berichtigung der vollen Fracht und der übrigen Forderungen des Verfrachters (Artikel 615.) und gegen Berichtigung oder Sicherstellung der im Artikel 616. bezeichneten Forderungen zurücknehmen, oder die Wiederherstellung abwarten will. Im letzteren Falle ist für die Dauer der Ausbesserung keine Fracht zu bezahlen, wenn diese zeitweise bedungen war.

Artikel 641. Wird der Frachtvertrag in Gemäßheit der Artikel 630. bis 636. aufgelöst,

제640조 항해 도중에 선박의 수선이 이루어지는 경우, 운송계약자는 선택권이 있어서, 운임 전액과 그 외 운송인의 채권(제615조)을 변제하고 또 제616조에 표시된 채권에 관해 변제 또는 담보를 제공하고서, 선박이 있는 곳에서 적하 전부를 회수하거나, 혹은 그렇지 않고 작업이 완료되기를 기다릴 수 있다. 마지막과 같이 기다리기로 한 경우, 운임이 기간 단위로 약정되었다면 그 기간 동안의 운임은 이를 지급할 의무가 없다.

제641조 운송계약이 제630조 내지 제636조에 따라 소멸한 경우, 선박으로부터 화물을 가지고 내려오는 비용은 이를 선박이, 그 외 양륙비용은 이를 운송계약자가 각각 부담한다. 그러나 우연한 사고가 오로지 적하에만 영향을 미치는 경우, 운송계약자가 모든 양륙비용을 부담하여야 한다. 이는 제638조에서 일부 적하를 양륙하는 때에도 마찬가지이다. 이러한 경우에, 적하의 양륙을 위해 어느 항구에 기항해야 하는 경우, 운송계약자는 그 항비도 부담하여야 한다.

제642조 제630조 내지 제641조의 규정은 선박이 적하를 수령하기 위하여 화물 없이 선적항으로 가는 예비항해에도 적용된다. 그러나 이러한 경우에 있어서도 선적항으로부터 항해를 개시한 때에 항해가 개시된다고 본다. 선박이 선적항에 도착한 다음 이 선적항을 출발하기 이전에 운송계약이 소멸된 경우, 운송인은 이 예비항해에 대해 거리운임의 원리(제633조)에 따라 산정한 보상을 받는다.

　다른 결합항해의 경우에 있어서 위 조문들은 계약의 성질 및 내용에 반하지 않는 한 적용된다.

제643조 운송계약이 선박 전체에 관한 것이 아니라 선박의 일정한 비율이나 특정한 공간 혹은 개품에 관한 것인 경우에도 제630조 내지 제642조 규정이 적용되며 다만 다음과 같은 변경이 전제된다.:

　　1) 제631조 및 제636조의 경우에, 당사자는 각자 장애가 발생하면 그 기간과 상관없이 즉시 계약을 해제할 권한이 있다.

　　2) 제638조의 경우에, 운송계약자는 계약을 해제할 권리를 행사할 수 없다.

so werden die Kosten der Ausladung aus dem Schiffe von dem Verfrachter, die übrigen Löschungskosten von dem Befrachter getragen. Hat der Zufall jedoch nur die Ladung betroffen, so fallen die sämmtlichen Kosten der Löschung dem Befrachter zur Last. Dasselbe gilt, wenn im Falle des Artikels 638. ein Theil der Ladung gelöscht wird. Mußte in einem solchen Falle Behufs der Löschung ein Hafen angelaufen werden, so hat der Befrachter auch die Hafenkosten zu tragen.

Artikel 642. Die Artikel 630. bis 641. kommen auch zur Anwendung, wenn das Schiff zur Einnahme der Ladung eine Zureise in Ballast nach dem Abladungshafen zu machen hat. Die Reise gilt aber in einem solchen Falle erst dann als angetreten, wenn sie aus dem Abladungshafen angetreten ist. Wird der Vertrag, nachdem das Schiff den Abladungshafen erreicht hat, aber vor Antritt der Reise aus dem letzteren aufgelöst, so erhält der Verfrachter für die Zureise eine nach den Grundsätzen der Distanzfracht (Artikel 633.) zu bemessende Entschädigung.

In anderen Fällen einer zusammengesetzten Reise sind die obigen Artikel insoweit anwendbar, als Natur und Inhalt des Vertrages nicht entgegenstehen.

Artikel 643. Wenn der Vertrag nicht auf das Schiff im Ganzen, sondern nur auf einen verhältnißmäßigen Theil oder einen bestimmt bezeichneten Raum des Schiffs oder auf Stückgüter sich bezieht, so gelten die Artikel 630. bis 642. mit folgenden Abweichungen:

1) in den Fällen der Artikel 631. und 636. ist jeder Theil sogleich nach Eintritt des Hindernisses und ohne Rücksicht auf die Dauer desselben von dem Vertrage zurückzutreten befugt.

2) Im Falle des Artikels 638. kann von dem Befrachter das Recht, von dem Vertrage zurückzutreten, nicht ausgeübt werden.

3) Im Falle des Artikels 639. steht dem Befrachter das Recht der einstweiligen Löschung nur dann zu, wenn die übrigen Befrachter ihre Genehmigung ertheilen.

4) Im Falle des Artikels 640. kann der Befrachter die Güter gegen Entrichtung der vollen Fracht und der übrigen Forderungen nur dann zurücknehmen, wenn während der Ausbesserung die Löschung dieser Güter ohnehin erfolgt ist.

Die Vorschriften der Artikel 588. und 590. werden hierdurch nicht berührt.

Artikel 644. Nach Beendigung jeder einzelnen Abladung hat der Schiffer dem Ablader ohne Verzug gegen Rückgabe des etwa bei der Annahme der Güter ertheilten

    3) 제639조의 경우에, 운송계약자는 다른 운송계약자가 그에 동의하는 때에만 임시로 양륙할 권리가 있다.

    4) 제640조의 경우에, 수선을 하는 도중에 그에 지장이 없이 화물을 양륙할 수 있는 때에 한해, 운송계약자는 운임 전액과 여타 채권을 변제하고서 화물을 회수할 수 있다.

제588조 및 제590조의 규정은 이로 인하여 영향을 받지 않는다.

제644조 선적이 개별적으로 종료된 다음, 선장은 선적인에게 지체 없이 화물을 수령할 때에 발행하여 준 임시 영수증이 있으면 이를 반환받고서 선적인이 요구하는 수의 복본으로 된 선하증권을 발행하여야 한다.

    모든 선하증권 복본은 동일한 내용이어야 하고 동일한 발행일자를 가지며 또 발행된 복본의 수를 표시하여야 한다.

    선장이 요청하면 선적인은 서명을 한 선하증권 사본을 선장에게 교부하여야 한다.

제645조 선하증권은 다음 사항을 포함하고 있어야 한다.:

    1) 선장의 성명;

    2) 선박의 명칭과 국적;

    3) 선적인의 성명;

    4) 수하인의 성명;

    5) 선적항;

    6) 양륙항 또는 양륙항에 관한 지시를 받을 장소;

    7) 선적한 화물의 표시, 그 수량 및 기호 표시;

    8) 운임에 관한 약정;

    9) 발행 장소 및 일자;

    10) 발행하는 복본의 수.

제646조 선적인이 요청하면, 반대의 약정이 없는 한, 선하증권은 수하인의 지시 혹은 단순 지시로 하는 지시식으로 발행한다. 단순 지시 선하증권의 경우, 선적인

148

vorläufigen Empfangscheins ein Konnossement in so vielen Exemplaren auszustellen, als der Ablader verlangt.

Alle Exemplare des Konnossements müssen von gleichem Inhalt sein, dasselbe Datum haben und ausdrücken, wie viele Exemplare ausgestellt sind.

Dem Schiffer ist auf sein Verlangen von dem Ablader eine mit der Unterschrift des letzteren versehenen Abschrift des Konnossements zu ertheilen.

Artikel 645. Das Konnossement enthält:

1) den Namen des Schiffers;

2) den Namen und die Nationalität des Schiffs;

3) den Namen des Abladers;

4) den Namen des Empfängers;

5) den Abladungshafen;

6) den Löschungshafen oder den Ort, an welchem Order über denselben einzuholen ist;

7) die Bezeichnung der abgeladenen Güter, deren Menge und Merkzeichen;

8) die Bestimmung in Ansehung der Fracht;

9) den Ort und den Tag der Ausstellung;

10) die Zahl der ausgestellten Exemplare.

Artikel 646. Auf Verlangen des Abladers ist das Konnossement, sofern nicht das Gegentheil vereinbart ist, an die Order des Empfängers oder lediglich an Order zu stellen. Im letzteren Falle ist unter der Order die Order des Abladers zu verstehen.

Das Konnossement kann auch auf den Namen des Schiffers als Empfängers lauten.

Artikel 647. Der Schiffer ist verpflichtet, im Löschungshafen dem legitimirten Inhaber auch nur eines Exemplars des Konnossements die Güter auszuliefern.

Zur Empfangnahme der Güter legitimirt ist derjenige, an welchen die Güter nach dem Konnossement abgeliefert werden sollen, oder auf welchen das Konnossement, wenn es an Order lautet, durch Indossament übertragen ist.

Artikel 648. Melden sich mehrere legitimirte Konnossementsinhaber, so ist der Schiffer verpflichtet, sie sämmtlich zurückzuweisen, die Güter gerichtlich oder in einer anderen sicheren Weise niederzulegen und die Konnossementsinhaber, welche sich gemeldet haben, unter Angabe der Gründe seines Verfahrens hiervon zu benachrichtigen.

Wenn die Niederlegung nicht gerichtlich geschieht, so ist er befugt, über sein

의 지시로 발행된 것으로 본다.

선하증권은 선장의 이름을 수하인으로 기재할 수 있다.

제647조   선장은 양륙항에서는 선하증권의 적법한 소지인에게, 비록 그가 다수 발행된 복본의 어느 한 복본을 소지하고 있다 하더라도, 화물을 그에게 인도하여 줄 의무가 있다.

선하증권에 의해 화물을 인도받을 사람으로 되어 있는 사람, 또는 지시식으로 기재된 선하증권을 배서를 통해 양도받은 사람이, 화물을 수령할 적법한 권리자가 된다.

제648조   선하증권의 적법한 소지인이 다수 나타나면, 선장은 이들 모두에게 인도를 거절하고, 법원을 통해 또는 기타 안전한 방법으로 화물을 보관하고 난 다음, 나타난 선하증권 소지인에게 그가 취한 조치를 이유를 들어 고지하여야 한다.

법원을 통하여 보관이 이루어지지 않은 경우, 선장은 그의 조치와 그 이유에 관해 공정증서를 작성하게 하고 그로 인한 비용을 운임과 마찬가지로 화물로부터 징수할 수 있다(제626조).

제649조   지시식으로 된 선하증권을, 그 선하증권을 가지고 합법적으로 화물을 수령할 권리를 갖는 사람에게 인도하면, 화물이 실제로 선적되자마자, 적하의 인도 여부에 달려 있는 권리의 취득에 관해, 화물의 인도와 동일한 법적인 효력을 갖는다.

제650조   지시식으로 된 선하증권이 다수 복본으로 발행된 경우, 어느 한 복본의 소지인은, 위 조문에서 말하는 선하증권 교부의 법적인 효력을, 그가 가진 복본의 소지인이 화물의 인도를 청구하기 이전에, 다른 복본에 기해 제647조에 의거 선장으로부터 화물을 인수받은 사람의 권리를 침해하여 주장할 수 없다.

Verfahren und dessen Gründe eine öffentliche Urkunde errichten zu lassen und wegen der daraus entstehenden Kosten in gleicher Art wie wegen der Fracht sich an die Güter zu halten (Artikel 626.).

Artikel 649. Die Uebergabe des an Order lautenden Konnossements an denjenigen, welcher durch dasselbe zur Empfangnahme legitimirt wird, hat, sobald die Güter wirklich abgeladen sind, für den Erwerb der von der Uebergabe der Güter abhängigen Rechte dieselben rechtlichen Wirkungen wie die Uebergabe der Güter.

Artikel 650. Sind mehrere Exemplare eines an Order lautenden Konnossements ausgestellt, so können vom dem Inhaber des einen Exemplars die in dem vorstehenden Artikel bezeichneten rechtlichen Wirkungen der Uebergabe des Konnossements zum Nachtheil desjenigen nicht geltend gemacht werden, welcher auf Grund eines anderen Exemplars in Gemäßheit des Artikels 647. die Auslieferung der Güter von dem Schiffer erlangt hat, bevor der Anspruch auf Auslieferung von dem Inhaber des ersteren Exemplars erhoben worden ist.

Artikel 651. Hat der Schiffer die Güter noch nicht ausgeliefert, so geht unter mehreren sich meldenden Konossementsinhabern, wenn und soweit die von denselben auf Grund der Konnossementsübergabe an den Gütern geltend gemachten Rechte kollidiren, derjenige vor, dessen Exemplar von dem gemeinschaftlichen Vormann, welcher mehrere Konnossementsexemplare an verschiedene Personen übertragen hat, zuerst der einen dieser Personen dergestalt übergeben ist, daß dieselbe zur Empfangnahme der Güter legitimirt wurde.

Bei dem nach einem anderen Orte übersandten Exemplare wird die Zeit der Uebergabe durch den Zeitpunkt der Absendung bestimmt.

Artikel 652. Der Schiffer ist zur Ablieferung der Güter nur gegen Rückgabe eines Exemplars des Konnossements, auf welchem die Ablieferung der Güter zu bescheinigen ist, verpflichtet.

Artikel 653. Das Konnossement ist entscheidend für die Rechtsverhältnisse zwischen dem Verfrachter und dem Empfänger der Güter; insbesondere muß die Ablieferung der Güter an den Empfänger nach Inhalt des Konnossements erfolgen.

Die in das Konnossement nicht aufgenommenen Bestimmungen des Frachtvertrages haben gegenüber dem Empfänger keine rechtliche Wirkung, sofern nicht auf dieselben

제651조 선장이 아직 화물을 인도하여 주지 않은 경우, 선하증권 소지인이 다수 나타나고, 또 그들이 선하증권에 기해 선하증권의 양도를 이유로 화물에 대해 행사하는 권리가 서로 상치되면, 그 범위 내에서는, 다수 선하증권을 다른 사람에게 양도한 공통의 전자가 화물을 수령할 법적인 권한이 있도록 최초로 교부하여 준 선하증권 복본을 가진 소지인이 우선한다.

다른 지역으로 전달된 복본에 있어서 교부의 시기는 송부의 시점에 의하여 이를 정한다.

제652조 어느 한 선하증권 복본을, 거기에 화물의 인도를 확인하여, 반환하여야만 비로소 선장은 화물을 인도하여 줄 의무가 있다.

제653조 운송인과 화물의 수하인 사이에 있어서의 법률관계는 선하증권에 의하여 결정된다.; 특히 화물의 인도는 선하증권의 내용에 따라 수하인에게 이루어져야 한다.

선하증권에 채용되지 않은 운송계약의 규정은, 그것이 선하증권에 명시적으로 편입되지 않는 한, 수하인과 관계에 있어서는 그 효력이 없다. 운송계약에 기한 운임에 관해 인용이 되어 있는 경우(예컨대 "운임은 용선계약에 기재"라는 문구를 통해), 양륙기간, 체선기간, 선적기간에 관한 규정은 선하증권에 삽입된 것으로 보지 않는다.

운송인과 운송계약자 사이의 법률관계는 계속하여 운송계약의 규정에 의한다.

제654조 운송인은 선하증권에 포함되어 있는 선적된 화물의 기술의 정확함에 대해 수하인에게 책임이 있다. 그러나 운송인의 책임은 화물이 선하증권에 포함된 기술과 일치하지 않음으로 인해 발생한 가격 감소를 배상하는 것으로 제한된다.

제655조 위 조문에서 말하는 운송인의 책임은 화물이 포장되어 또는 밀폐된 용기에 담아 선장에게 인도된 때에도 마찬가지로 발생한다.

ausdrücklich Bezug genommen ist. Wird in Ansehung der Fracht auf den Frachtvertrag verwiesen (z.B. durch die Worte: "Fracht laut Chartepartie"), so sind hierin die Bestimmungen über Löschzeit, Ueberliegezeit und Liegezeit nicht als einbegriffen anzusehen.

Für die Rechtsverhältnisse zwischen Verfrachter und Befrachter bleiben die Bestimmungen des Frachtvertrages maaßgebend.

Artikel 654. Der Verfrachter ist für die Richtigkeit der im Konnossement enthaltenen Bezeichnungen der abgeladenen Güter dem Empfänger verantwortlich. Seine Haftung beschränkt sich jedoch auf den Ersatz der Minderwerths, welcher aus der Nichtübereinstimmung der Güter mit der im Konnossement enthaltenen Bezeichnung sich ergiebt.

Artikel 655. Die im vorstehenden Artikel erwähnte Haftung des Verfrachters tritt auch dann ein, wenn die Güter dem Schiffer in Verpackung oder in geschlossenen Gefäßen übergeben sind.

Ist dieses zugleich aus dem Konnossement ersichtlich, so ist der Verfrachter für die Richtigkeit der Bezeichnung der Güter dem Empfänger nicht verantwortlich, sofern er beweist, daß ungeachtet der Sorgfalt eines ordentlichen Schiffers die Unrichtigkeit der in dem Konnossement enthaltenen Bezeichnung nicht wahrgenommen werden konnte.

Die Haftung des Verfrachters wird dadurch nicht ausgeschlossen, daß die Identität der abgelieferten und der übernommenen Güter nicht bestritten oder daß dieselbe von dem Verfrachter nachgewiesen ist.

Artikel 656. Werden dem Schiffer Güter in Verpackung oder in geschlossenen Gefäßen übergeben, so kann er das Konnossement mit dem Zusatze: "Inhalt unbekannt" versehen. Enthält das Konnossement diesen oder einen gleichbedeutenden Zusatz, so ist der Verfrachter im Falle der Nichtübereinstimmung des abgelieferten Inhalts mit dem im Konnossement angegebenen nur insoweit verantwortlich, als ihm bewiesen wird, daß er einen anderen als den abgelieferten Inhalt empfangen habe.

Artikel 657. Sind die im Konnossement nach Zahl, Maaß oder Gewicht bezeichneten Güter dem Schiffer nicht zugezählt, zugemessen oder zugewogen, so kann er das Konnossement mit dem Zusatze: "Zahl, Maaß, Gewicht unbekannt" versehen. Enthält das Konnossement diesen oder einen gleichbedeutenden Zusatz, so hat der Verfrachter die Richtigkeit der Angaben des Konnossements über Zahl, Maaß oder Gewicht der übernommenen Güter nicht zu vertreten.

　　이러한 사실을 선하증권을 통하여 알 수 있는 경우, 만일 선장으로서의 통상의 주의를 다한다 하더라도 선하증권에 포함된 기재가 부정확하다는 것을 인지할 수 없었던 것을 운송인이 입증하면, 운송인은 수하인에 대해 선하증권상 기재의 부정확을 이유로 책임을 지지 않는다.

　　이 경우에 운송인이 운송을 위해 인도를 받은 화물과 운송인이 수하인에게 인도하여 준 화물이 동일하다는 것에 다툼이 없거나 이를 운송인이 입증한다 하더라도, 운송인의 책임은 그로 인해 배제되지 않는다.

제656조　　포장되어 혹은 밀폐된 용기에 담아 화물이 선장에게 인도된 경우, 선장은 선하증권에 "내용불명"이라는 부기를 추가할 수 있다. 선하증권에 이러한 혹은 이와 유사한 부기가 포함되어 있는 경우, 인도하여 준 내용과 선하증권에 기재된 내용이 일치하지 않은 때에는, 운송인이 인도하여 준 내용과 다른 내용물을 수령하였었다는 것을 운송인에 대해 입증하면, 운송인은 그로 인한 손해를 배상할 책임이 있다.

제657조　　선하증권에 개수, 용적, 또는 중량으로 표시되어 있는 적하가 이를 세거나, 재거나, 혹은 달지 않고 선장에게 인도하여 준 경우, 선장은 선하증권에 "개수, 용적, 중량 불명"이라는 부기를 추가할 수 있다. 선하증권에 이러한 또는 이와 유사한 부기가 포함되어 있는 경우, 운송인은 그가 인수한 화물의 개수, 용적, 또는 중량에 관한 선하증권의 기재의 정확성에 대해 책임이 없다.

제658조　　운임이 화물의 개수, 용적 또는 중량에 의하여 약정되고 선하증권에 그 개수, 용적 또는 중량이 기재되어 있는 경우, 선하증권에 달리 규정되어 있지 않는 한, 운임의 계산은 그 선하증권의 기재에 의하여 정한다. 이러한 효력이 있으려면 "개수, 용적, 중량 불명" 또는 이와 유사한 부기를 붙이지 않아야 한다.

제659조　　선하증권에 "파손책임면제", "유출책임면제", "훼손책임면제" 또는 이와

Artikel 658. Ist die Fracht nach Zahl, Maaß oder Gewicht der Güter bedungen und im Konnossement Zahl, Maaß oder Gewicht angegeben, so ist diese Angabe für die Berechnung der Fracht entscheidend, wenn nicht das Konnossement eine abweichende Bestimmung enthält. Als eine solche ist der Zusatz: "Zahl, Maaß, Gewicht unbekannt" oder ein gleichbedeutender Zusatz nicht anzusetzen.

Artikel 659. Ist das Konnossement mit dem Zusatze: "frei von Bruch" oder: "frei von Leckage" oder: "frei von Beschädigung" oder mit einem gleichbedeutenden Zusatze versehen, so haftet der Verfrachter bis zum Beweise des Verschuldens des Schiffers oder einer Person, für welche der Verfrachter verantwortlich ist, nicht für Bruch oder Leckage oder Beschädigung.

Artikel 660. Sind dem Schiffer Güter übergeben, deren Beschädigung, schlechte Beschaffenheit oder schlechte Verpackung sichtbar ist, so hat er diese Mängel im Konnossement zu bemerken, widrigenfalls er dem Empfänger dafür verantwortlich ist, auchwenn das Konnossement mit einem der im vorhergehenden Artikel erwähnten Zusätze versehen ist.

Artikel 661. Nachdem der Schiffer ein an Order lautendes Konnossement ausgestellt hat, darf er den Anweisungen des Abladers wegen Zurückgabe oder Auslieferung der Güter nur dann Folge leisten, wenn ihm die sämmtlichen Exemplare des Konnossements zurückgegeben werden.

Dasselbe gilt in Ansehung der Anforderungen eines Konnossementsinhabers auf Auslieferung der Güter, so lange der Schiffer den Bestimmungshafen nicht erreicht hat.

Handelt er diesen Bestimmungen entgegen, so bleibt er dem rechtmäßigen Inhaber des Konnossements verpflichtet.

Lautet das Konnossement nicht an Order, so ist der Schiffer zur Zurückgabe oder Auslieferung der Güter, auch ohne Beibringung eines Exemplars des Konnossements, verpflichtet, sofern der Ablader und der im Konnossement bezeichnete Empfänger in die Zurückgabe oder Auslieferung der Güter willigen. Werden jedoch nicht sämmtliche Exemplare des Konnossements zurückgestellt, so kann der Schiffer wegen der deshalb zu besorgenden Nachtheile zuvor Sicherheitsleistung fordern.

Artikel 662. Die Bestimmungen des Artikels 661. kommen auch dann zur Anwendung, wenn der Frachtvertrag vor Erreichung des Bestimmungshafens in Folge

유사한 내용의 부기가 삽입되어 있으면, 선장의 귀책사유, 또는 기타 운송인이 책임져야 할 사람의 귀책사유가 입증되지 않는 한, 운송인은 파손, 유출 또는 훼손에 대한 책임이 없다.

제660조　선장에게 인도된 화물의 훼손, 유해한 성질 또는 불량한 포장이 외관상 현저한 경우, 선장은 그 하자를 선하증권에 표시하여야 하고 그렇지 않으면 선장은 수하인에게 그에 대한 책임을 져야 하며, 이는 선하증권에 전조에서 말하는 부기를 삽입한 때에도 마찬가지이다.

제661조　선장이 지시식 선하증권을 발행한 다음에는, 선하증권 복본 전부가 선장에게 반환된 때에 한해, 선장은 화물을 반환하거나 인도하라는 선적인의 지시를 따를 수 있다.

　선장이 선박을 가지고 아직 목적항에 도착하기 전에, 선하증권 소지인이 화물의 인도를 요청하는 것과 관련해서도, 마찬가지가 적용된다.

　이러한 규정들에 위반하여 행위를 하면 선장은 선하증권의 적법한 소지인에 대해 책임을 진다.

　선하증권이 지시식으로 발행되지 않은 경우에는, 선하증권의 어느 한 원본도 제시하지 않는다 하더라도, 선적인과 선하증권에 수하인으로 표시된 사람이 동의하면, 선장은 화물을 반환하여 주거나 인도하여 줄 의무가 있다. 그러나 선하증권 복본 전부를 반환하지 아니하는 경우, 선장은 그로 인한 피해에 대비하여 사전에 담보를 제공할 것을 요구할 수 있다.

제662조　제661조의 규정은 목적항에 도착하기 전에 우연한 사고를 당하여 제630조 내지 제643조에 따라 운송계약이 소멸한 때에도 적용된다.

제663조　선장이 체결한 운송계약에 기하거나 혹은 선장이 발행한 선하증권에 기한 선장의 의무에 관해서는 제478조, 제479조 및 제502조의 규정이 그대로 적용

eines Zufalls nach den Artikeln 630. bis 643. aufgelöst wird.

Artikel 663. In Ansehung der Verpflichtungen des Schiffers aus den von ihm geschlossenen Frachtverträgen und ausgestellten Konnossementen hat es bei den Vorschriften den Vorschriften 478. 479. und 502. sein Bewenden.

Artikel 664. Im Falle der Unterverfrachtung haftet für die Erfüllung des Unterfrachtvertrages, insoweit dessen Ausführung zu den Dienstobliegenheiten des Schiffers gehört und von diesem übernommen ist, insbesondere durch Annahme der Güter und Ausstellung des Konnossements, nicht der Unterverfrachter, sondern der Rheder mit Schiff und Fracht (Artikel 452.).

Ob und inwieweit im Uebrigen der Rheder oder der Unterverfrachter von dem Unterbefrachter in Anspruch genommen werden könne, und ob im letzteren Falle der Unterverfrachter für die Erfüllung unbeschränkt zu haften oder nur die auf Schiff und Fracht beschränkte Haftung des Rheders zu vertreten habe, wird durch vorstehende Bestimmung nicht berührt.

Sechster Titel. Von dem Frachtgeschäft zur Beförderung von Reisenden.

Artikel 665. Ist der Reisende in dem Ueberfahrtsvertrage genannt, so ist derselbe nicht befugt, das Recht auf die Ueberfahrt an einen Anderen abzutreten.

Artikel 666. Der Reisende ist verpflichtet, alle die Schiffsordnung betreffenden Anweisungen des Schiffers zu befolgen.

Artikel 667. Der Reisende, welcher vor oder nach dem Antritt der Reise sich nicht rechtzeitig an Bord begiebt, muß das volle Ueberfahrtsgeld bezahlen, wenn der Schiffer die Reise antritt oder fortsetzt, ohne auf ihn zu warten.

Artikel 668. Wenn der Reisende vor dem Antritt der Reise den Rücktritt von dem Ueberfahrtsvertrage erklärt, oder stirbt, oder durch Krankheit oder einen anderen in seiner Person sich ereignenden Zufall zurückzubleiben genöthigt wird, so ist nur die Hälfte des Ueberfahrtsgeldes zu zahlen.

Wenn nach Antritt der Reise der Rücktritt erklärt wird oder einer der erwähnten Zufälle sich ereignet, so ist das volle Ueberfahrtsgeld zu zahlen.

된다.

제664조 재운송계약의 경우에, 그 이행이 선장의 직무에 속하고, 또 선장이 이를 인수하였다면, 특히 화물의 인수 및 선하증권의 발행을 통하여 이를 인수하였다면, 재운송인이 아니라 선주가 선박과 운임을 가지고(제452조) 재운송계약의 이행에 대해 책임을 진다.

그 이외에 있어서, 재운송계약자가 선주 또는 재운송인에게 책임을 물을 수 있는지 여부와 그 범위 및 재운송인이 책임을 지면 그 이행에 관해 제한 없이 책임을 지는지 혹은 선박과 운임으로 한정된 선주의 책임을 지는지는 위 규정으로 인하여 영향을 받지 않는다.

제6장 여객운송계약

제665조 여객운송계약에서 여객이 명시되어 있는 경우, 그 여객은 운송에 관한 권리를 다른 사람에게 양도할 수 없다.

제666조 여객은 선박의 질서에 관한 선장의 모든 지시를 준수하여야 한다.

제667조 항해를 개시하기 전이든 항해를 개시한 후이든, 여객이 적기에 선상에 나타나지 않으면, 선장이 그를 기다리지 않고 항해를 개시하거나 속행한다 하더라도, 여객은 운임 전액을 지급하여야 한다.

제668조 항해가 개시되기 이전에, 여객이 운송계약을 해제하는 의사표시를 한 때, 여객이 사망한 때, 혹은 여객이 질병 기타 개인적으로 발생한 우연한 사고로 인해 뒤에 남아 있을 수밖에 없게 된 때에는, 운임은 오로지 그 반액을 지급하면 된다.

Artikel 669. Der Ueberfahrtsvertrag tritt außer Kraft, wenn durch einen Zufall das Schiff verloren geht (Artikel 630. Ziffer 1.).

Artikel 670. Der Reisende ist befugt, von dem Vertrage zurückzutreten, wenn ein Krieg ausbricht, in Folge dessen das Schiff nicht mehr als frei betrachtet werden kann und der Gefahr der Aufbringung ausgesetzt wäre, oder wenn die Reise durch eine das Schiff betreffende Verfügung von hoher Hand aufgehalten wird.

Das Recht des Rücktritts steht auch dem Verfrachter zu, wenn er in einem der vorstehenden Fälle die Reise aufgibt, oder wenn das Schiff hauptsächlich zur Beförderung von Gütern bestimmt ist, und die Unternehmung unterbleiben muß, weil die Güter ohne sein Verschulden nicht befördert werden können.

Artikel 671. In allen Fällen, in welchen zufolge der Artikel 669. und 670. der Ueberfahrtsvertrag aufgelöst wird, ist kein Theil zur Entschädigung des anderen verpflichtet.

Ist jedoch die Auflösung erst nach Antritt der Reise erfolgt, so hat der Reisende das Ueberfahrtsgeld nach Verhältniß der zurückgelegten zur ganzen Reise zu zahlen.

Bei der Berechnung des zu zahlenden Betrages sind die Vorschriften des Artikels 633. maaßgebend.

Artikel 672. Muß das Schiff während der Reise ausgebessert werden, so hat der Reisende, auch wenn er die Ausbesserung nicht abwartet, das volle Ueberfahrtsgeld zu zahlen. Wartet er die Ausbesserung ab, so hat ihm der Verfrachter bis zum Wiederantritt der Reise ohne besondere Vergütung Wohnung zu gewähren, auch die nach dem Ueberfahrtsvertrage in Ansehung der Beköstigung ihm obliegenden Pflichten weiter zu erfüllen.

Erbietet sich jedoch der Verfrachter, den Reisenden mit einer anderen gleich guten Schiffsgelegenheit ohne Beeinträchtigung der übrigen vertragsmäßigen Rechte desselben nach dem Bestimmungshafen zu befördern, und weigert sich der Reisende, von dem Anerbieten Gebrauch zu machen, so hat er auf Gewährung von Wohnung und Kost bis zum Wiederantritt der Reise nicht weiter Anspruch.

Artikel 673. Für den Transport der Reise-Effekten, welche der Reisende nach dem Ueberfahrtsvertrage an Bord zu bringen befugt ist, hat derselbe, wenn nicht ein Anderes bedungen ist, neben dem Ueberfahrtsgelde keine besondere Vergütung zu zahlen.

항해가 개시되고 난 다음에는, 항해를 해제하는 의사표시를 한 때 및 위에서 열거한 우연한 사고가 발생한 때라도, 운임은 그 전액을 지급하여야 한다.

제669조 여객운송계약은 우연한 사고로 인하여 선박이 멸실되면(제630조 1호) 실효된다.

제670조 전쟁이 발발하고 그 결과로 선박이 더 이상 자유롭다고 할 수 없고 나아가 선박이 나포의 위험에 노출되어 있는 때, 혹은 정부의 선박과 관련된 처분에 의하여 항해가 저지된 때에는, 여객은 운송계약을 해제할 수 있다.

운송인이 위에서 본 경우에서 항해를 포기한 때, 혹은 선박이 주로 화물의 운송에 투입되고 운송인의 귀책사유 없이 화물을 운송할 수 없게 되어 그 사업을 하지 않게 된 때에는, 운송인도 운송계약을 해제할 권리를 가진다.

제671조 제669조 및 제670조에 따라 여객운송계약이 실효된 경우, 어느 당사자도 다른 당사자에게 손해를 배상할 의무가 없다.

그러나 항해를 개시하고 난 다음에 계약이 소멸된 경우, 여객은 행하여진 항해의 전체 항해에 대한 비율로 비율 운임을 지급하여야 한다.

지급할 금액을 산정함에 있어서는 제633조가 적용된다.

제672조 항해 도중에 선박이 수선을 해야 하는 경우, 여객은 수선을 기다리지 않는다 하더라도, 운임을 전액 지급하여야 한다. 여객이 수선을 기다리는 경우, 운송인은 항해를 재개할 때까지 무료로 주거를 제공하여야 하고 또 운송계약에 따라 식사의 제공에 관해 그에게 부과된 의무를 계속 이행하여야 한다.그러나 운송인이 여객에게, 계약에 따른 다른 여객의 권리를 침해하지 않고서, 목적항으로 운송할 승선 기회를 제안하고, 여객이 이 제안의 활용을 거절한 경우, 여객은 항해를 재개할 때까지 더 이상 숙소와 급식의 제공을 청구할 수 없다.

제673조 여객운송계약에 따라 여객이 가지고 승선할 수 있는 수하물의 운송에 대하여는, 다른 반대의 약정이 없는 한, 여객은 운임 이외에 별도의 보상을 할 필요가 없다.

160

Artikel 674. Auf die an Bord gebrachten Reise-Effekten finden die Vorschriften der Artikel 562. 594. 618. Anwendung.

Sind dieselben von dem Schiffer oder einem dazu bestellten Dritten übernommen, so gelten für den Fall ihres Verlustes, oder ihrer Beschädigung die Vorschriften der Artikel 607. 608. 609. 610. 611.

Auf sämmtliche von dem Reisenden an Bord gebrachte Sachen finden außerdem die Artikel 564. 565. 566. und 620. Anwendung.

Artikel 675. Der Verfrachter hat wegen des Ueberfahrtsgeldes an den von dem Reisenden an Bord gebrachten Sachen ein Pfandrecht.

Das Pfandrecht besteht jedoch nur so lange die Sachen zurückbehalten oder deponirt sind.

Artikel 676. Stirbt ein Reisender, so ist der Schiffer verpflichtet, in Ansehung der an Bord sich befindenden Effekten desselben das Interesse der Erben nach den Umständen des Falles in geeigneter Weise wahrzunehmen.

Artikel 677. Wird ein Schiff zur Beförderung von Reisenden einem Dritten verfrachtet, sei es im Ganzen oder zu einem Theil oder dergestalt, daß eine bestimmte Zahl von Reisenden befördert werden soll, so gelten für das Rechtsverhältniß zwischen dem Verfrachter und dem Dritten die Vorschriften des fünften Titels, soweit die Natur der Sache die Anwendung derselben zuläßt.

Artikel 678. Wenn in den folgenden Titeln dieses Buchs die Fracht erwähnt wird, so sind unter dieser, sofern nicht das Gegentheil bestimmt ist, auch die Ueberfahrtsgelder zu verstehen.

Artikel 679. Die auf das Auswanderungswesen sich beziehenden Landesgesetze, auch insoweit sie privatrechtliche Bestimmungen enthalten, werden durch die Vorschriften dieses Titel nicht berührt.

Siebenter Titel. Von der Bodmerei.

Artikel 680. Bodmerei im Sinne dieses Gesetzbuchs ist ein Darlehnsgeschäft, welches von dem Schiffer als solchem Kraft der in diesem Gesetzbuch ihm ertheilten

제674조 제562조, 제594조 및 제618조의 규정은 승객이 가지고 승선하는 수하물에 대하여도 적용된다.

선장이나 선장이 임명한 제3자가 수하물을 인수받은 경우, 수하물이 멸실 또는 훼손되면 제607조, 제608조, 제609조, 제610조 및 제611조의 규정이 적용된다.

그 외에도 여객이 가지고 승선한 모든 물건에 대해 제564조, 제565조, 제566조 및 제620조의 규정이 적용된다.

제675조 운송인은 여객이 가지고 승선한 모든 물건에 대해 여객 운임에 기해 질권을 가진다.

그러나 이 질권은 오로지 운송인이 그 물건을 보유하고 있거나 보관시켜 두고 있는 동안 존속한다.

제676조 여객이 사망하면, 선장은 선상에 있는 여객의 수하물에 관해 여러 사정에 따라 적당한 방법으로 상속인의 이익을 보호하여야 한다.

제677조 선박이 여객의 운송을 위해 제3자에게 용선되면, 그것이 선박의 전부나 일부이든, 또는 일정한 수의 여객을 운송하여야 하는 것이든, 운송인과 그 제3자와의 법률관계에는, 사안의 성질이 그 적용을 허락하는 한, 제5장의 규정이 적용된다.

제678조 이 법 본편 아래 장들에서 운임을 언급할 때에, 다른 반대 규정이 없는 한, 그 운임에 여객 운임도 포함되는 것으로 본다.

제679조 이주에 관한 주법은, 거기에 사법적인 규정도 포함되어 있다면, 본장의 규정으로 인하여 영향을 받지 않는다.

제7장 모험대차

제680조 본법에서 모험대차란, 선장이 본법에 의하여 그에게 부여된 권한에 기하여, 선박, 운임 및 적하 또는 이 중 어느 하나 혹은 다수를 질물로 삼고, 특별이

Befugnisse unter Zusicherung einer Prämie und unter Verpfändung von Schiff, Fracht und Ladung, oder von einem oder mehreren dieser Gegenstände in der Art eingegangen wird, daß der Gläubiger wegen seiner Ansprüche nur an die verpfändeten (verbodmeten) Gegenstände nach Ankunft des Schiffs an dem Orte sich halten könne, wo die Reise enden soll, für welche das Geschäft eingegangen ist (Bodmereireise).

Artikel 681. Bodmerei kann von dem Schiffer nur in folgenden Fällen eingegangen werden:

1) während das Schiff außerhalb des Heimathshafens sich befindet, zum Zweck der Ausführung der Reise, nach Maaßgabe der Artikel 497. 507. bis 509. und 511.;

2) während der Reise im alleinigen Interesse der Ladungsbetheiligten zum Zweck der Erhaltung und Weiterbeförderung der Ladung nach Maaßgabe der Artikel 504. 511. und 634.

In dem Falle der Ziffer 2. kann der Schiffer die Ladung allein verbodmen, in allen übrigen Fällen kann er zwar das Schiff oder die Fracht allein, die Ladung aber nur zusammen mit dem Schiff und der Fracht verbodmen.

In der Verbodmung des Schiffs ohne Erwähnung der Fracht ist die Verbodmung der letzteren nicht enthalten. Werden aber Schiff und Ladung verbodmet, so gilt die Fracht als mitverbodmet.

Die Verbodmung der Fracht ist zulässig, so lange diese der Seegefahr noch nicht entzogen ist. Auch die Fracht desjenigen Theils der Reise, welcher noch nicht angetreten ist, kann verbodmet werden.

Artikel 682. Die Höhe der Bodmereiprämie ist ohne Beschränkung dem Uebereinkommen der Parteien überlassen.

Die Prämie umfaßt in Ermangelung einer entgegenstehenden Vereinbarung auch die Zinsen.

Artikel 683. Ueber die Verbodmung muß von dem Schiffer ein Bodmereibrief ausgestellt werden. Ist dieses nicht geschehen, so hat der Gläubiger diejenigen Rechte, welche ihm zustehen würden, wenn der Schiffer zur Befriedigung des Bedürfnisses ein einfaches Kreditgeschäft eingegangen wäre.

Artikel 684. Der Bodmereigeber kann verlangen, daß der Bodmereibrief enthalte:

1. den Namen des Bodmereigläubigers;

윤을 보장하고, 체결한 소비대차행위로서, 채권자가 그의 채권에 기해 대차행위의 목적인 항해(모험대차 항해)가 종료한 곳에서 선박이 도착한 다음 오로지 질권이 설정된(모험대차된) 그 목적물에 대해서만 권리를 행사할 수 있는 소비대차를 말한다.

제681조   오로지 다음 경우에 한해 선장은 모험대차에 들어갈 수 있다.:
  1) 선박이 선적항 이외에 있는 동안, 제497조, 제507조 내지 제509조 및 제511조의 규정에 따라 항해를 수행하기 위하여;
  2) 항해 중에 적하의 보존과 계속 운송을 위해 제504조, 제511조 및 제634조의 규정에 따라 오로지 적하관계인의 이익을 위하여.
  위 제2호의 경우에 있어서는, 선장은 오로지 적하를 담보의 목적으로 하여 대차를 할 수 있고, 그 외의 경우에는, 오로지 선박이나 운임을 담보의 목적으로 대차를 하거나, 혹은 적하를 반드시 선박 및 운임과 함께 담보의 목적으로 대차를 할 수 있다.
  운임에 대한 언급이 없이 선박을 담보의 목적으로 모험대차가 이루어진 경우, 운임은 대차의 목적물에 포함되지 않는다. 그러나 선박과 적하를 담보의 목적으로 모험대차가 이루어진 경우, 운임을 목적으로 한 모험대차도 이루어진 것으로 본다.
  운임은, 그 운임이 해상위험으로부터 아직 벗어나지 아니한 동안에, 이를 담보의 목적으로 하는 모험대차가 허용된다. 아직 개시하지 아니한 항해 부분의 운임도 이를 목적으로 모험대차를 할 수 있다.

제682조   모험대차에서 특별이윤은 제한 없이 당사자의 합의에 의하여 정한다.
  특별이윤은, 다른 반대의 합의가 없는 한, 거기에 이자도 포함된다.

제683조   모험대차에 관해 선장은 모험대차증서를 발행하여 주어야 한다. 이를 하지 아니하면 채권자는 선장이 해난을 피하기 위하여 단순 신용거래를 했을 때에 그에게 부여될 권리를 가진다.

제684조   모험대차의 대주는 다음 사항이 대차증서에 포함될 것을 요구할 수 있다.:

2. den Kapitalbetrag der Bodmereischuld;

3. den Betrag der Bodmereiprämie oder den Gesammtbetrag der dem Gläubiger zu zahlenden Summe;

4. die Bezeichnung der verbodmeten Gegenstände;

5. die Bezeichnung des Schiffes und des Schiffers;

6. die Bodmereireise;

7. die Zeit, zu welcher die Bodmereischuld gezahlt werden soll;

8. den Ort, wo die Zahlung erfolgen soll;

9. die Bezeichnung der Urkunde im Kontext als Bodmereibrief, oder die Erklärung, daß die Schuld als Bodmereischuld eingegangen sei, oder eine andere das Wesen der Bodmerei genügend bezeichnende Erklärung;

10. die Umstände, welche die Eingehung der Bodmerei nothwendig gemacht haben;

11. den Tag und den Ort der Ausstellung;

12. die Unterschrift des Schiffers.

Die Unterschrift des Schiffers muß auf Verlangen in beglaubigter Form ertheilt werden.

Artikel 685. Auf Verlangen des Bodmereigebers ist der Bodmereibrief, sofern nicht das Gegentheil vereinbart ist, an die Order des Gläubigers oder lediglich an Order zu stellen. Im letzteren Falle ist unter der Order die Order des Bodmereigebers zu verstehen.

Artikel 686. Ist vor Ausstellung des Bodmereibriefs die Nothwendigkeit der Eingehung des Geschäfts von dem Landeskonsul oder demjenigen Konsul, welcher dessen Geschäfte zu versehen berufen ist, und in dessen Ermangelung von dem Gericht oder der sonst zuständigen Behörde des Orts der Ausstellung, sofern es aber auch an einer solchen fehlt, von dem Schiffsoffizieren urkundlich bezeugt, so wird angenommen, daß der Schiffer zur Eingehung des Geschäfts in dem vorliegenden Umfange befugt gewesen sei.

Es findet jedoch der Gegenbeweis statt.

Artikel 687. Der Bodmereigeber kann die Ausstellung des Bodmereibriefs in mehreren Exemplaren verlangen.

Werden mehrere Exemplare ausgestellt, so ist in jedem Exemplar anzugeben, wie

1. 모험대차 채권자의 성명;

2. 대차채무의 원금 금액;

3. 특별이윤의 금액 또는 채권자에게 지급할 금액 총액;

4. 모험대차의 목적물의 표시;

5. 선박 및 선장의 표시;

6. 모험대차 항해;

7. 대차채무를 변제할 시기;

8. 변제가 이루어질 장소;

9. 문맥으로 보아 문서가 모험대차증서라는 표시, 모험대차로 채무를 부담한다는 의사표시. 또는 기타 모험대차의 본질을 표시하기에 충분한 다른 의사표시;

10. 모험대차에 들어갈 수밖에 없었던 사정;

11. 발행 일자와 장소;

12. 선장의 서명.

요청이 있으면 선장의 서명은 공적인 인증의 형식을 갖추어 하여야 한다.

제685조 반대의 약정이 없는 한, 모험대차의 대주가 요청하면, 모험대차증서는 채권자 앞으로 한 지지식 혹은 단순한 지시식으로 발행하여야 한다. 마지막 단순 지시식의 경우 그 지시는 대주 앞으로 한 지시라고 본다.

제686조 모험대차증서를 발행하기 이전에, 주의 영사 또는 그 업무를 다루기 위해 임명된 영사가, 이러한 사람이 없으면 발행하는 장소의 법원 기타 관할 관청이, 또는 그곳에 이러한 사람도 없으면 선박의 사관이, 모험대차에 들어가야 할 불가피성을 서면으로 증명한 경우, 선장은 그가 놓여 있는 상황 하에서 모험대차에 들어갈 권한이 있었다고 추정한다.

그러나 여기에는 반증을 댈 수 있다.

제687조 모험대차의 대주는 모험대차증서를 다수 복본으로 발행하여 줄 것을 요청할 수 있다.

다수 복본이 발행된 경우, 모든 복본에 몇 부가 발행되었는지를 표시하여야 한다.

viele ertheilt sind.

Der Bodmereibrief kann durch Indossament übertragen werden, wenn er an Order lautet.

Der Einwand, daß der Schiffer zur Eingehung des Geschäfts überhaupt oder in dem vorliegenden Umfange nicht befugt gewesen sei, ist auch gegen den Indossatar zulässig.

Artikel 688. Die Bodmereischuld ist, sofern nicht in dem Bodmereibriefe selbst eine andere Bestimmung getroffen ist, in dem Bestimmungshafen der Bodmereireise und am achten Tage nach der Ankunft des Schiffs in diesem Hafen zu zahlen.

Von dem Zahlungstage an laufen kaufmännische Zinsen von der ganzen Bodmereischuld einschließlich der Prämie.

Die vorstehende Bestimmung kommt nicht zur Anwendung, wenn die Prämie nach Zeit bedungen ist; die Zeitprämie läuft aber bis zur Zahlung des Bodmereikapitals.

Artikel 689. Zur Zahlungszeit kann die Zahlung der Bodmereischuld dem legitimierten Inhaber auch nur eines Exemplars des Bodmereibriefs nicht verweigert werden.

Die Zahlung kann nur gegen Rückgabe dieses Exemplars verlangt werden, auf welchen über die Zahlung zu quittieren ist.

Artikel 690. Melden sich mehrere gehörig legitimierte Bodmereibriefs-Inhaber, so sind sie sämmtlich zurückzuweisen, die Gelder, wenn die verbodmeten Gegenstände befreit werden sollen, gerichtlich oder in anderer sicherer Weise niederzulegen und die Bodmereibriefs-Inhaber, welche sich gemeldet haben, unter Angabe der Gründe des Verfahrens hiervon zu benachrichtigen.

Wenn die Niederlegung nicht gerichtlich geschieht, so ist der Deponent befugt, über sein Verfahren und dessen Gründe eine öffentliche Urkunde errichten zu lassen und die daraus entstehenden Kosten von der Bodmereischuld abzuziehen.

Artikel 691. Dem Bodmereigläubiger fällt weder die große noch die besondere Haverei zur Last.

Insoweit jedoch die verbodmeten Gegenstände durch große oder besondere Haverei zur Befriedigung des Bodmereigläubigers unzureichend werden, hat derselbe den hieraus entstehenden Nachtheil zu tragen.

Artikel 692. Die sämmtlichen verbodmeten Gegenstände haften dem Bodmereigläubiger

모험대차증서가 지시식으로 발행된 때에는 배서를 통해 이를 양도할 수 있다.

선장이, 전체적으로 혹은 해당되는 범위 내에서, 모험대차에 들어갈 권한이 없었다는 주장은 피배서인을 상대로도 할 수 있다.

제688조 모험대차 채무는, 모험대차증서에 다른 규정이 삽입되어 있지 않는 한, 모험대차 항해의 목적항에서 선박이 항구에 도착하고 난 다음 8일이 되는 날에 이를 변제하여야 한다.

이 지급일로부터 모험대차의 원금과 특별이윤에 상사 법정이자가 발생한다.

위 규정은 특별이윤이 기간을 단위로 약정된 경우 이를 적용하지 아니 한다.; 이 기간 단위 특별이윤은 모험대차 원금을 변제할 때까지 발생한다.

제689조 변제기에 있어서 모험대차증서의 합법적 소지인에게 하는 변제는, 비록 그 어느 한 복본의 소지인이라 할지라도, 이를 거부할 수 없다.

변제는 모험대차증서에 변제를 확인하여 그 반환과 상환으로만 이를 요구할 수 있다.

690조 적법한 소지인이 다수 나타나면, 그들 모두에게 지급을 거절하여야 하며, 대차로 담보된 목적물이 채무를 면하려면, 법원을 통해 또는 기타 안전한 방법으로 이를 보관하고, 나타난 모험대차증서 소지인들에게 조치의 이유를 붙여 보관을 통지하여야 한다.

보관이 법원을 통하여 이루어지지 않는 경우, 보관을 시킨 사람은 그의 조치와 그 이유에 관해 공적인 증서를 작성하게 하고 그로 인한 비용을 모험대차의 채무에서 공제할 수 있다.

제691조 해손은, 공동해손이든 단독해손이든, 모험대차 채권자가 이를 부담하지 아니한다.

그러나 공동해손으로 인하여 모험대차로 담보된 목적물이 모험대차 채권자에게 변제하기에 부족하게 되면 그 범위 내에서 모험대차 채권자가 그로 인한 손해를 부담하여야 한다.

제692조 모험대차로 담보된 목적물은 그 전부가 연대하여 모험대차 채권자에게

168

solidarisch.

Auch schon vor Eintritt der Zahlungszeit kann der Gläubiger nach Ankunft des Schiffs im Bestimmungshafen der Bodmereireise die Beschlagnahme der sämmtlichen verbodmeten Gegenstände nachsuchen.

Artikel 693. Der Schiffer hat für die Verwahrung und Erhaltung der verbodmeten Gegenstände zu sorgen; er darf ohne dringende Gründe keine Handlung vornehmen, wodurch die Gefahr für den Bodmereigeber eine größere oder eine andere wird, als derselbe bei dem Abschlusse des Vertrages voraussetzen mußte.

Handelt er diesen Bestimmungen zuwider, so ist er dem Bodmereigläubiger für den daraus entstehenden Schaden verantwortlich (Artikel 479.).

Artikel 694. Hat der Schiffer die Bodmereireise willkürlich verändert, oder ist er von dem derselben entsprechenden Wege willkürlich abgewichen, oder hat er nach ihrer Beendigung die verbodmeten Gegenstände von neuem einer Seegefahr ausgesetzt, ohne daß das Interesse des Gläubigers es geboten hat, so haftet der Schiffer dem Gläubiger für die Bodmereischuld insoweit persönlich, als derselbe aus den verbodmeten Gegenständen seine Befriedigung nicht erhält, es sei denn, daß er beweist, daß die unterbliebene Befriedigung durch die Veränderung der Reise oder die Abweichung oder die neue Seegefahr nicht verursacht ist.

Artikel 695. Der Schiffer darf die verbodmete Ladung vor Befriedigung oder Sicherstellung des Gläubigers weder ganz noch theilweise ausliefern, widrigenfalls er dem Gläubiger für die Bodmereischuld insoweit persönlich verpflichtet wird, als derselbe aus den ausgelieferten Gütern zur Zeit der Auslieferung hätte befriedigt werden können.

Es wird bis zum Beweise des Gegentheils angenommen, daß der Gläubiger seine vollständige Befriedigung hätte erlangen können.

Artikel 696. Hat der Rheder in den Fällen der Artikel 693. 694. 695. die Handlungsweise des Schiffers angeordnet, so kommen die Vorschriften des zweiten und dritten Absatzes der Artikel 479. zur Anwendung.

Artikel 697. Wird zur Zahlungszeit die Bodmereischuld nicht bezahlt, so kann der Gläubiger den öffentlichen Verkauf der verbodmeten Schiffs und der verbodmeten Ladung, sowie die Ueberweisung der verbodmeten Fracht bei dem zuständigen Gericht

책임을 부담한다.

변제기에 이르기 전이라도, 선박이 모험대차 항해의 목적항에 도착한 다음에는 모험대차 채권자는 담보된 목적물 전부에 대해 압류를 신청할 수 있다.

제693조   선장은 모험대차의 목적물에 관해 이를 보관하고 보존하는 데 주의를 다하여야 한다.; 긴급한 사유가 없는 한, 선장은 모험대차 대주가 부담할 위험이 계약 체결 시 조건으로 삼았던 위험보다 더욱 위중하거나 변경될 행위를 할 수 없다.

이에 위반한 행위를 하면 선장은 모험대차 채권자에게 그로 인해 발생하는 손해를 배상할 책임이 있다(제479조).

제694조   채권자의 이익을 보호하기 위해 필요한 것이 아님에도 불구하고, 선장이 모험대차로 부보된 항해를 임의로 변경하거나 선장이 임의로 이러한 항해에 적당한 항로를 이탈한 경우, 또는 선장이 항해를 종료한 후 부보된 목적물을 새로운 해상 위험에 노출시킨 경우, 선장은 채권자가 부보된 목적물로부터 변제를 받지 못한 범위 내에서 모험대차 채무에 대해 개인적으로 책임을 지며, 다만 미지급이 항해변경, 항로변경 또는 새로운 해상위험 때문에 발생한 것이 아니라는 것을 선장이 증명하는 때에는 그러하지 않다.

제695조   선장은 모험대차로 부보된 적하를, 그 채권자를 위해 변제되거나 담보가 제공되기 전에는, 그 전체든 일부든 이를 인도하여 줄 수 없고, 이를 위반한 선장은 채권자에게 넘겨준 적하로부터 넘겨준 시기에 채권자가 적하를 통해 변제를 받았을 수 있을 금액의 범위 내에서, 개인적으로 모험대차의 채무에 대해 책임을 진다.

반대의 증명이 있을 때까지, 채권자는 채권 전부를 변제받을 수 있었다고 추정한다.

제696조   제693조, 제694조 및 제695조의 경우에, 선주가 선장의 행동 방법을 지시한 경우, 제479조 제2문 및 제3문의 규정이 적용된다.

제697조   모험대차 채무가 변제기에 변제되지 않으면, 채권자는 부보된 선박과

beantragen.

Die Klage ist zu richten in Ansehung des Schiffs und der Fracht gegen den Schiffer oder Rheder, in Ansehung der Ladung vor der Auslieferung gegen den Schiffer, nach der Auslieferung gegen den Empfänger, sofern dieselbe sich noch bei ihm oder einem Anderen befindet, welcher sie für ihn besitzt.

Zum Nachtheil eines dritten Erwerbers, welcher den Besitz der verbodmeten Ladung in gutem Glauben erlangt hat, kann der Gläubiger von seinen Rechten keinen Gebrauch machen.

Artikel 698. Der Empfänger, welchem bei Annahme der verbodmeten Güter bekannt ist, daß auf ihnen eine Bodmereischuld haftet, wird dem Gläubiger für die Schuld bis zum Werthe, welchen die Güter zur Zeit ihrer Auslieferung hatten, insoweit persönlich verpflichtet, als der Gläubiger, falls die Auslieferung nicht erfolgt wäre, aus den Gütern hätte befriedigt werden können.

Artikel 699. Wird vor dem Antritt der Bodmereireise die Unternehmung aufgegeben, so ist der Gläubiger befugt, die sofortige Bezahlung der Bodmereischuld an dem Orte zu verlangen, an welchen die Bodmerei eingegangen ist; er muß sich jedoch eine verhältnißmäßige Herabsetzung der Prämie gefallen lassen; bei der Herabsetzung ist vorzugsweise das Verhältniß der bestandenen zu der übernommenen Gefahr maaßgebend.

Wird die Bodmereireise in einem anderen als dem Bestimmungshafen derselben beendet, so ist die Bodmereischuld ohne einen Abzug von der Prämie in diesem anderen Hafen nach Ablauf der vertragsmäßigen und in deren Ermangelung der achttägigen (Artikel 688.) Zahlungsfrist zu zahlen. Die Zahlungsfrist wird vom Tage der definitiven Einstellung der Reise berechnet.

Soweit in diesem Artikel nicht ein Anderes bestimmt ist, kommen die Artikel 689. bis 698. auch in den vorstehenden Fällen zur Anwendung.

Artikel 700. Die Anwendung der Vorschriften dieses Titels wird dadurch nicht ausgeschlossen, daß der Schiffer zugleich Miteigenthümer oder Alleineigenthümer des Schiffs oder der Ladung oder beider ist, oder daß er auf Grund besonderer Anweisung der Betheiligten die Bodmerei eingegangen ist.

Artikel 701. Die Bestimmung über die uneigentliche Bodmerei, d. h. diejenige,

적하의 공매와 부보된 운임의 이전을 관할 법원에 신청할 수 있다.

이 소송은 선박과 운임에 관하여는 선장 또는 선주를 상대로 하여야 하고, 적하와 관련하여서는 인도하여 주기 전에는 선장을 상대로 하고, 적하를 인도하여 준 후에는, 아직 수하인이나 수하인을 위해 점유하는 다른 사람이 적하를 가지고 있으면, 수하인을 상대로 하여야 한다.

부보된 적하를 취득한 제3자가 선의로 그 점유를 취득하면, 채권자는 그 제3자의 권리와 상충하여 권리를 주장할 수 없다.

제698조 부보된 적하를 수령할 때에, 그 적하가 모험대차 채무에 의해 담보되어 있다는 것을 안 수하인은, 그 수하물을 인도하여 줄 때에 가격을 한도로, 만일 인도하여 주지 않았다면 그 화물로부터 변제받았을 금액의 범위 내에서, 모험대차 채무에 관해 모험대차 채권자에게 인적인 책임을 진다.

제699조 모험대차의 목적인 항해를 개시하기 전에 항해를 포기한 경우, 모험대차 채권자는 모험대차에 들어간 곳에서 모험대차 채무의 즉시 변제를 요구할 수 있다.: 그러나 채권자는 특별이윤에 관해서는 비례적 감액을 허용하여야 한다.; 이 감액에 있어서는 감수한 위험의 인수한 위험에 대한 비율이 가장 우선적으로 적용된다.

부보 항해가 그 목적항이 아닌 다른 항구에서 종료된 경우, 그 다른 항구에서 계약에 따른, 계약에 없으면 8일(제688조)의 기간이 경과한 다음, 특별이윤에 대한 감축 없이 모험대차 채무를 변제하여야 한다. 지급기간은 항해를 확정적으로 중지한 날로부터 계산한다.

본조에서 달리 정하고 있지 않는 한, 위 경우에 있어서도 제689조 내지 제698조의 규정이 적용된다.

제700조 본장의 규정은, 선장이 동시에 선박, 적하 또는 이 양자의 공유자 또는 단독소유자라고 하여, 혹은 선장이 관계인의 특별한 지시에 기하여 모험대차에 들어갔다고 하여, 그 적용이 배제되지 않는다.

제701조 비전형적인 모험대차, 예컨대 제681조에서 말하는 경우에, 선장에 의하지 아니한 모험대차에 관해서는 주법으로 이를 규율할 수 있다.

welche nicht von dem Schiffer als solchem in den im Artikel 681. bezeichneten Fällen eingegangen ist, bleiben den Landesgesetzen vorbehalten.

Achter Titel. Von der Haverei.

Erster Abschnitt. Große (gemeinschaftliche) Haverei und besondere Haverei.

Artikel 702. Alle Schäden, welche dem Schiff oder der Ladung oder beiden zum Zweck der Errettung beider aus einer gemeinsamen Gefahr von dem Schiffer oder auf dessen Geheiß vorsätzlich zugefügt werden, sowie auch die durch solche Maaßregeln ferner verursachten Schäden, ingleichen die Kosten, welche zu demselben Zweck aufgewendet werden, sind große Haverei.

Die große Haverei wird von Schiff, Fracht und Ladung gemeinschaftlich getragen.

Artikel 703. Alle nicht zur großen Haverei gehörigen, durch einen Unfall verursachten Schäden und Kosten, soweit letztere nicht unter den Artikel 622. fallen, sind besondere Haverei.

Die besondere Haverei wird von dem Eigenthümern des Schiffs und der Ladung, von jedem für sich allein getragen.

Artikel 704. Die Anwendung der Bestimmungen über große Haverei wird dadurch nicht ausgeschlossen, daß die Gefahr in Folge des Verschuldens eines Dritten oder auch eines Betheiligten herbeigeführt ist.

Der Betheiligte, welchem ein solches Verschulden zur Last fällt, kann jedoch nicht allein wegen der ihm etwa entstandenen Schäden seine Vergütung fordern, sondern er ist auch den Beitragspflichtigen für den Verlust verantwortlich, welche sie dadurch erleiden, daß der Schaden als große Haverei zur Vertheilung kommt.

Ist die Gefahr durch eine Person der Schiffsbesatzung verschuldet, so trägt die Folgen dieses Verschuldens auch der Rheder nach Maaßgabe der Artikel 451. 452.

Artikel 705. Die Havereivertheilung tritt nur ein, wenn sowohl das Schiff als auch die Ladung, und zwar jeder dieser Gegenstände entweder ganz oder theilweise wirklich gerettet worden ist.

제8장 해 손

제1절 공동해손과 단독해손

제702조   선박 및 적하를 공동위험으로부터 구조하기 위하여, 선장 혹은 그의 지시에 의하여, 고의로 선박, 적하 또는 이 양자에 발생시킨 모든 손해는 공동해손이 되며, 나아가 그러한 조치로 인하여 발생된 손해도, 동일한 목적으로 지출한 비용과 함께, 공동해손이 된다.

공동해손은 선박, 운임 및 적하가 이를 공동으로 부담한다.

제703조   사고에 의하여 발생된 모든 손해와 비용은 공동해손에 해당되지 않으면, 비용으로서 제622조에 해당되는 것을 제외하고는, 모두 단독해손이 된다.

단독해손은 선박 및 적하의 소유자가 각각 스스로 혼자 부담하여야 한다.

제704조   공동해손에 관한 규정은 위험이 제3자 또는 관계인의 귀책사유로 인해 야기되었다고 하더라도 그 적용이 배제되지 않는다.

그러나 이처럼 귀책사유가 있는 관계인은 자기에게 발생한 손해를 이유로 보상을 청구할 수 없을 뿐만 아니라, 공동해손 분담자들에 대해 그들이 공동해손에 해당되는 손해를 분담함으로 인하여 입은 손실을 배상할 책임이 있다.

선원이 위험에 대해 귀책사유가 있는 경우, 선주가 제451조 및 제452조의 규정에 의해 그 귀책사유의 결과에 대해 책임을 져야 한다.

제705조   공동해손은 선박 및 적하, 또는 이 중 하나가, 전부든 일부든, 실제로 구조된 경우에 한해 이를 분담한다.

Artikel 706. Die Verpflichtung, von einem geretteten Gegenstande beizutragen, wird dadurch, daß derselbe später von besonderer Haverei betroffen wird, nur dann vollständig aufgehoben, wenn der Gegenstand ganz verloren geht.

Artikel 707. Der Anspruch auf Vergütung einer zur großen Haverei gehörenden Beschädigung wird durch eine besondere Haverei, welche den beschädigten Gegenstand später trifft, sei es, daß er von Neuem beschädigt wird oder ganz verloren geht, nur insoweit aufgehoben, als bewiesen wird, daß der spätere Unfall nicht allein mit dem früheren in keinem Zusammenhange steht, sondern daß er auch den früheren Schaden nach sich gezogen haben würde, wenn dieser nicht bereits entstanden gewesen wäre.

Sind jedoch vor Eintritt des späteren Unfalles zur Wiederherstellung des beschädigten Gegenstandes bereits Aufwendungen gemacht, so bleibt rücksichtlich dieser der Anspruch auf Vergütung bestehen.

Artikel 708. Große Haverei liegt namentlich in folgenden Fällen vor, vorausgesetzt, daß in denselben zugleich die Erfordernisse der Artikel 702. 704. und 705. insoweit vorhanden sind, als in diesem Artikel nichts Besonderes bestimmt ist:

1. Wenn Waaren, Schiffstheile oder Schiffsgeräthschaften über Bord geworfen, Masten gekappt, Taue oder Segel weggeschnitten, Anker, Ankertaue oder Ankerketten geschlippt oder gekappt worden sind. Sowohl diese Schäden selbst als die durch solche Maaßregeln an Schiff oder Ladung ferner verursachten Schäden gehören zur großen Haverei.

2. Wenn zur Erleichterung des Schiffs die Ladung ganz oder theilweise in Leichterfahrzeuge übergeladen worden ist. Es gehört zur großen Haverei sowohl der Leichterlohn als der Schaden, welcher bei dem Ueberladen in das Leichterfahrzeug oder bei dem Rückladen in das Schiff der Ladung oder dem Schiff zugefügt worden ist, sowie der Schaden, welcher die Ladung auf dem Leichterfahrzeug betroffen hat. Muß die Erleichterung im regelmäßigen Verlauf der Reise erfolgen, so liegt große Haverei nicht vor.

3. Wenn das Schiff absichtlich auf den Strand gesetzt worden ist, jedoch nur wenn die Abwendung des Unterganges oder der Nehmung damit bezweckt war. Sowohl die durch die Strandung einschließlich der Abbringung entstandenen Schäden, als auch die Kosten der Abbringung gehören zur großen Haverei. Wird das Behufs

제706조　구조된 목적물이 손해를 분담할 의무는, 그 목적물이 후에 단독해손을 당한다 하더라도, 오로지 그로 인하여 목적물이 완전히 멸실된 때에 한해, 비로소 소멸한다.

제707조　공동해손에 해당하는 손해의 보상청구권은, 그 훼손된 목적물에 추후에 발생한 단독손해에 의해, 추후에 그 목적물이 새로이 훼손되었든 혹은 완전히 멸실되었든, 오로지 후의 사고가 전의 사고와 아무런 관련이 없다는 것은 물론, 전의 손해가 발생하지 않았다면 후의 사고가 전의 손해를 발생시켰을 것이라는 것을 입증하는 때에, 비로소 소멸한다.

　그러나 후의 사고가 발생하기 전에 훼손된 목적물을 원상으로 회복하기 위해 이미 비용을 지출한 경우, 이 비용과 관련된 보상청구권은 후의 사고와 관련 없이 존속한다.

제708조　공동해손은 본조에서 달리 규정하지 않는 한, 제702조, 제704조 및 제705조의 요건이 존재하는 것을 전제로, 특히 다음의 경우에 존재한다.:

1. 상품, 선박 부분 또는 선박 장비의 투기, 돛대의 절단, 돛줄과 돛의 제거, 닻, 닻줄, 닻사슬의 투입이나 절단이 있는 때. 이러한 손해 자체뿐만 아니라 그러한 조치로 인하여 추가로 선박 또는 적하에 발생시킨 손해도 공동해손에 해당한다.

2. 선박을 더욱 가볍게 할 목적으로 화물의 전부 또는 일부를 부선에 이적한 때. 부선료가 공동해손에 해당될 뿐만 아니라 부선에 이적을 혹은 선박에 환적을 함에 있어 적하나 선박이 입은 손해는 물론 적하가 부선에서 입은 손해도 공동해손에 해당된다. 항해가 정상적으로 진행 중에 가볍게 할 목적으로 한 이적은 공동해손에 해당되지 않는다.

3. 선박을 의도적으로 해안에 유기한 때, 다만 선박의 침몰이나 나포를 피할 목적으로 한 때에 한한다. 복원을 포함한 좌초로 인해 발생한 손해는 물론 복원을 위한 비용도 공동해손에 해당된다. 침몰을 방지하기 위해 좌초시킨 선박이 인양되지 않거나 복원 후 수선이 불가능(제444조)하게 된 경우, 그 좌초로 인하여 야기된 손해는 공동해손으로 분담이 없다. 선박의 유기가 선박 및 적

Abwendung des Unterganges auf den Strand gesetzte Schiff nicht abgebracht oder nach der Abbringung reparaturunfähig (Artikel 444.) befunden, so findet eine Havereivertheilung nicht statt. Ist das Schiff gestrandet, ohne daß die Strandung zur Rettung von Schiff und Ladung vorsätzlich herbeigeführt war, so gehören zwar nicht die durch die Strandung veranlaßten Schäden, wohl aber die auf die Abbringung verwendeten Kosten und die zu diesem Zweck dem Schiff oder der Ladung absichtlich zugefügten Schäden zur großen Haverei.

4. Wenn das Schiff zur Vermeidung einer dem Schiff und der Ladung im Falle der Fortsetzung der Reise drohenden gemeinsamen Gefahr in einen Nothhafen eingelaufen ist, wohin insbesondere gehört, wenn das Einlaufen zur nothwendigen Ausbesserung eines Schadens erfolgt, welchen das Schiff während der Reise erlitten hat. Es gehören in diesem Falle zur großen Haverei: die Kosten des Einlaufens und des Auslaufens, die das Schiff selbst treffenden Aufenthaltskosten, die der Schiffsbesatzung während des Aufenthalts gebührende Heuer und Kost, sowie die Auslagen für die Unterbringung der Schiffsbesatzung am Lande, wenn und so lange dieselbe an Bord nicht hat verbleiben können, ferner, falls die Ladung wegen des Grundes, welcher das Einlaufen in den Nothhafen herbeigeführt hat, gelöscht werden muß, die Kosten des Von- und Anbordbringens und die Kosten der Aufbewahrung der Ladung am Lande bis zu dem Zeitpunkte, in welchem dieselbe wieder an Bord hat gebracht werden können. Die sämmtlichen Aufenthaltskosten kommen nur für die Zeit der Fortdauer des Grundes in Rechnung, welcher das Einlaufen in den Nothhafen herbeigeführt hat. Liegt der Grund in einer nothwendigen Ausbesserung des Schiffs, so kommen außerdem die Aufenthaltskosten nur bis zu dem Zeitpunkte in Rechnung, in welchem die Ausbesserung hätte vollendet sein können. Die Kosten der Ausbesserung des Schiffs gehören nur insoweit zur großen Haverei, als der auszubessernde Schaden selbst große Haverei ist.

5. Wenn das Schiff gegen Feinde oder Seeräuber vertheidigt worden ist. Die bei der Vertheidigung dem Schiff oder der Ladung zugefügten Beschädigungen, die dabei verbrauchte Munition und, im Fall eine Person der Schiffsbesatzung bei der Vertheidigung verwundet oder getötet worden ist, die Heilungs- und

하를 구조하기 위해 의도적으로 발생시킨 것이 아닌 경우, 유기로 인해 발생한 손해는 공동해손에 속하지 않지만, 그 복원에 지출된 비용 및 이를 목적으로 선박이나 적하에 의도적으로 가한 손해는 공동해손에 해당된다.

4. 항해의 계속 중에 선박과 적하를 위협하는 공동의 위험으로부터 방어를 위하여 선박이 피난항에 기항한 때, 특히 항해 중에 선박이 당한 훼손을 불가피하게 수리하기 위해 기항한 때에, 여기에 속한다. 이 경우에 다음 사항이 공동해손에 속한다.: 기항과 출항의 비용, 선박 자체에 발생한 체재비용, 체재 중 선원에게 지급할 급료 및 식비, 선원이 선상에 머물 수 없는 동안에 발생한 육지 체재를 위한 지출, 나아가 피난항에 기항을 촉발한 그 원인에 의하여 적하를 양륙하여야 하는 경우, 내리고 다시 싣는 비용 및 적하를 다시 선상으로 가져올 때까지 육지에서 보관비용. 모든 체재비용은 피난항에 기항을 촉발한 사유가 존속하는 기간에 한해 이를 산입한다. 이유가 선박의 불가피한 수리에 있다면, 그 외에도, 오로지 수선이 완전히 종료될 수 있었던 시점까지 체재비용을 산입한다. 선박의 수선비는 수선할 손해 자체가 공동해손에 해당되는 경우에만 공동해손에 해당한다.

5. 선박을 적이나 해적으로부터 방어하여야 하는 때. 방어 중에 선박 또는 적하에 일으킨 훼손, 그에 사용된 탄약, 방어를 하다가 선원이 상해를 입거나 사망한 경우에 치료 및 장례비용과 지급해야 할 위로금(제523조, 제524조, 제549조 및 제551조)은 모두 공동해손이 된다.

6. 적이나 해적에 의하여 선박이 억류된 경우에 선박이나 적하의 속환이 이루어진 때. 속환을 위해 지급한 것은 인질을 구출하고 보호하는 것으로 발생한 비용을 포함하여 공동해손이 된다.

7. 항해 중에 공동해손을 감당하기 위해 필요한 자금의 공급이 멸실과 비용을 유발한 때 또는 관계인의 의견 불일치로 인하여 비용이 발생한 때. 이러한 멸실과 비용도 마찬가지로 공동해손에 해당된다. 항해 중에 화물을 매각하여 발생한 손실, 필요한 자금이 모험대차를 통하여 취득된 때에 모험대차의 특별이윤, 이러한 경우가 아닌 때에는 사용한 금전의 부보를 위한 보험료, 손해를 검정하고 공동해손에 관한 계산서를 작성(공동해손정산서)하는 비용도 거기에 산입된다.

Begräbnißkosten, sowie die zu zahlenden Belohnung (Artikel 523. 524. 549. 551.) bilden die große Haverei.

6. Wenn im Fall der Anhaltung des Schiffs durch Feinde oder Seeräuber Schiff und Ladung losgekauft worden sind. Was zum Loskauf gegeben ist, bildet nebst den durch den Unterhalt und die Auslösung der Geißeln entstandenen Kosten die große Haverei.

7. Wenn die Beschaffung der zur Deckung der großen Haverei während der Reise erforderlichen Gelder Verluste und Kosten verursacht hat, oder wenn durch die Auseinandersetzung unter den Betheiligten Kosten entstanden sind. Diese Verluste und Kosten gehören gleichfalls zur großen Haverei. Dahin werden insbesondere gezählt der Verlust an den während der Reise verkauften Gütern, die Bodmereiprämie, wenn die erforderlichen Gelder durch Bodmerei aufgenommen worden sind, und wenn dies nicht der Fall ist, die Prämie für Versicherung der aufgewendeten Gelder, die Kosten für die Ermittelung der Schäden und für die Aufmachung der Rechnung über die große Haverei (Dispache).

Artikel 709. Nicht als große Haverei, sondern als besondere Haverei werden angesehen:

1) die Verluste und Kosten, welche, wenn auch während der Reise, aus der in Folge einer besonderen Haverei nöthig gewordenen Beschaffung von Geldern entstehen;

2) die Reklamekosten, auch wenn Schiff und Ladung zusammen und beide mit Erfolg reklamiert werden;

3) die durch Prangen verursachte Beschädigung des Schiffs, seines Zubehörs und der Ladung, selbst wenn, um der Strandung oder Nehmung zu entgehen, geprangt worden ist.

Artikel 710. In den Fällen der großen Haverei bleiben bei der Schadensberechnung die Beschädigungen und Verluste außer Ansatz, welche die nachstehenden Gegenstände betreffen:

1) die nicht unter Deck geladenen Güter; diese Vorschrift findet jedoch bei der Küstenschifffahrt insofern keine Anwendung, als in Ansehung derselben Deckladungen durch die Landesgesetze für zulässig erklärt sind (Artikel 567.);

2) diejenigen Güter, worüber weder ein Konnossement ausgestellt ist, noch das Manifest oder Ladebuch Auskunft giebt;

3) die Kostbarkeiten, Gelder und Werthpaiere, welche dem Schiffer nicht gehörig

제709조   다음은 공동해손이 아니라 단독해손에 해당된다고 본다.:

1) 항해 도중에 단독해손의 결과 필요하게 된 자금으로 인하여 발생한 손실 및 비용;

2) 회수비용, 선박과 적하가 함께 같이 성공적으로 회수된 때에도 마찬가지이다.

3) 돛을 펴서 발생한 선박, 그 속구 및 적하에 발생한 훼손, 이는 좌초 또는 나포에 대항하기 위해 돛을 편 때에도 마찬가지이다.

제710조   공동해손의 경우에, 손해를 계산함에 있어 아래 목적물에 발생한 멸실이나 훼손은 이를 포함시키지 아니한다.

1) 갑판 하에 적부하지 않는 화물; 그러나 이 규정은 연안 항해에서 주법이 그에 관해 갑판선적이 허용된다고 규정한 때에는(제567조) 적용되지 않는다.

2) 선하증권도 발행되지 않고 화물목록이나 적하명부에도 등록되지 않는 화물;

3) 고가물, 금전 및 유가증권으로 선장에게 적절하게 고지하지 않은 것(제608조).

제711조   선박과 그 속구에 발생한 공동해손에 속하는 손해는, 수선이 항해 도중에 행하여졌다면 그 수선하는 장소에서 수선하기 이전에, 그렇지 않으면 항해가 종료된 곳에서, 감정인이 검사와 평가를 한다. 감정서에는 수리에 필요한 비용에 관한 견적이 들어 있어야 한다. 항해 도중에 수선을 하는 경우, 실제 수선비용이 견적 금액을 하회하지 않는 한, 손해산정은 이 감정서에 의하여 한다. 감정서를 작성할 수 없었던 경우, 필요한 수리에 실제로 지출한 비용을 기준으로 금액을 정한다.

항해 도중에 수선이 이루어지지 않는 경우, 손해 산정은 오로지 감정에 의한다.

제712조   훼손될 당시 선박이 아직 만 1년을 수상에 있지 않았던 경우, 전조에 의하여 평가한 수리비 전액이 보상할 금액이 된다.

선박의 개별 부분, 특히 금속 외벽, 및 속구의 개별 부분에 있어서도, 그 부분이 아직 만 1년을 사용하지 않은 때에는, 마찬가지로 보상한다.

기타의 경우에 있어서는, 신구 사이의 차이를 이유로 3분지 1을, 닻사슬에 있어

bezeichnet sind (Artikel 608.).

Artikel 711. Der an dem Schiff und dem Zubehör desselben entstandene, zur großen Haverei gehörige Schaden ist, wenn die Reparatur während der Reise erfolgt, am Ort der Ausbesserung und vor derselben, sonst an dem Ort, wo die Reise endet, durch Sachverständige zu ermitteln und zu schätzen. Die Taxe muß die Veranschlagung der erforderlichen Reparaturkosten enthalten. Sie ist, wenn während der Reise ausgebessert wird, für die Schadensberechnung insoweit maaßgebend, als nicht die Ausführungskosten unter den Anschlagssummen bleiben. War die Aufnahme einer Taxe nicht ausführbar, so entscheidet der Betrag der auf die erforderlichen Reparaturen wirklich verwendeten Kosten.

Insoweit die Ausbesserung während der Reise nicht geschieht, ist die Abschätzung für die Schadensberechnung ausschließlich maaßgebend.

Artikel 712. Der nach Maaßgabe des vorstehenden Artikels ermittelte volle Betrag der Reparaturkosten bestimmt die zu leistende Vergütung, wenn das Schiff zur Zeit der Beschädigung noch nicht ein volles Jahr zu Wasser war.

Dasselbe gilt von der Vergütung für einzelne Theile des Schiffs, namentlich, für die Metallhaut, sowie für einzelne Theile des Zubehörs, wenn solche Theile noch nicht ein volles Jahr in Gebrauch waren.

In den übrigen Fällen wird von dem vollen Betrage wegen des Unterschiedes zwischen alt und neu ein Drittel, bei den Ankerketten ein Sechstel, bei den Ankern jedoch nichts abgezogen.

Von dem vollen Betrage kommen ferner, in Abzug der volle Erlös oder Werth der etwa noch vorhandenen alten Stücke, welche durch neue ersetzt sind oder zu ersetzen sind.

Findet ein solcher Abzug und zugleich der Abzug wegen des Unterschiedes zwischen alt und neu statt, so ist zuerst dieser letztere und sodann erst von dem verbleibenden Betrage der andere Abzug zu machen.

Artikel 713. Die Vergütung für aufgeopferte Güter wird durch den Marktpreis bestimmt, welchen Güter derselben Art und Beschaffenheit am Bestimmungsort bei Beginn der Löschung des Schiffs haben.

In Ermangelung eines Marktpreises, oder insofern über denselben oder über dessen Anwendung, insbesondere mit Rücksicht auf die Qualität der Güter Zweifel bestehen,

서는 6분지 1을 각각 공제하고, 닻에 있어서는 이를 전혀 공제하지 않는다.

　나아가, 새로운 물건으로 교체되었거나 교체될 낡은 물건이 아직 남았다면 그 낡은 물건의 대가나 가액은 위 금액 전부로부터 공제하여야 한다.

　위와 같은 공제가 신구 차이로 인한 공제와 동시에 있는 경우에는, 두 번째 신구 차이를 이유로 한 공제를 먼저 하고 그 다음 비로소 잔액에 대해 다른 공제를 한다.

제713조　희생된 화물에 대한 보상은 동일한 종류와 성질의 화물이 목적지에서 양륙을 개시할 때에 가졌던 시장가격에 의하여 정한다.

　시장 가격이 없다든가 혹은 시장가격 자체 또는 그 적용에, 특히 화물의 품질에 비추어 의문이 있는 경우, 감정인이 그 가격을 평가한다.

　이 가격으로부터 운임, 관세 및 경비에서 화물의 멸실로 인해 절약된 것은 이를 공제하여야 한다.

　공동해손을 감당하기 위해 매각된 화물(제708조 7호)은 이를 희생된 화물로 본다.

제714조　화물이 공동해손에 해당되는 훼손을 당한 경우, 그 보상은 감정인이 평가한 목적지에서 선박이 양륙을 개시할 때에 훼손된 상태의 화물의 매각 가격과, 전조에서 본 화물의 가격에서 훼손의 결과 절약된 관세 및 경비를 공제한 금액의, 차이에 의하여 정한다.

제715조　공동해손 사고의 전에, 사고에 임하여, 또는 사고의 후에, 발생한 공동해손에 해당되지 않는 가격 감소 및 멸실은 보상을 계산함에 있어(제713조 및 제714조) 이를 공제하여야 한다.

제716조　선박과 적하를 위한 항해가 목적항이 아니라 다른 장소에서 종료된 경우, 보상을 산정함에 있어 그 장소가 목적항을 대신하며, 선박이 멸실로 항해가 종료된 경우, 적하를 안전하게 가지고 나온 장소가 보상을 산정함에 있어 목적지를

wird der Preis durch Sachverständige ermittelt.

Von dem Preise kommt in Abzug, was an Fracht, Zöllen und Unkosten in Folge des Verlustes der Güter erspart wird.

Zu den aufgeopferten Gütern gehören auch diejenigen, welche zur Deckung der großen Haverei verkauft worden sind (Artikel 708. Ziffer 7.).

Artikel 714. Die Vergütung der Güter, welche eine zur großen Haverei gehörige Beschädigung erlitten haben, wird bestimmt durch den Unterschied zwischen dem durch Sachverständige zu ermittelnden Verkaufswerth, welchen die Güter im beschädigten Zustande am Bestimmungsorte bei Beginn der Löschung des Schiffs haben, und dem im vorstehenden Artikel bezeichneten Preise nach Abzug der Zölle und Unkosten, soweit sie in Folge der Beschädigung erspart sind.

Artikel 715. Die vor, bei oder nach dem Havereifall entstandenen, zur großen Haverei nicht gehörenden Werthsverringerungen und Verluste sind bei Berechnung der Vergütung (Artikel 713. 714.) in Abzug zu bringen.

Artikel 716. Endet die Reise für Schiff und Ladung nicht im Bestimmungshafen, sondern an einem anderen Orte, so tritt dieser letztere, endet die durch Verlust des Schiffs, so tritt der Ort, wohin die Ladung in Sicherheit gebracht ist, für die Ermittelung der Vergütung an die Stelle des Bestimmungsortes.

Artikel 717. Die Vergütung für entgangene Fracht wird bestimmt durch den Frachtbetrag, welcher für die aufgeopferten Güter zu entrichten gewesen sein würde, wenn dieselben mit dem Schiff an dem Orte ihrer Bestimmung, oder wenn dieser von dem Schiff nicht erreicht wird, an dem Orte gelangt wären, wo die Reise endet.

Artikel 718. Der gesammte Schaden, welcher die große Haverei bildet, wird über das Schiff, die Ladung und die Fracht nach Verhältniß des Werths und des Betrages derselben vertheilt.

Artikel 719. Das Schiff nebst Zubehör trägt bei:

1. mit dem Werthe, welchen es in dem Zustande am Ende der Reise bei Beginn der Löschung hat;

2. mit dem als große Haverei in Rechnung kommenden Schaden an Schiff und Zubehör.

Von dem unter Ziffer 1. bezeichneten Werth, ist der noch vorhandene Werth derjenigen Reparaturen und Anschaffungen abzuziehen, welche erst nach dem Havereifall erfolgt sind.

대신한다.

제717조　소멸된 운임에 대한 보상은 화물이 선박과 함께 목적지에 도착했었다면 희생된 화물에 대해 지급했어야 할 운임 금액에 의하여 정하며, 선박이 이 목적지에 도달하지 못한 경우, 항해가 종료된 그 장소에 도달했었다면 지급했어야 할 운임 금액에 의하여 정한다.

제718조　공동해손을 구성하는 모든 손해는 선박, 적하 및 운임이 그 가액 또는 금액에 비례하여 이를 분담한다.

제719조　선박은 그 속구와 함께 다음과 같이 이를 분담한다.:
　1) 항해를 종료하고 양륙을 개시하는 시점에 그 상태로 선박이 가지는 가격;
　2) 선박 또는 그 속구에 대한 공동해손으로 산입이 되는 손해.
　위 제1호에 나타난 가격으로부터, 해손사고가 난 후에 한 수리와 설비로 현존하는 가격은 이를 공제하여야 한다.

제720조　적하는 다음과 같이 분담한다.:
　1. 항해가 종료되고 양륙이 개시된 때에 현존하는 화물. 만일 항해가 선박의 멸실로 종료되면(제716조) 안전하게 가지고 나온 화물. 어느 경우이든 해손사고 당시에 선상 또는 부선상(제708조 2호)에 있었어야 한다.;
　2. 희생된 화물(제713조)

제721조　금액을 산정함에 있어 다음 사항을 고려하여야 한다.:
　1. 온전한 화물에 대해서는 시장가격 또는 감정인의 평가가격(제713조)으로, 화물이 항해를 종료하고 양륙지에서 양륙을 개시한 때 가졌던 가격이고, 선박이 멸실되어 항해가 종료된 때에는(제716조) 구조의 시간과 장소에서 가졌던

Artikel 720. Die Ladung trägt bei:

1. mit den am Ende der Reise bei Beginn der Löschung noch vorhandenen Gütern, oder wenn die Reise durch den Verlust des Schiffs endet (Artikel 716.), mit den in Sicherheit gebrachten Gütern, soweit in beiden Fällen diese Güter sich zur Zeit des Havereifalls am Bord des Schiffs oder eines Leichterfahrzeuges (Artikel 708. Ziffer 2.) befunden haben;

2. mit den aufgeopferten Gütern (Artikel 713.).

Artikel 721. Bei Ermittelung des Betrags kommt in Ansatz:

1. für die Güter, welche unversehrt sind, der Marktpreis oder der durch Sachverständige zu ermittelnde Preis (Artikel 713.), welchen dieselben am Ende der Reise bei Beginn und am Ort der Löschung des Schiffs, oder wenn die Reise durch Verlust des Schiffs endet (Artikel 716.), zur Zeit und am Orte der Bergung haben, nach Abzug der Fracht, Zölle und sonstigen Unkosten;

2. für die Güter, welche während der Reise verdorben sind oder eine zur großen Haverei nicht gehörige Beschädigung erlitten haben, der durch Sachverständige zu ermittelnde Verkaufswerth (Artikel 714.), welchen die Güter im beschädigten Zustande zu der unter Ziffer 1. erwähnten Zeit und an dem dort bezeichneten Orte haben, nach Abzug der Fracht, Zölle und sonstigen Unkosten;

3. für die Güter, welche aufgeopfert worden sind, in Betrag, welcher nach Artikel 713. für dieselben als große Haverei in Rechnung kommt;

4. für die Güter, welche eine zur großen Haverei gehörige Beschädigung erlitten haben, der nach der Bestimmung unter Ziffer 2. zu ermittelnde Werth, welchen die Güter im beschädigten Zustande haben, und der Werthsunterschied, welcher nach Artikel 714. für die Beschädigung als große Haverei in Rechnung kommt.

Artikel 722. Sind Güter geworfen, so haben dieselben zu der gleichzeitigen oder einer späteren großen Haverei im Fall ihrer Bergung nur dann beizutragen, wenn der Eigenthümer eine Vergütung verlangt.

Artikel 723. Die Frachtgelder tragen bei mit zwei Drittel:

1) des Bruttobetrages, welcher verdient ist;

2) des Betrages, welcher nach Artikel 717. als große Haverei in Rechnung kommt.

Den Landesgesetzen bleibt vorbehalten, die auf zwei Drittel bestimmte Quote bis auf

가격이며, 여기에서 운임, 관세 및 기타 경비를 공제하여야 한다.;

2. 항해 도중에 부패한 화물 또는 공동해손에 해당되지 않는 훼손을 당한 화물에 대하여서는, 훼손된 상태의 화물이 위 1호에서 말하는 시기에 그곳에서 표시한 장소에서 가지는 것으로 감정인의 평가한 매각가격(제714조)에서 운임, 관세 및 기타 경비를 공제한 금액;

3. 희생된 화물의 경우, 이를 위해 제713조에 따라 공동해손으로 산정한 금액;

4. 공동해손에 해당하는 훼손을 당한 화물의 경우, 위 2호의 규정에 따라 평가한 훼손된 상태의 화물이 가진 가액, 및 훼손에 대해 제714조에 따라 공동해손으로 산정한 차액.

제722조 화물이 투기된 다음 구조된 경우, 그 화물은, 소유자가 보상을 청구한 때에 한해, 동시 또는 추후의 공동해손을 분담한다.

제723조 운임은 다음 금액의 3분지 2를 기초로 분담한다.:

1) 벌어들일 운임 총액;

2) 제717조에 따라 공동해손으로 산정한 금액.

주법은 3분지 2로 정해진 비율을 절반으로 증액할 수 있다.

여객운임은 선박이 멸실되면 상실하였을 금액(제671조)에서 그렇게 되었다면 절약되었을 경비를 공제한 금액을 기초로 분담한다.

제724조 공동해손을 분담할 의무를 지는 목적물이 이후 해난에 기해 발생한 채권에 대해 책임을 지게 되는 경우, 이 채권 금액을 공제한 가액에 기해 손해를 분담한다.

제725조 다음 목적물은 공동해손을 분담하지 않는다.:

1) 전쟁 물자 및 선박의 식량;

2) 선원의 급료 및 휴대품;

die Hälfte zu ermäßigen.

Ueberfahrtsgelder tragen bei mit dem Betrage, welcher im Falle des Verlustes des Schiffs eingebüßt wäre (Artikel 671.), nach Abzug der Unkosten, welche alsdann erspart sein würden.

Artikel 724. Haftet auf einem beitragspflichtigen Gegenstand eine, in einem späteren Nothfalle sich gründende Forderung, so trägt der Gegenstand nur mit seinem Werthe nach Abzug dieser Forderung bei.

Artikel 725. Zur großen Haverei tragen nicht bei:

1) die Kriegs- und Mundvorräthe des Schiffs;

2) die Heuer und Effekten der Schiffsbesatzung;

3) die Reise-Effekten der Reisenden.

Sind Vorräte oder Effekten dieser Art aufgeopfert oder haben sie eine zur großen Haverei gehörige Beschädigung erlitten, so wird für dieselben nach Maaßgabe der Artikel 713. bis 717. Vergütung gewährt; für Effekten, welche in Kostbarkeiten, Geldern oder Werthpapieren bestehen, wird jedoch nur dann Vergütung gewährt, wenn dieselben dem Schiffer gehörig bezeichnet sind (Artikel 608.). Vorräthe und Effekten; für welche eine Vergütung gewährt wird, tragen mit dem Werth oder dem Werthunterschied bei, welcher als große Haverei in Rechnung kommt.

Die im Artikel 710. erwähnten Gegenstände sind beitragspflichtig soweit sie gerettet sind.

Die Bodmereigelder sind nicht beitragspflichtig.

Artikel 726. Wenn nach dem Havereifall und bis zum Beginn der Löschung am Ende der Reise ein beitragspflichtiger Gegenstand ganz verloren geht (Artikel 706.) oder zum Theil verloren geht oder im Werthe verringert wird, wohin insbesondere der Fall des Artikels 724. gehört, so tritt eine verhältnißmäßige Erhöhung der von den übrigen Gegenständen zu entrichtenden Beiträge ein.

Ist erst nach Beginn der Löschung der Verlust oder die Werthverringerung erfolgt; so geht der Beitrag; welcher auf dem Gegenstand fällt, soweit dieser zur Berichtigung desselben unzureichend geworden ist, den Vergütungsberechtigten verloren.

Artikel 727. Die Vergütungsberechtigten haben wegen der von dem Schiff und der Fracht zu entrichtenden Beiträge die Rechte von Schiffsgläubigern (Tit.10.).

Auch in Ansehung der beitragspflichtigen Güter steht ihnen an den einzelnen Gütern

3) 여객의 휴대품.

이러한 종류의 물자나 휴대품이 희생되거나 혹은 공동해손에 해당하는 훼손을 당한 경우, 그에 대해 제713조 내지 제717조의 규정에 따라 보상이 주어진다.; 그러나 휴대품이 고가품, 금전 또는 유가증권인 경우, 이를 선장에게 적절하게 고지한 때에 한해(제608조) 그 보상이 주어진다. 보상이 주어질 물자 및 휴대품은 공동해손으로 산정될 가격 또는 차액에 기해 해손을 분담한다.

제710조에 열거된 목적물은 구조가 되면 공동해손을 분담하여야 한다.

모험대차 금액은 공동해손을 분담하지 않는다.

제726조 공동해손 사고 후, 항해를 종료하고 양륙을 개시할 때까지 사이에 공동해손을 분담할 목적물이 완전히 멸실되거나(제706조), 부분적으로 멸실되거나, 혹은 그 가격이 감소하면, 특히 제724조의 경우에 해당되면, 다른 목적물이 지급할 분담금은 비례적인 증액이 일어난다.

양륙을 개시한 다음에 비로소 멸실이나 가격 감소가 일어나면, 분담금을 부담할 목적물이 분담금을 변제하기에 불충분하면, 분담금 청구권자는 그 범위 내에서 분담금을 상실한다.

제727조 공동해손 분담청구권자는 선박과 운임이 지급할 분담금에 기해 선박채권자의 권리(제10장)를 가진다.

화물이 부담할 공동해손 분담의무와 관련하여 공동해손 분담청구권자는 개별적인 화물에 대해 그 화물이 부담할 분담금에 기해 질권을 가진다. 그러나 이 질권은, 화물을 인도하여 주고 난 다음에는, 선의로 점유를 취득한 제3 취득자에게 불리하게 그 권리를 행사할 수 없다.

제728조 공동해손 분담금을 지급할 인적 의무는 공동해손사고 그 자체만으로는 발생하지 않는다.

그러나 공동해손을 분담할 의무가 있는 화물의 수하인은, 화물을 수령할 때에 그 화물로 분담금을 지급하여야 한다는 것을 안 때에는, 인도하여 줄 때에 화물의

wegen des von diesen zu entrichtenden Beitrages ein Pfandrecht zu. Das Pfandrecht kann jedoch nach der Auslieferung der Güter nicht zum Nachtheil des dritten Erwerbers, welcher dem Besitz im guten Glauben erlangt hat, geltend gemacht werden.

Artikel 728. Eine persönliche Verpflichtung zur Entrichtung des Beitrages wird durch den Havereifall an sich nicht begründet.

Der Empfänger beitragspflichtiger Güter wird jedoch, wenn ihm bei der Annahme der Güter bekannt ist, daß davon ein Beitrag zu entrichten sei, für den letzteren bis zum Werthe, welchen die Güter zur Zeit ihrer Auslieferung hatten, insoweit persönlich verpflichtet, als der Beitrag, falls die Auslieferung nicht erfolgt wäre, aus den Gütern hätte geleistet werden können.

Artikel 729. Die Feststellung und Vertheilung der Schäden erfolgt an dem Bestimmungsort und, wenn dieser nicht ereicht wird, in dem Hafen, wo die Reise endet.

Artikel 730. Der Schiffer ist verpflichtet, die Aufmachung der Dispache ohne Verzug zu veranlassen. Handelt er dieser Verpflichtung zuwider, so macht er sich jedem Betheiligten verantwortlich.

Wird die Aufmachung der Dispache nicht rechzeitig veranlaßt, so kann jeder Betheiligte die Aufmachung in Antrag bringen und betreiben.

Artikel 731. Im Gebiete dieses Gesetzbuchs wird die Dispache durch die ein für alle mal bestellten oder in deren Ermangelung durch die vom Gericht besonders ernannten Personen (Dispacheure) ausgemacht.

Jeder Betheiligte ist verpflichtet, die zur Aufmachung der Dispache erforderlichen Urkunden, soweit er sie zu seiner Verfügung hat, namentlich Chartepartieen, Konossemente und Fakturen, dem Dispacheur mitzutheilen.

Den Landesgesetzen bleibt es vorbehalten, über das Verfahren bei Aufmachung der Dispache und die Ausführung derselben nähere Bestimmungen zu erschaffen.

Artikel 732. Für die von dem Schiff zu leistenden Beiträge ist den Ladungsbetheiligten Sicherheit zu bestellen, bevor das Schiff den Hafen verlassen darf, in welchem nach Artikel 729. die Feststellung und Vertheilung der Schäden erfolgen muß.

Artikel 733. Der Schiffer darf Güter, auf welchen Havereibeträge haften, vor Berichtigung oder Sicherstellung der letzteren (Artikel 616.) nicht ausliefern, widrigenfalls er, unbeschadet der Haftung der Güter, für die Beiträge persönlich

가격을 한도로, 인도를 하여 주기 않았었다면 그 화물로부터 변제를 받았을 금액의 범위 내에서, 분담금에 대해 인적인 책임을 진다.

제729조 손해의 확정과 분배는 목적지에서 이를 실시하고, 선박이 이곳에 도달하지 못한 경우, 항해가 종료된 항구에서 이를 실시한다.

제730조 선장은 지체 없이 정산서를 작성하게 하여야 한다. 이 의무를 위반한 선장은 모든 관계인에게 손해배상책임이 있다.

　정산서의 작성이 적기에 이루어지지 않는 경우, 모든 관계인은 그 작성을 요청하고 작성하게 할 수 있다.

제731조 이 법이 적용되는 지역에서는, 최종적으로 정산인으로 항구적으로 임명된 사람, 이러한 사람이 없으면 법원이 정산인으로 지명한 사람(정산인)이 정산서를 작성한다.

　모든 관계인은 정산서의 작성에 필요한 서류, 특히 용선계약서, 선하증권, 및 송장 등을, 자기의 관리 하에 있으면, 정산인에게 제출하여야 한다.

　각주는 정산서의 작성에 있어 그 절차와 수행에 관해 세부 규정을 주법으로 마련할 권리를 갖는다.

제732조 선박이 부담할 분담금과 관련하여, 선박은 먼저 적하관계인에게 담보를 제공하여야만, 제729조에 의해 손해를 확정하고 분배할 항구를 떠날 수 있다.

제733조 선장은 공동해손을 분담할 책임을 지고 있는 화물을, 이를 변제하거나 담보를 제공하기 전에는(제616조), 인도하여 주지 말아야 하며, 그렇지 아니하면 화물의 책임과 상관없이 선장이 인적 책임을 져야 한다.

　선주가 선장의 행동 방법에 관해 지시를 한 경우, 제479조 제2문 및 제3문의 규

verantwortlich wird.

Hat der Rheder die Handlungsweise des Schiffers angeordnet, so kommen die Vorschriften des zweiten und dritten Absatzes des Artikels 479. zur Anwendung.

Das an den beitragspflichtigen Gütern den Vergütungsberechtigten zustehende Pfandrecht wird für diese durch den Verfrachter ausgeübt.

Artikel 734. Hat der Schiffer zur Fortsetzung der Reise, jedoch zum Zweck einer nicht zur großen Haverei gehörenden Aufwendung, die Ladung verbodmet oder über einen Theil derselben durch Verkauf oder Verwendung verfügt, so ist der Verlust, welchen ein Ladungsbetheiligter dadurch erleidet, daß er wegen seiner Ersatzansprüche aus Schiff und Fracht gar nicht oder nicht vollständig befriedigt werden kann (Artikel 509. 510. 613.), von sämmtlichen Ladungsbetheiligten nach den Grundsätzen der Haverei zu tragen.

Bei der Ermittelung des Verlustes ist dem Verhältniß zu den Ladungsbetheiligten in allen Fällen, namentlich auch im Falle des zweiten Absatzes des Artikels 613., die im Artikel 713. bezeichnete Vergütung maaßgebend. Mit dem Werthe, durch welchen diese Vergütung bestimmt wird, tragen die verkauften Güter auch zu einer etwa eintretenden großen Haverei bei (Artikel 720.).

Artikel 735. Ueber die außerdem nach den Grundsätzen der großen Haverei zu vertheilenden Schäden und Kosten bestimmt der Artikel 637.

Die in den Fällen des Artikels 637. und des Artikels 734. zu entrichtenden Beiträge und eintretenden Vergütungen steht in allen rechtlichen Beziehungen den Beiträgen und Vergütungen in Fällen der großen Haverei gleich.

Zweiter Abschnitt. Schaden durch Zusammenstoß von Schiffen.

Artikel 736. Wenn zwei Schiffe zusammenstoßen und entweder auf einer oder auf beiden Seiten durch den Stoß Schiff oder Ladung allein, oder Schiff und Ladung beschädigt werden oder ganz verloren gehen, so ist, falls eine Person der Besatzung des einen Schiffs durch ihr Verschulden den Zusammenstoß herbeigeführt hat, der Rheder dieses Schiffs nach Maaßgabe der Artikel 451. und 452., verpflichtet, den durch den Zusammenstoß dem anderen Schiff und dessen Ladung zugefügten Schaden zu

정이 적용된다.

　공동해손 분담청구권자가 갖고 있는 공동해손 분담책임을 지고 있는 화물에 대한 질권은, 청구권자를 위해 운송인이 행사한다.

제734조　항해를 계속하기 위한 것이지만, 공동해손에 해당되지 않는 목적으로, 선장이 적하를 담보로 모험대차를 하거나, 혹은 매각이나 사용을 통해 적하의 일부를 처분한 때에, 그 적하관계인이 선박과 운임으로부터 보상을 받을 청구권에 기해 전혀 변제를 받지 못하거나 완전한 변제를 받지 못하게 된 경우(제509조, 제510조, 제613조), 그로 인한 손실은 모든 적하관계인이 공동해손의 원리에 따라 이를 분담한다.

　손실을 산정함에 있어 적하관계인과의 관계에서 모든 경우, 특히 제613조 제2문의 경우에, 제713조에 제시된 보상을 적용한다. 이 보상을 정할 가격에 기해, 매각된 화물도 발생한 공동해손에 대해 손해를 분담한다(제720조).

제735조　그 외 공동해손의 원칙에 따른 분배할 손해 및 비용에 관해, 제637조가 이를 정한다.

　제637조 및 제734조의 경우에 지급해야 할 분담금과 제공해야 할 보상은 모든 법적인 관계에서 공동해손에서 분담금 및 보상과 동시된다.

제2절 선박충돌로 인한 손해

제736조　두 선박이 충돌하고 이 충돌로 인하여, 어느 한쪽 또는 양쪽, 선박이나 적하 어느 하나 혹은 선박과 적하가 모두 훼손되거나 멸실되고, 어느 선박의 선원이 그 귀책사유로 충돌을 야기한 경우, 그 선박의 선주는 제451조 및 제452조의 규정에 의하여 충돌로 인해 발생한 다른 선박 또는 그 화물에 발생한 손해를 배상할 의무가 있다.

　양 선박의 적하 소유자는 손해 배상에 참여할 의무가 없다.

ersetzen.

Die Eigenthümer der Ladung beider Schiffe sind zum Ersatz des Schadens beizutragen nicht verpflichtet.

Die persönliche Verpflichtung der zur Schiffsbesatzung gehörigen Personen, für die Folgen ihres Verschuldens aufzukommen, wird durch diesen Artikel nicht berührt.

Artikel 737. Fällt keiner Person der Besatzung des einen oder des anderen Schiffs ein Verschulden zur Last, oder ist der Zusammenstoß durch beiderseitige Verschulden herbeigeführt, so findet ein Anspruch auf Ersatz des dem einen oder anderen oder beiden Schiffen zugefügten Schadens nicht statt.

Artikel 738. Die beiden vorstehenden Artikel kommen zu Anwendung ohne Unterschied, ob beide Schiffe, oder das eine oder das andere sich in der Fahrt oder im Treiben befinden, oder vor Anker oder am Lande befestigt liegen.

Artikel 739. Ist ein durch den Zusammenstoß beschädigtes Schiff gesunken bevor es einen Hafen erreichen konnte, so wird vermuthet, das der Untergang des Schiffs eine Folge des Zusammenstoßes war.

Artikel 740. Wenn sich das Schiff unter der Führung eine Zwangslootsen befunden hat und die zur Schiffsbesatzung gehörigen Personen die ihnen obliegenden Pflichten erfüllt haben, so ist der Rheder des Schiffs von der Verantwortung für den Schaden frei, welcher durch den von dem Lootsen verschuldeten Zusammenstoß entstanden ist.

Artikel 741. Die Vorschriften dieses Abschnittes kommen auch dann zur Anwendung, wenn mehr als zwei Schiffe zusammenstoßen.

Ist in einem solchen Falle der Zusammenstoß durch eine Person der Besatzung des einen Schiffs verschuldet, so haftet der Rheder des letzteren auch für den Schaden, welcher daraus entsteht, daß durch den Zusammenstoß dieses Schiffs mit einem anderen der Zusammenstoß dieses anderen Schiffs mit einem dritten verursacht ist.

Neunter Titel. Von der Bergung und Hülfsleistung in Seenoth.

Artikel 742. Wird in einer Seenoth ein Schiff oder dessen Ladung ganz oder

　선원에 해당되는 사람이 자기의 귀책사유로 인해 지게 되는 인적 의무는 본조의 규정에 의하여 영향을 받지 않는다.

제737조　어느 한 선박의 선원에게도 귀책사유가 돌아가지 않는 경우, 혹은 충돌이 양쪽의 귀책사유로 야기된 경우, 어느 한 선박 또는 양 선박에 발생한 손해에 대한 그 배상청구권이 발생하지 않는다.

제738조　위 두 조문은 어느 한 선박 또는 양 선박이, 항해 중이거나 이동 중인지 혹은 닻으로 정박 중이거나 계선으로 고정되어 있는지 불문하고, 적용된다.

제739조　충돌로 훼손된 선박이 항구에 도달하기 전에 침몰한 경우, 그 선박은 충돌의 결과로 침몰하였다고 추정한다.

제740조　선박이 강제도선사의 지휘 하에 놓여 있었고, 선원에 속한 사람은 그 의무를 모두 이행하였던 경우, 그 선박의 선주는 도선사의 귀책사유로 인해 발생한 손해를 배상할 책임이 없다.

제741조　본절의 규정은 두 선박 이상의 선박이 서로 충돌한 때에도 적용된다.
　이러한 경우에, 그 충돌이 어느 한 선박 선원의 귀책사유에 기인한 것이라면, 그 선박의 소유자는, 그 선박과 다른 선박의 충돌을 통하여 야기된 그 다른 선박과 제3선박의 충돌의 결과 발생한 손해도 배상할 책임이 있다.

제9장　해난에서의 구조와 원조

제742조　해난에 처한 선박 또는 선상 적하의 전부 또는 일부가, 선원의 관리로부

theilweise, nachdem sie der Verfügung der Schiffsbesatzung entzogen oder von derselben verlassen waren, von dritten Personen an sich genommen oder in Sicherheit gebracht, so haben diese Personen Anspruch auf Bergelohn.

Wird außer dem vorstehenden Fall ein Schiff oder dessen Ladung durch Hülfe dritter Personen aus Seenoth gerettet, so haben dieselben nur Anspruch auf Hülfslohn.

Der Schiffsbesatzung des verunglückten oder gefährdeten Schiffs steht ein Anspruch auf Berge- oder Hülfslohn nicht zu.

Artikel 743. Wenn noch während der Gefahr ein Vertrag über die Höhe des Berge- oder Hülfslohns geschlossen ist, so kann derselbe wegen erheblichen Uebermaaßes der zugesicherten Vergütung angefochten und die Herabsetzung der letzteren auf das den Umständen entsprechende Maaß verlangt werden.

Artikel 744. In Ermangelung einer Vereinbarung wird die Höhe des Berge- oder Hülfslohns von dem Richter unter Berücksichtigung aller Umstände des Falles nach billigen Ermessen in Geld festgesetzt.

Artikel 745. Der Berge- oder Hülfslohn umfaßt zugleich die Vergütung für die Aufwendungen, welche zum Zweck des Bergens und Rettens geschehen sind.

Nicht darin enthalten sind Kosten und Gebühren der Behörden, die von den geborgenen oder geretteten Gegenständen zu entrichtenden Zölle und sonstigen Abgaben und die Kosten zum Zweck der Aufbewahrung, Erhaltung, Abschätzung und Veräußerung derselben.

Artikel 746. Bei der Bestimmung des Betrages des Berge- oder Hülfslohns kommen insbesondere in Anschlag: der bewiesene Eifer, die verwendete Zeit, die geleisteten Dienste, die geschehenen Aufwendungen, die Zahl der thätig gewesenen Personen, die Gefahr, welcher dieselben ihre Person und ihre Fahrzeuge unterzogen haben, sowie die Gefahr, welche den geborgenen oder geretteten Gegenstände gedroht hat, und der nach Abzug der Kosten (Artikel 745. Absatz 2.) verbliebene Werth derselben.

Artikel 747. Der Berge- oder Hülfslohn darf ohne übereinstimmenden Antrag der Parteien nicht auf eine Quote des Werthes der geborgenen oder geretteten Gegenstände festgelegt werden.

Artikel 748. Der Betrag des Bergelohns soll den dritten Theil des Werthes der geborgenen Gegenstände (Artikel 746.) nicht übersteigen.

터 배제되거나 또는 선원이 이를 포기한 다음에, 제3자에 의해 예인되거나 안전하게 가지고 나온 경우, 그 제3자는 구조료를 청구할 수 있다.

　위 경우 이외에도, 선박 또는 선상 적하가 제3자로부터 원조를 받고 해난으로부터 구조가 된 경우, 그 제3자는 오로지 원조료만 청구할 수 있다.

　난파되거나 위험에 처한 선박의 선원은 구조료 또는 원조료를 청구하지 못한다.

제743조　아직 위험이 존속 중에, 구조료 또는 원조료의 금액에 관해 계약이 체결된 경우, 약정한 보상이 현저하게 과도하다는 이유로 그 계약을 취소하고 상황에 합당한 금액으로 감액할 것을 청구할 수 있다.

제744조　구조료 또는 원조료의 금액에 관해 당사자 사이에 합의가 없으면 판사가 사안이 모든 사정을 고려하고 공정한 평가를 거쳐 이를 확정한다.

제745조　구조료 또는 원조료는 동시에 구조나 원조를 위해 발생한 비용에 대한 보상을 포함한다.

　그러나 공무소에서 비용과 요금, 구조나 원조의 목적물이 부담할 관세 기타 공과금 및 구조나 원조의 목적물의 보관, 유지, 감정 및 양도를 목적으로 한 비용은 포함되지 않는다.

제746조　구조료나 원조료의 금액을 정함에 있어, 특히 다음 사항을 고려하여야 한다.: 입증된 열의, 소비한 시간, 제공한 노력, 들어간 비용, 가담한 사람의 숫자, 이들이 신체상 또는 운송 기구를 가지고 감수한 위험과 구조나 원조를 받은 목적물이 처한 위험 및 비용을 공제하고(제745조 제2문) 남은 목적물의 가격.

제747조　구조료 또는 원조료는, 당사자의 일치된 신청이 없으면, 구조 또는 원조의 목적물의 가격의 일정 비율로 정할 수 없다.

제748조　구조료의 금액은 구조된 목적물(제746조)의 가격의 3분지 1을 초과할 수 없다.

　다만, 예외적으로, 구조에 통상적이지 않은 노력과 위험이 내포되어 있었고, 동

Nur ausnahmsweise, wenn die Bergung mit ungewöhnlichen Anstrengungen und Gefahren verbunden war und jener Werth zugleich ein geringer ist, kann der Betrag bis zur Hälfte des Werthes erhöht werden.

Artikel 749. Der Hülfslohn ist stets unter dem Betrage festzusetzen, welchen der Bergelohn unter sonst gleichen Umständen erreicht haben würde. Auf den Werth der geretteten Gegenstände ist bei Bestimmung des Hülfslohns nur eine untergeordnete Rücksicht zu nehmen.

Artikel 750. Haben mehrere Personen an der Bergung oder Hülfsleistung sich betheiligt, so wird der Berge- oder Hülfslohn unter dieselben nach Maaßgabe der persönlichen und sachlichen Leistungen der Einzelnen und im Zweifel nach der Kopfzahl vertheilt.

Zur gleichmäßigen Theilnahme sind auch diejenigen berechtigt, welche in derselben Gefahr der Rettung von Menschen sich unterzogen haben.

Artikel 751. Wird ein Schiff oder dessen Ladung ganz oder theilweise von einem anderen Schiff geborgen oder gerettet, so wird der Berge- oder Hülfslohn zwischen dem Rheder, dem Schiffer und der übrigen Besatzung des anderen Schiffs, sofern nicht durch Vertrag unter ihnen ein anderes bestimmt ist, in der Art vertheilt, daß der Rheder die Hälfte, der Schiffer ein Viertel und die übrige Besatzung zusammen gleichfalls ein Viertel erhalten. Die Vertheilung unter die letztere erfolgt nach Verhältniß der Heuer, welche dem Einzelnen gebührt oder seinem Rang nach gebühren würde.

Artikel 752. Auf Berge- und Hülfslohn hat keinen Anspruch:

1) Wer seine Dienste aufgedrungen, insbesondere ohne Erlaubniß des anwesenden Schiffers das Schiff betreten hat;

2) Wer von den geborgenen Gegenständen dem Schiffer, dem Eigenthümer oder der zuständigen Behörde nicht sofort Anzeige gemacht hat.

Artikel 753. Wegen der Bergungs- und Hülfskosten, wozu der Berge- und Hülfslohn gezählt wird, steht den Gläubiger ein Pfandrecht an den geborgenen oder geretteten Gegenständen, an den geborgenen Gegenständen bis zur Sicherheitsleistung zugleich das Zurückbehaltungsrecht zu.

In Ansehung der Geltendmachung des Pfandrechts finden die Vorschriften des zweiten und dritten Absatzes des Artikels 697. Anwendung.

시에 그 가격이 소액인 때에는, 가격의 반액까지 금액을 증액할 수 있다.

제749조 원조료는 동일한 상황 하에서 구조료로 산정되었을 금액보다 언제나 적은 금액으로 정하여야 한다. 원조료를 정함에 있어서는, 원조를 받은 목적물의 가격은 이를 부수적인 고려 사항으로 취급하여야 한다.

제750조 다수 사람이 구조나 원조에 참가한 경우, 이들 사이에서 구조료 또는 원조료는 개별적으로 인적, 물적 기여에 따라, 이것이 불분명한 경우, 관여한 사람의 숫자에 따라 이를 분배한다.
　동일한 위험에서 인명의 구조에 참여한 사람도 마찬가지로 분배를 요구할 권리가 있다.

제751조 어느 선박 또는 선상 화물이 전부 혹은 일부 다른 선박에 의하여 구조나 원조를 받은 경우, 구조료 또는 원조료는, 그 다른 선박의 선주, 선장 및 선원 사이에서, 계약에 의해 달리 정하지 않는 한, 선주가 절반, 선장이 4분지 1, 다른 선원이 함께 4분지 1을 가지는 방식으로 분배한다. 선원들 사이에서는, 이들이 각자 받는 또는 급수에 따라 받을 급료의 비율로 분배한다.

제752조 다음 사람은 구조료 또는 원조료를 청구할 수 없다.:
　1) 자기의 기여를 강요한 사람, 특히 현재하는 선장의 허락 없이 선박에 들어온 사람;
　2) 구조된 목적물에 관해 선장, 소유자 또는 해당 관청에 지체 없이 보고를 하지 않은 사람.

제753조 구조료 또는 원조료에 포함될 구조비용 및 원조비용에 기해, 채권자는 구조 또는 원조의 목적물에 질권을 가지며, 구조의 목적물에 대해서는 담보를 제공할 때까지 동시에 유치권도 갖는다.
　이 질권의 실행에 관해서는 제697조 제2문 및 제3문의 규정이 적용된다.

제754조 채권자에게 변제를 하거나 담보를 제공하기 전에는, 선장은 화물을 전부든 일부든 인도하여 줄 수 없고, 이를 위반한 선장은, 인도하여 준 화물로부터

Artikel 754. Der Schiffer darf die Güter vor Befriedigung oder Sicherstellung des Gläubigers weder ganz noch theilweise ausliefern, widrigenfalls er dem Gläubiger insoweit verpflichtet wird, als derselbe aus den ausgelieferten Gütern zur Zeit der Auslieferung hätte befriedigt werden können.

Hat der Rheder die Handlungsweise des Schiffers angeordnet, so kommen die Vorschriften des zweiten und dritten Absatzes des Artikels 479. zur Anwendung.

Artikel 755. Eine persönliche Verpflichtung zur Entrichtung der Bergungs- und Hülfskosten wird durch die Bergung oder Rettung an sich nicht begründet.

Der Empfänger von Gütern wird jedoch, wenn ihm bei Annahme derselben bekannt ist, daß davon Bergungs- oder Hülfskosten zu berichtigen seien, für diese Kosten insoweit persönlich verpflichtet, als dieselben, falls die Auslieferung nicht erfolgt wäre, aus den Gütern hätten berichtigt werden können.

Sind noch andere Gegenstände gemeinschaftlich mit den ausgelieferten Gütern geborgen oder gerettet, so geht die persönliche Haftung des Empfängers über den Betrag nicht hinaus, welcher bei Vertheilung der Kosten über sämmtliche Gegenstände auf die ausgelieferten Güter fällt.

Artikel 756. Den Landesgesetzen bleibt vorbehalten, die Vorschriften dieses Titels zu ergänzen.

Dieselben können bestimmen, daß über die Verpflichtung zur Zahlung eines Berge- oder Hülfslohns oder über den Betrag desselben von einer anderen als einer richterlichen Behörde unter Vorbehalt des Rechtsweges (Artikel 744.) zu entscheiden sei.

Die Bestimmung der Landesgesetze über die Wiedernehmung eines von dem Feinde genommenen Schiffs werden durch die Vorschriften dieses Titels nicht berührt.

Zehnter Titel. Von den Schiffsgläubigern.

Artikel 757. Die nachbenannten Forderungen gewähren die Rechte eines Schiffsgläubigers:

1) die Kosten des Zwangsverkaufs des Schiffes; zu diesen gehören auch die Kosten der Vertheilung des Kaufgeldes, sowie die etwaigen Kosten der Bewachung,

인도하여 준 시기에 변제받을 수 있었던 금액의 범위 내에서, 채권자에게 변제할 의무가 있다.

선주가 선장에게 그 처분 방식을 지시한 경우, 제479조 제2문 및 제3문이 적용된다.

제755조 구조 또는 원조 자체에 의하여 구조비용 또는 원조비용을 지급할 인적 의무는 발생하지 않는다.

그러나 수하인이 화물을 수령할 때에 구조비용 또는 원조비용이 그 화물로부터 지급되어야 한다는 것을 안 경우, 화물을 인도하여 주지 않았다면 그 화물로부터 변제받았을 금액의 범위 내에서, 이 비용에 대해 수하인은 인적인 지급 의무가 있다.

인도하여 준 화물과 함께 다른 목적물도 구조가 되거나 원조를 받은 경우, 수하인의 인적 책임은, 비용을 모든 목적물에 배분했다면 인도하여 준 화물에 분배될 금액을 초과하지 못한다.

제756조 각 주는 주법으로 이 법을 보충하는 규정을 둘 수 있다.

주법은, 구조료 또는 원조료의 지급 의무 및 그 액수에 관해, 제소 절차(제744조)를 접어 두고 사법기관이 아닌 다른 기관에서 결정하는 것으로 정할 수 있다.

적에게 나포된 선박의 회수에 관한 주법의 규정은 본장의 규정으로 인하여 영향을 받지 아니한다.

제10장 선박채권자

제757조 아래 열거된 채권은 선박채권자로서의 권리가 부여된다.:
  1) 선박의 강제매각의 비용; 매각 대금의 분배에 필요한 비용은 물론, 강제경매의 개시 또는 그에 선행하는 압류 이래 선박 및 그 속구의 감시, 보관 및 유지에 필요한 비용도 여기에 속한다.;

Verwahrung und Erhaltung des Schiffs und seines Zubehörs seit der Einleitung des Zwangsverkaufs oder seit der derselben vorausgegangenen Beschlagnahme;

2) die in Ziffer 1. nicht begriffenen Kosten der Bewachung und Verwahrung des Schiffs und seines Zubehörs seit der Einbringung des Schiffs in den letzten Hafen, falls das Schiff im Wege der Zwangsvollstreckung verkauft ist;

3) die öffentlichen Schiffs-, Schifffahrts- und Hafenabgaben, insbesondere die Tonnen-, Leuchtfeuer-, Quarantaine- und Hafengelder;

4) die aus den Dienst- und Heuerverträgen herrührenden Forderungen der Schiffsbesatzung;

5) die Lootsengelder, sowie die Bergungs-, Hülfs-, Loskaufs- und Reklamekosten;

6) die Beiträge des Schiffs zur großen Haverei;

7) die Forderungen der Bodmereigläubiger, welchen das Schiff verbodmet ist, soweit die Forderungen aus sonstigen Kreditgeschäften, welcher der Schiffer als solcher während des Aufenthalts des Schiffs außerhalb des Heimathshafens in Nothfällen abgeschlossen hat (Artikel 497. 510.), auch wenn er Miteigenthümer oder Alleineigenthümer des Schiffs ist; den Forderungen aus solchen Kreditgeschäften stehen die Forderungen wegen Lieferungen oder Leistungen gleich, welche ohne Gewährung eines Kredits dem Schiffer als solchem während des Aufenthalts des Schiffs außerhalb des Heimathshafens in Nothfällen zur Erhaltung des Schiffs oder zur Ausführung der Reise gemacht sind, soweit diese Lieferungen oder Leistungen zur Befriedigung des Bedürfnisses erforderlich waren;

8) die Forderungen wegen Nichtablieferung oder Beschädigung der Ladungsgüter und der im zweiten Absatz des Artikels 674. erwähnten Reise-Effekten;

9) die nicht unter eine der vorigen Ziffern fallenden Forderungen aus Rechtgeschäften, welche der Schiffer als solcher kraft seiner gesetzlichen Befugnisse und nicht mit Bezug auf eine besondere Vollmacht geschlossen hat (Artikel 452. Ziffer 1.), sowie die nicht unter eine der vorigen Ziffern fallenden Forderungen wegen Nichterfüllung oder wegen unvollständiger oder mangelhafter Erfüllung eines von dem Rheder abgeschlossenen Vertrages, insofern die Ausführung des letzteren zu den Dienstobliegenheiten des Schiffers gehört hat (Artikel 452. Ziffer2.);

2) 강제집행의 절차에 의해 선박이 매각되는 경우에, 최후 항구에 입항한 이래 발생한 위 1)호에 포함되지 않은 선박과 그 속구의 감시 및 보관에 필요한 비용;

3) 선박, 항해 및 항구 관련 공과금, 특히 톤세, 등대료, 검역료 및 항비;

4) 선원의 선원계약에 기한 채권;

5) 도선료, 구조 및 원조비, 속환비 및 회수비;

6) 선박이 부담할 공동해손분담금;

7) 선박을 담보로 한 모험대차 채권자의 채권 및 그 외에 선장이, 선박이 선적항 외에 체류하는 동안에, 위난에 처하여 체결한 신용거래에 기한 채권(제497조, 제510조). 선장이 선박의 공유자 또는 단독 소유자인 경우에도 마찬가지이다.; 신용을 제공함이 없다 하더라도, 위난에 처한 선박의 보존 또는 항해의 수행을 위해 행한 공급 또는 작업에 기한 채권도, 그 공급 또는 작업이 긴급한 요구를 충족시키기 위해 필요한 것이었다면, 신용거래로 인한 채권과 마찬가지이다.;

8) 적하인 화물 및 제674조 제2문에 열거된 항해 수하물의 미인도 또는 훼손에 기한 채권;

9) 위 각 호에 해당되지 않는 채권으로서, 선장이 그에게 부여된 특별 수권에 의한 것이 아니라 법적인 권한에 의해 행한 법률행위에 기한 채권(제452조 1호) 및 선주가 체결한 계약의 불이행, 불완전이행 및 하자 있는 이행에 기한 채권으로 그 이행이 선장의 직무 범위 내에 속하는 채권(제452조 2호).

10) 선원의 귀책사유로 인한 채권(제451 및 제452조 3호). 선원이 동시에 선박의 공유자 또는 단독 소유자라 하더라도 마찬가지이다.

제758조   선박채권자는, 모험대차를 통해 이미 선박에 대해 질권을 가지고 있지 않다면, 선박과 그 속구에 대해 법정 질권을 가진다.

이 질권은 선박을 점유한 제3자에 대해 추급권이 있다.

제759조   이러한 모든 선박채권자의 법정 질권은, 그 이외에도, 채권이 발생한 그 항해의 운임 총액에 대하여도 그 효력이 미친다.

202

10) die Forderungen aus dem Verschulden einer Person der Schiffsbesatzung (Artikel 451. und 452. Ziffer 3.), auch wenn dieselbe zugleich Miteigenthümer oder Alleineigenthümer des Schiffs ist.

Artikel 758. Den Schiffsgläubigern, welchen das Schiff nicht schon durch Verbodmung verpfändet ist, steht ein gesetzliches Pfandrecht an dem Schiff und den Zubehör desselben zu.

Das Pfandrecht ist gegen dritte Besitzer des Schiffs verfolgbar.

Artikel 759. Das gesetzliche Pfandrecht eines jeden dieser Schiffsgläubiger erstreckt sich außerdem auf die Bruttofracht derjenigen Reise, aus welcher eine Forderung entstanden ist.

Artikel 760. Als eine Reise im Sinne dieses Titels wird diejenige angesehen, zu welcher das Schiff von neuem ausgerüstet, oder welche entweder auf Grund eines neuen Frachtvertrages oder nach vollständiger Löschung der Ladung angetreten wird.

Artikel 761. Den in Artikel 757. unter Ziffer 4. aufgeführten Schiffsgläubigern steht wegen der aus einer späteren Reise entstandenen Forderungen zugleich ein gesetzliches Pfandrecht an der Fracht der früheren Reisen zu, sofern die verschiedenen Reisen unter denselben Dienst- und Heuervertrag fallen (Artikel 521., 536., 538., 554.).

Artikel 762. Auf das dem Bodmereigläubiger in Gemäßheit des Artikels 680. zustehende Pfandrecht finden dieselben Vorschriften Anwendung, welche für das gesetzliche Pfandrecht der übrigen Schiffsgläubiger gelten. Der Umfang des Pfandrechts des Bodmereigläubigers bestimmt sich jedoch nach dem Inhalt des Bodmereivertrages (Artikel 681.).

Artikel 763. Das einem Schiffsgläubiger zustehende Pfandrecht gilt in gleichem Maaße für Kapital, Zinsen, Bodmereiprämie und Kosten.

Artikel 764. Der Schiffsgläubiger, welcher ein Pfandrecht verfolgt, kann sowohl den Rheder als auch den Schiffer belangen, den letzteren auch dann, wenn das Schiff im Heimathshafen liegt (Artikel 495.).

Das gegen den Schiffer ergangene Erkenntniß ist in Ansehung des Pfandrechts gegen den Rheder wirksam.

Artikel 765. Auf die Rechte eines Schiffsgläubigers hat es keinen Einfluß, daß der Rheder für die Forderung bei deren Entstehung oder später zugleich persönlich

제760조 선박이 새로이 의장을 하고 하는 항해, 또는 새로운 운송계약에 기해 혹은 양륙을 완료한 다음에 하는 항해는, 이를 본장에서 의미하는 하나의 항해라고 본다.

제761조 제757조 4호에 열거된 선박채권자는, 후의 항해에 의해 발생하는 채권에 기해, 전의 항해에 의한 운임에 대해서도, 만일 상이한 항해가 동일한 선원계약에 해당된다면(제521조, 제536조, 제538조, 제554조), 마찬가지로 법정 질권을 가진다.

제762조 제680조에 따라 모험대차 채권자가 갖는 질권에 대하여도 다른 선박채권자의 질권에 적용되는 규정이 적용된다. 그러나 모험대차 채권자가 갖는 질권의 범위는 모험대차 계약의 내용에 따라 정해진다(제681조).

제763조 선박채권자가 갖는 질권은 원금, 이자, 모험대차 특별이윤 및 비용에 대해 동일한 정도로 효력이 있다.

제764조 질권을 실행하는 선박채권자는 선주는 물론 선장을 상대로 제소할 수 있으며, 선박이 선적항에 체류하고 있는 동안에도(제495조) 선장을 상대로 제소할 수 있다.

  선장을 상대로 행하여 내려진 판결은, 질권에 관한 한 선주에 대하여도 그 효력이 있다.

제765조 선주가 채권에 대해, 발생할 때에 혹은 그 이후에, 인적 책임도 진다는 것은 선박채권자의 권리에 아무런 영향이 없다.

  이 규정은 특히 선원의 선원계약에 의한 채권에(제453조) 적용된다.

verpflichtet wird.

Diese Vorschrift findet insbesondere auf die Forderungen der Schiffsbesatzung aus den Dienst- und Heuerverträgen Anwendung (Artikel 453.).

Artikel 766. Gehört das Schiff einer Rhederei, so haftet das Schiff und die Fracht den Schiffsgläubigern in gleicher Weise, als wenn das Schiff nur einem Rheder gehörte.

Artikel 767. Das Pfandrecht der Schiffsgläubiger erlischt:

1) durch den im Inlande im Wege der Zwangsvollstreckung erfolgten Verkauf des Schiffs; an Stelle des letzteren tritt für die Schiffsgläubiger das Kaufgeld.

Es müssen die Schiffsgläubiger zu Wahrnehmung ihrer Rechte öffentlich aufgefordert werden; im Uebrigen bleiben die Vorschriften über das den Verkauf betreffende Verfahren den Landesgesetzen vorbehalten;

2) durch den von dem Schiffer im Falle der zwingenden Nothwendigkeit auf Grund seiner gesetzlichen Befugnisse bewirkten Verkauf des Schiffs (Artikel 499.); an Stelle des letzteren tritt für die Schiffsgläubiger das Kaufgeld, solange es bei dem Käufer aussteht oder noch in den Händen des Schiffers ist.

Artikel 768. Den Landesgesetzen, bleibt vorbehalten zu bestimmen, daß auch in anderen Veräußerungsfällen die Pfandrechte erlöschen, wenn die Schiffsgläubiger zur Anmeldung der Pfandrechte ohne Erfolg öffentlich aufgefordert sind, oder wenn die Schiffsgläubiger ihre Pfandrechte innerhalb einer bestimmten Frist, seitdem das Schiff im Heimathshafen oder einem inländischen Hafen sich befunden hat, bei der zuständigen Behörde nicht angemeldet haben.

Artikel 769. Der Artikel 767. findet keine Anwendung, wenn nicht das ganze Schiff sondern nur eine oder mehrere Schiffsparten veräußert werden.

Artikel 770. In Ansehung des Schiffs haben die Kosten des Zwangsverkaufs (Artikel 757. Ziffer 1.) und die Bewachungs- und Verwahrungskosten seit der Einbringung in den letzten Hafen (Artikel 757. Ziffer 2.) vor allen anderen Forderungen der Schiffsgläubiger den Vorzug.

Die Kosten des Zwangsverkaufs gehen den Bewachungs- und Verwahrungskosten seit der Einbringung in den letzten Hafen vor.

Artikel 771. Von den übrigen Forderungen gehen die die letzte Reise (Artikel 760.) betreffenden Forderungen, zu welchen auch die nach der Beendigung der letzten Reise

제766조 선박이 선박공유에 속하는 경우, 그 선박과 운임은 선박이 선주의 단독 소유에 속하는 때와 마찬가지로 책임을 진다.

제767조 선박채권자의 질권은 다음에 의하여 소멸한다.:
  1) 국내에서 강제집행의 방법으로 이루어진 매각을 통하여; 그러면 매각 대금이 선박채권자를 위해 선박을 대신한다.
  선박채권자에게는 그의 권리를 알리기 위해 공적으로 신고를 요청하여야 한다.: 그 외에 매각과 관련된 절차에 관한 규정은 주법으로 정한다.;
  2) 선장이 불가항력적으로 불가피한 경우에 그의 법적인 권한에 기해 실행한 선박 매각(제499조)에 의하여; 그러면 매각 대금이, 매수인이 아직 대금을 지급하지 않았거나 혹은 대금이 아직 선장의 수중에 남아 있는 한, 선박채권자를 위해 선박을 대신한다.

제768조 주법은, 다른 양도의 경우에도, 선박채권자가 질권의 신고를 공적으로 요청받고도 이를 하지 않은 때, 혹은 선박이 그 선적항 혹은 내국 항에 온 다음 일정한 기간 내에 관할 관청에 그 질권을 신고하지 않는 때에는, 질권이 소멸하는 것으로 정할 수 있다.

제769조 제767조는 선박이 전부 양도된 것이 아니라 어느 하나 혹은 다수 선박 지분이 양도된 때에는 적용되지 않는다.

제770조 선박과 관련된 강제매각의 비용(제757조 1호) 및 최후 항구에 입항한 후 감시 및 보관 비용(제757조 2호)은 다른 모든 선박채권자의 채권보다 우선한다.
  강제매각의 비용은 최후 항구에 입항한 후 감시 및 보관 비용에 우선한다.

제771조 그 외의 채권 사이에서는, 최후 항해(제760조)와 관련된 채권은, 최후 항

entstandenen Forderungen gerechnet werden, den Forderungen vor, welche die früheren

Reisen betreffen.

Von den Forderungen, welche nicht die letzte Reise betreffen, gehen die eine spätere

Reise betreffenden denjenigen vor, welche eine frühere Reise betreffen.

Den im Artikel 757. unter Ziffer 4. aufgeführten Schiffsgläubigern gebührt jedoch

wegen der eine frühere Reise betreffenden Forderungen dasselbe Vorzugsrecht, welches

ihnen wegen der eine spätere Reise betreffenden Forderungen zusteht, sofern die

verschiedenen Reisen unter denselben Dienst- oder Heuervertrag fallen.

Wenn die Bodmereireise mehrere Reisen im Sinne des Artikels 760. umfaßt, so steht

der Bodmereigläubiger denjenigen Schiffsgläubigern nach, deren Forderungen die nach

Vollendung der ersten dieser Reisen angetretenen späteren Reisen betreffen.

Artikel 772.   Die Forderungen, welche dieselbe Reise betreffen, sowie diejenigen,

welche als dieselbe Reise betreffend anzusehen sind (Artikel 771.), werden in

nachstehender Ordnung berichtigt:

1) die öffentlichen Schiffs-, Schifffahrts- und Hafenabgaben (Artikel 757, Ziffer 3.);

2) die aus Dienst- und Heuerverträgen herrührenden Forderungen der Schiffsbesatzung
(Artikel 757. Ziffer 4.);

3) die Lootsengelder, sowie die Bergungs-, Hülfs-, Loskaufs- und Reklamekosten
(Artikel 757. Ziffer 5.), die Beiträge des Schiffs zur großen Haverei (Artikel
757. Ziffer 6.), die Forderungen aus dem von dem Schiffer in Nothfällen
abgeschlossenen Bodmerei- und sonstigen Kreditgeschäften, sowie die diesen
Forderungen gleichzuachtenden Forderungen (Artikel 757. Ziffer 7.);

4) die Forderungen wegen Nichtablieferung oder Beschädigung von Gütern und
Reise-Effekten (Artikel 757. Ziffer 8.);

5) die im Artikel 757. unter Ziffer 9. und 10. aufgeführten Forderungen.

Artikel 773.   Von den unter Ziffer 1., 2., 4., und 5. des Artikels 772 aufgeführten

Forderungen sind die unter derselben Ziffer dieses Artikels aufgeführten gleichberechtigt.

Von den unter Ziffer 3. des Artikels 772. aufgeführten Forderungen geht dagegen

die später entstandene der früher entstandenen vor; die gleichzeitig entstandenen sind

gleichberechtigt.

Hat der Schiffer aus Anlaß desselben Nothfalls verschiedene Geschäfte abgeschlossen

해를 종료한 후 발생한 채권을 여기에 포함하여, 이전 항해와 관련된 채권에 우선한다.

최후 항해와 관련된 채권이 아닌 채권 사이에는, 후의 항해와 관련된 채권이 전의 항해와 관련된 채권에 우선한다.

그러나 제757조 4호에 열거된 채권자는, 전의 항해와 관련된 채권을 가지고, 만일 전후 다른 항해가 동일한 선원계약에 해당된다면, 후의 항해와 관련된 채권에 기한 우선권을 갖는다.

모험대차 항해가 제760조의 의미에서 다수 항해를 포함하고 있는 경우, 모험대차 채권자는 최초의 항해가 종료되고 난 다음에 개시된 후의 항해와 관련된 선박 채권자보다 후순위에 선다.

제772조 동일한 항해와 관련된 채권은, 동일한 항해와 관련이 있다고 간주되는 경우를 포함하여(제771조), 다음 순서대로 권리를 갖는다.:

   1) 선박, 항해 및 항구 관련 공과금(제757조 3호);

   2) 선원의 선원계약에 기해 발생하는 채권(제757조 4호);

   3) 도선료, 구조비와 원조비, 속환금 및 회수비용(제757조 5호), 선박이 책임질 공동해손 분담금(제757조 6호), 위난에 처해 선장이 체결한 모험대차 기타 신용거래에 기한 채권 및 이러한 채권과 동일시되는 채권(제757조 7호);

   4) 화물 또는 수하물의 미인도 또는 훼손으로 인한 채권(제757조 8호).

   5) 제757조 9호 및 10호에 열거된 채권.

제773조 제772조 1호, 2호, 4호 및 5호에 열거된 채권에 있어서, 동 조문의 동일한 호에 열거된 채권들은 동일한 권리를 가진다.

이에 반하여 제772조 3호에 열거된 채권에 있어서는 후에 발생한 채권이 전에 발생한 채권에 우선한다.; 동시에 발생한 채권은 동일한 권리를 가진다.

선장이 동일한 조난의 기회에 여러 거래를 약정한 경우(제757조 7호), 그로 인하여 발생하는 채권은 동시에 발생했다고 본다.

선장이 제772조 3호에 속하는 이전 채권을 변제하기 위해 들어간 신용거래, 특히 모험대차계약에 기한 채권 및 전의 이러한 채권에 관해 지급시기의 연장, 채무

(Artikel 757, Ziffer 7.), so gelten die daraus herrührenden Forderungen als gleichzeitig entstanden.

Forderungen aus Kreditgeschäften, namentlich aus Bodmereiverträgen, welche der Schiffer zu Berichtigung früherer, unter die Ziffer 3. des Artikels 772. fallender Forderungen eingegangen ist, sowie Forderungen aus Verträgen, welche derselbe Behufs Verlängerung der Zahlungszeit, Anerkennung oder Erneuerung solcher früherer Forderungen abgeschlossen hat, haben auch dann, wenn das Kreditgeschäft oder der Vertrag zur Fortsetzung der Reise nothwendig war, nur dasjenige Vorzugsrecht, welches der früheren Forderung zustand.

Artikel 774. Das Pfandrecht der Schiffsgläubiger an der Fracht (Artikel 759.) ist nur solange wirksam, als die Fracht noch aussteht oder die Frachtgelder in den Händen des Schiffers sind.

Auch auf dieses Pfandrecht finden die in den vorstehenden Artikeln über die Rangordnung enthaltenen Bestimmungen Anwendung.

Im Falle der Cession der Fracht kann das Pfandrecht der Schiffsgläubiger, solange die Fracht noch aussteht oder die Frachtgelder in den Händen des Schiffers sind, auch dem Cessionar gegenüber geltend gemacht werden.

Insoweit der Rheder die Fracht eingezogen hat, haftet er den Schiffsgläubigern, welchen das Pfandrecht dadurch zum Theil oder ganz entgeht, persönlich und zwar einem jeden in der Höhe desjenigen Betrages, welcher für denselben bei Vertheilung des eingezogenen Betrages nach der gesetzlichen Rangordnung sich ergiebt.

Dieselbe persönliche Haftung des Rheders tritt ein in Ansehung der am Abladungsort zur Abladungszeit üblichen Fracht für die Güter, welche für seine Rechnung abgeladen sind.

Artikel 775. Hat der Rheder die Fracht zur Befriedigung eines oder mehrerer Gläubiger, welchen ein Pfandrecht an derselben zustand, verwendet, so ist er den Gläubigern, welchen der Vorzug gebührt hätte, nur insoweit verantwortlich, als erwiesen wird, daß er dieselben wissentlich verkürzt hat.

Artikel 776. Insoweit der Rheder in dem Artikel 767. unter der Ziffer 1. und 2. erwähnten Fällen das Kaufgeld eingezogen hat, haftet er in Höhe des eingezogenen Betrages sämmtlichen Schiffsgläubigern in gleicher Weise persönlich, wie den Gläubigern einer Reise im Falle der Einziehung der Fracht (Artikel 774. 775.).

의 인정 혹은 채권의 갱신을 약정하는 계약에 기한 채권은, 비록 그 신용거래 또는 계약이 항해를 계속하기 위해 불가피했다 하더라도, 오로지 전의 채권에 속했던 우선권만을 가진다.

제774조 선박채권자의 운임에 대한 질권(제759조)은 그 운임이 아직 지급되지 않거나 혹은 지급된 운임이 선장의 수중에 있어야만 그 효력이 있다.

이 질권에 대하여도 위 조문들에 포함되어 있는 우선순위에 관한 규정이 적용된다.

운임이 양도된 경우 선박채권자는, 운임이 아직 지급되지 않거나 지급된 운임이 선장의 수중에 있으면, 양수인에 대하여도 그 질권을 행사할 수 있다.

선주가 운임을 수령한 경우, 그로 인하여 전부 또는 일부 질권을 상실한 선박채권자들에 대해, 수령한 금액을 법정 우선순위에 따라 분배하였을 때에 지급받았을 금액을, 선주가 채권자 각자에게 지급할 인적 책임이 있다.

선주가 자기의 계산으로 선적한 화물에 관한 선적한 때와 장소에서의 관행적 운임에 대해서도, 선주는 마찬가지로 인적 책임이 있다.

제775조 선주가 그 운임에 질권을 가진 어느 하나 혹은 다수 채권자에게 변제하기 위해 운임을 사용한 경우, 우선권을 가진 채권자가 선주가 고의로 자기의 권리를 침해하였다는 것을 입증하는 때에 한해, 선주는 그 채권자에게 책임이 있다.

제776조 제767조 1호 및 2호에 언급된 경우에 있어서, 매각 대금을 받은 선주는 수령한 금액을 한도로 모든 선박채권자에 대해, 운임을 받은 경우에 어느 항해의 채권자에 대해 책임을 지는(제774조, 제775조) 것과 마찬가지 방식으로, 인적 책임을 진다.

제777조 선주가 오로지 선박과 운임을 가지고 책임을 지는 선박채권자의 채권에 관해 알고 난 다음에, 선박채권자의 이익을 보호하기 위해 반드시 필요한 것이

Artikel 777. Wenn der Rheder, nachdem er von der Forderung eines Schiffsgläubigers, für welche er nur mit Schiff und Fracht haftet, Kenntniß erhalten hat, das Schiff zu einer neuen Reise (Artikel 760.) in See sendet, ohne daß das Interesse des Schiffsgläubigers es geboten hat, so wird er für die Forderung in der Höhe desjenigen Betrages zugleich persönlich verpflichtet, welcher für den Gläubiger sich ergeben haben würde, falls der Werth, welchen das Schiff bei Antritt der Reise hatte, unter die Schiffsgläubiger nach der gesetzlichen Rangordnung vertheilt worden wäre.

Es wird bis zum Beweise des Gegentheils angenommen, daß der Gläubiger bei dieser Vertheilung seine vollständige Befriedigung erlangt haben würde.

Die persönliche Verpflichtung des Rheders, welche aus der Einziehung der dem Gläubiger haftenden Fracht entsteht (Artikel 774.), wird durch diesen Artikel nicht berührt.

Artikel 778. Die Vergütung für Aufopferung oder Beschädigung in Fällen der großen Haverei tritt für die Schiffsgläubiger anstelle desjenigen, wofür die Vergütung bestimmt ist.

Dasselbe gilt von der Entschädigung, welche im Falle des Verlustes oder der Beschädigung des Schiffs, oder wegen entzogener Fracht im Falle des Verlustes oder der Beschädigung von Gütern dem Rheder von demjenigen gezahlt werden muß, welcher den Schaden durch eine rechtwidrige Handlung verursacht hat.

Ist die Vergütung oder Entschädigung von dem Rheder eingezogen, so haftet er in Höhe des eingezogenen Betrages den Schiffsgläubigern in gleicher Art persönlich, wie den Gläubigern eine Reise im Falle der Einziehung der Fracht (Artikel 774. 775.).

Artikel 779. Im Falle der Konkurrenz der Schiffsgläubiger, welche ihr Pfandrecht verfolgen, mit anderen Pfandgläubigern oder sonstigen Gläubigern, haben die Schiffsgläubiger den Vorzug.

Artikel 780. Die Bestimmungen der Artikel 767. und 769. über das Erlöschen der Pfandrechte der Schiffsgläubiger finden auch Anwendung auf die sonstigen Pfandrechte, welche nach den Landesgesetzen an dem Schiff oder einer Schiffspart durch Willenserklärung oder Gesetz erworben und gegen den dritten Besitzer verfolgbar sind.

Die Vorschrift des Artikels 767. Ziffer 1. tritt auch rücksichtlich der auf einem Schiffspart haftenden Pfandrechte im Falle des Zwangsverkaufs dieser Schiffspart ein.

아닌데도 불구하고, 선박을 새로운 항해를 위해(제760조) 해상으로 보낸 경우, 항해를 개시했을 때에 선박의 가격을 선박채권자 사이에서 법정 우선순위에 따라 분배했었다면 주어졌을 금액을 범위로, 선주는 그 채권에 대해 동시에 인적 책임을 진다.

반대의 입증이 있지 않는 한, 이러한 분배를 통해 선박채권자는 채권 전액을 변제받았을 것이라고 추정한다.

선박채권자에게 담보되어 있는 운임을 수령하여 발생하는(제774조) 선주의 인적 의무는 본조로 인하여 영향을 받지 않는다.

제778조 공동해손의 경우에 희생과 훼손에 대한 보상은 그러한 보상을 받을 사람 대신에 선박채권자를 위해 발생한다.

선박의 멸실 또는 훼손의 경우에, 또는 화물이 멸실 또는 훼손된 경우에 운임의 소멸을 이유로, 위법한 행위로 손해를 야기한 사람이 선주에게 지급해야 할 손해배상에 관하여도 마찬가지 법리가 적용된다.

이러한 보상 또는 배상을 선주가 수령한 경우, 선주는 수령한 금액의 범위 내에서, 운임을 받은 때에 채권자에 대한 것(제774조 및 제775조)과 마찬가지 방식으로, 선박채권자에게 인적 책임을 진다.

제779조 자기의 질권을 행사하는 선박채권자가 다른 질권 채권자 또는 다른 일반 채권자와 경합하는 경우, 선박채권자가 우선한다.

제780조 선박채권자의 질권의 소멸에 관한 제767조 및 제769조의 규정은, 주법에 따라 의사표시 또는 법률에 의하여 취득하고 제3의 점유자에게까지 추급할 수 있는 선박 또는 선박 지분에 대한 다른 질권에 대하여도 적용된다.

제767조 1호의 규정은 선박 지분이 강제 매각이 되는 경우, 선박 지분을 담보로 한 질권에 대하여도 적용된다.

그 외에 위 제1문에 언급된 질권에 기한 권리는 본장의 규정이 아니라 주법에 따라 이를 판단한다.

Im Uebrigen werden die Rechte der im ersten Absatz erwähnten Pfandrechte nicht nach den Bestimmungen dieses Titels, sondern nach den Landesgesetzen beurtheilt.

Artikel 781. Von den auf den Gütern wegen der Fracht, der Bodmereigelder, der Beiträge zur großen Haverei und der Bergungs- und Hülfskosten (Artikel 624. 626. 680. 727. 753.) haftenden Pfandrechten steht das wegen der Fracht allen übrigen nach; unter diesen übrigen hat das später entstandene vor früher entstandenen den Vorzug; die gleichzeitig entstandenen sind gleichberechtigt. Die Forderungen aus von dem Schiffer aus Anlaß desselben Nothfalls abgeschlossenen Geschäften gelten als gleichzeitig entstanden.

In den Fällen der großen Haverei und des Verlustes oder der Beschädigung durch rechtwidrige Handlungen kommen die Vorschriften des Artikels 778., und in dem Falle des von dem Schiffer zur Abwendung oder Verringerung eines Verlustes nach Maaßgabe des dritten Absatzes des Artikel 504. bewirkten Verkaufs die Vorschriften des Artikels 767. Ziffer 2., und wenn derjenige, dessen Rechnung der Verkauf geschehen ist, das Kaufgeld einzieht, der Artikel 776. zur Anwendung.

Elfter Titel. Von der Versicherung gegen die Gefahren der Seeschifffahrt.

Erster Abschnitt. Allgemeine Grundsätze.

Artikel 782. Jedes in Geld schätzbare Interesse, welches jemand daran hat, daß Schiff oder Ladung die Gefahren der Seeschifffahrt besteht, kann Gegenstand der Seeversicherung sein.

Artikel 783. Es können insbesondere versichert werden:

das Schiff;

die Fracht;

die Ueberfahrtsgelder;

die Güter;

die Bodmereigelder;

die Havereigelder;

제781조   운임, 모험대차 금액, 공동해손분담금, 구조비용이나 원조비용(제624조, 제626조, 제680조, 제727조 및 제753조)에 기해 화물이 부담하는 질권 중에서, 운임을 이유로 하는 질권은 다른 모든 질권의 후순위에 선다.; 나머지 질권들 사이에서는 후에 발생한 질권이 전에 발생한 질권에 우선한다.; 동시에 발생한 질권은 동일한 권리를 갖는다. 동일한 위난에 처하여 선장이 체결한 거래에 기한 채권은 동시에 발생한 것으로 본다.

  공동해손의 경우 및 위법행위로 인한 멸실 또는 훼손의 경우, 제778조의 규정이 적용되고, 멸실을 피하거나 감축하기 위해 제504조 제3문의 규정에 따라 선장이 실행한 매각의 경우, 제767조 2호의 규정이 적용되며, 자기의 계산으로 매각이 행해진 사람이 그 대금을 수령한 때에는 제776조가 적용된다.

제11장 해상보험

제1절 총 칙

제782조   선박 또는 적하가 해상운송의 위험에 직면한 것에, 어느 사람이든 금전으로 평가할 수 있는 이익을 가지면, 모두 해상보험의 대상이 될 수 있다.

제783조   특히 다음 것이 부보의 대상이 될 수 있다.:
  선박;
  화물운임;
  여객운임;
  화물;
  모험대차 금액;

andere Forderungen, zu deren Deckung Schiff, Fracht, Ueberfahrtsgelder oder Güter dienen;

der von der Ankunft der Güter am Bestimmungsort erwartete Gewinn (imaginärer Gewinn);

die zu verdienende Provision;

die von dem Versicherer übernommene Gefahr (Rückversicherung).

In der einen dieser Versicherungen ist die andere nicht enthalten.

Artikel 784. Die Heuerforderung des Schiffers und der Schiffsmannschaft kann nicht versichert werden.

Artikel 785. Der Versicherungsunternehmer kann entweder sein eigenes Interesse (Versicherung für die eigene Rechnung) oder das Interesse eines Dritten (Versicherung für fremde Rechnung), und in dem letzteren Falle mit oder ohne Bezeichnung der Person des Versicherten unter Versicherung bringen.

Es kann im Vertrage auch unbestimmt gelassen werden, ob die Versicherung für eigene oder für fremde Rechnung genommen wird (für Rechnung "wen es angeht"). Ergiebt sich bei einer Versicherung für Rechnung "wen es angeht" da dieselbe für fremde Rechnung genommen ist, so kommen die Vorschriften über die Versicherung für fremde Rechnung zur Anwendung.

Die Versicherung gilt als für eigene Rechnung des Versicherungsnehmers geschlossen, wenn der Vertrag nicht ergiebt, daß sie für fremde Rechnung oder für Rechnung 'wen es angeht" genommen ist.

Artikel 786. Die Versicherung für fremde Rechnung ist für den Versicherer nur dann verbindlich, wenn entweder der Versicherungsnehmer zu Eingehung derselben von dem Versicherten beauftragt war, oder wenn der Mangel eines solchen Auftrages von dem Versicherungsnehmer bei dem Abschlusse des Vertrages dem Versicherer angezeigt wird.

Ist die Anzeige unterlassen, so kann der Mangel des Auftrages dadurch nicht ersetzt werden, daß der Versicherte die Versicherung nachträglich genehmigt.

Ist die Anzeige erfolgt, so ist die Verbindlichkeit der Versicherung für den Versicherer von der nachträglichen Genehmigung des Versicherten nicht abhängig.

Der Versicherer, für welchen nach den Bestimmungen dieses Artikels der

해손 금액;

선박, 화물운임, 여객운임, 또는 화물이 그 변제에 제공되는 채권;

적하가 목적지에 도착하는 것으로부터 기대되는 이익(기대이익);

획득할 수수료;

보험자에 의하여 인수된 위험(재보험).

이 중 어느 한 보험에 다른 보험은 포함되지 않는다.

제784조　선장 및 해원의 임금 채권은 부보할 수 없다.

제785조　보험계약자는 자기의 이익(자기의 계산으로 하는 보험) 또는 제3자의 이익(타인의 계산으로 하는 보험)을 보험에 들 수 있고, 후자의 경우에는 보험에 든 사람을 표시하거나 또는 표시하지 않고도 보험에 들 수 있다.

　자기의 계산인지 또는 타인의 계산인지 보험계약에 미정으로 남겨 둘 수 있다(관계인계산 보험). 관계인의 계산으로 한 보험에서 타인의 계산으로 한 보험을 인수한 것이 밝혀지면, 타인의 계산으로 하는 보험에 관한 규정이 적용된다.

　보험계약에서 타인의 계산으로 가입하는지 또는 관계인의 계산으로 가입하는지 밝히지 않으면, 보험계약자가 자기의 계산으로 부보한 것으로 본다.

제786조　타인의 계산으로 하는 보험은, 피보험자가 보험의 가입을 보험계약자에게 위임했거나, 혹은 보험계약자가 보험계약을 체결할 때에 보험자에게 이러한 위임의 부재를 고지한 때에 한해, 보험자에게 구속력이 있다.

　이러한 고지가 없는 경우, 피보험자가 사후에 보험 가입을 추인하였다고 하더라도, 이를 가지고 위임의 부재를 대신할 수 없다.

　고지가 이루어진 경우, 보험은 피보험자의 사후 추인 여부와 상관없이 보험자에게 구속력이 있다.

　본조의 규정에 의하여 보험계약이 보험자에게 효력이 없는 경우, 보험자는 비록 그 구속력의 부재를 원용한다 하더라도, 보험료를 전액 청구할 수 있다.

Versicherungsvertrag unverbindlich ist, hat, selbst wenn er die Unverbindlichkeit des Vertrages geltend macht, gleichwohl auf die volle Prämie Anspruch.

Artikel 787. Ist die Versicherung von einem Bevollmächtigten, von einem Geschäftsführer ohne Auftrag, oder von einem sonstigen Vertreter des Versicherten in dessen Namen geschlossen, so ist im Sinne dieses Gesetzbuchs weder der Vertreter Versicherungsnehmer, noch die Versicherung selbst eine Versicherung für fremde Rechnung.

Im Zweifel wird angenommen, daß selbst die auf das Interesse eines benannten Dritten sich beziehende Versicherung eine Versicherung für fremde Rechnung ist.

Artikel 788. Der Versicherer ist verpflichtet, eine von ihm unterzeichnete schriftliche Urkunde (Polize) über den Versicherungsvertrag dem Versicherungsnehmer auf dessen Verlangen auszuhändigen.

Artikel 789. Auf die Gültigkeit des Versicherungsvertrages hat es keinen Einfluß, daß zur Zeit des Abschlusses desselben die Möglichkeit des Eintritts eine zu ersetzenden Schadens schon ausgeschlossen, oder daß der zu ersetzende Schaden bereits eingetreten ist.

Waaren jedoch beide Theile von dem Sachverhältniß unterrichtet, so ist der Vertrag als Versicherungsvertrag ungültig.

Wusste nur der Versicherer, daß die Möglichkeit des Eintritts eines zu ersetzenden Schadens schon ausgeschlossen sei, oder wusste nur der Versicherungsnehmer, daß der zu ersetzende Schaden schon eingetreten sei, so ist der Vertrag für den anderen, von dem Sachverhältniß nicht unterrichteten Theil unverbindlich. Im zweiten Falle hat der Versicherer, selbst wenn er die Unverbindlichkeit des Vertrages geltend macht, gleichwohl auf die volle Prämie Anspruch.

Im Falle der Vertrag für den Versicherungsnehmer durch einen Vertreter abgeschlossen wird, kommt die Vorschrift des zweiten Absatzes des Artikels 810., im Falle der Versicherung für fremde Rechnung die Vorschrift des Artikels 811. und im Falle der Versicherung mehrerer Gegenstände oder einer Gesamtheit von Gegenständen die Vorschrift des Artikels 814. zur Anwendung.

Artikel 790. Der volle Werth des versicherten Gegenstandes ist der Versicherungswerth.

Die Versicherungssumme kann den Versicherungswerth nicht übersteigen.

제787조 임의대리인에 의하여, 위임 없이 사무관리인에 의하여, 또는 기타 피보험자의 대리인에 의하여, 보험계약이 피보험자 명의로 체결된 경우, 본법의 의미에 있어서 대리인은 보험계약자가 아니고 또 보험 자체도 타인의 계산으로 체결하는 보험이 아니다.

의문이 있는 경우, 특정한 제3자의 이익에 대해 보험이 가입되면, 그 보험은 타인의 계산으로 가입한 보험이라고 추정한다.

제788조 보험자는 보험계약자가 요청하면 보험자가 서명한 보험계약에 관한 서면증서(보험증서)를 보험계약자에게 교부하여 주어야 한다.

제789조 보험계약을 체결할 때에, 보상할 손해가 발생할 가능성이 배제되거나, 혹은 보상할 손해가 이미 발생한 것은, 보험계약의 유효성에 대해 아무런 상관이 없다.

그러나 양 당사자가 이 사정을 알고 있었다면, 그 계약은 보험계약으로서 효력이 없다.

보상할 손해가 발생할 가능성이 이미 없다는 것을 오로지 보험자만 알았다면, 혹은 보상할 손해가 이미 발생했다는 것을 오로지 보험계약자만 알았다면, 그 계약은 사정을 알지 못하는 다른 당사자에게 구속력이 없다. 이 두 번째 경우에 보험자는, 비록 그가 보험계약의 무효를 주장한다 하더라도, 보험료를 전부 청구할 수 있다.

보험계약자를 위해 그 대리인이 보험계약을 체결한 경우, 제810조 제2문의 규정이 적용되고, 타인의 계산으로 하는 보험의 경우, 제811조의 규정이 적용되며, 다수 목적물이 부보된 경우 및 여러 목적물이 집합물로 부보된 경우, 제814조의 규정이 적용된다.

제790조 부보된 목적물의 가격 전액이 보험가액이다.

보험금액은 보험가액을 초과할 수 없다. 보험금액이 보험가액을 초과하는 범위 내에서(초과보험) 그 부보는 법적인 효력이 없다.

Soweit die Versicherungssumme den Versicherungswerth übersteigt (Ueberversicherung), hat die Versicherung keine rechtliche Geltung.

Artikel 791. Uebersteigt im Fall einer gleichzeitigen Abschließung verschiedener Versicherungsverträge der Gesammtbetrag der Versicherungssummen den Versicherungswerth, so haften alle Versicherer zusammen nur in Höhe des Versicherungswerthes, und zwar jeder einzelne für so viele Prozente des Versicherungswerthes, als seine Versicherungssumme Prozente des Gesammtbetrages der Versicherungssummen bildet. Hierbei wird im Zweifel vermuthet, daß die Verträge gleichzeitig abgeschlossen sind.

Mehrere Versicherungsverträge, worüber eine gemeinschaftliche Polize ertheilt ist, ingleichen mehrere Versicherungsverträge, welche an demselben Tage abgeschlossen sind, gelten als gleichzeitig abgeschlossen.

Artikel 792. Wird ein Gegenstand, welcher bereits zum vollen Werthe versichert ist, nochmals versichert, so hat die spätere Versicherung insoweit keine rechtliche Geltung, als der Gegenstand auf dieselbe Zeit und gegen dieselbe Gefahr bereits versichert ist(Doppelversicherung).

Ist durch die frühere Versicherung nicht der volle Werth versichert, so gilt die spätere Versicherung, insoweit sie auf dieselbe Zeit und gegen dieselbe Gefahr genommen ist, nur für den noch nicht versicherten Theil des Werthes.

Artikel 793. Die spätere Versicherung hat jedoch ungeachtet der Eingehung der früheren Versicherung rechtliche Geltung:

1) wenn bei dem Abschlusse des späteren Vertrages mit dem Versicherer vereinbart wird, daß demselben die Rechte aus der früheren Versicherung abzutreten seien;

2) wenn die spätere Versicherung unter der Bedingung geschlossen wird, daß der Versicherer nur insoweit hafte, als der Versicherte sich an den früheren Versicherer wegen Zahlungsunfähigkeit desselben nicht zu erholen vermöge oder die frühere Versicherung nicht zu Recht bestehe;

3) wenn der frühere Versicherer mittelst Verzichtanzeige seiner Verpflichtung insoweit entlassen wird, als zur Vermeidung einer Doppelversicherung nöthig ist, und der spätere Versicherer bei Eingehung der späteren Versicherung hiervon benachrichtigt wird. Dem früheren Versicherer gebührt in diesem Fall, obschon er

제791조 동시에, 여러 다른 보험계약이 체결되고, 그 보험금액의 총액이 보험가액을 초과하는 경우, 모든 보험자는 합하여 보험가액의 범위 내에서 책임이 있고, 개별 보험자는 각자 보험금액의 총액에 대한 자기의 보험금액이 구성하는 비율로 이를 보험가액에 적용한 금액의 책임이 있다. 여기에서 의심이 있는 경우, 다수 보험계약은 동시에 체결되었다고 추정한다.

다수 보험계약에 공통의 보험증권이 발행된 경우 및 동일한 일자에 체결된 다수 보험계약은 동시에 체결되었다고 본다.

제792조 보험가액 전액에 대해 이미 보험에 가입된 목적물에 대해 다시 보험을 든 경우, 후에 든 보험은 그 목적물에 동일한 보험기간에 동일한 위험에 대해 이미 보험이 가입되어 있는 범위 내에서(중복보험) 그 효력이 없다.

이전 보험에 의해 보험가액 전액이 부보된 것이 아닌 경우, 후의 보험은 그것이 동일한 기간에 동일한 위험을 인수한 보험인 한, 보험가액 중 아직 부보되지 않은 부분에 한해 그 효력이 있다.

제793조 후의 보험이 이전 보험 가입에도 불구하고 다음 경우에는 그 효력이 있다.:
1) 후의 보험을 가입하면서 이전 보험으로 인한 권리를 보험자에게 양도하기로 약정한 때;
2) 후의 보험이 전의 보험자가 지급능력 부재로 인해 보상을 받지 못하거나 혹은 전의 보험이 유효하지 않는 경우에 한해 책임을 진다는 조건으로 부보를 한 때
3) 포기 통지를 통해, 이전 보험자가, 중복보험을 피하기 위한 범위 내에서, 의무가 면제되고, 후의 보험에 가입하면서 보험자에게 이에 관해 고지를 한 때. 이 경우 이전 보험자는, 비록 그가 의무로부터 면제를 받았음에도 불구하고, 보험료 전액을 청구할 수 있다.

제794조 중복보험이라 하더라도, 전의 보험이 위임 없이 타인의 계산으로 가입되었고, 이에 반하여 후의 보험은 피보험자가 스스로 직접 가입한 경우, 만일 후의

von seiner Verpflichtung befreit wird, gleichwohl die volle Prämie.

Artikel 794. Im Falle der Doppelversicherung hat nicht die zuerst genommene, sondern die später genommene Versicherung rechtliche Geltung, wenn die frühere Versicherung für fremde Rechnung ohne Auftrag genommen ist, die spätere dagegen von dem Versicherten selbst genommen wird, sofern in einem solchen Falle der Versicherte entweder bei Eingehung der späteren Versicherung von der früheren noch nicht unterrichtet war, oder bei Eingehung der späteren Versicherung dem Versicherer anzeigt, daß er die frühere Versicherung zurückweise.

Die Rechte des früheren Versicherers in Ansehung der Prämie bestimmen sich in diesen Fällen nach den Vorschriften der Artikel 900. und 901.

Artikel 795. Sind mehrere Versicherungen gleichzeitig oder nach einander geschlossen worden, so hat ein späterer Verzicht auf die gegen den einen Versicherer begründeten Rechte keinen Einfluß auf die Rechte und Verpflichtungen der übrigen Versicherer.

Artikel 796. Wenn die Versicherungssumme den Versicherungswerth nicht erreicht, so haftet der Versicherer im Falle eines theilweisen Schadens für den Betrag desselben nur nach Verhältniß der Versicherungssumme zum Versicherungswerth.

Artikel 797. Wird durch Vereinbarung der Parteien der Versicherungswerth auf eine bestimmte Summe (Taxe) festgestellt (taxirte Polize), so ist die Taxe unter den Parteien für den Versicherungswerth maaßgebend.

Der Versicherer ist jedoch befugt, eine Herabsetzung der Taxe zu fordern, wenn er beweist, daß dieselbe wesentlich übersetzt sei; ist imaginairer Gewinn taxirt, so hat er im Falle der Anfechtung der Taxe zu beweisen, daß dieselbe den zur Zeit des Abschlusses des Vertrages nach kaufmännischer Berechnung möglicher Weise zu erwartenden Gewinn überstiegen habe.

Eine Polize mit der Bestimmung: "vorläufig taxirt" wird, so lange die Taxe nicht in eine feste verwandelt ist, einer nicht taxirten Polize (offenen Polize) gleichgeachtet.

Bei der Versicherung von Fracht ist die Taxe in Bezug auf einen von dem Versicherer zu ersetzenden Schaden nur dann maaßgebend, wenn dieses besonders bedungen ist.

Artikel 798. Wenn in einem Vertrage mehrere Gegenstände oder eine Gesammtheit von Gegenständen unter einer Versicherungssumme begriffen, aber für einzelne

보험에 가입하면서 피보험자가 이전 보험에 관해 알지 못했다든가 혹은 이전 보험을 부인한다는 것을 보험자에게 고지한 때에는, 먼저 가입한 보험이 아니라 후에 가입한 보험이 그 효력을 갖는다.

이 경우에 있어 보험자의 보험료에 관한 권리는 제900조 및 제901조의 규정에 의하여 정한다.

제795조 다수 보험계약이 동시에 혹은 순차로 체결된 경우, 어느 한 보험자에 대해 발생한 권리의 포기는 다른 보험자의 권리와 의무에 아무런 영향이 없다.

제796조 보험금액이 보험가액에 이르지 못하는 경우, 부분 손해가 발생하는 경우, 그 보험금액의 보험가액에 대한 비율로 보험자는 손해 금액의 일부를 보상할 책임이 있다.

제797조 당사자가 합의를 통해 일정 금액(평가금액)으로 보험가액을 확정한 경우(기평가 보험증권), 그 평가금액은 당사자 사이에서는 보험가액으로 효력이 있다.

그러나 보험자는 평가금액이 고의로 부풀려졌다는 것을 입증하면 평가금액의 감액을 청구할 수 있다.; 기대이익이 평가된 경우, 평가액을 부인하는 때에는, 보험자는 평가금액이 계약 체결 시에 상인적 계산으로 기대하는 것이 가능한 수익을 초과했다는 것을 입증하여야 한다.

이는 보험증권에 "임시로 평가한"이라는 문구가 있는 경우, 그 평가금액이 확정적인 것으로 변경되지 않는 한, 그 보험증권은 평가되지 않은 보험증권(미평가 보험증권)과 동시된다.

운임보험에 있어서 평가금액은, 보험자가 보상할 손해와 관련하여서는, 그러한 특별한 합의가 있는 때에 한해, 적용이 된다.

제798조 하나의 보험계약에 하나의 보험금액으로 다수 목적물 또는 여러 목적물이 집합하여 포함되어 있지만, 그 대신 그 속에 있는 개별적인 목적물에 관해 별

derselben besondere Taxen vereinbart sind, so gelten die Gegenstände, welche besonders taxirt sind, auch als abgesondert versichert.

Artikel 799. Als Versicherungswerth des Schiffs gilt, wenn die Parteien nicht eine andere Grundlage für die Schätzung vereinbart haben, der Werth, welchen das Schiff in dem Zeitpunkt hat, in welchem die Gefahr für den Versicherer zu laufen beginnt.

Diese Bestimmung kommt auch dann zur Anwendung, wenn der Versicherungswerth des Schiffs taxirt ist.

Artikel 800. Die Ausrüstungskosten, die Heuer und die Versicherungskosten können zugleich mit dem Schiff oder besonders versichert werden, insoweit sie nicht bereits durch die Versicherung der Bruttofracht versichert sind. Dieselben gelten nur dann als mit dem Schiff versichert, wenn es vereinbart ist.

Artikel 801. Die Fracht kann bis zu ihrem Bruttobetrage versichert werden, insoweit sie nicht bereits durch die Versicherung der Ausrüstungskosten, der Heuer und der Versicherungskosten versichert ist.

Als Versicherungswerth der Fracht gilt der Betrag der in den Frachtverträgen bedungenen Fracht, und wenn eine bestimmte Fracht nicht bedungen ist, oder insoweit Güter für Rechnung des Rheders verschifft sind, der Betrag der üblichen Fracht (Artikel 620.).

Artikel 802. Ist bei der Versicherung der Fracht nicht bestimmt, ob dieselbe ganz oder ob nur ein Teil derselben versichert sei, so gilt die ganze Fracht als versichert.

Ist nicht bestimmt, ob die Brutto- oder Nettofracht versichert sei, so gilt die Bruttofracht als versichert.

Wenn die Fracht der Hinreise und die Fracht der Zurückreise unter einer Versicherungssumme versichert sind und nicht bestimmt ist, welcher Theil der Versicherungssumme auf die Fracht der Hinreise und welcher Theil auf die Fracht der Zurückreise falle, so wird die Hälfte derselben auf die Fracht der Hinreise, die Hälfte auf die Fracht der Zurückreise gerechnet.

Artikel 803. Als Versicherungswerth der Güter gilt, wenn die Parteien nicht eine andere Grundlage für die Schätzung vereinbart haben, derjenige Werth, welchen die Güter am Ort und zur Zeit der Abladung haben, unter Hinzurechnung aller Kosten bis an Bord einschließlich der Versicherungskosten.

도로 평가금액이 있는 경우, 이 개별적으로 평가된 목적물은 각각 별도로 부보된 것으로 본다.

제799조　당사자가 평가를 위해 다른 원칙에 합의하지 않는 한, 보험자의 위험이 개시된 시점에서 선박의 가격을 보험가격이라고 본다.

　이 규정은 선박의 보험가액이 평가된 때에도 적용된다.

제800조　의장 비용, 선원 급료 및 부보 비용은, 총운임 보험을 통하여 이미 부보되어 있지 않는 한, 선박과 함께 또는 별도로 부보될 수 있다. 이러한 것들은, 오로지 특별한 합의가 있는 때에 한해, 선박과 함께 부보되었다고 본다.

제801조　운임은, 의장 비용, 급료 및 부보 비용의 보험을 통해 이미 부보되어 있지 않는 한, 운임의 총액까지 부보할 수 있다.

　운송계약에서 합의한 운임 금액을 운임보험의 보험가액이라고 보며, 운임에 관한 합의가 없는 때, 또는 화물이 선주 계산으로 선적된 경우에는, 관행적 운임 금액(제620조)을 그 운임의 보험가액이라고 본다.

제802조　운임보험에서 운임을 전부 부보하는지 혹은 그 일부만 부보하는지 정하지 않는 경우, 운임 전부를 부보한 것으로 본다.

　총 운임을 부보하는지 혹은 순 운임을 부보하는지 정하지 않는 경우, 총 운임을 부보한 것으로 본다.

　진행항해와 귀환항해의 운임이 단일 보험금액으로 부보되고, 보험금액 중 얼마가 진행항해에 또 얼마가 귀환항해에 해당되는지 정하지 않은 경우, 반액이 진행항해에, 나머지 반액이 귀환항해에, 각각 해당되는 보험금액이라고 계산한다.

제803조　당사자가 달리 평가에 관한 원칙을 정하지 않는 한, 선적한 때와 장소에

Die Fracht, sowie die Kosten während der Reise und am Bestimmungsorte werden nur hinzugerechnet, sofern es vereinbart ist.

Die Bestimmungen dieses Artikels kommen auch dann zur Anwendung, wenn der Versicherungswerth der Güter taxirt ist.

Artikel 804. Sind die Ausrüstungskosten oder die Heuer, sei es selbstständig, sei es durch Versicherung der Bruttofracht, versichert, oder sind bei der Versicherung von Gütern die Fracht oder die Kosten während der Reise und am Bestimmungsorte versichert, so leistet der Versicherer für denjenigen Theil derselben keinen Erfolg, welcher in Folge eines Unfalls erspart wird.

Artikel 805. Bei der Versicherung von Gütern ist der imaginaire Gewinn oder die Provision, selbst wenn der Versicherungswerth der Güter taxirt ist, als mitversichert nur anzusehen, sofern es im Vertrage bestimmt ist.

Ist im Falle der Mitversicherung des imaginairen Gewinnes der Versicherungswerth taxirt, aber nicht bestimmt, welcher Teil der Taxe auf den imaginairen Gewinn sich beziehe, so wird angenommen, daß zehn Prozent der Taxe auf den imaginairen Gewinn fallen. Wenn im Falle der Mitversicherung des imaginairen Gewinnes der Versicherungswerth nicht taxirt ist, so werden als imaginairer Gewinn zehn Prozent des Versicherungswerthes der Güter (Artikel 803.) als versichert betrachtet.

Die Bestimmungen des zweiten Absatzes kommen auch im Falle der Mitversicherung der Provision mit der Maaßgabe zur Anwendung, daß an Stelle der zehn Prozent zwei Prozent treten.

Artikel 806. Ist der imaginaire Gewinn oder die Provision selbstständig versichert, der Versicherungswerth jedoch nicht taxirt, so wird im Zweifel angenommen, daß die Versicherungssumme zugleich als Taxe des Versicherungswerthes gelten soll.

Artikel 807. Die Bodmereigelder können einschließlich der Bodmereiprämie für den Bodmereigläubiger versichert werden.

Ist bei der Versicherung von Bodmereigeldern nicht angegeben, welche Gegenstände verbodmet sind, so wird angenommen, daß Bodmereigelder auf Schiff, Fracht und Ladung versichert seien. Wenn in Wirklichkeit nicht alle diese Gegenstände verbodmet sind, so kann nur der Versicherer auf die vorstehende Bestimmung sich berufen.

Artikel 808. Hat der Versicherer seine Verpflichtungen erfüllt, so tritt er, insoweit

서 화물이 갖는 가격에, 부보 비용을 포함한 선상에 가지고 올 때까지 모든 비용을 더한 금액을, 화물의 보험가액이라고 본다.

항해 중에 또는 목적지에서의 비용과 운임은, 오로지 그에 관한 합의가 있는 때에 한해, 더하여 계산한다.

본조의 규정은 화물의 보험가액에 관한 평가가 있는 때에도 적용된다.

제804조   의장 비용 또는 선원 급료가, 독립적이든 총 운임 보험을 통하여, 부보된 경우, 혹은 화물의 보험에서 항해 중 및 목적지에서의 운임 및 비용이 부보된 경우, 보험자는 이러한 것 중에서 사고의 결과 절약된 부분에 대하여는 아무런 보상을 하지 않는다.

제805조   화물의 보험에서, 기대이익과 수수료는, 비록 화물의 가격을 평가하여 부보했다 하더라도, 보험계약에서 이를 별도로 정한 경우에 한해, 화물과 함께 부보되었다고 본다.

기대이익과 공동으로 부보가 된 화물보험에서, 보험가액은 합의하여 평가를 하였지만 평가금액 중 어느 정도가 기대이익에 해당되는지 정하지 아니한 경우, 평가금액의 10%가 기대이익에 해당되는 부분이라고 본다. 기대이익과 공동으로 부보된 화물보험에서 보험가액을 합의하여 평가하지 않은 경우, 기대이익의 보험가액으로 화물의 보험가액(제803조)의 10%가 부보되었다고 본다.

위 제2문의 규정은, 수수료가 화물보험에서 공동으로 부보된 경우에도, 10%를 2%가 대신한다는 조건으로, 그대로 적용된다.

제806조   기대이익 또는 수수료가 독립하여 별도로 부보되었지만, 보험가액에 대해서는 평가하여 합의한 금액이 없는 경우, 의문이 있는 경우, 보험금액이 동시에 보험가액의 평가액으로 효력을 갖는다고 본다.

제807조   모험대차 채권자는 모험대차 금액을 그 특별이윤와 함께 부보할 수 있다.

er einen Schaden vergütet hat, dessen Erstattung der Versicherte von einem Dritten zu fordern befugt ist, jedoch unbeschadet der Bestimmungen im zweiten Absatze des Artikels 778. und im zweiten Absatze des Artikels 781., in die Rechte des Versicherten gegen den Dritten.

Der Versicherte ist verpflichtet, dem Versicherer, wenn er es verlangt, auf dessen Kosten eine beglaubigte Anerkennungsurkunde über den Eintritt in die Rechte gegen den Dritten zu ertheilen.

Der Versicherte ist verantwortlich für jede Handlung, durch welche er jene Rechte beeinträchtigt.

Artikel 809. Ist eine Forderung versichert, zu deren Deckung eine den Gefahren der See ausgesetzte Sache dient, so ist der Versicherte im Fall eines Schadens verpflichtet, dem Versicherer, nachdem dieser seine Verpflichtungen erfüllt hat, seine Rechte gegen den Schuldner insoweit abzutreten, als der Versicherer Ersatz geleistet hat.

Der Versicherte ist nicht verpflichtet, die ihm gegen den Schuldner zustehenden Rechte geltend zu machen, bevor er den Versicherer in Anspruch nimmt.

Zweiter Abschnitt. Anzeigen bei dem Abschlusse des Vertrages.

Artikel 810. Der Versicherungsnehmer ist sowohl im Falle der Versicherung für eigene Rechnung als im Falle der Versicherung für fremde Rechnung verpflichtet, bei dem Abschlusse des Vertrages dem Versicherer alle ihm bekannten Umstände anzuzeigen, welche wegen ihrer Erheblichkeit für die Beurtheilung der von dem Versicherer zu tragenden Gefahr geeignet sind, auf den Entschluß des letzteren, sich auf den Vertrag überhaupt oder unter denselben Bestimmungen einzulassen, Einfluß zu üben.

모험대차 금액의 보험에 있어서 어느 목적물을 담보로 대차가 되었는지 기술되어 있지 않은 경우, 선박, 운임 및 적하를 담보로 한 모험대차 금액이 부보된 것으로 본다. 실제로 이러한 모든 목적물이 담보로 모험대차가 된 것이 아닌 때에는 오로지 보험자에 한하여 전시 규정을 원용할 수 있다.

제808조 보험자가 그의 의무를 이행하여 손해를 보상한 경우, 피보험자가 제3자에 대해 그 손해의 보상을 청구할 권리가 있는 때에는, 제778조 제2문 및 제781조 제2문의 규정에 영향이 없이, 보험자는 피보험자의 제3자에 대한 권리를 대위한다.

보험자가 요청하면, 피보험자는 보험자의 비용으로 제3자에 대한 권리의 대위에 관한 인증된 확인서를 작성하여 보험자에게 교부하여 주어야 한다.

피보험자는 보험자의 이러한 권리를 침해하는 모든 그의 행위에 대해 손해배상 책임이 있다.

제809조 어느 채권이 부보된 보험에서, 그 채권의 이행을 위해 해상 위험에 노출된 물건이 담보되어 있는 경우, 손해가 발생하고 보험자가 그 의무를 모두 이행하면, 보험자가 보상을 한 범위 내에서, 피보험자는 보험자에게 채무자에 대한 그의 권리를 양도하여야 한다.

피보험자는 보험자에게 청구하기 전에 먼저 그가 채무자에 대해 갖는 권리를 행사할 의무는 없다.

제2절 계약체결 시 고지의무

제810조 보험계약자는, 자신의 계산으로 부보하는 경우는 물론 타인의 계산으로 부보를 하는 경우에도, 보험계약을 체결할 때에, 보험자가 인수할 위험을 판단하는 데 있어 중요하여, 보험자가 도대체 보험계약에 들어갈지 또는 동일한 조건으로 들어갈지 결정하는 데 영향을 미치기에 적합한 그에게 알려진 모든 상황을 보험자에게 고지할 의무가 있다.

보험계약자를 위해 그 대리인이 보험계약을 체결하는 경우, 그 대리인에게 알려진 상황도 고지하여야 한다.

Wenn der Vertrag für den Versicherungsnehmer durch einen Vertreter desselben abgeschlossen wird, so sind auch die dem Vertreter bekannten Umstände anzuzeigen.

Artikel 811. Im Falle der Versicherung für fremde Rechnung müssen dem Versicherer bei dem Abschlusse des Vertrages auch diejenigen Umstände angezeigt werden, welche dem Versicherten selbst oder einem Zwischenbeauftragten bekannt sind.

Die Kenntniß des Versicherten oder eines Zwischenbeauftragten kommt jedoch nicht in Betracht, wenn der Umstand denselben so spät bekannt wird, daß sie den Versicherungsnehmer ohne Anwendung außergewöhnlicher Maaßregeln vor Abschluß des Vertrages nicht mehr davon benachrichtigen können.

Die Kenntniß des Versicherten kommt auch dann nicht in Betracht, wenn die Versicherung ohne Auftrag und ohne Wissen desselben genommen ist.

Artikel 812. Wenn die in den beiden vorstehenden Artikeln bezeichnete Verpflichtung nicht erfüllt wird, so ist der Vertrag für den Versicherer unverbindlich.

Diese Vorschrift findet jedoch keine Anwendung, wenn der nicht angezeigte Umstand dem Versicherer bekannt war, oder als ihm bekannt vorausgesetzt werden durfte.

Artikel 813. Wird von dem Versicherungsnehmer bei dem Abschlusse des Vertrages in Bezug auf einen erheblichen Umstand (Artikel 810.) eine unrichtige Anzeige gemacht, so ist der Vertrag für den Versicherer unverbindlich, es sei denn, daß diesem die Unrichtigkeit der Anzeige bekannt war.

Diese Bestimmung kommt zur Anwendung ohne Unterschied, ob die Anzeige wissentlich oder aus Irrthum, ob sie mit oder ohne Verschulden unrichtig gemacht ist.

Artikel 814. Wird bei einer Versicherung mehrerer Gegenstände oder einer Gesammtheit von Gegenständen den Vorschriften der Artikel 810. bis 813. in Ansehung eines Umstandes zuwidergehandelt, welcher nur einen Theil der versicherten Gegenstände betrifft, so bleibt der Vertrag für den Versicherer in Ansehung des übrigen Theils verbindlich. Der Vertrag ist jedoch auch in Ansehung dieses Theils für den Versicherer unverbindlich, wenn erhellet, daß der letztere denselben allein unter denselben Bestimmungen nicht versichert haben würde.

Artikel 815. Dem Versicherer gebührt in den Fällen der Artikel 810. bis 814., selbst wenn er die gänzliche oder theilweise Unverbindlichkeit des Vertrages geltend macht, gleichwohl die volle Prämie.

제811조   타인의 계산으로 하는 보험의 경우, 보험계약을 체결할 때에 피보험자 자신에게 또는 중간 수임인에게 알려진 상황도 고지하여야 한다.

그러나 그 상황이 피보험자 또는 중간 수임인에게 너무 늦게 알려져서 비상 수 단을 동원하지 않고는 계약 체결 전에 이들이 보험계약자에게 그에 관해 더 이상 보고할 수 없었던 때에는, 피보험자 또는 중간 수임인의 인지는 이를 고려하지 않 는다.

보험이 피보험자의 위임 또는 인식 하에서 인수한 것이 아닌 때에도, 마찬가지 로 피보험자의 인지는 이를 고려하지 않는다.

제812조   위 두 조문에 설시된 의무를 이행하지 않으면, 그 보험계약은 보험자에 대해 구속력이 없다.

그러나 이 규정은, 고지되지 않은 사정이 보험자에게 알려졌거나, 혹은 알려졌 던 것으로 간주될 수 있을 때에는, 적용되지 않는다.

제813조   보험계약을 체결함에 있어 중요한 상황(제810조)에 관하여 보험계약자 가 부정확한 고지를 하면 그 보험계약은 보험자에 대하여 효력이 없고, 다만 고지 의 부정확함이 보험자에게 알려졌던 때에는 그러하지 않다.

이 규정은, 고지가 고의로 혹은 착오로 부정확하게 된 것인지, 또는 귀책사유 없 이 혹은 귀책사유를 갖고 부정확하게 된 것인지, 이를 불문하고 적용된다.

제814조   다수 목적물 또는 여러 목적물이 집합하여 보험에 든 경우, 부보된 목적 물 중 오로지 일부 부분에 대해서만 관련이 있는 상황에 관해 위 제810조 내지 제 813조의 규정을 위반한 행위가 있는 경우, 나머지 부분에 관해서는 보험계약은 보 험자에게 구속력이 있다. 그러나 보험자가 동일한 조건으로 나머지 부분만을 인 수하지 않았을 것이라는 것이 밝혀지면, 보험계약은 나머지 부분에 관해서도 보 험자에게 구속력이 없다.

제815조   위 810조 내지 814조의 경우에, 비록 보험자가 보험계약이 전부 혹은 일부가 그에게 구속력이 없다는 것을 원용한다 하더라도, 그와 상관없이 보험자 는 보험료 전액을 청구할 수 있다.

Dritter Abschnitt. Verpflichtungen des Versicherten aus dem Versicherungsvertrage.

Artikel 816. Die Prämie ist, sofern nicht ein Anderes vereinbart ist, sofort nach dem Abschlusse des Vertrages und, wenn eine Polize verlangt wird, gegen Auslieferung der Polize zu zahlen.

Zur Zahlung der Prämie ist der Versicherungsnehmer verpflichtet.

Wenn bei der Versicherung für fremde Rechnung der Versicherungsnehmer zahlungsunfähig geworden ist und die Prämie von dem Versicherten noch nicht erhalten hat, so kann der Versicherer auch den Versicherten auf Zahlung der Prämie in Anspruch nehmen.

Artikel 817. Wird statt der versicherten Reise, bevor die Gefahr für den Versicherer zu laufen begonnen hat, eine andere Reise angetreten, so ist der Versicherer bei der Versicherung von Schiff und Fracht von jeder Haftung frei, bei anderen Versicherungen trägt der Versicherer die Gefahr für die andere Reise nur dann, wenn die Veränderung der Reise weder von dem Versicherten, noch im Auftrage oder mit Genehmigung desselben bewirkt ist.

Wird die versicherte Reise verändert, nachdem die Gefahr für den Versicherer zu laufen begonnen hat, so haftet der Versicherer nicht für die nach der Veränderung der Reise eintretenden Unfälle. Er haftet jedoch für diese Unfälle, wenn die Veränderung weder von dem Versicherten, noch im Auftrage oder mit Genehmigung desselben bewirkt, oder wenn sie durch einen Nothfall verursacht ist, es sei denn, daß der letztere in einer Gefahr sich gründet, welche der Versicherer nicht zu tragen hat.

Die Reise ist verändert, sobald der Entschluß, dieselbe nach einem anderen Bestimmungshafen zu richten, zur Ausführung gebracht wird, sollten auch die Wege nach beiden Bestimmungshäfen sich noch nicht geschieden haben. Diese Vorschrift gilt sowohl für die Fälle des ersten, als für die Fälle des zweiten Absatzes dieses Artikels.

Artikel 818. Wenn von dem Versicherten oder im Auftrage oder mit Genehmigung desselben der Antritt oder die Vollendung der Reise ungebührlich verzögert, von dem der versicherten Reise entsprechenden Wege abgewichen oder ein Hafen angelaufen wird, dessen Angehung als in der versicherten Reise begriffen nicht erachtet werden

제3절 피보험자의 의무

제816조   보험료는, 다른 약정이 없으면, 보험계약이 체결되면 즉시 지급하여야 하고, 보험증권을 요구한 경우, 보험증권의 교부와 상환으로 보험료를 지급하여야 한다.

보험계약자가 보험료를 지급할 의무가 있다.

타인의 계산으로 하는 보험에 있어서 보험계약자가 지급 불능의 상태에 빠지고 또 보험계약자가 아직 피보험자로부터 보험료를 수령하지 않은 경우, 보험자는 피보험자에게 보험료의 지급을 청구할 수 있다.

제817조   보험자가 부담할 위험이 개시되기 이전에 부보된 항해 대신에 다른 항해를 개시한 경우, 선박 및 운임 보험에서는 보험자는 모든 책임에서 면제되며, 다른 보험에서는, 항해의 변경이 피보험자에 의하여 이루어진 것이 아니고 또 피보험자의 위임이나 동의하에 이루어진 것도 아닌 때에 한해, 보험자가 그 변경된 항해의 위험을 부담한다.

보험자가 부담할 위험이 개시된 다음에 부보된 항해가 변경된 경우, 보험자는 항해가 변경된 다음 발생한 사고에 대해 책임을 지지 않는다. 그러나 변경이 피보험자에 의하여 이루어진 것이 아니고 또 피보험자의 위임이나 동의하에 이루어진 것도 아닌 때, 혹은 변경이 위난으로 인하여 촉발된 때에는, 보험자는 변경 이후에 발생한 사고에 대하여도 책임을 지며, 다만 위난이 보험자가 부담하지 않는 위험으로 인해 발생한 때에는 그러하지 않다.

원래 목적지가 아니라 다른 목적지로 향하여 항해를 하려는 결정이 실행되면 즉시, 양 목적지로 향하는 길이 아직 갈라지지 않았다 하더라도, 항해가 변경되었다고 본다. 이 규정은 본조 제1문의 경우는 물론 제2문의 경우에도 적용된다.

제818조   피보험자 또는 그의 위임이나 동의하에 항해의 개시 또는 종료가 부당하게 지연된 때, 약정한 항해에 해당하는 항로로부터 이탈한 때, 항해에 포함되었다고 볼 수 없는 항구에 기항한 때, 또는 기타 방법으로 피보험자가 위험의 증가

232

kann, oder wenn der Versicherte in anderer Weise eine Vergrößerung oder Veränderung der Gefahr veranlaßt, namentlich eine in dieser Beziehung erteilte besondere Zusage nicht erfüllt, so haftet der Versicherer nicht für die später sich ereignenden Unfälle.

Diese Wirkung tritt jedoch nicht ein:

1) wenn erhellet, daß die Vergrößerung oder Veränderung der Gefahr keinen Einfluß auf den späteren Unfall hat üben können;

2) wenn die Vergrößerung oder Veränderung der Gefahr, nachdem die Gefahr für den Versicherer bereits zu laufen begonnen hat, durch einen Nothfall verursacht ist, es sei denn, daß der letztere in einer Gefahr sich gründet, welche der Versicherer nicht zu tragen hat;

3) wenn der Schiffer zu der Abweichung von dem Wege durch das Gebot der Menschlichkeit genöthigt ist.

Artikel 819.   Wird bei dem Abschlusse des Vertrages der Schiffer bezeichnet, so ist in dieser Bezeichnung allein noch nicht die Zusage enthalten, daß der benannte Schiffer auch die Führung des Schiffs behalten werde.

Artikel 820.   Bei der Versicherung von Gütern haftet der Versicherer für keinen Unfall, wenn und insoweit die Beförderung derselben nicht mit dem zum Transport bestimmten Schiff geschieht.

Er haftet jedoch nach Maaßgabe des Vertrages, wenn die Güter, nachdem die Gefahr für ihn bereits zu laufen begonnen hat, ohne Auftrag und ohne Genehmigung des Versicherten in anderer Art als mit dem zum Transport bestimmten Schiff weiter befördert werden, oder wenn dies in Folge eines Unfalls geschieht, es sei denn, daß der letztere in einer Gefahr sich gründet, welche der Versicherer nicht zu tragen hat.

Artikel 821.   Bei der Versicherung von Gütern ohne Bezeichnung des Schiffs oder der Schiffe (in unbestimmten oder unbenannten Schiffen) muß der Versicherte, sobald er Nachricht erhält, in welches Schiff versicherte Güter abgeladen sind, diese Nachricht dem Versicherer mittheilen.

Im Falle der Nichterfüllung dieser Verpflichtung haftet der Versicherer für keinen Unfall, welcher den abgeladenen Gütern zustößt.

Artikel 822.   Jeder Unfall muß, sobald der Versicherungsnehmer oder der Versicherte, wenn dieser von der Versicherung Kenntniß hat, Nachricht von dem Unfall erhält,

또는 변경을 야기한 때, 특히 이와 관련하여 특별히 약속한 특별 보증을 지키지 않은 때에, 보험자는 그 이후에 발생한 사고에 대하여 책임이 없다.

그러나 다음이 경우에는 이러한 효력이 발생하지 않는다.:

1) 위험의 증가 또는 변경이 이후 발생한 사고에 아무런 영향을 미칠 수 없었음이 판명된 때;

2) 보험자의 위험이 이미 개시된 다음에 위난으로 인하여 위험의 증가 또는 변경이 일어난 때, 다만 위난이 어느 한 위험으로 인하여 발생하고 그 위험에 대해 보험자가 책임을 지지 않는 때에는 그러하지 않다.;

3) 항로를 이탈하는 것이 인도적 요구에 의하여 선장에게 필요했던 때.

제819조   보험계약을 체결하면서 선장이 표시되어 있는 경우, 이러한 표시 자체만으로 지정된 선장이 선박을 계속 지휘한다는 보증이 있다고 보지 않는다.

제820조   화물보험에서 화물의 운송이 운송을 위해 지정된 선박에 의해 운송되지 않은 경우, 보험자는 여하한 사고에 대해서도 책임을 지지 않는다.

그러나 화물에 대한 위험이 이미 개시된 다음에 피보험자의 위임이나 동의 없이 운송을 위해 지정된 선박이 아닌 다른 방법으로 운송을 계속한 때, 또는 사고의 결과로 이렇게 한 경우, 보험자는 보험계약에 따라 책임을 지며, 마지막 경우에 사고가 보험자가 부담하지 않는 위험에서 발생한 때에는 그러하지 않다.

제821조   선박이나 선박들의 표시 없는 화물보험에서(선박 미표시 또는 미지정 보험), 피보험자는 어느 선박에 화물이 선적되었는지 소식을 듣자마자 이를 보험자에게 통지하여야 한다.

이러한 의무를 이행하지 아니하면 보험자는 그 선적된 화물이 당한 여하한 사고에 대하여도 책임이 없다.

제822조   보험계약자, 또는 보험계약에 관해 알고 있는 피보험자는, 사고의 소식

dem Versicherer angezeigt werden, widrigenfalls der Versicherer befugt ist, von der Entschädigungssumme den Betrag abzuziehen, um welchen dieselbe bei rechtzeitiger Anzeige sich gemindert hätte.

Artikel 823. Der Versicherte ist verpflichtet, wenn ein Unfall sich zuträgt, sowohl für die Rettung der versicherten Sachen, als für die Abwendung größerer Nachtheile thunlichst zu sorgen.

Er hat jedoch, wenn thunlich, über die erforderlichen Maaßregeln vorher mit dem Versicherer Rücksprache zu nehmen.

Vierter Abschnitt. Umfang der Gefahr.

Artikel 824. Der Versicherer trägt alle Gefahren, welchen Schiff oder Ladung während der Dauer der Versicherung ausgesetzt sind, soweit nicht durch die nachfolgenden Bestimmungen oder durch Vertrag ein Anderes bestimmt ist.

Er trägt insbesondere:

1) Die Gefahr der Elementarereignisse und der sonstigen Seeunfälle, selbst wenn diese durch das Verschulden eines Dritten veranlaßt sind, als: Einbringen des Seewassers, Strandung, Schiffbruch, Sinken, Feuer, Explosion, Blitz, Erdbeben, Beschädigung durch Eis u. s. w.;

2) die Gefahr des Krieges und der Verfügung von hoher Hand;

3) die Gefahr des auf Antrag eines Dritten verhängten, von dem Versicherten nicht verschuldeten Arrestes;

4) die Gefahr des Diebstahls, sowie die Gefahr des Seeraubes, der Plünderung und sonstiger Gewaltthätigkeiten;

5) die Gefahr der Verbodmung der versicherten Güter zur Fortsetzung der Reise oder der Verfügung über dieselben durch Verkauf oder durch Verwendung zu gleichem Zweck (Artikel 507 bis 510. 734.);

6) die Gefahr der Unredlichkeit oder des Verschuldens einer Person der Schiffsbesatzung, sofern daraus für den versicherten Gegenstand ein Schaden entsteht;

을 접하자마자 이를 보험자에게 통지하여야 하며, 이를 위반하면 보험자는 적기에 통지하였었다면 감축할 수 있었던 금액을 보상할 손해 금액에서 공제할 수 있다.

제823조   사고가 난 때에, 피보험자는 부보된 물건을 구조하고 더욱 큰 손해를 방지하기 위해 최선을 다할 의무가 있다.

그러나 피보험자는 가능한 한 사전에 보험자와 필요한 조치에 관해 협의를 하여야 한다.

제4절 위험의 범위

제824조   보험자는 다음 규정 또는 보험계약에서 달리 정하지 않는 한, 보험기간 중에 선박 또는 적하가 처한 모든 위험을 부담한다.

특히 보험자는 다음의 위험을 부담한다.:

1) 천재지변 기타 해상사고의 위험으로, 제3자의 귀책사유로 발생한 때에도 마찬가지이며, 예컨대; 해수 침투, 좌초, 난파, 침몰, 화재, 폭발, 번개, 지진, 유빙 훼손 등

2) 전쟁 기타 정부의 처분의 위험;

3) 피보험자에게 귀책사유가 없이 제3자의 신청에 의해 계류 중인 가압류;

4) 절도의 위험 및 해적, 약탈 기타 폭력행위의 위험;

5) 항해를 계속하기 위해 부보된 화물을 담보로 한 모험대차, 또는 동일한 목적으로 매각이나 사용을 통한 부보된 화물의 처분 위험(제507조 내지 제510조. 제734조);

6) 선원의 부정직한 행위 또는 귀책사유로 인해 부보의 목적물에 손해가 발생할 위험;

7) 선박의 충돌로 인한 위험으로, 충돌의 결과 발생하는 피보험자의 직접적인 손해뿐만 아니라, 제3자에게 가한 손해를 배상함으로 인해 발생한 간접적인 손해의 위험.

7) die Gefahr des Zusammenstoßes von Schiffen und zwar ohne Unterschied, ob der Versicherte in Folge des Zusammenstoßes unmittelbar oder ob er mittelbar dadurch einen Schaden erleidet, daß er den einem Dritten zugefügten Schaden zu ersetzen hat.

Artikel 825. Dem Versicherer fallen die nachstehend bezeichneten Schäden nicht zur Last:

1) bei der Versicherung von Schiff oder Fracht:

der Schaden, welcher daraus entsteht, daß das Schiff in einem nicht seetüchtigen Zustande oder nicht gehörig ausgerüstet oder bemannt oder ohne die erforderlichen Papiere (Artikel 480) in See gesandt ist;

der Schaden, welcher außer dem Falle des Zusammenstoßes von Schiffen daraus entsteht, daß der Rheder für den durch eine Person der Schiffsbesatzung einem Dritten zugefügten Schaden haften muß (Artikel 451. und 452.);

2) bei einer auf das Schiff sich beziehenden Versicherung:

der Schaden an Schiff und Zubehör, welcher nur eine Folge der Abnutzung des Schiffs im gewöhnlichen Gebrauch ist;

der Schaden an Schiff und Zubehör, welcher nur durch Alter, Fäulniß oder Wurmfraß verursacht wird;

3) bei einer auf Güter oder Fracht sich beziehenden Versicherung der Schaden, welcher durch die natürliche Beschaffenheit der Güter, namentlich durch inneren Verderb, Schwinden, gewöhnliche Leckage u. dgl., oder durch mangelhafte Verpackung der Güter entsteht oder an diesen durch Ratten oder Mäuse verursacht wird; wenn jedoch die Reise durch einen Unfall, für welchen der Versicherer haftet, ungewöhnlich verzögert wird, so hat der Versicherer den unter dieser Ziffer bezeichneten Schaden in dem Maaße zu ersetzen, in welchem die Verzögerung dessen Ursache ist;

4) der Schaden, welcher in einem Verschulden des Versicherten sich gründet, und bei der Versicherung von Gütern oder imaginairem Gewinn auch der Schaden, welcher durch ein dem Ablader, Empfänger oder Kargadeur in dieser ihrer Eigenschaft zur Last fallendes Verschulden entsteht.

Artikel 826. Die Verpflichtung des Versicherers zum Ersatze eines Schadens tritt

제825조   다음에 나타난 손해는 보험자가 이를 보상하지 아니한다.:

1) 선박 또는 운임보험에 있어서:

선박이 감항능력을 갖추지 못한 상태에 있거나, 적절하게 의장을 하고 충원을 하지 않거나, 혹은 필요한 서류(제480조)를 갖추지 아니하고 해상에 내보내 발생한 손해;

선박충돌로 인한 손해를 제외한, 선원이 제3자에게 손해를 가하여 선주가 이에 대해 책임을 짐으로(제451조 및 제452조) 인한 손해;

2) 선박과 관련된 보험에 있어서:

통상의 사용으로 인한 선박의 마모의 결과 생긴 선박 또는 그 속구의 손해;

선박 또는 그 속구의 노후, 부식 또는 충해로 인한 손해;

3) 적하 또는 운임과 관련된 보험에서, 화물의 자연적인 성질, 특히 내부 부패, 수축, 통상의 유출 등에 의한 손해 및 화물의 포장의 하자로 인한 손해와 화물에 가한 쥐로 인한 손해; 그러나 항해가 보험자가 책임질 사고로 인해 비통상적으로 지체된 경우에는 본호에 기재된 손해에 대해 보험자는 그 지연이 원인이 된 금액의 범위 내에서 보상을 하여야 한다.;

4) 피보험자 자신에 귀책사유가 있어 발생한 손해 및 화물보험 및 기대이익보험에서 선적인, 수하인 및 화물감시인이 그 자격으로 귀책사유가 있어 거기에 의하여 발생한 손해.

제826조   보험자의 손해보상의무는, 피보험자가 선장 또는 다른 사람에게 손해배상을 청구할 수 있는 때에도 발생한다. 피보험자는 손해보상을 받기 위해 가장 먼저 보험자에게 청구를 할 수 있다. 그러나 피보험자는 보험자가 그러한 청구를 효과적으로 실행할 수 있도록 필요한 도움을 제공하여야 하고, 운임의 유보, 선박 압류의 실행 기타 적당한 방법으로, 채권을 확보하기 위해, 보험자의 비용으로, 상황에 합당한 모든 노력을 하여야 한다(제823조).

제827조   항해를 위한 선박보험에서 보험자의 위험은, 적하 또는 저하를 수령하

auch dann ein, wenn dem Versicherten ein Anspruch auf dessen Vergütung gegen den Schiffer oder eine andere Person zusteht. Der Versicherte kann sich wegen Ersatzes des Schadens zunächst an den Versicherer halten. Er hat jedoch dem Versicherer die zur wirksamen Verfolgung eines solchen Anspruchs etwa erforderliche Hülfe zu gewähren, auch für die Sicherstellung des Anspruchs durch Einbehaltung der Fracht, Auswirkung der Beschlagnahme des Schiffs oder in sonst geeigneter Weise auf Kosten des Versicherers die nach den Umständen angemessene Sorge zu tragen (Artikel 823).

Artikel 827. Bei der Versicherung des Schiffs für eine Reise beginnt die Gefahr für den Versicherer mit dem Zeitpunkt, in welchem mit der Einnahme der Ladung oder Ballastes angefangen wird, oder, wenn weder Ladung noch Ballast einzunehmen ist, mit dem Zeitpunkt der Abfahrt des Schiffs. Sie endet mit dem Zeitpunkt, in welchem die Löschung der Ladung oder des Ballastes im Bestimmungshafen beendigt ist.

Wird die Löschung von dem Versicherten ungebührlich verzögert, so endet die Gefahr mit dem Zeitpunkt, in welchem die Löschung beendigt sein würde, falls ein solcher Verzug nicht stattgefunden hätte.

Wird vor Beendigung der Löschung für eine neue Reise Ladung oder Ballast eingenommen, so endet die Gefahr mit dem Zeitpunkt, in welchem mit der Einnahme der Ladung oder des Ballastes begonnen wird.

Artikel 828. Sind Güter, imaginairer Gewinn oder die von verschifften Gütern zu verdienende Provision versichert, so beginnt die Gefahr mit dem Zeitpunkt, in welchem die Güter zum Zweck der Einladung in das Schiff oder in die Leichterfahrzeuge vom Lande scheiden; sie endet mit dem Zeitpunkt, in welchem die Güter im Bestimmungshafen wieder an das Land gelangen.

Wird die Löschung von dem Versicherten oder bei der Versicherung von Gütern oder imaginairem Gewinn von dem Versicherten oder von einer der im Artikel 825. unter Ziffer 4. bezeichneten Personen ungebührlich verzögert, so endet die Gefahr mit dem Zeitpunkt, in welchem die Löschung beendigt sein würde, falls ein solcher Verzug nicht stattgefunden hätte.

Bei der Einladung und Ausladung trägt der Versicherer die Gefahr der ortsgebräuchlichen Benutzung von Leichterfahrzeugen.

Artikel 829. Bei der Versicherung der Fracht beginnt und endet die Gefahr in Ansehung

는 시점에 개시되며, 적하나 저하를 전혀 수령하지 않는 때에는, 선박이 항해를 개시하는 시점에 위험이 개시된다. 위험은 목적항에서 적하 또는 저하의 양륙을 종료한 시점에 종료한다.

양륙이 정당한 이유 없이 지체되는 경우, 그러한 지체가 없었다면 양륙이 종료되었을 시점에 위험이 종료된다.

양륙이 종료되기 전에, 새로운 항해를 위하여, 적하 또는 저하를 수령하는 때에는, 위험은 적하 또는 저하의 수령을 개시하는 시점에 종료한다.

제828조 화물, 기대이익 또는 선적된 화물로 벌어들일 수수료가 부보된 경우, 위험은 선박 또는 부선으로 선적을 위해 육지를 떠나는 시점에 개시된다.; 위험은 목적항에서 화물이 다시 육지에 다다르는 시점에 종료한다.

피보험자에 의해 양륙이 부당하게 지연되는 경우, 또는 화물보험 또는 기대이익보험에서 피보험자 또는 제825조 4호에 표시된 사람에 의하여 부당하게 양륙이 지연되는 경우, 위험은 그러한 지연이 없었다면 양륙이 종료되었을 시점에 종료된다.

보험자는 화물을 선적하고 양륙함에 있어 지역 관습에 따라 이용되는 부선의 위험도 부담한다.

제829조 운임보험에서는, 선박과 그에 따른 운임이 노출된 사고에 관하여는, 그 항해에서 선박의 보험에서 위험이 개시되고 종료될 시점에 개시되고 종료되며, 화물이 노출되고 그에 따른 운임이 노출된 사고와 관련하여서는, 동일한 항해를 위한 화물보험에서 위험이 개시되고 종료될 시점에 위험이 개시되고 종료된다.

여객운임의 보험에서 위험은 선박보험에서 위험이 개시되고 종료될 시점에 개시되고 종료된다.

화물운송 운임 및 여객 운임의 보험자는, 화물운송계약 또는 여객운송계약이 이미 체결된 경우에 한해, 선박과 관련하여 발생한 사고에 대해 책임을 지며, 선주가 자기의 계산으로 화물을 선적한 때에는, 선박 또는 부선에 선적하기 위해 이미

der Unfälle, welchen das Schiff und dadurch die Fracht ausgesetzt ist, mit demselben Zeitpunkt, in dem die Gefahr bei der Versicherung des Schiffs für dieselbe Reise beginnen und enden würde, in Ansehung der Unfälle, welchen die Güter ausgesetzt sind und dadurch die Fracht ausgesetzt ist, mit demselben Zeitpunkt, in welchem die Gefahr bei der Versicherung der Güter für dieselbe Reise beginnen und enden würde.

Bei der Versicherung von Ueberfahrtsgeldern beginnt und endet die Gefahr mit demselben Zeitpunkt, in welchem die Gefahr bei der Versicherung des Schiffs beginnen und enden würde.

Der Versicherer von Fracht und Ueberfahrtsgeldern haftet für einen Unfall, von welchem das Schiff betroffen wird, nur insoweit, als Fracht - oder Ueberfahrtsverträge bereits abgeschlossen sind, und wenn der Rheder Güter für seine Rechnung verschifft, nur insoweit, als dieselben zum Zweck der Einladung in das Schiff oder in die Leichterfahrzeuge bereits vom Lande geschieden sind.

Artikel 830. Bei der Versicherung von Bodmerei und Havereigeldern beginnt die Gefahr mit dem Zeitpunkt, in welchem die Gelder vorgeschossen sind, oder wenn der Versicherte selbst die Havereigelder verausgabt hat, mit dem Zeitpunkt, in welchem dieselben verwendet sind; sie endet mit dem Zeitpunkt, in welchem sie bei einer Versicherung der Gegenstände, welchen verbodmet oder worauf die Havereigelder verwendet sind, enden würde.

Artikel 831. Die begonnene Gefahr läuft für den Versicherer während der bedungenen Zeit oder der versicherten Reise ununterbrochen fort. Der Versicherer trägt insbesondere die Gefahr auch während des Aufenthalts in einem Noth - oder Zwischenhafen und im Falle der Versicherung für die Hin - und Rückreise während des Aufenthalts des Schiffs in dem Bestimmungshafen der Hinreise.

Müssen die Güter einstweilen gelöscht werden oder wird das Schiff zur Reparatur an das Land gebracht, so trägt der Versicherer die Gefahr auch während die Güter oder das Schiff sich am Lande befinden.

Artikel 832. Wenn nach dem Beginn der Gefahr die versicherte Reise freiwillig oder gezwungen aufgegeben wird, so tritt in Ansehung der Beendigung der Gefahr der Hafen, in welchem die Reise beendigt wird, an die Stelle des Bestimmungshafens. Werden die Güter, nachdem die Reise des Schiffs aufgegeben ist, in anderer Art als

육지를 떠나야만, 비로소 보험자가 책임을 진다.

제830조　모험대차 금액 및 해손 금액의 보험에서 위험은 금액을 건넨 시점에 개시되며, 피보험자가 해손 금액을 직접 제공한 때에는 그 금액이 사용된 시점에 위험이 개시된다.; 모험대차의 목적이거나 해손금액이 사용되는 대상물의 보험에서 위험이 종료될 시점에 위험이 종료된다.

제831조　보험자에 대해 한번 개시된 위험은, 약정한 기간 또는 부보된 항해 동안 중단 없이 계속된다. 특히 보험자는 선박이 피난항 또는 중간 기착항에 있는 동안 위험을 부담하며, 진행항해와 귀환항해를 위해 보험에 든 경우, 선박이 진행항해의 목적항에서 체류하는 동안에도 보험자는 위험을 부담한다.

　화물을 임시로 양륙한 경우, 또는 수리를 위해 선박을 육지로 가져온 경우, 보험자는 그 화물 또는 선박이 육지에 머무는 동안에도 위험을 부담한다.

제832조　위험이 개시된 다음에 부보된 항해를 자유의사로 혹은 부득이하게 포기한 경우, 위험의 종료와 관련하여 항해를 종료한 항구가 목적항을 대신한다. 선박이 항해를 포기한 다음에 운송하기로 지정된 선박이 아닌 다른 방법으로 목적항으로 계속 화물의 운송이 이루어진 경우, 그 화물과 관련하여 개시되어 보험자가 부담할 위험은 존속되며, 이는 속행하는 운송의 전부 또는 일부가 육상에서 벌어지더라도 마찬가지이다. 이러한 경우에 보험자는 먼저 하는 양륙, 임시로 보관하는 비용 및 운송을 속행하는 추가비용을 부담하며, 이러한 것이 육지에서 일어나도 마찬가지이다.

mit dem zum Transport bestimmten Schiff nach dem Bestimmungshafen weiter befördert, so läuft in Betreff derselben die begonnene Gefahr fort, auch wenn die Weiterbeförderung ganz oder zum Theil zu Lande geschieht. Der Versicherer trägt in solchen Fällen zugleich die Kosten der früheren Löschung, die Kosten der einstweiligen Lagerung und die Mehrkosten der Weiterbeförderung, auch wenn diese zu Lande erfolgt.

Artikel 833. Die Artikel 831. und 832. gelten nur unbeschadet der in den Artikel 818. und 820. enthaltenen Vorschriften.

Artikel 834. Ist die Dauer der Versicherung nach Tagen, Wochen, Monaten oder Jahren bestimmt, so wird die Zeit nach dem Kalender und der Tag von Mitternacht zu Mitternacht berechnet. Der Versicherer trägt die Gefahr während des Anfangstages und Schlußtages.

Bei der Berechnung der Zeit ist der Ort, wo das Schiff sich befindet, maaßgebend.

Artikel 835. Wenn im Falle der Versicherung des Schiffs auf Zeit dasselbe bei dem Ablauf der im Vertrage festgesetzten Versicherungszeit unterwegs ist, so gilt die Versicherung in Ermangelung einer entgegenstehenden Vereinbarung als verlängert bis zur Ankunft des Schiffs im nächsten Bestimmungshafen und, falls in diesem gelöscht wird, bis zur Beendigung der Löschung (Artikel 827.). Der Versicherte ist jedoch befugt, die Verlängerung durch eine dem Versicherer, so lange das Schiff noch nicht unterwegs ist, kundzugebende Erklärung auszuschließen.

Im Falle der Verlängerung hat der Versicherte für die Dauer derselben und, wenn die Verschollenheit des Schiffs eintritt, bis zum Ablauf der Verschollenheitsfrist die vereinbarte Zeitprämie fort zu entrichten

Ist die Verlängerung ausgeschlossen, so kann der Versicherer, wenn die Verschollenheitsfrist über die Versicherungszeit hinausläuft, auf Grund der Verschollenheit nicht in Anspruch genommen werden.

Artikel 836. Bei einer Versicherung nach einem oder dem anderen unter mehreren Häfen ist dem Versicherten gestattet, einen dieser Häfen zu wählen; bei einer Versicherung nach einem und einem anderen oder nach einem und mehreren anderen Häfen ist der Versicherte zum Besuch eines jeden der bezeichneten Häfen befugt.

Artikel 837. Wenn die Versicherung nach mehreren Häfen geschlossen oder

제833조   제831조 및 제832조의 규정은 제818조 및 제820조에 포함된 규정과 상충되지 않는 범위 내에서 적용된다.

제834조   보험기간이 일, 주, 월 또는 연으로 정하여진 경우, 기간은 세력에 의하여, 일은 자정부터 자정까지로 계산한다. 보험자는 시작일과 종료일의 위험을 부담한다.

기간을 계산하는 데 있어서는 선박이 있는 곳을 기준으로 한다.

제835조   기간을 단위로 한 선박보험에서, 계약으로 정한 보험기간이 경과하는데, 선박이 항해 도중에 있는 경우, 다른 반대의 약정이 없다면, 그 선박이 다음 목적항에 도착할 때까지 보험기간이 연장된 것으로 보며, 이 경우에 그 항구에서 선박이 양륙을 한다면 그 양륙의 종료 시까지(제827조) 보험기간이 연장된다. 그러나 선박이 아직 항해 중이 아니라면, 피보험자는 보험자에게 알리는 의사표시를 통하여 이 연장을 배제할 수 있다.

연장이 된 경우, 피보험자는 그 연장된 기간에 대해, 선박이 행방불명이 된 때에는 행방불명기간이 경과할 때까지, 약정한 기간 보험료를 계속 지급하여야 한다.

연장이 배제된 경우, 행방불명기간이 보험기간을 지나서 진행되는 때에는, 보험자는 행방불명을 이유로 청구를 당하지 않는다.

제836조   다수 항구 중에서 어느 한 항구 또는 다른 항구로 되어 있는 보험에서는, 피보험자에게 그중 어느 한 항구를 선택하는 것이 허용된다.; 어느 한 항구 및 다른 항구, 또는 어느 한 항구 및 다른 여러 항구로 된 보험에 있어서는 피보험자는 표시된 모든 항구에 기항할 권한이 있다.

dem Versicherten das Recht vorbehalten ist, mehrere Häfen anzulaufen, so ist dem Versicherten nur gestattet, die Häfen nach der vereinbarten oder in Ermangelung einer Vereinbarung nach der den Schifffahrtsverhältnissen entsprechenden Reihenfolge zu besuchen; er ist jedoch zum Besuch aller einzelnen Häfen nicht verpflichtet.

Die in der Polize enthaltene Reihenfolge wird, insoweit nicht ein Anderes erhellet, als die vereinbarte angesehen.

Artikel 838. Dem Versicherer fallen zur Last:

1) die Beiträge zur großen Haverei mit Einschluß derjenigen, welche der Versicherte selbst wegen eines von ihm erlittenen Schadens zu tragen hat; die in Gemäßheit der Artikel 637. und 734. nach den Grundsätzen der großen Haverei zu beurtheilenden Beiträge werden den Beiträgen zur großen Haverei gleich geachtet;

2) die Aufopferung, welche zur großen Haverei gehören würden, wenn das Schiff Güter und zwar andere als Güter des Rheders an Bord gehabt hätte;

3) die sonstigen zur Retttung sowie zur Abwendung größerer Nachtheile nothwendig oder zweckmäßig aufgewendeten Kosten (Artikel 823.), selbst wenn die ergriffenen Maaßregeln erfolglos geblieben sind;

4) die zur Ermittelung und Feststellung des dem Versicherer zur Last fallenden Schadens erforderlichen Kosten, insbesondere die Kosten der Besichtigung, der Abschätzung, des Verkaufs und der Anfertigung der Dispache.

Artikel 839. In Ansehung der Beiträge zur großen Haverei und der nach den Grundsätzen der großen Haverei zu beurtheilenden Beiträge bestimmen sich die Verpflichtungen des Versicherers nach der am gehörigen Orte im Inlande oder im Auslande, im Einklange mit dem am Orte der Aufmachung geltenden Rechte aufgemachten Dispache. Insbesondere ist der Versicherte, welcher einen zur großen Haverei gehörenden Schaden erlitten hat, nicht berechtigt, von dem Versicherer mehr als den Betrag zu fordern, zu welchem der Schaden in der Dispache berechnet ist; andererseits haftet der Versicherer für diesen ganzen Betrag, ohne daß namentlich der Versicherungswerth maaßgebend ist.

Auch kann der Versicherte, wenn der Schaden nach dem am Orte der Aufmachung geltenden Recht als großen Haverei nicht anzusehen ist, den Ersatz des Schadens von dem Versicherer nicht aus dem Grunde fordern, weil der Schaden nach einem anderen

제837조   다수 항구를 향한 보험에 가입한 경우, 또는 피보험자에게 다수 항구에 기항할 권리가 유보된 경우, 피보험자는 오로지 약정한 순서에 따라, 약정이 없으면 항해에 상응하는 순서에 따라, 이 항구들에 기항하는 것이 허용된다.; 그러나 피보험자가 이 항구에 전부 기항해야 할 의무가 있는 것은 아니다.

보험증권에 포함된 순서는, 다른 순서가 나타나지 않는 한, 합의한 순서로 본다.

제838조   다음 손해는 보험자가 부담하여야 한다.:

1) 공동해손의 경우에 피보험자가 분담할 분담금은 물론 피보험자가 입은 손해로 자기가 부담해야 할 부분을 포함한다.; 제637조 및 제734조의 규정에 따라 공동해손의 원리에 따라 판단하여 분담할 금액도 공동해손 분담금과 마찬가지라고 본다.

2) 선박이 선상에 화물 및 선주의 화물이 아닌 다른 물건을 가졌었다면 공동해손에 해당되었을 희생;

3) 기타 구조를 위해 또는 더욱 큰 손해를 회피하기 위해 불가피하거나 혹은 목적에 맞게 지출한 비용(제823조). 이는 취한 조치가 성공을 하지 못한 때에도 마찬가지이다.

4) 보험자가 부담할 손해를 평가하고 확정하기 위한 비용, 특히 검사, 감정, 매각, 정산서의 작성 등의 비용.

제839조   공동해손 분담금 및 공동해손의 원리에 따라 판단하여 분배할 분담금에 관한 보험자의 의무는, 국내이든 해외이든, 해당 지역에서 작성하는 그 곳에서 시행중인 법에 맞추어 작성한 정산서에 의하여 정해진다. 특히 공동해손에 해당되는 손해를 당한 피보험자는 정산서에서 계산한 손해 금액 이상을 보험자에게 청구할 수 없다.; 다른 한편, 보험자는 특히 보험가액을 기준으로 하지 않고 이 금액 전부에 대해 책임이 있다.

손해가 작성지 법에 의하면 공동해손으로 보지 않는 때에는, 피보험자는 손해가 다른 법, 특히 부보한 지역의 법에 의하면 공동해손에 해당되기 때문에, 이를

Rechte, insbesondere nach dem Rechte des Versicherungsorts, große Haverei sei.

Artikel 840. Der Versicherer haftet jedoch nicht für die im vorstehenden Artikel erwähnten Beiträge, insoweit dieselben in einem Unfall sich gründen, für welchen der Versicherer nach dem Versicherungsvertrage nicht haftet.

Artikel 841. Ist die Dispache von einer durch Gesetz oder Gebrauch dazu berufenen Person aufgemacht, so kann der Versicherer dieselbe wegen Nichtübereinstimmung mit dem am Orte der Aufmachung geltenden Recht und der dadurch bewirkten Benachteiligung des Versicherten nicht anfechten, es sei denn, daß der Versicherte durch mangelhafte Wahrnehmung seiner Rechte die Benachtheiligung verschuldet hat.

Dem Versicherten liegt jedoch ob, die Ansprüche gegen die zu seinem Nachtheil Begünstigten dem Versicherer abzutreten.

Dagegen ist der Versicherer befugt, in allen Fällen die Dispache dem Versicherten gegenüber insoweit anzufechten, als ein von dem Versicherten selbst erlittener Schaden, für welchen ihm nach dem am Orte der Aufmachung der Dispache geltenden Rechte eine Vergütung nicht gebührt hätte, gleichwohl als große Haverei behandelt worden ist.

Artikel 842. Wegen eines von dem Versicherten erlittenen, zur großen Haverei gehörenden oder nach den Grundsätzen der letzteren zu beurtheilenden Schadens haftet der Versicherer, wenn die Einleitung des die Feststellung und Vertheilung des Schadens bezweckenden ordnungsmäßigen Verfahrens stattgefunden hat, in Ansehung der Beiträge, welche dem Versicherten zu entrichten sind, nur insoweit, als der Versicherte die ihm gebührende Vergütung auch im Rechtswege, sofern er diesen füglich betreten konnte, nicht erhalten hat.

Artikel 843. Ist die Einleitung des Verfahrens ohne Verschulden des Versicherten unterblieben, so kann derselbe den Versicherer wegen des ganzen Schadens nach Maaßgabe des Versicherungsvertrages unmittelbar in Anspruch nehmen.

Artikel 844. Der Versicherer haftet für den Schaden nur bis auf Höhe der Versicherungssumme.

Er hat jedoch die im Artikel 838. unter Ziffer 3. und 4. erwähnten Kosten vollständig zu erstatten, wenngleich die hiernach im Ganzen zu zahlende Vergütung die Versicherungssumme übersteigt.

Sind in Folge eines Unfalls solche Kosten bereits aufgewendet, z. B. Loskaufs -

근거로 하여 보험자에게 보상을 청구할 수 없다.

제840조 전조에서 말하는 분담금은, 보험계약에 의하면 보험자가 책임을 지지 않는 사고에 기해 그 분담금이 발생한 경우에는, 보험자가 그에 대해 책임이 없다.

제841조 정산서가 법률이나 관습에 따라 임명된 사람에 의하여 작성된 경우, 보험자는, 그 정산서가 작성지에서 시행되는 법에 맞지 않고 이를 통해 피보험자의 손해를 입은 것으로 되었다는 이유로, 그 정산서를 취소할 수 없고, 다만 피보험자가 자기의 권리를 잘못 주장하여 손해가 발생했고 그에 관해 피보험자에게 귀책사유가 있는 때에는 그러하지 않다.

그러나 피보험자는 자기의 손해로 이익을 받는 사람에 대한 채권을 보험자에게 양도할 의무가 있다.

이와 반대로 피보험자 자신이 입은 손해는, 정산서 작성지에 적용되는 법에 의하면 보상이 주어지지 않아야 할 것인데 공동해손과 마찬가지로 취급되었던 경우, 보험자는 모든 경우에 피보험자에 대해 그 정산서를 취소할 수 있다.

제842조 피보험자가 입은 공동해손에 해당되는 또는 공동해손의 원리에 따라 분배할 손해에 관해, 손해를 확정하고 분배할 목적으로 적법하게 절차가 개시된 때에는, 피보험자가 용이하게 밟을 수 있었던 법적 절차에 의하여도 그에게 부여된 보상을 받지 못한 범위 내에서, 보험자는 피보험자에게 지급될 분담금에 대하여도 책임이 있다.

제843조 피보험자의 귀책사유가 없이 절차의 개시가 이루어지지 않는 경우, 피

oder Reklamekosten verausgabt, oder sind zur Wiederherstellung oder Ausbesserung der durch den Unfall beschädigten Sache bereits Verwendungen geschehen, z. B. zu einem solchen Zwecke Havereigelder verausgabt, oder sind von dem Versicherten Beiträge zur großen Haverei bereits entrichtet, oder ist eine persönliche Verpflichtung des Versicherten zur Entrichtung solcher Beiträge bereits entstanden, und ereignet sich später ein neuer Unfall, so haftet der Versicherer für den durch den späteren Unfall entstehenden Schaden bis auf Höhe der ganzen Versicherungssumme ohne Rücksicht auf die ihm zur Last fallenden früheren Aufwendungen und Beiträge.

Artikel 845. Der Versicherer ist nach Eintritt eines Unfalls berechtigt, durch Zahlung der vollen Versicherungssumme von allen weiteren Verbindlichkeiten aus dem Versicherungsvertrage sich zu befreien, insbesondere von der Verpflichtung, die Kosten zu erstatten, welche zur Rettung, Erhaltung und Wiederherstellung der versicherten Sachen erforderlich sind.

War zur Zeit des Eintritts des Unfalls ein Theil der versicherten Sachen der vom Versicherer zu tragenden Gefahr bereits entzogen, so hat der Versicherer, welcher von dem Rechte dieses Artikels Gebrauch macht, den auf jenen Theil fallenden Theil der Versicherungssumme nicht zu entrichten.

Der Versicherer erlangt durch Zahlung der Versicherungssumme keinen Anspruch auf die versicherten Sachen.

Ungeachtet der Zahlung der Versicherungssumme bleibt der Versicherer zum Ersatze derjenigen Kosten verpflichtet, welche auf die Rettung, Erhaltung oder Wiederherstellung der versicherten Sachen verwendet sind, bevor seine Erklärung, von dem Rechte Gebrauch zu machen, dem Versicherten zugegangen ist.

Artikel 846. Der Versicherer muß seinen Entschluß, daß er von dem im Artikel 845. bezeichneten Rechte Gebrauch machen wolle, bei Verlust dieses Rechts dem Versicherten spätestens am dritten Tage nach Ablauf desjenigen Tages erklären, an welchem ihm der Versicherte nicht allein den Unfall unter Bezeichnung der Beschaffenheit und unmittelbaren Folgen desselben angezeigt, sondern auch alle sonstigen auf den Unfall sich beziehenden Umstände mitgetheilt hat, soweit die letzteren dem Versicherten bekannt sind.

Artikel 847. Im Falle nicht zum vollen Werthe versichert ist, haftet der Versicherer

보험자는 보험자에게 보험계약에 따라 손해 전부에 대해 직접 청구할 수 있다.

제844조　보험자는 보험금액의 범위 내에서 손해를 보상할 책임이 있다.

그러나 제838조 3호 및 4호에 열거된 비용은, 그로 인해 지급할 보상 전부가 보험금액을 초과한다 하더라도, 보험자가 이를 전부 보상하여야 한다.

사고가 난 다음에 이러한 비용이 사용된 경우, 예컨대 속환비 또는 회수비가 이미 건네진 때, 사고로 훼손된 물건의 복구나 수선을 위해 이미 비용 지출이 이루어진 경우, 예컨대 이러한 목적으로 해손 금액이 이미 건네진 때, 피보험자가 공동해손 분담금을 이미 지급한 경우, 또는 이러한 분담금을 지급할 피보험자의 인적 의무가 이미 발생한 경우, 이후에 새로운 사고가 발생하면, 보험자는 그가 부담할 이전의 비용 및 분담금을 고려함이 없이, 보험금액 전액의 범위 내에서, 후의 사고로 인해 발생한 손해를 보상할 책임이 있다.

제845조　사고가 난 다음에 보험금액 전액을 지급하면, 보험자는 보험계약에 기한 모든 추가 의무로부터 면제되며, 특히 부보된 물건의 구조, 보존 또는 회복에 필요한 비용을 보상하는 의무로부터 면제된다.

사고가 발생한 시점에 부보된 물건의 일부가 보험자가 부담할 위험으로부터 배제된 경우, 본조에 의한 권리를 행사하는 보험자는, 그 배제된 부분에 해당하는 보험금액은 이를 지급할 필요가 없다.

보험자는 보험금액의 지급을 통하여 부보된 물건에 대해 아무런 권리도 취득하지 못한다.

이러한 권리를 행사하려는 의사표시가 피보험자에게 도달하기 전에 부보된 물건의 구조, 보존 또는 회복에 사용된 비용은, 보험금액의 지급과 상관없이, 보험자가 이를 보상할 의무가 있다.

für die im Artikel 838. unter Ziffer 1. bis 4. erwähnten Beiträge, Aufopferungen und Kosten nur nach Verhältniß der Versicherungssumme zum Versicherungswerth.

Artikel 848. Die Verpflichtung des Versicherers, einen Schaden zu ersetzen, wird dadurch nicht wieder aufgehoben oder geändert, daß später in Folge einer Gefahr, welche der Versicherer nicht zu tragen hat, ein neuer Schaden und selbst ein Totalverlust eintritt.

Artikel 849. Besondere Havereien, wenn sie ohne die Kosten der Ermittelung und Feststellung des Schadens (Artikel 838. Ziffer 4.) drei Prozent des Versicherungswerths nicht übersteigen, hat der Versicherer nicht zu ersetzen, wenn sie aber mehr als drei Prozent betragen, ohne Abzug der drei Prozent zu vergüten.

Ist das Schiff auf Zeit oder auf mehrere Reisen versichert, so sind die drei Prozent für jede einzelne Reise zu berechnen. Der Begriff der Reise bestimmt sich nach der Vorschrift des Artikels 760.

Artikel 850. Die im Artikel 838. unter Ziffer 1. bis 3. erwähnten Beiträge,

Aufopferungen und Kosten muß der Versicherer ersetzen, auch wenn sie drei Prozent des Versicherungswerths nicht erreichen. Dieselben kommen jedoch bei der Ermittelung der im Artikel 849. bezeichneten drei Prozent nicht in Berechnung.

Artikel 851. Ist vereinbart, daß der Versicherer von bestimmten Prozenten frei sein soll, so kommen die in den Artikeln 849. und 850. enthaltenen Vorschriften mit der Maaßgabe zur Anwendung, daß an Stelle der dort erwähnten drei Prozent die im Vertrage angegebene Anzahl von Prozenten tritt.

Artikel 852. Ist vereinbart, daß der Versicherer die Kriegsgefahr nicht übernehme, auch die Versicherung rücksichtlich der übrigen Gefahren nur bis zum Eintritt einer Kriegsbelästigung dauern sollen –welche Vereinbarung namentlich angenommen wird, wenn der Vertrag mit der Klausel: "frei von Kriegsmolest" abgeschlossen ist – so endet die Gefahr für den Versicherer mit dem Zeitpunkt, in welchem die Kriegsgefahr auf die Reise Einfluß zu üben beginnt, insbesondere also, wenn der Antritt oder die Fortsetzung der Reise durch Kriegsschiffe, Kaper oder Blokade behindert oder zur Vermeidung der Kriegsgefahr ausgeschoben wird, wenn das Schiff aus einem solchen Grunde von seinem Wege abweicht, oder wenn der Schiffer durch Kriegsbelästigung die freie Führung des Schiffs verliert.

Artikel 853. Ist vereinbart, daß der Versicherer zwar nicht die Kriegsgefahr

제846조   보험자는, 피보험자가 사고를 그 성질과 직접적인 결과를 적시하여 고지하는 것뿐만 아니라 그 이외 사고에 관해 피보험자에게 알려진 모든 상황을 통지한 날이 경과한 날로부터 늦어도 3일 이내에, 제845조에 있는 권리를 행사할지 여부에 관한 결정을 피보험자게 표시하여야 하고, 그렇지 아니하면 그 권리를 잃는다.

제847조   보험가액 전액을 보험에 들지 않은 경우, 제838조 1호 내지 4호에 적시된 분담금, 희생 및 비용에 대해 보험자는 보험금액의 보험가액에 대한 비율로 그 일부에 대해 책임을 진다.

제848조   보험자가 지는 손해보상책임은, 그 후에 보험자가 책임을 지지 않는 위험의 결과로 발생한 새로운 손해 및 완전 멸실로 인하여, 소멸되거나 변경되지 아니한다.

제849조   단독손해는 손해의 평가와 확정의 비용(제838조 4호)을 제외한 손해가 보험가액의 3%를 초과하지 않는 때에는 보험자는 이를 보상하지 않으며, 그러나 손해가 3% 이상에 이르면 3%를 공제하지 않고 전부를 보상한다.
　　선박이 기간으로 또는 다수 항해에 대해 부보된 경우, 3%는 개별 항해마다 매번 계산한다. 항해의 개념은 제760조의 규정에 의하여 정한다.

제850조   제838조 1호 내지 3호에 열거된 분담금, 희생 및 비용은, 비록 그것이 3%에 달하지 못하는 때에도, 보험자가 이를 보상하여야 한다. 그러나 이러한 것들은 제849조에서 말하는 3%를 산정하는 데에는 이를 산입하지 않는다.

übernehme, alle übrigen Gefahren aber auch nach Eintritt einer Kriegsbelästigung tragen solle –welche Vereinbarung namentlich angenommen wird, wenn der Vertrag mit der Klausel: "nur für Seegefahr" abgeschlossen ist – so endet die Gefahr für den Versicherer erst mit der Kondemnation der versicherten Sache, oder sobald sie geendet hätte, wenn die Kriegsgefahr nicht ausgenommen worden wäre; der Versicherer haftet aber nicht für die zunächst durch Kriegsgefahr verursachten Schäden, also insbesondere nicht:

für Konfiskation durch kriegsführende Mächte;

für Nehmung, Beschädigung, Vernichtung und Plünderung durch Kriegsschiffe und Kaper;

für die Kosten, welche entstehen aus der Anhaltung und Reklamierung, aus der Blokade des Aufenthaltshafens, oder aus dem freiwilligen Aufenthalt wegen Kriegsgefahr;

für die nachstehenden Folgen eines solchen Aufenthalts: Verderb und Verminderung der Güter, Kosten und Gefahr ihrer Entlöschung und Lagerung, Kosten ihrer Weiterbeförderung.

Im Zweifel wird angenommen, daß ein eingetretener Schaden durch Kriegsgefahr nicht verursacht sei.

Artikel 854. Wenn der Vertrag mit der Klausel: "für behaltene Ankunft" abgeschlossen ist, so endet die Gefahr für den Versicherer schon mit dem Zeitpunkt, in welchem das Schiff im Bestimmungshafen am gebräuchlichen oder gehörigen Platze den Anker hat fallen lassen oder befestigt ist.

Auch haftet der Versicherer nur:

1) bei der auf das Schiff sich beziehenden Versicherung, wenn entweder ein Totalverlust eintritt, oder wenn das Schiff abandonnirt (Artikel 865.) oder in Folge eines Unfalles vor Erreichung des Bestimmungshafens wegen Reparaturunfähigkeit oder wegen Reparaturunwürdigkeit verkauft wird (Artikel 877.);

2) bei der auf Güter sich beziehenden Versicherung, wenn die Güter oder ein Theil derselben in Folge eines Unfalles den Bestimmungshafen nicht erreichen, insbesondere wenn sie vor Erreichung desselben in Folge eines Unfalles verkauft werden. Erreichen die Güter den Bestimmungshafen, so haftet der Versicherer

제851조 특정한 퍼센트에 관해 보험자의 책임이 면제된다는 약정이 있는 경우, 제849조 및 제850조에 포함된 규정은 거기에 언급된 3% 대신에 계약에 기재된 퍼센트 숫자로 대신하는 것을 전제로 그대로 적용된다.

제852조 보험자가 전쟁위험은 인수하지 않고 또 다른 위험에 관해서도 오로지 전쟁행위가 개시될 때까지 존속한다는 약정이 있는 경우, 특히 계약이 "전쟁재해 무담보" 조항을 붙여서 체결된 때에 이러한 합의가 있다고 보는데, 그러면 보험자가 부담할 위험은 전쟁위험이 항해에 영향을 미치기 시작하는 시점에 종료되며, 특히 항해의 개시 또는 속행이 전함, 사략선, 또는 봉쇄에 의하여 좌절되거나 전쟁위험을 피하기 위하여 취소된 때, 이러한 이유로 선박이 항로를 이탈할 때, 혹은 선박이 전쟁행위로 인하여 자유로운 지휘를 상실한 때에, 보험자의 위험은 종료된다.

제853조 보험자가 전쟁위험을 인수하지는 않지만 전쟁행위가 개시된 다음에도 다른 위험은 부담한다고 약정한 경우, 계약에 "해상위험에 한정"이라는 조항을 붙여서 보험계약이 체결된 때에 이러한 약정이 있다고 보는데, 그러면 보험자의 위험은 부보된 목적물에 대해 나포 선언이 있거나 혹은 전쟁위험이 배제되지 않았었다면 위험이 종료되었을 때에 종료된다.; 그러나 보험자는 전쟁위험으로부터 직접 발생한 손해에 대하여는 책임이 없고 특히 다음에 대해 책임이 없다.:

전쟁 수행 권력으로부터의 몰취 선언;

전함 및 사략선에 의한 나포, 훼손, 훼멸 및 약탈;

억류와 회수, 체류항의 봉쇄, 또는 전쟁 위험 때문에 임의로 하는 체류로 인해 발생한 비용;

이러한 체류로 인해 발생한 다음의 결과: 화물의 부패 및 감축, 화물의 양륙과 보관의 비용과 위험, 화물의 계속 운송의 비용.

의문이 있는 경우 발생한 손해가 전쟁위험으로부터 발생한 것이 아니라고 추정한다.

weder für eine Beschädigung noch für einen Verlust, welcher Folge einer Beschädigung ist.

Ueberdies hat der Versicherer in keinem Falle die in dem Artikel 838. unter Ziffer 1. bis 4. erwähnten Beiträge, Aufopferungen und Kosten zu tragen.

Artikel 855. Wenn der Vertrag mit der Klausel: "frei von Beschädigung außer im Strandungsfall" abgeschlossen ist, so haftet der Versicherer nicht für einen Schaden, welcher aus einer Beschädigung entstanden ist, ohne Unterschied, ob derselbe in einer Werthsverringerung oder in einem gänzlichen oder theilweisen Verluste und insbesondere darin besteht, daß die versicherten Güter gänzlich verdorben und in ihrer ursprünglichen Beschaffenheit zerstört den Bestimmungshafen erreichen oder während der Reise wegen Beschädigung und drohenden Verderbs verkauft worden sind, es sei denn, daß das Schiff oder das Leichterfahrzeug, worin die versicherten Güter sich befinden, gestrandet ist. Der Strandung werden folgende Seeunfälle gleich geachtet: Kentern, Sinken, Zerbrechen des Rumpfes, Scheitern und jeder Seeunfall, wodurch das Schiff oder Leichterfahrzeug reparaturunfähig geworden ist.

Hat eine Strandung oder ein dieser gleich zu achtender anderer Seeunfall sich ereignet, so haftet der Versicherer für jede drei Prozent übersteigende (Artikel 849.) Beschädigung, welche in Folge eines solchen Seeunfalls entstanden ist, nicht aber für eine sonstige Beschädigung. Es wird bis zum Nachweise des Gegentheils vermuthet, daß eine Beschädigung, welche möglicherweise Folge des eingetretenen Seeunfalls sein kann, in Folge desselben entstanden ist.

Für jeden Schaden, welcher nicht aus einer Beschädigung entstanden ist, haftet der Versicherer, ohne Unterschied, ob eine Strandung oder ein anderer der erwähnten Unfälle sich zugetragen hat oder nicht, in derselben Weise, als wenn der Vertrag ohne die Klausel abgeschlossen wäre. Jedenfalls haftet er für die im Artikel 838. unter Ziffer 1. 2. und 4. erwähnten Beiträge, Aufopferungen und Kosten, für die darin unter Ziffer 3. erwähnten Kosten aber nur dann, wenn sie zur Abwendung eines ihm zur Last fallenden Verlustes verausgabt sind.

Eine Beschädigung, welche erweislich ohne Selbstentzündung durch Feuer oder durch Löschung eines solchen Feuers, oder durch Beschießen entstanden ist, wird als eine solche Beschädigung, von welcher der Versicherer durch die Klausel befreit wird,

제854조 보험계약이 "무사 도착을 위해"라는 조항이 붙어 체결된 경우, 보험자의 위험은 선박이 목적항에서 관습적 또는 적당한 장소에 닻을 내리거나 계선을 한 시점에 종료한다.

또한 보험자는 오로지 다음의 경우에 책임을 진다.:

1) 선박과 관련된 보험에서 선박의 완전 멸실이 발생한 때, 선박을 위부하거나 (제865조), 혹은 목적항에 도착하기 이전에 사고를 당하여 수선 불가능하거나 수선 무가치하게 되어 선박을 매각한 때(제877조);

2) 화물과 관련된 보험에서 화물 또는 화물의 일부가 사고를 당한 결과 목적항에 이르지 못한 때, 특히 사고의 결과 목적항에 도착하기 전에 화물이 매각된 때. 화물이 목적항에 도착하면 그 훼손은 물론 훼손의 결과 멸실에 이른 때에도 보험자는 책임을 지지 않는다.

그 외에는, 여하한 경우에도, 보험자는 제838조 1호 내지 4호에 열거된 분담금, 희생 및 비용에 대하여 책임을 지지 않는다.

제855조 보험계약이 "좌초제외 훼손무담보"라는 조항이 붙어 체결된 경우, 보험자는 훼손으로 인하여 발생하는 손해에 대하여는 책임이 없고, 훼손이 가격 감소로 이루어지든, 전부 혹은 부분 멸실로 이루어지든 상관없이 책임이 없고, 특히 부보된 화물이 완전히 부패되어 원래 성질을 상실한 채 목적항에 도착하거나 혹은 항해 중 훼손이나 부패의 위협 때문에 화물이 매각되어도 이와 상관없이 보험자는 책임이 없으며, 다만 부보된 화물이 있는 선박 또는 부선이 좌초된 경우에는 그러하지 않다. 다음 해난은 이를 좌초와 마찬가지라고 본다.; 전복, 침몰, 선체 파괴, 난파 및 선박이나 부선의 수리가 불가능하게 되는 모든 해난.

좌초 또는 이와 동시되는 사고가 발생한 경우, 보험자는 그러한 사고의 결과로 발생하는 3%를 초과하는(제849조) 모든 훼손에 대해 책임이 있고 그 외 다른 훼손에 대해서는 책임이 없다. 반대의 입증이 없는 한, 훼손이 이러한 해상사고의 가능한 한 결과라면, 그 사고의 결과로 발생했다고 추정한다.

훼손에 의해 발생한 손해가 아닌 손해는, 좌초나 다른 열거된 사고가 발생했든 아니든 상관없이, 이러한 조항이 없이 보험계약이 체결되었을 때와 마찬가지 방법으로, 보험자는 책임이 있다. 보험자는 모든 경우에 제838조 1호, 2호 및 4호에

nicht angesehen.

Artikel 856. Wenn der Vertrag mit der Klausel: "frei von Bruch außer im Strandungsfall" abgeschlossen ist, so finden die Bestimmungen des vorstehenden Artikels mit der Maaßgabe Anwendung, daß der Versicherer für Bruch insoweit haftet, als er nach dem vorstehenden Artikel für Beschädigung aufkommt.

Artikel 857. Eine Strandung im Sinne der Artikel 855. und 856. ist vorhanden, wenn das Schiff unter nicht gewöhnlichen Verhältnissen der Schifffahrt auf den Grund festgeräth und entweder nicht wieder flott wird, oder zwar wieder flott wird, jedoch entweder

1) nur unter Anwendung ungewöhnlicher Maaßregeln, als: Kappen der Masten, Werfen oder Löschung eines Theils der Ladung und dergleichen, oder durch den Eintritt einer ungewöhnlich hohen Fluth, nicht aber ausschließlich durch Anwendung gewöhnlicher Maaßregeln, als: Winden auf den Anker, Backstellen der Segel und dergleichen, oder

2) erst nachdem das Schiff durch das Festgerathen einen erheblichen Schaden am Schiffskörper erlitten hat.

Fünfter Abschnitt. Umfang des Schadens.

Artikel 858. Ein Totalverlust des Schiffs oder der Güter liegt vor, wenn das Schiff oder die Güter zu Grunde gegangen oder dem Versicherten ohne Aussicht auf Wiedererlangung entzogen sind, namentlich wenn sie unrettbar gesunken oder in ihrer ursprünglichen Beschaffenheit zerstört oder für gute Prise erklärt sind.

Ein Totalverlust des Schiffs wird dadurch nicht ausgeschlossen, daß einzelne Theile des Wracks oder des Inventars gerettet sind.

열거된 분담금, 희생 및 비용에 대해 책임이 있고, 동조 3호에 열거된 비용에 대해서는 그 비용이 그가 부담할 손실을 회피하기 위해 지출된 때에 한해 책임이 있다.

자연발화가 아니라는 것이 입증되는 화재에 의하거나 그 진화나 방화에 의한 훼손은 위 조항에 의하여 보험자의 책임이 면제되는 그러한 훼손이 아니라고 본다.

제856조   보험계약이 "좌초 이외 상황에서 파손 책임면제" 조항이 붙어 체결된 경우, 전조의 규정에 의해 훼손에 대해 보험자가 책임을 지는 범위 내에서 보험자가 파손에 대해 책임을 지는 것을 전제로, 전조 규정이 그대로 적용된다.

제857조   제855조 및 제856조의 의미에서 좌초는 통상적이지 아니한 항해 상황 하에서 선박이 지면에 닿아서 이를 다시 뜨게 할 수 없는 때에 존재하고 또 이를 다시 뜨게 할 수는 있지만 다음과 같은 경우에도 존재한다.
  1) 돛대의 절단, 일부 적하의 투기나 양륙 기타 이와 마찬가지의: 비상 조치를 사용하여 뜨게 한 경우 또는 통상적이지 않는 높은 수면에 의해 뜨게 한 경우. 닻의 인양, 돛대의 후치 기타 이와 유사한 통상의 조치를 했다 하여 이를 배제하지 않는다.
  2) 선박이 육지와 접촉을 통해 선체에 상당한 손해를 받은 다음에 비로소 뜨게 한 경우.

제5절 손해의 범위

제858조   선박 또는 화물이 해상에서 완전히 파괴된 때 혹은 피보험자가 이를 회수할 가망 없이 점유를 상실한 때, 특히 선박 또는 화물이 침몰하여 구조할 수 없게 된 때, 원래 성격을 상실할 정도로 파괴된 때, 혹은 합법적인 나포가 선고된 때에, 그 선박과 화물에 전손이 발생했다고 본다.

난파물 또는 속구의 일부가 개별적으로 구조되었다고 전손이 되지 않는 것은 아니다.

Artikel 859. Ein Totalverlust in Ansehung der Fracht liegt vor, wenn die ganze Fracht verloren gegangen ist.

Artikel 860. Ein Totalverlust in Ansehung des imaginairen Gewinnes oder in Ansehung der Provision, welche von der Ankunft der Güter am Bestimmungsorte erwartet werden, liegt vor, wenn die Güter den Bestimmungsort nicht erreicht haben.

Artikel 861. Ein Totalverlust in Ansehung der Bodmerei- oder Havereigelder liegt vor, wenn die Gegenstände, welche verbodmet oder für welche die Havereigelder vorgeschossen oder verausgabt sind, entweder von einem Totalverluste oder dergestalt von anderen Unfällen betroffen sind, daß in Folge der dadurch herbeigeführten Beschädigungen, Verbodmungen oder sonstigen Belastungen zur Deckung jener Gelder nichts übrig geblieben ist.

Artikel 862. Im Falle des Totalverlustes hat der Versicherer die Versicherungssumme zum vollen Betrage zu zahlen, jedoch unbeschadet der nach Vorschrift des Artikels 804. etwa zu machenden Abzüge.

Artikel 863. Ist im Falle des Totalverlustes vor der Zahlung der Versicherungssumme etwas gerettet, so kommt der Erlös des Geretteten von der Versicherungssumme in Abzug. War nicht zum vollen Werthe versichert, so wird nur ein verhältnißmäßiger Theil des Geretteten von der Versicherungssumme abgezogen.

Mit der Zahlung der Versicherungssumme gehen die Rechte des Versicherten an der versicherten Sache auf den Versicherer über.

Erfolgt erst nach der Zahlung der Versicherungssumme eine vollständige oder theilweise Rettung, so hat auf das nachträglich Gerettete nur der Versicherer Anspruch. War nicht zum vollen Werthe versichert, so gebührt dem Versicherer nur ein verhältnißmäßiger Theil des Geretteten.

Artikel 864. Sind bei einem Totalverluste in Ansehung des imaginairen Gewinnes (Artikel 860.) die Güter während der Reise so günstig verkauft, daß der Reinerlös mehr beträgt, als der Versicherungswerth der Güter, oder ist für dieselben, wenn sie in Fällen der großen Haverei aufgeopfert sind, oder wenn dafür nach Maaßgabe der Artikel 612. und 613. Ersatz geleistet werden muß, mehr als jener Werth vergütet, so kommt von der Versicherungssumme des imaginairen Gewinns der Ueberschuß in Abzug.

Artikel 865. Der Versicherte ist befugt, die Zahlung der Versicherungssumme zum

제859조   운임에 관해서는 운임이 완전히 소멸한 때에 그 전손이 있다고 본다.

제860조   화물이 목적지에 도착하면 예상되는 기대이익 또는 수수료에 관해서는 화물이 목적지에 도달하지 않으면 그 전손이 있다고 본다.

제861조   모험대차 금액 또는 해손 금액에 관해서는 모험대차로 담보가 된 목적물, 또는 해손 금액이 선급되거나 지출되는 목적이 되는 대상물이, 완전히 멸실되거나 혹은 사고로 야기된 훼손이 심하여 모험대차의 목적물 또는 기타 담보가 금액을 변제하기 위해 거의 남아 있지 않을 정도가 된 때에도 전손이 있다고 본다.

제862조   전손이 발생한 경우, 보험자는 보험금액 전액을 지급하여야 하며, 다만 이로 인하여 제804조의 규정에 따라 행할 감액은 영향을 받지 않는다.

제863조   전손이 발생한 경우에 보험금액을 변제하기 전에 일부가 구조된 경우, 구조된 물건의 대금은 보험금액에서 공제한다. 보험가액 전부가 부보된 것이 아닌 경우, 그 비율에 따라 구조된 것의 일부를 보험금액으로부터 공제한다.
   보험금액을 지급하면 피보험자가 부보된 물건에 대해 갖고 있던 권리가 보험자에게 이전된다.
   보험금액을 지급한 다음에 일부 혹은 전부가 구조된 경우, 오로지 보험자만이 사후에 구조된 것에 대해 청구권을 가진다. 보험가액 전부를 부보한 것이 아닌 때에는, 그 비율에 따라 구조된 것의 일부가 보험자에게 귀속된다.

제864조   기대이익(제860조)에 관한 전손에서, 항해 중에 화물이 아주 유리하게 매각되어 매각 대금이 그 화물의 보험가액을 넘게 된 경우, 혹은 화물이 공동해손으로 희생되거나 제612조 및 제613조의 규정에 의하여 보상이 제공되는 때에, 그 화물에 대해 그 보험가액보다 더욱 많은 금액의 보상이 이루어지는 경우, 기대이

vollen Betrage gegen Abtretung der in Betreff des versicherten Gegenstandes ihm zustehenden Rechte in folgenden Fällen zu verlangen (Abandon):

1) wenn das Schiff verschollen ist;

2) wenn der Gegenstand der Versicherung dadurch bedroht ist, daß das Schiff oder die Güter unter Embargo gelegt, von einer kriegführenden Macht aufgebracht, auf andere Weise durch Verfügung von hoher Hand angehalten oder durch Seeräuber genommen und während einer Frist von sechs, neun oder zwölf Monaten nicht freigegeben sind, je nachdem die Aufbringung, Anhaltung oder Nehmung geschehen ist:

   a) in einem Europäischen Hafen oder in einem Europäischen Meere oder in einem, wenn auch nicht zu Europa gehörenden Theile des Mittelländischen, Schwarzen oder Azowschen Meeres, oder

   b) in einem anderen Gewässer, jedoch diesseits des Vorgebirges der guten Hoffung und des Kap Horn, oder

   c) in einem Gewässer jenseits des einen jener Vorgebirge.

Die Fristen werden von dem Tage an berechnet, an welchem dem Versicherer der Unfall durch den Versicherten angezeigt ist (Artikel 822.).

Artikel 866. Ein Schiff, welches eine Reise angetreten hat, ist als verschollen anzusehen, wenn es innerhalb der Verschollenheitsfrist den Bestimmungshafen nicht erreicht hat, auch innerhalb dieser Frist den Betheiligten keine Nachrichten über dasselbe zugegangen sind.

Die Verschollenheitsfrist beträgt:

1) wenn sowohl der Abgangshafen als der Bestimmungshafen ein Europäischer Hafen ist, bei Segelschiffen sechs, bei Dampfschiffen vier Monate;

2) wenn entweder nur der Abgangshafen oder nur der Bestimmungshafen ein nichteuropäischer Hafen ist, falls derselbe diesseits des Vorgebirges der guten Hoffnung und des Kap Horn belegen ist, bei Segel- und Dampfschiffen neun Monate, falls derselbe jenseits des einen jener Vorgebirge belegen ist, bei Segel- und Dampfschiffen zwölf Monate;

3) wenn sowohl der Abgangs- als der Bestimmungshafen ein nichteuropäischer Hafen ist, bei Segel- und Dampfschiffen sechs, neun oder zwölf Monate, je

익의 보험금액에서 이 잉여금액을 공제하여야 한다.

제865조   다음의 경우에 피보험자는 부보된 목적물에 대해 그가 갖는 권리를 양도하고 보험금액 전액의 지급을 청구할 수 있다(위부):

1) 선박이 행방불명된 때;

2) 보험의 목적인 선박 또는 화물이, 수출입 금지명령이 내려지거나, 전쟁 수행 권력에 의하여 나포되거나, 다른 방법에 의해 정부의 조치로 억류되거나, 혹은 해적에 의하여 약탈되는 위험에 처하고, 그 다음에도 나포, 억류 및 약탈이 아래 장소에서 일어나고 거기에 표시된 기간 동안 해방되지 못하는 때.

   a) 유럽항에서, 유럽해에서, 또는 지중해의 유럽에 속하지 않는 부분인 때에는 흑해나 아조프해에서, 6개월

   b) 희망봉 및 혼 갑 이쪽 안쪽 수상에서, 9개월

   c) 이 갑을 기준으로 저쪽 바깥 수상에서, 12개월.

이 기간은 피보험자가 보험자에게 사고를 통지한 날부터(제822조) 계산한다.

제866조   항해를 개시한 선박이 행방불명 기간 내에 목적항에 도달하지 않고 또 이 기간 내에 관계인이 아무런 소식도 듣지 못한 때에, 그 선박은 행방불명되었다고 본다.

행방불명 기간은 다음과 같다.:

1) 출발항과 도착항이 모두 유럽항이면 범선은 6개월, 증기선은 4개월;

2) 출발항 또는 도착항만 비유럽항이고 그 항구가 희망봉 및 혼 갑 안쪽에 있으면 범선이든 증기선이든 9개월, 이 갑을 기준으로 바깥쪽에 있으면 범선이든 증기선이든 12개월;

3) 출발항과 도착항이 모두 비유럽항이면 범선이든 증기선이든 항해의 평균기간이 2개월을 초과하지 않는지, 3개월을 초과하지 않는지 혹은 3개월을 초과하는지에 따라 6개월, 9개월 또는 12개월.

의문이 있는 경우 더욱 장기간 기다려야 한다.

nachdem die Durchschnittsdauer der Reise nicht über zwei oder nicht über drei oder mehr als drei Monate beträgt.

Im Zweifel ist die längere Frist abzuwarten.

Artikel 867. Die Verschollenheitsfrist wird von dem Tage an berechnet, an welchem das Schiff die Reise angetreten hat. Sind jedoch seit dessen Abgange Nachrichten von demselben angelangt, so wird von dem Tage an, bis zu welchem die letzte Nachricht reicht, diejenige Frist berechnet, welche maaßgebend sein würde, wenn das Schiff von dem Punkt, an welchem es nach sicherer Nachricht zuletzt sich befunden hat, abgegangen wäre.

Artikel 868. Die Abandonerklärung muß dem Versicherer innerhalb der Abandonfrist zugegangen sein.

Die Abandonfrist beträgt sechs Monate, wenn im Falle der Verschollenheit (Artikel 865. Ziffer 1.) der Bestimmungshafen ein Europäischer Hafen ist und wenn im Falle der Aufbringung, Anhaltung oder Nehmung (Artikel 865. Ziffer 2.) der Unfall in einem Europäischen Hafen oder in einem Europäischen Meere oder in einem, wenn auch nicht zu Europa gehörenden Theile des Mittelländischen, Schwarzen oder Azowschen Meeres sich zugetragen hat. In den übrigen Fällen betägt die Abandonfrist neun Monate. Die Abandonfrist beginnt mit dem Ablaufe der in den Artikeln 865. und 866. bezeichneten Fristen.

Bei der Rückversicherung beginnt die Abandonfrist mit dem Ablaufe des Tages, an welchem dem Rückversicherten von dem Versicherten der Abandon erklärt worden ist.

Artikel 869. Nach Ablauf der Abandonfrist ist der Abandon unstatthaft, unbeschadet des Rechts des Versicherten, nach Maaßgabe der sonstigen Grundsätze Vergütung eines Schadens in Anspruch zu nehmen.

Ist im Falle der Verschollenheit des Schiffs die Abandonfrist versäumt, so kann der Versicherte zwar den Ersatz eines Totalschadens fordern; er muß jedoch, wenn die versicherte Sache wieder zum Vorschein kommt, und sich dabei ergiebt, daß ein Totalverlust nicht vorliegt, auf Verlangen des Versicherers gegen Verzicht des letzteren auf die in Folge Zahlung der Versicherungssumme nach Artikel 863. ihm zustehenden Rechte die Versicherungssumme erstatten und mit dem Ersatze eines etwas erlittenen Partialschadens sich begnügen.

제867조 행방불명 기간은 항해를 개시한 날로부터 계산한다. 그러나 그 출발 이후에 그 선박에 관한 소식이 도착한 경우, 마지막 소식이 도착한 날로부터 계산하며, 확실한 소식에 의하면 선박이 마지막으로 있었던 지점으로부터 선박이 출발했었다면 적용되었을 행방불명 기간을 계산한다.

제868조 위부의 의사표시는 위부기간 내에 보험자에게 도달하여야 한다.

위부기간은, 행방불명의 경우(제865조 1호)에 목적항이 유럽항인 때, 나포, 억류 및 약탈(제865조 2호)의 경우에 사고가 유럽항이나 유럽해에서, 또는 사고가 유럽해에 속하지 않는 지중해라면 흑해 또는 아조프해에서, 발생했다면 6개월이 된다. 기타의 경우 위부기간은 9개월이 된다. 위부기간은 제865조 및 제866조 기간이 경과하면 개시된다.

재보험에 있어서 위부기간은 피보험자가 원보험자에게 위부의 의사표시를 한 일이 경과하면 개시된다.

제869조 위부기간이 경과하면 더 이상 위부는 허용되지 않지만, 피보험자가 다른 원리에 따라 손해의 보상을 청구하는 권리는 이로 인하여 영향을 받지 않는다.

선박이 행방불명된 경우, 위부기간을 지체했다 하더라도 피보험자는 전손으로 보상을 청구할 수 있다.; 그러나 부보된 물건이 다시 나타나고 이로써 전손이 발생하지 않았다는 것이 밝혀지면, 보험자가 보험금액을 지급한 결과 제863조에 따라 취득한 권리를 포기하고서 청구를 하면 피보험자는 보험금액을 반환하여야 하며, 분손을 입은 것이 있다면 피보험자는 그 보상으로 만족하여야 한다.

제870조 위부의 의사표시가 유효하려면 유보나 조건이 없이 하여야 하고, 부보된 목적물 전부가 사고 당시 해상위험에 현출된 경우 그 전부에 미쳐야 한다.

그러나 보험가액 전부를 부보한 것이 아닌 때에는, 피보험자는 그 비율에 따라 부보된 목적물의 일부만 위부하여야 한다.

위부의 의사표시는 이를 철회할 수 없다.

Artikel 870. Die Abandonerklärung muß, um gültig zu sein, ohne Vorbehalt oder Bedingung erfolgen und auf den ganzen versicherten Gegenstand sich erstrecken, soweit dieser zur Zeit des Unfalls den Gefahren der See ausgesetzt war.

Wenn jedoch nicht zum vollen Werthe versichert war, so ist der Versicherte nur den verhältnißmäßigen Theil des versicherten Gegenstandes zu abandonniren verpflichtet.

Die Abandonerklärung ist unwiderruflich.

Artikel 871. Die Abandonerklärung ist ohne rechtliche Wirkung, wenn die Thatsachen, auf welche sie gestützt wird, sich nicht bestätigen oder zur Zeit der Mittheilung der Erklärung nicht mehr bestehen. Dagegen bleibt sie für beide Theile verbindlich, wenn auch später Umstände sich ereignen, deren früherer Eintritt das Recht zum Abandon ausgeschlossen haben würde.

Artikel 872. Durch die Abandonerklärung gehen auf den Versicherer alle Recht über, welche dem Versicherten in Ansehung des abandonnirten Gegenstandes zustanden.

Der Versicherte hat dem Versicherer Gewähr zu leisten wegen der auf dem abandonnirten Gegenstande zur Zeit der Abandonerklärung haftenden dinglichen Rechte, es sei denn, daß diese in Gefahren sich gründen, wofür der Versicherer nach dem Versicherungsvertrage aufzukommen hatte.

Wird das Schiff abandonnirt, so gebührt dem Versicherer desselben die Nettofracht der Reise, auf welcher der Unfall sich zugetragen hat, soweit die Fracht erst nach der Abandonerklärung verdient ist. Dieser Theil der Fracht wird nach den für die Ermittelung der Distanzfracht geltenden Grundsätzen berechnet.

Den hiernach für den Versicherten entstehenden Verlust hat, wenn die Fracht selbständig versichert ist, der Versicherer der letzteren zu tragen.

Artikel 873. Die Zahlung der Versicherungssumme kann erst verlangt werden, nachdem die zur Rechtfertigung des Abandons dienenden Urkunden dem Versicherer mitgetheilt sind und eine angemessene Frist zur Prüfung derselben abgelaufen ist. Wird wegen Verschollenheit des Schiffs abandonnirt, so gehören zu den mitzutheilenden Urkunden glaubhafte Bescheinigungen über die Zeit, in welcher das Schiff den Abgangshafen verlassen hat, und über die Nichtankunft desselben im Bestimmungshafen während der Verschollenheitsfrist.

Der Versicherte ist verpflichtet, bei der Abandonerklärung, soweit er dazu im Stande

제871조 위부의 의사표시는 위부의 근거가 된 기초사실이 확인되지 않거나 또는 의사를 통지할 때에 더 이상 존재하지 않은 때에는 그 법적인 효력이 없다. 이와 반대로, 이전에 밝혀졌었다면 위부할 권리를 배제했을 상황이 후에 밝혀진다 하더라도, 위부는 양 당사자에게 구속력이 있다.

제872조 위부의 의사표시를 함으로써 위부된 목적물에 관해 피보험자가 가졌던 모든 권리가 보험자에게 이전된다.

피보험자는 위부의 의사를 표시할 때에 위부된 목적물에 부담이 되는 물권에 대해 하자 담보책임이 있고, 다만 그러한 권리가 보험계약에 의하면 보험자가 책임을 져야 하는 위험에 의해 발생한 때에는 그러하지 않다.

선박이 위부되면 사고가 발생한 항해에서 그 선박의 순 운임은, 그 운임이 위부의 의사표시가 있고 난 다음에 획득한 것이면, 보험자가 이를 갖는다. 이 부분의 운임은 거리운임의 산정에 적용될 원칙에 따라 산정한다.

이 이후에 피보험자에 발생한 손실은, 운임이 독립하여 별도로 부보된 때에 한해 운임보험자가 이를 부담한다.

제873조 보험금액의 지급은 위부를 정당화할 서면이 제출되고 이를 검토할 상당한 기간이 경과한 다음에 비로소 이를 청구할 수 있다. 선박의 행방불명을 이유로 위부한 경우, 선박이 출발항을 떠난 시기와 행방불명 기간 내에 선박이 목적항에 도착하지 않았다는 믿을 만한 증거도 보험자에게 제출할 서류에 속한다.

피보험자는 위부의 의사를 표시하면서 그가 가능한 상태에 있다면 동시에 보험자에게; 위부된 목적물과 관련하여 보험 가입 여부와 가입하였다면 어떤 보험에 가입하였는지, 위부된 목적물이 책임질 모험대차 채무 기타 부담이 있는지 여부와 있다면 어떤 부담이 있는지를 통지하여야 한다. 이러한 통지를 하지 않으면 보험자는 추후에 통지가 이루어질 때까지 보험금액의 지급을 거절할 수 있다.; 지급기간에 관한 합의가 있는 때에는 통지가 보완될 시점부터 이 기간이 개시된다.

제874조 위부의 의사를 표시한 다음에도 보험자는 부보된 물건의 구조를 위하

ist, dem Versicherer anzuzeigen; ob und welche andere, den abandonnirten Gegenstand betreffende Versicherungen genommen sind, und ob und welche Bodmereischulden oder sonstige Belastungen darauf haften. Ist die Anzeige unterblieben, so kann der Versicherer die Zahlung der Versicherungssumme so lange verweigern, bis die Anzeige nachträglich geschehen ist; wenn eine Zahlungsfrist bedungen ist, so beginnt dieselbe erst mit dem Zeitpunkte, in welchem die Anzeige nachgeholt ist.

Artikel 874. Der Versicherte ist verpflichtet, auch nach der Abandonerklärung für die Rettung der versicherten Sachen und für die Abwendung größerer Nachtheile nach Vorschrift des Artikels 823. und zwar so lange zu sorgen, bis der Versicherer selbst dazu im Stande ist.

Erfährt der Versicherte, daß ein für verloren erachteter Gegenstand wieder zum Vorschein gekommen ist, so muß er dies dem Versicherer sofort anzeigen und ihm auf Verlangen die zur Erlangung oder Verwerthung des Gegenstandes erforderliche Hülfe leisten.

Die Kosten hat der Versicherer zu ersetzen; auch hat derselbe den Versicherten auf Verlangen mit einem angemessenen Vorschusse zu versehen.

Artikel 875. Der Versicherte muß dem Versicherer, wenn dieser die Rechtmäßigkeit des Abandons anerkennt, auf Verlangen und auf Kosten desselben über den nach Artikel 872. durch die Abandonerklärung eingetretenen Uebergang der Rechte eine beglaubigte Anerkennungsurkunde (Abandonrevers) ertheilen und die auf die abandonnirten Gegenstände sich beziehenden Urkunden ausliefern.

Artikel 876. Bei einem partiellen Schaden am Schiff besteht der Schaden in dem nach Vorschrift der Artikel 711. und 712. zu ermittelnden Betrage der Reparaturkosten, soweit diese die Beschädigungen betreffen, welche dem Versicherer zur Last fallen.

Artikel 877. Ist die Reparaturunfähigkeit oder Reparaturunwürdigkeit des Schiffs (Artikel 444.) auf dem im Artikel 499. vorgeschriebenen Wege festgestellt, so ist der Versicherte dem Versicherer gegenüber befugt, das Schiff oder das Wrack zum öffentlichen Verkaufe zu bringen, und besteht im Falle des Verkaufs der Schaden in dem Unterschiede zwischen dem Reinerlöse und dem Versicherungswerthe.

Die übernommene Gefahr endet für den Versicherer erst mit dem Verkaufe des Schiffs oder des Wracks; auch haftet der Versicherer für den Eingang des Kaufpreises.

고 또 손해가 확대되는 것을 회피하기 위해 제823조의 규정에 따라 노력하여야 하고, 보험자 자신이 이러한 노력을 할 수 있을 때까지 노력을 계속하여야 한다.

피보험자가 멸실되었다고 생각했던 목적물이 다시 나타났다는 것을 알게 된 경우, 그는 이를 즉시 보험자에게 통지하여야 하고, 보험자가 요청하면 그가 이를 취득하거나 환가하는 데 필요한 지원을 하여야 한다.

보험자는 이 비용을 보상하여야 한다.; 피보험자가 요청하면 보험자는 그에게 적당한 금액을 미리 선급하여야 한다.

제875조 보험자가 위부의 적법성을 인정한 때에는, 피보험자는 보험자가 요청하면 그의 비용으로, 제872조에 따라 위부의 의사표시를 통해 발생하는 권리의 이전에 관해, 인증된 확인서(위부증서)를 교부하여야 하고, 위부된 목적물과 관련된 문서도 인도하여야 한다.

제876조 선박의 분손에 있어서는, 제711조 및 제712조 규정에 따라 산정한 수리비는, 그 수리가 보험자가 책임질 훼손에 관한 것이라면, 그 금액이 손해가 된다.

제877조 선박의 수리불가능 또는 수리무가치(제444조)가 제499조에 규정된 방법으로 확인된 경우, 보험자와의 관계에 있어 피보험자는 선박 또는 난파물을 공매에 붙일 수 있고, 선박이 매각된 경우, 매각 대금과 보험가액이 차익이 손해가 된다.

선박 또는 난파물이 매각되면 보험자가 인수한 위험은 종료된다.; 매각 대금이 납부에 대해 보험자가 책임을 진다.

수리가능성을 평가하기 위해 훼손되지 않는 선박의 가격을 정함에 있어, 보험가격은, 그 금액이 평가되었든 아니되었든, 이를 고려하지 않는다.

제878조 수리가 개시되었다 하더라도, 피보험자가 귀책사유 없이 몰랐던 중대한 손해가 그 이후에 발견된다면, 전조에 의해 피보험자에게 허용했던 권리의 행

Bei der zur Ermittelung der Reparaturunwürdigkeit des Schiffs erforderlichen Feststellung des Werths desselben im unbeschädigten Zustande bleibt dessen Versicherungswerth, gleichviel ob dieser taxirt ist oder nicht, außer Betracht.

Artikel 878. Der Beginn der Reparatur schließt die Ausübung des in dem vorhergehenden Artikel dem Versicherten eingeräumten Rechts nicht aus, wenn erst später erhebliche Schäden entdeckt werden, welche dem Versicherten ohne sein Verschulden unbekannt geblieben waren.

Macht der Versicherte von dem Rechte nachträglich Gebrauch, so muß der Versicherer die bereits aufgewendeten Reparaturkosten insoweit besonders vergüten, als durch die Reparatur bei dem Verkaufe des Schiffs ein höherer Erlös erzielt worden ist.

Artikel 879. Bei Gütern, welche beschädigt in dem Bestimmungshafen ankommen, ist durch Vergleichung des Bruttowerthes, den sie daselbst im beschädigten Zustande wirklich haben, mit dem Bruttowerth, welchen sie dort im unbeschädigten Zustande haben würden, zu ermitteln, wie viele Prozente des Werthes der Güter verloren sind. Eben so viele Prozente des Versicherungswerthes sind als der Betrag des Schadens anzusehen.

Die Ermittelung des Werthes, welchen die Güter im beschädigten Zustande haben, erfolgt durch öffentlichen Verkauf oder, wenn der Versicherer einwilligt, durch Abschätzung. Die Ermittelung des Werthes, welchen die Güter im unbeschädigten Zustande haben würden, geschieht nach Maaßgabe der Bestimmungen des ersten und zweiten Absatzes des Artikels 612.

Der Versicherer hat außerdem die Besichtigungs-, Abschätzungs- und Verkaufskosten zu tragen.

Artikel 880. Ist ein Theil der Güter auf der Reise verloren gegangen, so besteht der Schaden in eben so vielen Prozenten des Versicherungswerthes, als Prozente des Werthes der Güter verloren gegangen sind.

Artikel 881. Wenn Güter auf der Reise in Folge eines Unfalls verkauft worden sind, so besteht der Schaden in dem Unterschiede zwischen dem nach Abzug der Fracht, Zölle und Verkaufskosten sich ergebenden Reinerlöse der Güter und deren Versicherungswerthe.

Die übernommene Gefahr endet für den Versicherer erst mit dem Verkauf der Güter;

사가 배제되지 않는다.

피보험자가 이처럼 사후에 권리를 행사하는 경우, 보험자는 이미 지출된 수리 비용을, 그로 인하여 선박이 더욱 고가의 매각 가격을 달성한 범위 내에서, 특별히 보상하여야 한다.

제879조 훼손되어 목적항에 도착한 화물에 있어서는 훼손된 상태로 그 목적항에서 화물이 실제로 갖는 총 가격과 훼손되지 않은 상태로 거기에서 화물이 가졌을 총 가격을 비교하여 화물이 몇 퍼센트 그 가치를 상실하였는지 정한다. 동일한 퍼센트의 보험가액을 손해 금액이라고 본다.

훼손된 상태의 화물의 가격의 산정은 공매를 통하여 실현하거나, 혹은 보험자가 동의하면 감정을 통하여 실현한다. 훼손되지 않은 상태의 화물이 가졌을 가격의 산정은 제612조 제1문 및 제2문의 규정에 따라 이루어진다.

보험자는 그 외에도 검사, 감정 및 매각 비용을 부담한다.

제880조 항해 도중에 화물의 일부가 멸실되어 버린 경우, 멸실된 화물의 가격의 퍼센트를 산정하여, 보험가액의 동일한 퍼센트의 금액을 손해라고 본다.

제881조 사고를 당하여 항해 중에 화물을 매각한 경우, 매각 대금에서 운임, 관세 및 매각비용을 공제하고 남은 금액과 보험가액의 차이가 손해가 된다.

보험자가 인수한 위험은 화물의 매각과 함께 종료된다.; 보험자는 매매가격의 납입에 대하여도 책임을 진다.

제838조 내지 제842조의 규정은 본조의 규정으로 인하여 영향을 받지 않는다.

제882조 운임의 일부 멸실에 있어서는, 약정한 운임 또는 약정이 없으면 관행적 운임 중 소멸한 부분이 그 손해가 된다.

운임에 대한 보험가액이 합의되고, 제797조 제4문의 규정에 따라 보험자가 보상할 손해에 그 합의된 평가액이 기준이 되는 경우, 소멸된 약정한 운임 또는 관행

auch haftet der Versicherer für den Eingang des Kaufpreises.

Die Bestimmungen der Artikel 838. bis 842. werden durch die Vorschriften dieses Artikels nicht berührt.

Artikel 882. Bei partiellem Verluste der Fracht besteht der Schaden in demjenigen Theile der bedungenen oder in deren Ermangelung der üblichen Fracht, welcher verloren gegangen ist.

Ist die Fracht taxirt, und die Taxe nach Vorschrift des vierten Absatzes des Artikels 797. in Bezug auf einen von dem Versicherer zu ersetzenden Schaden maaßgebend, so besteht der Schaden in eben so vielen Prozenten der Taxe, als Prozente der bedungenen oder üblichen Fracht verloren sind.

Artikel 883. Bei imaginairem Gewinne oder Provision, welche von der Ankunft der Güter erwartet werden, besteht der Schaden, wenn die Güter im beschädigten Zustande ankommen, in eben so vielen Prozenten des als Gewinn oder Provision versicherten Betrages, als der nach Artikel 879. zu ermittelnde Schaden an den Gütern Prozente des Versicherungswerthes der letzteren beträgt.

Hat ein Theil der Güter den Bestimmungshafen nicht erreicht, so besteht der Schaden in eben so vielen Prozenten des als Gewinn oder Provision versicherten Betrages, als der Werth des in dem Bestimmungshafen nicht angelangten Theils der Güter Prozente des Werthes aller Güter beträgt.

Wenn bei der Versicherung des imaginairen Gewinnes in Ansehung des nicht angelangten Theils der Güter die Voraussetzungen des Artikels 864. vorhanden sind, so kommt von dem Schaden der im Artikel 864. bezeichnete Ueberschuß in Abzug.

Artikel 884. Bei Bodmerei- oder Havereigeldern besteht im Falle eines partiellen Verlustes der Schaden in dem Ausfalle, welcher darin sich gründet, dass der Gegenstand, welcher verbodmet oder für welchen die Havereigelder vorgeschossen oder verausgabt sind, zur Deckung der Bodmerei- oder Havereigelder in Folge späterer Unfälle nicht mehr genügt.

Artikel 885. Der Versicherer hat den nach den Artikeln 876. bis 884. zu berechnenden Schaden vollständig zu vergüten, wenn zum vollen Werthe versichert war, jedoch unbeschadet der Vorschrift des Artikels 804.; war nicht zum vollen Werthe versichert, so hat er nach Maaßgabe des Artikels 796. nur einen verhältnißmäßigen Theil dieses

적 운임의 퍼센트를 산정하여, 합의하여 평가된 운임의 동일한 퍼센트에 해당하는 금액을 그 손해라고 본다.

제883조 화물이 도착하면 기대되는 기대이익 또는 수수료에 있어서 화물이 훼손된 상태로 도착한 경우, 제879조에 따라 평가한 화물에 발생한 손해의 화물의 보험가액에 대한 퍼센트를 산정하여, 기대이익 또는 수수료로 부보된 금액의 동일한 퍼센트의 금액을 손해라고 본다.

　일부 화물이 목적항에 도달하지 않은 경우, 도착하지 않은 화물 부분의 가격의 모든 화물의 가격에 대한 퍼센트를 산정하여 기대이익 또는 수수료로 부보된 금액의 동일한 퍼센트의 금액이 손해라고 본다.

　기대이익의 보험에서 도착하지 않은 일부 화물과 관련하여 제864조의 요건이 존재하는 경우, 제864조에 표시된 잉여 금액은 이를 손해에서 공제한다.

제884조 모험대차 금액 또는 해손 금액의 경우에 목적물이나 대상물에 부분 멸실이 있는 때에는, 모험대차에서 담보로 된 목적물 또는 해손 금액이 선급되거나 지출된 대상물이 추후에 발생한 사고의 결과로 대차 금액 또는 해손 금액을 감당하기에 더 이상 충분하지 않게 된 것에 기해 발생한 부족액을 손해라고 본다.

제885조 보험가액 전액이 부보된 경우, 보험자는 제876조 내지 제884조에 따라 계산한 손해 전부를 보상하여야 하며, 다만 이로 인하여 제804조 규정은 그 적용에 영향을 받지 않는다.; 보험가액 전액을 부보하지 않은 경우, 보험자는 제796조에 의해 부보 비율에 따라 손해의 일부를 보상한다.

Schadens zu vergüten.

Sechster Abschnitt. Bezahlung des Schadens.

Artikel 886. Der Versicherte hat, um den Ersatz eines Schadens fordern zu können, eine Schadensberechnung dem Versicherer mitzutheilen.

Er muß zugleich durch genügende Beläge dem Versicherer darthun:

1) sein Interesse;

2) daß der versicherte Gegenstand den Gefahren der See ausgesetzt worden ist;

3) den Unfall, worauf der Anspruch gestützt wird;

4) den Schaden und dessen Umfang.

Artikel 887. Bei der Versicherung für fremde Rechnung hat außerdem der Versicherte sich darüber auszuweisen, daß er dem Versicherungsnehmer zum Abschlusse des Vertrages Auftrag ertheilt hat. Ist die Versicherung ohne Auftrag geschlossen (Artikel 786.), so muß der Versicherte die Umstände darthun, aus welchen hervorgeht, daß die Versicherung in seinem Interesse genommen ist.

Artikel 888. Als genügende Beläge sind anzusehen im Allgemeinen solche Beläge, welche im Handelsverkehr namentlich wegen der Schwierigkeit der Beschaffung anderer Beweise nicht beanstandet zu werden pflegen, insbesondere

1) zum Nachweise des Interesse:

bei der Versicherung des Schiffs die üblichen Eigenthumsurkunden;

bei der Versicherung von Gütern die Fakturen und Konnossemente, insofern nach Inhalt derselben der Versicherte zur Verfügung über die Güter befugt erscheint;

bei der Versicherung der Fracht die Chartepartien und Konnossemente;

2) zum Nachweise der Verladung der Güter die Konnossemente;

3) zum Nachweise des Unfalls die Verklarung und das Schiffsjournal (Artikel 488. und 494.), in Kondemnationsfällen das Erkenntniß des Prisengerichts, in Verschollenheitsfällen glaubhafte Bescheinigungen über die Zeit, in welcher das Schiff den Abgangshafen verlassen hat und über die Nichtankunft desselben im Bestimmungshafen während der Verschollenheitsfrist;

4) zum Nachweise des Schadens und dessen Umfanges die den Gesetzen oder

제6절 보험금의 지급

제886조 손해의 보상을 청구하기 위해 피보험자는 보험자에게 손해계산서를 제출하여야 한다.

동시에 피보험자는 충분한 증빙자료에 의해 보험자에게 아래 사항을 증명하여야 한다.:

1) 자기의 이익;

2) 부보된 목적물이 해상위험에 노정되었던 것;

3) 청구의 근원이 되는 사고;

4) 손해 및 그 범위.

제887조 타인의 계산으로 든 보험에서는 그 외에도, 피보험자는 그가 보험계약자에게 보험계약을 체결하도록 위임한 것도 입증하여야 한다. 위임 없이 보험계약이 체결된 경우(제786조), 자기의 이익을 위해 보험을 가입하기에 이른 상황도 증명하여야 한다.

제888조 일반적으로 주로 상거래에서 증거 제시에 어려움 때문에 통상 이의를 제기하지 않는 증빙서류는 이를 여기에서 말하는 충분한 증빙서류라고 본다. 특히

1) 이익을 입증하기 위해;

선박보험에서 관행적 소유 증서;

화물보험에서 송장 및 선하증권으로 그 내용에 피보험자가 화물을 처분할 권한이 있는 것이 나타나야 한다.

운임보험에서 용선계약서 및 선하증권;

2) 화물의 선적을 증명하기 위해, 선하증권;

3) 사고를 입증하기 위하여, 해난신고서 및 항해일지(제488조 및 제494조), 몰수의 경우, 포획 법원의 확인서, 행방불명의 경우, 선박이 출발한 시기와 행방

Gebräuchen des Orts der Schadensermittelung entsprechenden Besichtigungs-, Abschätzungs- und Versteigerungsurkunden, sowie die Kostenanschläge der Sachverständigen, ferner die quittirten Rechnungen über die ausgeführten Reparaturen und andere Quittungen über geleistete Zahlungen; in Ansehung eines partiellen Schadens am Schiff (Artikel 876. 877.) genügen jedoch die Besichtigungs- und Abschätzungsurkunden, sowie die Kostenanschläge nur dann, wenn die etwaigen Schäden, welche in Abnutzung, Alter, Fäulniß oder Wurmfraß sich gründen, gehörig ausgeschieden sind, und wenn zugleich, soweit es ausführbar war, solche Sachverständige zugezogen worden sind, welche entweder ein- für allemal obrigkeitlich bestellt oder von dem Ortsgericht oder dem Landeskonsul und in deren Ermangelung oder, sofern deren Mitwirkung sich nicht erlangen ließe, von einer anderen Behörde besonders ernannt waren.

Artikel 889. Auch im Falle eines Rechtstreits ist den im Artikel 888. bezeichneten Urkunden in der Regel und, insofern nicht besondere Umstände Bedenken erregen, Beweiskraft beizulegen.

Artikel 890. Eine Vereinbarung, wodurch der Versicherte von dem Nachweise der im Artikel 886. erwähnten Umstände oder eines Theils derselben befreit wird, ist gültig, jedoch unbeschadet des Rechts des Versicherers, das Gegentheil zu beweisen.

Die bei der Versicherung von Gütern getroffene Vereinbarung, daß das Konnossement nicht zu produziren sei, befreit nur von dem Nachweise der Verladung.

Artikel 891. Bei der Versicherung für fremde Rechnung ist der Versicherungsnehmer ohne Beibringung einer Vollmacht des Versicherten legitimirt, über die Rechte, welche in dem Versicherungsvertrage für den Versicherten ausbedungen sind, zu verfügen, sowie die Versicherungsgelder zu erheben und einzuklagen. Diese Bestimmung gilt jedoch im Falle der Ertheilung einer Polize nur dann, wenn der Versicherungsnehmer die Polize beibringt.

Ist die Versicherung ohne Auftrag genommen, so bedarf der Versicherungsnehmer zur Erhebung oder Einklagung der Versicherungsgelder der Zustimmung des Versicherten.

Artikel 892. Im Falle der Ertheilung einer Polize hat der Versicherer die Versicherungsgelder dem Versicherten zu zahlen, wenn dieser die Polize beibringt.

불명 기간 내에 목적항에 도착하지 않은 것을 증명할 믿을 만한 증서;
4) 손해와 그 범위를 입증하기 위해, 손해를 사정하는 지역의 법률이나 관습에 따른 검사, 감정과 경매 증서 및 감정인의 비용 견적서, 또 행하였던 수리에 관한 변제계산서 및 기타 지급에 관한 영수증; 선박의 일부 손해와 관련하여서는(제876조, 제877조) 검사증서, 감정증서 및 비용견적서로 충분하지만, 다만 마모, 노후, 부패 또는 충해가 적절히 제외되어 있고, 또 가능한 범위 내에서 항구적인 임무로서 임명을 받은 감정인이나, 혹은 지역 법원이나 주의 영사가, 이들이 없거나 이들의 협조를 받을 수 없는 때에는 다른 행정기관이, 임시로 지명한 감정인이, 각각 초빙되어 이를 하여야 한다.

제889조   쟁송의 경우에도 제888조에 표시된 문서는 달리 의심을 불러일으킬 상황이 없으면 원칙적으로 그 증명력이 부여된다.

제890조   제886조에 열거된 상황 또는 그 일부에 관해, 피보험자의 입증 책임을 면제하는 약정은 유효하며, 다만 이로 인하여 보험자가 반증을 들 권리가 영향을 받는 것은 아니다.

화물보험에서 선하증권을 제출할 필요가 없다는 합의는, 오로지 선적을 증명할 의무만 면제하는 효력이 있다.

제891조   타인을 위한 보험에서 보험계약자는 피보험자의 대리권을 입증하지 않고도 보험계약에서 피보험자를 위해 약정한 권리를 처분할 수 있고, 나아가 보험금을 청구하고 이를 소구할 수 있다. 보험증권이 발행된 경우, 이 규정은 보험계약자가 보험증권을 제시한 때에만 적용된다.

피보험자의 위임 없이 보험에 든 경우, 보험계약자가 보험금을 청구하고 이를 소구하려면 피보험자의 동의가 있어야 한다.

제892조   보험증권이 발행된 경우에는, 피보험자가 보험증권을 제시하는 때에,

Artikel 893. Der Versicherungsnehmer ist nicht verpflichtet, die Polize dem Versicherten oder den Gläubigern oder der Konkursmasse desselben auszuliefern, bevor er wegen der gegen den Versicherten in Bezug auf den versicherten Gegenstand ihm zustehenden Ansprüche befriedigt ist. Im Falle eines Schadens kann der Versicherungsnehmer wegen dieser Ansprüche aus der Forderung, welche gegen den Versicherer begründet ist, und nach Einziehung der Versicherungsgelder aus den letzteren vorzugsweise vor dem Versicherten und vor dessen Gläubigern sich befriedigen.

Artikel 894. Der Versicherer macht sich dem Versicherungsnehmer verantwortlich, wenn er, während dieser noch im Besitze der Polize sich befindet, durch Zahlungen, welche er dem Versicherten oder den Gläubigern oder der Konkursmasse desselben leistet, oder durch Verträge, welche er mit denselben schließt, das in dem Artikel 893. bezeichnete Recht des Versicherungsnehmers beeinträchtigt.

Inwiefern der Versicherer einem Dritten, welchem Rechte aus der Polize eingeräumt sind, sich dadurch verantwortlich macht, daß er über diese Rechte Verträge schließt oder Versicherungsgelder zahlt, ohne die Polize sich zurückgeben zu lassen oder dieselbe mit der erforderlichen Bemerkung zu versehen, bestimmt sich nach den Vorschriften des bürgerlichen Rechts.

Artikel 895. Wird der Versicherer auf Zahlung der Versicherungsgelder in Anspruch genommen, so kann er bei der Versicherung für fremde Rechnung Forderungen, welche ihm gegen den Versicherungsnehmer zustehen, nicht zur Kompensation bringen.

Artikel 896. Der Versicherte ist befugt, nicht allein die aus einem bereits eingetretenen Unfall ihm zustehenden, sondern auch die künftigen Entschädigungsansprüche einem Dritten abzutreten. Ist eine Polize ertheilt, welche an Order lautet, so kann dieselbe durch Indossament übertragen werden; in Ansehung eines solchen Indossamentes kommen die Vorschriften der Artikel 301. 303. 305. zur Anwendung. Bei der Versicherung für fremde Rechnung ist zur Gültigkeit der ersten Uebertragung das Indossament des Versicherungsnehmers genügend.

Artikel 897. Wenn nach Ablauf zweier Monate seit der Anzeige des Unfalls die Schadensberechnung (Artikel 886.) ohne Verschulden des Versicherten noch nicht vorgelegt, wohl aber durch ungefähre Ermittelung die Summe festgestellt ist, welche dem Versicherer mindestens zur Last fällt, so hat der letztere diese Summe in

보험자는 피보험자에게 보험금을 지급하여야 한다.

제893조　보험계약자는, 그가 부보된 목적물과 관련하여 피보험자에 대해 갖는 청구권이 변제되기 전에는, 보험증권을 피보험자에게 또는 피보험자의 채권자나 파산재단에게 인도하여 줄 의무가 없다. 손해가 발생한 경우에 보험계약자는, 보험계약에 기한 피보험자의 보험자에 대한 채권으로부터 또는 보험금을 받으면 그 보험금으로부터, 피보험자나 그 채권자보다 우선적으로 변제를 받을 권리가 있다.

제894조　보험계약자가 보험증권을 보유하고 있는 동안에, 보험자가 피보험자에게 또는 그의 채권자나 파산재단에게 변제를 하여, 혹은 이들과 계약을 체결하여, 제893조에서 말하는 보험계약자의 권리를 침해하면, 그 보험자는 보험계약자에게 책임을 져야 한다.

　보험증권을 통해 부여되는 권리를 가진 제3자에게, 보험증권을 반환하게 하거나 또는 보험증권에 필요한 표시를 하지 않고서, 그 권리에 관해 계약을 하거나 보험금을 지급한 보험자가 어느 정도 그로 인해 책임을 지는지는, 민법의 규정에 따라 정해진다.

제895조　타인을 위한 보험에서 보험금의 지급을 요청받은 보험자는 그가 보험계약자에 대해 가지는 채권을 가지고 상계할 수 없다.

제896조　피보험자는 이미 발생한 사고로 인해 그가 갖는 손해보상청구권뿐만 아니라 장래 발생할 손해보상청구권도 제3자에게 양도할 수 있다. 보험증권이 지시식으로 발행된 경우, 배서를 통해 이를 양도할 수 있다.; 이러한 배서에 대하여는 제301조, 제303조 및 제305조의 규정이 적용된다. 타인을 위한 보험에서는 최초의 이전이 유효하기 위해 보험계약자의 배서가 있으면 충분하다.

Anrechnung auf seine Schuld vorläufig zu zahlen, jedoch nicht vor Ablauf der etwa für die Zahlung der Versicherungsgelder bedungenen Frist. Soll die Zahlungsfrist mit dem Zeitpunkt beginnen, in welchem dem Versicherer die Schadensberechnung mitgetheilt ist, so wird dieselbe im Falle dieses Artikels von der Zeit an berechnet, in welcher dem Versicherer die vorläufige Ermittelung mitgetheilt ist.

Artikel 898. Der Versicherer hat 1) in Havereifällen zu den für die Rettung, Erhaltung oder Wiederherstellung der versicherten Sache nöthigen Ausgaben in Anrechnung auf seine später festzustellende Schuld zwei Drittel des ihm zur Last fallenden Betrages, 2) bei Aufbringung des Schiffs oder der Güter den vollen Betrag der ihm zur Last fallenden Kosten des Reklameprozesses, sowie sie erforderlich werden, vorzuschießen.

Siebenter Abschnitt. Aufhebung der Versicherung und Rückzahlung der Prämie.

Artikel 899. Wird die Unternehmung, auf welche die Versicherung sich bezieht, ganz oder zum Theil von dem Versicherten aufgegeben, oder wird ohne sein Zuthun die versicherte Sache ganz oder ein Theil derselben der von dem Versicherer übernommenen Gefahr nicht ausgesetzt, so kann die Prämie ganz oder zu dem verhältnißmäßigen Theil bis auf eine dem Versicherer gebührende Vergütung zurückgefordert oder einbehalten werden (Ristorno).

Die Vergütung (Ristornogebühr) besteht, sofern nicht ein anderer Betrag vereinbart oder am Orte der Versicherung üblich ist, in einem halben Prozent der ganzen oder des entsprechenden Theils der Versicherungssumme, wenn aber die Prämie nicht ein Prozent der Versicherungssumme erreicht, in der Hälfte der ganzen oder des verhältnißmäßigen Theils der Prämie.

Artikel 900. Ist die Versicherung wegen Mangels des versicherten Interesse (Artikel 782.) oder wegen Ueberversicherung (Artikel 790.) oder wegen Doppelversicherung (Artikel 792.) unwirksam, und hat sich der Versicherungsnehmer bei dem Abschlusse

제897조   보험사고의 통지가 있은 다음 2개월이 경과하도록 피보험자의 귀책사유 없이 손해계산서(제886조)가 제출되지 않고 있고, 그렇지만 대략적인 평가를 통해 보험자가 부담할 최소 금액이 확정되어 있는 경우, 보험자는 이 금액을 추후에 그의 채무에 산입하는 것을 전제로 임시로 지급하여야 하며, 다만 보험금의 지급을 위해 약정한 기간이 경과하기 전에는 이러한 지급을 할 의무가 없다. 지급기간이 손해계산서를 보험자에게 제출한 시점부터 개시되는 경우, 이 기간은 본조에 있어서는 임시 평가서가 보험자에게 제출된 시기부터 계산한다.

제898조   보험자는 1) 해손의 경우, 부보된 물건의 구조, 보존 및 복구를 위해, 추후에 확정될 그의 채무에 산입을 전제로, 그가 부담할 금액의 3분지 2를 선급하여야 하고, 2) 선박이나 화물이 나포된 때에는 그가 부담할 회수 절차의 비용의 전액을 필요하다면 선급하여야 한다.

제7절 보험의 소멸과 보험료의 반환

제899조   보험의 기초가 된 기업활동의 전부 혹은 일부를 피보험자가 포기한 경우, 또는 부보된 물건 전부 혹은 일부가 피보험자의 관여 없이 보험자가 인수한 위험에 노정되지 않게 된 경우, 보험자에게 부여된 아래와 같은 보상을 제외하고, 피보험자는 보험료 전부나 비율에 따른 일부의 반환을 청구하거나 그 지급을 유보할 수 있다(해약). 보상(해약수수료)은, 다른 금액이 당사자에 의해 약정되거나 부보한 지역에서 관행이 아닌 한, 보험금액 전부 혹은 해당 부분의 0.5퍼센트이며, 다만 보험료가 보험금액의 1퍼센트에 이르지 못하는 경우, 약정한 보험료 전부 또는 비율에 따른 일부의 절반이 된다.

제900조   부보할 이익의 부재(제782조), 초과보험(제790조) 또는 중복보험(제792조)으로 인하여 보험이 효력이 없고, 보험계약 체결 시에 보험계약자가 선의이었고, 타인을 위한 보험의 경우 위임을 할 때에 피보험자도 선의이었던 때에는, 보험료는, 마찬가지로 제899조에 규정된 보험자에게 부여될 보상을 제외하고서, 그 반

des Vertrages und im Falle der Versicherung für fremde Rechnung auch der Versicherte bei der Ertheilung des Auftrages in gutem Glauben befunden, so kann die Prämie gleichfalls bis auf die im Artikel 899. bezeichnete Ristornogebühr zurückgefordert oder einbehalten werden.

Artikel 901. Die Anwendung der Artikel 899. und 900. ist dadurch nicht ausgeschlossen, daß der Versicherungsvertrag für den Versicherer wegen Verletzung der Anzeigepflicht oder aus anderen Gründen unverbindlich ist, selbst wenn der Versicherer ungeachtet dieser Unverbindlichkeit auf die volle Prämie Anspruch hätte.

Artikel 902. Ein Ristorno findet nicht statt, wenn die Gefahr für den Versicherer bereits zu laufen begonnen hat.

Artikel 903. Wenn der Versicherer zahlungsunfähig geworden ist, so ist der Versicherte befugt, nach seiner Wahl entweder von dem Vertrage zurückzutreten und die ganze Prämie zurückzufordern oder einzubehalten, oder auf Kosten des Versicherers nach Maaßgabe des Artikels 793. eine neue Versicherung zu nehmen. Dieses Recht steht ihm jedoch nicht zu, wenn ihm wegen Erfüllung der Verpflichtungen des Versicherers genügende Sicherheit bestellt wird, bevor er von dem Vertrage zurückgetreten ist oder die neue Versicherung genommen hat.

Artikel 904. Wird der versicherte Gegenstand veräußert, so können dem Erwerber die dem Versicherten nach dem Versicherungsvertrage auch in Bezug auf künftige Unfälle zustehenden Rechte mit der Wirkung übertragen werden, daß der Erwerber den Versicherer ebenso in Anspruch zu nehmen befugt ist, als wenn die Veräußerung nicht stattgefunden hätte und der Versicherte selbst den Anspruch erhöbe.

Der Versicherer bleibt von der Haftung für die Gefahren befreit, welche nicht eingetreten sein würden, wenn die Veräußerung unterblieben wäre.

Er kann sich nicht nur der Einreden und Gegenforderungen bedienen, welche ihm unmittelbar gegen den Erwerber zustehen, sondern auch derjenigen, welche er dem Versicherten hätte entgegenstellen können, der aus dem Versicherungsvertrage nicht hergeleiteten jedoch nur insofern, als sie bereits vor der Anzeige der Uebertragung entstanden sind.

Durch die vorstehende Bestimmung werden die rechtlichen Wirkungen der mittelst Indossamentes erfolgten Uebertragung einer Police, welche an Order lautet, nicht

환을 청구하거나 그 지급을 유보할 수 있다.

제901조 제899조 및 제900조는, 보험계약이 고지의무의 위반 또는 다른 이유로 보험자에 대해 구속력이 없다 하더라도, 그 적용이 배제되지 아니하며, 이는 보험자가 구속력의 부재와 상관없이 보험료 전액을 청구할 수 있었던 때에도 마찬가지이다.

제902조 보험자가 인수한 위험이 이미 개시되면 보험계약은 해약되지 않는다.

제903조 보험자가 지급불능에 빠지면, 피보험자는 선택권이 있어서, 보험계약을 해제하고 보험료 전액에 관해 반환의 청구나 지급의 유보를 하거나, 혹은 보험자의 비용으로 제793조의 규정에 따라 새로이 보험에 들 수 있다. 그러나 피보험자가 보험해약을 해제하거나 새로운 보험에 가입하기 전에, 보험자가 자기의 의무의 이행에 충분한 담보를 피보험자에게 제공한 때에는 피보험자는 이러한 권리가 없다.

제904조 부보된 목적물이 양도된 경우, 보험계약에 따라 장래 사고와 관련하여 피보험자가 가지는 권리를 양수인에게 양도할 수 있고, 그러면 그 효력으로 양도가 없었더라면 피보험자가 청구할 수 있었을 것과 마찬가지로 양수인이 보험자에게 청구할 수 있다.

보험자는 양도가 이루어지지 않았다면 발생하지 않았을 위험에 대해 책임을 지지 않는다.

보험자는 그가 양수인에 대해 직접 갖는 항변 또는 반대 채권을 원용할 수 있는 것은 물론, 보험자는 그가 피보험자에게 제기할 수 있었던 항변과 반대 채권도 원용할 수 있으며, 다만 보험계약에 기인하지 않는 항변과 반대 채권은 양도를 통지하기 이전에 이미 발생했던 것이어야만 이를 원용할 수 있다.

지시식으로 발행된 보험증권이 배서를 통해 실현된 이전의 법적 효력은 위 규

berührt.

Artikel 905. Die Vorschriften des Artikels 904. gelten auch im Falle der Versicherung einer Schiffspart.

Ist das Schiff selbst versichert, so kommen dieselben nur dann zur Anwendung, wenn das Schiff während einer Reise veräußert wird. Anfang und Ende der Reise bestimmen sich nach Artikel 827. Ist das Schiff auf Zeit oder für mehrere Reisen (Artikel 760.) versichert, so dauert die Versicherung im Falle der Veräußerung während einer Reise nur bis zur Entlöschung des Schiffs im nächsten Bestimmungshafen (Artikel 827.).

Zwölfter Titel. Von der Verjährung.

Artikel 906. Die im Artikel 757. aufgeführten Forderungen verjähren in einem Jahre.

Es beträgt jedoch die Verjährungsfrist zwei Jahre:

1) für die aus den Dienst- und Heuerverträgen herrührenden Forderungen der Schiffsbesatzung, wenn die Entlassung jenseits des Vorgebirges der guten Hoffnung oder des Kap Horn erfolgt ist;

2) für die aus dem Zusammenstoße von Schiffen hergeleiteten Entschädigungsforderungen.

Artikel 907. Die nach dem vorstehenden Artikel eintretende Verjährung bezieht sich zugleich auf die persönlichen Ansprüche, welche dem Gläubiger etwa gegen den Rheder oder eine Person der Schiffsbesatzung zustehen.

Artikel 908. Die Verjährung beginnt:

1) in Ansehung der Forderungen der Schiffsbesatzung (Artikel 757. Ziffer 4.) mit dem Ablaufe des Tages, an welchem das Dienst- oder Heuerverhältniß endet, und falls die Anstellung der Klage früher möglich und zulässig ist, mit dem Ablaufe des Tages, an welchem diese Voraussetzung zutrifft; jedoch kommt das Recht, Vorschuß- und Abschlagszahlungen zu verlangen, für den Beginn der Verjährung nicht in Betracht;

2) in Ansehung der Forderungen wegen Beschädigung oder verspäteter Ablieferung von Gütern und Reise-Effekten (Artikel 757. Ziffer 8. und 10.) und wegen der Beiträge zur großen Haverei (Artikel 757. Ziffer 6.) mit dem Ablaufe des Tages,

정에 의하여 영향을 받지 않는다.

제905조   제904조의 규정은 선박 지분의 보험의 경우에도 적용된다.

　선박 자체가 부보된 경우, 동 규정은 항해 중에 선박이 양도된 때에 한해 적용된다. 항해의 개시와 종료는 제827조에 의하여 정한다. 선박이 일정 기간 또는 여러 항해를 위해 부보된 경우(제760조), 항해 중에 양도가 되면, 다음 항구에서(제827조) 양륙을 완료할 때까지 보험이 존속한다.

제12장 시　효

제906조   제757조에 열거된 채권은 1년의 기간으로 시효가 만료된다. 그러나 다음 채권은 2년의 시효기간이 적용된다:

　　1) 선원의 선원계약에 의해 발생하는 채권으로 면직이 희망봉 또는 혼 갑 저쪽
　　　　바깥에서 이루어진 때;

　　2) 선박충돌로 인해 발생한 손해배상청구권.

제907조   전조에 따라 시행되는 시효는 채권자가 선주나 선원에 대해 갖는 인적 채권에도 마찬가지로 해당이 된다.

제908조   시효기간은 다음과 같이 시작된다.:

　　1) 선원의 채권과 관련하여(제757조 4호), 선원계약이 종료한 날의 경과, 만일 이
　　　　보다 전에 소송의 제기가 가능하고 허용된다면 이 조건을 충족하는 날의 경
　　　　과; 그러나 선급이나 분납을 요구할 수 있는 권리는 시효기간의 개시에 있어
　　　　이를 고려하지 않는다.;

　　2) 화물 및 수하물의 훼손 또는 인도 지연(제757조 8호 및 10호) 및 공동해손에서
　　　　분담금(제757조 6호)으로 인한 채권에 관해서는, 인도된 날의 경과, 화물의 미
　　　　인도를 이유로 한 채권에 관해서는 인도가 이루어졌어야 할 항구에 선박이

an welchem die Ablieferung erfolgt ist, in Ansehung der Forderungen wegen Nichtablieferung von Gütern mit dem Ablaufe des Tages, an welchem das Schiff den Hafen erreicht, wo die Ablieferung erfolgen sollte, und wenn dieser Hafen nicht erreicht wird, mit dem Ablaufe des Tages, an welchem der Betheiligte sowohl hiervon als auch von dem Schaden zuerst Kenntniß gehabt hat;

3) in Ansehung der nicht unter die Ziffer 2. fallenden Forderungen aus dem Verschulden einer Person der Schiffsbesatzung (Artikel 757. Ziffer 10.) mit dem Ablaufe des Tages, an welchem der Betheiligte von dem Schaden Kenntniß erlangt hat, in Ansehung der Entschädigungsforderungen wegen des Zusammenstoßes von Schiffen jedoch mit dem Ablaufe des Tages, an welchem der Zusammenstoß stattgefunden hat;

4) in Ansehung aller anderen Forderungen mit dem Ablaufe des Tages, an welchem die Forderung fällig geworden ist.

Artikel 909. Ferner verjähren in einem Jahre die auf den Gütern wegen der Fracht nebst allen Nebengebühren, wegen des Liegegeldes, der ausgelegten Zölle und sonstigen Auslagen, wegen der Bodmereigelder, der Beiträge zur großen Haverei und der Bergungs- und Hülfskosten haftenden Forderungen, sowie alle persönlichen Ansprüche gegen die Ladungsbetheiligten und die Forderungen wegen der Ueberfahrtsgelder.

Die Verjährung beginnt in Ansehung der Beiträge zur großen Haverei mit dem Ablaufe des Tages, an welchem die beitragspflichtigen Güter abgeliefert sind, in Ansehung der übrigen Forderungen mit dem Ablaufe des Tages, an welchem die Fälligkeit eingetreten ist.

Artikel 910. Es verjähren in fünf Jahren die Forderungen des Versicherers und des Versicherten aus dem Versicherungsvertrage.

Die Verjährung beginnt mit dem Ablaufe des letzten Tages des Jahres, in welchem die versicherte Reise beendigt ist, und bei der Versicherung auf Zeit mit dem Ablaufe des Tages, an welchem die Versicherungszeit endet. Sie beginnt, wenn das Schiff verschollen ist, mit dem Ablaufe des Tages, an welchem die Verschollenheitsfrist endet.

Artikel 911. Eine Forderung, welche nach den Artikeln 906. bis 910. verjährt ist, kann auch im Wege der Kompensation oder sonst als Gegenforderung nicht geltend gemacht werden, wenn sie zur Zeit der Entstehung der anderen Forderung bereits verjährt war.

도착한 날의 경과, 선박이 이 항구에 도달하지 못한 때에는 관계인이 미도달 및 손해에 관해 처음으로 알게 된 날의 경과;

3) 2호에 해당되지 않는 선원의 귀책사유로 인한 채권(제757조 10호)에 관해서는 관계인이 손해에 관해 알게 된 날의 경과, 다만 선박의 충돌로 인한 손해배상 청구권에 관해서는 충돌이 발생한 날의 경과.;

4) 다른 모든 채권과 관련하여서는 채권이 이행기에 이른 날의 경과.

제909조 나아가 수수료를 포함한 운임에 의해, 체선료, 납부한 관세 기타 지출에 의해, 모험대차 금액, 공동해손 분담금, 구조와 원조비에 의해, 화물로 담보되는 채권 및 적하 이해관계인에 대한 모든 인적 청구권 및 여객 운임에 기한 채권은 1년의 시효로 소멸한다.

공동해손 분담금에 관해 시효기간은 분담 의무를 지는 화물이 인도된 날이 경과하면 개시되고 다른 모든 채권에 관해서는 이행기에 들어간 날이 경과하면 개시된다.

제910조 보험계약에 기한 보험자 및 피보험자의 채권은 5년의 시효기간이 경과하면 시효로 소멸한다.

시효기간은 부보된 항해가 종료되는 해의 마지막 날이 경과하면 개시되고, 기간을 단위로 부보가 되면 보험기간이 종료되는 날이 경과하면 개시된다. 선박이 행방불명된 경우, 시효기간은 행방불명기간이 종료한 날이 경과하면 개시된다.

제911조 제906조 내지 제910조에 따라 시효가 완성된 채권은, 다른 채권이 발생할 때에 이미 시효가 완성된 때에는, 그 채권과 상계 또는 기타 반대채권의 수단으로 사용할 수 없다.

Handelsgesetzbuch 1897

[1897-2012]

1897년 독일 상법

[1897-2012]

Handelsgesetzbuch 1897
[1897–2012]

Viertes Buch. Seehandel.

[geändert in 1986; Fünftes Buch. Seehandel.]

Erster Abschnitt. Allgemeine Vorschriften.

【aufgehoben in 1940】 **§ 474** Wird ein zum Erwerb durch die Seefahrt bestimmtes Schiff oder ein Anteil an einem solchen Schiffe (Schiffspart) veräußert, so kann die nach den Vorschriften des bürgerlichen Rechtes zum Eigentumsübergang erforderliche Übergabe durch die zwischen dem Veräußerer und dem Erwerber getroffene Vereinbarung ersetzt werden, daß das Eigentum sofort auf den Erwerber übergehen soll.

【aufgehoben in 1940】 **§ 475** In allen Fällen der Veräußerung eines Schiffes oder einer Schiffspart kann jeder Teil verlangen, daß ihm auf seine Kosten eine öffentlich beglaubigte Urkunde über die Veräußerung erteilt wird.

§ 476 Wird ein Schiff oder eine Schiffspart veräußert, während sich das Schiff auf der Reise befindet, so ist im Verhältnis zwischen dem Veräußerer und dem Erwerber in Ermangelung einer anderen Vereinbarung anzunehmen, daß dem Erwerber der Gewinn der laufenden Reise gebühre oder der Verlust der laufenden Reise zur Last falle.

§ 477 Durch die Veräußerung eines Schiffes oder einer Schiffspart wird in den persönlichen Verpflichtungen des Veräußerers gegen Dritte nichts geändert.

제4편 해 상
[1986년 변경; 제5편]

제1장 총 칙

【1940년 삭제】제474조　항해를 통한 수익을 얻을 목적에 제공된 선박 혹은 그 지분(선박지분)이 양도된 경우, 민법상 소유권 이전에 필요한 인도는 소유권이 즉시 양수인에게 이전된다는 양도인과 양수인 사이의 합의로 이를 대체할 수 있다.

【1940년 삭제】제475조　선박 또는 그 지분이 양도되면 여하한 경우이든 당사자는 각자 상대방에 대해 자기 비용으로 그 양도에 관한 공적으로 인증된 증서의 교부를 청구할 수 있다.

제476조　선박 또는 그 지분이 항해 도중에 양도된 경우, 다른 합의가 없는 한, 양도인과 양수인의 관계에 있어서, 진행 중인 항해로부터 생기는 이익은 양수인에게 귀속되고, 또 진행 중인 항해로 생기는 손실도 양수인이 부담한다고 본다.

---

1) 법무자료, 독일상법전 제10집(1949) 법무부 조사국, 법제자료, 독불상사법 제30집(1967) 법제처, 神戸大學 외국법 연구회 편, 독일상법, 현대 외국법 총선(7), 유비각(1959), W. Arnold 역, The Maritime Code of the German Empire, Effingham Wilson(1900)을 참조하였다.

§ 478 (1) Zubehör eines Schiffes sind auch die Schiffsboote.

(2) Im Zweifel werden Gegenstände, die in das Schiffsinventar eingetragen sind, als Zubehör des Schiffes angesehen.

§ 479 (1) Im Sinne dieses Fiertes[geändert Fünften] Buches gilt ein seeuntüchtig gewordenes Schiff:

1. als reparaturunfähig, wenn die Reparatur des Schiffes überhaupt nicht möglich ist oder an dem Ort, wo sich das Schiff befindet, nicht bewerkstelligt, das Schiff auch nicht nach dem Hafen, wo die Reparatur auszuführen wäre, gebracht werden kann;

2. als reparaturunwürdig, wenn die Kosten der Reparatur ohne Abzug für den Unterschied zwischen alt und neu mehr betragen würden als drei Vierteile seines früheren Wertes.

(2) Ist die Seeuntüchtigkeit während einer Reise eingetreten, so gilt als der frühere Wert derjenige, welchen das Schiff bei dem Antritt der Reise gehabt hat, in den übrigen Fällen derjenige, welchen das Schiff, bevor es seeuntüchtig geworden ist, gehabt hat oder bei gehöriger Ausrüstung gehabt haben würde.

§ 480 (1) Als Heimathafen des Schiffes gilt der Hafen, von welchem aus die Seefahrt mit dem Schiff betrieben wird.

(2) Die Vorschriften dieses Gesetzbuchs, welche sich auf den Aufenthalt des Schiffes im Heimathafen beziehen, können durch die Landesgesetze auf alle oder einige Häfen des Reviers des Heimathafens ausgedehnt werden.

§ 481 Zur Schiffsbesatzung werden gerechnet der Kapitän, die Schiffsoffiziere **[eingefügt in 1902; die Schiffsoffiziere]**, die Schiffsmannschaft sowie alle übrigen auf dem Schiff angestellten Personen.

§ 482 (1) Die Zwangsversteigerung eines Schiffes im Wege der Zwangsvollstreckung darf nicht angeordnet werden, wenn das Schiff zum Abgehen fertig (segelfertig) ist. Auch darf ein segelfertiges Schiff nicht mit Arrest belegt werden.

(2) Diese Vorschriften finden keine Anwendung, wenn die Schuld, wegen deren die Zwangsversteigerung oder der Arrest stattfinden soll, zum Behufe der bevorstehenden Reise eingegangen ist.

[1972. neu gefaßt] § 482 Die Anordnung der Zwangsversteigerung eines Schiffes im

제477조   선박 혹은 그 지분이 양도된다고 하더라도, 양도인이 제3자에 대해 지고 있는 인적인 책임은, 그로 인하여 변경되지 아니한다.

제478조   (1) 선박에 탑재된 보트도 마찬가지로 이를 선박의 종물로 본다.
  (2) 선박의 속구목록에 등록된 물건은 의심스러운 경우 이를 그 선박의 종물로 본다.

제479조   (1) 본법 제4편【1986년 변경; 제5편】의 의미로는 다음과 같은 경우 그 선박은 "수선불가능" 혹은 "수선무가치"한 것으로 감항능력이 없다고 본다.:
    1) 선박의 수리가 전혀 불가능한 때에 혹은 선박이 있는 곳에서 작업을 할 수 없고 나아가 수선을 할 수 있는 항구로 선박을 예인할 수도 없는 때에, "수선불가능"한 것으로;
    2) 수리 전후 선박의 가격 차이를 공제하지 아니하고서, 수리비용이 이전 선박 가격의 4분지 3을 초과하는 금액에 해당되는 때에, "수선무가치"한 것으로.
  (2) 항해 중에 감항능력이 없게 된 경우에는, 항해를 개시한 때에 선박가격을 여기에서 말하는 이전 선박가격으로 보고, 기타의 경우에는 감항능력을 상실하기 이전이나 혹은 적정한 의장을 했을 때의 가격을 이전 선박가격으로 본다.

제480조   (1) 선박의 항해를 지휘하는 항구를 선적항으로 본다.
  (2) 선박이 선적항 내에 체재하는 것과 관련된 이 법의 규정은, 각 주 법률에 의하여, 그 체재를 선적항 관할 항구 구역 내에 있는 다른 모든 혹은 일부 항구의 체재로 확장할 수 있다.

제481조   선원이라 함은 선장, 사관【1902년 추가; 사관】, 부원 및 기타 선상 근무를 위해 임명된 모든 사람을 말한다.

제482조   (1) 강제집행의 수단으로 실시하는 강제경매는 선박이 출항을 위한 준비가 완료되면 (발항준비완료) 이를 명할 수 없다. 발항준비가 완료된 선박은 가압류도 명할 수 없다.
  (2) 강제경매 혹은 가압류를 하려는 근거 채무가 바로 수행할 항해를 위하여 부담한 것인 경우에는, 이 규정은 적용되지 아니한다.

Wege der Zwangsvollstreckung sowie die Vollziehung des Arrestes in das Schiff ist nicht zulässig, wenn sich das Schiff auf der Reise befindet und nicht in einem Hafen liegt.

§ 483   Wenn in diesem Vierten【geändert in 1986; Fünften】Buch die europäischen Häfen den außereuropäischen Häfen entgegengesetzt werden, so sind unter den ersteren sämtliche Häfen des Mittelländischen, Schwarzen und Asowschen Meeres als mitbegriffen anzusehen.

Zweiter Abschnitt. Reeder und Reederei.

§ 484   Reeder[1] ist der Eigentümer eines ihm zum Erwerb durch die Seefahrt dienenden Schiffes.

§ 485   (1) Der Reeder ist für den Schaden verantwortlich, den eine Person der Schiffsbesatzung einem Dritten durch ihr Verschulden in Ausführung ihrer Dienstverrichtungen zufügt.

【geändert in 1954】(1) Der Reeder ist für den Schaden verantwortlich, den eine Person der Schiffsbesatzung oder ein an Bord tätiger Seelotse【ersetzt in 1986; Lotse】einem Dritten in Ausführung von Dienstverrichtungen schuldhaft zufügt.

【eingefügt in 1937】(2) Er haftet den Ladungsbeteiligten jedoch nur soweit, wie der Verfrachter ein Verschulden der Schiffsbesatzung zu vertreten hat.

§ 486   (1) Der Reeder haftet für den Anspruch eines Dritten nicht persönlich, sondern nur mit Schiff und Fracht:

   1. wenn der Anspruch auf ein Rechtsgeschäft gegründet wird, welches der Kapitän als solcher kraft seiner gesetzlichen Befugnisse und nicht mit Bezug auf eine besondere Vollmacht geschlossen hat;
   2. wenn der Anspruch auf die Nichterfüllung oder auf die unvollständige oder mangelhafte Erfüllung eines von dem Reeder abgeschlossenen

---

1) 제정 당시에는 Rheder라고 하였다. 내수항행선의 경우 항해선과 달리 선주를 Schiffseigner라고 한다.

【1972년 개정】제482조　선박이 항해 중에 있으며 항구 내에 있지 않는 동안에는, 강제집행의 수단으로 선박의 경매를 명하거나 선박에 대해 가압류를 실시하는 것이 허용되지 아니한다.

제483조　본법 제4편【1986년 이후 변경; 5편】에서 유럽 내 항구와 유럽 외 항구를 구별하는 경우, 지중해, 흑해 및 아조프해[2]에 있는 모든 항구는 유럽 내 항구에 포함되는 것으로 본다.

제2장　선주와 선박공유

제484조　선주란 이익을 얻을 목적으로 항해에 제공된 선박의 소유자를 말한다.

제485조　(1) 선주는 어느 한 선원이 직무를 수행하던 중에 그 귀책사유로 제3자에게 가한 손해에 대해 배상책임이 있다.

【1954년 변경】(1) 선주는 어느 한 선원 혹은 선상에서 활동 중인 도선사가 직무를 수행하던 중에 그 귀책사유로 제3자에게 가한 손해에 대해 배상책임이 있다.

【1937년 삽입】(2) 그러나 적하 인해관계인에 대해서는 선주는 오로지 해상운송인으로서 선원의 귀책사유에 대해 책임이 있는 범위 내에서 그 책임을 진다.

제486조　(1) 선주는 다음의 경우 제3자의 청구권에 대해 인적 책임은 지지 않고 오로지 선박과 운임으로써 책임을 진다.

    1. 청구권이 특별히 부여한 대리권이 아니라 선장으로 법적인 권한에 기한 법률행위에 근거한 때;

    2. 청구권이 선주가 체결한 계약의 불이행, 불완전이행 혹은 하자 있는 이행

---

2) 흑해 북쪽 우크라이나와 러시아 사이에 있는 작은 바다이다.

Vertrags gegründet wird, sofern die Ausführung des Vertrags zu den Dienstobliegenheiten des Kapitäns gehört hat, ohne Unterschied, ob die Nichterfüllung oder die unvollständige oder mangelhafte Erfüllung von einer Person der Schiffsbesatzung verschuldet ist oder nicht;

3. wenn der Anspruch auf das Verschulden einer Person der Schiffsbesatzung oder ein an Bord tätiger Seelotse [eingefügt in 1954: oder ein an Bord tätiger Seelotse] gegründet wird.

(2) Diese Vorschrift findet in den Fällen der Nr. 1, 2 keine Anwendung, wenn den Reeder selbst in Ansehung der Vertragserfüllung ein Verschulden trifft oder wenn er die Vertragserfüllung besonders gewährleistet hat.

§ 487 Der Reeder haftet für die Forderungen der zur Schiffsbesatzung gehörenden Personen aus den Dienst- und Heuerverträgen nicht nur mit Schiff und Fracht, sondern persönlich.

Neugefaßt gesamt in 1972: §486~§487(d)

[neu gefaßt in 1972] § 486 (1) Der Reeder kann seine Haftung für vertragliche und außervertragliche Ansprüche Dritter auf Ersatz des Schadens aus der Tötung oder Verletzung eines Menschen (Personenschaden) oder auf Ersatz des Schadens aus dem Verlust oder der Beschädigung einer Sache oder des sonstigen Vermögensschadens (Sachschaden) beschränken, sofern diese Ansprüche aus der Verwendung des Schiffes entstanden sind.

(2) Absatz 1 ist nicht anzuwenden auf Ansprüche wegen Schäden, die von einer Person verursacht worden sind, die sich nicht an Bord des Schiffes befunden hat, es sei denn, daß

1. es sich um Ansprüche wegen der Tötung oder Verletzung von zum Zwecke der Beförderung an Bord des Schiffes befindlichen Menschen oder wegen des Verlustes oder der Beschädigung von an Bord des Schiffes befindlichen Sachen handelt oder

2. das den Schaden verursachende Verhalten im Zusammenhang mit der Führung oder der sonstigen Bedienung des Schiffes, dem Einladen, Befördern oder

으로 발생하고, 그 불이행, 불완전이행 및 하자 있는 이행이 어느 선원의 귀책사유에 기인한지 아닌지 불문하고, 그 계약의 이행이 선장의 직무 범위에 속한 때;

3. 청구권이 어느 선원 혹은 선상에서 활동 중인 도선사【1954년 추가; 혹은 선상에서 활동 중인 도선사】의 귀책사유에 근거한 때.

(2) 선주가 계약의 이행과 관련하여 개인적으로 귀책사유가 있는 때, 혹은 선주가 계약의 이행을 특별히 보증한 때에는, 전항 1호 및 2호의 경우 그 적용이 없다.

제487조 선주는 선원에 속하는 사람의 선원계약에 기한 청구권에 대하여는 선박과 운임을 가지고서 뿐만 아니라 개인적으로도 책임을 진다.

1972년 제486조 내지 제487조의(d) 일괄개정

【1972년 개정】제486조 (1) 사람의 사망이나 상해를 이유로 한 제3자의 손해배상청구권(인적 손해), 혹은 물건의 멸실이나 훼손 또는 기타 재산상 손해를 이유로 한 손해배상청구권(물적 손해)은, 이러한 청구권이 선박의 이용으로 인하여 발생한 것인 한, 계약상 청구권이든 비계약상 청구권이든, 제3자의 청구권에 대해, 선주는 그 책임을 제한할 수 있다.

(2) 위 제 (1)항의 규정은 선상에 있지 아니한 사람에 의하여 발생한 손해를 이유로 한 청구권에 대하여는 적용되지 아니하며, 다만 다음의 경우에는 그러하지 않다.

1. 청구권이 운송을 위해 선상에 있던 사람의 사망이나 상해에 관한 청구권 또는 선상에 있던 물건의 멸실이나 훼손에 관한 것인 경우, 혹은

2. 손해를 유발한 행위가 선박의 지휘 및 기타 관리 업무, 화물의 선적, 운송 또는 양륙, 혹은 여객의 승선, 운송 또는 하선과 관련이 있는 경우.

(3) 그 외에도 위 제1항은 다음에 대하여는 적용되지 않는다.

1. 선원에 속하는 사람의 청구권 및 선원에 속하는 사람의 사망이나 상해를 이유로 한 제3자의 청구권, 다만 승선관계가 외국법에 의하여 규율되고 그

Ausladen von Gütern oder dem Einschiffen, Befördern oder Ausschiffen von Reisenden steht.

(3) Absatz 1 ist ferner nicht anzuwenden

1. auf Ansprüche der zur Schiffsbesatzung gehörenden Personen sowie auf Ansprüche Dritter wegen der Tötung oder Verletzung von zur Schiffsbesatzung gehörenden Personen, es sei denn, daß das Heuerverhältnis ausländischem Recht unterliegt und nach diesem Recht die Haftung beschränkt werden kann;

2. auf Ansprüche aus Bergung oder Hilfsleistung sowie auf Ansprüche auf Beitragsleistung zur großen Haverei;

3. auf Ansprüche wegen nuklearer Schäden.

(4) Der Reeder kann seine Haftung nicht beschränken, wenn er die Erfüllung des Anspruchs besonders gewährleistet hat. Das gleiche gilt, wenn den Reeder selbst oder seinen gesetzlichen Vertreter oder, falls der Reeder eine juristische Person oder eine Personenhandelsgesellschaft ist, ein Mitglied des zur Vertretung berechtigten Organs oder einen zur Vertretung berechtigten Gesellschafter an der Entstehung des Schadens ein Verschulden trifft. MitReeder können ihre Haftung auch dann nicht beschränken, wenn den KorrespondentReeder an der Entstehung des Schadens ein Verschulden trifft.

(5) Ist der Reeder eine Personenhandelsgesellschaft, so kann auch jeder Gesellschafter seine persönliche Haftung für Ansprüche beschränken, für welche die Gesellschaft nach den Absätzen 1 bis 4 ihre Haftung beschränken kann.

[neu gefaßt in 1972] § 487 (1) Außer dem Reeder können auch die folgenden Personen ihre Haftung für vertragliche und außervertragliche Ansprüche Dritter auf Ersatz von Personen- und Sachschäden beschränken, die im Zusammenhang mit der Verwendung des Schiffes entstanden sind:

1. der Charterer;

2. die Personen der Schiffsbesatzung und die sonstigen Bediensteten des Schiffseigentümers, Reeders oder Charterers.

Satz 1 gilt in den Fällen der Nummer 2 nur für Ansprüche wegen Schäden, die der Schuldner in Ausübung seines Dienstes verursacht hat.

(2) § 486 Abs. 2 bis 5 gilt entsprechend. Die Beschränkung der Haftung einer der in Absatz 1 Nr. 2 genannten Personen wird jedoch durch ihr Verschulden nicht

법에 의하면 책임을 제한할 수 있는 경우는 제외;

　　2. 원조나 구조를 이유로 한 청구권 및 공동해손에 대한 분담금청구권;

　　3. 원자력 손해를 이유로 한 청구권.

　(4) 선주가 청구권의 이행을 특별히 담보한 때에는 그 선주는 책임을 제한할 수 없다. 선주 자신이나 그 법정대리인이 손해 발생에 귀책사유가 있는 때, 혹은 선주가 법인 또는 인적 회사인 경우 대리할 권리가 있는 기관의 구성원 혹은 대리를 할 권한이 있는 사원이 손해 발생에 귀책사유가 있는 때에는 마찬가지로 책임을 제한할 수 없다. 선박관리인이 손해 발생에 귀책사유가 있는 때에도 선박공유자는 책임을 제한할 수 없다.

　(5) 선주가 인적 회사인 경우, 위 제1항 내지 4항에 따라 회사가 책임을 제한할 수 있는 청구권에 대해 회사 사원도 그 개인적인 책임을 제한할 수 있다.

【1972년 개정】제487조　(1) 선주 이외에도, 다음의 사람은 선박의 이용과 관련하여 발생한 인적 물적 손해의 보상을 청구하는 제3자의 계약적 및 비계약적 청구권에 대해 그 책임을 제한할 수 있다.:

　　1. 용선자;

　　2. 선원 및 여타 선박의 소유자, 선주 또는 용선자의 피용자.

　위 제2호의 경우 유책자가 그 직무와 관련하여 발생시킨 손해를 이유로 한 청구권에 한해 위 제1문이 적용된다.

　(2) 이 경우에 위 제486조 제2항 내지 제5항의 규정을 준용한다. 위 제1항 2호에 열거된 사람에 의한 책임제한은 그에게 귀책사유가 있다고 하여 그 적용이 배제되지 않으며, 다만, 그가 동시에 선주 혹은 용선자이고 그 지위에서 손해를 발생시켰거나, 혹은 그가 고의로 손해를 유발시켰다면 그러하지 아니하다.

　(3) 나아가 선상에서 활동하는 도선사도 위 제1항 제1문에 게시된 청구권에 대해 그 책임을 제한할 수 있고, 다만 이는 그 청구권에 대해 선주 혹은 위 제1항 제1문에 열거된 사람이 연대채무자로서 책임이 있고 또 제486조 또는 위 제1항 및 제2항에 의해 그 책임을 제한할 수 있는 것을 전제로 한다. 제486조 제2항, 제3항 및 제4항 1문이 여기에 준용된다.; 이러한 책임의 제한은 도선사에게 귀책사유가 있

ausgeschlossen, es sei denn, daß sie zugleich Reeder oder Charterer ist und den Schaden in dieser Eigenschaft verursacht hat, oder daß sie den Schaden vorsätzlich herbeigeführt hat.

(3) Ferner kann ein an Bord tätiger Seelotse seine Haftung für die in Absatz 1 Satz 1 bezeichneten Ansprüche beschränken, soweit für diese Ansprüche auch der Reeder oder eine der in Absatz 1 Satz 1 genannten Personen als Gesamtschuldner haftet und die Haftung nach § 486 oder nach Absatz 1 und 2 beschränken kann. § 486 Abs. 2 und 3, Abs. 4 Satz 1 gilt entsprechend; die Beschränkung der Haftung wird durch ein Verschulden des Seelotsen nicht ausgeschlossen, es sei denn, daß er den Schaden vorsätzlich herbeigeführt hat.

[eingefügt in 1972] § 487a (1) Die Haftungsbeschränkung wird durch ein gerichtliches Verfahren (Verteilungsverfahren) nach den Vorschriften der Seerechtlichen Verteilungsordnung vom 21. Juni 1972 bewirkt. Durch die Eröffnung des Verteilungsverfahrens beschränkt sich die Haftung des Reeders und der in § 486 Abs. 5, § 487 Abs. 1 und 3 genannten Personen für alle aus einem bestimmten Ereignis entstandenen Ansprüche, für die sie nach §§ 486, 487 ihre Haftung beschränken können, auf den in dem Verfahren eingezahlten Geldbetrag (Haftungssumme), aus dem die Gläubiger nach Maßgabe der Vorschriften über das Verteilungsverfahren befriedigt werden.

(2) Der Betrag der Haftungssumme bestimmt sich nach dem Raumgehalt des Schiffes. Als Raumgehalt des Schiffes ist der Nettoraumgehalt anzusehen, bei Schiffen mit mechanischem Antrieb vermehrt um den Raumgehalt, der zur Ermittlung des Nettoraumgehalts vom Bruttoraumgehalt als Maschinenraum abgesetzt worden ist. Ergibt sich ein Raumgehalt von weniger als dreihundert Tonnen, so ist ein Raumgehalt von dreihundert Tonnen anzusetzen.

(3) Für jede Raumtonne ist das Dreitausendeinhundertfache des Wertes von fünfundsechzig und einem halben Milligramm Gold von neunhundert Tausendstel Feingehalt anzusetzen. Sind aus dem Ereignis nur Ansprüche wegen Sachschäden entstanden oder können außerdem entstandene Ansprüche wegen Personenschäden nicht mehr geltend gemacht werden, so ist für jede Raumtonne nur das Tausendfache des in Satz 1 genannten Wertes anzusetzen. Bei der Berechnung der

다고 하여 배제되지 않으며, 다만 그가 고의로 손해를 유발시킨 때에는 그러하지
아니하다.

【1972년 추가】 **제487조의 (a)**　(1) 책임제한은 해법상 분배의 시행령의 규정에 따
라 법원에 의한 절차(분배절차)를 통하여 실행한다. 분배절차가 개시되면, 선주와
제486조 제5항 및 제487조 제1항과 제3항에 열거된 사람의, 특정한 사고로부터 발
생하는 제486조 및 제487조에 따라 책임을 제한할 수 있는 모든 청구권에 대해 책
임이 제한되고, 그 책임은 제한절차에서 납입한 금액(책임금액)으로 한정되고, 이
금액으로 채권자는 제한절차에 관한 규정에 따라 변제를 받는다.

　(2) 책임금액은 선박톤수에 의하여 정한다. 여기에서 선박톤수는 선박의 순 톤
수를 말하며, 기계동력장치를 갖춘 선박은 순 톤수를 산정하면서 총 톤수에서 기
관실 용적으로 제외하였던 톤수를 순 톤수에 추가한 톤수를 말한다. 선박톤수가
300톤 미만이면 선박톤수가 300톤이라고 본다.

　(3) 매 톤에 대하여 순도 900인 금 65.5 밀리그램의 가격에 3100배를 한 금액을
한도로 한다. 어느 사고로 인하여 물적 손해로 인한 청구권만 발생하거나 혹은 그
외에 발생한 인적 손해로 인한 청구권이 행사할 수 없게 된 경우, 매 톤에 대하여
위 제1문에서 말한 가격의 1000배를 한 금액을 한도로 한다. 책임금액을 산정함에
있어서는 분배절차의 개시 시점에 독일 마르크로 평가한 금의 가액을 기초로 한다.

　(4) 해법상 분배의 시행령에 따른 분배절차의 개시는, 1957년 10월 10일자 항해
선 소유자의 책임제한에 관한 국제협약의 규정에 상응하는 기금이 설치되고 그
기금을 실질적으로 채권자가 사용할 수 있으면, 동 협약에 따라 어느 한 체약국 내
에 기금을 설치한 것과 마찬가지로 본다.

【1972년 추가】 **제487조의 (b)**　어느 한 사고로 인하여 선주 또는 제486조 제5항 및
제487조 제1항과 제3항에 언급된 사람에 대한 청구권이 발생하고, 동시에 그 사고

Haftungssumme ist von dem Wert auszugehen, der im Zeitpunkt der Eröffnung des Verteilungsverfahrens der Parität der Deutschen Mark zum Gold zugrunde liegt.

(4) Der Eröffnung des Verteilungsverfahrens nach der Seerechtlichen Verteilungsordnung steht die Errichtung eines Haftungsfonds in einem Vertragsstaat des Internationalen Übereinkommens vom 10. Oktober 1957 über die Beschränkung der Haftung der Eigentümer von Seeschiffen gleich, sofern der Fonds entsprechend den Vorschriften dieses Übereinkommens errichtet ist und dem Gläubiger tatsächlich zur Verfügung steht.

[eingefügt in 1972] § 487b   Ist aus dem Ereignis, aus dem ein Anspruch gegen den Reeder oder eine der in § 486 Abs. 5, § 487 Abs. 1 und 3 genannten Personen entstanden ist, zugleich ein Gegenanspruch des Schuldners gegen den Gläubiger entstanden, so sind die Vorschriften der §§ 486 bis 487a über die Beschränkung der Haftung nur auf den Betrag des gegen den Reeder oder eine der in § 486 Abs. 5, § 487 Abs. 1 und 3 genannten Personen gerichteten Anspruchs anzuwenden, der nach Abzug des Gegenanspruchs verbleibt.

[eingefügt in 1972] § 487c   Für Ansprüche auf Ersatz der Kosten der Rechtsverfolgung kann die Haftung nicht beschränkt werden.

[eingefügt in 1972] § 487d   Wird die Haftung eines Schuldners für einen Anspruch durch die Eröffnung eines Verteilungsverfahrens beschränkt, in dem ein anderer die Haftungssumme eingezahlt hat, so ist bei einer Ausgleichung zwischen dem anderen und dem Schuldner nur der Betrag zugrunde zu legen, den der Gläubiger des Anspruchs im Verteilungsverfahren erhält.

Neugefaßt gesamt in 1986: §486~§487(e)

[neu gefaßt in 1986] § 486   (1) Die Haftung für Seeforderungen kann nach den Bestimmungen des Übereinkommens vom 19. November 1976 über die Beschränkung der Haftung für Seeforderungen (Haftungsbeschränkungsübereinkommen) beschränkt werden.

  [geändert in 2004]   (1) Die Haftung für Seeforderungen kann nach den Bestimmungen des Übereinkommens vom 19. November 1976 über die Beschränkung der Haftung für Seeforderungen, geändert durch das Protokoll vom 2. Mai 1996, in seiner jeweiligen für die Bundesrepublik Deutschland geltenden Fassung (Haftungs-

로 인하여 채무자가 채권자에게 대해 반대 청구권을 갖게 된 경우, 책임의 제한에 관한 제486조 내지 제487조의 (a)의 규정은, 선주 또는 제486조 제5항 및 제487조 제1항과 제3항에 언급된 사람에 대한 청구권에서 반대 청구권을 공제하고 남는 금액에 대해 적용된다.

【1972년 추가】제487조의 (c)   소추비용의 배상청구권은 그 책임이 제한되지 않는다.

【1972년 추가】제487조의 (d)   분배절차의 개시를 통하여 어느 청구권에 대한 채무자의 책임이 제한되고 그 절차에서 다른 사람이 책임금액을 납입한 경우, 채무자와 그 다른 사람 사이의 구상에 있어서 청구권의 채권자가 분배절차에서 수령한 금액을 기초로 한다.

1986년 제486조 내지 제487조의(e) 일괄개정

【1986년 개정】제486조   (1) 해사채권에 대한 책임은 1976년 11월 19일 해사채권에 대한 책임제한조약(책임제한조약)에 따라 제한할 수 있다.

　【2004년 변경】(1) 해사채권에 대한 책임은 1976년 11월 19일 해사채권에 대한 책임제한조약(책임제한조약)이 1996년 5월 2일 개정의정서에 의해 변경된 바에 따라, 독일에 적용될 방식으로, 그 책임을 제한할 수 있다.

　(2) 1969년 11월 29일 유류오염손해에 대한 민사책임에 관한 조약(유류책임조약)에 근거한 책임은 동 조약의 규정에 따라 제한될 수 있다.

beschränkungsübereinkommen) beschränkt werden.

(2) Die Haftung auf Grund des Internationalen Übereinkommens vom 29. November 1969 über die zivilrechtliche Haftung für Ölverschmutzungsschäden (Ölhaftungsübereinkommen) kann nach den Bestimmungen dieses Übereinkommens beschränkt werden.

【geändert in 1994】 (2) Die Haftung auf Grund des Haftungsübereinkommens von 1992 kann nach den Bestimmungen dieses Übereinkommens beschränkt werden.

(3) Werden Ansprüche wegen Verschmutzungsschäden im Sinne des Artikels I Nr. 6 des Ölhaftungsübereinkommens 【geändert in 1994; des Haftungsubereinkommens von 1992】 gegen andere Personen als den Eigentümer des das Öl befördernden Schiffes geltend gemacht oder werden Ansprüche wegen Verschmutzungsschäden im Sinne des Artikels I Nr. 6 des Ölhaftungsübereinkommens【geändert in 1994; des Haftungsubereinkommens von 1992】 geltend gemacht, für die das Ölhaftungsübereinkommen【geändert in 1994; des Haftungsubereinkommens von 1992】 nach Artikel II nicht gilt, so können die in Artikel 1 des Haftungsbeschränkungsübereinkommens bezeichneten Personen ihre Haftung für diese Ansprüche in entsprechender Anwendung der Bestimmungen des Haftungsbeschränkungsübereinkommens beschränken. 2Sind aus demselben Ereignis sowohl Ansprüche der in Satz 1 bezeichneten Art als auch Ansprüche, für welche die Haftung nach Absatz 1 beschränkt werden kann, entstanden, so gelten die im Haftungsbeschränkungsübereinkommen bestimmten Haftungshöchstbeträge jeweils gesondert für die Gesamtheit der in Satz 1 bezeichneten Ansprüche und für die Gesamtheit derjenigen Ansprüche, für welche die Haftung nach Absatz 1 beschränkt werden kann.

(4) Die Haftung kann nicht beschränkt werden für

1. die in Artikel 3 Buchstabe e des Haftungsbeschränkungsübereinkommens bezeichneten Ansprüche, sofern der Dienstvertrag inländischem Recht unterliegt;

2. Ansprüche auf Ersatz der Kosten der Rechtsverfolgung.

(5) Ergänzend zu den Bestimmungen des Haftungsbeschränkungsübereinkommens und des Ölhaftungsübereinkommens 【geändert in 1994; des Haftungsubereinkommens von 1992】 gelten die §§ 487 bis 487e.

【neu gefaßt in 1986】 § 487 (1) Das Haftungsbeschränkungsübereinkommen (§ 486

【**1994년 변경**】(2) 1992년 책임협약에 근거한 책임은 동 협약의 규정에 따라 제한될 수 있다.

(3) 유류책임협약【**1994년 변경**; 1992년 책임협약】제1조 6호의 의미에서의 오염손해를 이유로 청구권을 행사하지만, 운송을 하는 선박의 소유자가 아닌 사람에 대해 청구권을 행사하는 경우, 혹은 유류책임협약【**1994년 변경**; 1992년 책임협약】제1조 6호의 의미에서의 오염손해를 이유로 채권을 행사하지만, 그 오염손해에 대하여는 유류책임조약【**1994년 변경**; 1992년 책임협약】제2조에 의해 동 조약이 적용되지 않는 경우, 위 책임제한조약 제1조에 열거된 사람은 책임제한조약의 해당 규정을 적용하여 이러한 채권에 대한 책임을 제한할 수 있다. 동일한 사고로 인하여, 이처럼 본조 제1문에서 말하는 채권이 발생하고 또 위 제1항에 의하여 책임을 제한할 수 있는 채권이 발생한 경우, 책임제한조약에서 정한 책임한도액은 제1문에서 말하는 채권의 총액 및 위 제1항에 의하여 책임을 제한할 수 있는 채권 총액을 분리하여 이들에 대해 각각 이를 적용된다.

(4) 다음 채권에 대하여는 그 책임이 제한될 수 없다.

1. 책임제한협약 제3조 (e)호에 열거된 채권, 단 그 근로계약에 국내법이 적용되어야 한다.
2. 소추비용의 배상에 관한 채권

(5) 책임제한조약 및 유류책임조약【**1994년 변경**; 1992년 책임조약】의 규정을 보충하여 제487조 내지 제487조의 (e)가 적용된다.

【**1986년 개정**】제487조 (1) 책임제한조약(제486조 제1항)은

1. 침몰, 난파, 좌초 혹은 유기된 선박과 그러한 선박의 선상에 있는 혹은 있었던 것의 인양, 제거, 파괴 및 무해조치, 혹은,
2. 선상에 있는 적하의 제거, 파괴 혹은 무해조치

등에 관한 비용의 상환청구권에 적용되고, 다만 청구권이 발생한 법적 근거와 상관없이 동 청구권에 별도로 책임한도가 적용된다.

(2) 제1항에 따른 책임한도액은 책임제한조약 제6조 제1항 (b)호에 의해 산출한

Abs. 1) ist auf Ansprüche auf Erstattung der Kosten für

1. die Hebung, Beseitigung, Vernichtung oder Unschädlichmachung eines gesunkenen, havarierten, gestrandeten oder verlassenen Schiffes, samt allem, was sich an Bord eines solchen Schiffes befindet oder befunden hat, oder

2. die Beseitigung, Vernichtung oder Unschädlichmachung der Ladung des Schiffes

mit der Maßgabe anzuwenden, daß für diese Ansprüche, unabhängig davon, auf welcher Rechtsgrundlage sie beruhen, ein gesonderter Haftungshöchstbetrag gilt.

(2) Der Haftungshöchstbetrag nach Absatz 1 errechnet sich nach Artikel 6 Abs. 1 Buchstabe b des Haftungsbeschränkungsübereinkommens. Der Haftungshöchstbetrag gilt für die Gesamtheit der in Absatz 1 bezeichneten Ansprüche, die aus demselben Ereignis gegen Personen entstanden sind, die dem gleichen Personenkreis im Sinne des Artikels 9 Abs. 1 Buchstabe a, b oder c des Haftungsbeschränkungsübereinkommens angehören. Er steht ausschließlich zur Befriedigung der in Absatz 1 bezeichneten Ansprüche zur Verfügung; Artikel 6 Abs. 2 und 3 des Haftungsbeschränkungsübereinkommens ist nicht anzuwenden.

[neu gefaßt in 1986] § 487a   Für ein Schiff mit einem Raumgehalt bis zu 250 Tonnen wird der nach Artikel 6 Abs. 1 Buchstabe b des Haftungsbeschränkungsübereinkommens (§ 486 Abs. 1) zu errechnende Haftungshöchstbetrag auf die Hälfte des für ein Schiff mit einem Raumgehalt von 500 **[geändert in 2000; 2000]** Tonnen geltenden Haftungshöchstbetrages festgesetzt.

[neu gefaßt in 1986] § 487b   Unbeschadet des Rechts nach Artikel 6 Abs. 2 des Haftungsbeschränkungsübereinkommens (§ 486 Abs. 1) in bezug auf Ansprüche wegen Tod oder Körperverletzung haben Ansprüche wegen Beschädigung von Hafenanlagen, Hafenbecken, Wasserstraßen und Navigationshilfen Vorrang vor sonstigen Ansprüchen nach Artikel 6 Abs. 1 Buchstabe b des Haftungsbeschränkungsübereinkommens.

[neu gefaßt in 1986] § 487c   (1) Die in Artikel 6 Abs. 1 Buchstabe a und b des Haftungsbeschränkungsübereinkommens (§ 486 Abs. 1) bestimmten Haftungshöchstbeträge gelten für Ansprüche gegen einen an Bord tätigen Lotsen mit der Maßgabe, daß der Lotse, falls der Raumgehalt des gelotsten Schiffes 2000 Tonnen übersteigt, seine Haftung auf die Beträge beschränken kann, die sich unter Zugrundelegung eines Raumgehalts von 2000 Tonnen errechnen.

다. 이 책임한도액은 동일한 사고로 인하여 발생하고 책임제한조약 제9조 제1항
(a), (b) 또는 (c)의 의미에서 동일한 범주의 사람들에 대해 가지는 위 제1항에 열거
된 청구권 총액에 대해 적용된다. 이 금액은 오로지 위 제1항에 열거된 청구권의
변제를 위하여 사용된다.; 책임제한조약 제6조 제2항 및 제3항의 규정은 여기에
적용되지 않는다.

【1986년 추가】제487조의 (a)   250톤까지 선박톤수를 가진 선박에 있어서, 책임
제한조약(제486조 제1항) 제6조 제1항 (b)호에 따라 산정한 책임한도액은, 500톤
【2000년 변경; 2000톤】의 선박톤수를 가진 선박에 적용될 책임한도액의 반액으로
한다.

【1986년 추가】제487조의 (b)   사람의 사망이나 상해와 관련하여 책임제한조약 제
6조 제2항에 의해 부여되는 권리를 침해하지 않는 범위 내에서, 항구시설, 항만수
조, 수로 및 항해보조장치의 훼손을 이유로 한 청구권은 책임제한조약 제6조 제1
항에 따라 다른 청구권보다 우선권을 갖는다.

【1986년 추가】제487조의 (c)   (1) 책임제한조약 제6조 제1항 (a)호 및 (b)호에서(제
486조 제1항) 정한 책임한도액은 선상에서 활동하는 도선사에 대하여도 적용되며,
다만 도선을 받은 선박의 용량이 2000톤을 초과하는 경우, 도선사는 용량이 2000

(2) Der in Artikel 7 Abs. 1 des Haftungsbeschränkungsübereinkommens bestimmte Haftungshöchstbetrag gilt für Ansprüche gegen einen an Bord tätigen Lotsen mit der Maßgabe, daß der Lotse, falls die Anzahl der Reisenden, die das Schiff nach dem Schiffszeugnis befördern darf, die Zahl 12 übersteigt, seine Haftung auf den Betrag beschränken kann, der sich unter Zugrundelegung einer Anzahl von 12 Reisenden errechnet.

(3) Die Errichtung und Verteilung eines Fonds in Höhe der nach Absatz 1 oder 2 zu errechnenden Beträge sowie die Wirkungen der Errichtung eines solchen Fonds bestimmen sich nach den Vorschriften über die Errichtung, die Verteilung und die Wirkungen der Errichtung eines Fonds im Sinne des Artikels 11 des Haftungsbeschränkungsübereinkommens. Jedoch ist Artikel 11 Abs. 3 des Haftungsbeschränkungsübereinkommens nicht anzuwenden, wenn im Falle des Absatzes 1 der Raumgehalt des gelotsten Schiffes 2000 Tonnen oder im Falle des Absatzes 2 die Anzahl der Reisenden, die das Schiff nach dem Schiffszeugnis befördern darf, die Zahl 12 übersteigt.

【eingefügt in 1988】 (4) Ein Lotse, der nicht an Bord des gelotsten Schiffes tätig ist, kann seine Haftung für die in Artikel 2 des Haftungsbeschränkungsübereinkommens angeführten Ansprüche in entsprechender Anwendung der Vorschriften des § 486 Abs. 1, 3 und 4 sowie der §§ 487 bis 487b, 487e mit der Maßgabe beschränken, daß für diese Ansprüche ein gesonderter Haftungshöchstbetrag gilt, der sich nach Absatz 1 oder 2 errechnet und der ausschließlich zur Befriedigung der Ansprüche gegen den Lotsen zur Verfügung steht.

【neu gefaßt in 1986】 § 487d (1) Ist der Schuldner eine juristische Person oder eine Personenhandelsgesellschaft, so kann er seine Haftung nicht beschränken,

   (a) wenn der Schaden auf eine die Beschränkung der Haftung nach Artikel 4 des Haftungsbeschränkungsübereinkommens (§ 486 Abs. 1) ausschließliche Handlung oder Unterlassung,

   (b) oder das schädigende Ereignis auf ein die Beschränkung der Haftung nach Artikel V Abs. 2 des Ölhaftungsübereinkommens(§ 486 Abs. 2) ausschließendes persönliches Verschulden 【geändert in 1994; b) oder die Verschmutzungsschäden auf eine die Beschränkung der Haftung nach Artikel V Abs. 2 des Haftung-sübereinkommens von 1992 (§ 486 Abs. 2) ausschließende Handlung oder Unterlassung】 eines Mitglieds des zur

톤인 것을 전제로 산정한 금액으로 그 책임을 제한할 수 있다.

(2) 책임제한조약 제7조 제1항에서 정한 책임한도액은 선상에서 활동하는 도선사에 대하여도 적용되며, 다만 선박증서에 의해 선박에 운송이 허용된 여객의 수가 12인을 초과하는 경우, 도선사는 허용된 여객의 수가 12명인 것을 전제로 산정한 금액으로 그 책임을 제한할 수 있다.

(3) 위 제1항 또는 제2항에 따라 산정한 금액에 해당하는 기금을 설치하고 분배하는 것은 물론, 그러한 기금의 설치의 효력은, 책임제한조약 제11조의 의미에서 기금의 설치, 분배 및 설치의 효과에 관한 규정에 의하여 정한다.

다만 책임제한조약 제11조 제3항은, 제1항의 경우에는 도선을 받은 선박의 용량이 2000톤을 초과하는 때와 제2항의 경우에는 선박증서에 의해 그 선박에 의해 운송이 허용되는 승객의 수가 12명을 초과하는 때에는 적용되지 않는다.

【1988년 삽입】 (4) 도선을 받는 선박의 선상에서 활동하지 않는 도선사는, 책임제한조약 제2조에 열거된 청구권에 대하여 위 제486조 제1항, 제3항 및 제4항은 물론 제487조 내지 제487조의 (b), 및 제487조의 (e)를 준용하여 그 책임을 제한할 수 있으며, 다만 이러한 청구권에 대해서는 위 제1항 및 제2항에 의하여 산정한 별도의 책임한도액이 적용되며, 이 금액은 오로지 도선사에 대한 청구권의 변제를 위하여 사용된다.

【1986년 삽입】 제487조의 (d)   (1) 채무자가 법인 또는 인적 회사인 경우,

(a) 손해가 책임제한조약 제4조(제486조 제1항)에 의해 책임제한이 배제되는 작위 또는 부작위에 기인하거나, 혹은

(b) 손해를 발생시킨 사고가, 유류책임조약 제5조 제2항(제486조 제2항)에 의해, 법인을 대리할 권한이 있는 기관의 구성원 또는 인적 회사를 대표할 권한이 있는 사원의 책임제한이 배제되는 개인적인 귀책사유에 기인하는 때에는 【1994년 변경; (b) 오염손해가 1992년 책임조약 제5조 제2항(제486조 제2항)에 의해 책임제한이 배제되는, 법인을 대리할 권한이 있는 기관의 구성원 또는 인적 회사를 대표할 권한이 있는 사원의 작위 또는 부작위에 기인하는 때

308

Vertretung berechtigten Organs oder eines zur Vertretung berechtigten Gesellschafters zurückzuführen ist.

MitReeder können ihre Haftung auch dann nicht beschränken, wenn der Schaden auf eine die Beschränkung der Haftung nach Artikel 4 des Haftungsbeschränkungsübereinkommens ausschließende Handlung oder Unterlassung oder das schädigende Ereignis auf ein die Beschränkung der Haftung nach Artikel V Abs. 2 des Ölhaftungsübereinkommens ausschließendes persönliches Verschulden **[geändert in 1994;** oder die Verschmutzungsschäden auf eine die Beschränkung der Haftung nach Artikel V Abs. 2 des Haftungsübereinkommens von 1992 ausschließende Handlung oder Unterlassung**]** des KorrespondentReeders zurückzuführen ist.

(2) Ist der Schuldner eine Personenhandelsgesellschaft, so kann auch jeder Gesellschafter seine persönliche Haftung für Ansprüche beschränken, für welche die Gesellschaft ihre Haftung beschränken kann.

[eingefügt in 1986] § 487e (1) Die Errichtung und Verteilung eines Fonds im Sinne des Artikels 11 des Haftungsbeschränkungsübereinkommens (§ 486 Abs. 1) oder im Sinne des Artikels V Abs. 3 des Ölhaftungsübereinkommens **[geändert in 1994;** des Haftungsübereinkommens von 1992**]** (§ 486 Abs. 2) bestimmt sich nach den Vorschriften der Seerechtlichen Verteilungsordnung vom 25. Juli 1986.

(2) Die Beschränkung der Haftung nach dem Haftungsbeschränkungsübereinkommen kann auch dann geltend gemacht werden, wenn ein Fonds im Sinne des Artikels 11 des Haftungsbeschränkungsübereinkommens nicht errichtet worden ist. § 305a der Zivilprozeßordnung bleibt unberührt.

Neugefaßt §486~§487(e) gesamt in 1986: Ende

§ 488. Der Reeder als solcher kann wegen eines jeden Anspruchs, ohne Unterschied, ob er persönlich oder nur mit Schiff und Fracht haftet, vor dem Gerichte des Heimatshafens (§ 480) belangt werden.

[neu gefaßt in 1972] § 488 Der Reeder als solcher kann vor dem Gericht des Heimathafens (§ 480) verklagt werden. § 738 bleibt unberührt.

에는】, 그 채무자는 책임을 제한할 수 없다.

손해가 책임제한조약 제4조에 의해 책임제한이 배제되는 선박관리인의 작위 또는 부작위에 기인하거나, 혹은 손해를 발생시킨 사고가 유류책임조약 제5조 제2항에 의해 책임제한이 배제되는 선박관리인의 개인적 귀책사유에【1994년 변경; 혹은 오염손해가 1992년 책임조약 제5조 제2항(제486조 제2항)에 의해 책임제한이 배제되는 선박관리인의 작위 또는 부작위에】기인하는 때에는, 선박공유자는 마찬가지로 그 책임을 제한할 수 없다.

(2) 채무자가 인적 회사인 경우, 회사 사원은 누구나 회사가 그 책임을 제한할 수 있는 청구권에 대해 그 개인적인 책임을 제한할 수 있다.

【1986년 추가】제487조의 (e)   (1) 책임제한조약 제11조(제486조 제1항)에서 말하는, 혹은 유류책임조약【1994년 변경; 1992년 책임조약】제5조 제3항(제486조 제2항)에서 말하는 기금의 설치와 분배는 1986년 7월 25일자 해법상 분배에 관한 명령의 규정에 의하여 한다.

(2) 책임제한조약에 따른 책임제한은 책임제한조약 제11조에 따라 기금을 설치하지 않은 때에도 이를 행사할 수 있다. 민사소송법 제305조의 (a)는 이로 인하여 영향을 받지 않는다.

1986년 제486조 내지 제487조의(e) 일괄개정 종료

제488조   이러한 선주가 개인적으로 책임을 지든, 선박과 운임으로 한정하여 책임을 지든 가리지 않고, 선적항(제480조)의 법원에서 그 선주를 상대로 제소할 수 있다.

§ 489 (1) Wird von mehreren Personen ein ihnen gemeinschaftlich zustehendes Schiff zum Erwerb durch die Seefahrt für gemeinschaftliche Rechnung verwendet, so besteht eine Reederei.

(2) Der Fall, wenn das Schiff einer Handelsgesellschaft gehört, wird durch die Vorschriften über die Reederei nicht berührt.

§ 490 Das Rechtsverhältnis der MitReeder untereinander bestimmt sich zunächst nach dem zwischen ihnen geschlossenen Vertrag. Soweit eine Vereinbarung nicht getroffen ist, finden die nachstehenden Vorschriften Anwendung.

§ 491 (1) Für die Angelegenheiten der Reederei sind die Beschlüsse der MitReeder maßgebend. Bei der Beschlußfassung entscheidet die Mehrheit der Stimmen. Die Stimmen werden nach der Größe der Schiffsparten berechnet; die Stimmenmehrheit für einen Beschluß ist vorhanden, wenn der Person oder den Personen, welche für den Beschluß gestimmt haben, zusammen mehr als die Hälfte des ganzen Schiffes gehört.

[geändert in 1940] (1) Für die Angelegenheiten der Reederei sind die Beschlüsse der MitReeder maßgebend. Bei der Beschlußfassung entscheidet die Mehrheit der Stimmen. Die Stimmen werden nach der Größe der Anteile der MitReeder (Schiffsparten) berechnet; die Stimmenmehrheit für einen Beschluß ist vorhanden, wenn der Person oder den Personen, die für den Beschluß gestimmt haben, zusammen mehr als die Hälfte der Gesamtheit der Anteile, nach der Größe berechnet, zusteht.

(2) Einstimmigkeit sämtlicher MitReeder ist erforderlich zu Beschlüssen, die eine Abänderung des Reedereivertrags bezwecken oder die den Bestimmungen des Reedereivertrags entgegen oder dem Zweck der Reederei fremd sind.

§ 492 (1) Durch Beschluß der Mehrheit kann für den Reedereibetrieb ein KorrespondentReeder (Schiffsdirektor, Schiffsdisponent) bestellt werden. Zur Bestellung eines KorrespondentReeders, der nicht zu den MitReedern gehört, ist ein einstimmiger Beschluß erforderlich.

(2) Die Bestellung des KorrespondentReeders kann zu jeder Zeit durch Stimmenmehrheit widerrufen werden, unbeschadet des Anspruchs auf die vertragsmäßige Vergütung.

§ 493 (1) Im Verhältnis zu Dritten ist der KorrespondentReeder kraft seiner Bestellung befugt, alle Geschäfte und Rechtshandlungen vorzunehmen, die der Geschäftsbetrieb einer Reederei gewöhnlich mit sich bringt.

【1972년 개정】제488조 선주를 상대로 하는 소는 선적항(제480조)의 법원에 제소할 수 있다. 제738조의 규정은 이로 인하여 영향을 받지 않는다.

제489조 (1) 항해를 통해 수익을 얻을 목적으로 다수인이 공유하는 선박을 공동의 계산으로 항해에 제공하는 경우 선박공유가 성립한다.

(2) 선박이 상사회사에 속하는 경우는 선박공유에 관한 규정에 의하여 영향을 받지 아니한다.

제490조 공동소유자 상호간 법률관계는 가장 우선적으로 그들 사이에 체결된 계약에 의하여 정하여진다. 이러한 합의가 없는 범위 내에서 다음 규정이 적용된다.

제491조 (1) 선박공유의 업무는 공유자의 결의에 의하여 정한다. 이 결의는 투표수의 과반수로 정한다. 투표수는 선박 지분의 대소에 의하여 계산한다.; 결의에 찬동하는 사람 혹은 사람들이 합하여, 선박 지분 전부의 과반수를 가지면 결의에 필요한 투표수의 과반수가 존재한다고 본다.

【1940년 변경】 (1) 선박공유의 업무는 공유자의 결의에 의하여 정한다. 이 결의는 투표수의 과반수로 정한다. 투표수는 공유자가 갖는 지분(공유지분)의 크기에 따라 이를 계산한다.; 지분의 크기로 계산하여, 지분 전체의 반수를 초과하는 지분이, 합하여, 결의에 찬동하는 사람 또는 사람들에게 속한 때에, 결의에 필요한 투표수의 과반수가 존재한다.

(2) 공유계약의 변동을 목적으로 하는 결의 및 공유계약의 규정에 반하거나 선박공유의 목적을 벗어난 결의를 하려면, 모든 공유자의 찬성이 있어야 한다.

제492조 (1) 선박공유의 경영을 위해, 다수결에 의한 결의를 통해, 선박관리인(선박책임자, 선박지배인)을 임명할 수 있다. 선박공유자에 해당되지 아니하는 자를 선박관리인으로 임명하려면 공유자 전원 일치의 결의가 있어야 한다.

(2) Diese Befugnis erstreckt sich insbesondere auf die Ausrüstung, die Erhaltung und die Verfrachtung des Schiffes, auf die Versicherung der Fracht, der Ausrüstungskosten und der Havereigelder sowie auf die mit dem gewöhnlichen Geschäftsbetrieb verbundene Empfangnahme von Geld.

(3) Der KorrespondentReeder ist in demselben Umfang befugt, die Reederei vor Gericht zu vertreten.

(4) Er ist befugt, den Kapitän anzustellen und zu entlassen; der Kapitän hat sich nur an dessen Anweisungen und nicht auch an die etwaigen Anweisungen der einzelnen MitReeder zu halten.

(5) Im Namen der Reederei oder einzelner MitReeder Wechselverbindlichkeiten einzugehen oder Darlehen aufzunehmen, das Schiff oder Schiffsparten zu verkaufen oder zu verpfänden sowie für das Schiff oder für Schiffsparten Versicherung zu nehmen, ist der KorrespondentReeder nicht befugt, es sei denn, daß ihm eine Vollmacht hierzu besonders erteilt ist.

§ 494 (1) Durch ein Rechtsgeschäft, welches der KorrespondentReeder als solcher innerhalb der Grenzen seiner Befugnisse schließt, wird die Reederei dem Dritten gegenüber auch dann berechtigt und verpflichtet, wenn das Geschäft ohne Nennung der einzelnen MitReeder geschlossen wird.

【aufgehoben in 1972】 (2) Ist die Reederei durch ein von dem KorrespondentReeder abgeschlossenes Geschäft verpflichtet, so haften die MitReeder in gleichem Umfange (§ 486), als wenn das Geschäft von ihnen selbst geschlossen wäre.

§ 495 Eine Beschränkung der in § 493 bezeichneten Befugnisse des KorrespondentReeders kann die Reederei einem Dritten nur entgegensetzen, wenn die Beschränkung dem Dritten zur Zeit des Abschlusses des Geschäfts bekannt war.

§ 496 (1) Der Reederei gegenüber ist der KorrespondentReeder verpflichtet, die Beschränkungen einzuhalten, welche von ihr für den Umfang seiner Befugnisse festgesetzt sind; er hat sich ferner nach den gefaßten Beschlüssen zu richten und die Beschlüsse zur Ausführung zu bringen.

(2) Im übrigen ist der Umfang seiner Befugnisse auch der Reederei gegenüber nach den Vorschriften des § 493 mit der Maßgabe zu beurteilen, daß er zu neuen Reisen und Unternehmungen, zu außergewöhnlichen Reparaturen sowie zur Anstellung oder

(2) 선박관리인의 임명은 다수결로 언제든 이를 철회할 수 있고, 다만 선박관리인의 계약에 따른 보상청구권은 이로 인하여 영향을 받지 아니한다.

제493조 (1) 선박관리인은 그 임명을 통하여 제3자와의 관계에 있어서 선박공유의 경영에 통상 수반되는 모든 법률행위 및 법적 조치를 취할 권한을 갖는다.

(2) 이 권한은, 특히 선박의 의장, 보존 및 운송에 대해서와 운임, 의장비용, 및 해손비용의 부보에 대해서는 물론, 기타 통상 영업에 관련된 금전의 수령에 대하여도 미친다.

(3) 선박관리인은 동일한 범위 내에서 법원에서 선박공유를 대리할 권한이 있다.

(4) 선박관리인은 선장을 임명하고 해고할 권한이 있다.; 선장은 선박관리인의 지시를 따라야 하고, 개별 공유자의 여하한 지시도 따라서는 안 된다.

(5) 선박관리인은 선박공유 혹은 개별 선박공유자의 명의로 어음채무를 부담하는 행위, 소비대차로 대차물을 수취하는 행위, 선박이나 그 지분을 매각하거나 입질하는 행위 및 선박이나 그 지분을 보험에 붙이는 행위는 이를 할 권한이 없고, 다만 이를 위한 특별수권이 그에게 부여된 경우에는 그러하지 않다.

제494조 (1) 선박관리인이 그 권한의 범위 내에서 행한 법률행위에 의해, 공유자를 일일이 적시하지 아니하고 했다고 하더라도, 선박공유는 제3자에 대하여 권리를 취득하고 의무를 부담한다.

【1972년 삭제】 (2) 선박공유가 선박관리인이 행한 법률행위에 의해 의무를 부담하는 경우, 선박공유자는 그들이 스스로 행하였던 때와 마찬가지 범위로(제486조) 책임을 진다.

제495조 제493조에 표시된 권한의 제한은, 계약의 체결 시에 그 제한이 제3자에게 알려진 때에 한하여, 선박공유가 이를 가지고 제3자에게 대항할 수 있다.

314

zur Entlassung des Kapitäns vorher die Beschlüsse der Reederei einzuholen hat.

§ 497   Der KorrespondentReeder ist verpflichtet, in den Angelegenheiten der Reederei die Sorgfalt eines ordentlichen Reeders anzuwenden.

§ 498   Der KorrespondentReeder hat über seine die Reederei betreffende Geschäftsführung abgesondert Buch zu führen und die dazu gehörigen Belege aufzubewahren. Er hat auch jedem MitReeder auf dessen Verlangen Kenntnis von allen Verhältnissen zu geben, die sich auf die Reederei, insbesondere auf das Schiff, die Reise und die Ausrüstung, beziehen; er hat ihm jederzeit die Einsicht der die Reederei betreffenden Bücher, Briefe und Papiere zu gestatten.

§ 499   Der KorrespondentReeder ist verpflichtet, jederzeit auf Beschluß der Reederei dieser Rechnung zu legen. Die Genehmigung der Rechnung sowie die Billigung der Verwaltung des KorrespondentReeders durch die Mehrheit hindert die Minderheit nicht, ihr Recht geltend zu machen.

§ 500   (1) Jeder MitReeder hat nach dem Verhältnis seiner Schiffspart zu den Ausgaben der Reederei, insbesondere zu den Kosten der Ausrüstung und der Reparatur des Schiffes, beizutragen.

(2) Ist ein MitReeder mit der Leistung seines Beitrags im Verzug und wird das Geld von MitReedern für ihn vorgeschossen, so ist er diesen zur Entrichtung von Zinsen von dem Zeitpunkt der Vorschüsse an verpflichtet. Durch den Vorschuß wird ein versicherbares Interesse hinsichtlich der Schiffspart für die MitReeder begründet. Im Falle der Versicherung dieses Interesses hat der säumige MitReeder die Kosten der Versicherung zu ersetzen.

§ 501   (1) Wenn eine neue Reise oder wenn nach der Beendigung einer Reise die Reparatur des Schiffes oder wenn die Befriedigung eines Gläubigers beschlossen worden ist, dem die Reederei nur mit Schiff und Fracht haftet, so kann jeder MitReeder, welcher dem Beschlusse nicht zugestimmt hat, sich von der Leistung der zur Ausführung des Beschlusses erforderlichen Einzahlungen dadurch befreien, daß er seine Schiffspart ohne Anspruch auf Entgelt aufgibt.

[geändert in 1972] (1) Wenn eine neue Reise oder wenn nach der Beendigung einer Reise die Reparatur des Schiffes oder wenn die volle Befriedigung eines Gläubigers beschlossen worden ist, für dessen Anspruch die Reederei ihre Haftung

제496조 (1) 선박관리인은, 선박공유에 대하여, 선박공유가 그의 권한의 범위로 확정한 권한의 제한을 준수할 의무가 있다.; 나아가 선박관리인은 취해진 결의를 따라야 하며 또 그 결의를 수행하여야 한다.

(2) 그 외에, 선박공유와의 관계에 있어서, 그의 권한의 범위도 제493조의 규정에 의하여 판단하며, 다만 선박관리인이 새로운 항해나 사업 및 특별한 수리는 물론, 선장의 임명이나 해고를 하려면, 사전에 선박공유의 결의를 구하여야 한다.

제497조 선박관리인은 선박공유의 사무를 집행함에 있어 통상의 선주의 주의를 다하여야 할 의무가 있다.

제498조 선박관리인은 자기가 행한 선박공유의 업무집행에 관해 별도의 기장을 하여야 하고 그에 해당하는 증빙서류도 보관하여야 한다. 선박공유자의 청구가 있으면 선박관리인은 선박공유, 특히 그 선박, 항해 및 의장과 관련된 상황에 관한 정보를 제공하여야 한다.; 선박관리인은 항상 선박공유자에게 선박공유와 관련된 장부, 서신 및 서류의 열람을 허용하여야 한다.

제499조 선박공유의 결의가 있으면 언제든지 선박관리인은 계산서를 제출할 의무가 있다. 다수결에 의하여 이 계산서가 추인되고 선박관리인의 관리가 승인되었다고 하더라도, 이로 인해 소수에 의한 권리행사에 지장을 가져오지 아니한다.

제500조 (1) 선박공유자는 각자 그 선박지분의 비율에 따라 선박공유의 경비, 특히 선박의 의장 및 수리의 비용을 분담하여야 한다.

(2) 어느 선박공유자가 분담금의 이행을 지체하고, 그 금전이 다른 선박공유자들에 의해 대납된 경우, 그 선박공유자는 다른 선박공유자들에게 대납 시점부터 이자를 지급할 의무가 있다. 이러한 대납이 있으면 그 지분에 대해 다른 선박공유자에게 피보험이익이 발생한다. 이 이익을 보험에 붙인 경우, 지체한 선박공유자는 그 부보비용을 보상하여야 한다.

제501조 (1) 새로운 항해를 할 것을 결의한 때, 어느 항해를 종료한 후에 선박을 수선하기로 결의한 때, 혹은 선박공유가 선박과 운임만으로 책임을 지는 어느 청구권자에 대해 변제를 결의한 때에, 그 결의에 동의하지 아니하는 선박공유자는

beschränkt hat oder beschränken könnte[**geändert in 1986; kann**], so kann jeder MitReeder, welcher dem Beschluß nicht zugestimmt hat, sich von der Leistung der zur Ausführung des Beschlusses erforderlichen Einzahlungen dadurch befreien, daß er seine Schiffspart ohne Anspruch auf Entgelt aufgibt.

(2) Der MitReeder, welcher von dieser Befugnis Gebrauch machen will, muß dies den MitReedern oder dem KorrespondentReeder binnen drei Tagen nach dem Tag des Beschlusses oder, wenn er bei der Beschlußfassung nicht anwesend und nicht vertreten war, binnen drei Tagen nach der Mitteilung des Beschlusses gerichtlich oder [**gestrichen in 1969; gerichtlich oder**] notariell kundgeben.

(3) Die aufgegebene Schiffspart fällt den übrigen MitReedern nach dem Verhältnis der Größe ihrer Schiffsparten zu.

§ 502 (1) Die Verteilung des Gewinns und Verlustes geschieht nach der Größe der Schiffsparten.

(2) Die Berechnung des Gewinns und Verlustes und die Auszahlung des etwaigen Gewinns erfolgt jedesmal, nachdem das Schiff in den Heimathafen zurückgekehrt ist oder nachdem es in einem anderen Hafen seine Reise beendigt hat und die Schiffsmannschaft entlassen ist.

(3) Außerdem muß auch vor dem erwähnten Zeitpunkt das eingehende Geld, soweit es nicht zu späteren Ausgaben oder zur Deckung von Ansprüchen einzelner MitReeder an die Reederei erforderlich ist, unter die einzelnen MitReeder nach dem Verhältnis der Größe ihrer Schiffsparten vorläufig verteilt und ausgezahlt werden.

§ 503 (1) Jeder MitReeder kann seine Schiffspart jederzeit und ohne Einwilligung der übrigen MitReeder ganz oder teilweise veräußern. [**eingefügt Folgende in 1940**] Die Veräußerung bedarf der Eintragung in das Schiffsregister.

(2) Die Veräußerung einer Schiffspart, infolge deren das Schiff das Recht, die Reichsflagge zu führen, verlieren würde, kann nur mit Zustimmung aller MitReeder erfolgen.

[**eingefügt in 1940**] (3) Für die Belastung einer Schiffspart gelten die Vorschriften über die Belastung von Rechten.

§ 504 (1) Der MitReeder, welcher seine Schiffspart veräußert hat, wird, solange die Veräußerung von ihm und dem Erwerber den MitReedern oder dem

누구이든 자기 지분을 대가 없이 포기하고 그 결의의 수행에 필요한 급부를 면할 수 있다.

【1972년 변경】(1) 새로운 항해를 할 것을 결의한 때, 어느 항해를 종료한 후에 선박을 수선하기로 결의한 때, 혹은 선박공유가 책임을 제한하였거나 할 수 있었던【1986년 변경; 할 수 있는】청구권에 대해 청구권자에게 완전한 변제를 결의한 때에, 그 결의에 동의하지 아니하는 선박공유자는 누구이든 자기 지분을 대가 없이 포기하고 그 결의의 수행에 필요한 급부를 면할 수 있다.

(2) 이 권한을 행사하고자 하는 선박공유자는 결의일로부터 3일 이내에, 만일 그가 결의에 참여하지 않고 그 대리인도 없었던 경우, 결의의 통지를 받은 후 3일 이내에, 다른 공유자들 혹은 선박관리인에게 이를 법원을 통하여 혹은【1969년 삭제; 법원을 통하여 혹은】공중하여 고지하여야 한다.

(3) 이처럼 포기한 지분은 나머지 선박공유자에게 그 지분의 크기에 비례하여 귀속한다.

제502조　(1) 이익과 손실은 선박지분의 크기에 따라 배분한다.

(2) 손익의 계산 및 발생한 이익의 분배는, 선박이 선적항으로 회항한 다음, 혹은 선박이 다른 항구에서 항해를 종료하고 선원을 해고한 다음, 그때마다 이를 시행한다.

(3) 그 외에, 이처럼 예정된 시점 이전이라 할지라도, 들어온 금전은, 장차의 비용으로 필요하거나 혹은 개별 선박공유자의 공유선박에 대한 청구의 체당에 필요하거나 하지 아니한 범위 내에서, 개별 선박공유자에게 그 지분에 비례하여 임시로 이를 분배하고 지급하여야 한다.

제503조　(1) 어느 선박공유자든 자기의 선박지분을, 다른 선박공유자들의 동의 없이 언제든지, 전부이든 일부이든 양도할 수 있다. 【1940년 이하 추가】양도를 하려면 선박등록부에 등록하여야 한다.

(2) 지분이 양도되면 그 결과로 선박이 독일 국기를 게양할 권리를 상실하게 되는 때에는, 그 양도는 모든 선박공유자가 동의하여야 할 수 있다.

【1940년 삽입】(3) 권리의 물적 부담에 관한 규정은 선박지분의 물적 부담에 대하여도 적용한다.

KorrespondentReeder nicht angezeigt worden ist, im Verhältnis zu den MitReedern noch als MitReeder betrachtet und bleibt wegen aller vor dieser Anzeige begründeten Verbindlichkeiten als MitReeder den übrigen MitReedern verhaftet.

(2) Der Erwerber der Schiffspart ist jedoch im Verhältnis zu den übrigen MitReedern schon seit dem Zeitpunkt der Erwerbung als MitReeder verpflichtet.

(3) Er muß die Bestimmungen des Reedereivertrags, die gefaßten Beschlüsse und eingegangenen Geschäfte gleichwie der Veräußerer gegen sich gelten lassen; die übrigen MitReeder können außerdem alle gegen den Veräußerer als MitReeder begründeten Verbindlichkeiten in bezug auf die veräußerte Schiffspart gegen den Erwerber zur Aufrechnung bringen, unbeschadet des Rechtes des Erwerbers auf Gewährleistung gegen den Veräußerer.

§ 505   (1) Eine Änderung in den Personen der MitReeder ist ohne Einfluß auf den Fortbestand der Reederei.

(2) Stirbt ein MitReeder oder wird das Konkurs [geändert in 1994; das Insolvenzverfahren] über das Vermögen eines MitReeders eröffnet, so hat dies die Auflösung der Reederei nicht zur Folge.

(3) Eine Aufkündigung von seiten eines MitReeders oder eine Ausschließung eines MitReeders findet nicht statt.

§ 506   (1) Die Auflösung der Reederei kann durch Stimmenmehrheit beschlossen werden. Der Beschluß, das Schiff zu veräußern, steht dem Beschluß der Auflösung gleich.

(2) Ist die Auflösung der Reederei oder die Veräußerung des Schiffes beschlossen, so muß das Schiff öffentlich verkauft werden. Der Verkauf kann nur geschehen, wenn das Schiff zu einer Reise nicht verfrachtet ist und sich in dem Heimathafen oder in einem inländischen Hafen befindet. Ist jedoch das Schiff als reparaturunfähig oder reparaturunwürdig kondemniert (§ 479), so kann der Verkauf, auch wenn das Schiff verfrachtet ist, und selbst im Ausland erfolgen. Soll von diesen Vorschriften abgewichen werden, so ist die Zustimmung aller MitReeder erforderlich.

[eingefügt in 1994] § 506a   Die Reederei wird durch die Eröffnung des Insolvenzverfahrens über ihr Vermögen aufgelöst. Wird das Insolvenzverfahren auf Antrag des Schuldners eingestellt oder nach der Bestätigung eines Insolvenzplans,

제504조 (1) 선박공유자는, 자기 지분을 양도했다고 하더라도, 양수인과 함께 양도를 다른 선박공유자들이나 선박관리인에게 통지하지 아니하면, 그 선박공유자는 다른 선박공유자들과의 관계에 있어서 선박공유자로 간주되고, 또 다른 선박공유자에 대하여 통지 이전에 발생한 모든 채무에 대해 선박공유자로서 계속 책임을 진다.

(2) 그러나 나머지 선박공유자들과의 관계에서 지분의 양수인도 취득 시점 이후에는 선박공유자로서의 의무를 부담한다.

(3) 양수인은 선박공유계약의 규정, 이미 이루어진 결의 및 이미 행하여진 거래에 대해 양도인과 마찬가지로 구속된다.; 그 외에도, 다른 선박공유자들은, 양도된 선박 지분과 관련하여 양도인이 공유자로서 부담하였던 채무에 대해, 양수인을 상대로 상계할 수 있으며, 다만 이로 인하여 양수인이 양도인에 대해 갖는 담보책임은 영향을 받지 아니한다.

제505조 (1) 선박공유자의 변경은 선박공유의 존속에 아무런 영향이 없다.

(2) 어느 구성원이 사망하거나 그 재산에 관해 파산으로 인한 분배【1994년 변경; 파산절차】가 개시된다고 하더라도 그로 인하여 선박공유에 해산을 가져오지 아니한다.

(3) 선박공유자에 의한 탈퇴 혹은 선박공유자의 제명은 인정되지 않는다.

제506조 (1) 선박공유의 해산은 다수결에 의한 결의로 할 수 있다. 선박을 양도하려는 결의는 이를 해산의 결의와 마찬가지로 본다.

(2) 선박공유의 해산 혹은 선박의 양도가 결의되면 선박은 공매에 의하여 매각하여야 한다. 선박이 운송계약에 의해 항해 도중에 있지 않고 또 선적항이나 국내 항구에 있는 때에만, 그 선박을 매각할 수 있다. 다만 선박이 수리불가능 혹은 수리무가치한 상태에 빠진 경우에는, 선박이 운송계약 도중에 있고 또 해외에 체재한다고 하더라도 이를 매각할 수 있다. 이 규정의 적용을 받지 않으려면 모든 선박공유자가 이에 동의하여야 한다.

【1994년 추가】제506조의 (a) 선박공유의 재산에 대해 파산절차가 개시되면 그 선박공유는 해산된다. 파산절차가 청구권자의 신청으로 유보되거나, 혹은 공유선박의 존속을 예정한 파산계획이 인가된 다음에 파산절차가 취소된 경우, 선박공

der den Fortbestand der Reederei vorsieht, aufgehoben, so können die MitReeder die Fortsetzung der Reederei beschließen.

§ 507 (1) Die MitReeder als solche haften Dritten, wenn ihre persönliche Haftung eintritt, nur nach dem Verhältnisse der Größe ihrer Schiffsparten.

(2) Ist eine Schiffspart veräußert, so haften für die in der Zeit zwischen der Veräußerung und der im § 504 erwähnten Anzeige etwa begründeten persönlichen Verbindlichkeiten rücksichtlich dieser Schiffspart sowohl der Veräußerer als der Erwerber.

[neu gefaßt in 1972] § 507 (1) Die MitReeder haften für die Verbindlichkeiten der Reederei persönlich, jedoch nur nach dem Verhältnis der Größe ihrer Schiffsparten.

(2) Ist eine Schiffspart veräußert, so haften für die in der Zeit zwischen der Veräußerung und der in § 504 erwähnten Anzeige begründeten Verbindlichkeiten rücksichtlich dieser Schiffspart sowohl der Veräußerer als der Erwerber.

§ 508 (1) Die MitReeder als solche können wegen eines jeden Anspruchs, ohne Unterschied, ob dieser von einem MitReeder oder von einem Dritten erhoben wird, vor dem Gericht des Heimathafens (§ 480) belangt werden.

(2) Diese Vorschrift kommt auch dann zur Anwendung, wenn die Klage nur gegen einen MitReeder oder gegen einige MitReeder gerichtet wird.

§ 509 (1) Auf die Vereinigung zweier oder mehrerer Personen, ein Schiff für gemeinschaftliche Rechnung zu erbauen und zur Seefahrt zu verwenden (BauReederei) [eingefügt in 1972; (BauReederei)], finden die Vorschriften der §§ 490, 491, 500 und 505 sowie des § 507 Abs. 1 und, sobald das Schiff vollendet und von dem Erbauer abgeliefert ist, außerdem die Vorschriften der §§ 503, 504 und 506 sowie des § 507 Abs. 2 Anwendung; die Vorschrift des § 500 gilt auch für die Baukosten.

(2) Ein KorrespondentReeder (§ 492) kann schon vor der Vollendung des Schiffes bestellt werden; er [geändert in 1972; werden. Er] hat in diesem Fall sogleich nach seiner Bestellung in bezug auf den künftigen Reedereibetrieb die Rechte und Pflichten eines KorrespondentReeders. [eingefügt Folgende in 1972] Zur Vertretung der BauReederei bedarf er einer besonderen Ermächtigung der MitReeder; durch ein im Rahmen einer solchen Ermächtigung geschlossenes Rechtsgeschäft wird die

유자는 선박공유의 계속을 결의할 수 있다.

제507조   (1) 선박공유자가 제3자에 대해 인적인 책임을 지는 경우, 그는 오로지 그의 선박지분의 크기에 비례하여 책임을 진다.

(2) 선박의 지분이 양도된 경우, 그 양도와 제504조에서 말하는 통지 사이의 기간에 그 선박지분과 관련하여 발생한 인적인 채무는 양도인과 양수인이 모두 책임이 있다.

【1972년 개정】제507조   (1) 선박공유자는 선박공유의 채무에 대해 개인적으로 책임을 지며, 다만 선주는 자기 지분의 크기에 비례하여 책임을 진다.

(2) 선박의 지분이 양도된 경우, 그 양도와 제504조에서 말하는 통지 사이의 기간에 그 선박지분과 관련하여 발생한 채무는 양도인과 양수인 모두에게 책임이 있다.

제508조   (1) 이러한 경우에, 어느 한 선박공유자에 의하여 제소가 되었든 혹은 제3자에 의하여 제소가 되었든 가리지 않고, 어떤 채권을 이유로 하든, 선적항(제480조)의 법원에서 선박공유자를 소추할 수 있다.

(2) 이 규정은 그 소송이 어느 한 선박공유자에 대해 제기되었든, 수인의 선박공유자에 대해 제기되었든, 적용된다.

제509조   (1) 2명 혹은 그 이상의 사람이 공동의 계산으로 어느 한 선박을 건조하여 이를 항해에 사용하기로 합의하면(건조공유)【1972년 추가; (건조공유)】, 제490조, 제491조, 제500조, 제505조는 물론 제507조 제1항의 규정이 적용되며, 나아가 선박이 완성되어 건조자로부터 인도가 되면, 위 제503조, 제504조, 제506조는 물론 제507조 제2항이 적용된다.; 제500조의 규정은 건조비용에 적용된다.

(2) 선박관리인(제492조)은 선박의 건조가 완성되기 이전이라 할지라도 임명될 수 있다. 이 경우에, 임명이 된 다음 그 선박관리인은 장래 선박공유의 경영과 관련하여 여느 선박관리인과 동일한 권리와 의무가 있다. 【1972년 이하 추가】건조공유를 양도하기 위해서는 공유자의 특별한 수권이 있어야 한다.; 그러한 수권의 범위 내에서 체결된 계약에 기해, 비록 개별적으로 공유자를 명시하지 않고 거래가 이루어졌다고 하더라도, 건조공유는 제3자에 대해 권리를 취득하고 의무를 부

322

BauReederei dem Dritten gegenüber auch dann berechtigt und verpflichtet, wenn das Geschäft ohne Nennung der einzelnen MitReeder geschlossen wird.

§ 510 (1) Wer ein ihm nicht gehöriges Schiff zum Erwerb durch die Seefahrt für seine Rechnung verwendet und es entweder selbst führt oder die Führung einem Kapitän anvertraut, wird im Verhältnis zu Dritten als der Reeder angesehen.

(2) Der Eigentümer kann denjenigen, welcher aus der Verwendung einen Anspruch als Schiffsgläubiger herleitet, an der Durchführung des Anspruchs nicht hindern, es sei denn, daß die Verwendung ihm gegenüber eine widerrechtliche und der Gläubiger nicht in gutem Glauben war.

Dritter Abschnitt. Kapitän.

§ 511 Der Führer des Schiffes (Kapitän, Schiffer)[2] ist verpflichtet, bei allen Dienstverrichtungen, namentlich bei der Erfüllung der von ihm auszuführenden Verträge, die Sorgfalt eines ordentlichen Kapitäns anzuwenden. Er haftet für jeden durch sein Verschulden entstehenden Schaden, insbesondere für den Schaden, welcher aus der Verletzung der in diesem und den folgenden Abschnitten ihm auferlegten Pflichten entsteht.

§ 512 (1) Diese Haftung des Kapitäns besteht nicht nur gegenüber dem Reeder, sondern auch gegenüber dem Befrachter, Ablader und Ladungsempfänger, dem Reisenden, der Schiffsbesatzung und demjenigen Schiffsgläubiger, dessen Forderung aus einem Kreditgeschäfte (§ 528) entstanden ist, insbesondere dem Bodmereigläubiger **[gestrichen in 1972]** und demjenigen Schiffsgläubiger, dessen Forderung aus einem Kreditgeschäfte (§ 528) entstanden ist, insbesondere dem Bodmereigläubiger.

(2) Der Kapitän wird dadurch, daß er auf Anweisung des Reeders gehandelt hat, den übrigen vorgenannten Personen gegenüber von der Haftung nicht befreit.

---

2) 1972년 이전에는 Kapitän이라는 용어 대신 Schiffer라는 용어를 사용하였다. 본서에서는 독자 의 이해를 위한 편의상 이를 Kapitän이라는 용어로 통일한다. 이는 1972년 이전에 폐지되어 Kapitän이라는 용어가 사용된 적이 전혀 없는 경우에도 마찬가지로 이를 전환하여 사용하였다. 1972년 이후에는 내수항행선에 한하여 선장을 Schiffer라고 부른다.

담한다.

제510조 (1) 자기에게 속하지 아니하는 선박을 이익을 얻을 목적으로 자기의 계산으로 항해에 제공하고, 그 선박을 스스로 지휘하든가 혹은 그 지휘를 선장에게 위임한 사람은, 제3자와의 관계에 있어서는 이를 선주로 본다.

(2) 선주는 이러한 사용을 통하여 권리를 취득한 사람의 선박채권자로서 권리행사를 저지할 수 없고, 다만 그러한 사용이 그와 관계에서 불법으로 이루어졌고 채권자가 선의가 아니었던 경우에는 그러하지 아니하다.

제3장 선　장

제511조 선박의 지휘자(Kapitän, Schiffer)는 그의 모든 직무 수행, 특히 그에 의하여 집행되는 계약의 이행에 있어, 선장으로 통상의 주의를 다하여야 한다. 그는 자기의 귀책사유로 발생한 모든 손해, 특히 본 장(章) 및 그 이하 장(章)들에 의해 그에게 부과된 의무를 위반하여 발생한 손해에 대해 책임이 있다.

제512조 (1) 선장는 선주에 대하여서뿐만 아니라 운송계약자, 선적인, 수하인, 여객, 선원, 및 신용거래(제528조)를 통하여 발생한 채권을 가진 선박채권자, 특히 모험대차의 대주 등에 대하여도【**1972년 삭제**; 및 신용거래(제528조)를 통하여 발생한 채권을 가진 선박채권자, 특히 모험대차의 대주 등에 대하여도】, 그 책임이 있다.

(2) 선장이 선주의 지시에 의해 행동했다고 하더라도 그로 인하여 위에서 말한 다른 사람에 대한 책임을 면하는 것은 아니다.

(3) 이러한 지시가 있는 경우, 만일 그 지시를 할 때에 선주가 그 사정을 알고 있었다면, 선주는 인적인【**1972년 삭제**; 인적인】 책임을 진다.

제513조 선장은, 항해의 개시 전에, 선박이 감항능력을 가졌는지, 적절한 설비와 의장을 갖추었는지, 적절한 인원을 보유하고 물자를 구비하였는지 등에 대해

(3) Durch eine solche Anweisung wird auch der Reeder persönlich [gestrichen in 1972; persönlich] verpflichtet, wenn er bei der Erteilung der Anweisung von dem Sachverhältnis unterrichtet war.

§ 513 Der Kapitän hat vor dem Antritt der Reise dafür zu sorgen, daß das Schiff in seetüchtigem Stand, gehörig eingerichtet und ausgerüstet, gehörig bemannt und verproviantiert ist und daß die zum Ausweis für Schiff, Besatzung und Ladung erforderlichen Papiere an Bord sind.

§ 514 (1) Der Kapitän hat zu sorgen für die Tüchtigkeit der Gerätschaften zum Laden und Löschen sowie für die gehörige Stauung nach Seemannsbrauch, auch wenn die Stauung durch besondere Stauer bewirkt wird.

(2) Er hat dafür zu sorgen, daß das Schiff nicht überladen und daß es mit dem nötigen Ballast und der erforderlichen Garnierung versehen wird.

§ 515 (1) Wenn der Kapitän im Ausland die dort geltenden Vorschriften, insbesondere die Polizei-, Steuer- und Zollgesetze, nicht beobachtet, so hat er den daraus entstehenden Schaden zu ersetzen.

(2) Desgleichen hat er den Schaden zu ersetzen, welcher daraus entsteht, daß er Güter ladet, von denen er wußte oder wissen mußte, daß sie Kriegskonterbande seien.

§ 516 (1) Sobald das Schiff zum Abgehen fertig ist, hat der Kapitän die Reise bei der ersten günstigen Gelegenheit anzutreten.

(2) Auch wenn er durch Krankheit oder andere Ursachen verhindert ist, das Schiff zu führen, darf er den Abgang des Schiffes oder die Weiterfahrt nicht ungebührlich aufhalten; er muß vielmehr, wenn Zeit und Umstände gestatten, die Anordnung des Reeders einzuholen, diesem ungesäumt die Verhinderung anzeigen und für die Zwischenzeit die geeigneten Vorkehrungen treffen, im entgegengesetzten Fall einen anderen Kapitän einsetzen. Für diesen Stellvertreter ist er nur insofern verantwortlich, als ihm bei dessen Wahl ein Verschulden zur Last fällt.

§ 517 (1) Vom Beginn des Ladens an bis zur Beendigung der Löschung darf der Kapitän das Schiff gleichzeitig mit dem Steuermann nur in dringenden Fällen verlassen; er hat in solchen Fällen zuvor aus den Schiffsoffizieren oder der übrigen Mannschaft einen geeigneten Vertreter zu bestellen.

(2) Dasselbe gilt auch vor dem Beginn des Ladens und nach der Beendigung

주의를 다하여야 하며, 나아가 선박, 선원 및 화물을 증명하기 위해 필요한 서류가 선상에 구비되어 있는지에 대해서도 주의를 다하여야 한다.

제514조   (1) 선장은 선적과 양륙에 필요한 장비의 성능에 대하여는 물론 해운관행에 따라 적절하게 적부가 행하여지는지 여부에 대해 주의를 다하여야 하고, 이는 그 적부가 별도로 하역인에 의하여 수행되는 때에도 마찬가지이다.

(2) 선장은, 선박이 과적을 하지 않는지, 필요한 저하와 요구되는 홀수선을 구비하였는지 등에 대해 주의를 다하여야 한다.

제515조   (1) 선장이 해외에서 그곳에서 시행중인 규정, 특히 치안, 조세 및 관세에 관한 법을 준수하지 아니한 경우, 그 선장은 그로 인하여 발생하는 손해를 배상하여야 한다.

(2) 마찬가지로, 선장이 전시금수품인 화물을 실었고, 그 화물이 전시금수품인 것을 알거나 알았어야 했던 경우, 선장은 그로 인하여 발생하는 손해를 배상할 책임이 있다.

제516조   (1) 선박이 출발을 위해 준비가 완료되면 선장은 적당한 기회가 오는 대로 바로 항해를 개시하여야 한다.

(2) 질병 기타 사유로 선장이 선박을 지휘하는데 지장이 있는 경우, 선장은 선박의 출발 혹은 항해의 계속을 부당하게 지체시킬 수 없다.; 선장은 오히려 시간과 여건이 허용되면 선주의 지시를 구하고, 즉시 선주에게 장애를 통지하고, 그사이라도 적절한 조치를 취하여야 하며, 그렇지 아니하면 다른 선장을 대리인으로 임명하여야 한다. 이 대행선장에 관해 선장은 그가 그 선정에 귀책사유가 있는 때에만 책임이 있다.

제517조   (1) 선적을 개시한 때부터 양륙을 종료한 때까지 사이에는 급박한 경우에 한해 선장은 항해장과 함께 동시에 선박을 떠나 있을 수 있다.; 떠나는 경우에

der Löschung, wenn das Schiff in einem nicht sicheren Hafen oder auf einer nicht sicheren Reede liegt.

(3) Bei drohender Gefahr oder wenn das Schiff sich in See befindet, muß der Kapitän an Bord sein, sofern nicht eine dringende Notwendigkeit seine Abwesenheit rechtfertigt.

§ 518 Wenn der Kapitän in Fällen der Gefahr mit den Schiffsoffizieren einen Schiffsrat zu halten für angemessen findet, so ist er gleichwohl an die gefaßten Beschlüsse nicht gebunden; er bleibt stets für die von ihm getroffenen Maßregeln verantwortlich.

[aufgehoben in 1965] § 519 (1) Auf jedem Schiffe muß ein Tagebuch geführt werden, in welches für jede Reise alle erheblichen Begebenheiten, seit mit dem Einnehmen der Ladung oder des Ballastes begonnen ist, einzutragen sind.

(2) Das Tagebuch wird unter der Aufsicht des Kapitäns von dem Steuermann und im Falle der Verhinderung des letzteren von dem Kapitän selbst oder unter seiner Aufsicht von einem durch ihn zu bestimmenden geeigneten Schiffsmanne geführt.

§ 520 (1) Von Tag zu Tag sind in das Tagebuch einzutragen:

die Beschaffenheit von Wind und Wetter;

die von dem Schiffe gehaltenen Kurse und zurückgelegten Entfernungen;

die ermittelte Breite und Länge;

der Wasserstand bei den Pumpen,

(2) Ferner sind in das Tagebuch einzutragen:

die durch das Lot ermittelte Wassertiefe;

jedes Annehmen eines Lootsen und die Zeit seiner Ankunft und seines Abganges;

die Veränderungen im Personal der Schiffsbesatzung;

die im Schiffsrate gefaßten Beschlüsse;

alle Unfälle, die dem Schiffe oder der Ladung zustoßen, und eine Beschreibung dieser Unfälle.

(3) Auch die auf dem Schiffe begangenen strafbaren Handlungen und die verhängten Disziplinarstrafen sowie die vorgekommenen Geburts- und Sterbefälle sind in das Tagebuch einzutragen.

(4) Die Eintragungen müssen, soweit nicht die Umstände es hindern, täglich

는 먼저 사관이나 여타 선원 중에서 적당한 대행자를 임명하여야 한다.

(2) 선적의 개시 이전 혹은 양륙의 종료 이후라 하더라도, 선박이 안전하지 아니한 항구 혹은 안전하지 아니한 정박장에 있는 때에는, 위와 동일한 규정이 적용된다.

(3) 현저한 위험에 처하거나 선박이 해상에 있는 때에는, 급박한 불가피성에 의해 그 부재가 정당화되지 않는 한, 선장은 선상에 있어야 한다.

제518조 위험에 처해 선장이 적의 판단하여 다른 사관들과 함께 선상회의를 열게 되는 때에도 선장은 그 결의와 상관없이 채택된 결의에 구속되지 아니한다.; 선장은 그가 취한 조치에 대하여 책임을 진다.

【1965년 삭제】제519조 (1) 어느 선박이든 선상에 항해일지를 작성하여 비치하고, 거기에는 항해마다 화물이나 적하의 수령을 시작으로 하여 모든 중요한 사건을 기재하여야 한다.

(2) 항해일지는 선장의 지휘 하에 항해장이 이를 작성하여 비치하여야 하고, 항해장에게 장애가 있는 경우 선장이 직접 이를 작성하여 비치하거나 혹은 선장의 지휘 하에 선장이 지명한 적당한 해원이 이를 작성하여 비치하여야 한다.

제520조 (1) 항해일지에는 매일 다음 사항을 기재하여야 한다.:

바람과 날씨의 상태;

선박이 취한 항로와 진행한 거리;

측정된 위도와 경도;

펌프에 있어 수위;

(2) 항해일지에는 나아가 다음 사항도 기재하여야 한다.:

측연에 의하여 측정된 수심;

도선사의 이용 및 그 승선과 퇴선 시기;

선원의 인적 변동;

선상회의에서 채택된 결의;

geschehen. Das Tagebuch ist von dem Kapitän und dem Steuermanne zu unterschreiben.

[neu gefaßt in 1965] § 520 Wird auf dem Schiff ein Tagebuch geführt, so sind alle Unfälle einzutragen, die sich während der Reise ereignen und die das Schiff, Personen oder die Ladung betreffen oder sonst einen Vermögensnachteil zur Folge haben können. Dabei ist eine vollständige Beschreibung dieser Unfälle unter Angabe der zur Abwendung oder Verringerung der Nachteile angewendeten Mittel aufzunehmen.

[aufgehoben in 1965] § 521 Die Landesgesetze können bestimmen, daß auf kleineren Fahrzeugen (Küstenfahrern und dergleichen) die Führung eines Tagebuchs nicht erforderlich ist.

§ 522 (1) Der Kapitän hat über alle Unfälle, die sich während der Reise ereignen, sie mögen den Verlust oder die Beschädigung des Schiffes oder der Ladung, das Einlaufen in einen Nothafen oder einen sonstigen Nachteil zur Folge haben, mit Zuziehung aller Personen der Schiffsbesatzung oder einer genügenden Anzahl von ihnen eine Verklarung abzulegen.

(2) Die Verklarung ist ohne Verzug zu bewirken und zwar:

im Bestimmungshafen oder bei mehreren Bestimmungshäfen in demjenigen, welchen das Schiff nach dem Unfälle zuerst erreicht;

im Nothafen, sofern in diesem reparirt oder gelöscht wird;

am ersten geeigneten Orte, wenn die Reise endet, ohne daß der Bestimmungshafen erreicht wird.

(3) Ist der Kapitän gestorben oder außer Stande, die Aufnahme der Verklarung zu bewirken, so ist hierzu der im Range nächste Schiffsoffizier berechtigt und verpflichtet.

[neu gefaßt in 1972] § 522 (1) Der Kapitän ist bei einem Unfall, der sich während der Reise ereignet und der das Schiff oder die Ladung betrifft oder sonst einen Vermögensnachteil zur Folge haben kann, berechtigt und auf Verlangen verpflichtet, die Aufnahme einer Verklarung zu beantragen. Das Verlangen kann von dem Reeder und von den Personen gestellt werden, für die der Unfall als Inhaber eines Rechts am Schiff, Ladungsbeteiligte, Reisende oder Personen der Schiffsbesatzung einen erheblichen Vermögensnachteil zur Folge haben kann. Der Kapitän ist berechtigt und auf Verlangen einer in Satz 2 genannten Person verpflichtet, die Aufnahme der Verklarung in dem Hafen, den das Schiff nach dem Unfall oder nach dem Verlangen zuerst erreicht und

선박과 적하에 일어난 모든 사고와 그 경위.

(3) 선상에서 범한 범죄행위 및 내려진 징계조치는 물론 출생이나 사망사실도 항해일지에 기재하여야 한다.

(4) 기재는 상황이 이를 방해하지 아니하는 한 매일 기재하여야 한다. 항해일지는 선장과 항해장이 서명하여야 한다.

【1965년 개정】 제520조 선박이 항해일지를 작성하여 보유하는 경우, 항해 중에 발생한 것으로, 선박, 사람 혹은 적하에 영향을 미칠 수 있거나 혹은 기타 재산상 손실을 유발할 수 있는 모든 사고를 기재하여야 한다. 거기에는 손해를 회피하거나 감축하기 위해 취한 조치에 관한 기술과 함께, 이러한 사고에 관한 충분한 설명이 있어야 한다.

【1965년 삭제】 제521조 각 주의 법은 소형선(연안항행선 및 그 유사선)에 대해 항해일지를 작성하여 비치하는 것을 요구하지 않는다고 정할 수 있다.

제522조 (1) 선장은 항해 도중에 발생한 모든 사고에 대하여, 선박 혹은 화물이 멸실 혹은 훼손되든, 피난항에 대피를 했든, 혹은 여타 손해가 발생했든 이를 불문하고, 모든 선원 혹은 충분한 수의 선원의 참여 하에 해난보고서를 작성하여야 한다.

(2) 해난보고서는 지체 없이 작성하여야 하고, 특히 다음 장소에서 해난보고서를 작성하여야 한다.:

목적항에서, 수 개의 목적항이 있으면 사고 후에 선박이 최초로 도착하는 목적항에서;

피난항에서 수리나 하역을 한다면 그 피난항에서;

만일 선박이 목적항에 도착하지 못한 채 항해를 종료하였다면 제1차적인 적당한 장소에서.

(3) 선장이 사망하거나 해난보고서를 작성할 상태에 있지 아니한 경우에는, 서열에서 그 다음에 있는 사관이 이에 대한 권리와 의무가 있다.

in dem sie ohne eine unverhältnismäßige Verzögerung der Reise möglich ist, oder im Falle des Schiffsverlustes an dem ersten geeigneten Ort zu beantragen.

(2) Die Verklarung wird im Geltungsbereich des Grundgesetzes durch die Gerichte, außerhalb desselben durch die vom Bundesminister des Auswärtigen [geändert in 2001; vom Auswärtigen Amt] durch Rechtsverordnung bestimmten Auslandsvertretungen der Bundesrepublik Deutschland aufgenommen.

§ 523 Die Verklarung muß einen Bericht über die erheblichen Begebenheiten der Reise, namentlich eine vollständige und deutliche Erzählung der erlittenen Unfälle unter Angabe der zur Abwendung oder Verringerung der Nachteile angewendeten Mittel, enthalten.

[neu gefaßt in 1972] § 523 (1) In dem Antrag auf Aufnahme der Verklarung hat der Kapitän sich selbst zum Zeugnis zu erbieten und die zur Feststellung des Sachverhalts sonst dienlichen Beweismittel zu bezeichnen. Dem Antrag ist eine öffentlich beglaubigte Abschrift der den Unfall betreffenden Eintragungen im Tagebuch und ein Verzeichnis aller Personen der Schiffsbesatzung beizufügen.

(2) Kann die beglaubigte Abschrift aus dem Tagebuch nicht beigefügt werden, so ist der Grund dafür anzugeben. Der Antrag muß in diesem Fall eine vollständige Beschreibung der erlittenen Unfälle unter Angabe der zur Abwendung oder Verringerung der Nachteile angewendeten Mittel enthalten.

(3) Zur Aufnahme der Verklarung bestimmt das Gericht oder der Konsularbeamte einen tunlichst nahen Termin, zu welchem der Kapitän und die sonst bezeichneten Zeugen zu laden sind. Der Termin ist dem Reeder und den etwa sonst durch den Unfall Betroffenen mitzuteilen, soweit dies ohne unverhältnismäßige Verzögerung des Verfahrens geschehen kann. Die Mitteilung kann durch öffentliche Bekanntmachung erfolgen.

§ 524 (1) Im Gebiete dieses Gesetzbuchs muß die Verklarung, unter Vorlegung des Tagebuchs und eines Verzeichnisses aller Personen der Schiffsbesatzung, bei dem zuständigen Gericht angemeldet werden.

(2) Das Gericht hat nach Eingang der Anmeldung sobald als tunlich die Verklarung aufzunehmen.

(3) Der dazu anberaumte Termin wird in geeigneter Weise öffentlich bekannt gemacht, sofern die Umstände einen solchen Aufenthalt gestatten.

【1972년 개정】 제522조   (1) 항해 도중에 사고가 발생하고, 그로 인하여 선박이나 적하가 영향을 받거나 혹은 재산적인 손해가 발생할 수 있게 되면, 선장은 해난보고서의 수리를 청구할 권리가 있고, 요청이 있으면 이를 청구할 의무가 있다. 선주는 물론 선박에 권리를 보유한 사람, 적하 이해관계인, 여객 또는 선원으로 현저한 재산적 손해를 입을 수 있는 사람이 이러한 요청을 할 수 있다. 항해를 지나치게 지연시키지 아니하고도 가능하다면, 사고 후 혹은 요청 후 선박이 최초로 도착하는 항구에서, 선박이 멸실된 경우에는 제1차적으로 적당한 장소에서, 선장은 해난보고서의 수리를 청구할 권리가 있고, 위 제2문에 열거된 사람의 요청이 있으면 이를 청구할 의무가 있다.

(2) 이 해난보고서는 헌법의 시행지역 내에서는 법원을 통하여, 그 이외 지역에서는 외무장관【2001년 변경; 대외 기관】이 명령으로 정한 해외 대표를 통하여 이를 수리한다.

제523조   해난보고서에는 항해 중에 있었던 중요한 사건에 대한 보고가 포함되어야 하고, 특히 항해 중에 당하였던 사고에 대한 충분하고 명확한 설명과 함께 피해를 회피하고 경감하기 위해 취한 조치에 대한 기술이 포함되어야 한다.

【1972년 개정】 제523조   (1) 해난보고서의 수리 신청서에는, 증인으로 선장 자신이 출석하여야 하고, 상황을 확정하는 데 유용한 다른 증거방법도 제출하여야 한다. 그리고 신청에 항해일지에 있는 사고와 관련된 기록이 공적으로 인증된 사본과 선원명부를 첨부하여야 한다.

(2) 항해일지의 인증사본을 제출할 수 없는 때에는 그 이유를 제시하여야 한다. 이 경우 신청서에는 항해 중에 당하였던 사고에 대한 충분한 설명과 함께 피해를 회피하고 경감하기 위해 취한 조치에 대한 기술이 포함되어야 한다.

(3) 해난보고서의 수리를 위해 법원 또는 영사는 가능한 한 빨리 기일을 정하여 그 기일에 선장 및 진술할 다른 증인도 소환하여야 한다. 이 기일은 절차의 현저한 지체가 일어나지 않는 한, 선주 및 다른 사고 이해관계인에게 이를 통지하여야 한다. 이러한 통지는 공시의 방법으로도 할 수 있다.

(4) Die Interessenten von Schiff und Ladung sowie die etwa sonst bei dem Unfalle Beteiligten sind berechtigt, selbst oder durch Vertreter der Ablegung der Verklarung beizuwohnen.

(5) Die Verklarung geschieht auf der Grundlage des Tagebuchs. Kann das geführte Tagebuch nicht beigebracht werden oder ist ein Tagebuch nicht geführt (§ 521), so ist der Grund hiervon anzugeben.

[neu gefaßt in 1972] § 524 (1) Die Verklarung geschieht durch eine Beweisaufnahme über den tatsächlichen Hergang des Unfalls sowie über den Umfang des eingetretenen Schadens und über die zur Abwendung oder Verringerung desselben angewendeten Mittel.

(2) Die Beweisaufnahme erfolgt nach den Vorschriften der Zivilprozeßordnung. Eine Beeidigung des Kapitäns findet nicht statt. Andere Zeugen sollen in der Regel unbeeidigt vernommen werden.

(3) Der Reeder und die etwa sonst durch den Unfall Betroffenen sind berechtigt, selbst oder durch Vertreter der Verklarung beizuwohnen. Sie können eine Ausdehnung der Beweisaufnahme auf weitere Beweismittel beantragen.

(4) Das Gericht oder der Konsularbeamte ist befugt, eine Ausdehnung der Beweisaufnahme auch von Amts wegen anzuordnen, soweit dies zur Aufklärung des Sachverhalts erforderlich erscheint.

§ 525 (1) Der Richter ist befugt, außer den gestellten noch andere Personen der Schiffsbesatzung, deren Abhörung er angemessen findet, zu vernehmen. Er kann zum Zwecke besserer Aufklärung dem Kapitän sowie jeder anderen Person der Schiffsbesatzung geeignete Fragen zur Beantwortung vorlegen.

(2) Der Kapitän und die zugezogenen übrigen Personen der Schiffsbesatzung haben ihre Aussagen zu beschwören.

(3) Die über die Verklarung aufgenommene Verhandlung ist in Urschrift aufzubewahren und jedem Beteiligten auf Verlangen eine beglaubigte Abschrift zu erteilen.

[neu gefaßt in 1972] § 525 (1) Der Reeder und die sonst durch den Unfall Betroffenen können Abschrift der den Unfall betreffenden Eintragungen im Tagebuch oder des in § 523 Abs. 2 Satz 2 genannten Berichts sowie der Niederschrift über die Beweisaufnahme verlangen. Die Abschrift ist auf Verlangen zu beglaubigen.

(2) Ist das Verfahren auf Verlangen einer der in § 522 Abs. 1 Satz 2 genannten

제524조 (1) 본법이 적용되는 지역이면 어디이든, 해난보고서는 항해일지와 모든 선원의 명부를 첨부하여, 이를 관할 법원에 제출하여야 한다.

(2) 법원은 신고를 접수한 다음 가능한 한 신속히 해난보고서를 수리하여야 한다.

(3) 이를 위하여 지정된 날짜는, 여건이 그로 인한 지체를 용인할 수 있다고 한다면, 적당한 방법으로 공시하여야 한다.

(4) 선박과 적하의 이해관계인과 여타 사고의 관계인은, 본인이 직접 하든 대리인을 통하여 하든, 해난보고서의 심리에 참여할 수 있다.

(5) 해난보고서는 항해일지에 기초하여 작성하여야 한다. 작성된 항해일지를 제시할 수 없거나 항해일지를 작성하지 않았던 경우(제521조), 그 이유를 진술하여야 한다.

【1972년 개정】제524조 (1) 해난보고는 사고의 실질적인 진행은 물론 발생한 사고의 범위 및 손해를 방지하거나 감축하기 위해 취한 조치에 관한 증거조사를 통해 이루어진다.

(2) 증거조사는 민사소송법령의 규정에 의하여 실시한다. 선장에 의한 선서는 이를 하지 아니한다. 다른 증인도 원칙적으로 선서 없이 증언한다.

(3) 선주 및 기타 사고로 인해 영향을 받는 사람은, 스스로 직접 혹은 대리인을 통하여, 해난보고의 절차에 참여할 수 있다. 이들은 다른 증거방법에 대한 추가 증거조사도 요청할 수 있다.

(4) 법원 또는 영사는 상황을 명확히 하기 위해 필요하다고 판단되면 직권으로 추가 증거조사를 명할 수 있다.

제525조 (1) 판사는 출석한 사람 이외에 다른 선원도 그의 진술을 듣는 것이 필요하다고 판단하면 심문할 수 있다. 판사는 더욱 명확히 할 목적으로 선장 및 다른 모든 선원에게 이들이 응답해야 할 적절한 질문을 제시할 수 있다.

(2) 선장 및 여타 소환된 선원은 그 진술에 대해 선서하여야 한다.

(3) 해난보고서에 관해 진행된 심리는 원본에 의해 그 진행 절차가 보존되어야 하고 모든 관계인에게 청구가 있으면 공인된 사본을 교부하여야 한다.

Personen beantragt, so hat diese die entstandenen Kosten zu erstatten, soweit sie nicht Anspruch auf Ersatz des durch den Unfall ihr entstandenen Schadens hat. Die Verpflichtung des Reeders, dem Kapitän die verauslagten Kosten zu erstatten, wird hierdurch nicht berührt. In den Fällen der großen Haverei findet die Vorschrift des § 706 Nr. 7 Anwendung.

§ 526 (1) Rechtsgeschäfte, die der Kapitän eingeht, während sich das Schiff im Heimathafen befindet, sind für den Reeder nur dann verbindlich, wenn der Kapitän auf Grund einer Vollmacht gehandelt hat oder wenn ein anderer besonderer Verpflichtungsgrund vorhanden ist.

(2) Zur Annahme der Schiffsmannschaft ist der Kapitän auch im Heimathafen befugt.

§ 527 (1) Befindet sich das Schiff außerhalb des Heimathafens, so ist der Kapitän Dritten gegenüber kraft seiner Anstellung befugt, für den Reeder alle Geschäfte und Rechtshandlungen vorzunehmen, welche die Ausrüstung, die Bemannung, die Verproviantierung und die Erhaltung des Schiffes sowie überhaupt die Ausführung der Reise mit sich bringen.

(2) Diese Befugnis erstreckt sich auch auf die Eingehung von Frachtverträgen; sie erstreckt sich ferner auf die Anstellung von Klagen, die sich auf den Wirkungskreis des Kapitäns beziehen.

§ 528 (1) Zur Aufnahme von Darlehen, zur Eingehung von Käufen auf Borg sowie zum Abschluß ähnlicher Kreditgeschäfte ist der Kapitän nur dann befugt, wenn es zur Erhaltung des Schiffes oder zur Ausführung der Reise notwendig, und nur insoweit, als es zur Befriedigung des Bedürfnisses erforderlich ist. [gestrichen Folgende in 1972] Ein Bodmereigeschäft einzugehen, ist er nur dann befugt, wenn es zur Ausführung der Reise notwendig, und nur insoweit, als es zur Befriedigung des Bedürfnisses erforderlich ist.

(2) Die Gültigkeit des Geschäfts ist weder von der wirklichen Verwendung noch von der Zweckmäßigkeit der unter mehreren Kreditgeschäften getroffenen Wahl noch von dem Umstand abhängig, ob dem Kapitän das erforderliche Geld zur Verfügung gestanden hat, es sei denn, daß der Dritte in bösem Glauben war.

[geändert in 1972] (2) Die Gültigkeit des Geschäfts ist nicht davon abhängig, daß der Kapitän nach Absatz 1 zu dem Geschäft befugt war, daß die von ihm zwischen

【1972년 개정】제525조　(1) 선주 및 여타 사고로 인해 영향을 받는 사람은 항해일지에 있는 사고 관련 기록, 또는 제523조 제2항 2문에서 말하는 보고서 및 증거조사에 관해 작성된 조서의 사본을 청구할 수 있다. 사본은 요청을 하면 이를 인증하여 주어야 한다.

　(2) 제522조 제1항 2문에 언급된 사람의 청구에 의해 절차가 개시된 경우, 이들이 사고로 인해 그들이 입은 손해의 보상을 요구할 청구권이 없는 한, 이들은 그로 인하여 발생한 비용을 보상하여야 한다. 선장에 대해 지출한 비용을 보상할 선주의 의무는 이로 인하여 영향을 받지 않는다. 공동해손의 경우에는 제706조 7호 규정이 적용된다.

제526조　(1) 선박이 선적항에 머무는 동안에 선장이 행한 법률행위는, 오로지 선장이 특별히 수여한 대리권에 기해 그 행위를 하였거나, 혹은 그러한 행위를 할 권한을 인정할 특별한 근거가 있는 때에만, 선주에 대해 그 효력이 있다.

　(2) 선장은 선박이 선적항에 머무는 동안에도 선원을 채용할 권한이 있다.

제527조　(1) 선박이 선적항 외에 머무는 동안에는, 선장은 그 임명을 통하여 제3자에 대해 선주를 대리하여 선박의 의장, 채용, 보급 및 보존은 물론 일반적으로 항해의 수행에 수반되는 모든 거래와 법적인 처리를 할 권한을 갖는다.

　(2) 이 권한은 운송계약을 체결하는 것에도 미친다.; 나아가 선장의 담당 직무와 관련이 있는 소송을 제기하는 것에도 미친다.

제528조　(1) 선박의 보존 혹은 항해의 수행을 위해 불가피한 때에 한해, 선장은 금전을 차용하고, 외상으로 구입을 하며, 또는 이와 유사한 신용거래를 할 권한이 있고, 오로지 그 당장의 필요를 충족시키기 위해 필요한 범위 내에서만, 이를 할 수 있다. **【1972년 이하 삭제】**선장은 항해의 수행을 위해 불가피한 때에 한해 모험대차에 들어갈 권한이 있고, 당장의 필요를 충족하기 위하여 필요한 범위 내에서만 모험대차에 들어갈 수 있다.

　(2) 거래의 유효성 여부는, 금전의 실제 사용 여부, 다수 신용거래 중 선택한 거

mehreren Geschäften getroffene Wahl zweckmäßig war und daß die durch das Geschäft erlangten Mittel oder sonstigen Gegenstände tatsächlich zur Erhaltung des Schiffes oder zur Ausführung der Reise verwendet werden. Das Geschäft ist jedoch für den Reeder nicht verbindlich, wenn dem Dritten der Mangel der Befugnis des Kapitäns oder die Absicht zur anderweitigen Verwendung bekannt oder infolge grober Fahrlässigkeit unbekannt war.

〔eingefügt in 1972〕 (3) Zur Eingehung von Wechselverbindlichkeiten ist der Kapitän nur befugt, wenn ihm eine besondere Vollmacht hierzu erteilt worden ist.

〔aufgehoben in 1972〕 § 529 Auf den persönlichen Kredit des Reeders Geschäfte abzuschließen, insbesondere Wechselverbindlichkeiten für den Reeder einzugehen, ist der Kapitän nur auf Grund einer ihn hierzu ermächtigenden Vollmacht (§ 486 Abs. 1 Nr. 1) befugt. Verhaltungsmaßregeln und dienstliche Anweisungen, die der Kapitän vom Reeder erhält, genügen nicht, die persönliche Haftung des Reeders dem Dritten gegenüber zu begründen.

〔aufgehoben in 1972〕 § 530 (1) Die Befugniß zum Verkaufe des Schiffes hat der Kapitän nur im Falle dringender Notwendigkeit und nur, nachdem diese durch das Ortsgericht nach Anhörung von Sachverständigen und mit Zuziehung des deutschen Konsuls, wo ein solcher vorhanden, festgestellt ist.

(2) Ist keine Gerichtsbehörde und auch keine andere Behörde, welche die Untersuchung übernimmt, am Orte vorhanden, so hat der Kapitän zur Rechtfertigung seines Verfahrens das Gutachten von Sachverständigen einzuholen und, wenn dies nicht möglich ist, sich mit anderen Beweisen zu versehen.

(3) Der Verkauf muß öffentlich geschehen.

§ 531 Der Reeder, welcher die gesetzlichen Befugnisse des Kapitäns beschränkt hat, kann dem Dritten die Nichteinhaltung dieser Beschränkungen nur entgegensetzen, wenn sie dem Dritten bekannt waren.

§ 532 Hat der Kapitän ohne besonderen Auftrag für Rechnung des Reeders aus eigenen Mitteln Vorschüsse geleistet oder sich persönlich verpflichtet, so stehen ihm gegen den Reeder wegen des Ersatzes keine größeren Rechte als einem Dritten zu.

§ 533 (1) Durch ein Rechtsgeschäft, welches der Kapitän in seiner Eigenschaft als Führer des Schiffes, sei es mit, sei es ohne Bezeichnung des Reeders, innerhalb seiner

래의 합목적성 여부, 선장이 필요한 금전을 가지고 처분할 수 있었는지 여부와 상관이 없고, 다만 제3자가 악의였던 경우에는 그러하지 않다.

【1972년 변경】 (2) 거래의 유효성은, 선장이 위 제1항에 의해 그 거래를 할 권한이 있는지, 다수의 거래 중 그가 행한 선택이 합목적적이었는지 및 거래를 통하여 취득한 자금 혹은 기타 대상물이 선박의 보존이나 항해의 수행을 위하여 실제로 사용되었는지 등과 상관이 없다. 그러나 제3자가 선장의 권한 부재 또는 다른 목적에 사용하려는 의도를 알았거나 중대한 과실로 알지 못한 때에는 그 거래는 선주에 대해 구속력이 없다.

【1972년 삽입】 (3) 어음채무 부담은, 그에 대해 특별 수권이 부여된 때에 한해, 비로소 선장이 그 권한을 가진다.

【1972년 삭제】 제529조 선주의 인적 신용에 기한 거래를 하려면, 특히 선주를 위한 어음채무를 부담하려면, 이를 위해 그에게 부여한 특별수권(제486조 제1항 1호)이 있어야만, 비로소 선장이 그러한 행위를 할 권한을 갖는다.

선장이 선주로부터 받은 행동규칙 및 직무지시 그 자체만으로 선주가 제3자에 대해 인적 책임을 지지는 않는다.

【1972년 삭제】 제530조 (1) 긴급한 필요가 있는 경우에만 선장은 선박을 매각할 권한이 있고, 이처럼 긴급한 필요가 있다는 것을, 현지 법원이 감정인의 의견을 듣고 독일 영사가 있으면 그 영사의 의견을 들은 다음 이를 확인한 후에, 비로소 선장이 선박을 매각할 수 있다.

(2) 현장에 조사를 수행할 법원은 물론 다른 관청도 없는 경우, 선장은 그의 조치를 정당화하기 위해, 감정인의 의견을 구하여야 하고 이것이 불가능한 때에는 다른 증거를 구비하여야 한다.

(3) 매각은 반드시 공적으로 시행하여야 한다.

제531조 선장의 법적인 권한을 제한한 선주는, 그 제한이 제3자에게 알려진 때에 한해, 그 제한을 지키지 않았다는 이유로 제3자에게 대항할 수 있다.

gesetzlichen Befugnisse schließt, wird der Reeder dem Dritten gegenüber berechtigt und die Haftung des Reeders mit Schiff und Fracht begründet.

[geändert in 1972] (1) Durch ein Rechtsgeschäft, welches der Kapitän in seiner Eigenschaft als Führer des Schiffes, sei es mit, sei es ohne Bezeichnung des Reeders, innerhalb seiner gesetzlichen Befugnisse schließt, wird der Reeder dem Dritten gegenüber berechtigt und verpflichtet.

(2) Der Kapitän selbst wird dem Dritten durch das Rechtsgeschäft nicht verpflichtet, es sei denn, daß er eine Gewährleistung für die Erfüllung übernimmt oder seine Befugnisse überschreitet. Die Haftung des Kapitäns nach Maßgabe der §§ 511 und 512 wird hierdurch nicht ausgeschlossen.

§ 534 (1) Auch dem Reeder gegenüber sind für den Umfang der Befugnisse des Kapitäns die Vorschriften der §§ 526 bis 530**[Zahl ersetzt in 1972; 528]** maßgebend, soweit nicht der Reeder diese Befugnisse beschränkt hat.

(2) Der Kapitän ist verpflichtet, von dem Zustand des Schiffes, den Begebnissen der Reisen, den von ihm geschlossenen Verträgen und den anhängig gewordenen Prozessen den Reeder in fortlaufender Kenntnis zu erhalten und in allen erheblichen Fällen, namentlich in den Fällen des §§ 528 und 530 **[gestrichen in 1972; und 530]** oder wenn er eine Reise zu ändern oder einzustellen sich genötigt findet, oder bei außergewöhnlichen Reparaturen und Anschaffungen, die Erteilung von Verhaltungsmaßregeln nachzusuchen, sofern die Umstände es gestatten.

(3) Zu außergewöhnlichen Reparaturen und Anschaffungen, selbst wenn er sie mit den ihm zur Verfügung stehenden Mitteln des Reeders bestreiten kann, darf er nur im Falle der Notwendigkeit schreiten.

[aufgehoben in 1972] (4) Wenn er sich das zur Bestreitung eines Bedürfnisses nötige Geld nicht anders verschaffen kann als durch Bodmerei oder durch den Verkauf von entbehrlichem Schiffszubehör oder von entbehrlichen Schiffsvorräten, so hat er diejenige Maßregel zu ergreifen, welche für den Reeder mit dem geringsten Nachteile verbunden ist.

[Nr geandert in 1972; (4)] (5) Er muß dem Reeder nach der Rückkehr in den Heimathafen und außerdem, so oft es verlangt wird, Rechnung legen.

§ 535 (1) Im Interesse der Ladungsbeteiligten hat der Kapitän während der Reise

제532조 선장이 특별한 위임을 받지 아니하고서 선주의 계산으로 개인 자금을 가지고 체당을 한다든가 개인적으로 채무를 부담하는 경우, 그 선장은 선주에 대해 그 보상에 있어 제3자보다 더 큰 권리를 취득하지 아니한다.

제533조 (1) 선장이 선박의 지휘자의 자격으로 그 법적인 권한의 범위 내에서 법률행위를 하면 선주는, 거기에 표시가 되든 되지 않든, 이를 통하여 제3자에 대해 권리를 취득하고 선박과 운임을 가지고 책임을 져야 한다.

【1972년 변경】(1) 선장이 선박의 지휘자의 자격으로 그 법적인 권한의 범위 내에서 법률행위를 하면 선주는, 거기에 표시가 되든 되지 않든, 이를 통하여 제3자에 대해 권리를 취득하고 의무를 갖는다.

(2) 이러한 법률행위를 통하여 선장은 개인적으로 책임을 지지 않고, 다만 그가 개인적으로 이행을 담보하거나 혹은 권한을 초과한 때에는 그러하지 않다. 이로 인하여 제511조 및 제512조의 규정에 따른 선장의 책임이 배제되는 것은 아니다.

제534조 (1) 선장의 권한의 범위에 관한 제526조 내지 제530조【1972년 변경; 내지 제528조】의 규정은, 선주가 그 권한을 제한하지 않는 한, 선주와의 관계에 있어서도 적용된다.

(2) 선장은 선박의 상태, 항해 중의 사고, 자기가 체결한 계약, 계속되게 된 소송 등에 관해 선주에게 계속적으로 보고할 의무가 있고, 또 다른 특이한 사안, 특히 제528조와 제530조【1972년 삭제; 와 제530조】의 경우에 있어, 항해를 변경하거나 중지할 필요가 생긴 때에 있어, 또 통상적이지 아니한 수선을 하거나 물자를 구입함에 있어서, 사정이 허용하는 한, 선장은 선주에게 행동지침을 내려 줄 것을 요청하여야 한다.

(3) 통상적이지 아니한 수선이나 구입은, 비록 선장이 처분할 권한이 있는 선주의 금전으로 이를 감당할 수 있다고 하더라도, 긴급한 경우에 한해 선장이 이를 착수할 수 있다.

【1972년 삭제】(4) 선장은 긴급 시 이를 감당할 금전을 마련할 길이 없고, 오로지 모험대차를 한다든가 혹은 선박의 불필요한 속구나 불필요한 비품을 매각하여 이를 마련할 수밖에 없는 경우, 선장은 선주에게 가장 적게 손해가 생기는 조치를 선

zugleich für das Beste der Ladung nach Möglichkeit Sorge zu tragen.

(2) Werden zur Abwendung oder Verringerung eines Verlustes besondere Maßregeln erforderlich, so liegt ihm ob, das Interesse der Ladungsbeteiligten als deren Vertreter [gestrichen 1972; als deren Vertreter] wahrzunehmen, wenn tunlich ihre Anweisungen einzuholen und, soweit es den Verhältnissen entspricht, zu befolgen, sonst aber nach eigenem Ermessen zu verfahren und überhaupt tunlichst dafür zu sorgen, daß die Ladungsbeteiligten von solchen Vorfällen und den dadurch veranlaßten Maßregeln schleunigst in Kenntnis gesetzt werden.

(3) Er ist in solchen Fällen namentlich auch berechtigt, die Ladung ganz oder zu einem Teile zu löschen, äußerstenfalls, wenn ein erheblicher Verlust wegen drohenden Verderbs oder aus sonstigen Gründen anders nicht abzuwenden ist, zu verkaufen oder behufs der Beschaffung der Mittel zu ihrer Erhaltung und Weiterbeförderung zu verbodmen, sowie im Falle der Anhaltung oder Aufbringung zu reklamiren oder, wenn sie auf andere Weise seiner Verfügung entzogen ist, ihre Wiedererlangung außergerichtlich und gerichtlich zu betreiben.

[geändert in 1972] (3) Der Kapitän ist in solchen Fällen ermächtigt, die Ladung äußerstenfalls, wenn ein erheblicher Schaden wegen drohenden Verderbs oder aus sonstigen Gründen anders nicht abzuwenden ist, zu veräußern oder zur Beschaffung der Mittel zu ihrer Erhaltung oder Weiterbeförderung zu verpfänden.

[eingefügt in 1972] (4) Der Kapitän ist berechtigt, Ansprüche eines Ladungsbeteiligten aus Verlust oder Beschädigung der Ladung im eigenen Namen außergerichtlich oder gerichtlich zu betreiben, soweit der Ladungsbeteiligte selbst hierzu nicht rechtzeitig in der Lage ist.

§ 536 (1) Wird die Fortsetzung der Reise in der ursprünglichen Richtung durch einen Zufall verhindert, so ist der Kapitän befugt, die Reise in einer anderen Richtung fortzusetzen oder sie auf kürzere oder längere Zeit einzustellen oder nach dem Abgangshafen zurückzukehren, je nachdem es den Verhältnissen und den möglichst zu berücksichtigenden Anweisungen entspricht.

(2) Im Falle der Auflösung des Frachtvertrags hat er nach den Vorschriften des § 632 zu verfahren.

[aufgehoben in 1972] § 537 Auf den persönlichen Kredit der Ladungsbeteiligten

정하여 취하여야 한다.

【1972년 항수 변경; (4)】 (5) 선장은 선박이 선적항으로 귀항한 다음은 물론 그 외에도 요청이 있으면 언제든지 선주에게 계산서를 제출하여야 한다.

제535조 (1) 선장은 적하 이해관계인의 이익을 위해, 항해를 하는 동안에 적하를 보호하기 위해, 마찬가지로 가능한 주의를 다하여야 한다.

(2) 손해를 회피하거나 감소시키기 위하여 특별한 조치가 필요한 경우, 선장은 화물 이해관계인의 대리인으로 **【1972년 삭제; 화물이해관계인의 대리인으로】** 화물 이해관계인의 이익을 보호하고, 가능한 한 그들의 지시를 구하고, 사정이 허용하는 한 그 지시를 수행하고, 그 외에도 자기의 판단에 의거하여 필요한 조치를 취하고 또 일반적으로 가능한 범위 내에서 화물 이해관계인에게 사고와 그에 필요한 조치를 가능한 한 신속히 통지하는 등의 의무를 진다.

(3) 이러한 경우에 선장은 특히 적하의 전부 혹은 일부를 양륙할 권리가 있고, 또 극단적인 경우로 부패의 위험 혹은 다른 원인으로 달리 중대한 손실을 면할 수 없게 된 때에는 화물을 매각할 권리가 있고, 화물을 보존하고 항해를 계속하기 위해 필요한 자금을 마련하기 위해 모험대차를 할 권리가 있으며, 나아가 선박이 억류되거나 나포되면 그 반환을 청구하고, 그 외 다른 방법으로 그 처분을 박탈당한 때에는 그 회수를 위해 필요한 사법적 및 비사법적인 조치를 취할 권리가 있다.

【1972년 변경】 (3) 이러한 경우에, 긴급한 부패 혹은 기타 사유로 중대한 손실을 피할 수 없게 된 때에는, 그 외에도, 선장은 적하를 매각할 권리가 있고, 그 보존과 항해 계속을 위한 자금을 마련하기 위해 적하를 입질할 권리가 있다.

【1972년 삽입】 (4) 선장은 적하의 멸실이나 훼손으로 인해 적하 이해관계인이 갖는 채권에 관해, 적하 이해관계인 자신이 적기에 거기에 반응할 위치에 있지 않은 때에는, 선장은 자기 명의로 적하 이해관계인을 위해 법적 혹은 비법적인 조치를 할 권리가 있다.

제536조 (1) 우연한 사고로 인하여 원래 방향으로 항해를 계속하는 것이 방해를 받는 경우, 선장은 다른 방향으로 항해를 계속한다든가, 항해를 단기간 혹은 장기간으로 조정한다든가, 출발항으로 회항을 한다든가 할 권한이 있고, 다만 그것은

Geschäfte abzuschließen, ist der Kapitän auch in den Fällen des § 535 nur auf Grund einer ihn hierzu ermächtigenden Vollmacht befugt.

§ 538   Außer den Fällen des § 535 ist der Kapitän zur Verbodmung der Ladung oder zur Verfügung über Ladungsteile durch Verkauf oder Verwendung nur befugt, soweit es zum Zwecke der Fortsetzung der Reise notwendig ist.

【neu gefaßt in 1972】 § 538   Außer in den Fällen des § 535 ist der Kapitän zur Verfügung über Ladungsteile durch Veräußerung, Verpfändung oder Verwendung nur befugt, soweit es zum Zwecke der Fortsetzung der Reise notwendig ist.

§ 539   Gründet sich das Bedürfnis auf eine große Haverei und kann der Kapitän ihm durch verschiedene Maßregeln abhelfen, so hat er diejenige Maßregel zu ergreifen, welche für die Beteiligten mit dem geringsten Nachteil verbunden ist.

§ 540   (1) Liegt der Fall einer großen Haverei nicht vor, so ist der Kapitän zur Verbodmung der Ladung oder zur Verfügung über Ladungsteile durch Verkauf oder Verwendung nur befugt, wenn er dem Bedürfniß auf anderem Wege nicht abhelfen kann oder wenn die Wahl eines anderen Mittels einen unverhältnißmäßigen Schaden für den Reeder zur Folge haben würde.

【geändert in 1972】 (1) Liegt der Fall einer großen Haverei nicht vor, so ist der Kapitän zur Verfügung über Ladungsteile durch Veräußerung, Verpfändung oder Verwendung nur befugt, wenn er dem Bedürfnis auf anderem Wege nicht abhelfen kann oder wenn die Wahl eines anderen Mittels einen unverhältnismäßigen Schaden für den Reeder zur Folge haben würde.

【aufgehoben in 1972】 (2) Auch in diesen Fällen kann er die Ladung nur zusammen mit dem Schiffe und der Fracht verbodmen (§ 680 Abs. 2).

【aufgehoben in 1972】 (3) Er hat die Verbodmung vor dem Verkaufe zu wählen, es sei denn, daß die Verbodmung einen unverhältnißmäßigen Schaden für den Reeder zur Folge haben würde.

§ 541   (1) Die Verbodmung der Ladung oder die Verfügung über Ladungsteile durch Verkauf oder Verwendung wird in den Fällen des § 540 als ein für Rechnung des Reeders abgeschlossenes Kreditgeschäft (§ 528, § 754 Nr. 6) angesehen.

【geändert in 1972】 (1) Verfügt der Kapitän auf Grund des § 540 über Ladungsteile, so ist der Reeder verpflichtet, den betroffenen Ladungsbeteiligten den ihnen daraus

상황에 합당하여야 하고 또 준수해야 할 지시가 있으면 가능한 한 거기에도 합당하여야 한다.

(2) 운송계약이 종료된 경우, 선장은 제632조의 규정에 따라 조치를 취하여야 한다.

【1972년 삭제】제537조 화물 이해관계인의 인적인 신용에 기한 거래에 들어가기 위해서는, 선장은 제535조의 경우에도, 이를 위해 특별히 부여한 수권이 있어야 비로소 그 권한을 갖는다.

제538조 제535조의 경우를 제외하고는, 항해를 계속하기 위해 불가피한 경우에 한해, 선장은 화물을 모험대차로 제공할 권한을 갖거나 혹은 매각 혹은 사용을 통해 화물의 일부를 처분할 권한을 갖는다.

【1972년 개정】제538조 제535조의 경우를 제외하고는, 항해를 계속하기 위해 불가피한 경우에 한해, 선장은 화물을 양도하고, 입질하고 혹은 사용하는 권한이 있다.

제539조 공동해손에 임하여 필요가 생기고, 이를 여러 방법에 의해 해결할 수 있는 경우, 선장은 이해관계인에게 최저로 손해를 유발할 방법을 채택하여 조치를 취하여야 한다.

제540조 (1) 공동해손에 해당되지 않는 경우, 화물을 모험대차에 제공하거나 혹은 화물을 매각 혹은 사용하여 처분하는 것은, 다른 방법으로는 그 부족을 해결할 수 없거나, 혹은 다른 방법을 선택하면 선주에게 부당하게 과도한 손해를 유발하게 되는 때에만, 선장이 이를 할 권한을 갖는다.

【1972년 변경】(1) 공동해손에 해당되지 않는 경우, 화물을 양도, 입질 혹은 사용

344

entstehenden Schaden zu ersetzen.

【eingefügt in 1937】 (2) Auf den Ersatz, den der Reeder zu leisten hat, findet §
658 Anwendung. Übersteigt im Fall der Verfügung über die Güter durch Verkauf der
Reinerlös den in § 658 bezeichneten Wert, so tritt an dessen Stelle der Reinerlös.

§ 542 In Bezug auf die Gültigkeit der in den Fällen der §§ 535, 538 bis 540 von
dem Kapitän abgeschlossenen Rechtsgeschäfte finden die Vorschriften des § 528 Abs.
2 Anwendung.

【neu gefaßt in 1972】 § 542 Für die Gültigkeit der von dem Kapitän auf Grund
der § 535 Abs. 3, §§ 538 bis 540 vorgenommenen Rechtsgeschäfte gilt § 528 Abs. 2
sinngemäß.

§ 543 Was der Kapitän vom Befrachter, Ablader oder Ladungsempfänger außer
der Fracht als Kaplaken, Primage oder sonst als Belohnung oder Entschädigung,
gleichviel unter welchem Namen, erhält, hat er dem Reeder als Einnahme in
Rechnung zu bringen.

§ 544 Der Kapitän darf ohne Einwilligung des Reeders für eigene Rechnung keine
Güter verladen. Handelt er dieser Vorschrift zuwider, so hat er dem Reeder die
höchste am Abladungsort zur Abladungszeit für solche Reisen und Güter bedungene
Fracht zu erstatten, unbeschadet des Anspruchs des Reeders auf den Ersatz eines ihm
verursachten höheren Schadens.

§ 545. Der Kapitän kann, selbst wenn das Gegenteil vereinbart ist, jederzeit
von dem Reeder entlassen werden, jedoch unbeschadet seines Anspruchs auf
Entschädigung.

【neu gefaßt in 1957】 § 545 Hat der Reeder dem Kapitän gekündigt, so kann er ihm
während der Kündigungsfrist die Ausübung seiner Befugnisse untersagen. Die Ansprüche
aus dem Heuerverhältnis regeln sich nach dem Seemannsgesetz vom 26. Juli 1957.

【aufgehoben in 1957】 § 546 Erfolgt die Entlassung, weil der Kapitän untüchtig
befunden ist oder weil er seiner Pflicht nicht genügt, so erhält er nur dasjenige, was er
von der Heuer einschließlich aller sonst bedungenen Vorteile bis dahin verdient hat.

【aufgehoben in 1957】 § 547 (1) Wird ein Kapitän, der für eine bestimmte Reise
angestellt ist, entlassen, weil die Reise wegen Krieg, Embargo oder Blokade oder
wegen eines Einfuhr- oder Ausfuhrverbots oder wegen eines anderen Schiff oder

하여 처분하는 것은, 다른 방법으로는 그 부족을 해결할 수 없거나, 혹은 다른 방법을 선택하면 선주에게 부당하게 과도한 손해를 유발하게 되는 때에만, 선장이 이를 할 권한을 갖는다.

【1972년 삭제】(2) 이 경우라 하더라도 선장은 오로지 선박 및 운임과 함께 화물을 모험대차로 제공할 수 있다(제680조 제2항).

【1972년 삭제】(3) 선장은 매각에 앞서 모험대차를 선택하여야 하고, 다만 모험대차가 선주에게 부당하게 과도한 손해를 유발하게 되는 경우에는 그러하지 않다.

제541조　(1) 제540조의 경우에 있어 화물을 모험대차에 제공하거나 화물을 매각 또는 사용하여 처분하는 것은 이를 선주의 계산으로 행해지는 신용거래(제528조, 제754조 6호)로 본다.

【1972년 변경】(1) 선장이 제540조에 근거하여 화물을 처분한 경우, 선주는 해당 적하 이해관계인에게 그로 인해 그 이해관계인이 입은 손해를 배상하여야 한다.

【1937년 삽입】(2) 선주가 급부를 하여야 하는 보상에 대하여는 제658조를 적용한다. 매각을 통해 화물을 처분한 경우에, 그 순 대금이 제658조에서 말하는 가액을 초과하는 때에는, 이 순 대금을 가액을 대신하는 금액으로 한다.

제542조　제535조, 제538조 내지 제540조의 경우에 선장이 행한 법률행위의 효력에 관하여는 제528조 제2항의 규정이 적용된다.

【1972년 개정】**제542조**　제535조 제3항, 제538조 내지 제540조에 기해 선장이 취한 법률행위의 효력에 대하여 제528조 제2항의 규정이 적용된다.

제543조　선장이 운송계약자, 선적인 혹은 수하인으로부터 운임 이외에 선장사례금, 할증료, 기타 사례나 보상으로 받은 경우, 그 명칭이 무엇이든, 선장은 이를 선주의 수입으로 산입하여야 한다.

Ladung betreffenden Zufalls nicht angetreten oder fortgesetzt werden kann, so erhält er gleichfalls nur dasjenige, was er von der Heuer einschließlich aller sonst bedungenen Vorteile bis dahin verdient hat. Dasselbe gilt, wenn ein auf unbestimmte Zeit angestellter Kapitän aus einem der angeführten Gründe entlassen wird, nachdem er die Ausführung einer bestimmten Reise übernommen hat.

(2) Erfolgt in diesen Fällen die Entlassung während der Reise, so kann der Kapitän außerdem nach seiner Wahl entweder freie Rückbeförderung nach dem Hafen, wo er geheuert worden ist, oder eine entsprechende Vergütung beanspruchen. [eingefugt Folgende in 1902] Darüber hinaus hat er im Falle des Verlustes des Schiffes durch Schiffbruch Anspruch auf Entschädigung für jeden Tag der infolge des Schiffbruchs eingetretenen Arbeitslosigkeit in Höhe des Tagesbetrags seiner Heuer, jedoch höchstens bis zum Gesamtbetrage von zwei Monatsheuern.

(3) Ein nach den Vorschriften dieses Gesetzbuchs begründeter Anspruch auf freie Rückbeförderung umfaßt auch den Unterhalt während der Reise.

§ 548   Wird ein Kapitän, der auf unbestimmte Zeit angestellt ist, aus anderen als den in den §§ 546, 547 angeführten Gründen entlassen, nachdem er die Ausführung einer bestimmten Reise übernommen hat, so erhält er außer demjenigen, was ihm nach den Vorschriften des § 547 gebührt, als Entschädigung noch die Heuer für zwei oder vier Monate, je nachdem die Entlassung in einem europäischen oder in einem außereuropäischen Hafen erfolgt ist. Jedoch erhält er in keinem Falle mehr, als er erhalten haben würde, wenn er die Reise zu Ende geführt hätte.

[neu gefaßt in 1902: aufgehoben in 1957] § 548   Wird ein Kapitän, der auf unbestimmte Zeit angestellt ist, aus anderen als den in den §§ 546, 547 angeführten Gründen entlassen, nachdem er die Ausführung einer bestimmten Reise übernommen hat, so erhält er außer demjenigen, was ihm nach den Vorschriften des § 547 gebührt, als Entschädigung noch die Heuer für einen Monat und für die nach § 73 der Seemannsordnung zu berechnende voraussichtliche Dauer seiner Reise nach dem Rückbeförderungshafen.

§ 549   (1) War die Heuer nicht zeitweise, sondern in Bausch und Bogen für die ganze Reise bedungen, so wird in den Fällen der §§ 546 bis 548 die verdiente Heuer mit Rücksicht auf den vollen Heuerbetrag nach dem Verhältnisse der

제544조 선장은 선주의 동의 없이 자기의 계산으로 화물을 선적할 수 없다. 선장이 이 규정에 위반하여 처리한 경우, 선장은 선주에게 선적한 장소와 시점에 있어 그 항해를 위해 그 화물에 요구했을 최고 운임을 지급하여야 하며, 그 외에도 선주가 입은 추가 피해가 있으면 그 배상의 청구는 이로 인하여 영향을 받지 않는다.

제545조 선장은 비록 반대의 약정이 있다고 하더라도, 선주가 언제든지 해고할 수 있고, 다만 이로 인하여 선장이 갖는 손해배상청구권은 그 영향이 없다.

【1957년 개정】제545조 선주가 선장을 해고한 경우, 선주는 해고기간 동안에 선장이 그 권한을 행사하는 것을 금할 수 있다. 선원관계에 기한 청구권은 1957년 7월 26일 선원법에 따라 규율한다.

【1957년 삭제】제546조 선장이 그 능력이 부족하여 혹은 그 의무를 해태하여 해고된 경우, 그 선장은 오로지 해고될 때까지 취득한 급료 기타 약정한 모든 혜택만 청구할 수 있다.

【1957년 삭제】제547조 (1) 특정한 항해를 위하여 임명된 선장이 전쟁, 선박 출입 금지 혹은 봉쇄 때문에, 수출입 금지 때문에, 혹은 선박이나 화물에 발생한 우연한 사고 때문에, 항해를 개시하거나 계속할 수 없게 되어 해고된 경우에도, 그 선장은 마찬가지로 오로지 해고될 때까지 취득한 급료 기타 약정한 모든 혜택만 청구할 수 있다. 부정기 기간 동안 임명된 선장이 특정한 항해를 수행하는 것을 인수한 다음에 앞에 열거한 어느 한 사유로 해고된 경우에도 이는 마찬가지이다.

(2) 이러한 경우에 있어, 만일 항해 도중에 해고가 이루어진 때에는, 그 외에도 선장은 그가 선택하는 바에 따라, 그가 고용된 항구까지 무료 귀환여행이나 그에 상당하는 보상을 청구할 수 있다. **【1902년 이하 추가】**난파로 인하여 선박이 멸실된 경우, 선장은 이에 추가하여 난파로 인해 일을 못한 매일 일당에 상당하는 임금

geleisteten Dienste sowie des etwa zurückgelegten Teiles der Reise bestimmt. Zur Ermittelung der im § 548 erwähnten Heuer für zwei oder vier Monate wird die durchschnittliche Dauer der Reise einschließlich der Ladungs- und Löschungszeit unter Berücksichtigung der Beschaffenheit des Schiffes in Ansatz gebracht und danach die Heuer für die zwei oder vier Monate berechnet.

[neu gefaßt in 1902: aufgehoben in 1957] § 549 War die Heuer nicht zeitweise, sondern in Bausch und Bogen für die ganze Reise bedungen, so wird in den Fällen der § 546 bis § 548 die verdiente Heuer mit Rücksicht auf den vollen Heuervertrag nach dem Verhältnisse der geleisteten Dienste sowie des etwa zurückgelegten Teiles der Reise bestimmt. Zur Ermittlung der Heuer für einzelne Monate wird die durchschnittliche Dauer der Reise, einschließlich der Ladungs- und Löschungszeit, unter Berücksichtigung der Beschaffenheit des Schiffes in Ansatz gebracht und danach die Heuer für die einzelnen Monate berechnet. Bei Berechung der Heuer für einzelne Tage wird der Monat zu dreißig Tagen gerechnet.

[aufgehoben in 1957] § 550 Endet die Rückreise des Schiffes nicht in dem Heimatshafen und war der Kapitän für die Ausreise und die Rückreise oder auf unbestimmte Zeit angestellt, so hat der Kapitän Anspruch auf freie Rückbeförderung nach dem Hafen, wo er geheuert worden ist, und auf Fortbezug der Heuer während der Reise oder nach seiner Wahl auf eine entsprechende Vergütung.

[aufgehoben in 1957] § 551 (1) Der Kapitän, welcher auf unbestimmte Zeit angestellt ist, muß, sobald er eine Reise angetreten hat, im Dienste verbleiben, bis das Schiff in den Heimatshafen oder in einen inländischen Hafen zurückgekehrt und die Entlöschung erfolgt ist.

(2) Er kann jedoch seine Entlassung fordern, wenn seit der ersten Abreise zwei oder drei Jahre verflossen sind, je nachdem sich das Schiff zur Zeit der Kündigung in einem europäischen oder in einem außereuropäischen Hafen befindet. Er hat in einem solchen Falle dem Reeder die zu seiner Ersetzung erforderliche Zeit zu gewähren und den Dienst inzwischen fortzusetzen, jedenfalls die laufende Reise zu beendigen.

(3) Ordnet der Reeder sofort nach der Kündigung die Rückreise an, so ist der Kapitän verpflichtet, das Schiff zurückzuführen.

§ 552 Die Schiffspart, mit welcher der Kapitän auf Grund einer mit den übrigen

에 해당하는 손해보상을 청구할 수 있고, 다만 그 금액은 2개월에 해당하는 임금의 총액을 초과할 수 없다.

(3) 본법의 규정에 의하여 청구할 수 있는 무료 귀환여행에는 그 여행 도중의 숙박도 포함된다.

제548조 부정기 기간 동안 임명된 선장이, 특정한 항해의 수행을 인수한 다음에, 제546조 및 제547조에 열거된 사유 이외의 사유로 해고된 경우에는, 위 제547조의 규정에 의해 그에게 부여된 것 이외에 별도로, 해고가 유럽 항구에서 이루어진 때에는 2개월, 유럽 외 항구에서 이루어진 때에는 4개월의 급료를 보상으로 청구할 수 있다. 그러나 여하한 경우에도 그가 항해를 끝까지 수행하였을 때에 받았을 금액보다 더 많은 금액을 청구할 수는 없다.

【1902년 개정: 1957년 삭제】제548조 부정기 기간 동안 임명된 선장이, 특정한 항해의 수행을 인수한 다음에, 제546조 및 제547조에 열거된 사유 이외의 사유로 해고된 경우에는, 위 제547조의 규정에 의해 그에게 부여된 것 이외에 별도로 1개월분의 급료 및 선원법 제73조의 규정에 의하여 계산한 귀환항까지의 선장의 항해 예정 기간에 대한 급료를 보상으로 청구할 수 있다.

제549조 (1) 급료가 시간을 기준으로 정하여진 것이 아니라 전 항해에 대해 총액으로 정해진 때에는, 제546조 내지 제548조의 경우, 선장이 받을 급료는, 이 약정한 총액에 대해, 실제로 작업한 업무와 실행한 항해의 비율에 의해 이를 정한다. 제548조에서 말하는 2개월 혹은 4개월의 급료를 산정하기 위해서는, 선박의 상태를 고려하여 선적과 양륙의 기간을 포함한 평균 항해 기간을 산출하고 그 다음 2개월 혹은 4개월의 급료를 산정한다.

【1902년 개정: 1957년 삭제】제549조 급료가 시간을 기준으로 정하여진 것이 아니라 전 항해에 대해 총액으로 정해진 때에는, 제546조 내지 제548조의 경우, 선장

Reedern getroffenen Vereinbarung als MitReeder an dem Schiff beteiligt ist, ist im Falle seiner unfreiwilligen Entlassung auf sein Verlangen von den MitReedern gegen Auszahlung des durch Sachverständige zu bestimmenden Schätzungswerts zu übernehmen. Dieses Recht des Kapitäns erlischt, wenn er die Erklärung, davon Gebrauch zu machen, ohne Grund verzögert.

§ 553 (1) Falls der Kapitän nach dem Antritte der Reise erkrankt oder verwundet wird, so trägt der Reeder die Kosten der Verpflegung und Heilung:

1. wenn der Kapitän mit dem Schiffe zurückkehrt und die Rückreise in dem Heimatshafen oder in dem Hafen endet, wo er geheuert worden ist, bis zur Beendigung der Rückreise;

2. wenn er mit dem Schiffe zurückkehrt und die Reise nicht in einem der genannten Häfen endet, bis zum Ablaufe von sechs Monaten seit der Beendigung der Rückreise;

3. wenn er während der Reise am Lande zurückgelassen werden mußte, bis zum Ablaufe von sechs Monaten seit der Weiterreise des Schiffes.

(2) Auch kann der Kapitän in den beiden letzteren Fällen freie Rückbeförderung (§ 547) oder nach seiner Wahl eine entsprechende Vergütung beanspruchen.

(3) Die Heuer einschließlich aller sonst bedungenen Vorteile bezieht der nach dem Antritte der Reise erkrankte oder verwundete Kapitän, wenn er mit dem Schiffe zurückkehrt, bis zur Beendigung der Rückreise, wenn er am Lande zurückgelassen werden mußte, bis zu dem Tage, an welchem er das Schiff verläßt.

(4) Ist der Kapitän bei Verteidigung des Schiffes beschädigt, so hat er überdies auf eine angemessene Belohnung Anspruch.

[neu gefaßt in 1902] § 553 (1) Falls der Kapitän nach Antritt des Dienstes erkrankt oder eine Verletzung erleidet, so trägt der Reeder die Kosten der Verpflegung und Heilbehandlung. Diese Verpflichtung erstreckt sich:

1. wenn der Kapitän wegen der Krankheit oder Verletzung die Reise nicht antritt, bis zum Ablaufe von drei Monaten seit der Erkrankung oder Verletzung;

2. wenn er die Reise angetreten hat, bis zum Ablaufe von drei Monaten nach dem Verlassen des Schiffes in einem deutschen Hafen und bis zum Ablaufe von sechs Monaten nach dem Verlassen des Schiffes in einem andren Hafen.

이 받을 급료는, 이 약정한 총액에 대해, 실제로 작업한 업무와 실행한 항해의 비율에 의해 이를 정한다. 1개월분의 급료를 산정하기 위해서는, 선박의 상태를 고려하여 선적과 양륙의 기간을 포함한 평균 항해 기간을 산출하고 그 다음 1개월분의 급료를 산정한다. 각 1일의 급료를 산정함에는 1개월은 30일로 계산한다.

【1957년 삭제】제550조 선장이 왕복 항해를 위해 혹은 부정기 기간 동안 임명된 경우, 귀환항해가 선적항이 아닌 곳에서 종료된 때에는, 선장은 자기가 채용되었던 항구까지 무료의 운송을 청구할 권리가 있고, 또 여행 기간 동안 급료의 계속적인 지급을 청구할 수 있으며, 그가 선택하면 그 대신에 상응하는 보상을 청구할 수도 있다.

【1957년 삭제】제551조 (1) 부정기 기간으로 임명된 선장은, 일단 항해가 개시되면, 그 선박이 선적항 혹은 국내항으로 돌아와서 양륙을 종료할 때까지 근무를 계속하여야 한다.

 (2) 그러나 첫 출항이 있고 난 때부터, 사임 시에 선박이 유럽 항에 있는 때에는 2년, 유럽 외 항구에 있는 때에는 3년의 기간이 경과하였다면, 선장은 그의 사임을 요구할 수 있다. 이러한 경우에 선장은 선주에게 그의 대체에 필요한 시간을 주고 그사이에 업무를 계속하여야 하며, 여하한 경우라 하더라도 현재 진행 중인 항해를 끝마쳐야 한다.

 (3) 선주가 사임 후에 바로 귀환항해를 지시하면, 선장은 선박을 가지고 귀환하여야 한다.

제552조 여타 선박공유자와 체결한 약정에 기해 선박의 지분을 공유하는 선장이 그의 의사에 반하여 해고가 된 다음 요청을 하면, 다른 선박공유자는 감정인이 정한 평가금액을 지불하고 그 지분을 인수하여야 한다. 이러한 선장의 권리는 정당한 이유 없이 이를 행사하려는 의사표시를 지체하면 소멸한다.

〖**geändert in 1904**〗 (1) Falls der Kapitän nach antritt des Dienstes erkrankt oder eine Verletzung erleidet, trägt der Reeder die Kosten der Verpflegung und Heilbehandlung. Vorbehaltlich der Vorschrift im Abs. 2, erstreckt sich diese Verpflichtung:

1. wenn der Kapitän wegen der Krankheit oder Verletzung die Reise nicht antritt, bis zum Ablaufe von sechsundzwanzig Wochen seit der Erkrankung oder Verletzung;

2. wenn er die Reise angetreten hat, bis zum Ablaufe von sechsundzwanzig Wochen nach dem Verlassen des Schiffes.

(2) Im Falle einer Verletzung hört die Verpflichtung des Reeders dem Verletzten gegenüber auf, sobald und soweit die Berufsgenossenshcaft die Fürsorge übernimmt.

〖**geändert in 1904**〗 (2) Bei Verletzung infolge eines Betriebsunfalls werden die Fristen im Abs. 1 auf dreizehn Wochen beschränkt, im Falle der Nr. 2 jedoch nur, wenn der Kapitän das Schiff in einem deutschen hafen verläßt, oder wenn er aus einem außerdeutschen Hafen in die Krankenanstalt eines deutschen Hafens überführt wird. Die Verpflichtung des Reeders hört dem Verletzten gegenüber auf, sobald und soweit die Berufsgenoßenschaft die Fürsorge übernimmt.

(3) Der Reeder ist berechtigt, die Verpflegung und Heilbehandlung dem Kapitän in einer Krankenanstalt zu gewähren. Hat der Kapitän seinen Wohnsitz an dem Orte, wo er das Schiff verläßt, oder an dem Orte der Krankenanstalt, in welche er aufgenommen werden soll, so kann die Aufnahme nur erfolgen:

1. für den Kapitän, welcher verheiratet ist oder eine eigene Haushaltung hat oder Mitglied der Haushaltung seiner Familie ist, mit seiner Zustimmung, oder unabhängig von derselben, wenn die Art der Krankheit Anforderungen an die Behandlung oder Verpflegung stellt, welchen in der Familie des Erkrankten oder Verletzten nicht genügt werden kann, oder wenn die Krankheit einer ansteckende ist, oder wenn der Zustand des Kapitäns eine fortgesetzte Beobachtung erfordert;

2. in sonstigen Fällen unbedingt.

(4) Ein Kapitän, der wegen Krankheit oder Verletzung außerhalb des Reichsgebiets zurückgeblieben ist, kann mit seiner Einwilligung und der des behandelnden

제553조 (1) 항해를 개시한 다음에 선장이 질병에 걸리거나 상해를 당하게 되면, 선주는 다음 기간까지 그 양호와 치료의 비용을 부담하여야 한다.:

1. 선장이 선박과 함께 돌아오고 또 귀환항해가 선적항 혹은 채용항에서 종료되는 경우, 그 귀환항해의 종료 시까지;

2. 선장이 선박으로 돌아오고 또 항해가 전호에서 언급한 항구에서 종료되는 것이 아닌 경우, 귀환항해의 종료시부터 6개월이 경과할 때까지

3. 항해 도중 선장을 육지에 남겨 두어야만 했던 경우, 선박이 항해를 재개한 때부터 6개월이 경과할 때까지

(2) 마지막 두 경우에는, 선장은 무료로 귀환여행(제547조)을 요구할 권리가 있고, 그가 원하면 상응하는 보상을 대신 청구할 권리가 있다.

(3) 항해를 개시한 후에 질병에 걸리거나 상해를 당한 선장은, 그가 선박과 함께 돌아온 때에는 귀환항해의 종료 시까지의, 그가 육지에 남겨져야 했던 때에는 그가 선박을 떠난 날까지의, 급료 기타 약정한 선장으로서의 모든 혜택을 청구할 수 있다.

(4) 선장이 선박을 방어하다가 상해를 입은 경우, 그 외에도 선장은 상당한 보상금을 청구할 수 있다.

【1902년 개정】제553조 (1) 항해를 개시한 다음에 선장이 질병에 걸리거나 상해를 당하게 되면, 선주는 그 양호와 치료의 비용을 부담하여야 한다. 이 의무는 다음과 같은 범위로 계속된다.:

1. 선장이 질병이나 상해로 인해 항해를 개시하지 않은 때에는, 질병과 상해로부터 3개월이 경과할 때까지.

2. 항해를 개시한 때에는, 선장이 독일항에서 선박을 떠났다면 떠난 때부터 3개월, 다른 항구에서 선박을 떠났다면 떠난 때부터 6개월이 경과할 때까지.

【1904년 변경】(1) 항해를 개시한 다음에 선장이 질병에 걸리거나 상해를 당하게 되면, 선주는 그 양호와 치료의 비용을 부담하여야 한다. 제2항의 규정은 별론으로 하고, 이 의무는 다음과 같은 범위로 계속된다.:

1. 선장이 질병이나 상해로 인해 항해를 개시하지 않은 때에는, 질병과 상해로부터 26주가 경과할 때까지.

Artztes oder des Seemannsamts nach einem deutschen Hafen in eine Krankenanstalt überführt werden. Ist der Kapitän außer Stande, die Zustimmung zu erteilen, oder verweigert er sie ohne berechtigten Grund, so kann sie nach Anhörung eines Arztes durch dasjenige Seemannsamt ersetzt werden, in dessen Bezirke der Kapitän sich zur Zeit befindet. [gestrichen Folgende in 1904] Findet die Überführung statt, so erstreckt sich die Verpflichtung des Reeders stets nur bis zum Ablaufe von drei Monaten seit der Aufnahme in die Krankenanstalt des deutschen Hafens.

(5) Der Kapitän, welcher sich der Heilbehandlung ohne berechtigten Grund entzieht und hierdurch nach ärztlichem Gutachten die Heilung vereitelt oder wesentlich erschwert hat, verliert den Anspruch auf kostenfreie Verpflegung und Heilbehandlung. Ueber die Berechtigung des Grundes sowie über Beginn und Dauer des Verlustes entscheidet vorläufig das Seemannsamt.

(6) Falls der Kapitän nicht mit dem Schiffe nach dem Heimathshafen, oder dem Hafen, wo er geheurt worden ist, zurückkehrt, gebührt ihm ferner freie Zurückbeförderung (§ 547) oder nach seiner Wahl eine entsprechende Vergütung.

[neu gefaßt in 1927: aufgehoben in 1957] § 553 (1) Wenn der Kapitän nach Antritt des Dienstes wegen einer Krankheit oder Verletzung der Heilbehandlung bedarf oder arbeitsunfähig wird, so ist der Reeder verpflichtet, die Kosten der Verpflegung und Heilbehandlung (Krankenfürsorge) zu tragen, solange der Kapitän sich an Bord des Schiffes oder auf einer durch den Dienst veranlaßten Reise befindet. Die Verpflichtung des Reeders tritt nicht ein, wenn der Kapitän im Ausland in den Dienst getreten ist, die Krankheit oder Verletzng schon vor dem Eintritt in das Dienstverhältnis bestand und der Kapitän wegen der Krankheit oder Verletzung die Reise nicht angetreten hat.

(2) Die Krankenfürsorge umfaßt die Verpflegung des Kranken und die Heilbehandlung; zur Heilbehandlung gehört die ärztliche Behandlung sowie die Versorgung des mit Arznei und den gebräuchlichen Heilmitteln, die an Bord des Schiffes vorhanden sein müssen oder während des Aufenthalts in einem Hafen zu beschaffen sind.

(3) Liegt das Schiff in einem inländischen Hafen, so hat der Kapitän, solange er im Dienste bleibt, die Wahl zwischen der Heilbehandlung auf Kosten des Reeders und der Krankenpflege des Trägers der Krankenversicherung. Der Reeder kann

   2. 항해를 개시한 때에는, 선박을 떠난 때부터 26주가 경과할 때까지.

  (2) 상해를 당한 경우에는 직업보험기관이 간병을 인수하면 선주의 피해자에 대한 의무는 바로 중단된다.

【1904년 변경】 (2) 업무상 재해로 인해 상해를 당한 경우, 위 제1항의 기간은 13주로 축소되며, 다만 제1항 2호의 경우, 선장이 독일항구에서 선박을 떠나거나 혹은 외국항구를 떠나 독일항구의 병원으로 이송된 때에 한해 축소된다. 직업보험기관이 간병을 인수하면 선주의 피해자에 대한 의무는 바로 중단된다.

  (3) 선주는 선장에게 양호와 치료를 병원에서 제공할 권리가 있다. 선장이 선박을 떠난 곳 또는 그를 수용할 병원이 있는 곳에 주소가 있는 경우,

   1. 선장이 혼인을 했거나 자신의 거처가 있거나, 혹은 선장이 가족의 거처의 구성원인 때에는 그의 동의를 얻고서 수용할 수 있고, 또 이러한 것과 상관없이 질병의 성격상 환자나 피해자의 가정 내에서 충족할 수 없는 처치와 양호를 필요로 하는 때, 질병이 전염성이 있는 때, 혹은 선장의 상태가 지속적인 간호를 요하는 때에는 수용할 수 있으며,

   2. 여타의 경우 제한 없이 수용할 수 있다.

  (4) 질병이나 상해로 인해 해외에 남게 된 선장은, 선장의 동의는 물론 담당 의사나 선원국의 동의를 얻은 다음, 이를 독일 항구의 병원으로 이송을 할 수 있다. 선장이 동의를 할 수 없는 상태에 있거나 정당한 이유 없이 이를 거절하면, 의사의 의견을 들은 다음 선장의 소재지 선원국을 통해 동의를 대체할 수 있다. **【1904년 이하 삭제】** 이송이 이루어지면 선주의 의무는 언제나 독일 항구 내 병원에 입원 후 3개월이 경과할 때까지 계속된다.

  (5) 정당한 이유 없이 치료를 거절하고 의사의 소견에 의하면 이로 인해 치료를 좌절시키거나 현저히 어렵게 한 선장은 무료로 치료와 양호를 요구할 권리를 상실한다. 근거의 정당성과 상실의 개시와 기간은 잠정적으로 선원국이 결정한다.

  (6) 선장이 선박과 함께 선적항 또는 승선항으로 귀환하지 않은 때에는, 그 외에도, 무료의 귀환 운송을 요구할 수 있고, 그가 원하면 그에 상당하는 보상을 대신 청구할 수 있다.

【1927년 개정: 1957년 삭제】 제553조 (1) 선장이 근무를 시작한 다음에 질병이나 상해 때문에 치료가 필요하거나 근로 능력을 상실한 때에는, 선장이 선상에 있거

jedoch den Kapitän an den Träger der Krankenversicherung überweisen, wenn ein Schiffsarzt oder ein Vertragsarzt des Reeders nicht zur Verfügung steht oder wenn die Krankheit oder das Verhalten des Kranken das Verbleiben im Dienste nicht zulassen oder den Erfolg der Behandlung gefährden.

(4) Der Reeder ist berechtigt, dem Kapitän im Ausland die Verpflegung und Heilbehandlung in einer Krankenanstalt zu gewähren. Hat der Kapitän an dem Ort, wo er das Schiff verläßt oder in eine Krankenanstalt aufgenommen werden soll, einen eigenen Haushalt oder Familienangehörige, mit denen er in häuslicher Gemeinschaft lebt, so kann die Aufnahme in die Krankenanstalt ohne seine Zustimmung nur unter den Voraussetzungen der § 184 Abs. 3 der Reichsversicherungsordnung erfolgen. In den Fällen des § 184 Abs. 3 Nr. 1, 2, 4 der Reichsversicherungsordnung soll der Reeder möglichst Krankenanstaltspflege gewähren.

(5) Ein Kapitän, der wegen Krankheit oder Verletzung im Ausland zurückgeblieben ist, kann mit seiner Einwilligung und der des behandelnden Arztes oder des Seemannsamtes nach einem deutschen Hafen überführt werden. Ist der Kapitän außerstande, die Zustimmung zu erteilen, oder verweigert er sie ohne berechtigten Grund, so kann sie nach Anhörung eines Arztes durch das Seemannsamt des Aufenthaltsorts ersetzt werden.

(6) Der Kapitän, der sich ohne berechtigten Grund weigert, die angebotene Heilbehandlung oder Krankenanstaltspflege anzunehmen, verwirkt, solange er sich weigert, den Anspruch auf kostenfreie Krankenfürsorge; diese Zeitdauer wird in den für die Krankenfürsorge bestimmten Zeitraum eingerechnet.

(7) Die Krankenfürsorge endet, sobald der Kapitän in einem inländischen Hafen das Schiff verläßt; sie ist jedoch, wenn mit der Unterbrechung Gefahr verbunden ist, fortzusetzen, bis der zuständige Träger der Krankenversicherung anzeigt, daß er die Leistungen der Krankenversicherung übernimmt.

(8) Im Ausland hat der Reeder die Krankenfürsorge auch für die Zeit nach dem Verlassen des Schiffes zu gewähren, wenn der Kapitän wegen der Krankheit oder Verletzung das Schiff hat verlassen müssen. Die Krankenfürsorge endet mit dem Ablauf der sechsundzwanzigsten Woche nach dem Verlassen des Schiffes; sie endet schon vor dem Ablauf dieser Frist, wenn der Kapitän vorher in das Inland

나 직무상 필요에 의해 항해 중에 있다면, 선주는 그 양호와 치료(간병)의 의무가 있다. 그러나 선장이 해외에서 채용되었고 근로관계가 성립하기 이전에 이미 질병이나 상해가 있었고, 또 이러한 질병이나 상해 때문에 선장이 항해를 개시하지 아니했던 경우에는, 선주는 이러한 의무가 없다.

(2) 여기에서 말하는 간병에는 환자의 양호와 치료가 포함된다.; 치료에는 의사의 처치는 물론 선상에 있어야 하거나 항구에 체재하는 동안에 공급될 의약품이나 관행적인 치료기구의 제공이 포함된다.

(3) 선박이 국내 항구에 머물고 있는 경우, 선장이 근무를 계속한다면, 그는 선택권이 있어서 선주의 비용으로 치료를 하거나 혹은 의료보험 기관으로부터 치료를 받을 수 있다. 그러나 선의 또는 선주와의 계약의가 처치를 할 수 없는 때, 혹은 환자의 질환이나 행동이 근무를 계속할 수 없게 하거나 처치의 성공을 위태롭게 하는 때에는, 선주는 의료보험 기관에 이첩할 수 있다.

(4) 선장이 해외에 있는 경우, 선주는 병원에서의 치료와 양호를 선장에게 제공할 수 있다. 선장이 선박을 그만둔 곳 또는 선장이 들어가야 할 병원이 있는 곳에, 동거하며 살 가족이나 친척이 있는 경우, 병원에 수용은 연방보험법 제184조 제3항의 요건이 갖추어져야만 선장의 동의 없이 이를 할 수 있다. 연방보험법 제184조 제3항 1호, 2호 및 4호의 경우, 선주는 가능한 한 병원에 의한 간병을 제공하여야 한다.

(5) 질병이나 상해로 인해 해외에 남겨진 선장은, 그 자신의 동의와 담당 의사나 해운국의 동의가 있으면, 어느 국내 항구로 이송될 수 있다. 선장의 동의는, 선장이 이를 할 수 없는 상태에 있거나 혹은 선장이 정당한 이유 없이 동의를 거절하는 경우, 의사의 의견을 들은 다음 체재지 해운국을 통하여 이를 대체할 수 있다.

(6) 정당한 이유 없이 양호와 치료를 받기를 거절하는 선정은, 거절하는 동안은, 무료 간병을 청구할 수 없다.: 이 기간은 간병을 위해 정해진 기간에도 산입한다.

(7) 간병은 선장이 국내 항구에서 선박을 그만두면 종료한다.; 그러나 중단이 위험과 연관이 있는 때에는, 해당 보험기관이 자기가 치료보험의 급여를 인수한다는 통지가 있는 때까지, 간병을 계속해야 한다.

(8) 해외에서 질병이나 상해를 입어 선장이 그만두어야 했던 경우, 선장이 선박을 그만둔 후에도, 간병을 계속 제공해야 한다. 간병은 선장이 선박을 그만두고 난 다음 26주가 경과하면 종료한다.; 이 기간이 경과하기 이전에 이미 선장이 국내로 이송되거나 돌아온 때에는 간병은 종료된다.

zurückbefördert ist oder zurückkehrt.

(9) Ist der Kapitän nicht gegen Krankheit nach der Reichsversicherungsordnung versichert, so endet die Krankenfürsorge, wenn er die Reise nicht angetreten hat, mit dem Ablauf der sechsundzwanzigsten Woche seit der Erkrankung oder Verletzung, andernfalls mit dem Ablauf der sechsundzwanzigsten Woche seit dem Verlassen des Schiffes.

(10) Bei Verletzung infolge eines Betriebsunfalls hört dem Verletzten gegenüber die Fürsorge auf, sobald der zuständige Träger der Unfallversicherung dem Reeder anzeigt, daß er mit seinen Leistungen beginnt.

(11) Bei Streit zwischen dem Kapitän und seinem Reeder über die Krankenfürsorge entscheidet vorläufig das Seemannamt, das zuerst angerufen wird.

[eingefügt in 1927: aufgehoben in 1957] § 553 a   Wenn der Kapitän nicht mit dem Schiffe nach dem Heimatshafen oder dem Hafen, wo er geheuert worden ist, zurückkehrt, gebührt ihm ferner freie Zurückbeförderung (§ 547) oder nach seiner Whal eine entsprechende Vergütung.

[eingefügt in 1902 als 553 a, wurde 553 b in 1927: aufgehoben in 1957] § 553 b   (1) Die Heuer, einschließlich aller sonst bedungenen Vorteile, bezieht der erkrankte oder verletzte Kapitän: wenn er die Reise nicht antritt, bis zur Einstellung des Dienstes; wenn er die Reise angetreten hat, bis zu dem Tage, an welchem er das Schiff verläßt.

(2) Der Bezug der Heuer wird während des Aufenthalts in einer Krankenanstalt nicht gekürzt.

(3) Ist der Kapitän bei Verteidigung des Schiffes zu Schaden gekommen, so hat er überdies auf eine angemessene, erforderlichenfalls von dem Richter zu bestimmende Belohnung Anspruch.

[eingefügt in 1902 als 553 b, wurde in 1927 553c: aufgehoben in 1957] § 553 c   Auf dem Kapitän, welcher die Krankheit oder Verletzung durch eine strafbare Handlung sich zuzugezogen oder den Dienst widerrechtlich verlassen hat, finden die §§ 553, 553a **[ersetzt in 1927; die §§ 553 bis 553b]** keine Anwendung.

[aufgehoben in 1957] § 554   (1) Stirbt der Kapitän nach dem Antritte des Dienstes, so hat der Reeder die bis zum Todestage verdiente Heuer einschließlich aller sonst bedungenen Vorteile zu entrichten; ist der Tod nach dem Antritte der Reise erfolgt, so hat der Reeder auch die Beerdigungskosten zu tragen.

(9) 선장이 연방보험법에 따라 질병에 대한 부보를 하지 않은 경우, 선장이 항해를 개시하지 않았다면 질병에 걸리거나 상해를 입은 때로부터 26주가 경과하면 간병이 종료하고, 여타의 경우에는 선박을 그만둔 다음부터 26주가 경과하면 간병이 종료한다.

(10) 업무상 재해로 인해 상해를 입은 경우에는, 해당 사고보험 기관이 그들의 급부를 개시한다고 선주에게 통지할 때에 선주의 피해자에 대한 간병은 종료한다.

(11) 간병을 두고 선장과 선주 사이에 다툼이 있으면 이를 위해 요청을 받은 해운국이 잠정적으로 이를 결정한다.

【1927년 추가: 1957년 삭제】제553조의 (a) 선장이 선박과 함께 선적항 또는 승선항으로 귀환하지 않은 때에는, 그 외에도, 무료의 귀환 운송을 요구할 수 있고, 그가 원하면 그에 상당하는 보상을 대신 청구할 수 있다.

【1902년 제553조의 (a)로 추가: 1927년 553조의 (b)로 변경: 1957년 삭제】제553조의 (b) (1) 질병에 걸리거나 상해를 당한 선장은 다음과 같은 기간에도 임금은 물론 다른 모든 혜택도 받는다.: 선장이 항해를 개시하지 아니한 때에는 근무를 중지한 때까지; 선장이 항해를 개시한 때에는 선장이 선박을 그만둔 날까지.

(2) 병원에 체재하는 동안에도 임금의 수령은 축소되지 않는다.

(3) 선박을 방어하다가 선장이 피해를 입은 경우에는, 그 외에도, 선장은 상당한 위로금을 청구할 수 있고, 필요한 경우 상당한 금액은 판사가 이를 결정한다.

【1902년 제553조의 (b)로 추가: 1927년 553조의 (c)로 변경: 1957년 삭제】제553조의 (c) 형사적인 처벌을 받을 행위로 인해 질병에 걸리거나 상해를 입은 선장, 또는 위법하게 그 직무를 그만둔 선장은, 제553조 및 제553조의 (a)【1927년 조문 변경; 제553조 내지 제553조의 (b)】의 규정이 적용되지 않는다.

(2) Wird der Kapitän bei Verteidigung des Schiffes getödtet, so hat der Reeder überdies eine angemessene Belohnung zu zahlen.

§ 555   Auch nach dem Verluste des Schiffes ist der Kapitän verpflichtet, noch für die Verklarung zu sorgen und überhaupt das Interesse des Reeders so lange wahrzunehmen, als es erforderlich ist. **[gestrichen Folgende in 1957]** Er hat für diese Zeit Anspruch auf Fortbezug der Heuer und auf Erstattung der Kosten des Unterhalts. Außerdem kann er freie Rückbeförderung (§ 547) oder nach seiner Wahl eine entsprechende Vergütung beanspruchen.

Vierter Abschnitt. Frachtgeschäft zur Beförderung von Gütern.

§ 556   Der Frachtvertrag zur Beförderung von Gütern bezieht sich entweder
1. auf das Schiff im ganzen oder einen verhältnismäßigen Teil oder einen bestimmt bezeichneten Raum des Schiffes oder
2. auf einzelne Güter (Stückgüter).

§ 557   Wird das Schiff im ganzen oder zu einem verhältnismäßigen Teil oder wird ein bestimmt bezeichneter Raum des Schiffes verfrachtet, so kann jede Partei verlangen, daß über den Vertrag eine schriftliche Urkunde (Chartepartie) errichtet wird.

§ 558   In der Verfrachtung eines ganzen Schiffes ist die Kajüte nicht einbegriffen; es dürfen jedoch ohne Einwilligung des Befrachters in die Kajüte keine Güter verladen werden.

§ 559   (1) Bei jeder Art von Frachtvertrag (§ 556) hat der Verfrachter das Schiff in seetüchtigem Stande zu liefern.

(2) Er haftet dem Befrachter für jeden Schaden, der aus dem mangelhaften Zustande des Schiffes entsteht, es sei denn, daß der Mangel bei Anwendung der Sorgfalt eines ordentlichen Verfrachters nicht zu entdecken war.

【1957년 삭제】 제554조 (1) 근무를 개시한 후에 선장이 사망한 경우, 선주는 그 사망 시까지 발생한 급료를 지급하고 기타 모든 혜택을 제공하여야 한다.; 항해를 개시한 다음에 선장이 사망을 한 경우에는 선주는 장례비용도 부담하여야 한다.

  (2) 선박을 방어하다가 선장이 사망한 경우, 그 외에도, 선주는 상당한 사례금을 지급하여야 한다.

제555조 선박이 멸실된 다음에도, 선장은 해난보고를 하기 위하여 필요한 조치를 취할 의무가 있고 또 일반적으로 필요한 범위 내에서 선주의 이익을 보호할 의무가 있다. 【1957년 이하 삭제】 이 기간 동안에도 선장은 급료의 계속적인 지급과 체재비용의 보상을 청구할 권리가 있다. 그 외에도 선장은 무상으로 귀환여행을 요구하고(제547조) 그가 원하면 그 보상을 대신 청구할 수 있다.

제4장 화물운송을 위한 운송계약

제556조 화물운송을 위한 운송계약은 다음 중 하나에 관한 것이다.
  (1) 선박의 전부나 일정한 비율 또는 특별히 지정한 공간,[3] 혹은
  (2) 개별 화물(개품).

제557조 선박의 전부 혹은 일정 비율에 대하여 혹은 특별히 지정된 공간에 대하여 운송계약이 체결된 경우, 당사자는 각자 계약에 관하여 서면증서(용선계약서)를 작성할 것을 요구할 수 있다.

제558조 선박의 전부에 대한 용선계약에 선실은 포함되지 아니한다.; 그러나 용선자의 동의가 없으면 선실에 아무런 화물도 실을 수 없다.

제559조 (1) 어느 종류의 운송계약이든(제556조), 해상운송인은 선박을 감항능력이 있는 상태로 제공하여야 한다.

---

  3) 통상 선창을 말한다.

[neu gefaßt in 1937] § 559 (1) Bei jeder Art von Frachtvertrag hat der Verfrachter dafür zu sorgen, daß das Schiff in seetüchtigem Stand, gehörig eingerichtet, ausgerüstet, bemannt und mit genügenden Vorräten versehen ist (Seetüchtigkeit) sowie daß sich die Laderäume einschließlich der Kühl- und Gefrierräume in dem für die Aufnahme, Beförderung und Erhaltung der Güter erforderlichen Zustand befinden (Ladungstüchtigkeit).

(2) Er haftet dem Ladungsbeteiligten für den Schaden, der auf einem Mangel der See- oder Ladungstüchtigkeit beruht, es sei denn, daß der Mangel bei Anwendung der Sorgfalt eines ordentlichen Verfrachters bis zum Antritt der Reise nicht zu entdecken war.

§ 560 (1) Der Kapitän hat zur Einnahme der Ladung das Schiff an den vom Befrachter oder, wenn das Schiff an mehrere verfrachtet ist, von sämtlichen Befrachtern ihm angewiesenen Platz hinzulegen.

(2) Erfolgt die Anweisung nicht rechtzeitig oder wird nicht von sämtlichen Befrachtern derselbe Platz angewiesen oder gestatten die Wassertiefe, die Sicherheit des Schiffes oder die örtlichen Verordnungen oder Einrichtungen die Befolgung der Anweisung nicht, so hat der Kapitän an dem ortsüblichen Ladungsplatz anzulegen.

§ 561 Sofern nicht durch Vertrag oder durch die örtlichen Verordnungen des Abladungshafens und in deren Ermangelung durch einen daselbst bestehenden Ortsgebrauch ein anderes bestimmt ist, sind die Güter von dem Befrachter kostenfrei bis an das Schiff zu liefern, dagegen die Kosten der Einladung in das Schiff von dem Verfrachter zu tragen.

§ 562 (1) Der Verfrachter ist verpflichtet, statt der vertragsmäßigen Güter andere, von dem Befrachter zur Verschiffung nach demselben Bestimmungshafen ihm angebotene Güter anzunehmen, wenn dadurch seine Lage nicht erschwert wird.

(2) Diese Vorschrift findet keine Anwendung, wenn die Güter im Vertrag nicht bloß nach Art oder Gattung, sondern speziell bezeichnet sind.

§ 563 (1) Der Befrachter oder Ablader, welcher die verladenen Güter unrichtig bezeichnet oder Kriegskontrebande oder Güter verladet, deren Ausfuhr oder deren Einfuhr in den Bestimmungshafen verboten ist, oder welcher bei der Abladung die gesetzlichen Vorschriften, insbesondere die Polizei-, Steuer- und Zollgesetze, übertritt,

(2) 해상운송인은, 결함 있는 선박 상태로 인해 발생한 모든 손해를, 운송계약자에게 배상할 책임이 있고, 다만 해상운송인으로 통상의 주의를 다했다고 하더라도 그 하자를 발견할 수 없었던 때에는 그러하지 않다.

【1937년 개정】제559조   (1) 모든 종류의 운송계약에서 해상운송인은, 선박이 감항능력이 있는 상태에 있는지, 적정한 설비, 의장 및 인원을 갖추었는지 및 충분한 물자를 구비하였는지(항해능력)와 냉장실 및 냉동실을 포함한 적하 공간이 적하의 수령, 운송 및 보관을 위해 필요한 상태에 있는지(적하능력)에 관해 주위를 다하여야 한다.

(2) 해상운송인은 적하 이해관계인에게 항해능력 또는 적하능력의 부재로 인해 발생한 손해를 배상할 책임이 있으며, 다만 해상운송인으로 통상의 주의를 다하여도 항해를 개시할 때까지 그 부재를 발견할 수 없었던 때에는 그러하지 아니하다.

제560조   (1) 선장은 적하를 수령하기 위해, 운송계약자가, 다수 운송계약자가 있는 때에는 모든 운송계약자가, 그에게 지시한 장소에 선박을 가져와 접안시켜야 한다.

(2) 운송계약자의 지시가 적기에 이루어지지 않는 경우, 모든 운송계약자가 동일한 장소를 지시하지 않는 경우 및 수심, 선박의 안전, 혹은 지역 규정이나 설비 때문에 지시를 따를 수 없는 경우에는, 선장은 지역의 통상 선적지에 선박을 정박시켜야 한다.

제561조   계약이나 선적지 지역 규정에 의하여, 이러한 것이 없으면 그곳에 존재하는 관습에 의하여, 달리 확정되지 않는 한, 운송계약자는 자기의 비용으로 화물을 선측으로 가지고 와야 하며, 그러면 해상운송인이 선박에 선적하는 비용을 부담하여야 한다.

제562조   (1) 해상운송인은 약정한 화물 대신에 운송계약자가 동일한 목적항으로 운송하기 위해 그에게 제공한 화물을 수취할 의무가 있고, 다만 그로 인하여 해상운송인의 지위가 더욱 악화되는 때에는 그러하지 않다.

(2) 이 규정은 계약에서 화물이 단순히 그 성격이나 종류에 의한 것이 아니라 특별히 정하여 표시된 경우에는 적용하지 아니한다.

wird, sofern ihm dabei ein Verschulden zur Last fällt, nicht bloß dem Verfrachter, sondern auch allen übrigen im § 512 Abs. 1 bezeichneten Personen für den durch sein Verfahren veranlaßten Aufenthalt und jeden anderen Schaden verantwortlich.

(2) Dadurch, daß er mit Zustimmung des Kapitäns gehandelt hat, wird seine Verantwortlichkeit den übrigen Personen gegenüber nicht ausgeschlossen.

(3) Er kann aus der Konfiskation der Güter keinen Grund herleiten, die Zahlung der Fracht zu verweigern.

(4) Gefährden die Güter das Schiff oder die übrige Ladung, so ist der Kapitän befugt, die Güter ans Land zu setzen oder in dringenden Fällen über Bord zu werfen.

[neu gefaßt in 1937] § 563 (1) Der Befrachter und der Ablader sind dem Verfrachter für die Richtigkeit ihrer Angaben über Maß, Zahl oder Gewicht sowie über Merkzeichen der Güter verantwortlich. Jeder haftet dem Verfrachter für den Schaden, der aus der Unrichtigkeit seiner Angaben entsteht. Den übrigen in § 512 Abs. 1 bezeichneten Personen haftet er nur, wenn ihm dabei ein Verschulden zur Last fällt.

(2) Die Verpflichtungen, die dem Verfrachter auf Grund des Frachtvertrags gegenüber anderen Personen als dem Befrachter oder dem Ablader obliegen, werden durch Absatz 1 nicht berührt.

§ 564 Auch derjenige, welcher ohne Wissen des Kapitäns Güter an Bord bringt, ist nach Maßgabe des § 563 zum Ersatze des daraus entstehenden Schadens verpflichtet. Der Kapitän ist befugt, solche Güter wieder ans Land zu setzen oder, wenn sie das Schiff oder die übrige Ladung gefährden, nötigenfalls über Bord zu werfen. Hat der Kapitän die Güter an Bord behalten, so ist dafür die höchste am Abladungsorte zur Abladungszeit für solche Reisen und Güter bedungene Fracht zu bezahlen.

[neu gefaßt in 1937] § 564 (1) Bei unrichtigen Angaben über die Art und die Beschaffenheit der Güter haftet der Befrachter oder der Ablader, wenn ihm dabei ein Verschulden zur Last fällt, dem Verfrachter und den übrigen in § 512 Abs. 1 bezeichneten Personen für den Schaden, der aus der Unrichtigkeit der Angaben entsteht.

(2) Das gleiche gilt, wenn er Kriegskonterbande oder Güter schuldhaft verladet, deren Ausfuhr, Einfuhr oder Durchfuhr verboten ist, oder wenn er bei der Abladung

제563조 (1) 운송계약자 혹은 선적인이, 선적한 화물에 대해 부정확한 진술을 하거나, 전시금수품 혹은 수출 혹은 목적항에서의 수입이 금지된 화물을 선적하거나, 또는 선적을 함에 있어 법적인 규정, 특히 치안, 세금 및 관세에 관한 법을 위반하였고, 만일 운송계약자 혹은 선적인에게 그에 대해 귀책사유가 있다고 한다면, 이 운송계약자 혹은 선적인은 오로지 해상운송인에 대해서뿐만 아니라 제512조 제1항에 표시된 모든 사람에 대해서도 그 행위로 인해 발생한 지연으로 인한 손해는 물론 다른 모든 손해도 배상할 책임이 있다.

(2) 이들이 선장의 동의를 얻고서 그러한 행위를 했다고 하더라도, 그로 인하여 이들이 그 외에 나머지 사람들에 대해 책임을 면하는 것은 아니다.

(3) 이들은 화물이 몰수되었다는 것을 이유로 삼아 운임의 지급을 거부하지 못한다.

(4) 화물이 선박 혹은 다른 적하를 위태롭게 하는 경우, 선장은 그 화물을 양륙할 수 있고, 급박한 상황 하에서는 그 화물을 선박 밖으로 투기할 수 있다.

【1937년 개정】제563조 (1) 운송계약자 및 선적인은 해상운송인에 대하여 화물의 용적, 개수 또는 중량은 물론 그 기호표시에 관한 자기의 통지의 정확성에 대해 책임이 있다. 이들은 모두 자기 통지가 부정확하여 발생한 손해를 배상하여야 한다. 제512조 제1항에 열거된 나머지 사람에 대해서는, 이들은 자기에게 귀책사유가 있는 때에만 손해배상책임이 있다.

(2) 해상운송인이 운송계약자나 선적인이 아닌 다른 사람에 대해 운송계약에 기해 지고 있는 의무는 위 제1항으로 인하여 영향을 받지 아니한다.

제564조 선장 몰래 화물을 선박에 반입한 사람은 제563조의 규정에 따라 그로 인해 발생한 손해를 배상할 책임이 있다. 선장은 그러한 화물을 양륙하거나, 그 화물이 선박이나 적하에 위험을 초래하면 필요한 경우, 선박 외로 투기할 수 있다. 선장이 화물을 선상에 그대로 보관한 경우에는, 그에 대해 선적한 장소와 시기에 그러한 화물의 운송에 대하여 적용했을 최고 운임을 지급하여야 한다.

【1937년 개정】제564조 (1) 화물의 종류 및 성질에 관한 부정확한 통지에 관해 운송계약자 혹은 선적인이 귀책사유가 있다면, 이들은 해상운송인 및 제512조 제1항에 표시된 나머지 사람에게 통지의 부정확으로 인해 발생한 손해를 배상하여

die gesetzlichen Vorschriften, insbesondere die Polizei-, Steuer- und Zollgesetze, schuldhaft übertritt.

(3) Seine Verantwortlichkeit den übrigen Personen gegenüber wird nicht dadurch ausgeschlossen, daß er mit Zustimmung des Kapitäns handelt.

(4) Er kann aus der Beschlagnahme der Güter keinen Grund herleiten, die Bezahlung der Fracht zu verweigern.

(5) Gefährden die Güter das Schiff oder die übrige Ladung, so ist der Kapitän befugt, die Güter ans Land zu setzen oder in dringenden Fällen über Bord zu werfen.

[eingefügt in 1937] § 564a   Auch wer ohne Kenntnis des Kapitäns Güter an Bord bringt, ist nach § 564 zum Ersatz des daraus entstehenden Schadens verpflichtet. Der Kapitän ist befugt, solche Güter wieder ans Land zu setzen oder, wenn sie das Schiff oder die übrige Ladung gefährden, nötigenfalls über Bord zu werfen. Hat der Kapitän die Güter an Bord behalten, so ist dafür die höchste, am Abladungsort zur Abladungszeit für solche Reisen und Güter bedungene Fracht zu bezahlen.

[eingefügt in 1937] § 564b   (1) Werden entzündliche, explosive oder sonst gefährliche Güter an Bord gebracht, ohne daß der Kapitän von ihnen oder ihrer gefährlichen Art oder Beschaffenheit Kenntnis erlangt hat, so haftet der Befrachter oder der Ablader nach § 564, auch ohne daß ihn ein Verschulden trifft. Der Kapitän ist in diesem Fall befugt, die Güter jederzeit und an jedem beliebigen Ort auszuschiffen, zu vernichten oder sonst unschädlich zu machen.

(2) Hat der Kapitän der Abladung in Kenntnis der gefährlichen Art oder Beschaffenheit der Güter zugestimmt, so ist er berechtigt, in gleicher Weise zu verfahren, wenn die Güter das Schiff oder die übrige Ladung gefährden. Auch in diesem Fall ist der Verfrachter und der Kapitän zum Ersatz des Schadens nicht verpflichtet. Die Vorschriften über die Verteilung des Schadens im Fall der großen Haverei bleiben unberührt.

[eingefügt in 1937] § 564c   In den Fällen der §§ 564 bis 564b steht der Kenntnis des Kapitäns die Kenntnis des Verfrachters oder des Schiffsagenten gleich.

§ 565   (1) Der Verfrachter ist nicht befugt, ohne Erlaubnis des Befrachters die Güter in ein anderes Schiff zu verladen. Handelt er dieser Vorschrift zuwider, so ist er für jeden daraus entstehenden Schaden verantwortlich, es sei denn, daß der Schaden auch

야 한다.

(2) 운송계약자나 선적인이 전쟁금수품 또는 수출, 수입 혹은 통과가 금지된 화물을 선적하고 거기에 귀책사유가 있는 때에는 물론, 이들이 선적을 함에 있어 법적 규정, 특히 치안, 세금 및 관세에 관한 법을 위반하고 거기에 귀책사유가 있는 때에도, 마찬가지로 위 규정이 적용된다.

(3) 이들의 나머지 사람에 대한 책임은 이들이 선장의 동의를 얻고서 그 행위를 했다고 하여 면제되지 않는다.

(4) 이들은 화물의 압류를 이유로 운임의 지급을 거절할 수 없다.

(5) 화물이 선박 또는 다른 적하를 위태롭게 하는 경우, 선장은 그 화물을 양륙할 수 있고, 급박한 상황 하에서는, 그 화물을 선박 밖으로 투기할 수 있다.

【1937년 추가】[4] 제564조의 (a) 선장 몰래 화물을 선박에 반입한 사람은 제564조의 규정에 따라 그로 인해 발생한 손해를 배상할 책임이 있다. 선장은 그러한 화물을 양륙하거나, 그 화물이 선박이나 적하에 위험을 초래하면 필요한 경우, 선박 외부로 투기할 수 있다. 선장이 화물을 선상에 그대로 보관한 경우에는, 그에 대해 선적한 장소와 시기에 그러한 화물의 운송에 대하여 적용했을 최고 운임을 지급하여야 한다.

【1937년 추가】 제564조의 (b) (1) 휘발성, 폭발성 기타 위험한 화물이 선상에 반입되었는데도 불구하고, 선장이 그 화물을 알지 못하거나 혹은 위험한 종류 혹은 성질의 화물이라는 것을 알지 못한 경우, 운송계약자 또는 선적인은 그에게 귀책사유가 없다고 하더라도 제564조의 규정에 따라 손해배상책임이 있다. 이 경우, 선장은 언제든지 원하는 장소에서 그 화물을 양륙하고, 파괴하고, 또는 무해 조치할 수 있다.

(2) 선장이 위험한 종류 혹은 성질의 화물이라는 것을 알면서 선적에 동의한 경우에도, 그 화물이 선박이나 다른 적하에 위험을 초래하면, 동일한 방법으로 처리할 권한이 있다. 이 경우에 해상운송인 및 선장은 그로 인한 손해를 배상할 책임이 없다. 그러나 공동해손의 경우에 손해의 분담에 관한 규정은 이로 인하여 영향을 받지 아니한다.

---

4) 이는 1937년 개정 이전 제564조이다.

dann entstanden und dem Befrachter zur Last gefallen sein würde, wenn die Güter nicht auf ein anderes Schiff verladen worden wären.

(2) Auf Umladungen in ein anderes Schiff, die in Fällen der Not nach dem Antritt der Reise erfolgen, finden die Vorschriften des Absatzes 1 keine Anwendung.

§ 566 (1) Ohne Zustimmung des Abladers dürfen dessen Güter weder auf das Verdeck verladen noch an die Seiten des Schiffes gehängt werden.

(2) Die Landesgesetze können bestimmen, daß diese Vorschrift, soweit sie die Beladung des Verdecks betrifft, auf die Küstenschifffahrt keine Anwendung findet.

§ 567 (1) Bei der Verfrachtung eines Schiffes im ganzen hat der Kapitän, sobald er zur Einnahme der Ladung fertig und bereit ist, dies dem Befrachter anzuzeigen.

(2) Mit dem auf die Anzeige folgenden Tag beginnt die Ladezeit.

(3) Über die Ladezeit hinaus hat der Verfrachter auf die Abladung noch länger zu warten, wenn es vereinbart ist (Überliegezeit).

(4) Für die Ladezeit kann, sofern nicht das Gegenteil bedungen ist, keine besondere Vergütung verlangt werden. Dagegen hat der Befrachter dem Verfrachter für die Überliegezeit eine Vergütung (Liegegeld) zu gewähren.

§ 568 (1) Ist die Dauer der Ladezeit durch Vertrag nicht festgesetzt, so wird sie durch die örtlichen Verordnungen des Abladungshafens und in deren Ermangelung durch den daselbst bestehenden Ortsgebrauch bestimmt. Besteht auch ein solcher Ortsgebrauch nicht, so gilt als Ladezeit eine den Umständen des Falles angemessene Frist.

(2) Ist eine Überliegezeit, nicht aber deren Dauer, durch Vertrag bestimmt, so beträgt die Überliegezeit vierzehn Tage.

(3) Enthält der Vertrag nur die Festsetzung eines Liegegelds, so ist anzunehmen, daß eine Überliegezeit ohne Bestimmung der Dauer vereinbart sei.

§ 569 (1) Ist die Dauer der Ladezeit oder der Tag, mit welchem die Ladezeit enden soll, durch Vertrag bestimmt, so beginnt die Überliegezeit ohne weiteres mit dem Ablauf der Ladezeit.

(2) In Ermangelung einer solchen vertragsmäßigen Bestimmung beginnt die Überliegezeit erst, nachdem der Verfrachter dem Befrachter erklärt hat, daß die Ladezeit abgelaufen sei. Der Verfrachter kann schon innerhalb der Ladezeit dem Befrachter erklären, an welchem Tag er die Ladezeit für abgelaufen halte. In diesem

【1937년 추가】제564조의 (c)   제564조 내지 제564조의 (b)의 경우에 해상운송인이나 선박대리인이 알고 있으면 선장이 아는 것과 마찬가지로 본다.

제565조   (1) 해상운송인은 운송계약자의 동의가 없으면 화물을 다른 선박에 선적할 수 없다. 해상운송인이 이에 위반하여 행위를 한 경우, 그 해상운송인은 그로 인해 발생하는 모든 손해를 배상할 책임이 있고, 다만 그 화물을 다른 선박에 선적하지 않았다고 하더라도 마찬가지로 손해가 발생했고 그 손해가 운송계약자의 부담으로 돌아갔을 때에는 그러하지 않다.

(2) 위 제1항의 규정은 항해가 개시된 다음 위난을 당하여 다른 선박으로 전적을 한 경우에는 그 적용이 없다.

제566조   (1) 선적인의 동의가 없으면 그의 화물을 갑판상에 선적하거나 선측에 매달 수 없다.

(2) 그러나 각 주는 그 법으로, 이러한 규정이 갑판상 적재에 관한 한, 연안항해에 대하여는 적용되지 않는 것으로 정할 수 있다.

제567조   (1) 선박 전부에 대해 운송계약을 한 경우, 화물을 수령할 준비가 완료되면, 선장은 이를 운송계약자에게 통지하여야 한다.

(2) 이 통지가 있는 날의 다음 날부터 선적기간을 계산한다.

(3) 그러나 당사자 사이에 별도의 합의(체선기간)가 있는 때에는, 해상운송인은 이 선적기간을 초과하여 이 기간 동안 선적을 위해 기다려야 한다.

(4) 반대의 약정이 없는 한, 선적기간에 대해 별도로 보수를 청구하지 못한다. 이와 달리 체선기간에 대해서는 운송계약자가 해상운송인에 대해 보수(체선료)를 지급하여야 한다.

제568조   (1) 선적기간의 길이가 계약에 의해 확정되어 있지 않은 경우, 그 기간은 선적항 지역 규정에 의하여 정하고, 이러한 규정이 없는 경우, 그 지역에 있는 관습에 의하여 정한다. 이러한 관습마저도 없는 경우, 개별 상황에 비추어 적정하다고 판단되는 기간을 선적기간으로 본다.

(2) 계약을 통해 체선기간을 정하면서도 그 기간을 특정하지 아니한 경우, 체선기간은 14일에 이른다고 본다.

370

Fall ist zum Ablauf der Ladezeit und zum Beginn der Überliegezeit eine neue Erklärung des Verfrachters nicht erforderlich.

§ 570 (1) Nach dem Ablauf der Ladezeit oder, wenn eine Überliegezeit vereinbart ist, nach dem Ablauf der Überliegezeit ist der Verfrachter nicht verpflichtet, auf die Abladung noch länger zu warten. Er muß jedoch seinen Willen, nicht länger zu warten, spätestens drei Tage vor dem Ablauf der Ladezeit oder der Überliegezeit dem Befrachter erklären.

(2) Ist dies nicht geschehen, so läuft die Ladezeit oder Überliegezeit nicht eher ab, als bis die Erklärung nachgeholt ist und seit dem Tag der Abgabe der Erklärung drei Tage verstrichen sind.

(3) Die in den Absätzen 1 und 2 erwähnten drei Tage werden in allen Fällen als ununterbrochen fortlaufende Tage nach dem Kalender gezählt.

§ 571 Die in den §§ 569 und 570 bezeichneten Erklärungen des Verfrachters sind an keine besondere Form gebunden. Weigert sich der Befrachter, den Empfang einer solchen Erklärung in genügender Weise zu bescheinigen, so ist der Verfrachter befugt, eine öffentliche Urkunde darüber auf Kosten des Befrachters errichten zu lassen.

§ 572 (1) Das Liegegeld ist, wenn es nicht durch Vertrag bestimmt ist, nach billigem Ermessen zu bestimmen.

(2) Hierbei ist auf die näheren Umstände des Falles, insbesondere auf die Heuerbeträge und die Unterhaltskosten der Schiffsbesatzung sowie auf den dem Verfrachter entgehenden Frachtverdienst, Rücksicht zu nehmen.

§ 573 (1) Bei der Berechnung der Lade- und Überliegezeit werden die Tage in ununterbrochen fortlaufender Reihenfolge gezählt; insbesondere kommen in Ansatz die Sonntage und die Feiertage sowie diejenigen Tage, an welchen der Befrachter durch Zufall die Ladung zu liefern verhindert ist.

(2) Nicht in Ansatz kommen jedoch die Tage, an denen durch Wind und Wetter oder durch irgendeinen anderen Zufall entweder

1. die Lieferung nicht nur der bedungenen, sondern jeder Art von Ladung an das Schiff oder

2. die Übernahme der Ladung verhindert ist.

§ 574 Für die Tage, die der Verfrachter wegen Verhinderung der Lieferung jeder Art

(3) 오로지 체선료만 계약에 의해 정하여진 경우에도, 기간이 특정되지 아니한 체선기간이 약정된 것으로 본다.

제569조 (1) 계약에 의해 선적기간의 길이 혹은 선적기간이 종료될 날짜가 확정되어 있는 경우, 체선기간은 선적기간이 경과하면 바로 개시된다.

(2) 이처럼 계약에 의해 기간이 확정되어 있지 않는 경우, 해상운송인이 선적기간이 만료된 것을 운송계약자에게 통지한 다음에 체선기간이 개시된다. 아직 선적기간 이내에 있다 할지라도, 해상운송인은 자기가 선적기간이 종료되는 것으로 간주하는 날짜를 운송계약자에게 통지할 수 있다. 이러한 경우, 선적기간의 경과와 체선기간의 개시를 위해 해상운송인은 별도로 새로이 통지를 할 필요가 없다.

제570조 (1) 선적기간이 경과한 다음에, 혹은 체선기간이 있으면 그 기간이 경과한 다음에는, 해상운송인은 선적을 위해 더 이상 대기할 의무가 없다. 그러나 늦어도 선적기간이나 체선기간이 경과하기 3일 전에, 선박이 더 이상 대기하지 않는다는 의사를 운송계약자에게 통지하여야 한다.

(2) 이러한 통지를 하지 아니하면, 이러한 의사표시가 이후에라도 이루어지고, 그 의사를 통지한 날로부터 3일이 경과하기 이전에는, 선적기간이나 체선기간이 종료하지 아니한다.

(3) 위 제1항 및 제2항에서 말하는 3일은 여하한 경우라 하더라도 중단 없이 세력에 따라 계속하여 계산한다.

제571조 제569조 및 제570조에 표시된 해상운송인의 의사표시는 특별한 형식을 요하지 않는다. 운송계약자가 적의한 방법으로 이러한 의사표시의 수령을 확인하기를 거부하는 경우에는, 해상운송인은 운송계약자의 비용으로 그에 대한 공적 증서를 작성하게 할 수 있다.

제572조 (1) 체선료의 금액이 계약에 정하여져 있지 않은 경우 공정한 평가를 통하여 이를 정한다.

(2) 이를 실행함에 있어 사안을 둘러싼 상세한 정황, 특히 선원의 임금 액수 및 유지비용은 물론 해상운송인이 상실한 운임 수입 등을 참작하여야 한다.

von Ladung länger warten muß, gebührt ihm Liegegeld, selbst wenn die Verhinderung während der Ladezeit eintritt. Dagegen ist für die Tage, die er wegen Verhinderung der Übernahme der Ladung länger warten muß, Liegegeld nicht zu entrichten, selbst wenn die Verhinderung während der Überliegezeit eintritt.

§ 575 Sind für die Dauer der Ladezeit nach § 568 die örtlichen Verordnungen oder der Ortsgebrauch maßgebend, so kommen bei der Berechnung der Ladezeit die Vorschriften der §§ 573 und 574 nur insoweit zur Anwendung, als die örtlichen Verordnungen oder der Ortsgebrauch nichts Abweichendes bestimmen.

§ 576 Hat sich der Verfrachter ausbedungen, daß die Abladung bis zu einem bestimmten Tag beendigt sein muß, so wird er durch die Verhinderung der Lieferung jeder Art von Ladung (§ 573 Abs. 2 Nr. 1) zum längeren Warten nicht verpflichtet.

§ 577 (1) Soll der Verfrachter die Ladung von einem Dritten erhalten und ist dieser Dritte ungeachtet der von dem Verfrachter in ortsüblicher Weise kundgemachten Bereitschaft zum Laden nicht zu ermitteln oder verweigert er die Lieferung der Ladung, so hat der Verfrachter den Befrachter schleunigst hiervon zu benachrichtigen und nur bis zum Ablauf der Ladezeit, nicht auch während der etwa vereinbarten Überliegezeit auf die Abladung zu warten, es sei denn, daß er von dem Befrachter oder einem Bevollmächtigten des Befrachters noch innerhalb der Ladezeit eine entgegengesetzte Anweisung erhält.

(2) Ist für die Ladezeit und die Löschzeit zusammen eine ungeteilte Frist bestimmt, so wird für den in Absatz 1 erwähnten Fall die Hälfte dieser Frist als Ladezeit angesehen.

§ 578 Der Verfrachter hat auf Verlangen des Befrachters die Reise auch ohne die volle bedungene Ladung anzutreten. Es gebührt ihm aber alsdann nicht nur die volle Fracht und das etwaige Liegegeld, sondern er ist auch berechtigt, soweit ihm durch die Unvollständigkeit der Ladung die Sicherheit für die volle Fracht entgeht, die Bestellung einer anderweitigen Sicherheit zu fordern. Außerdem sind ihm die Mehrkosten, die ihm infolge der Unvollständigkeit der Ladung etwa erwachsen, durch den Befrachter zu erstatten.

§ 579 Hat der Befrachter bis zum Ablauf der Zeit, während welcher der Verfrachter auf die Abladung zu warten verpflichtet ist (Wartezeit), die Abladung nicht

제573조　(1) 선적기간과 체선기간을 계산함에 있어 날짜는 중단 없이 연속하여 순서대로 계산한다.; 특히 일요일과 공휴일은 물론 우연한 사고로 운송계약자가 적화를 인도하지 못한 날짜도 산입한다.

(2) 그러나 바람과 날씨에 의하거나 혹은 여타 우연한 사고로 인하여 다음 사유가 발생한 날은 이를 산입하지 않는다.

1. 약정한 적하뿐만 아니라 모든 종류의 적하를 선박에 인도하는 것에 지장이 있는 날, 또는

2. 적하를 수취하는 것에 지장이 있는 날.

제574조　모든 종류의 화물에 대해 인도에 장애가 있어 해상운송인이 초과하여 선박을 대기시켜야 했던 경우, 비록 그 장애가 선적기간에 발생했다고 하더라도, 그 초과 기간에 대해 해상운송인에게 체선료가 발생한다. 그러나 해상운송인이 적하를 수취하는 데 장애가 있어서 초과하여 선박을 대기시켜야 했던 경우, 비록 그 장애가 체선기간에 발생했다고 하더라도, 그 초과 기간에 대해 해상운송인에게 체선료를 지급할 필요가 없다.

제575조　선적기간이 있어 이를 계산함에 있어 제568조에 따라 지역 규정이나 지역 관습이 적용되는 경우, 그 지역 규정이나 지역 관습이 그 적용을 배제한다고 달리 정하지 않는 때에는, 거기에도 제573조 및 제574조의 규정이 적용된다.

제576조　해상운송인이 특정한 날짜까지 선적이 종료되어야 한다고 약정한 경우에는, 모든 종류의 적하의 선적에 지장이 있다 하여(제573조 제2항 1호) 해상운송인이 더욱 장기로 선박을 대기시킬 의무를 지는 것은 아니다.

제577조　(1) 해상운송인이 제3자로부터 적하를 수령하여야 하는 경우에, 해상운송인이 그 지역의 관행적 방법으로 선적의 준비가 완료된 것을 공시하였음에도 불구하고 그 제3자를 찾을 수 없는 때 혹은 그 제3자가 적하의 인도를 거부하는 때에는, 해상운송인은 즉시 이를 운송계약자에게 통지하여야 하고, 또 이때에 해상운송인은 약정한 체선기간이 아니라 오로지 선적기간의 경과 시까지만 선적을 위해 선박을 대기시킬 의무가 있으며, 다만 해상운송인이 선적기간 내에 운송계약자나 그 대리인으로부터 반대의 지시를 받은 경우에는 그러하지 않는다.

vollständig bewirkt, so ist der Verfrachter befugt, sofern der Befrachter nicht von dem Vertrag zurücktritt, die Reise anzutreten und die in § 578 bezeichneten Forderungen geltend zu machen.

§ 580 (1) Der Befrachter kann vor dem Antritt der Reise, sei diese eine einfache oder eine zusammengesetzte, von dem Vertrag unter der Verpflichtung zurücktreten, die Hälfte der bedungenen Fracht als Fautfracht zu zahlen.

(2) Im Sinne dieser Vorschrift wird die Reise schon dann als angetreten erachtet:

1. wenn der Befrachter den Kapitän bereits abgefertigt hat;

2. wenn er die Ladung bereits ganz oder zu einem Teil geliefert hat und die Wartezeit verstrichen ist.

§ 581 (1) Macht der Befrachter von dem in § 580 bezeichneten Recht Gebrauch, nachdem Ladung geliefert ist, so hat er auch die Kosten der Einladung und Wiederausladung zu tragen und für die Zeit der Wiederausladung, soweit sie nicht in die Ladezeit fällt, Liegegeld (§ 572) zu zahlen. Die Wiederausladung ist mit möglichster Beschleunigung zu bewirken.

(2) Der Verfrachter ist verpflichtet, den Aufenthalt, den die Wiederausladung verursacht, selbst dann sich gefallen zu lassen, wenn dadurch die Wartezeit überschritten wird. Für die Zeit nach dem Ablauf der Wartezeit hat er Anspruch auf Liegegeld und auf Ersatz des durch die Überschreitung der Wartezeit entstandenen Schadens, soweit der letztere den Betrag dieses Liegegelds übersteigt.

§ 582 (1) Nachdem die Reise im Sinne des § 580 angetreten ist, kann der Befrachter nur gegen Berichtigung der vollen Fracht sowie aller sonstigen Forderungen des Verfrachters (§ 614) und gegen Berichtigung oder Sicherstellung der in § 615 bezeichneten Forderungen von dem Vertrag zurücktreten und die Wiederausladung der Güter fordern.

(2) Im Falle der Wiederausladung hat der Befrachter nicht nur die hierdurch entstehenden Mehrkosten, sondern auch den Schaden zu ersetzen, welcher aus dem durch die Wiederausladung verursachten Aufenthalt dem Verfrachter entsteht.

(3) Zum Zwecke der Wiederausladung der Güter die Reise zu ändern oder einen Hafen anzulaufen, ist der Verfrachter nicht verpflichtet.

§ 583 Der Befrachter ist statt der vollen Fracht nur zwei Dritteile als Fautfracht zu

(2) 선적기간과 양륙기간이 분리되지 않고 함께 약정된 경우, 그 기간의 절반을 위 제1항에서 말하는 경우의 선적기간으로 본다.

제578조 약정한 적하를 전부 선적하지 않았다고 하더라도, 운송계약자의 요청이 있으면, 해상운송인은 항해를 개시하여야 한다. 이 경우에 해상운송인은 운임 전부와 발생한 체선료를 청구할 수 있을 뿐만 아니라, 나아가 적하의 부족으로 인하여 그 운임 전부에 대한 담보가 부족하게 된 때에는 추가로 담보를 제공할 것을 요청할 수 있다. 그 외에도 적하 부족으로 인하여 비용이 증가하여 해상운송인에게 추가로 비용이 발생하면 운송계약자는 이것도 보상하여야 한다.

제579조 해상운송인이 선적을 위해 대기해야 할 기간(대기기간)이 경과하도록 운송계약자가 약정한 적하 전부에 대한 선적을 실현하지 못하는 경우, 운송계약자가 운송계약을 해제하지 않는 한, 해상운송인은 항해를 개시하고 제578조에 기재된 권리를 행사할 수 있다.

제580조 (1) 단순항해이든 복합항해이든, 항해를 개시하기 이전에는, 운송계약자는, 약정한 운임의 반액을 공적운임으로 지급할 의무를 지고서, 운송계약을 해제할 수 있다.

(2) 이 규정의 의미에서 항해는 다음의 때에 이미 개시되었다고 본다.:

　　1. 운송계약자가 이미 출항을 허락한 때;

　　2. 운송계약자가 이미 적하의 전부 혹은 일부를 인도하고 선박의 대기기간이 　　　 경과한 때.

제581조 (1) 적하가 인도된 다음에 운송계약자가 위 제580조에 표시된 권리를 행사하는 경우, 그는 선적과 양륙의 비용도 부담하여야 하고, 또 양륙이 선적기간 내에 이루어지지 아니하면 체선료(제572조)도 지급하여야 한다. 양륙은 가능한 한 신속히 실행하여야 한다.

(2) 양륙으로 인해 발생하는 지연은, 비록 그로 인해 대기기간이 도과된다고 하더라도, 해상운송인이 이를 용인하여야 한다. 대기기간이 경과하면 해상운송인은 체선료를 청구할 수 있고, 또 대기기간의 도과로 인해 발생한 손해도 체선료의 금액을 초과하여 존재하면 이를 배상하여야 한다.

zahlen verpflichtet, wenn das Schiff zugleich auf Rückladung verfrachtet ist oder in Ausführung des Vertrags zur Einnahme der Ladung eine Fahrt aus einem anderen Hafen zu machen hat und in diesen beiden Fällen der Rücktritt früher erklärt wird, als die Rückreise oder die Reise aus dem Abladungshafen im Sinne des § 580 angetreten ist.

§ 584 (1) Bei anderen zusammengesetzten Reisen erhält der Verfrachter, wenn der Befrachter den Rücktritt erklärt, bevor in bezug auf den letzten Reiseabschnitt die Reise im Sinne des § 580 angetreten ist, als Fautfracht zwar die volle Fracht, es kommt von dieser jedoch ein angemessener Bruchteil in Abzug, sofern die Umstände die Annahme begründen, daß der Verfrachter infolge der Aufhebung des Vertrags Kosten erspart und Gelegenheit zu anderweitigem Frachtverdienst gehabt habe.

(2) Der Abzug darf in keinem Fall die Hälfte der Fracht übersteigen.

§ 585 Liefert der Befrachter bis zum Ablauf der Wartezeit keine Ladung, so ist der Verfrachter an seine Verpflichtungen aus dem Vertrag nicht länger gebunden und befugt, gegen den Befrachter dieselben Ansprüche geltend zu machen, welche ihm zugestanden haben würden, wenn der Befrachter von dem Vertrag zurückgetreten wäre (§§ 580, 583 und 584).

§ 586 (1) Auf die Fautfracht wird die Fracht, welche der Verfrachter für andere Ladungsgüter erhält, nicht angerechnet. Die Vorschrift des § 584 Abs. 1 bleibt unberührt.

(2) Der Anspruch des Verfrachters auf Fautfracht ist nicht davon abhängig, daß er die im Vertrag bezeichnete Reise ausführt.

(3) Durch die Fautfracht werden die Ansprüche des Verfrachters auf Liegegeld und die übrigen ihm etwa zustehenden Forderungen (§ 614) nicht ausgeschlossen.

§ 587 Ist ein verhältnismäßiger Teil oder ein bestimmt bezeichneter Raum des Schiffes verfrachtet, so gelten die Vorschriften der §§ 567 bis 586 mit folgenden Abweichungen:

　　1. Der Verfrachter erhält in den Fällen, in denen er sich nach diesen Vorschriften mit einem Teil der Fracht begnügen müßte, als Fautfracht die volle Fracht, es sei denn, daß sämtliche Befrachter zurücktreten oder keine Ladung liefern.

　　Von der vollen Fracht kommt jedoch die Fracht für diejenigen Güter in Abzug,

제582조 (1) 항해가 제580조의 의미에서 이미 개시된 다음에는, 운임 전액과 해상운송인의 여타 채권(제614조)을 모두 변제하고, 또 제615조에 표시된 채권에 대해 변제하거나 담보를 제공한 다음에 비로소 운송계약자는 운송계약을 해지하고 화물의 양륙을 요구할 수 있다.

  (2) 양륙의 경우에, 운송계약자는 그로 인하여 발생한 추가 비용뿐만 아니라 양륙에 의해 유발된 지연으로 인해 발생한 손해도 이를 보상하여야 한다.

  (3) 운송인은 이러한 화물을 양륙할 목적으로 항해를 변경하거나 어느 항구에 기항할 의무가 없다.

제583조 선박의 왕복항해를 위해 운송계약이 체결된 경우 및 계약을 이행함에 있어 적하를 수령하기 위해 다른 어느 항구로 항해를 해야 하는 경우, 어느 경우이든, 귀환항해 혹은 선적항으로부터 항해가 제580조의 의미에서 개시되기 이전에 해지의 의사표시가 있는 때에는, 운송계약자는 운임 전액에 갈음하여 운임의 3분지 2만 공적운임으로 지급하면 된다.

제584조 (1) 다른 복합항해에 있어서 최종 항해 구간에 관해 항해가 제580조의 의미에서 개시되기 이전에 운송계약자가 해지의 의사를 표시한 경우, 해상운송인은 운임 전부를 공적운임으로 청구할 수 있고, 다만 해상운송인이 계약 소멸의 결과 비용을 절약하였고, 추가로 운임수입을 올릴 기회를 가졌다는 것이 상황에 의하여 인정되는 경우, 이 금액에서 상당 부분을 감액한다.

  (2) 그러나 여하한 경우라도 이러한 감액은 운임의 절반을 초과할 수 없다.

제585조 대기기간이 경과할 때까지 운송계약자가 적화를 전혀 인도하지 않은 경우, 해상운송인은 더 이상 그 계약상 의무로부터 구애를 받지 않으며, 이제 해상운송인은 운송계약자가 운송계약을 해지하였다면(제580조, 제583조, 제584조) 해상운송인이 가졌을 권리를 운송계약자에게 행사할 수 있다.

제586조 (1) 다른 화물 운송으로 인하여 해상운송인이 받은 운임은 공적운임에 산입하지 아니한다. 그렇지만 제584조 제1항의 규정은 이로 인하여 그 적용에 아무런 영향이 없다.

  (2) 선주가 갖는 공적운임청구권은 그가 계약에 표시된 항해를 실제로 수행했는

welche der Verfrachter an Stelle der nicht gelieferten annimmt.

2. In den Fällen der §§ 581 und 582 kann der Befrachter die Wiederausladung nicht verlangen, wenn sie eine Verzögerung der Reise zur Folge haben oder eine Umladung nötig machen würde, es sei denn, daß alle übrigen Befrachter zustimmen. Außerdem ist der Befrachter verpflichtet, sowohl die Kosten als auch den Schaden zu ersetzen, welche durch die Wiederausladung entstehen.

Machen sämtliche Befrachter von dem Recht des Rücktritts Gebrauch, so hat es bei den Vorschriften der §§ 581 und 582 sein Bewenden.

§ 588 (1) Hat der Frachtvertrag Stückgüter zum Gegenstand, so muß der Befrachter auf die Aufforderung des Kapitäns ohne Verzug die Abladung bewirken.

(2) Ist der Befrachter säumig, so ist der Verfrachter nicht verpflichtet, auf die Lieferung der Güter zu warten; der Befrachter muß, wenn die Reise ohne die Güter angetreten wird, gleichwohl die volle Fracht entrichten. Es kommt von der letzteren jedoch die Fracht für diejenigen Güter in Abzug, welche der Verfrachter an Stelle der nicht gelieferten annimmt.

(3) Der Verfrachter, der den Anspruch auf die Fracht gegen den säumigen Befrachter geltend machen will, ist bei Verlust des Anspruchs verpflichtet, dies dem Befrachter vor der Abreise kundzugeben. Auf diese Erklärung finden die Vorschriften des § 571 Anwendung.

§ 589 (1) Nach der Abladung kann der Befrachter auch gegen Berichtigung der vollen Fracht sowie aller sonstigen Forderungen des Verfrachters (§ 614) und gegen Berichtigung oder Sicherstellung der in § 615 bezeichneten Forderungen nur nach Maßgabe des § 587 Nr. 2 Abs. 1 von dem Vertrag zurücktreten und die Wiederausladung der Güter fordern.

(2) Die Vorschrift des § 582 Abs. 3 findet Anwendung.

§ 590 Ist ein Schiff auf Stückgüter angelegt und die Zeit der Abreise nicht festgesetzt, so hat auf Antrag des Befrachters der Richter nach den Umständen des Falles den Zeitpunkt zu bestimmen, über welchen hinaus der Antritt der Reise nicht verschoben werden darf.

§ 591 Bei jeder Art von Frachtvertrag hat der Befrachter innerhalb der Zeit, binnen welcher die Güter zu liefern sind, dem Kapitän zugleich alle zur Verschiffung der

지 여부와는 아무 상관이 없다.

(3) 해상운송인이 갖는 체선료청구권 및 기타 그에게 속한 권리(제614조)는 공적 운임으로 인하여 배제되는 것이 아니다.

제587조 선박의 일정한 비율 혹은 특정한 공간이 운송계약의 대상인 경우에도 제567조 내지 제586조의 규정이 적용되나 다만 그 규정에 다음의 변경이 가해진다.

1. 이러한 규정에 의하면 해상운송인이 운임의 일부를 받는 것으로 만족할 수밖에 없는 경우에도, 모든 운송계약자가 계약을 해제하거나 모든 운송계약자가 적하를 전혀 제공하지 않는 경우가 아닌 한, 운임 전액을 공적운임으로 청구할 수 있다.

   그러나 해상운송인이 인도하지 아니한 화물 대신에 인수한 적하에 대한 운임은 이를 운임 전액에서 공제한다.

2. 제581조 및 제582조의 경우에, 만일 그로 인해 항해의 지연이 뒤따른다든가 화물의 전적이 필요해지면, 나머지 모든 운송계약자가 이에 동의하지 않는 한, 운송계약자는 화물의 양륙을 요구할 수 없다. 그 외에 운송계약자는 그 양륙으로 인해 발생한 비용은 물론 손해도 배상하여야 한다.

모든 운송계약자가 해제권을 행사하는 경우에는 제581조 및 제582조의 규정은 그대로 적용된다.

제588조 (1) 개별 화물이 운송계약의 목적물이 된 경우에는, 운송계약자는 선장의 요청이 있으면 지체 없이 선적을 실행하여야 한다.

(2) 운송계약자가 이를 지체하는 경우, 해상운송인은 화물의 인도를 기다릴 의무가 없다.; 운송계약자는 자기의 화물 없이 항해가 개시된 때에도 마찬가지로 운임 전액을 지급하여야 한다. 그러나 인도되지 아니한 화물 대신에 인수한 화물에 대한 운임은 이 마지막 금액에서 공제하여야 한다.

(3) 이처럼 지체한 운송계약자에 대해 운임청구권을 행사하고자 하는 해상운송인은 출항 이전에 이를 운송계약자에게 통지하여야 하고, 그렇지 않으면 그 청구권을 상실한다. 이러한 의사표시에 대하여는 제571조의 규정이 적용된다.

제589조 (1) 선적을 한 후에라도, 운임 전액과 여타 해상운송인의 채권을 변제하

Güter erforderlichen Papiere zuzustellen.

§ 592 (1) Der Kapitän hat zur Löschung der Ladung das Schiff an den Platz hinzulegen, der ihm von demjenigen, an welchen die Ladung abzuliefern ist (Empfänger), oder, wenn die Ladung an mehrere Empfänger abzuliefern ist, von sämtlichen Empfängern angewiesen wird.

(2) Erfolgt die Anweisung nicht rechtzeitig oder wird nicht von sämtlichen Empfängern derselbe Platz angewiesen oder gestatten die Wassertiefe, die Sicherheit des Schiffes oder die örtlichen Verordnungen oder Einrichtungen die Befolgung der Anweisung nicht, so hat der Kapitän an dem ortsüblichen Löschungsplatz anzulegen.

§ 593 Sofern nicht durch Vertrag oder durch die örtlichen Verordnungen des Löschungshafens und in deren Ermangelung durch einen daselbst bestehenden Ortsgebrauch ein anderes bestimmt ist, werden die Kosten der Ausladung aus dem Schiff von dem Verfrachter, alle übrigen Kosten der Löschung von dem Ladungsempfänger getragen.

§ 594 (1) Bei der Verfrachtung eines Schiffes im ganzen hat der Kapitän, sobald er zum Löschen fertig und bereit ist, dies dem Empfänger anzuzeigen.

(2) Ist der Empfänger dem Kapitän unbekannt, so ist die Anzeige durch öffentliche Bekanntmachung in ortsüblicher Weise zu bewirken.

(3) Mit dem auf die Anzeige folgenden Tag beginnt die Löschzeit.

(4) Über die Löschzeit hinaus hat der Verfrachter nur dann auf die Abnahme der Ladung noch länger zu warten, wenn es vereinbart ist (Überliegezeit).

(5) Für die Löschzeit kann, sofern nicht das Gegenteil bedungen ist, keine besondere Vergütung verlangt werden. Dagegen ist dem Verfrachter für die Überliegezeit eine Vergütung (Liegegeld) zu gewähren.

(6) In Ansehung der Höhe des Liegegelds finden die Vorschriften des § 572 Anwendung.

§ 595 (1) Ist die Dauer der Löschzeit durch Vertrag nicht festgesetzt, so wird sie durch die örtlichen Verordnungen des Löschungshafens und in deren Ermangelung durch den daselbst bestehenden Ortsgebrauch bestimmt. Besteht auch ein solcher Ortsgebrauch nicht, so gilt als Löschzeit eine den Umständen des Falles angemessene Frist.

(2) Ist eine Überliegezeit, nicht aber deren Dauer, durch Vertrag bestimmt, so

고 (제614조), 또 제615조에 기재된 채권에 관해 변제 혹은 담보를 제공하고서, 운송계약자는 제587조 2호 1문의 규정에 따라 운송계약을 해제하고 화물을 양륙할 수 있다.

(2) 여기에는 제582조 제3항의 규정이 적용된다.

제590조   어느 선박이 개품운송을 위해 정박하고 있고, 그 출항의 시기가 확정되어 있지 않는 경우, 운송계약자의 신청에 의거 판사가 사안의 여러 정황을 보고서 항해의 개시를 더 이상 미룰 수 없는 일정한 시점을 정한다.

제591조   운송계약이 그 종류가 무엇이든, 운송계약자는 화물을 인도하여야 할 기간 내에, 그 화물을 운송하는 데 필요한 모든 서류도 동시에 선장에게 교부하여야 한다.

제592조   (1) 적하를 양륙하기 위하여 선장은 적하를 인도하여 줄 사람(수하인)이 그에게 지정하여 준 장소, 혹은 다수 수하인이 있으면 그 모든 수하인이 함께 지정하여 준 장소에 선박을 정박시켜야 한다.

(2) 이러한 지정이 적기에 이루어지지 않은 경우, 모든 수하인에 의해 동일한 장소가 지정되지 않는 경우, 혹은 수심, 선박의 안전, 혹은 지역 규정이나 설비에 의해 지시를 따르는 것이 허용되지 않는 경우에는, 선장은 지역 관행상의 양륙 장소에 선박을 정박시켜야 한다.

제593조   계약에 의하거나 양륙항의 지역 규정에 의해, 혹은 이러한 것마저 없는 때에는 양륙항에 존재하는 지역관습에 의하여 달리 정하여지지 않는 한, 선박으로부터 화물을 내리는 하역비용은 이를 해상운송인이 부담하고 나머지 양륙비용은 수하인이 부담하여야 한다.

제594조   (1) 선박 전부에 대해 운송계약이 체결된 경우, 선장은 양륙의 준비가 완료되면 이를 수하인에게 통지하여야 한다.

(2) 선장이 수하인을 알 수 없는 때에는 이러한 통지는 그 지역에서 관행적 방법으로 공적인 공고를 통해 이를 실행한다.

(3) 통지를 하고 난 다음 날부터 양륙기간이 개시된다.

beträgt die Überliegezeit vierzehn Tage.

(3) Enthält der Vertrag nur die Festsetzung eines Liegegelds, so ist anzunehmen, daß eine Überliegezeit ohne Bestimmung der Dauer vereinbart sei.

§ 596 (1) Ist die Dauer der Löschzeit oder der Tag, mit welchem die Löschzeit enden soll, durch Vertrag bestimmt, so beginnt die Überliegezeit ohne weiteres mit dem Ablauf der Löschzeit.

(2) In Ermangelung einer solchen vertragsmäßigen Bestimmung beginnt die Überliegezeit erst, nachdem der Verfrachter dem Empfänger erklärt hat, daß die Löschzeit abgelaufen sei. Der Verfrachter kann schon innerhalb der Löschzeit dem Empfänger erklären, an welchem Tag er die Löschzeit für abgelaufen halte. In diesem Fall ist zum Ablauf der Löschzeit und zum Beginn der Überliegezeit eine neue Erklärung des Verfrachters nicht erforderlich.

(3) Auf die in Absatz 2 erwähnten Erklärungen des Verfrachters finden die Vorschriften des § 571 Anwendung.

§ 597 (1) Bei der Berechnung der Lösch- und Überliegezeit werden die Tage in ununterbrochen fortlaufender Reihenfolge gezählt; insbesondere kommen in Ansatz die Sonntage und die Feiertage sowie diejenigen Tage, an welchen der Empfänger durch Zufall die Ladung abzunehmen verhindert ist.

(2) Nicht in Ansatz kommen jedoch die Tage, an denen durch Wind und Wetter oder durch irgendeinen anderen Zufall entweder

    1. die Beförderung nicht nur der im Schiff befindlichen, sondern jeder Art von Ladung von dem Schiff an das Land oder

    2. die Ausladung aus dem Schiff verhindert ist.

§ 598 Für die Tage, die der Verfrachter wegen der Verhinderung der Beförderung jeder Art von Ladung von dem Schiff an das Land länger warten muß, gebührt ihm Liegegeld, selbst wenn die Verhinderung während der Löschzeit eintritt. Dagegen ist für die Tage, die er wegen Verhinderung der Ausladung aus dem Schiff länger warten muß, Liegegeld nicht zu entrichten, selbst wenn die Verhinderung während der Überliegezeit eintritt.

§ 599 Sind für die Dauer der Löschzeit nach § 595 die örtlichen Verordnungen oder der Ortsgebrauch maßgebend, so kommen bei der Berechnung der Löschzeit

(4) 별도의 약정(체선기간)이 있는 때에 한하여, 해상운송인은 양륙기간을 넘어 더욱 장기간 적하의 수령을 위해 선박을 대기시킬 의무가 있다.

(5) 반대의 약정이 없는 한, 양륙기간에 대하여는 별도의 보수를 청구할 수 없다. 이와 반대로 체선기간에 대하여는 해상운송인에게 보수(체선료)를 지급하여야 한다.

(6) 체선료의 금액에 대하여는 제572조의 규정이 적용된다.

제595조 (1) 양륙기간의 약정은 있으나 그 기간의 길이가 계약에 의해 확정되어 있지 않은 경우, 양륙항의 지역 규정에 의하여 이를 정하고, 이러한 규정이 없으면 그 항구의 현지 관습에 의하여 이를 정한다. 이러한 현지 관습도 없는 경우, 그 사건에서 여러 사정에 비추어 상당하다고 인정되는 기간을 양륙기간으로 본다.

(2) 계약에서 체선기간을 약정하면서 그 기간을 특정하지 않은 경우, 체선기간은 14일이라고 본다.

(3) 계약에서 오로지 체선료만 확정한 경우, 기간의 특정함이 없이 체선기간을 약정한 것으로 추정한다.

제596조 (1) 양륙기간의 길이나 양륙기간이 종료되는 날짜가 계약에 의해 정하여진 경우, 양륙기간이 경과하면 바로 체선기간이 개시된다.

(2) 이러한 계약에 의한 정함이 없으면, 체선기간은 양륙기간이 도과하였다는 것을 해상운송인이 수하인에게 고지한 다음에 비로소 개시된다. 해상운송인은 양륙기간 내에도 자기가 양륙기간이 종료된다고 보는 날짜를 수하인에게 고지할 수 있다. 이렇게 한 경우, 양륙기간이 경과되고 체선기간이 개시되기 위해 해상운송인이 다시 이러한 고지를 할 필요가 없다.

(3) 제571조의 규정은 위 제2항에서 말하는 해상운송인의 고지에 적용된다.

제597조 (1) 양륙기간과 체선기간을 계산함에 있어 일수는 중단 없이 차례로 연속하여 계산한다.; 특히 일요일과 공휴일은 물론 우연한 사고로 인해 수하인이 적하를 인수하는 데 지장이 있는 날도 이를 산입한다.

(2) 그러나 바람과 날씨 때문에 혹은 다른 어떤 우연한 사고로 인하여 다음 사유가 발생한 날은 이를 산입하지 않는다.

1. 선상에 있는 적하뿐만 아니라 모든 종류의 적하를 선박으로부터 육지로 이

die Vorschriften der §§ 597 und 598 nur insoweit zur Anwendung, als die örtlichen Verordnungen oder der Ortsgebrauch nichts Abweichendes bestimmen.

§ 600 Hat sich der Verfrachter ausbedungen, daß die Löschung bis zu einem bestimmten Tag beendigt sein muß, so wird er durch die Verhinderung der Beförderung jeder Art von Ladung von dem Schiff an das Land (§ 597 Abs. 2 Nr. 1) zum längeren Warten nicht verpflichtet.

§ 601 (1) Wenn sich der Empfänger zur Abnahme der Güter bereit erklärt, die Abnahme aber über die von ihm einzuhaltenden Fristen verzögert, so ist der Kapitän befugt, die Güter unter Benachrichtigung des Empfängers in einem öffentlichen Lagerhaus oder sonst in sicherer Weise zu hinterlegen.

(2) Der Kapitän ist verpflichtet, in dieser Weise zu verfahren und zugleich den Befrachter davon in Kenntnis zu setzen, wenn der Empfänger die Annahme der Güter verweigert oder sich über die Annahme auf die in § 594 vorgeschriebene Anzeige nicht erklärt oder wenn der Empfänger nicht zu ermitteln ist.

§ 602 Soweit durch die Säumnis des Empfängers oder durch das Hinterlegungsverfahren die Löschzeit ohne Verschulden des Kapitäns überschritten wird, hat der Verfrachter Anspruch auf Liegegeld (§ 594), unbeschadet des Rechtes, für diese Zeit, soweit sie keine vertragsmäßige Überliegezeit ist, einen höheren Schaden geltend zu machen.

§ 603 Die Vorschriften der §§ 594 bis 602 kommen auch zur Anwendung, wenn ein verhältnismäßiger Teil oder ein bestimmt bezeichneter Raum des Schiffes verfrachtet ist.

§ 604 (1) Stückgüter hat der Empfänger auf die Aufforderung des Kapitäns ohne Verzug abzunehmen. Ist der Empfänger dem Kapitän unbekannt, so ist die Aufforderung durch öffentliche Bekanntmachung in ortsüblicher Weise zu bewirken.

(2) In Ansehung des Rechtes und der Verpflichtung des Kapitäns, die Güter zu hinterlegen, gelten die Vorschriften des § 601. Die in § 601 vorgeschriebene Benachrichtigung des Befrachters kann durch öffentliche, in ortsüblicher Weise zu bewirkende Bekanntmachung erfolgen.

(3) Für die Tage, um welche durch die Säumnis des Empfängers oder durch das Hinterlegungsverfahren die Frist, binnen welcher das Schiff würde entlöscht worden sein, überschritten ist, hat der Verfrachter Anspruch auf Liegegeld (§ 594), unbeschadet des Rechtes, einen höheren Schaden geltend zu machen.

동하는 것에 지장이 있는 날, 또는,
2. 선박으로부터 내리는 하역에 지장이 있는 날.

제598조 선박으로부터 육지로의 모든 종류의 화물의 이동에 지장이 있어서 해상운송인이 더욱 장기간 대기해야 했던 경우, 비록 그 장애가 양륙기간 중에 발생했다고 하더라도, 그 대기 날짜에 대해 해상운송인에게 체선료가 생긴다. 이와 반대로, 선박으로부터 내리는 하역에 지장이 있어서 해상운송인이 더욱 장기간 대기해야 했던 경우, 비록 그 장애가 체선기간 중에 발생했다고 하더라도, 그 대기 날짜에 대해 체선료가 지급되지 않는다.

제599조 양륙기간의 기간이 제595조에 기해 지역 규정이나 지역 관습에 의해 정하여지는 경우, 양륙기간을 계산함에 있어 위 제597조와 제598조의 규정은, 그 지역 규정이나 지역 관습이 달리 이를 정하고 있지 않는 범위 내에서만, 이를 적용한다.

제600조 해상운송인이 특정한 날짜까지 양륙이 종료되어야 한다고 약정했던 경우, 선박으로부터 육지로의 모든 종류의 적하의 이동에 지장이 있었다는 이유(제597조 제2항 1호)로는 해상운송인이 더욱 장기간 대기할 의무를 지는 것은 아니다.

제601조 (1) 수하인이 화물을 수령할 준비가 되었다고 의사표시를 하였지만 실제로 그가 지켜야 할 양륙 기한을 넘어서까지 수령을 지체하는 경우, 선장은 수하인에게 통지한 후, 공적인 창고에 혹은 여타 안전한 방법으로 그 화물을 보관하여야 한다.
(2) 수하인이 화물의 수령을 거절하는 경우, 수하인이 제594조에 규정된 통지를 받고서도 수령에 관한 의사표시를 하지 않는 경우 및 수하인을 찾을 수 없는 경우에도, 선장은 이와 마찬가지로 조치를 취하고 동시에 이를 운송계약자에게 고지하여야 한다.

제602조 수하인의 지체나 화물의 보관 조치로 인하여, 선장의 책임이 없이 양륙기간이 도과된 경우, 해상운송인은 체선료를 청구할 수 있고(제594조), 또 이와 상관없이, 계약상의 체선기간에 해당하지 않으면, 그 기간에 대해 더욱 고액의 손해

§ 605 Hat bei der Verfrachtung des Schiffes im ganzen oder eines verhältnismäßigen Teiles oder eines bestimmt bezeichneten Raumes des Schiffes der Befrachter Unterfrachtverträge über Stückgüter geschlossen, so bleiben für die Rechte und Pflichten des ursprünglichen Verfrachters die Vorschriften der §§ 594 bis 602 maßgebend.

§ 606 Der Verfrachter haftet für den Schaden, der durch Verlust oder Beschädigung der Güter in der Zeit von der Annahme bis zur Ablieferung entsteht, es sei denn, daß der Verlust oder die Beschädigung auf Umständen beruht, die durch die Sorgfalt eines ordentlichen Verfrachters nicht abgewendet werden konnten.

[neu gefaßt in 1937] § 606 Der Verfrachter ist verpflichtet, beim Einladen, Stauen, Befördern, Behandeln und Ausladen der Güter mit der Sorgfalt eines ordentlichen Verfrachters zu verfahren. Er haftet für den Schaden, der durch Verlust oder Beschädigung der Güter in der Zeit von der Annahme bis zur Ablieferung entsteht, es sei denn, daß der Verlust oder die Beschädigung auf Umständen beruht, die durch die Sorgfalt eines ordentlichen Verfrachters nicht abgewendet werden konnten.

§ 607 Für Kostbarkeiten, Kunstgegenstände, Geld und Wertpapiere haftet der Verfrachter nur, wenn diese Beschaffenheit oder der Wert der Güter bei der Abladung dem Kapitän angegeben worden ist.

[neu gefaßt in 1937] § 607 (1) Der Verfrachter hat ein Verschulden seiner Leute und der Schiffsbesatzung in gleichem Umfang zu vertreten wie eigenes Verschulden.

(2) Ist der Schaden durch ein Verhalten bei der Führung oder der sonstigen Bedienung des Schiffes oder durch Feuer entstanden, so hat der Verfrachter nur sein eigenes Verschulden zu vertreten. Zur Bedienung des Schiffes gehören nicht solche Maßnahmen, die überwiegend im Interesse der Ladung getroffen werden.

[eingefügt in 1986] § 607a (1) Die in diesem Abschnitt vorgesehenen Haftungsbefreiungen und Haftungsbeschränkungen gelten für jeden Anspruch gegen den Verfrachter auf Ersatz des Schadens wegen Verlusts oder Beschädigung von Gütern, die Gegenstand eines Frachtvertrages sind, auf welchem Rechtsgrund der Anspruch auch beruht.

(2) Wird ein Anspruch auf Ersatz des Schadens wegen Verlusts oder Beschädigung von Gütern, die Gegenstand eines Frachtvertrages sind, gegen einen der Leute des Verfrachters oder eine Person der Schiffsbesatzung geltend gemacht, so kann diese

배상을 청구할 수 있다.

제603조 제594조 내지 제602조의 규정은 선박의 일정한 비율 혹은 특정한 공간이 운송계약의 목적이 된 때에도 마찬가지로 적용된다.

제604조 (1) 개품운송의 경우에는, 선장의 요청이 있으면, 수하인은 지체없이 화물을 인수하여야 한다. 선장이 수하인을 알 수 없는 때에는, 이러한 요청은 그 지역의 관행에 따른 공적인 공고를 통하여 한다.

(2) 화물을 보관하여야 할 선장의 권리와 의무에 대하여는 제601조가 적용된다. 제601조에서 말하는 운송계약자에 대한 보고는 공적이고 지역 관행에 맞게 행한 공고를 통해 이를 실행한다.

(3) 수하인의 지체나 혹은 해상운송인의 보관 조치로 인하여 선박이 양륙을 완료하였어야 할 기간을 도과하면 그 도과한 날짜에 대해 해상운송인은 체선료(제594조)를 청구할 수 있고, 또 이와 상관없이 발생한 손해로서 이보다 더 많은 금액을 청구할 수도 있다.

제605조 선박의 전부에 대해 운송계약을 체결하거나 혹은 선박의 일정한 비율이나 특정한 공간에 대해 운송계약을 체결한 운송계약자가 개별 화물에 대해 재운송계약을 체결한 경우, 해상운송인으로 그의 권리와 의무에 대하여는 제594조 내지 제602조의 규정이 그대로 적용된다.

제606조 해상운송인은 화물의 수령과 인도 사이에 발생한 화물의 멸실이나 훼손으로 인한 손해를 배상할 책임이 있고, 다만 그 멸실이나 훼손이 해상운송인이 통상 행사할 주의를 다했다고 하더라도 이를 회피할 수 없었던 상황 하에서 발생한 경우에는 그러하지 않다.

【1937년 개정】제606조 해상운송인은 화물의 선적, 적부, 운송, 취급 및 양륙을 함에 있어 해상운송인이 통상 행사할 주의로써 이를 진행할 의무가 있다. 해상운송인은 화물의 수령과 인도 사이에 발생한 화물의 멸실이나 훼손으로 인한 손해를 배상할 책임이 있고, 다만 그 멸실이나 훼손이 해상운송인이 통상 행사할 주의를 다했다고 하더라도 이를 회피할 수 없었던 상황 하에서 발생한 경우에는 그러

Person sich auf die Haftungsbefreiungen und Haftungsbeschränkungen berufen, die in diesem Abschnitt für den Verfrachter vorgesehen sind.

(3) Der Gesamtbetrag, der in diesem Falle von dem Verfrachter, seinen Leuten und den Personen der Schiffsbesatzung als Ersatz zu leisten ist, darf den in diesem Abschnitt vorgesehenen Haftungshöchstbetrag nicht übersteigen.

(4) Ist der Schaden jedoch auf eine Handlung oder Unterlassung zurückzuführen, die einer der Leute des Verfrachters oder eine Person der Schiffsbesatzung in der Absicht, einen Schaden herbeizuführen, oder leichtfertig und in dem Bewußtsein begangen hat, daß ein Schaden mit Wahrscheinlichkeit eintreten werde, so kann diese Person sich auf die Haftungsbefreiungen und Haftungsbeschränkungen, die in diesem Abschnitt für den Verfrachter vorgesehen sind, nicht berufen.

§ 608 (1) Bevor der Empfänger die Güter übernimmt, kann sowohl der Empfänger als der Kapitän, um den Zustand oder die Menge der Güter festzustellen, ihre Besichtigung durch die zuständige Behörde oder durch die zu dem Zwecke amtlich bestellten Sachverständigen bewirken lassen.

(2) Bei diesem Verfahren ist die am Orte anwesende Gegenpartei zuzuziehen, sofern die Umstände es gestatten.

[neu gefaßt in 1937] § 608 (1) Der Verfrachter haftet nicht für Schäden, die entstehen:

1. aus Gefahren oder Unfällen der See oder anderer schiffbarer Gewässer;

2. aus kriegerischen Ereignissen, Unruhen, Handlungen öffentlicher Feinde oder Verfügungen von hoher Hand sowie aus Quarantänebeschränkungen;

3. aus gerichtlicher Beschlagnahme;

4. aus Streik, Aussperrung oder einer sonstigen Arbeitsbehinderung;

5. aus Handlungen oder Unterlassungen des Abladers oder Eigentümers des Gutes, seiner Agenten oder Vertreter;

6. aus der Rettung oder dem Versuch der Rettung von Leben oder Eigentum zur See;

7. aus Schwund an Raumgehalt oder Gewicht oder aus verborgenen Mängeln oder der eigentümlichen natürlichen Art oder Beschaffenheit des Gutes.

(2) Ist ein Schaden eingetreten, der nach den Umständen des Falles aus einer der in Absatz 1 bezeichneten Gefahren entstehen konnte, so wird vermutet, daß der Schaden

하지 않다.

제607조 고가물, 예술품, 현금 및 유가증권에 대해서는, 선적을 할 때에 화물의 이러한 성질이나 그 가격을 선장에게 고지한 경우에 한해 해상운송인에게 손해배상책임이 있다.

【1937년 개정】제607조 (1) 해상운송인은 그의 사용인 및 선원의 귀책사유에 대해 자신의 귀책사유와 마찬가지로 동일한 범위로 책임이 있다.

(2) 손해가 선박의 지휘 혹은 기타 관리에 관한 행위로 인하여, 혹은 화재로 인하여 발생한 경우, 해상운송인은 오로지 그 자신에게 귀책사유가 있는 때에 한해 책임이 있다. 주로 적하의 이익과 관련이 있는 조치는 선박의 관리를 위한 조치에 해당되지 아니한다.

【1986년 추가】제607조의 (a) (1) 본장에서 예정하고 있는 책임면제 및 책임제한은, 청구의 법적 근거가 된 운송계약의 목적물인 적하가 멸실 혹은 훼손된 것을 이유로 하여 해상운송인을 상대로 청구하는 모든 손해배상채권에 대해 적용된다.

(2) 운송계약의 목적물인 화물의 멸실 또는 훼손을 이유로 한 손해배상채권을 해상운송인의 사용인 또는 선원을 상대로 행사하는 경우, 이러한 사람들도 본장에서 선주를 예정하고 정한 책임면제 및 책임제한을 원용할 수 있다.

(3) 이 경우에 해상운송인, 그 사용인 및 선원 등이 제공할 보상의 총액은 본장에서 예정한 책임한도액을 초과할 수 없다.

(4) 그러나 해상운송인의 사용인 또는 선원이 손해를 발생시킬 목적을 가지고 또는 이들이 손해가 발생될 수 있다는 것을 알면서 경솔하게 저지른, 작위 또는 부작위에 의해 손해가 발생한 경우, 이들은 본장에서 해상운송인을 예정하고 존재하는 책임배제 혹은 책임제한을 원용할 수 없다.

제608조 (1) 수하인이 화물을 인수하기 이전에, 수하인이든 선장이든, 그 화물의 상태나 수량을 확인하기 위해, 관할 관청이나 혹은 이를 목적으로 관청에 의해 임명된 감정인에 의한 검사를 실시하게 할 수 있다.

(2) 이러한 절차를 진행함에 있어, 현장에 있는 상대방은, 사정이 허락하는 한, 거기에 참여하게 하여야 한다.

aus dieser Gefahr entstanden ist.

(3) Die Haftungsbefreiung tritt nicht ein, wenn nachgewiesen wird, daß der Eintritt der Gefahr auf einem Umstand beruht, den der Verfrachter zu vertreten hat.

§ 609 (1) Ist die Besichtigung vor der Übernahme nicht geschehen, so muß der Empfänger spätestens am zweiten Werktage nach dem Tage der Übernahme die nachträgliche Besichtigung der Güter nach Maßgabe des § 608 erwirken, widrigenfalls alle Ansprüche wegen Beschädigung oder teilweisen Verlustes erlöschen. Es macht keinen Unterschied, ob der Verlust oder die Beschädigung äußerlich erkennbar war oder nicht.

(2) Diese Vorschrift findet keine Anwendung auf solche Verluste und Beschädigungen, die durch Vorsatz oder grobe Fahrlässigkeit einer Person der Schiffsbesatzung entstanden sind.

[neu gefaßt in 1937] § 609 Der Verfrachter ist von jeder Haftung frei, wenn der Befrachter oder der Ablader wissentlich bewirkt hat, daß die Art oder der Wert des Gutes im Konnossement falsch angegeben ist.

§ 610 (1) Die Kosten der Besichtigung hat derjenige zu tragen, welcher sie beantragt hat.

(2) Ist jedoch die Besichtigung von dem Empfänger beantragt und wird ein Verlust oder eine Beschädigung ermittelt, wofür der Verfrachter Ersatz zu leisten hat, so fallen diesem die Kosten zur Last.

[neu gefaßt in 1937] § 610 Bevor der Empfänger die Güter übernimmt, kann er und der Kapitän, um den Zustand der Güter oder um deren Maß, Zahl oder Gewicht festzustellen, sie durch die zuständige Behörde oder durch die hierzu amtlich bestellten Sachverständigen besichtigen lassen. Die Gegenpartei ist, soweit tunlich, zuzuziehen.

§ 611 (1) Muß auf Grund des Frachtvertrags für gänzlichen oder teilweisen Verlust von Gütern Ersatz geleistet werden, so ist der gemeine Handelswert und in dessen Ermangelung der gemeine Wert zu ersetzen, welchen Güter derselben Art und Beschaffenheit am Bestimmungsorte der Güter bei Beginn der Löschung des Schiffes oder, wenn eine Entlöschung des Schiffes an diesem Orte nicht erfolgt, bei seiner Ankunft daselbst haben; hiervon kommt in Abzug, was in Folge des Verlustes an

【1937년 개정】 제608조 (1) 해상운송인은 다음과 같이 발생한 손해에 대해 책임이 없다.:

    1. 해상 또는 다른 항행 하천의 위험 또는 사고로 인한 손해;

    2. 전쟁행위, 폭동, 적국의 조치, 혹은 정부의 처분에 의한 손해 및 검역상 제한으로 인한 손해;

    3. 법원의 압류로 인한 손해;

    4. 파업, 직장폐쇄, 기타 노동 쟁위로 인한 손해;

    5. 선적인 또는 화물 소유자 및 이들의 대표자나 대리인의 작위 또는 부작위에 의한 손해;

    6. 해상에서 인명 혹은 재산의 구조 또는 구조 시도로 인한 손해;

    7. 용적이나 중량의 감소로 인한 손해, 숨은 하자로 인한 손해, 혹은 특이한 자연적인 성격이나 성질로 인한 손해.

(2) 손해가 발생하고 그 손해가 사건의 상황에 비추어 위 제1항에 열거된 위험으로 인해 발생할 가능성이 있는 경우, 손해는 그 위험으로부터 발생했다고 추정한다.

(3) 위험의 발생이 해상운송인에게 귀책사유가 있는 상황에 근거한 것이라는 것이 증명된 때에는 위 책임면제는 그 효력이 없다.

제609조 (1) 화물을 인수하기 이전에 검사가 이루어지지 아니한 경우, 인수를 한 날 이후 늦어도 2 근무일 이내에 그 화물에 대해 사후검사를 제608조의 규정에 따라 실시하여야 하며, 그렇게 하지 아니하면 훼손이나 부분 멸실로 인한 모든 권리가 소멸한다. 이때에 그 멸실이나 훼손이 외부적으로 식별할 수 있었던 것인지 아닌지는 아무런 상관이 없다.

(2) 위 규정은 선원의 고의 혹은 중대한 과실로 인해 발생한 멸실이나 훼손에 대하여는 적용되지 아니한다.

【1937년 개정】 제609조 운송계약자 또는 선적인이 고의로 선하증권에 화물의 종류 혹은 가격에 관해 허위의 기재를 하게 만든 때에는 해상운송인은 모든 책임을 면한다.

제610조 (1) 검사의 비용은 그 검사를 요청하는 사람이 이를 부담하여야 한다.

Zöllen und sonstigen Kosten sowie an Fracht erspart ist.

(2) Wird der Bestimmungsort der Güter nicht erreicht, so tritt an dessen Stelle der Ort, wo die Reise endet, oder, wenn die Reise durch Verlust des Schiffes endet, der Ort, wohin die Ladung in Sicherheit gebracht ist.

[neu gefaßt in 1937] § 611 (1) Ein Verlust oder eine Beschädigung der Güter ist dem Verfrachter oder seinem Vertreter im Löschungshafen spätestens bei der Auslieferung der Güter an den schriftlich anzuzeigen, der nach dem Frachtvertrag zum Empfang der Güter berechtigt ist. War der Verlust oder die Beschädigung äußerlich nicht erkennbar, so genügt es, wenn die Anzeige innerhalb von drei Tagen nach diesem Zeitpunkt abgesandt wird. In der Anzeige ist der Verlust oder die Beschädigung allgemein zu kennzeichnen.

(2) Der Anzeige bedarf es nicht, wenn der Zustand der Güter oder deren Maß, Zahl oder Gewicht spätestens in dem in Absatz 1 Satz 1 genannten Zeitpunkt unter Zuziehung beider Parteien durch die zuständige Behörde oder durch die hierzu amtlich bestellten Sachverständigen festgestellt worden ist.

(3) Ist ein Verlust oder eine Beschädigung der Güter weder angezeigt noch festgestellt worden, so wird vermutet, daß der Verfrachter die Güter so abgeliefert hat, wie sie im Konnossement beschrieben sind, und daß, falls ein Verlust oder eine Beschädigung der Güter nachgewiesen ist, dieser Schaden auf einem Umstand beruht, den der Verfrachter nicht zu vertreten hat.

§ 612 (1) Die Vorschriften des § 611 finden auch auf diejenigen Güter Anwendung, für welche der Reeder nach § 541 Ersatz leisten muß.

(2) Übersteigt im Falle der Verfügung über die Güter durch Verkauf der Reinerlös den im § 611 bezeichneten Preis, so tritt an die Stelle des letzteren der Reinerlös.

[neu gefaßt in 1937] § 612 Der Verfrachter wird von jeder Haftung für Verluste oder Beschädigungen der Güter frei, wenn der Anspruch nicht innerhalb eines Jahres seit der Auslieferung der Güter (§ 611 Abs. 1 Satz 1) oder seit dem Zeitpunkt, zu dem sie hätten ausgeliefert werden müssen, gerichtlich geltend gemacht wird.

[neu gefaßt in 1986] § 612 (1) Der Verfrachter wird von jeder Haftung für die Güter frei, wenn der Anspruch nicht innerhalb eines Jahres seit der Auslieferung der Güter (§ 611 Abs. 1 Satz 1) oder seit dem Zeitpunkt, zu dem sie hätten ausgeliefert

(2) 그러나 수하인이 검사를 요청하였고, 그 결과 멸실이나 훼손이 발견되었으며, 그 멸실이나 훼손을 해상운송인이 배상할 의무를 지는 경우, 해상운송인이 그 비용도 부담하여야 한다.

【1937년 개정】 제610조 수하인이 화물을 인수하기 이전에 수하인 및 선장은 화물의 상태를 확인하거나, 그 용적, 숫자 또는 중량을 확인하기 위하여, 해당 관청 혹은 이를 위해 정식으로 임명된 감정인으로 하여금 검사를 하게 할 수 있다. 가능한 한 상대방은 이 검사에 참여하여야 한다.

제611조 (1) 화물이 전부 혹은 일부 멸실되었기 때문에 운송계약에 기해 보상하여야 하는 경우, 그 일반적인 시장가격에 의해 보상하여야 하고, 이러한 시장가격이 없으면 일반적인 가격에 의해 보상하여야 하며, 여기에서 가격이란 화물의 목적지에서 선박이 양륙을 개시하였을 때에 동일한 종류와 품질의 화물의 가격을 말하고, 그 장소에서 선박으로부터 전혀 양륙이 이루어지지 않은 때에는 선박이 도착했을 때에 그 화물의 가격을 말한다.; 이 가격에서 멸실의 결과로 절약된 관세 기타 비용은 물론 운임을 공제하여야 한다.
  (2) 적하가 그 목적지에 도착하지 못한 경우, 항해가 종료된 장소로 위 목적지를 대신하고, 선박의 멸실에 의해 항해가 종료되면 적하를 안전하게 가지고 나온 장소로 위 목적지를 대신한다.

【1937년 개정】 제611조 (1) 운송계약에 의해 화물을 수령할 권리가 있는 사람은, 늦어도 목적항에서 화물을 인도하여 줄 때까지, 해상운송인 또는 그 대리인에게 화물의 멸실 또는 훼손을 서면으로 통지하여야 한다. 멸실 혹은 훼손이 외관상 인식할 수 없는 것인 경우에는, 이 시점 이후 3일 이내에 통지를 송부하면 그것으로 족하다. 이 통지에는 멸실 또는 훼손의 특징을 기술하여야 한다.
  (2) 화물의 상태, 또는 그 용적, 개수, 중량 등이, 늦어도 위 제1항 1문에 표시된 기간 내에, 양 당사자의 참여 하에, 해당 관청 또는 이를 위해 공식으로 임명된 감정인에 의하여 확인된 때에는, 위와 같은 통지를 할 필요가 없다.
  (3) 화물의 멸실 또는 훼손이 위와 같이 확인되거나 또는 통지되지 않은 경우, 해상운송인이 화물을 선하증권에 기재된 대로 인도하여 준 것으로 추정하고, 화물의 멸실 또는 훼손이 입증되면 해상운송인에게 책임이 없는 상황에서 손해가

werden müssen, gerichtlich geltend gemacht wird. Diese Frist kann jedoch durch eine zwischen den Parteien nach dem Ereignis, aus dem der Anspruch entstanden ist, getroffene Vereinbarung verlängert werden.

【geändert in 2001】 (1) Ansprüche aus Frachtverträgen sowie aus Konnossementen, die den Vorschriften dieses Abschnitts unterliegen, verjähren in einem Jahr seit der Auslieferung der Güter (§ 611 Abs. 1 Satz 1) oder seit dem Zeitpunkt, zu dem sie hätten ausgeliefert werden müssen.

(2) Rückgriffsansprüche können auch nach Ablauf der in Absatz 1 bestimmten Jahresfrist gerichtlich geltend gemacht werden, sofern die Klage innerhalb von drei Monaten seit dem Tage erhoben wird, an dem derjenige, der den Rückgriffsanspruch geltend macht, den Anspruch befriedigt hat oder an dem ihm die Klage zugestellt worden ist.

§ 613   Muß auf Grund des Frachtvertrags für Beschädigung von Gütern Ersatz geleistet werden, so ist der Unterschied zwischen dem Verkaufswerte der Güter im beschädigten Zustande und dem gemeinen Handelswert oder dem gemeinen Werte zu ersetzen, welchen die Güter ohne die Beschädigung am Bestimmungsorte zur Zeit der Löschung des Schiffes gehabt haben würden; hiervon kommt in Abzug, was in Folge der Beschädigung an Zöllen und sonstigen Kosten erspart ist.

【neu gefaßt in 1937】 § 613   (1) Die Kosten der Besichtigung trägt der Antragsteller.

(2) Ist die Besichtigung von dem Empfänger beantragt und wird ein Verlust oder eine Beschädigung ermittelt, wofür der Verfrachter Ersatz zu leisten hat, so fallen diesem die Kosten zur Last.

§ 614   (1) Durch die Annahme der Güter wird der Empfänger verpflichtet, nach Maßgabe des Frachtvertrags oder des Konnossements, auf deren Grund die Empfangnahme geschieht, die Fracht nebst allen Nebengebühren sowie das etwaige Liegegeld zu bezahlen, die ausgelegten Zölle und übrigen Auslagen zu erstatten und die ihm sonst obliegenden Verpflichtungen zu erfüllen.

(2) Der Verfrachter hat die Güter gegen Zahlung der Fracht und gegen Erfüllung der übrigen Verpflichtungen des Empfängers auszuliefern.

§ 615   (1) Der Verfrachter ist nicht verpflichtet, die Güter früher auszuliefern, als bis die darauf haftenden Beiträge zur großen Haverei, Bergungs- und Hilfskosten und Bodmereigelder bezahlt oder sichergestellt sind.

발생한 것으로 추정한다.

제612조 (1) 위 제611조의 규정은 제541조의 규정에 따라 선주가 보상을 하여야 하는 화물에 대하여도 적용된다.

  (2) 매각을 통해 화물이 처분되고 그 대금이 제611조에서 말하는 가격을 초과하는 경우 이 대금이 그 가격을 대신한다.

【1937년 개정】제612조 화물을 인도하여 준 때(제611조 제1항 1문)부터, 혹은 화물을 인도하여 주었을 시점부터, 1년 내에 채권을 재판상 행사하지 않으면, 해상운송인은 화물의 멸실 또는 훼손에 대한 모든 책임을 면한다.

【1986년 개정】제612조 (1) 화물을 인도하여 준 때(제611조 제1항 1문)부터, 혹은 화물을 인도하여 주었을 때부터, 1년 내에 채권을 재판상 행사하지 않으면 해상운송인은 모든 책임을 면한다. 그러나 이 기간은 채권의 발생 원인이 된 사건 발생 이후의 당사자의 합의를 통해 연장될 수 있다.

  【2001년 변경】 (1) 본장의 적용 대상인 해상운송계약 또는 선하증권에 기해 발생하는 채권은 화물을 인도하여 준 때(제611조 제1항 1문)부터, 또는 화물을 인도하여 주었어야 했을 시점부터, 1년이 경과하면 시효가 완성된다.

  (2) 구상청구는 위 제1항에서 정한 기한이 경과한다고 하더라도 재판상 행사할 수 있으며, 다만 구상권을 행사하는 사람이 채권을 변제한 날로부터 또는 그에게 소장이 송달된 날로부터, 3개월 이내에 제소하여야 한다.

제613조 화물의 훼손을 이유로 운송계약에 의해 손해를 배상하여야 하는 경우에는, 훼손된 상태에서의 그 화물의 매각 가액과 그 적하가 훼손되지 않았으면 선박으로부터 양륙 시에 목적지에서 가졌을 일반적인 시장가격 혹은 일반적인 가격의 차이를 배상하여야 한다.; 이 금액으로부터 훼손의 결과로 절약된 관세 기타 비용은 이를 공제하여야 한다.

【1937년 개정】[5] **제613조** (1) 검사의 비용은 그 검사를 요청하는 사람이 이를 부

---

5) 종전 제610조와 매우 유사한 규정임.

〖geändert in 1972〗(1) Der Verfrachter ist nicht verpflichtet, die Güter auszuliefern, bevor die darauf haftenden Beiträge zur großen Haverei sowie Bergungs- und Hilfskosten 〖geändert in 2001; Bergelohn einschließlich Bergungskosten〗 bezahlt oder sichergestellt sind.

〖aufgehoben in 1972〗(2) Ist die Verbodmung für Rechnung des Reeders geschehen, so gilt diese Vorschrift unbeschadet der Verpflichtung des Verfrachters, für die Befreiung der Güter von der Bodmereischuld noch vor der Auslieferung zu sorgen.

§ 616　(1) Der Verfrachter ist nicht verpflichtet, die Güter, mögen sie verdorben oder beschädigt sein oder nicht, für die Fracht an Zahlungs Statt anzunehmen.

(2) Sind jedoch Behältnisse, die mit flüssigen Waren angefüllt waren, während der Reise ganz oder zum größeren Teil ausgelaufen, so können sie dem Verfrachter für die Fracht und seine übrigen Forderungen (§ 614) an Zahlungs Statt überlassen werden.

(3) Durch die Vereinbarung, daß der Verfrachter nicht für Leckage haftet, oder durch die Klausel: "frei von Leckage" wird dieses Recht nicht ausgeschlossen. Das Recht erlischt, sobald die Behältnisse in den Gewahrsam des Abnehmers gelangt sind.

(4) Ist die Fracht in Bausch und Bogen bedungen und sind nur einige Behältnisse ganz oder zum größeren Teil ausgelaufen, so können diese für einen verhältnismäßigen Teil der Fracht und der übrigen Forderungen des Verfrachters an Zahlungs Statt überlassen werden.

§ 617　(1) Für Güter, die durch irgendeinen Unfall verlorengegangen sind, ist keine Fracht zu bezahlen und die etwa vorausbezahlte zu erstatten, sofern nicht das Gegenteil bedungen ist.

(2) Diese Vorschrift kommt auch zur Anwendung, wenn das Schiff im ganzen oder ein verhältnismäßiger oder ein bestimmt bezeichneter Raum des Schiffes verfrachtet ist. Sofern in einem solchen Fall das Frachtgeld in Bausch und Bogen bedungen ist, berechtigt der Verlust eines Teiles der Güter zu einem verhältnismäßigen Abzug von der Fracht.

§ 618　(1) Ungeachtet der nicht erfolgten Ablieferung ist die Fracht zu zahlen für Güter, deren Verlust infolge ihrer natürlichen Beschaffenheit, namentlich durch inneren Verderb, Schwinden, gewöhnliche Leckage, eingetreten ist, sowie für Tiere, die unterwegs gestorben sind.

담하여야 한다.

(2) 그러나 수하인이 검사를 요청하였고, 그 결과 멸실이나 훼손이 발견되었으며, 그 멸실이나 훼손을 해상운송인이 배상할 의무를 지는 경우, 해상운송인이 그 비용도 부담하여야 한다.

제614조 (1) 화물의 수령를 통하여 수하인은 그 수령의 근거가 되는 운송계약이나 선하증권에 따라 운임 기타 부담 및 발생한 체선료를 지급하여야 하고, 체당된 관세 기타 비용을 보상하여야 하고, 또 그에게 부과된 여타 채무도 이행하여야 한다.

(2) 해상운송인은 수하인이 운임을 변제하고 여타 그의 의무를 이행하는 것과 상환으로만 화물을 인도하여 주어야 한다.

제615조 (1) 해상운송인은 어느 화물이 책임질 공동해손의 분담금, 구조와 원조의 비용 및 모험대차 금액에 대해 모두 변제가 되거나 혹은 담보를 제공하기 이전에는 화물을 인도하여 줄 의무가 없다.

【1972년 변경】(1) 해상운송인은 어느 화물이 책임질 공동해손의 분담금 및 구조와 원조의 비용【2001년 변경; 구조비용을 포함한 구조료】에 대해 모두 변제가 되거나 혹은 담보를 제공하기 이전에는 화물을 인도하여 줄 의무가 없다.

【1972년 삭제】(2) 모험대차가 선주의 계산으로 이루어진 경우에는, 해상운송인의 의무이행과 상관없이, 인도 이전에 화물이 모험대차의 책임을 면하도록 하기 위해 본조가 적용된다.

제616조 (1) 해상운송인은, 화물이 부패되거나 훼손되든 혹은 아니든, 운임에 대한 대물변제로 이를 인수할 의무는 없다.

(2) 그러나 항해 도중에 유동성 상품이 그 담은 용기로부터 전부 혹은 대부분 유출된 경우, 운임 및 여타 채권(제614조)에 대한 대물변제로 해상운송인에게 그 용기를 위부할 수 있다.

(3) 해상운송인은 유출에 대해 책임을 지지 않는다는 특약이 있거나 혹은 "유출책임 면제"의 조항이 있다고 하더라도, 이로 인해 이러한 권리가 배제되는 것은 아니다. 이 권리는 용기가 수하인의 점유 하에 놓이면 소멸한다.

(4) 전체 항해에 대해 일정한 금액을 정하여 운임이 약정되고, 일부 용기에 한해

(2) Inwiefern die Fracht für Güter zu ersetzen ist, die in Fällen der großen Haverei aufgeopfert worden sind, wird durch die Vorschriften über die große Haverei bestimmt.

§ 619 (1) Für Güter, die ohne Abrede über die Höhe der Fracht zur Beförderung übernommen sind, ist die am Abladungsort zur Abladungszeit übliche Fracht zu zahlen.

(2) Für Güter, die über das mit dem Befrachter vereinbarte Maß hinaus zur Beförderung übernommen sind, ist die Fracht nach dem Verhältnis der bedungenen Fracht zu zahlen.

§ 620 Ist die Fracht nach Maß, Gewicht oder Menge der Güter bedungen, so ist im Zweifel anzunehmen, daß Maß, Gewicht oder Menge der abgelieferten und nicht der einlieferten Güter für die Höhe der Fracht entscheiden soll.

§ 621 (1) Außer der Fracht können Kaplaken, Prämien und dergleichen nicht gefordert werden, sofern sie nicht ausbedungen sind.

(2) Die gewöhnlichen und ungewöhnlichen Kosten der Schifffahrt, wie Lotsengeld, Hafengeld, Leuchtfeuergeld, Schlepplohn, Quarantänegelder, Auseisungskosten und dergleichen, fallen in Ermangelung einer entgegenstehenden Abrede dem Verfrachter allein zur Last, selbst wenn er zu den Maßregeln, welche die Auslagen verursacht haben, auf Grund des Frachtvertrags nicht verpflichtet war.

(3) Die Fälle der großen Haverei sowie die Fälle der Aufwendung von Kosten zur Erhaltung, Bergung und Rettung der Ladung werden durch die Vorschriften des Absatzes nicht berührt.

§ 622 (1) Ist die Fracht nach Zeit bedungen, so beginnt sie in Ermangelung einer anderen Abrede mit dem Tag zu laufen, der auf denjenigen folgt, an welchem der Kapitän anzeigt, daß er zur Einnahme der Ladung, oder bei einer Reise in Ballast, daß er zum Antritt der Reise fertig und bereit sei, sofern aber bei einer Reise in Ballast diese Anzeige am Tag vor dem Antritt der Reise noch nicht erfolgt ist, mit dem Tag, an welchem die Reise angetreten wird.

(2) Ist Liegegeld oder Überliegezeit bedungen, so beginnt in allen Fällen die Zeitfracht erst mit dem Tag zu laufen, an welchem der Antritt der Reise erfolgt.

(3) Die Zeitfracht endet mit dem Tag, an welchem die Löschung vollendet ist.

(4) Wird die Reise ohne Verschulden des Verfrachters verzögert oder unterbrochen, so muß für die Zwischenzeit die Zeitfracht fortentrichtet werden, jedoch unbeschadet

전부 혹은 대부분의 유출이 발생한 경우, 그 일부 용기를, 그에 비례한 해상운송인의 운임 및 여타 채권에 대한 대물변제로 위부할 수 있다.

제617조 (1) 어떠한 사고이든 사고로 인하여 화물이 멸실되면 운임의 지급을 청구할 수 없고, 반대의 약정이 없는 한, 선급된 금액이 있으면 이를 반환하여야 한다.

(2) 이 규정은 선박의 전부에 대하여 혹은 그 일정한 비율이나 특정한 공간에 대해 운송계약이 체결된 경우에도 적용된다. 이러한 경우에 운임이 전체 항해에 대해 일정액으로 확정되어 약정된 때에는, 화물의 일부가 멸실되면 그에 비례하는 운임의 감액을 청구할 수 있다.

제618조 (1) 수하인에게 인도되지 않았다고 하더라도 그와 상관없이, 자연적인 성질, 특히 내적인 부패, 자연적 수축 및 통상의 누출로 인해 멸실된 화물과 운송 도중에 죽은 동물에 대하여는 운임을 지급하여야 한다.

(2) 공동해손으로 희생된 화물의 운임에 대해 어느 정도 보상을 할지 여부는 공동해손에 관한 규정에 의하여 이를 정한다.

제619조 (1) 운임의 금액에 대한 합의를 하지 않고서 운송을 위해 화물을 인수한 해상운송인은 선적한 일시와 장소에서의 관행적 운임을 지급하여야 한다.

(2) 운송계약자와 합의한 수량을 초과하여 운송을 위해 해상운송인이 인수한 화물에 대해서는 약정한 운임에 비례하여 운임을 지급하여야 한다.

제620조 화물의 용적, 중량 혹은 수량에 의하여 운임이 약정된 경우, 의심스러운 때에는 처음 수령하여 온 것이 아니라 마지막 인도하여 준 용적, 중량 혹은 수량에 의해 운임의 금액을 결정하는 것으로 추정한다.

제621조 (1) 선장사례금, 할증료 기타 이와 유사 금전은, 그러한 특약이 없는 한, 운임 외에 이를 청구할 수 없다.

(2) 도선료, 항만료, 등대료, 예선료, 검역료, 유빙제거료 및 이와 유사한 비용처럼 항해 비용은, 관행적이든 관행적이 아니든, 반대의 약정이 없는 한, 해상운송인이 이를 부담하여야 하고, 이는 운송계약에 의하면 해상운송인이 그 비용이 발생

der Vorschriften der §§ 637 und 638.

§ 623 (1) Der Verfrachter hat wegen der in § 614 erwähnten Forderungen ein Pfandrecht an den Gütern.

(2) Das Pfandrecht besteht, solange die Güter zurückbehalten oder hinterlegt sind; es dauert auch nach der Ablieferung fort, sofern es binnen dreißig Tagen nach der Beendigung der Ablieferung gerichtlich geltend gemacht wird und das Gut noch im Besitz des Empfängers ist.

(3) Die nach § 366 Abs. 3 und § 368 für das Pfandrecht des Frachtführers geltenden Vorschriften finden auch auf das Pfandrecht des Verfrachters Anwendung.

(4) Die in § 1234 Abs. 1 des Bürgerlichen Gesetzbuchs bezeichnete Androhung des Pfandverkaufs sowie die in den §§ 1237 und 1241 des Bürgerlichen Gesetzbuchs vorgesehenen Benachrichtigungen sind an den Empfänger zu richten. Ist dieser nicht zu ermitteln oder verweigert er die Annahme des Gutes, so hat die Androhung und Benachrichtigung gegenüber dem Absender zu erfolgen.

§ 624 (1) Im Falle des Streites über die Forderungen des Verfrachters ist dieser zur Auslieferung der Güter verpflichtet, sobald die streitige Summe öffentlich hinterlegt ist.

(2) Nach der Ablieferung der Güter ist der Verfrachter zur Erhebung der hinterlegten Summe gegen angemessene Sicherheitsleistung berechtigt.

§ 625 Hat der Verfrachter die Güter ausgeliefert, so kann er sich wegen der gegen den Empfänger ihm zustehenden Forderungen (§ 614) nicht an dem Befrachter erholen. Nur soweit sich der Befrachter mit dem Schaden des Verfrachters bereichern würde, findet ein Rückgriff statt.

§ 626 Hat der Verfrachter die Güter nicht ausgeliefert und von dem Recht des Pfandverkaufs Gebrauch gemacht, jedoch durch den Verkauf seine vollständige Befriedigung nicht erhalten, so kann er sich an dem Befrachter erholen, soweit er wegen seiner Forderungen aus dem zwischen ihm und dem Befrachter abgeschlossenen Frachtvertrag nicht befriedigt ist.

§ 627 (1) Werden die Güter vom Empfänger nicht abgenommen, so ist der Befrachter verpflichtet, den Verfrachter wegen der Fracht und der übrigen Forderungen dem Frachtvertrag gemäß zu befriedigen.

하게 된 조치를 취할 의무를 지고 있지 않는 때에도 마찬가지이다.

(3) 공동해손의 경우와, 적하를 보존, 구조 및 원조하기 위해 비용을 지출한 경우에는, 위 제2항의 규정에 의하여 영향을 받지 아니한다.

제622조 (1) 기간에 따라 운임이 약정된 경우, 반대의 합의가 없는 한, 그 기간은 선장이 적하를 수령할 준비가 완료되었다는 것을 통지한 날의 익일부터 개시되고, 공선으로 항해를 개시하는 때에는, 선장이 항해를 개시할 준비가 완료되었다는 것을 통지한 날의 익일부터 개시되며, 이 공선항해의 경우에 만일 항해의 개시 이전에 이러한 통지가 없었다면 항해를 개시한 날부터 그 기간이 개시된다.

(2) 체선료 혹은 체선기간의 약정이 있는 때에는, 여하한 경우에도 기간운임은 항해를 개시한 날로부터 개시된다.

(3) 기간운임은 적하의 양륙을 완료한 날에 종료된다.

(4) 해상운송인의 귀책사유 없이 항해가 지연되거나 중단된 경우, 그 사이에도 운임은 계속 지급하여야 하며, 다만 이로 인하여 제637조 및 제638조의 규정은 그 영향이 없다.

제623조 (1) 해상운송인은 제614조에서 말하는 채권이 있으면 화물에 대해 질권을 가진다.

(2) 이 질권은 해상운송인이 적하를 보유 중이거나 혹은 이를 보관시켜 두고 있는 동안 존속하고; 나아가 인도를 하여주고 난 다음에도 그 질권이 존속하여, 만일 수하인이 그 화물을 아직 보관하고 있다면, 인도를 완료한 후 30일 이내에는 법원을 통해 권리를 행사할 수 있다.

(3) 제366조 제3항 및 제368조에 의해 육상운송인의 질권에 적용되는 규정은 해상운송인에게도 적용된다.

(4) 민법 제1234조 제1항에서 말하는 질물의 매각 예고와 민법 제1237조 및 제1241조에 규정한 통지는 이를 수하인에 대하여 하여야 한다. 수하인을 발견할 수 없는 경우와 수하인이 수령을 거절하는 경우에는, 이러한 예고와 통지는 발송인에게 하여야 한다.

제624조 (1) 해상운송인의 채권에 대해 분쟁이 있는 경우, 분쟁 중인 금액을 공적으로 공탁하면, 해상운송인은 화물을 인도하여 줄 의무가 있다.

(2) Bei der Abnahme der Güter durch den Befrachter kommen die Vorschriften der §§ 592 bis 624 [**eingefügt in 1937;** und der §§ 658 bis 661] mit der Maßgabe zur Anwendung, daß an die Stelle des Empfängers der Befrachter tritt. Insbesondere steht in einem solchen Fall dem Verfrachter wegen seiner Forderungen das Zurückbehaltungs- und Pfandrecht an den Gütern nach den Vorschriften der §§ 623 und 624 sowie das in § 615 bezeichnete Recht zu.

§ 628 (1) Der Frachtvertrag tritt außer Kraft, ohne daß ein Teil zur Entschädigung des anderen verpflichtet ist, wenn vor dem Antritt der Reise durch einen Zufall:

1. das Schiff verlorengeht, insbesondere wenn es verunglückt, wenn es als reparaturunfähig oder reparaturunwürdig kondemniert (§ 479) und in dem letzteren Fall unverzüglich öffentlich verkauft wird, wenn es geraubt wird, wenn es aufgebracht oder angehalten und für gute Prise erklärt wird, oder

2. die im Frachtvertrag nicht bloß nach Art oder Gattung, sondern speziell bezeichneten Güter verlorengehen, oder

3. die nicht im Frachtvertrag speziell bezeichneten Güter verlorengehen, nachdem sie bereits an Bord gebracht oder behufs der Einladung in das Schiff an der Ladungsstelle vom Kapitän übernommen worden sind.

(2) Gehen im Falle des Absatzes 1 Nr. 3 die Güter noch innerhalb der Wartezeit (§ 579) verloren, so tritt der Vertrag nicht außer Kraft, sofern der Befrachter sich unverzüglich bereit erklärt, statt der verlorengegangenen andere Güter (§ 562) zu liefern, und mit der Lieferung noch innerhalb der Wartezeit beginnt. Er hat die Abladung der anderen Güter binnen kürzester Frist zu vollenden, die Mehrkosten dieser Abladung zu tragen und, soweit durch sie die Wartezeit überschritten wird, den dem Verfrachter daraus entstehenden Schaden zu ersetzen.

§ 629 (1) Jeder Teil ist befugt, von dem Vertrag zurückzutreten, ohne zur Entschädigung verpflichtet zu sein:

1. wenn, vor dem Antritt der Reise, das Schiff mit Embargo belegt oder für den Dienst des Reichs oder einer fremden Macht in Beschlag genommen, der Handel mit dem Bestimmungsort untersagt, der Abladungs- oder Bestimmungshafen blockiert, die Ausfuhr der nach dem Frachtvertrag zu verschiffenden Güter aus dem Abladungshafen oder ihre Einfuhr in den

　(2) 화물이 인도된 다음에 적당한 담보를 제공하면 해상운송인은 공탁된 금액을 수취할 수 있다.

제625조　해상운송인이 화물을 인도하여 준 경우, 그 해상운송인은 그가 수하인에 대해 가졌던 채권(제614조)을 가지고 운송계약자에게 그 책임을 물을 수 없다. 다만 그로 인하여 해상운송인은 손해를 보고 운송계약자는 이득을 보았다면, 해상운송인은 그 상환을 청구할 수 있다.

제626조　해상운송인이 화물을 인도하여 주지 않고서 질물 매각의 권리를 행사하였지만, 그 매각을 통해 채권의 완전한 변제를 달성하지 못한 경우, 해상운송인은 그와 운송계약자와 사이에 체결된 운송계약에 기한 채권이 모두 변제된 것이 아니라면 그 범위 내에서 운송계약자에게 이를 추심할 수 있다.

제627조　(1) 수하인이 화물을 인수하여 가지 않는 경우, 운송계약자는 해상운송인에 대해 운송계약에 따라 운임 및 여타 채권을 변제할 의무가 있다.
　(2) 이처럼 운송계약자가 화물을 인수하는 때에는, 제592조 내지 제624조【1937년 추가; 및 제658조 내지 제661조】의 규정은, 운송계약자가 수하인을 대신하는 것을 전제로, 여기에 적용이 된다. 특히 이 경우에 해상운송인은 그의 채권에 기해 제623조 및 제624조의 규정에 따라 화물에 대한 유치권 및 질권과 또 제615조에서 말하는 권리를 갖는다.

제628조　(1) 항해를 개시하기 이전에, 어떤 우연한 사고로 인하여 다음 사유가 생긴 경우, 운송계약은 실효되고 당사자 일방은 상대방에 대해 손해배상책임이 없다.:
　　1. 선박이 멸실된 경우, 특히 선박이 난파를 당한 때, 선박이 수선불가능한 혹은 수선무가치한 것으로 선고되고(제479조), 수선무가치한 것으로 선고된 경우, 지체없이 공적으로 매각된 때, 선박이 약탈을 당한 때, 선박이 나포나 억류되고 나서 정당한 포획으로 선고된 때, 또는
　　2. 운송계약에서 단순히 화물의 성질 혹은 종류만 표시한 것이 아니라 화물을 특정하여 표시하였는데 그 표시된 화물이 멸실된 경우, 또는
　　3. 화물이 운송계약에 의해 특정하여 표시된 것은 아니지만 이미 선적이 완료

Bestimmungshafen verboten, durch eine andere Verfügung von hoher Hand das Schiff am Auslaufen oder die Reise oder die Versendung der nach dem Frachtvertrag zu liefernden Güter verhindert wird.

In allen diesen Fällen berechtigt jedoch die Verfügung von hoher Hand nur dann zum Rücktritt, wenn das eingetretene Hindernis nicht voraussichtlich von nur unerheblicher Dauer ist;

2. wenn vor dem Antritt der Reise ein Krieg ausbricht, infolgedessen das Schiff oder die nach dem Frachtvertrag zu verschiffenden Güter oder beide nicht mehr als frei betrachtet werden können und der Gefahr der Aufbringung ausgesetzt würden.

(2) Die Ausübung der in § 562 dem Befrachter erteilten Befugnis wird durch diese Vorschriften nicht ausgeschlossen.

§ 630 (1) Geht das Schiff nach dem Antritt der Reise durch einen Zufall verloren (§ 628 Abs. 1 Nr. 1), so endet der Frachtvertrag. Jedoch hat der Befrachter, soweit Güter geborgen oder gerettet werden, die Fracht im Verhältnis der zurückgelegten zur ganzen Reise zu zahlen (Distanzfracht).

(2) Die Distanzfracht ist nur soweit zu zahlen, als der gerettete Wert der Güter reicht.

§ 631 Bei der Berechnung der Distanzfracht kommt in Anschlag nicht allein das Verhältnis der bereits zurückgelegten zu der noch zurückzulegenden Entfernung, sondern auch das Verhältnis des Aufwands an Kosten und Zeit, der Gefahren und Mühen, welche durchschnittlich mit dem vollendeten Teil der Reise verbunden sind, zu denen des nicht vollendeten Teiles.

§ 632 (1) Die Auflösung des Frachtvertrags ändert nichts in den Verpflichtungen des Kapitäns, bei Abwesenheit der Beteiligten auch nach dem Verlust des Schiffes für das Beste der Ladung zu sorgen (§§ 535 und 537). Der Kapitän ist demzufolge berechtigt und verpflichtet, und zwar im Falle der Dringlichkeit auch ohne vorherige Anfrage, je nachdem es den Umständen entspricht, entweder die Ladung für Rechnung der Beteiligten mittelst eines anderen Schiffes nach dem Bestimmungshafen befördern zu lassen oder die Auflagerung oder den Verkauf der Ladung zu bewirken und im Falle der Weiterbeförderung oder Auflagerung, behufs der Beschaffung der hierzu sowie

되었거나 혹은 선적지에서 선적을 위해 선장이 수취한 다음에 멸실된 경우.

(2) 위 제1항 3호의 경우에 아직 대기기간(제579조) 내에 있는 동안에 화물이 멸실된 때에는, 만일 운송계약자가 지체 없이 멸실된 화물 대신 다른 화물(제562조)을 인도하여 줄 의사를 표시하고 나아가 대기기간 내에 그 화물의 인도를 시작하면, 운송계약이 실효되지 아니한다. 이 경우 운송계약자는 최대한 단기간 내에 다른 화물의 선적을 완료하여야 하고, 선적으로 인한 추가 비용을 부담하여야 하며, 그로 인하여 대기기간이 초과되면 그 초과로 인하여 해상운송인이 입은 손해도 배상하여야 한다.

제629조 (1) 다음의 경우에는 당사자는 각자 상대방에 대해 손해를 배상할 책임이 없이 운송계약을 해제할 권한이 있다.:

1. 항해를 개시하기 이전에, 선박이 출입금지 명령 하에 놓이거나 혹은 독일 또는 외국에 의해 그 사용 목적으로 징발한 때, 목적지와의 거래가 금지된 때, 선적항 혹은 목적항이 봉쇄된 때, 운송계약에 따라 선적될 화물에 대해 선적항으로부터의 수출 혹은 목적항으로의 수입이 금지된 때, 그 외, 정부의 조치로 인해, 선박의 출발이나 항해에, 혹은 계약에 따라 인도될 화물의 송부에, 장애가 생긴 때.

이 모든 경우에 있어, 정부의 조치는, 그로 인한 장애가 외관상 분명히 일시적으로 지속되는 것이 아닌 때에만, 그에 기해 계약을 해제할 수 있다.;

2. 항해를 개시하기 이전에, 전쟁이 발발하고, 그 결과로 선박이나 운송계약에 따라 선적할 화물 혹은 이 양자가 더 이상 자유롭다고 할 수 없고, 나아가 나포의 위험에 노출될 수도 있는 때.

(2) 제562조의 규정에 의해 운송계약자에게 부여된 권한의 행사는 본조 규정에 의하여 배제되지 않는다.

제630조 (1) 선박이 항해를 개시한 다음 우연한 사고를 당하여 멸실(제628조 제1항 1호)된 경우, 운송계약은 종료한다. 그러나 화물이 구조되거나 보존된 때에는 운송계약자는 수행한 항해의 전체 항해에 대한 비율로 비율운임을 지급하여야 한다(거리운임)

(2) 거리운임은 구조된 화물의 가격이 이르는 범위 내에서 이를 지급할 의무가

zur Erhaltung der Ladung nötigen Mittel, einen Teil davon zu verkaufen oder im Falle der Weiterbeförderung die Ladung ganz oder zu einem Teile zu verbodmen.

[geändert in 1972] (1) Die Auflösung des Frachtvertrags ändert nichts in den Verpflichtungen des Kapitäns, bei Abwesenheit der Beteiligten auch nach dem Verlust des Schiffes für das Beste der Ladung zu sorgen (§§ 535 und 536).

(2) Der Kapitän ist jedoch nicht verpflichtet, die Ladung auszuantworten oder zur Weiterbeförderung einem anderen Kapitän zu übergeben, bevor die Distanzfracht nebst den sonstigen Forderungen des Verfrachters (§ 614) und die auf der Ladung haftenden Beiträge zur großen Haverei, Bergungs- und Hilfskosten [geändert in 1972; sowie Bergungs- und Hilfskosten: **wieder geändert in 2001**; sowie Bergelohn einschließlich Bergungskosten] und Bodmereigelder [gestrichen in 1972; und Bodmereigelder] bezahlt oder sichergestellt sind.

(3) Auch für die Erfüllung der nach Abs. 1 dem Kapitän obliegenden Pflichten haftet der Reeder mit dem Schiffe, soweit etwas davon gerettet ist, und mit der Fracht.

[geändert in 1972] (3) Für die Erfüllung der nach Absatz 1 dem Kapitän obliegenden Pflichten haftet auch der Verfrachter.

§ 633 Gehen nach dem Antritt der Reise die Güter durch einen Zufall verloren, so endet der Frachtvertrag, ohne daß ein Teil zur Entschädigung des anderen verpflichtet ist; insbesondere ist die Fracht weder ganz noch teilweise zu zahlen, sofern nicht in § 618 das Gegenteil bestimmt ist.

§ 634 (1) Ereignet sich nach dem Antritt der Reise einer der in § 629 erwähnten Zufälle, so ist jeder Teil befugt, von dem Vertrag zurückzutreten, ohne zur Entschädigung verpflichtet zu sein.

(2) Tritt jedoch einer der in § 629 Abs. 1 Nr. 1 bezeichneten Zufälle ein, so muß, bevor der Rücktritt stattfindet, auf die Beseitigung des Hindernisses drei oder fünf Monate gewartet werden, je nachdem sich das Schiff in einem europäischen oder in einem außereuropäischen Hafen befindet.

(3) Die Frist wird, wenn der Kapitän das Hindernis während des Aufenthalts in einem Hafen erfährt, von dem Tag der erhaltenen Kunde, anderenfalls von dem Tag an berechnet, an welchem der Kapitän, nachdem er davon in Kenntnis gesetzt worden ist, mit dem Schiff zuerst einen Hafen erreicht.

있다.

제631조 위 거리운임을 계산함에 있어서는, 단순히 이미 항해를 한 거리의 아직 항해를 해야 할 거리의 비율만 참작하는 것이 아니라, 비용 및 시간의 소비와 위험과 노력에 있어 평균하여 항해를 마친 부분에 관계된 것의 항해를 마치지 못한 부분에 관계된 것의 비율도 참작하여야 한다.

제632조 (1) 운송계약이 소멸된 다음에도, 이해관계인이 거기에 없으면, 비록 선박이 멸실되었다고 하더라도, 선장은 계속하여 적하의 보호를 위해 주의를 다하여야 한다(제535조 및 제537조). 그리하여 선장은 긴급한 경우에는 사전 문의 없이 사정이 허용하는 한 이해관계인의 계산으로 다른 선박을 이용하여 목적지까지 적하를 운송하게 하거나 혹은 적하를 보관시키거나 매각할 권리와 의무가 있고, 나아가 운송을 계속하거나 화물을 보관하는 경우에 선장은 거기에 필요하거나 그 외에 적하의 보존에 필요한 자금을 마련하기 위해 적하의 일부를 매각할 권리와 의무가 있고, 또 운송을 계속하는 경우에 선장은 적화의 전부 혹은 일부를 목적으로 모험대차를 할 권리와 의무가 있다.
【1972년 변경】(1) 운송계약이 소멸된 다음에도, 이해관계인이 거기에 없으면, 비록 선박이 멸실되었다고 하더라도, 선장은 계속하여 적하의 보호를 위해 주의를 다하여야 한다(제535조 및 제536조).
(2) 그러나 거리운임 및 여타 해상운송인의 채권(제614조)과 적하가 부담할 공동해손분담금, 해난 구조와 원조 비용【1972년 변경; 은 물론 구조와 원조비용: 2001년 변경; 은 물론 구조비용을 포함한 구조료】및 모험대차의 차용금【1972년 삭제; 및 모험대차의 차용금】에 대해 변제를 하거나 담보를 제공하기 이전에는 선장은 적하를 인도하여 주거나 계속 운송을 위해 다른 선박에 적하를 인계할 의무가 없다.
(3) 위 제1항의 이행을 위해 선장에게 부과된 의무에 대해, 선주도, 선박에 관한 것이 무엇이든 구조가 되었음을 전제로, 그 선박과 운임을 가지고 책임을 진다.
【1972년 변경】(3) 위 제1항의 이행을 위해 선장에게 부과된 의무에 대해 해상운송인도 마찬가지로 책임이 있다.

제633조 항해를 개시한 다음에 우연한 사고로 적하가 멸실되면, 운송계약은 소멸하며, 어느 당사자든 상대방에 대해 손해배상의무가 없다.; 특히 운임도, 제618

(4) Die Ausladung des Schiffes erfolgt mangels einer anderweitigen Vereinbarung in dem Hafen, in welchem es sich zur Zeit der Erklärung des Rücktritts befindet.

(5) Für den zurückgelegten Teil der Reise ist der Befrachter Distanzfracht (§§ 630 und 631) zu zahlen verpflichtet.

(6) Ist das Schiff infolge des Hindernisses in den Abgangshafen oder in einen anderen Hafen zurückgekehrt, so wird bei der Berechnung der Distanzfracht der dem Bestimmungshafen nächste Punkt, welchen das Schiff erreicht hat, behufs der Feststellung der zurückgelegten Entfernung zum Anhalt genommen.

(7) Der Kapitän ist auch in den vorstehenden Fällen verpflichtet, vor und nach der Auflösung des Frachtvertrags für das Beste der Ladung nach Maßgabe der §§535 bis 537 und 632 [ersetzt in 1972; §§ 535, 536 und 632] zu sorgen.

§ 635 Muß das Schiff, nachdem es die Ladung eingenommen hat, vor dem Antritt der Reise im Abladungshafen oder nach dem Antritt der Reise in einem Zwischen- oder Nothafen infolge eines der in § 629 erwähnten Ereignisse liegen bleiben, so werden die Kosten des Aufenthalts, auch wenn die Erfordernisse der großen Haverei nicht vorliegen, über Schiff, Fracht und Ladung nach den Grundsätzen der großen Haverei verteilt, gleichviel ob demnächst der Vertrag aufgehoben oder vollständig erfüllt wird. Zu den Kosten des Aufenthalts werden alle in § 706 Nr. 4 Abs. 2 aufgeführten Kosten gezählt, diejenigen des Ein- und Auslaufens jedoch nur, wenn wegen des Hindernisses ein Nothafen angelaufen ist.

§ 636 (1) Wird nur ein Teil der Ladung vor dem Antritt der Reise durch einen Zufall betroffen, der, wenn er die ganze Ladung betroffen hätte, nach den §§ 628 und 629 den Vertrag aufgelöst oder die Parteien zum Rücktritt berechtigt haben würde, so ist der Befrachter nur befugt, entweder statt der vertragsmäßigen andere Güter abzuladen, sofern durch deren Beförderung die Lage des Verfrachters nicht erschwert wird (§ 562), oder von dem Vertrag unter der Verpflichtung zurückzutreten, die Hälfte der bedungenen Fracht und die sonstigen Forderungen des Verfrachters zu berichtigen (§§ 580 und 581). Bei der Ausübung dieser Rechte ist der Befrachter nicht an die sonst einzuhaltende Zeit gebunden; er hat sich aber ohne Verzug zu erklären, von welchem der beiden Rechte er Gebrauch machen wolle, und, wenn er die Abladung anderer Güter wählt, die Abladung binnen kürzester Frist zu bewirken,

조에 반대의 규정이 없는 한, 그 전부든 일부분이든 지급할 의무가 없다.

제634조 (1) 항해를 개시한 다음에 제629조에 열거된 어느 사고가 발생한 경우, 당사자는 각자 상대방에게 손해배상책임 없이 운송계약을 해제할 수 있다.

  (2) 그러나 제629조 제1항 1호에 기재된 사고가 발생한 경우에는, 계약을 해제하기 이전에, 선박이 유럽항에 있는 때에는 3개월을, 유럽 외 항구에 있는 때에는 5개월을, 그 장애의 제거를 위해 기다려야 한다.

  (3) 이 기간은 선장이 어느 항구에 체재하는 동안에 장애를 알게 된 경우에는 그 소식을 들은 날로부터 계산하고, 여타의 경우에는 선장이 그에 관해 알게 된 다음 선박과 함께 최초로 어느 항구에 도착한 날부터 계산한다.

  (4) 선박으로부터의 양륙은, 다른 약정이 없는 한, 해제 의사를 표시할 때에 선박이 있었던 항구에서 이를 행한다.

  (5) 이미 실행하였던 부분의 항해에 대하여, 운송계약자는 거리운임(제630조 및 제631조)을 지급하여야 한다.

  (6) 장애의 결과로 선박이 출발항 혹은 다른 항구로 돌아온 경우에는, 항해한 거리를 확정하기 위해서는, 목적항과 가장 가까이 선박이 도달하였던 지점을 기항지로 하여 거리운임을 산정한다.

  (7) 위 여러 경우에, 선장은 운송계약이 해제된 전후를 불문하고 제535조 내지 제537조 및 제632조【1972년 변경; 제535조, 제536조 및 제632조】의 규정에 따라 적하의 이익을 위해 주의를 다하여야 한다.

제635조 선박이 적화를 수취한 이후, 항해의 개시 이전에 선적항에서, 혹은 항해의 개시 이후에 중간기착항 혹은 긴급피난항에서, 제629조에서 말하는 사고로 정박해야 했던 경우, 그 체재의 비용은, 비록 공동해손의 요건을 갖추지 못했다 할지라도, 선박, 운임 및 적하가 공동해손의 원리에 따라 이를 분담하고, 이는 이후에 그 운송계약이 소멸하였든 혹은 이행을 완료하였든 마찬가지이다. 이러한 체재비용에는 제706조 제4호 2문에 열거된 모든 비용이 산입되나, 다만 입항 및 출항의 비용은 장애로 인해 피난항에 간 때에 한해 이를 산입한다.

제636조 (1) 항해를 개시하기 전에 적하가 일부만 우연한 사고를 당하고, 만일 적하 전부에 그 사고가 발생했었다면, 제628조 및 제629조에 의하여 운송계약이

auch die Mehrkosten dieser Abladung zu tragen und, soweit durch sie die Wartezeit überschritten wird, den dem Verfrachter daraus entstehenden Schaden zu ersetzen.

(2) Macht er von keinem der beiden Rechte Gebrauch, so hat er auch für den durch den Zufall betroffenen Teil der Ladung die volle Fracht zu entrichten. Den durch Krieg, durch ein Einfuhr- oder Ausfuhrverbot oder durch eine andere Verfügung von hoher Hand unfrei gewordenen Teil der Ladung ist er jedenfalls aus dem Schiff herauszunehmen verbunden.

(3) Tritt der Zufall nach dem Antritt der Reise ein, so hat der Befrachter für den dadurch betroffenen Teil der Ladung die volle Fracht auch dann zu entrichten, wenn der Kapitän diesen Teil in einem anderen als dem Bestimmungshafen zu löschen sich genötigt gefunden und hierauf mit oder ohne Aufenthalt die Reise fortgesetzt hat.

(4) Die Vorschriften der §§ 617 und 618 bleiben unberührt.

[eingefügt in 1937] § 636a   Eine Abweichung von dem Reiseweg, die der Kapitän zum Zwecke der Rettung von Leben oder Eigentum zur See oder sonst gerechtfertigterweise vornimmt, hat auf die Rechte und Pflichten der Parteien keinen Einfluß, insbesondere haftet der Verfrachter nicht für den daraus entstehenden Schaden.

§ 637   (1) Abgesehen von den Fällen der §§ 629 bis 636 hat ein Aufenthalt, den die Reise vor oder nach ihrem Antritt durch Naturereignisse oder andere Zufälle erleidet, auf die Rechte und Pflichten der Parteien keinen Einfluß, es sei denn, daß der erkennbare Zweck des Vertrags durch einen solchen Aufenthalt vereitelt wird. Der Befrachter ist jedoch befugt, während jedes durch einen Zufall entstandenen, voraussichtlich längeren Aufenthalts die bereits in das Schiff geladenen Güter auf seine Gefahr und Kosten gegen Sicherheitsleistung für die rechtzeitige Wiedereinladung auszuladen. Unterläßt er die Wiedereinladung, so hat er die volle Fracht zu zahlen. In jedem Fall hat er den Schaden zu ersetzen, der aus der von ihm veranlaßten Wiederausladung entsteht.

(2) Ist der Aufenthalt durch eine Verfügung von hoher Hand herbeigeführt, so ist für die Dauer der Verfügung keine Fracht zu bezahlen, wenn diese nach Zeit bedungen war (§ 622).

§ 638   Muß das Schiff während der Reise ausgebessert werden, so hat der Befrachter

소멸했거나 당사자가 해제할 수 있었던 경우, 운송계약자는, 해상운송인의 지위가 더욱 불리하여지지 않는 것을 전제로, 계약상 화물 대신에 다른 화물을 선적하거나(제562조), 혹은 운송계약자는, 약정한 운임의 반액과 해상운송인의 여타 채권을 변제하여야 하는 것을 전제로, 운송계약을 해제할 수 있다(제580조 및 제581조). 이 권리를 행사함에 있어 운송계약자는 그렇지 않으면 준수하여야 할 시간에 구애되지 않는다.; 그러나 운송계약자는 양 권리 중에서 어느 권리를 행사하고자 하는지 지체 없이 의사표시를 하여야 하고, 또 다른 화물을 선적하기로 선택한 때에는, 최단기간 내에 선적을 완료하고, 이 선적으로 인한 추가 비용을 부담하여야 하며, 만일 그로 인해 대기기간이 도과하면 그 도과로 인해 해상운송인에게 발생한 손해도 배상하여야 한다.

(2) 운송계약자가 양 권리 중 어느 것도 행사하지 않는 경우, 그는 우연한 사고를 당한 부분의 적하에 대해 운임 전액을 지급하여야 한다. 여하한 경우라 하더라도, 전쟁, 수출입 금지, 혹은 정부의 처분으로 인해 금지품이 된 일부 화물은 운송계약자가 이를 회수하여 갈 의무가 있다.

(3) 항해를 개시한 다음에 우연한 사고가 발생한 경우, 운송계약자는 사고를 당한 부분의 적하에 대해 운임 전액을 지급하여야 하고, 이는 선장이 부득이 그 부분을 목적항이 아닌 다른 곳에 양륙해야 했고, 이후 지체하여 혹은 지체 없이, 항해를 계속하였던 때에도 마찬가지이다.

(4) 제617조 및 제618조의 규정은 본조로 인하여 그 적용에 영향을 받지 아니한다.

【1937년 추가】 제636조의 (a) 해상에서 인명 또는 재산을 구조할 목적으로 또는 기타 법적으로 정당한 사유로, 선장이 결행한 항로 이탈은 당사자의 권리와 의무에 아무런 영향이 없고, 특히 해상운송인은 그로 인하여 발생한 손해를 배상할 책임이 없다.

제637조 (1) 제629조 내지 제636조의 경우를 제외하고는, 항해 개시 전 혹은 개시 후에, 천재지변 혹은 기타 우연한 사고로 인해 발생한 항해의 지체는 당사자 사이의 권리와 의무에 아무런 영향이 없고, 다만 인식할 수 있는 계약의 목적이 그 지체로 인하여 달성될 수 없게 된 때에는 그러하지 않다. 우연한 사고로 인한 지체가 장기간 지속될 것이 예상되면, 운송계약자는 적기에 다시 선적할 것에 대한 담보를 제공하고서, 언제든지 이미 선박에 적재한 화물을 자기의 위험과 비용으로

412

die Wahl, ob er die ganze Ladung an dem Ort, wo sich das Schiff befindet, gegen Berichtigung der vollen Fracht und der übrigen Forderungen des Verfrachters (§ 614) und gegen Berichtigung oder Sicherstellung der in § 615 bezeichneten Forderungen zurücknehmen oder die Wiederherstellung abwarten will. Im letzteren Fall ist für die Dauer der Ausbesserung keine Fracht zu bezahlen, wenn diese nach Zeit bedungen war.

§ 639 Wird der Frachtvertrag nach den §§ 628 bis 634 aufgelöst, so werden die Kosten der Ausladung aus dem Schiff von dem Verfrachter, die übrigen Löschungskosten von dem Befrachter getragen. Hat der Zufall jedoch nur die Ladung betroffen, so fallen die sämtlichen Kosten der Löschung dem Befrachter zur Last. Dasselbe gilt, wenn im Falle des § 636 ein Teil der Ladung gelöscht wird. Muß in einem solchen Fall behufs der Löschung ein Hafen angelaufen werden, so hat der Befrachter auch die Hafenkosten zu tragen.

§ 640 (1) Die §§ 628 bis 639 kommen auch zur Anwendung, wenn das Schiff zur Einnahme der Ladung eine Zureise in Ballast nach dem Abladungshafen zu machen hat. Die Reise gilt aber in einem solchen Fall erst dann als angetreten, wenn sie aus dem Abladungshafen angetreten ist. Wird der Vertrag, nachdem das Schiff den Abladungshafen erreicht hat, wenn auch vor dem Antritt der Reise aus dem letzteren, aufgelöst, so erhält der Verfrachter für die Zureise eine nach den Grundsätzen der Distanzfracht (§ 631) zu bemessende Entschädigung.

(2) In anderen Fällen einer zusammengesetzten Reise kommen die §§ 628 bis 639 insoweit zur Anwendung, als die Natur und der Inhalt des Vertrags nicht entgegenstehen.

§ 641 (1) Bezieht sich der Vertrag nicht auf das Schiff im ganzen, sondern nur auf einen verhältnismäßigen Teil oder einen bestimmt bezeichneten Raum des Schiffes oder auf Stückgüter, so gelten die Vorschriften der §§ 628 bis 640 mit folgenden Abweichungen:

  1. in den Fällen der §§ 629 und 634 ist jeder Teil sogleich nach dem Eintritt des Hindernisses und ohne Rücksicht auf dessen Dauer befugt, von dem Vertrag zurückzutreten;

  2. im Falle des § 636 kann von dem Befrachter das Recht, von dem Vertrag

양륙할 수 있다. 이후 다시 선적을 하지 아니한 운송계약자는 운임 전액을 지급하여야 한다. 여하한 경우라도 운송계약자는 자기가 행한 양륙에 의해 발생한 손해를 배상하여야 한다.

(2) 지체가 정부의 처분으로 인해 발생한 경우, 운임이 시간에 따라 약정되었다면(제622조) 그 처분의 지속 중의 운임은 이를 지급할 필요가 없다.

제638조　항해 도중에 선박을 수선하여야 하는 경우, 운송계약자는 선택권이 있어서, 운임 전액 및 해상운송인의 여타 채권(제614조)의 변제와 제615조에서 정한 채권에 대해 변제나 담보를 제공하고서 선박이 있는 장소에서 적화 전부를 회수하여 가던가, 혹은 그렇지 않고 수리가 완료될 때까지 기다릴 수 있다. 이 마지막 경우에, 운임이 기간에 따라 약정되었다면 그 수선기간에 대해서는 운임을 지급할 필요가 없다.

제639조　운송계약이 제628조 내지 제634조의 규정에 따라 소멸한 경우에, 그 화물을 선박에서 육지로 양하하는 비용은 이를 해상운송인이, 여타의 양륙비용은 이를 운송계약자가 각각 부담한다. 우연한 사고로 인해 오로지 적하만 피해를 입은 경우, 모든 양륙 비용은 운송계약자가 이를 부담하여야 한다. 제636조의 경우에서 적하 일부가 양륙된 때에도 마찬가지 규정이 적용된다. 이러한 경우에 선박이 양륙을 위해 어느 항구에 기항했다면 운송계약자는 그 항비도 부담하여야 한다.

제640조　(1) 위 제628조 내지 제639조의 규정은 선박이 적하를 수령하기 위해 선적항까지 공선으로 예비항해를 하여야 하는 때에도 적용된다. 그러나 이러한 경우에는 선적항으로부터의 항해가 개시된 때에 비로소 항해가 개시된 것으로 본다. 선박이 선적항에 도착한 이후이지만 선적항으로부터 항해를 개시하기 이전에 운송계약이 소멸한 경우, 해상운송인은 그 예비항해에 대하여 거리운임의 원칙(제631조)에 따라 산정한 보상을 청구할 수 있다.

(2) 다른 복합항해의 경우에 있어서도, 제628조 내지 제639조의 규정은 계약의 성질이나 내용이 이와 상치되지 않는 한 적용된다.

제641조　(1) 운송계약이 선박 전체에 대한 것이 아니라 그 일정한 비율, 특정한 공간, 혹은 개별적인 물건인 경우, 제628조 내지 640조의 규정은 다음의 변경을 전

zurückzutreten, nicht ausgeübt werden;

3. im Falle des § 637 steht dem Befrachter das Recht der einstweiligen Löschung nur zu, wenn die übrigen Befrachter ihre Genehmigung erteilen;

4. im Falle des § 638 kann der Befrachter die Güter gegen Entrichtung der vollen Fracht und der übrigen Forderungen nur zurücknehmen, wenn während der Ausbesserung die Löschung dieser Güter ohnehin erfolgt ist.

(2) Die Vorschriften der §§ 587 und 589 bleiben unberührt.

§ 642 (1) Nach der Beendigung jeder einzelnen Abladung hat der Kapitän dem Ablader unverzüglich gegen Rückgabe des etwa bei der Annahme der Güter erteilten vorläufigen Empfangsscheins ein Konnossement in so vielen Exemplaren auszustellen, als der Ablader verlangt.

(2) Alle Exemplare des Konnossements müssen von gleichem Inhalte sein, dasselbe Datum haben und ausdrücken, wie viele Exemplare ausgestellt sind.

(3) Der Ablader hat dem Kapitän auf Verlangen eine von ihm unterschriebene Abschrift des Konnossements zu erteilen.

(4) Die Ausstellung des Konnossements kann an Stelle des Kapitäns durch einen anderen dazu ermächtigten Vertreter des Reeders erfolgen.

(5) Das Konnossement kann mit Zustimmung des Abladers auch über Güter ausgestellt werden, die zur Beförderung übernommen, aber noch nicht abgeladen sind.

§ 643 Das Konnossement enthält:

1. den Namen des Kapitäns;

2. den Namen und die Nationalität des Schiffes;

3. den Namen des Abladers;

4. den Namen des Empfängers;

5. den Abladungshafen;

6. den Löschungshafen oder den Ort, an welchem Order über ihn einzuholen ist;

7. die Bezeichnung der abgeladenen oder zur Beförderung übernommenen Güter, deren Menge und Merkzeichen;

8. die Bestimmung in Ansehung der Fracht;

9. den Ort und den Tag der Ausstellung;

제로 적용한다.:

1. 제629조 및 제634조의 경우, 모든 당사자는 장애가 개시되면 그 기간과 상관없이 즉시 계약을 해제할 수 있고;

2. 제636조의 경우, 운송계약자가 운송계약을 해제할 권리를 행사하지 못하며;

3. 제637조의 경우, 다른 운송계약자가 모두 승낙할 때에만 운송계약자가 일시적으로 화물을 양륙할 권리가 있고;

4. 제638조의 경우, 수선을 하는 동안에, 그렇지 않아도 화물을 어차피 양륙해야 하는 때에만, 운송계약자가 운임 전부와 여타 채권을 변제하고서 화물을 회수할 수 있다.

(2) 제587조 및 제589조의 규정은 본조의 영향을 받지 아니한다.

제642조 (1) 개별적으로 어느 화물의 선적이 완료되고 나면, 선장은 화물을 수령할 때에, 임시수령증을 교부하여 주었다면 그 임시수령증을 반환받고서, 선적인이 요구하는 수만큼의 선하증권을 지체 없이 발행하여 주어야 한다.

(2) 선하증권은 모두 각각 동일한 내용이어야 하고 동일한 일자를 갖고 있어야 하며 또 원본이 몇 부 발행되었는지를 표시하여야 한다.

(3) 선장의 요청이 있으면, 선적인은 자기가 서명한 선하증권의 사본을 선장에게 교부하여야 한다.

(4) 선장 대신에 선주로부터 그에 관해 특별히 대리권을 수여받은 다른 대리인도 선하증권을 발행할 수 있다.

(5) 해상운송인이 운송을 위해 수령은 하였지만 아직 선적이 이루어지지 아니한 화물에 대하여도, 선적인의 동의가 있으면, 해상운송인은 선하증권을 발행할 수 있다.

제643조 선하증권에는 다음 내용을 기재하여야 한다.:

1. 선장의 성명;
2. 선박의 명칭과 국적;
3. 선적인의 성명;
4. 수하인의 성명;
5. 선적항;

10. die Zahl der ausgestellten Exemplare.

§ 644 (1) Auf Verlangen des Abladers ist das Konnossement, sofern nicht das Gegenteil vereinbart ist, an die Order des Empfängers oder lediglich an Order zu stellen. Im letzteren Falle ist unter der Order die Order des Abladers zu verstehen.

(2) Das Konnossement kann auch aus den Namen des Kapitäns als Empfängers lauten.

§ 645 (1) Der Kapitän ist verpflichtet, im Löschungshafen dem legitimirten Inhaber auch nur eines Exemplars des Konnossements die Güter auszuliefern.

(2) Zur Empfangnahme der Güter legitimirt ist derjenige, an welchen die Güter nach dem Konnossement abgeliefert werden sollen, oder auf welchen das Konnossement, wenn es an Order lautet, durch Indossament übertragen ist.

§ 646 (1) Melden sich mehrere legitimirte Konnossementsinhaber, so ist der Kapitän verpflichtet, sie sämmtlich zurückzuweisen, die Güter in einem öffentlichen Lagerhaus oder sonst in sicherer Weise zu hinterlegen und die Konnossementsinhaber, die sich gemeldet haben, unter Angabe der Gründe seines Verfahrens hiervon zu benachrichtigen.

(2) Er ist befugt, über sein Verfahren und dessen Gründe eine öffentliche Urkunde errichten zu lassen und wegen der daraus entstehenden Kosten in gleicher Art wie wegen der Fracht sich an die Güter zu halten.

§ 647 Die Übergabe des Konnossements an denjenigen, welcher durch das Konnossement zur Empfangnahme legitimirt wird, hat, sobald die Güter von dem Kapitän oder einem anderen Vertreter des Reeders zur Beförderung übernommen sind, für den Erwerb von Rechten an den Gütern dieselben Wirkungen wie die Übergabe der Güter.

§ 648 Sind mehrere Exemplare eines an Order lautenden Konnossements ausgestellt, so können von dem Inhaber des einen Exemplars die im § 647 bezeichneten Wirkungen der Übergabe des Konnossements zum Nachteile desjenigen nicht geltend gemacht werden, welcher auf Grund eines anderen Exemplars gemäß § 645 die Auslieferung der Güter von dem Kapitän erlangt hat, bevor der Anspruch aufAuslieferung von dem Inhaber des ersteren Exemplars erhoben worden ist.

§ 649 (1) Hat der Kapitän die Güter noch nicht ausgeliefert, so geht unter mehreren

6. 양륙항 혹은 양륙항에 관한 지시를 받을 장소;

7. 선적한 혹은 운송을 위해 수령한 화물, 그 수량 및 기호표시;

8. 운임에 관한 약정;

9. 발행 장소 및 날자;

10. 발행된 복본의 개수.

제644조 (1) 반대의 약정이 없으면, 선하증권은 선적인의 요청에 의해 수하인의 지시의 형식으로 혹은 단순히 지시의 형식으로 발행한다. 후자의 경우, 단순한 지시는 이를 선적인의 지시로 본다.

(2) 선하증권은 선장을 수하인으로 지정할 수 있다.

제645조 (1) 선장은 양륙항에서는, 선하증권 복본의 어느 하나라도 법적으로 소지하면, 그 소지인에게 화물을 인도하여 주어야 한다.

(2) 선하증권에 의해 자기에게 화물이 인도되어야 할 사람, 혹은 단순한 지시의 선하증권을 배서를 통해 양도받은 사람은, 화물을 수령할 법적인 권리가 있다.

제646조 (1) 선하증권의 합법적인 소지인이 다수 나타나면 선장은 그 전부에 대해 인도를 거절하여야 하고, 대신 공적인 창고 혹은 기타 안전한 방법으로 화물을 보관하여야 하며, 그 다음에는 나타난 선하증권의 소지인에게 처리의 이유를 적시하여 이에 관해 통지하여야 한다.

(2) 선장은 그 처리와 이유에 관해 공적인 증서를 작성하게 할 수도 있고, 그러면 그로 인해 발생한 비용을 운임과 동일한 성질로 하여 그 화물로부터 징수할 수 있다.

제647조 선하증권이 그 증권에 의해 운송물을 청구할 수 있는 사람에게 교부된 경우에는, 선장 혹은 선주의 다른 대리인이 운송을 위해 화물을 수취함과 동시에, 그 교부는 화물에 대한 권리의 취득에 있어 화물의 인도와 동일한 효력이 있다.

제648조 선하증권이 복본으로 다수가 지시식으로 발행된 경우, 어느 한 선하증권의 소지인은 자기가 인도를 청구하기 이전에 위 제645조의 규정에 의해 다른 복본에 기해 선장으로부터 화물을 인수받아 간 사람에 대해 그의 권리와 상충되게

sich meldenden Konnossementsinhabern, soweit die von ihnen auf Grund der Konnossementsübergabe an den Gütern geltend gemachten Rechte einander entgegenstehen, derjenige vor, dessen Exemplar von dem gemeinschaftlichen Vormanne, welcher mehrere Konnossementsexemplare an verschiedene Personen übertragen hat, zuerst der einen dieser Personen dergestalt übergeben worden ist, daß sie zur Empfangnahme der Güter legitimirt wurde.

(2) Bei dem nach einem anderen Orte übersendeten Exemplare wird die Zeit der Übergabe durch den Zeitpunkt der Absendung bestimmt.

§ 650   Der Kapitän ist zur Ablieferung der Güter nur gegen Rückgabe eines Exemplars des Konnossements, auf welchem die Ablieferung der Güter bescheinigt ist, verpflichtet.

§ 651   (1) Das Konnossement ist für das Rechtsverhältniß zwischen dem Verfrachter und dem Empfänger der Güter maßgebend; insbesondere hat die Ablieferung der Güter an den Empfänger nach dem Inhalte des Konnossements zu erfolgen.

(2) Die nicht in das Konnossement aufgenommenen Bestimmungen des Frachtvertrags sind dem Empfänger gegenüber unwirksam, sofern nicht das Konnossement ausdrücklich auf sie Bezug nimmt. Wird in Ansehung der Fracht auf den Frachtvertrag verwiesen (zum Beispiel durch die Worte: 'Fracht laut Chartepartie'), so sind hierin die Bestimmungen über Löschzeit, Überliegezeit und Liegegeld nicht als einbegriffen anzusehen.

(3) Für das Rechtsverhältniß zwischen dem Verfrachter und dem Befrachter bleiben die Bestimmungen des Frachtvertrags maßgebend.

§ 652   Der Verfrachter ist für die Richtigkeit der im Konnossement enthaltenen Bezeichnung der übernommenen Güter dem Empfänger verantwortlich. Seine Haftung beschränkt sich jedoch auf den Ersatz des Minderwerts, der sich aus der Nichtübereinstimmung der Güter mit der im Konnossement enthaltenen Bezeichnung ergiebt.

§ 653   (1) Die im § 652 erwähnte Haftung des Verfrachters tritt auch dann ein, wenn die Güter dem Kapitän in Verpackung oder in geschlossenen Gefäßen übergeben worden sind.

(2) Ist dies aus dem Konnossement ersichtlich, so ist der Verfrachter für die Richtigkeit der Bezeichnung der Güter dem Empfänger nicht verantwortlich, wenn

위 제647조에서 말하는 선하증권의 교부의 효력을 주장할 수 없다.

제649조 (1) 선장이 화물을 아직 인도하여 주지 아니하는 동안, 다수의 선하증권 소지인이 나타나 선하증권의 교부에 근거하여 화물에 대해 서로 상충되는 권리를 주장하는 경우, 복수의 선하증권을 서로 다른 사람에게 양도하였던 공동의 전자가 상대방이 화물을 수령할 수 있도록 최초로 선하증권을 교부하여 준 복본의 소지인의 권리가 우선한다.

(2) 선하증권 복본이 다른 장소로 송부된 때에는 그 발송의 시점을 교부의 시기라고 본다.

제650조 선장은 화물의 인도를 확인하는 표시가 된 선하증권 1부와 상환으로만 화물을 인도하여 줄 의무가 있다.

제651조 (1) 해상운송인과 수하인의 법률관계는 선하증권에 의한다.; 특히 화물은 선하증권의 내용에 따라 수하인에게 인도하여야 한다.

(2) 운송계약상 약정은 이를 선하증권에 삽입하지 않으면 수하인에게 그 효력이 없고, 다만 선하증권에서 명시적으로 인용을 한 경우에는 그러하지 않다. 운송계약에서 운임에 관하여 이러한 인용을 한 경우(예컨대 "운임은 용선계약에 기재되어 있음"과 같은 문구에 의하여), 양륙기간, 체선기간 및 체선료에 관한 약정은 여기에 포함되는 것으로 보지 않는다.

(3) 해상운송인과 운송계약자의 법률관계는 계속하여 운송계약상 약정에 의하여 규율한다.

제652조 해상운송인은 선하증권에 기재된 수취한 화물의 기술이 정확하다는 것에 대해 책임이 있다. 그러나 이 책임은 실제 화물이 선하증권에 기재된 기술과 일치하지 아니함으로 인해 생긴 가격 차이를 보상하는 것으로 한정된다.

제653조 (1) 위 제652조에서 말하는 해상운송인의 책임은 화물이 포장되거나 밀폐된 용기에 담아 선장에게 인도한 때에도 발생한다.

(2) 이러한 것이 선하증권상에 나타나 있는 경우에는, 선장으로 통상의 주의를 다하였음에도 불구하고 선하증권의 기재가 정확하지 아니하다고 하는 것을 인지

ungeachtet der Sorgfalt eines ordentlichen Kapitäns die Unrichtigkeit der in dem Konnossement enthaltenen Bezeichnung nicht wahrgenommen werden konnte.

(3) Die Haftung des Verfrachters wird dadurch nicht ausgeschlossen, daß die Übereinstimmung der abgelieferten und der übernommenen Güter nicht bestritten oder daß sie vom Verfrachter nachgewiesen wird.

§ 654 Werden dem Kapitän Güter in Verpackung oder in geschlossenen Gefäßen übergeben, so kann er das Konnossement mit dem Zusatze: "Inhalt unbekannt" versehen. Enthält das Konnossement diesen oder einen gleichbedeutenden Zusatz, so ist der Verfrachter, falls der abgelieferte Inhalt mit dem im Konnossement angegebenen nicht übereinstimmt, nur insoweit verantwortlich, als festgestellt wird, daß er einen anderen als den abgelieferten Inhalt empfangen hat.

§ 655 Sind die im Konnossemente nach Zahl, Maß oder Gewicht bezeichneten Güter dem Kapitän nicht zugezählt, zugemessen ober zugewogen, so kann er das Konnossement mit dem Zusatze: 'Zahl, Maß, Gewicht unbekannt' versehen. Enthält das Konnossement diesen oder einen gleichbedeutenden Zusatz, so hat der Verfrachter die Richtigkeit der Angaben des Konnossements über Zahl, Maß oder Gewicht der übernommenen Güter nicht zu vertreten.

§ 656 Ist die Fracht nach Zahl, Maß oder Gewicht der Güter bedungen und im Konnossemente Zahl, Maß oder Gewicht angegeben, so ist diese Angabe für die Berechnung der Fracht entscheidend, wenn nicht das Konnossement eine abweichende Bestimmung enthält. Als eine solche ist der Zusatz: "Zahl, Maß, Gewicht unbekannt" oder ein gleichbedeutender Zusatz nicht anzusehen.

§ 657 Ist das Konnossement mit dem Zusatze: 'frei von Bruch' oder: 'frei von Leckage' oder: 'frei von Beschädigung' oder mit einem gleichbedeutenden Zusatze versehen, so haftet der Verfrachter nicht für Bruch, Leckage ober Beschädigung, es sei denn, daß den Kapitän oder eine Person, für die der Verfrachter verantwortlich ist, ein Verschulden trifft.

§ 658 Werden dem Kapitän Güter übergeben, deren Beschädigung, schlechte Beschaffenheit oder schlechte Verpackung sichtbar ist, so hat er diese Mängel im Konnossemente zu bemerken, widrigenfalls er dem Empfänger dafür verantwortlich ist, auch wenn das Konnossement mit einem der im § 657 erwähnten Zusätze

할 수 없었던 때에는, 해상운송인은 화물에 관한 선하증권의 기재의 정확성에 관해 수하인에게 책임이 없다.

(3) 해상운송인은, 그가 인도하여 준 화물이 그가 인수하였던 화물과 일치한다는 것에 대해 다툼이 없거나 또는 이러한 것을 그가 입증한다고 하더라도, 위와 같은 책임을 면하지 못한다.

제654조   적하가 포장되어 혹은 폐쇄 용기에 담아 선장에게 인도된 경우, 선장은 선하증권에 "내용 부지"라는 부기를 통해 이를 표시할 수 있다. 선하증권에 이러한 부기 혹은 기타 이와 동일한 의미를 갖는 부기를 삽입하면, 인도하여 준 화물의 내용과 선하증권에 표시된 화물의 내용이 일치하지 않은 경우에도, 해상운송인이 인도하여 준 내용의 화물과 다른 내용의 화물을 실제로 수령하였다는 것이 확인된 때에만, 해상운송인은 손해를 배상할 책임이 있다.

제655조   선하증권에서 화물이 개수, 용적 혹은 중량으로 표시되어 있지만 선장이 실제로 이를 세고, 재고 혹은 달지는 않았던 경우, 선장은 "개수, 용적 및 중량 부지"라는 부기를 달아 이를 표시할 수 있다. 선하증권에 이러한 부기 혹은 이와 동일한 의미를 갖는 부기가 삽입되면, 해상운송인은 그가 인수한 화물의 개수, 용적 및 중량에 관한 선하증권의 기재의 정확성에 대해 책임이 없다.

제656조   운임이 화물의 개수, 용적 혹은 중량에 따라 약정되고, 선하증권에 화물의 개수, 용적 혹은 중량이 표시되어 있는 경우, 운임은 이 기재에 의하여 산정하며, 다만 선하증권에 이와 다른 내용이 있으면 그러하지 않다. "개수, 용적, 중량 부지"의 부기 혹은 이와 유사한 의미를 가진 부기는 이를 여기에서 말하는 다른 내용이라고 보지 아니한다.

제657조   선하증권에 "파손책임면제", "누출책임면제" 또는 "훼손책임면제"의 부기 혹은 이와 동일한 의미를 갖는 부기가 있는 경우, 해상운송인은 파손, 누출 혹은 훼손에 대해 책임이 없고, 다만 선장 기타 해상운송인이 책임져야 할 사람이 그에 대해 귀책사유가 있는 때에는 그러하지 않다.

제658조   화물이 이미 훼손되고, 열악한 상태에 있고, 또는 부적절하게 포장되어

422

versehen ist.

§ 659 (1) Hat der Kapitän ein an Order lautendes Konnossement ausgestellt, so darf er den Anweisungen des Abladers wegen Rückgabe oder Auslieferung der Güter nur dann Folge leisten, wenn ihm die sämmtlichen Exemplare des Konnossements zurückgegeben werden.

(2) Dasselbe gilt in Ansehung der Anforderungen eines Konnossementsinhabers auf Auslieferung der Güter, solange der Kapitän den Bestimmungshafen nicht erreicht hat.

(3) Handelt er diesen Vorschriften entgegen, so bleibt er dem rechtmäßigen Inhaber des Konnossements verpflichtet.

(4) Lautet das Konnossement nicht an Order, so ist der Kapitän zur Rückgabe oder Auslieferung der Güter auch ohne Beibringung eines Exemplars des Konnossements verpflichtet, sofern der Ablader und der im Konnossemente bezeichnete Empfänger in die Rückgabe oder Auslieferung der Güter willigen. Werden jedoch nicht sämmtliche Exemplare des Konnossements zurückgestellt, so kann der Kapitän wegen der deshalb zu besorgenden Nachteile zuvor Sicherheitsleistung fordern.

§ 660 Die Vorschriften des § 659 kommen auch zur Anwendung, wenn der Frachtvertrag vor der Erreichung des Bestimmungshafens in Folge eines Zufalls nach den §§ 628 bis 641 aufgelöst wird.

§ 661 In Ansehung der Verpflichtungen des Kapitäns aus den von ihm geschlossenen Frachtverträgen und ausgestellten Konnossementen hat es bei den Vorschriften der §§ 511, 512, 533 sein Bewenden.

§ 662. (1) Im Falle der Unterverfrachtung haftet für die Erfüllung des Unterfrachtvertrags, soweit dessen Ausführung zu den Dienstobliegenheiten des Kapitäns gehört und von diesem übernommen ist, insbesondere durch Annahme der Güter und Ausstellungdes Konnossements, nicht der Unterverfrachter, sondern der Reeder mit Schiff und Fracht (§ 486).

(2) Ob und inwieweit im Übrigen der Reeder oder der Unterverfrachter von dem Unterbefrachter in Anspruch genommen werden kann und ob im letzteren Falle der Unterverfrachter für die Erfüllung unbeschränkt zu haften oder nur die auf Schiff und Fracht beschränkte Haftung des Reeders zu vertreten hat, wird durch diese Vorschrift

있고, 이러한 것이 외부로 드러나는 것이라면, 이를 인수한 선장은 그 하자를 선하증권에 표시하여야 하며, 그렇지 않으면 선장은 수하인에게 그로 인한 책임이 있고, 이는 제657조에서 말하는 어느 한 부기가 선하증권에 삽입되어 있다고 하더라도 마찬가지이다.

제659조 (1) 선장이 지시식으로 선하증권을 발행한 경우, 선하증권 복본 전부가 그에게 반환된 때에 한하여, 선장은 선적인의 지시에 따라 화물을 반환하거나 인도하여 줄 수 있다.

(2) 동 규정은, 선장이 목적항에 도착하기 이전에, 어느 한 선하증권 소지인이 적하를 인도하여 줄 것을 요청하는 때에도 적용된다.

(3) 이와 상반된 처리를 한 선장은 선하증권의 적법한 소지인에 대해 계속 의무를 부담한다.

(4) 선하증권이 지시식으로 발행되지 않은 경우, 선적인과 선하증권에 기재된 수하인이 화물의 반환이나 인도에 동의하면, 비록 선하증권을 제시하지 않았다고 하더라도, 선장은 화물을 반환하거나 인도하여 줄 의무가 있다. 그러나 선하증권 복본 전부가 반환되지 않은 경우, 그로 인한 손해를 감당할 담보를 사전에 제공할 것을 요청할 수 있다.

제660조 위 제659조의 규정은 우연한 사고로 인하여 제628조 내지 641조의 규정에 따라 목적항에 도착하기 이전에 운송계약이 소멸된 때에도 적용된다.

제661조 선장이 체결한 운송계약 및 선장이 발행한 선하증권에 의한 선장의 책임에 관하여 제511조, 제512조 및 제533조의 규정이 마찬가지로 적용된다.

제662조 (1) 재운송계약의 경우에, 그 재운송계약의 이행이 선장의 책무에 속하고 실제로 선장에 의해 인수되었다면, 특히 선장이 화물을 인수하고 선하증권을 발행하였다면, 재운송인이 아니라 선주가, 선박과 운임을 한도로(제486조), 그 재운송계약의 이행에 관해 책임이 있다.

(2) 나머지 사항에 관하여, 선주 혹은 재운송인의 재운송계약상의 책임의 존부나 그 범위 및 후자의 경우에 있어서 재운송인이 이행에 관해 책임제한 없이 책임을 지는지, 혹은 선박과 적하로 한정하여 선주와 같은 책임을 지는지 여부는, 위

424

nicht berührt.

§ 663   Auf die Beförderung von Gütern zur See durch die Postverwaltungen des Reichs und der Bundesstaaten finden die Vorschriften dieses Abschnitts keine Anwendung.

Neugefaßt gesamt in 1937: §642~§663(b)

[neu gefaßt in 1937] § 642   (1) Der Verfrachter hat, sobald die Güter an Bord genommen sind, dem Ablader unverzüglich gegen Rückgabe des etwa bei der Annahme der Güter erteilten vorläufigen Empfangsscheins oder Übernahmekonnossements (Absatz 5) ein Konnossement in so vielen Ausfertigungen auszustellen, als der Ablader verlangt (Bordkonnossement).

(2) Alle Ausfertigungen des Konnossements müssen gleichlautend sein; in ihnen muß angegeben sein, wie viele Ausfertigungen ausgestellt sind.

(3) Der Ablader hat dem Verfrachter auf Verlangen eine von ihm unterschriebene Abschrift des Konnossements zu erteilen.

(4) Der Kapitän und jeder andere dazu ermächtigte Vertreter des Reeders ist zur Ausstellung des Konnossements auch ohne besondere Ermächtigung des Verfrachters befugt.

(5) Das Konnossement kann mit Zustimmung des Abladers auch über Güter ausgestellt werden, die zur Beförderung übernommen, aber noch nicht an Bord genommen sind (Übernahmekonnossement). Der Ausstellung eines Bordkonnossements steht es gleich, wenn in dem Übernahmekonnossement vermerkt wird, wann und in welches Schiff die Güter an Bord genommen sind.

[neu gefaßt in 1937] § 643   Das Konnossement enthält:

1. den Namen des Verfrachters;

2. den Namen des Kapitäns;

3. den Namen und die Nationalität des Schiffes;

4. den Namen des Abladers;

5. den Namen des Empfängers;

6. den Abladungshafen;

규정에 의하여 영향을 받지 않는다.

제663조 본장의 규정은 우편을 통한 국가의 해상물품운송에는 적용되지 않는다.

1937년 제642조 내지 제663조의(b) 일괄개정

【1937년 개정】제642조 (1) 해상운송인은 화물을 선상에서 인수받으면 즉시, 화물을 수령할 때에 임시로 발행한 수령증 또는 수령선하증권(제5항)이 있으면 이를 반환받고서, 선적인이 요청하는 수의 복본으로 하여 선하증권을 선적인에게 발행하여 주어야 한다(선적선하증권).

(2) 선하증권 복본은 모두 동일한 내용이어야 한다.; 선하증권에는 복본의 수를 기재하여야 한다.

(3) 해상운송인의 요청이 있으면, 선적인은 스스로 서명한 선하증권의 사본을 해상운송인에게 교부하여야 한다.

(4) 선장 및 선주로부터 그에 관해 특별히 대리권을 수여받은 다른 대리인은, 해상운송인으로부터 특별히 수여받은 대리권이 없다고 하더라도, 선하증권을 발행할 권한이 있다.

(5) 해상운송인이 운송을 위해 수령은 하였지만 아직 선적이 이루어지지 아니한 화물에 대하여도, 선적인의 동의가 있으면, 해상운송인은 선하증권을 발행할 수 있다(수령선하증권). 수령선하증권에 언제 및 어느 선상에 화물이 인수되었는지 기입되면 선적선하증권의 발행과 동일한 효력이 있다.

【1937년 개정】제643조 선하증권에는 다음 내용을 기재하여야 한다.:

1. 해상운송인의 성명;
2. 선장의 성명;
3. 선박의 명칭과 국적;
4. 선적인의 성명;
5. 수하인의 성명;
6. 선적항;
7. 양륙항 또는 양륙항에 관한 지시를 받을 장소;

7. den Löschungshafen oder den Ort, an dem Weisung über ihn einzuholen ist;

8. die Art der an Bord genommenen oder zur Beförderung übernommenen Güter, deren Maß, Zahl oder Gewicht, ihre Merkzeichen und ihre äußerlich erkennbare Verfassung und Beschaffenheit;

9. die Bestimmung über die Fracht;

10. den Ort und den Tag der Ausstellung;

11. die Zahl der ausgestellten Ausfertigungen.

[neu gefaßt in 1937] § 644 Ist in einem vom Kapitän oder einem anderen Vertreter des Reeders ausgestellten Konnossement der Name des Verfrachters nicht angegeben, so gilt der Reeder als Verfrachter. Ist der Name des Verfrachters unrichtig angegeben, so haftet der Reeder dem Empfänger für den Schaden, der aus der Unrichtigkeit der Angabe entsteht.

[neu gefaßt in 1937] § 645 (1) Maß, Zahl oder Gewicht der Güter, ihre Merkzeichen sowie ihre äußerlich erkennbare Verfassung und Beschaffenheit sind auf Verlangen des Abladers im Konnossement so anzugeben, wie sie der Ablader vor dem Beginn des Einladens schriftlich mitgeteilt hat.

(2) Dies gilt nicht:

1. für solche Merkzeichen, die nicht auf den Gütern selbst oder im Fall der Verpackung auf deren Behältnissen oder Umhüllungen aufgedruckt oder in anderer Weise derart angebracht sind, daß sie unter gewöhnlichen Umständen bis zum Ende der Reise lesbar bleiben;

2. wenn der Verfrachter Grund zu der Annahme hat, daß die Angaben des Abladers ungenau sind, oder wenn er keine ausreichende Gelegenheit hat, diese Angaben nachzuprüfen.

[neu gefaßt in 1937] § 646 Im Fall des § 645 Abs. 2 kann das Konnossement die Angaben des Abladers wiedergeben, wenn es einen entsprechenden Zusatz enthält.

[neu gefaßt in 1937] § 647 (1) Auf Verlangen des Abladers ist das Konnossement, wenn nicht das Gegenteil vereinbart ist, an die Order des Empfängers oder lediglich an Order zu stellen. Im letzteren Fall ist unter der Order die Order des Abladers zu verstehen.

(2) Das Konnossement kann auch auf den Namen des Verfrachters oder des

8. 선상에 인수한 혹은 운송을 위해 수령한 화물의 종류, 그 용적, 개수 또는 중량 및 그 기호표시와 함께 화물의 외관상 인식할 수 있는 상태 및 성질;

9. 운임에 관한 규정;

10. 발행 장소 및 날짜;

11. 복본의 수.

【1937년 개정】제644조　선장 또는 선주의 다른 대리인이 발행한 선하증권에 해상운송인의 성명이 기재되어 있지 않는 경우, 그 선주를 해상운송인으로 본다. 해상운송인의 성명이 부정확하게 기재된 경우, 선주는 부정확한 기재로 인해 수하인에게 발생한 손해를 배상할 책임이 있다.

【제1937년 개정】제645조　(1) 선적인의 요청이 있으면, 선하증권에는, 선적인이 선적 개시 전에 서면으로 통지한 바에 따라, 화물의 용적, 개수 또는 중량 및 그 기호표시와 함께 인식할 수 있는 외관상 상태 및 성질을 기재하여야 한다.

(2) 그러나 다음이 경우에는 이를 적용하지 않는다.:

1. 그 기호표시에 관하여는, 기호표시가 화물 자체에, 또는 화물이 담아져 있을 때에는 그 용기나 포장에, 통상 상황에서는 항해의 종료 시까지 읽을 수 있게 인쇄되거나 기타 방법으로 설치되어 있지 않는 경우;

2. 해상운송인이 수령할 때에, 선적인의 기재가 정확하지 않다고 볼 근거가 있는 때, 또는 해상운송인이 그러한 기재를 확인할 충분한 기회를 갖지 못한 때

【1937년 개정】제646조　제645조 제2항의 경우에, 선하증권에 상응하는 부기문구가 포함되어 있는 때에는, 선하증권에 선적인의 기술을 그대로 기재할 수 있다.

【1937년 개정】[6] 제647조　(1) 반대의 약정이 없으면, 선하증권은 선적인의 요청에 의해 수하인의 지시의 형식으로 혹은 단순히 지시의 형식으로 발행한다. 후자의 경우, 단순한 지시는 이를 선적인의 지시로 본다.

(2) 선하증권은 해상운송인 또는 선장을 수하인으로 지정할 수 있다.

---

6) 개정 전 제644조임.

428

Kapitäns als Empfänger lauten.

[neu gefaßt in 1937] § 648　(1) Zur Empfangnahme der Güter legitimiert ist der, an den die Güter nach dem Konnossement abgeliefert werden sollen oder auf den das Konnossement, wenn es an Order lautet, durch Indossament übertragen ist.

(2) Sind mehrere Ausfertigungen des Konnossements ausgestellt, so sind die Güter an den legitimierten Inhaber auch nur einer Ausfertigung auszuliefern.

[neu gefaßt in 1937] § 649　(1) Melden sich mehrere legitimierte Konnossementsinhaber, so ist der Kapitän verpflichtet, sie sämtlich zurückzuweisen, die Güter in einem öffentlichen Lagerhaus oder sonst in sicherer Weise zu hinterlegen und die Konnossementsinhaber, die sich gemeldet haben, unter Angabe der Gründe seines Verfahrens hiervon zu benachrichtigen.

(2) Er ist befugt, über sein Verfahren und dessen Gründe eine öffentliche Urkunde errichten zu lassen und wegen der daraus entstehenden Kosten in gleicher Art wie wegen der Fracht sich an die Güter zu halten.

[neu gefaßt in 1937] § 650　Die Übergabe des Konnossements an den, der durch das Konnossement zur Empfangnahme legitimiert wird, hat, sobald die Güter von dem Kapitän oder einem anderen Vertreter des Verfrachters zur Beförderung übernommen sind, für den Erwerb von Rechten an den Gütern dieselben Wirkungen wie die Übergabe der Güter.

[neu gefaßt in 1937] § 651　Sind mehrere Ausfertigungen eines an Order lautenden Konnossements ausgestellt, so können von dem Inhaber der einen Ausfertigung die in § 650 bezeichneten Wirkungen der Übergabe des Konnossements nicht zum Nachteil dessen geltend gemacht werden, der auf Grund einer anderen Ausfertigung gemäß § 648 die Auslieferung der Güter von dem Kapitän erlangt hat, bevor der Anspruch auf Auslieferung von dem Inhaber der ersteren Ausfertigung erhoben worden ist.

[neu gefaßt in 1937] § 652　(1) Hat der Kapitän die Güter noch nicht ausgeliefert, so geht unter mehreren sich meldenden Konnossementsinhabern, soweit die von ihnen auf Grund der Konnossementsübergabe an den Gütern geltend gemachten Rechte einander entgegenstehen, der vor, dessen Ausfertigung von dem gemeinschaftlichen Vormann, der mehrere Konnossementsausfertigungen an verschiedene Personen übertragen hat, zuerst der einen dieser Personen so übergeben worden ist, daß sie zur

【1937년 개정】 제648조　(1) 선하증권에 의하면 화물을 인도하여 주어야 할 사람, 또는 지시식 선하증권을 배서를 통하여 양도받은 사람은, 화물을 수령할 정당한 권리를 갖는다.

(2) 선하증권이 다수 복본으로 발행된 경우, 어느 한 복본의 정당한 소지인에 지나지 않을지라도, 그 소지인에게 화물을 인도하여 주어야 한다.

【1937년 개정】[7] 제649조　(1) 선하증권의 정당한 소지인이 다수 나타난 경우, 선장은 이들 전부에 대해 적하의 인도를 거절하고, 적하를 공적인 창고에 혹은 기타 안전한 방법으로 보관한 다음, 나타난 선하증권의 소지인들에게 자기가 취한 조치의 이유를 적시하여 보관에 관해 통보하여야 한다.

(2) 선장은 자기의 조치와 그 이유에 관해 공적 증서를 작성하게 할 수 있고, 이로 인하여 발생한 비용을 운임과 마찬가지 방법으로 화물로부터 징수할 수 있다.

【1937년 개정】[8] 제650조　선하증권이 그 증권에 의해 운송물을 청구할 권리가 있는 사람에게 교부된 경우에는, 선장 혹은 선주의 다른 대리인이 운송을 위해 화물을 수취함과 동시에, 그 교부는 화물에 대한 권리의 취득에 있어 화물의 인도와 동일한 효력이 있다.

【1937년 개정】[9] 제651조　선하증권이 복본으로 다수가 지시식으로 발행된 경우, 어느 한 선하증권의 소지인은 자기가 인도를 청구하기 이전에 위 제650조의 규정에 의해 다른 복본에 기해 선장으로부터 화물을 인수받아 간 사람에 대해 그의 권리와 상충되게 위 제648조에서 말하는 선하증권의 교부의 효력을 주장할 수 없다.

【1937년 개정】[10] 제652조　(1) 선장이 화물을 아직 인도하여 주지 아니하는 동안, 다수의 선하증권 소지인이 나타나 선하증권의 교부에 근거하여 화물에 대해 서로 상충되는 권리를 주장하는 경우, 복수의 선하증권을 서로 다른 사람에게 양도하였던 공동의 전자가 상대방이 화물을 수령할 수 있도록 최초로 선하증권을 교부

---

7) 1937년 개정 이전 제646조.
8) 1937년 개정 이전 제647조.
9) 1937년 개정 이전 제648조.
10) 1937년 개정 이전 제649조.

Empfangnahme der Güter legitimiert wurde.

(2) Bei der nach einem anderen Ort übersandten Ausfertigung wird die Zeit der Übergabe durch den Zeitpunkt der Absendung bestimmt.

[neu gefaßt in 1937] § 653   Die Güter brauchen nur gegen Rückgabe einer Ausfertigung des Konnossements, auf der ihre Ablieferung bescheinigt ist, ausgeliefert zu werden.

[neu gefaßt in 1937] § 654   (1) Ist ein an Order lautendes Konnossement ausgestellt, so darf der Kapitän den Anweisungen des Abladers wegen Rückgabe oder Auslieferung der Güter nur dann Folge leisten, wenn ihm die sämtlichen Ausfertigungen des Konnossements zurückgegeben werden.

(2) Dasselbe gilt, wenn ein Konnossementsinhaber die Auslieferung der Güter verlangt, bevor das Schiff den Bestimmungshafen erreicht hat.

(3) Handelt der Kapitän diesen Vorschriften entgegen, so bleibt der Verfrachter dem rechtmäßigen Inhaber des Konnossements verpflichtet.

(4) Lautet das Konnossement nicht an Order, so sind die Güter, auch wenn keine Ausfertigung des Konnossements beigebracht wird, zurückzugeben oder auszuliefern, wenn der Ablader und der im Konnossement bezeichnete Empfänger damit einverstanden sind. Werden jedoch nicht sämtliche Ausfertigungen des Konnossements zurückgegeben, so kann der Verfrachter verlangen, daß ihm wegen der deshalb zu besorgenden Nachteile zuvor Sicherheit geleistet wird.

[neu gefaßt in 1937] § 655   § 654 gilt auch, wenn der Frachtvertrag vor der Erreichung des Bestimmungshafens infolge eines Zufalls nach den §§ 628 bis 641 aufgelöst wird.

[neu gefaßt in 1937] § 656   (1) Das Konnossement ist für das Rechtsverhältnis zwischen dem Verfrachter und dem Empfänger der Güter maßgebend.

(2) Das Konnossement begründet insbesondere die Vermutung, daß der Verfrachter die Güter so übernommen hat, wie sie nach § 643 Nr. 8 und § 660 beschrieben sind. Dies gilt nicht: 1. wenn das Konnossement einen Zusatz nach § 646 enthält; 2. hinsichtlich des Inhalts solcher Güter, die nach dem Konnossement dem Kapitän in Verpackung oder in geschlossenen Gefäßen übergeben worden sind, wenn das Konnossement mit dem Zusatz: "Inhalt unbekannt" oder mit einem gleichbedeutenden Zusatz versehen ist.

하여 준 복본의 소지인의 권리가 우선한다.

(2) 선하증권 복본이 다른 장소로 송부된 때에는 그 발송의 시점을 교부의 시기라고 본다.

【1937년 개정】[11] **제653조** 화물은 인도를 확인하는 표시가 된 어느 한 선하증권 복본의 반환과 오로지 상환으로 화물을 인도하여 줄 것을 요한다.

【1937년 개정】[12] **제654조** (1) 지시식 선하증권이 발행된 경우, 선장은 그에게 선하증권 복본 전부가 반환된 때에 한해, 화물을 반환 혹은 인도하라는 선적인의 지시를 수락할 수 있다.

(2) 선박이 목적항에 도착하기 이전에, 어느 한 선하증권 소지인이 화물의 인도를 요청한 때에도, 마찬가지로 이 규정이 적용된다.

(3) 선장이 이러한 규정에 위반한 행위를 한 경우, 해상운송인은 선하증권의 정당한 소지인에 대해 계속하여 선하증권에 기한 의무를 부담한다.

(4) 선하증권이 지시식으로 발행되지 않는 경우, 선적인과 선하증권에 표시된 수하인이 모두 그에 동의한다면, 비록 아무런 선하증권 복본도 제시되지 않는다고 하더라도, 화물을 반환하거나 인도하여 주어야 한다. 그러나 선하증권 복본 전부를 반환하지 않으면, 해상운송인은 그로 인해 자기에게 발생할 손해를 감당할 담보를 먼저 제공할 것을 요구할 수 있다.

【1937년 개정】 제655조 선박이 목적항에 도착하기 이전에 우연한 사고를 당한 결과, 제628조 내지 제641조의 규정에 의해, 운송계약이 실효된 경우에도, 위 제654조는 마찬가지로 적용된다.

【1937년 개정】 제656조 (1) 해상운송인과 수하인 사이의 법률관계는 선하증권에 의한다.

(2) 특히 해상운송인은 선하증권에 의해 제643조 8호 및 제660조에 따라 선하증권에 기술된 바와 같은 화물을 수령하였다고 추정한다. 이 규정은 다음 경우에는

---

11) 1937년 개정 이전 제650조.
12) 1937년 개정 이전 제659조.

【geändert in 1986】 (2) Das Konnossement begründet insbesondere die Vermutung, daß der Verfrachter die Güter so übernommen hat, wie sie nach § 643 Nr. 8 und § 660 beschrieben sind. Ist das Konnossement einem gutgläubigen Dritten übertragen worden, so ist der Beweis, daß der Verfrachter die Güter nicht so übernommen hat, wie sie nach § 643 Nr. 8 beschrieben sind, nicht zulässig.

【eingefügt in 1986】 (3) Absatz 2 gilt nicht:

1. wenn das Konnossement einen Zusatz nach § 646 enthält;

2. hinsichtlich des Inhalts solcher Güter, die nach dem Konnossement dem Kapitän in Verpackung oder in geschlossenen Gefäßen übergeben worden sind, wenn das Konnossement mit dem Zusatz: "Inhalt unbekannt" oder mit einem gleichbedeutenden Zusatz versehen ist.

【Nr geändert in 1986; bisher (3)】 (4) Für das Rechtsverhältnis zwischen dem Verfrachter und dem Befrachter bleiben die Bestimmungen des Frachtvertrages maßgebend.

【neu gefaßt in 1937】 § 657 (1) Ist die Fracht nach der Menge (Maß, Zahl oder Gewicht) der Güter bedungen und im Konnossement die Menge angegeben, so ist diese Angabe für die Berechnung der Fracht entscheidend, wenn nicht das Konnossement eine abweichende Bestimmung enthält. Als eine solche ist ein Zusatz nach § 646 nicht anzusehen.

(2) Wird wegen der Fracht auf den Frachtvertrag verwiesen, so sind hierin die Bestimmungen über Löschzeit, Überliegezeit und Liegegeld nicht als einbegriffen anzusehen.

【neu gefaßt in 1937】 § 658 (1) Ist in den Fällen der §§ 606 und 607 für gänzlichen oder teilweisen Verlust von Gütern Ersatz zu leisten, so hat der Verfrachter den gemeinen Handelswert oder den gemeinen Wert zu ersetzen, den Güter derselben Art und Beschaffenheit am Bestimmungsort der Güter bei Beginn der Löschung des Schiffes oder, wenn das Schiff an diesem Ort nicht entlöscht wird, bei seiner Ankunft daselbst haben; hiervon kommt in Abzug, was infolge des Verlusts an Zöllen und sonstigen Kosten sowie an Fracht erspart ist.

(2) Wird der Bestimmungsort der Güter nicht erreicht, so tritt an dessen Stelle der Ort, wo die Reise endet, oder, wenn die Reise durch Verlust des Schiffes endet, der Ort, wohin die Ladung in Sicherheit gebracht ist.

적용되지 않는다.: 1. 선하증권에 제646조에 의한 부기가 포함되어 있는 때; 2. 선하증권에 의하면 포장이 되거나 밀폐된 용기에 담아서 선장에게 인도한 화물의 내용과 관련하여서는, 선하증권에 "내용 부지" 기타 유사한 의미를 가진 부기를 한 때.

【1986년 변경】 (2) 특히 선하증권에 의해 해상운송인이 제643조 8호 및 제660조에 따라 선하증권에 기술된 바와 같은 화물을 해상운송인이 수령하였다고 추정한다. 선하증권이 선의의 제3자에게 양도되면, 해상운송인이 제643조 8호에 따라 선하증권에 기술된 바와 다른 화물을 수령하였다는 입증이 허용되지 않는다.

【1986년 삽입】 (3) 다음의 경우에는 위 제2항이 적용되지 않는다.

1. 선하증권에 제646조에 따라 부기가 포함되어 있는 때

2. 선하증권에 의하면 포장이 되거나 밀폐된 용기에 담아서 선장에게 인도한 화물의 내용과 관련하여서는, 선하증권에 "내용 부지" 기타 유사한 의미를 가진 부기를 한 때.

【1986년 이전 번호; (3)】 (4) 해상운송인과 운송계약자 사이의 법률관계는 운송계약의 규정에 의한다.

【1937년 개정】 제657조 (1) 운임이 화물의 크기(개수, 용적 혹은 중량)에 따라 약정되고, 선하증권에 화물의 크기가 기재되어 있는 경우, 선하증권에 이와 다른 규정이 포함되어 있지 않는 한, 운임은 이 기재에 의하여 산정한다. 제646조에 따라 한 부기는 여기에서 말하는 다른 규정이라고 보지 않는다.

(2) 운임에 관해 운송계약이 인용되어 있는 경우, 거기에 양륙기간, 체선기간 및 체선료는 포함되지 않는 것으로 본다.

【1937년 개정】[13] 제658조 (1) 제606조 및 제607조의 경우에서 화물이 전부 혹은 일부 멸실되었기 때문에 보상을 하여야 하는 때에는, 그 일반적인 시장가격에 의해 또는 일반적인 가격에 의해 보상하여야 하며, 여기에서 가격이란 화물의 목적지에서 선박이 양륙을 개시하였을 때에 동일한 종류와 품질의 화물의 가격을 말하고, 그 장소에서 선박으로부터 전혀 양륙이 이루어지지 않는 때에는 선박이 도착했을 때에 그 화물의 가격을 말한다.; 이 가격에서 멸실의 결과로 절약된 관세 기타 비용은 물론 운임을 공제하여야 한다.

---

13) 1937년 이전 제611조.

〔neu gefaßt in 1937〕§ 659 Ist in den Fällen der §§ 606 und 607 für Beschädigung von Gütern Ersatz zu leisten, so hat der Verfrachter den Unterschied zwischen dem Verkaufswert der Güter im beschädigten Zustand und dem gemeinen Handelswert oder dem gemeinen Wert zu ersetzen, den die Güter ohne die Beschädigung am Bestimmungsort zur Zeit der Löschung des Schiffes gehabt haben würden; hiervon kommt in Abzug, was infolge der Beschädigung an Zöllen und sonstigen Kosten erspart ist.

〔neu gefaßt in 1937〕§ 660 In jedem Fall haftet der Verfrachter für jede Packung oder Einheit bis zu einem Höchstbetrag von eintausendzweihundertfünfzig Deutsche Mark, wenn nicht der Ablader die Art und den Wert des Gutes vor dem Beginn der Einladung angegeben hat und diese Angabe in das Konnossement aufgenommen worden ist.

〔neu gefaßt in 1986〕§ 660 (1) Sofern nicht die Art und der Wert der Güter vor ihrer Einladung vom Ablader angegeben sind und diese Angabe in das Konnossement aufgenommen ist, haftet der Verfrachter für Verlust oder Beschädigung der Güter in jedem Fall höchstens bis zu einem Betrag von 666,67 Rechnungseinheiten für das Stück oder die Einheit oder einem Betrag von 2 Rechnungseinheiten für das Kilogramm des Rohgewichts der verlorenen oder beschädigten Güter, je nachdem, welcher Betrag höher ist. Die in Satz 1 genannte Rechnungseinheit ist das Sonderziehungsrecht des Internationalen Währungsfonds. Die in Satz 1 genannten Beträge werden in Deutsche Mark 〔**geändert in 2006;** Euro〕 entsprechend dem Wert der Deutschen Mark 〔**geändert in 2006;** Euro〕 gegenüber dem Sonderziehungsrecht am Tag des Urteils oder an dem von den Parteien vereinbarten Tag umgerechnet. Der Wert der Deutschen Mark 〔**geändert in 2006;** Euro〕 gegenüber dem Sonderziehungsrecht wird nach der Berechnungsmetode ermittelt, die der Internationale Währungsfonds an dem betreffenden Tag für seine Operationen und Transaktionen anwendet.

(2) Wird ein Behälter, eine Palette oder ein ähnliches Gerät verwendet, um die Güter für die Beförderung zusammenzufassen, so gilt jedes Stück und jede Einheit, welche in dem Konnossement als in einem solchen Gerät entalten.

(3) Der Verfrachter verliert das Recht auf Haftungsbeschränkung nach Absatz 1

(2) 적하가 그 목적지에 도착하지 못한 경우, 항해가 종료된 장소로 위 목적지를 대신하고, 선박의 멸실에 의해 항해가 종료되면 적하를 안전하게 가지고 나온 장소로 위 목적지를 대신한다.

【1937년 개정】[14] 제659조   제606조 및 제607조의 경우에 화물의 훼손을 이유로 운송계약에 의해 손해를 배상하여야 하는 때에, 해상운송인은 훼손된 상태에서의 그 화물의 매각 가액과 그 적하가 훼손되지 않았다면 선박으로부터 양륙 시에 목적지에서 가졌을 일반적인 시장가격 혹은 일반적인 가격의 차이를 배상하여야 한다.; 이 금액으로부터 훼손의 결과로 절약된 관세 기타 비용은 이를 공제하여야 한다.

【1937년 개정】제660조   해상운송인은, 여하한 경우라 하더라도, 선적인이 선적을 개시하기 이전에 화물의 종류와 가격을 고지하고 그러한 진술이 선하증권에 표시되지 않는 한, 매 포장 또는 단위당 1250 독일 마르크를 한도로 책임을 진다.

【1986년 개정】제660조   (1) 선적인이 선적을 개시하기 전에 화물의 종류와 가격을 고지하고 그 진술이 선하증권에 표시되지 않는 한, 화물의 멸실 또는 훼손에 대해, 해상운송인은, 여하한 경우에도, 멸실 혹은 훼손된 화물 매 개수 혹은 단위당 666.67 계산단위의 금액, 혹은, 멸실 혹은 훼손된 화물 중량 킬로그램당 2 계산단위의 금액 중, 어느 금액이든 더 많은 금액을 한도로 책임을 진다. 위 제1문에서 말하는 계산단위란 국제통화기금의 특별인출권을 말한다. 위 제1문에서 말하는 한도금액은 판결하는 날짜 혹은 당사자가 합의한 날짜의 특별인출권의 독일 마르크【2006년 변경; 유로】에 대한 가격에 따라 이를 독일 마르크【2006년 변경; 유로】로 계산한다. 특별인출권에 대한 독일 마르크【2006년 변경; 유로】의 가격은 국제통화기금이 그 활동과 거래를 위해 해당 일자에 적용하는 계산방법에 의하여 산출한다.

(2) 컨테이너, 팰릿 기타 이와 유사한 용구가 화물을 집합하여 운송하기 위해 사용된 경우, 선하증권에서 그러한 용구에 포함되어 있다고 하는 개수 및 단위를 적용한다.

(3) 해상운송인이 손해를 발생시킬 목적을 가지고 또는 손해가 발생될 수 있다는 것을 알면서 경솔하게 저지른 작위 또는 부작위에 기해 손해가 발생한 경우, 해

---

14) 1937년 개정 이전 제613조.

sowie nach den §§ 658, 659, wenn der Schaden auf eine Handlung oder Unterlassung zurückzuführen ist, die der Verfrachter in der Absicht, einen Schaden herbeizuführen, oder leichtfertig und in dem Bewußtsein begangen hat, daß ein Schaden mit Wahrscheinlichkeit eintreten werde.

〔neu gefaßt in 1937〕 § 661 § 244 des Bürgerlichen Gesetzbuchs findet Anwendung; jedoch erfolgt die Umrechnung nach dem Kurswert, der zur Zeit der Ankunft des Schiffes am Bestimmungsort maßgebend ist. § 658 Abs. 2 gilt sinngemäß.

〔neu gefaßt in 1937〕 § 662 (1) Ist ein Konnossement ausgestellt, so können die Verpflichtungen des Verfrachters aus: § 559 (See- und Ladungstüchtigkeit), § 563 Abs. 2 und §§ 606 bis 608 (Schadensersatzpflicht), §§ 611 und 612 (Schadensermittlung), § 656 (Beweisvermutung des Konnossements) **〔eingefügt in 1986; §§ 658 und 659** (Wertersatz bei Verlust oder Beschädigung der Güter)〕 und § 660 (Haftungssumme), durch Rechtsgeschäft im voraus nicht ausgeschlossen oder beschränkt werden. Das gleiche gilt für die sich aus diesen Verpflichtungen ergebendenschiffsgläubigerrechte.

(2) Dem Ausschluß der Haftung steht die Vereinbarung, durch die dem Verfrachter der Anspruch aus der Versicherung abgetreten wird, sowie jede ähnliche Vereinbarung gleich.

(3) Vereinbarungen über die Erweiterung der Haftung bedürfen der Aufnahme in das Konnossement.

〔neu gefaßt in 1937〕 § 663 (1) § 662 steht einer für den Fall der großen Haverei getroffenen Vereinbarung nicht entgegen.

(2) Er findet ferner keine Anwendung:

1. wenn sich der Vertrag auf lebende Tiere oder eine Ladung bezieht, die im Konnossement als Deckladung bezeichnet und tatsächlich so befördert wird;
2. auf die Verpflichtungen, die dem Verfrachter hinsichtlich der Güter in der Zeit vor ihrer Einladung und nach ihrer Ausladung obliegen;
3. auf solche Vereinbarungen, die über eine nicht handelsübliche im regelmäßigen Handelsverkehr zu bewirkende Verschiffung getroffen werden und durch die Eigenart oder Beschaffenheit der Güter oder durch die besonderen Umstände der Verschiffung gerechtfertigt sind, wenn das Konnossement diese Vereinbarungen enthält und mit dem Vermerk "nicht an Order" versehen ist;
4. auf Charterpartien (§ 557).

상운송인은 위 제1항은 물론 제658조 및 제659조에 의해 책임을 제한할 수 있는 권리를 상실한다.

【1937년 개정】 제661조　민법 제244조가 여기에 적용된다.; 다만 환산은 선박이 목적지에 도착한 때에 목적지에서 시행되는 시세에 의하여 한다. 제658조 제2항이 여기에 준용된다.

【1937년 개정】 제662조　(1) 선하증권이 발행된 경우에, 제559조(항해 및 적하 감항능력), 제563조 제2항 및 제606조 내지 제608조(손해배상의무), 제611조 및 제612조(손해산정), 제656조(선하증권의 추정력), 제658조 및 제659조(화물의 멸실 혹은 훼손 시 가격보상)【1986년 삽입; 제658조 및 제659조(화물의 멸실 혹은 훼손 시 가격보상)】, 제660조(책임금액) 등에 기한 해상운송인의 의무는 법률행위를 통해 사전에 이를 배제하거나 제한할 수 없다. 이러한 의무로부터 발생하는 선박채권자의 권리에 대하여도 마찬가지로 적용된다.

(2) 부보로 인하여 발생하는 권리를 해상운송인에게 양도하는 약정, 기타 이와 유사한 약정은, 이를 책임의 배제와 마찬가지로 본다.

(3) 책임의 가중을 위한 약정은 선하증권에 기재되어야 한다.

【1937년 개정】 제663조　(1) 제662조는 공동해손의 경우에 관한 합의에는 영향이 없다.

(2) 나아가 동 규정은 다음에는 적용되지 않는다.:

1. 계약이 산 동물에 관한 것인 때, 혹은 선하증권에 갑판에 선적되는 것으로 표시되고 실제로 갑판에 선적되어 운송된 화물에 관한 것인 때;

2. 선적 이전 및 양륙 이후 시기에 화물에 관해 해상운송인에게 부과한 의무에 대해;

3. 정상적인 상거래에서 상관행적으로 실현하려는 운송에 관한 것이 아니고, 또 화물의 특성이나 성질 또는 특이한 운송의 환경 때문에 정당화되는 약정으로, 이러한 합의가 선하증권에 기재되고 또 "지시금지"라는 표시를 구비한 때;

4. 용선계약서에 대해(제557조).

〔eingefügt in 1937〕 § 663a Wird bei einer Raumverfrachtung (§ 556 Nr. 1) ein Konnossement ausgestellt, so gilt § 662 von dem Zeitpunkt ab, in dem das Konnossement an einen Dritten begeben wird.

〔eingefügt in 1937〕 § 663b Auf die Beförderung von Gütern zur See durch die Reichspost finden die Vorschriften dieses Abschnitts keine Anwendung.

Fünfter Abschnitt. Frachtgeschäft zur Beförderung von Reisenden.
[Überschrift geändert in 1986; Beförderung von Reisenden und ihrem Gepäck]

§ 664 Ist der Reisende in dem Überfahrtsvertrage genannt, so ist er nicht befugt, das Recht auf die Überfahrt an einen Anderen abzutreten.

〔neu gefaßt in 1986〕 § 664 (1) Für Schäden, die bei der Beförderung von Reisenden und ihrem Gepäck auf See durch den Tod oder die Körperverletzung eines Reisenden oder den Verlust oder die Beschädigung von Gepäck entstehen, haften vorbehaltlich des Absatzes 2 der Beförderer und der ausführende Beförderer nach den diesem Gesetz als Anlage beigefügten Bestimmungen über die Beförderung von Reisenden und ihrem Gepäck auf See. Die §§ 486 bis 487e bleiben unberührt.

(2) Unterliegt eine Beförderung im Sinne des Absatzes 1 einer Haftungsregelung nach den Vorschriften über die Beförderung von Reisenden oder Gepäck durch ein anderes Beförderungsmittel als ein Seeschiff, so gelten die Bestimmungen der Anlage nicht, soweit jene Vorschriften auf die Beförderung auf See zwingend anzuwenden sind.

§ 665 Der Reisende ist verpflichtet, alle die Schiffsordnung betreffenden Anweisungen des Kapitäns zu befolgen.

〔aufgehoben in 1986〕 § 666 Der Reisende, der sich vor oder nach dem Antritte der Reise nicht rechtzeitig an Bord begiebt, hat das volle Überfahrtsgeld zu bezahlen, wenn der Kapitän die Reise antritt oder fortsetzt, ohne auf ihn zu warten.

〔aufgehoben in 1986〕 § 667 (1) Wenn der Reisende vor dem Antritt der Reise den Rücktritt von dem Überfahrtsvertrag erklärt oder stirbt oder durch Krankheit oder einen anderen in seiner Person sich ereignenden Zufall zurückzubleiben genötigt wird, so ist nur die Hälfte des Überfahrtsgelds zu zahlen.

【1937년 삽입】제663조의 (a) 공간에 관한 운송계약(제556조 제1호)에서 선하증권이 발행된 경우, 제662조는 선하증권이 제3자에게 교부된 시점부터 적용된다.

【1937년 삽입】[15] 제663조의 (b) 본장의 규정은 우편을 통한 국가의 해상물품운송에는 적용되지 않는다.

제5장 여객운송을 위한 운송계약
[1986년 명칭변경: 여객 및 수하물의 운송을 위한 운송계약]

제664조 해상여객운송계약에서 여객이 지정되어 있는 경우, 그는 해상운송에 대한 권리를 타인에게 양도하지 못한다.

【1986년 개정】제664조 (1) 여객 및 그 수하물의 운송에 있어, 여객의 사망이나 상해 또는 수하물의 멸실이나 훼손으로 인해 발생한 손해에 대해 운송인 및 실제 운송인은, 제2항의 적용을 전제로, 해상에서 여객 및 그 수하물의 운송에 관한 기초를 제공하는 규정으로 본법에 의하여 책임을 진다. 제486조 내지 제478조의 (e)는 이로 인하여 영향이 없다.
  (2) 위 제1항의 의미에서 운송이, 항해선이 아닌 다른 운송수단에 의한 여객 및 그 수하물의 운송에 관한 규정에 따라 어느 한 책임 체계에 놓이는 경우, 이 기초규정은, 그러한 규정이 그 해상운송에 강행적으로 적용되는 범위 내에서는 적용되지 않는다.

제665조 여객은 선박의 질서와 관련된 선장의 모든 지시를 따라야 한다.

【1986년 삭제】제666조 항해의 개시 이전이든 이후이든, 여객이 적기에 승선하지 아니하여, 선장이 그를 기다리지 않고서 항해를 개시하거나 혹은 재개한 경우, 그 여객은 운임 전액을 지급하여야 한다.

---

15) 1937년 개정 이전 제663조.

(2) Wenn nach dem Antritt der Reise der Rücktritt erklärt wird oder einer der erwähnten Zufälle sich ereignet, so ist das volle Überfahrtsgeld zu zahlen.

[aufgehoben in 1986] § 668   Der Überfahrtsvertrag tritt außer Kraft, wenn durch einen Zufall das Schiff verlorengeht (§ 628 Abs. 1 Nr. 1).

[aufgehoben in 1986] § 669   (1) Der Reisende ist befugt, von dem Vertrag zurückzutreten, wenn ein Krieg ausbricht, infolge dessen das Schiff nicht mehr als frei betrachtet werden kann und der Gefahr der Aufbringung ausgesetzt wäre, oder wenn die Reise durch eine das Schiff betreffende Verfügung von hoher Hand aufgehalten wird.

(2) Das Recht des Rücktritts steht auch dem Verfrachter zu, wenn er in einem der vorstehenden Fälle die Reise aufgibt oder wenn das Schiff hauptsächlich zur Beförderung von Gütern bestimmt ist und die Unternehmung unterbleiben muß, weil die Güter ohne sein Verschulden nicht befördert werden können.

[aufgehoben in 1986] § 670   (1) In allen Fällen, in denen nach den §§ 668 und 669 der Überfahrtsvertrag aufgelöst wird, ist kein Teil zur Entschädigung des anderen verpflichtet.

(2) Ist jedoch die Auflösung erst nach dem Antritt der Reise erfolgt, so hat der Reisende das Überfahrtsgeld nach dem Verhältnis der zurückgelegten zur ganzen Reise zu zahlen.

(3) Bei der Berechnung des zu zahlenden Betrags ist die Vorschrift des § 631 maßgebend.

[aufgehoben in 1986] § 671   (1) Muß das Schiff während der Reise ausgebessert werden, so hat der Reisende, auch wenn er die Ausbesserung nicht abwartet, das volle Überfahrtsgeld zu zahlen. Wartet er die Ausbesserung ab, so hat ihm der Verfrachter bis zum Wiederantritt der Reise ohne besondere Vergütung Wohnung zu gewähren, auch die nach dem Überfahrtsvertrag in Ansehung der Beköstigung ihm obliegenden Pflichten weiter zu erfüllen.

(2) Erbietet sich jedoch der Verfrachter, den Reisenden mit einer anderen gleich guten Schiffsgelegenheit ohne Beeinträchtigung der übrigen vertragsmäßigen Rechte des Reisenden nach dem Bestimmungshafen zu befördern, und weigert sich der Reisende, von dem Anerbieten Gebrauch zu machen, so hat er auf Gewährung von

【1986년 삭제】제667조 (1) 항해를 개시하기 이전에, 여객이 운송계약을 해제하거나, 혹은 여객이 사망하거나 개인에게 질병 기타 우연한 사고가 발생하여 뒤에 남아 있을 수밖에 없게 된 때에는, 운임은 그 반액만 지급하면 된다.

(2) 항해를 개시하고 난 다음에, 운송계약이 해제되거나 위에서 말하는 사고가 발생한 때에는, 운임 전액을 지급하여야 한다.

【1986년 삭제】제668조 해상여객운송계약은 우연한 사고로 인해 선박이 멸실되면 소멸한다(제628조 제1항 1호).

【1986년 삭제】제669조 (1) 전쟁이 발발하여 선박이 더 이상 자유롭다고 볼 수 없고 나아가 나포의 위험에도 노출되게 된 때, 혹은 정부가 취한 선박에 대한 조치로 항해가 정지된 때에는, 여객은 운송계약을 해제할 수 있다.

(2) 해상운송인이 위의 어느 한 경우에 항해를 포기한 때, 혹은 선박이 주로 화물을 운송할 예정이었는데 해상운송인의 책임 없이 그 화물을 운송할 수 없게 되어 그 사업을 지속할 수 없게 된 때에는, 해상운송인도 운송계약을 해제할 수 있다.

【1986년 삭제】제670조 (1) 위 제668조 및 제669조에 따라 여객운송계약이 소멸하면, 여하한 경우라도, 당사자는 상대방에 대해 손해를 배상할 의무가 없다.

(2) 그러나 항해를 개시한 다음에 소멸되게 되면, 여객은 여행을 했던 항해의 전체 항해에 대한 비율로 비율운임을 지급하여야 한다.

(3) 지급할 금액을 계산하는 데에는 위 제631조의 규정이 적용된다.

【1986년 삭제】제671조 (1) 항해 도중에 선박을 수선하여야 하는 경우, 여객은, 가사 수선을 기다리지 않는다고 하더라도, 운임 전액을 지급하여야 한다. 여객이 수선을 기다리는 경우, 해상운송인은 항해를 재개할 때까지 별도의 대가 없이 그의 숙박을 제공하여야 하고 또 운송계약에 따라 급식 의무도 계속 이행하여야 한다.

(2) 그러나 해상운송인이, 여객의 다른 계약상 권리에 전혀 영향을 주지 않으면서, 목적항으로 운송을 위해 유사한 등급의 다른 선편을 여객에게 제안했음에도 불구하고, 여객이 그 제의를 받아들이기를 거절한 경우, 그 여객은 더 이상 항해를 재개할 때까지 숙박과 급식의 제공을 청구할 권리가 없다.

Wohnung und Kost bis zum Wiederantritt der Reise nicht weiter Anspruch.

§ 672   Für die Beförderung des Reiseguts, welches der Reisende nach dem Überfahrtsvertrag an Bord zu bringen befugt ist, hat er, wenn nicht ein Anderes bedungen ist, neben dem Überfahrtsgelde keine besondere Vergütung zu zahlen.

[neu gefaßt in 1986] § 672   Für die Beförderung des Gepäcks, das der Reisende nach dem Beförderungsvertrag an Bord zu bringen befugt ist, hat er, wenn nichts anderes vereinbart ist, neben dem Beförderungsentgelt keine besondere Vergütung zu zahlen.

§ 673   (1) Auf das an Bord gebrachte Reisegut finden die Vorschriften der §§ 561, 593, 617 Anwendung.

(2) Ist das Reisegut von dem Kapitän oder einem dazu bestellten Dritten übernommen, so gelten für den Fall seines Verlustes oder seiner Beschädigung die Vorschriften der §§ 606 bis 610. [eingefügt in 1937] Für Kostbarkeiten, Kunstgegenstände, Geld und Wertpapiere haftet der Verfrachter nur, wenn diese Art oder der Wert des Gutes bei der Übergabe dem Kapitän oder dem Dritten angegeben worden ist.

(3) Auf sämmtliche von dem Reisenden an Bord gebrachte Sachen finden außerdem die Vorschriften der §§ 563 bis 565, 619 Anwendung.

[neu gefaßt in 1986] § 673   Auf das an Bord gebrachte Gepäck sind die §§ 561, 593 und 617 anzuwenden. Auf sämtliche von dem Reisenden an Bord gebrachte Sachen sind außerdem die §§ 563 bis 565 und 619 anzuwenden.

§ 674   (1) Der Verfrachter hat wegen des Überfahrtsgeldes an den von dem Reisenden an Bord gebrachten Sachen ein Pfandrecht.

[geändert in 1986] (1) Der Beförderer hat wegen des Beförderungsentgelts an den von dem Reisenden an Bord gebrachten Sachen ein Pfandrecht.

(2) Das Pfandrecht besteht jedoch nur, solange die Sachen zurückbehalten oder hinterlegt sind.

§ 675   Stirbt ein Reisender, so ist der Kapitän vepflichtet, in Ansehung des an Bord befindlichen Reiseguts des Verstorbenen das Interesse der Erben nach den Umständen des Falles in geeigneter Weise wahrzunehmen.

제672조 여객은, 다른 약정이 없는 한, 여객운송계약에 의거 그가 소지하고 승선할 수 있는 수하물의 운송에 대해, 운임 이외에 다른 보수를 지급할 필요가 없다.

【1986년 개정】제672조[16] 여객은, 다른 약정이 없는 한, 운송계약에 의거 그가 소지하고 승선할 수 있는 수하물의 운송에 대해, 운임 이외에 다른 보수를 지급할 필요가 없다.

제673조 (1) 선상에 가지고 온 수하물에 대하여는 위 제651조, 제593조 및 제617조의 규정이 적용된다.

(2) 선장이나 혹은 수하물의 인수를 위해 임명된 사람이 여객으로부터 수하물을 인수한 경우, 그 수하물이 멸실 혹은 훼손된 때에는, 제606조 내지 제610조의 규정이 적용된다. **【1937년 추가】**고가물, 예술품, 화폐 등에 대하여는, 이를 선장이나 제3자에게 인도할 때에, 그 성질이나 가격을 고지한 때에 한하여, 해상운송인이 그에 대해 책임이 있다.

(3) 그 외에도, 여객이 선상에 가지고 온 모든 물건에 대해, 제563조 내지 제565조 및 제619조의 규정이 적용된다.

【1986년 개정】제673조 선상에 가지고 온 수하물에 대하여 제561조, 제593조 및 제617조의 규정이 적용된다. 그 외에도, 여객이 선상에 가지고 온 모든 물건에 대해, 제563조 내지 제565조 및 제619조의 규정이 적용된다.

제674조 (1) 해상운송인은 여객이 선상에 가지고 온 물건의 대해 운임을 담보하기 위해 질권을 가진다.

【1986년 변경】(1) 운송인은 여객이 선상에 가지고 온 물건의 대해 운임을 담보하기 위해 질권을 가진다.[17]

(2) 그러나 이 질권은 그 물건을 보유하고 있거나 혹은 보관하여 두고 있는 동안에 한해 그 효력이 있다.

---

16) 약간의 용어 수정이 있을 뿐 기본 내용은 1986년 이전과 별반 차이가 없다.

17) 1986년 제1항의 변경은 용어상 수정에 불과하다.

〖neu gefaßt in 1986〗 § 675 Stirbt ein Reisender, so ist der Kapitän verpflichtet, in Ansehung der von dem Reisenden an Bord gebrachten Sachen das Interesse der Erben nach den Umständen des Falles in geeigneter Weise wahrzunehmen.

〖aufgehoben in 1986〗 § 676 Wird ein Schiff zur Beförderung von Reisenden einem Dritten verfrachtet, sei es im Ganzen oder zu einem Teile oder dergestalt, daß eine bestimmte Zahl von Reisenden befördert werden soll, so gelten für das Rechtsverhältniß zwischen dem Verfrachter und dem Dritten die Vorschriften des vierten Abschnitts, soweit die Natur der Sache ihre Anwendung zuläßt.

〖aufgehoben in 1986〗 § 677 Wenn in den folgenden Abschnitten dieses Buches die Fracht erwähnt wird, so sind darunter, sofern nicht das Gegenteil bestimmt ist, auch die Überfahrtsgelder zu verstehen.

〖aufgehoben in 1986〗 § 678 Die auf das Auswanderungswesen sich beziehenden Landesgesetze werden, auch soweit sie privatrechtliche Vorschriften enthalten, durch die Vorschriften dieses Abschnitts nicht berührt.

Sechster Abschnitt. Bodmerei.

(Abschnitt aufgehoben alle zusammen in 1972)

〖aufgehoben in 1972〗 § 679 Bodmerei im Sinne dieses Gesetzbuchs ist ein Darlehensgeschäft, welches von dem Kapitän als solchem kraft der in diesem Gesetzbuch ihm erteilten Befugnisse unter Zusicherung einer Prämie und unter Verpfändung von Schiff, Fracht und Ladung oder von einem oder mehreren dieser Gegenstände in der Art eingegangen wird, daß der Gläubiger wegen seiner Ansprüche nur an die verpfändeten (verbodmeten) Gegenstände nach der Ankunft des Schiffes an dem Orte sich halten kann, wo die Reise enden soll, für welche das Geschäft eingegangen ist (Bodmereireise).

〖aufgehoben in 1972〗 § 680 (1) Bodmerei kann von dem Kapitän nur in folgenden

제675조   어느 여객이 사망하면, 선장은 선상에 있던 망자의 수하물에 관해, 사안의 정황에 따라 적당한 방법으로 그 상속인의 이익을 보호할 의무가 있다.

【1986년 개정】제675조   어느 여객이 사망하면, 선장은 그 여객이 선상에 가지고 온 물건에 관해, 사안의 정황에 따라 적당한 방법으로, 그 상속인의 이익을 보호할 의무가 있다.[18]

【1986년 삭제】제676조   여객의 운송을 위해 선박에 관해 제3자와 용선계약을 체결한 경우, 그것이 선박 전부 또는 일부에 대한 것이든 혹은 일정한 숫자의 여객을 운송해야 하는 것이든, 위 제4장의 규정은, 사안의 성질이 이를 허용하는 한, 해상 운송인과 그 제3자와의 법률관계에 적용된다.

【1986년 삭제】제677조   본 편(篇) 이하 장(章)에서 운임이 언급된 때에는, 반대의 규정이 없는 한, 그 운임에는 여객운임도 포함되는 것으로 본다.

【1986년 삭제】제678조   이주와 관련된 각주의 법률은, 비록 거기에 사법 규정이 포함되어 있다고 하더라도, 본장의 규정에 의하여 영향을 받지 아니한다.

제6장 모험대차
[1972년 장 전체 삭제]

【1972년 삭제】제679조   본법에서 모험대차라 함은, 선장이 본법에 의하여 그에게 부여된 권한에 기해 체결한 소비대차행위로서, 차주가 대주에게 특별이윤을 약속하고, 또 선박, 운임 및 적하 혹은 이 대상 중 어느 하나나 다수를 질물로 삼고서, 대차의 목적인 항해(모험대차항해)가 종료하는 곳에 선박이 도착한 다음에, 오로지 그 부보(모험대차)된 목적물에 대해 채권자가 추심할 수 있는 소비대차를 말한다.

---

18) 1986년 개정에 의해 내용에 근본적인 변경을 가져온 것은 아니다.

446

Fällen eingegangen werden:

1. während sich das Schiff außerhalb des Heimatshafens befindet, zum Zwecke der Ausführung der Reise nach Maßgabe der §§ 528, 538 bis 540, 542;

2. während der Reise im alleinigen Interesse der Ladungsbeteiligten zum Zwecke der Erhaltung und Weiterbeförderung der Ladung nach Maßgabe der §§ 535, 542, 632.

(2) Im Falle des Abs. 1 Nr. 2 kann der Kapitän die Ladung allein verbodmen, in allen übrigen Fällen kann er zwar das Schiff oder die Fracht allein, die Ladung aber nur zusammen mit dem Schiffe und der Fracht verbodmen.

(3) In der Verbodmung des Schiffes ohne Erwähnung der Fracht ist die Verbodmung der Fracht nicht enthalten. Werden aber Schiff und Ladung verbodmet, so gilt die Fracht als mitverbodmet.

(4) Die Verbodmung der Fracht ist zulässig, solange diese der Seegefahr noch nicht entzogen ist.

(5) Auch die Fracht desjenigen Teiles der Reise, welcher noch nicht angetreten ist, kann verbodmet werden.

[aufgehoben in 1972] § 681　(1) Die Höhe der Bodmereiprämie ist ohne Beschränkung dem Übereinkommen der Parteien überlassen.

(2) Die Prämie umfaßt in Ermangelung einer entgegenstehenden Vereinbarung auch die Zinsen.

[aufgehoben in 1972] § 682　Über die Verbodmung muß von dem Kapitän ein Bodmereibrief ausgestellt werden. Ist dies nicht geschehen, so hat der Gläubiger diejenigen Rechte, welche ihm zustehen würden, wenn der Kapitän zur Befriedigung des Bedürfnisses ein einfaches Kreditgeschäft eingegangen wäre.

[aufgehoben in 1972] § 683　Der Bodmereigeber kann verlangen, daß der Bodmereibrief enthält:

1. den Namen des Bodmereigläubigers;

2. den Kapitalbetrag der Bodmereischuld;

3. den Betrag der Bodmereiprämie oder den Gesammtbetrag der dem Gläubiger zu zahlenden Summe;

4. die Bezeichnung der verbodmeten Gegenstände;

【1972년 삭제】제680조   (1) 선장은 다음의 경우에 한해 모험대차에 들어갈 수 있다.:

    1. 선박이 선적항 외부에 있는 동안에는, 제528조, 제538조 내지 제540조 및 제542조의 규정에 따라 항해를 수행하기 위해;

    2. 선박이 항해 중에 제535조, 제542조 및 제632조의 규정에 의해 적하를 보존하고 그 운송을 계속할 목적으로 오로지 적하관계인의 이익을 위해.

  (2) 위 제1항 2호의 경우, 선장은 오로지 적하를 목적으로 대차할 수 있고, 기타의 경우에는, 선박 혹은 운임은 단독으로 이를 목적으로 대차할 수 있지만, 적하는 오로지 선박 및 운임과 함께 이를 목적으로 대차할 수 있다.

  (3) 선박을 목적으로 대차를 하면서 운임을 명시하지 않은 경우, 운임을 목적으로 하는 대차는 거기에 포함되지 않는다. 그러나 선박과 적하 모두를 목적으로 하여 대차하면 운임을 목적으로 하는 대차도 거기에 포함된다.

  (4) 운임은, 그 운임이 해상위험에서 아직 벗어나지 못하고 있는 동안에만, 이를 목적으로 대차할 수 있다.

  (5) 아직 항해를 개시하지 아니한 항해 부분에 대한 운임도 이를 목적으로 대차할 수 있다.

【1972년 삭제】제681조   (1) 모험대차에서 특별이윤의 금액은 아무런 제한 없이 당사자의 합의에 의하여 이를 정한다.

  (2) 특별이윤은 반대의 합의가 없는 한 거기에 이자가 포함된다.

【1972년 삭제】제682조   모험대차를 하면 선장은 모험대차증서를 발행하여야 한다. 이러한 대차증서가 발행되지 않으면, 채권자는 선장이 선박의 필요를 충족시키기 위해 단순 신용거래에 들어간 때에 그가 가졌을 권리만 갖는다.

【1972년 삭제】제683조   모험대차의 대주는 대차증서에 아래 사항이 포함될 것을 요구할 수 있다.:

    1. 모험대차의 채권자의 성명;

    2. 모험대차의 원금 금액;

    3. 특별이윤의 금액 혹은 채권자에게 지급할 총액;

    4. 모험대차의 목적물의 표시;

5. die Bezeichnung des Schiffes und des Kapitäns;

6. die Bodmereireise;

7. die Zeit, zu welcher die Bodmereischuld gezahlt werden soll;

8. den Ort, wo die Zahlung erfolgen soll;

9. die Bezeichnung der Urkunde im Texte als Bodmereibrief oder die Erklärung, daß die Schuld als Bodmereischuld eingegangen ist, oder eine andere das Wesen der Bodmerei genügend bezeichnende Erklärung;

10. die Umstände, welche die Eingehung der Bodmerei notwendig gemacht haben;

11. den Tag und den Ort der Ausstellung;

12. die Unterschrift des Kapitäns.

Die Unterschrift des Kapitäns ist auf Verlangen in öffentlich beglaubigter Form zu erteilen.

【aufgehoben in 1972】 § 684 Auf Verlangen des Bodmereigebers ist der Bodmereibrief, sofern nicht das Gegenteil vereinbart ist, an die Order des Gläubigers oder lediglich an Order zu stellen. Im letzteren Falle ist unter der Order die Order des Bodmereigebers zu verstehen.

【aufgehoben in 1972】 § 685 Ist vor der Ausstellung des Bodmereibriefs die Notwendigkeit der Eingehung des Geschäfts von dem deutschen Konsul und in dessen Ermangelung von dem Gericht oder der sonst zuständigen Behörde des Ortes der Ausstellung, sofern es aber auch an einer solchen fehlt, von den Schiffsoffizieren urkundlich bezeugt, so wird angenommen, daß der Kapitän zur Eingehung des Geschäfts in dem vorliegenden Umfange befugt gewesen sei. Es findet jedoch der Gegenbeweis statt.

【aufgehoben in 1972】 § 686 (1) Der Bodmereigeber kann die Ausstellung des Bodmereibriefs in mehreren Exemplaren verlangen.

(2) Werden mehrere Exemplare ausgestellt, so ist in jedem Exemplar anzugeben, wie viele erteilt sind.

(3) Der Einwand, daß der Kapitän zur Eingehung des Geschäfts überhaupt oder in dem vorliegenden Umfange nicht befugt gewesen sei, ist auch gegen den Indossatar zulässig.

【aufgehoben in 1972】 § 687 (1) Die Bodmereischuld ist, sofern nicht in dem

　5. 선박과 선장의 표시;

　6. 모험대차항해;

　7. 대차채무가 변제될 시기;

　8. 지급이 이루어질 장소;

　9. 증서에는 문맥으로 보아 모험대차라는 표시, 모험대차로 채무를 부담한다
　　는 의사표시, 기타 모험대차의 본질을 나타내기에 충분한 의사표시;

　10. 모험대차에 들어갈 수밖에 없게 된 사정;

　11. 발행 날짜와 장소;

　12. 선장의 서명.

　선장의 서명은 요청이 있으면 공적인 인증을 받아 이를 발행하여야 한다.

【1972년 삭제】제684조　모험대차 대주의 요청이 있으면, 모험대차증서는, 반대의 약정이 없으면, 채권자를 권리자로 한 지지식으로 혹은 단순한 지시식으로 발행한다. 단순한 지시식 증서는 대주 앞으로 발행된 지시식 증서로 본다.

【1972년 삭제】제685조　대차증서를 발행하기 이전에, 독일 영사에 의하여, 독일 영사가 없으면 법원이나 여타 관할 관청에 의하여, 이러한 것이 모두 없으면, 선박 사관들에 의하여, 대차에 들어갈 필요성이 서면으로 증명되면, 선장은 그가 놓여있는 상황 하에서 모험대차에 들어갈 권한이 있었다고 본다. 그러나 이와 반대의 입증도 허용된다.

【1972년 삭제】제686조　(1) 모험대차의 대주는 모험대차증서를 수통의 복본으로 발행하여 줄 것을 청구할 수 있다.

　(2) 수통의 복본이 발행되면 각 복본에 몇 통의 복본이 발행되었는지를 기재하여야 한다.

　(3) 선장이, 전체적으로 혹은 그러한 범위 내에서, 모험대차에 들어갈 권한이 없었다는 항변은 피배서인에 대하여도 할 수 있다.

【1972년 삭제】제687조　(1) 모험대차채무는, 대차증서에서 달리 규정하지 않는 한, 대차항해의 목적항에서 그 항구에 도착한 후 8일이 되는 날에 이를 변제하여야 한다.

450

Bodmereibriefe selbst eine andere Bestimmung getroffen ist, in dem Bestimmungshafen der Bodmereireise und am achten Tage nach der Ankunft des Schiffes in diesem Hafen zu zahlen.

(2) Von dem Zahlungstag an laufen Zinsen von der ganzen Bodmereischuld einschließlich der Prämie. Diese Vorschrift findet keine Anwendung, wenn die Prämie nach Zeit bedungen ist; die Zeitprämie läuft aber bis zur Zahlung des Bodmereikapitals.

[aufgehoben in 1972] **§ 688** (1) Zur Zahlungszeit kann die Zahlung der Bodmereischuld dem legitimirten Inhaber auch nur eines Exemplars des Bodmereibriefs nicht verweigert werden.

(2) Die Zahlung kann nur gegen Rückgabe dieses Exemplars verlangt werden, auf welchem über die Zahlung zu quittiren ist.

[aufgehoben in 1972] **§ 689** (1) Melden sich mehrere legitimirte Bodmereibriefs- inhaber, so sind sie sämmtlich zurückzuweisen, die Gelder, wenn die verbodmeten Gegenstände befreit werden sollen, öffentlich oder, falls dies nicht tunlich ist, sonst in sicherer Weise zu hinterlegen und die Bodmereibriefsinhaber, die sich gemeldet haben, unter Angabe der Gründe des Verfahrens hiervon zu benachrichtigen.

(2) Kann eine öffentliche Hinterlegung nicht erfolgen, so ist der Hinterleger befugt, über sein Verfahren und dessen Gründe eine öffentliche Urkunde errichten zu lassen und die daraus entstehenden Kosten von der Bodmereischuld abzuziehen.

[aufgehoben in 1972] **§ 690** (1) Dem Bodmereigläubiger fällt weder die große noch die besondere Haverei zur Last.

(2) Soweit jedoch die verbodmeten Gegenstände durch große oder besondere Haverei zur Befriedigung des Bodmereigläubigers unzureichend werden, hat er den hieraus entstehenden Nachteil zu tragen.

[aufgehoben in 1972] **§ 691** (1) Jeder der verbodmeten Gegenstände haftet dem Bodmereigläubiger für die ganze Bodmereischuld.

(2) Sobald das Schiff im Bestimmungshafen der Bodmereireise angekommen ist, kann der Gläubiger die verbodmeten Gegenstände mit Arrest belegen lassen; zur Anordnung des Arrestes ist nicht erforderlich, daß ein Arrestgrund glaubhaft gemacht wird.

[aufgehoben in 1972] **§ 692** (1) Der Kapitän hat für die Bewahrung und Erhaltung

(2) 이 변제일로부터 특별이윤을 포함한 대차채무 전액에 대해 이자를 지급하여야 한다. 기간에 따라 특별이윤이 약정된 경우 이 규정은 적용되지 않는다.; 이 기간 단위의 특별이윤은 대차채무의 원금을 완제할 때까지 발생한다.

【1972년 삭제】제688조　(1) 이러한 지급 시기에는, 대차증서 복본 어느 한 부의 법적인 소지인이라 할지라도, 그에 대해 대차채무의 변제를 거절할 수 없다.

(2) 변제를 증명하는 기재를 한 이 대차증서 복본과 상환으로만 대차채무의 변제를 요구할 수 있다.

【1972년 삭제】제689조　(1) 대차증서의 법적인 소지인 다수가 지급을 요청하는 경우, 그 전부에 대해 지급을 거절하여야 하며, 담보물이 대차채무로부터 해방되려면 그 금액을 가지고 공적인 공탁을 하여야 하며, 이러한 공탁이 불가능한 때에는 다른 적당한 방법으로 이를 보관하여야 하고, 그런 다음에는 그에 관한 조치에 대해 이유를 설시하여 지급을 요청하였던 대차증서 소지인들에게 고지하여야 한다.

(2) 공적인 공탁이 불가능한 경우, 보관자는 그 조치와 이유에 대해 공적인 증서를 작성하게 할 수 있고, 그로 인한 비용을 대차채무로부터 공제할 수 있다.

【1972년 삭제】제690조　(1) 해손은, 공동이든 단독이든, 모험대차의 채권자가 부담하지 아니한다.

(2) 다만 공동해손이나 단독해손의 결과, 모험대차의 목적물이 모험대차 채권자를 만족시키기에 불충분하게 된 때에는, 채권자가 그로 인한 손실은 감수하여야 한다.

【1972년 삭제】제691조　(1) 모든 모험대차의 목적물은 모험대차 채권자의 모든 모험대차 채무에 대해 그 책임을 부담한다.

(2) 선박이 모험대차항해를 마치고 목적항에 도착하면, 채권자는 모험대차의 목적물을 가압류할 수 있다.; 가압류명령을 위해 그 근거가 소명될 필요는 없다.

【1972년 삭제】제692조　(1) 선장은 모험대차의 목적물의 보관과 보존을 위해 주의를 다하여야 한다.; 선장은 긴급한 경우를 제외하고는 계약 체결 시에 예상했음

452

der verbodmeten Gegenstände zu sorgen; er darf ohne dringende Gründe keine Handlung vornehmen, durch welche die Gefahr für den Bodmereigeber eine größere oder eine andere wird, als dieser bei dem Abschlusse des Vertrags voraussetzen mußte.

(2) Handelt der Kapitän diesen Vorschriften zuwider, so ist er dem Bodmereigläubiger für den daraus entstehenden Schaden verantwortlich (§ 512).

[aufgehoben in 1972] § 693 Verändert der Kapitän willkürlich die Bodmereireise oder weicht er von dem ihr entsprechenden Wege willkürlich ab oder setzt er nach ihrer Beendigung die verbodmeten Gegenstände von neuem einer Seegefahr aus, ohne daß das Interesse des Gläubigers es gebietet, so haftet er dem Gläubiger für die Bodmereischuld insoweit persönlich, als dieser aus den verbodmeten Gegenständen seine Befriedigung nicht erhält, es sei denn, daß die unterbliebene Befriedigung durch die Veränderung der Reise oder die Abweichung oder die neue Seegefahr nicht verursacht ist.

[aufgehoben in 1972] § 694 (1) Der Kapitän darf die verbodmete Ladung vor der Befriedigung oder Sicherstellung des Gläubigers weder ganz noch teilweise ausliefern, widrigenfalls er dem Gläubiger für die Bodmereischuld insoweit persönlich verpflichtet wird, als dieser aus den ausgelieferten Gütern zur Zeit der Auslieferung hätte befriedigt werden können.

(2) Es wird vermutet; daß der Gläubiger seine vollständige Befriedigung hätte erlangen können.

[aufgehoben in 1972] § 695 Hat der Reeder in den Fällen der §§ 692 bis 694 die Handlungsweise des Kapitäns angeordnet, so kommen die Vorschriften des § 512 Abs. 2, 3 zur Anwendung.

[aufgehoben in 1972] § 696 (1) Wird zur Zahlungszeit die Bodmereischuld nicht bezahlt, so kann sich der Gläubiger aus den verbodmeten Gegenständen befriedigen. Die Befriedigung erfolgt nach den für die Zwangsvollstreckung geltenden Vorschriften.

(2) In Ansehung des Schiffes und der Fracht ist die Klage gegen den Kapitän oder den Reeder zu richten; das gegen den Kapitän ergangene Urteil ist auch gegenüber dem Reeder wirksam. In Ansehung der Ladung ist die Klage vor der Auslieferung gegen den Kapitän zu richten.

(3) Zum Nachteil eines dritten Erwerbers, der den Besitz der verbodmeten Ladung

에 틀림없는 위험보다, 모험대차 대주에게 위험을 더욱 증가시키거나 변경시키는 조치를 취하여서는 아니 된다.

(2) 선장이 이 규정에 반하여 어떤 조치를 취한 경우, 선장은 모험대차 채권자에 대해 그로 인해 발생하는 손해를 배상할 책임이 있다(제512조).

【1972년 삭제】제693조 선장이 모험대차 항해를 고의로 변경하거나, 그 항해에 타당한 항로를 고의로 이탈하거나, 혹은 항해의 종료 후에 모험대차의 목적물을 새로운 위험에 노출시킨 경우, 그것이 모험대차 채권자의 이익을 위해 불가피한 것이 아니었던 한, 선장은 모험대차 채권자가 모험대차의 목적물로부터 만족을 얻지 못한 범위 내에서, 모험대차 채무에 대해 그 채권자에게 개인적으로 책임을 지고, 다만 만족을 얻지 못한 것이 항해 변경, 항로 이탈, 혹은 새로운 해상위험에 기인한 것이 아닌 때에는 그러하지 어니하다.

【1972년 삭제】제694조 (1) 선장은, 채권자가 모험대차의 채무를 전부 변제받거나 그에 대한 담보를 확보하기 이전에는, 모험대차의 목적물인 적하를, 전부든 일부든, 인도하여 줄 수 없고, 이를 위반한 선장은, 인도하여 준 시기에 인도하여 준 적하로부터 채권자가 변제를 받았을 금액의 범위 내에서, 채권자에게 개인적으로 모험대차의 채무를 부담한다.

(2) 채권자는 그 채권 전부에 대해 변제를 받았을 것으로 추정한다.

【1972년 삭제】제695조 선주가 제692조 내지 제694조의 경우에 선장에게 행동 방법을 지시한 때에는 제512조 제2항 및 제3항이 적용된다.

【1972년 삭제】제696조 (1) 모험대차 채무가 변제기에 변제되지 아니하면 채권자는 모험대차의 담보된 목적물로부터 채권의 변제를 받을 수 있다. 변제는 강제집행에 적용될 규정에 따라 이를 달성한다.

(2) 선박과 운임에 관한 한, 선장 혹은 선주를 상대로 제소할 수 있다.; 선장을 상대로 하여 내려진 판결은 선주에 대하여도 그 효력이 있다. 적하에 관하여는, 인도하여 주기 이전에는, 선장을 상대로 제소할 수 있다.

(3) 채권자는 모험대차의 목적물인 적하에 관해 선의로 점유를 취득한 제3취득자에 대해 그의 권리와 상충하여 자기의 권리를 행사할 수 없다.

in gutem Glauben erlangt hat, kann der Gläubiger von seinen Rechten keinen Gebrauch machen.

〔aufgehoben in 1972〕 § 697 Der Empfänger, dem bei der Annahme der verbodmeten Güter bekannt ist, daß auf ihnen eine Bodmereischuld haftet, wird dem Gläubiger für die Schuld bis zu dem Werte, welchen die Güter zur Zeit ihrer Auslieferung haben, insoweit persönlich verpflichtet, als der Gläubiger, falls die Auslieferung nicht erfolgt wäre, aus den Gütern hätte befriedigt werden können.

〔aufgehoben in 1972〕 § 698 (1) Wird vor dem Antritte der Bodmereireise die Unternehmung aufgegeben, so ist der Gläubiger befugt, die sofortige Bezahlung der Bodmereischuld an dem Orte zu verlangen, an welchem die Bodmerei eingegangen ist; er muß sich jedoch eine verhältnißmäßige Herabsetzung der Prämie gefallen lassen; bei der Herabsetzung ist vorzugsweise das Verhältniß der bestandenen zu der übernommenen Gefahr maßgebend.

(2) Wird die Bodmereireise in einem anderen als in ihrem Bestimmungshafen beendet, so ist die Bodmereischuld ohne einen Abzug von der Prämie in diesem anderen Hafen nach dem Ablaufe der vertragsmäßigen und in deren Ermangelung der achttägigen Zahlungsfrist (§ 687) zu zahlen. Die Zahlungsfrist wird von dem Tage der endgültigen Einstellung der Reise berechnet.

(3) Soweit sich nicht aus den Vorschriften der Abs. 1, 2 ein Anderes ergiebt, kommen auch in diesen Fällen die Vorschriften der §§ 688 bis 697 zur Anwendung.

〔aufgehoben in 1972〕 § 699 Die Anwendung der Vorschriften dieses Abschnitts wird dadurch nicht ausgeschlossen, daß der Kapitän zugleich Miteigentümer oder Alleineigentümer des Schiffes oder der Ladung oder beider ist oder daß er auf Grund einer besonderen Anweisung der Beteiligten die Bodmerei eingegangen ist.

Siebenter Abschnitt. Haverei.

Erster Titel. Große (gemeinschaftliche) Haverei und besondere Haverei.

§ 700 (1) Alle Schäden, die dem Schiff oder der Ladung oder beiden zum Zwecke

【1972년 삭제】제697조 수하인이 모험대차의 목적물인 화물을 인수하여 가면서 그 화물이 모험대차 채무의 부담을 안고 있다는 것을 알고 있었던 경우, 그 수하인은, 인도 시 화물의 가액을 한도로, 인도하여 주지 않았더라면 채권자가 그 화물로부터 변제를 받았을 수 있었을 금액을 개인적으로 변제할 의무가 있다.

【1972년 삭제】제698조 (1) 항해를 개시하기 이전에 그 항해를 포기하는 경우. 채권자는 모험대차에 들어간 그 장소에서 대차채무를 즉시 변제할 것을 요구할 수 있다.; 그러나 채권자는 특별이윤에 대해서는 비례적 감액을 감수하여야 한다.; 감액을 함에 있어서는 우선적으로 이미 감수한 위험의 계약상 인수한 위험에 대한 비율에 의하여 이를 정한다.

(2) 모험대차의 항해가 목적항이 아닌 다른 항구에서 종료된 경우, 계약에서 정한 기간의 경과 후에. 기간의 정함이 없으면 8일의 지급기간(제687조)이 경과하면, 특별이윤에 대한 감액 없이 모험대차 채무를 이 다른 항구에서 변제하여야 한다. 이러한 지급기간은 항해를 확정적으로 중지한 날로부터 계산한다.

(3) 위 제1항과 제2항에서 달리 규정하지 않는 한, 이 경우에도 제688조 내지 제697조의 규정이 적용된다.

【1972년 삭제】제699조 이 장의 규정은, 선장이 동시에 선주 또는 선박공유자이거나 선장이 동시에 적하의 소유자이거나 혹은 선장이 이 양자인 때에도 그 적용이 배제되지 않으며, 또 선장이 관련 당사자의 특별한 지시에 기해 모험대차에 들어간 때에도 그 적용이 배제되지 않는다.

제7장 해 손

제1절 공동해손과 단독해손

제700조 (1) 선박과 적하의 공동 위험을 면하기 위해, 선장 혹은 그의 지시를 받

der Errettung beider aus einer gemeinsamen Gefahr von dem Kapitän oder auf dessen Geheiß vorsätzlich zugefügt werden, sowie auch die durch solche Maßregeln ferner verursachten Schäden, ingleichen die Kosten, die zu demselben Zweck aufgewendet werden, sind große Haverei.

(2) Die große Haverei wird von Schiff, Fracht und Ladung gemeinschaftlich getragen.

§ 701 (1) Alle nicht zur großen Haverei gehörigen, durch einen Unfall verursachten Schäden und Kosten, soweit die letzteren nicht unter § 621 fallen, sind besondere Haverei.

(2) Die besondere Haverei wird von den Eigentümern des Schiffes und der Ladung, von jedem für sich allein, getragen.

§ 702 (1) Die Anwendung der Vorschriften über die große Haverei wird dadurch nicht ausgeschlossen, daß die Gefahr infolge des Verschuldens eines Dritten oder auch eines Beteiligten herbeigeführt ist.

(2) Der Beteiligte, welchem ein solches Verschulden zur Last fällt, kann jedoch nicht allein wegen des ihm entstandenen Schadens keine Vergütung fordern, sondern ist auch den Beitragspflichtigen für den Verlust verantwortlich, den sie dadurch erleiden, daß der Schaden als große Haverei zur Verteilung kommt.

(3) Ist die Gefahr durch eine Person der Schiffsbesatzung verschuldet, so trägt die Folgen dieses Verschuldens auch der Reeder nach Maßgabe der §§ 485, 486 **[ersetzt durch** "des § 485" **in 1972]**.

§ 703 Die Havereiverteilung tritt nur ein, wenn sowohl das Schiff als auch die Ladung, und zwar jeder dieser Gegenstände entweder ganz oder teilweise, wirklich gerettet worden ist.

§ 704 Die Verpflichtung, von einem geretteten Gegenstande beizutragen, wird dadurch, daß der Gegenstand später von einer besonderen Haverei betroffen wird, nur dann vollständig aufgehoben, wenn der Gegenstand ganz verlorengeht.

[neu gefaßt in 1972] § 704 Die Verpflichtung, von einem geretteten Gegenstand beizutragen, wird dadurch, daß der Gegenstand später von einer besonderen Haverei betroffen wird, nur dann vollständig aufgehoben, wenn der Gegenstand vor dem Beginn der Löschung am Ende der Reise ganz verloren geht. Die Verpflichtung bleibt auch in diesem Fall bestehen, wenn ein Dritter, der den Verlust durch eine

은 사람이 선박이나 적하 혹은 그 양자에 고의로 발생시킨 손해, 및 이러한 조치로 추가로 유발된 손해는 물론, 동일한 목적으로 지출한 비용도 마찬가지로 공동해손이 된다.

(2) 공동해손은 선박, 운임 및 적하가 공동으로 이를 부담하여야 한다.

제701조 (1) 사고에 의하여 발생한, 공동해손에 속하지 않는, 모든 손해와 비용은, 그것이 제621조에 해당되지 않는다면, 단독해손이 된다.

(2) 단독해손은 선박 및 적하의 소유자가 각각 단독으로 이를 부담하여야 한다.

제702조 (1) 공동해손에 관한 규정은 위험이 제3자나 관계인의 귀책사유로 유발되었다고 하더라도 그로 인하여 그 적용이 배제되지 않는다.

(2) 그러나 귀책사유에 대해 책임이 있는 관계인은, 그에게 발생한 손실을 이유로 보상을 청구할 수 없을 뿐만 아니라, 공동해손의 분담자들에게 그들이 공동해손으로 손해를 분담하게 됨으로 인하여 입은 손실을 배상할 책임이 있다.

(3) 위험에 관해 어느 선원에게 귀책사유가 있는 경우, 선주가 제485조 및 제486조의【1972년 변경; 제485조의】규정에 따라 그 귀책사유의 결과에 대해 책임을 진다.

제703조 공동해손의 분담은, 선박 및 적하가 그 전부이든 혹은 일부이든 실제로 구조된 경우에만 비로소 이루어진다.

제704조 구조된 목적물이 지는 공동해손의 분담의무는, 그 목적물이 이후에 단독해손을 당하였다 하더라도, 그 목적물이 전부가 멸실된 때에만, 완전히 소멸한다.

【1972년 개정】제704조 구조된 목적물이 지는 공동해손의 분담의무는, 그 목적물이 이후에 단독해손을 당하였다면, 항해가 종료되어 양륙을 개시하기 이전에 그 목적물이 전부가 멸실된 때에만, 완전히 소멸한다. 이 경우에 있어서도, 불법행위를 통하여 손해를 발생시킨 제3자가 그 손해를 배상하여야 하는 때에는 분담의무가 존속한다.

rechtswidrige Handlung verursacht hat, hierfür eine Entschädigung zu zahlen hat.

§ 705 (1) Der Anspruch auf Vergütung einer zur großen Haverei gehörenden Beschädigung wird durch eine besondere Haverei, die den beschädigten Gegenstand später trifft, sei es, daß er von neuem beschädigt wird oder ganz verlorengeht, nur dann aufgehoben, wenn der spätere Unfall mit dem früheren in keinem Zusammenhang steht, und nur insoweit, als der spätere Unfall auch den früheren Schaden nach sich gezogen haben würde, wenn dieser nicht bereits entstanden gewesen wäre.

(2) Sind jedoch vor dem Eintritt des späteren Unfalls zur Wiederherstellung des beschädigten Gegenstands bereits Aufwendungen gemacht, so bleibt rücksichtlich dieser der Anspruch auf Vergütung bestehen.

§ 706 Große Haverei liegt namentlich in den nachstehenden Fällen vor, vorausgesetzt, daß zugleich die Erfordernisse der §§ 700, 702 und 703 insoweit vorhanden sind, als in den folgenden Vorschriften nichts Besonderes bestimmt ist:

1. Wenn Waren, Schiffsteile oder Schiffsgerätschaften über Bord geworfen, Masten gekappt, Taue oder Segel weggeschnitten, Anker, Ankertaue oder Ankerketten geschlippt oder gekappt werden.

Sowohl diese Schäden selbst als die durch solche Maßregeln an Schiff oder Ladung ferner verursachten Schäden gehören zur großen Haverei.

2. Wenn zur Erleichterung des Schiffes die Ladung ganz oder teilweise in Leichterfahrzeuge übergeladen wird.

Es gehört zur großen Haverei sowohl der Leichterlohn als der Schaden, der bei dem Überladen in das Leichterfahrzeug oder bei dem Rückladen in das Schiff der Ladung oder dem Schiff zugefügt wird, sowie der Schaden, den die Ladung auf dem Leichterfahrzeug erleidet.

Muß die Erleichterung im regelmäßigen Verlauf der Reise erfolgen, so liegt große Haverei nicht vor.

3. Wenn das Schiff absichtlich auf den Strand gesetzt wird, jedoch nur wenn es zum Zwecke der Abwendung des Untergangs oder der Nehmung geschieht.

Sowohl die durch die Strandung einschließlich der Abbringung entstehenden Schäden als auch die Kosten der Abbringung gehören zur großen Haverei.

제705조 (1) 공동해손에 해당되는 손해의 보상청구권은, 훼손된 목적물이 추후에 다시 단독해손을 당한 때에는, 그것이 새로운 훼손이든 혹은 완전한 멸실이든 상관없이, 오로지 후의 사고가 전의 사고와 서로 전혀 연관성이 없고, 또 전의 손해가 아직 발생하지 않았다고 하더라도 후의 사고가 이전 손해를 동반했었을 때에 한하여, 그 권리가 소멸한다.

(2) 그러나 후의 사고가 발생하기 이전에 전의 사고로 훼손된 목적물을 수선하기 위해 비용을 지출한 경우, 이와 관련한 보상청구권은 그대로 존속한다.

제706조 공동해손은 특히 다음의 경우에 존재한다고 보며, 다만 아래 규정에서 달리 정하고 있지 않는 한 제700조, 702조 및 703조의 요건도 동시에 갖추는 것을 전제로 한다.:

　　1. 상품, 선박 부분 또는 선박 장비가 해상에 투하되고, 돛대를 절단하고, 돛줄이나 돛을 잘라내고, 혹은 닻, 닻망, 또는 닻사슬을 풀어서나 절단하여 버린 때

이러한 손해 자체뿐만 아니라 이러한 조치로 인하여 선박이나 적하에 발생한 손해도 공동해손에 해당한다.

　　2. 선박이 중량을 축소하기 위해 적하의 전부 혹은 일부를 부선에 이적한 때

부선료는 물론 부선에 이적하거나 선박에 재선적하면서 적하나 선박이 입은 손해와 적하가 부선에서 입은 손해도 공동해손에 해당된다.

선박 중량을 축소하는 작업이 정상적인 항해의 과정에 의해 이루어진 경우에는, 공동해손이 성립하지 않는다.

　　3. 침몰 또는 나포를 피하기 위하여 선박을 의도적으로 해안에 유기한 때

선박의 복원을 포함한 유기에 의한 손해는 물론 복원에 필요한 비용도 공동해손이 된다.

침몰을 방지하기 위해 유기한 선박이 이후 전혀 복원되지 않거나 혹은 복원 후에 수리가 불가능하게 된 때에는(제479조) 그 손해를 분담하지 아니한다.

선박이 유기되었다고 하더라도, 선박 및 적하를 구조하기 위하여 의도적으로 해안에 유기한 것이 아니면, 그 유기로 인한 손해는 공동해손에 해당되지 않으며, 이와 달리 그 복원에 사용된 비용과 복원을 위해 선박 혹은 적하에 의도적으로 가한 손해는 공동해손에 해당된다.

　　4. 항해를 계속하는 경우 선박과 적하에 공동으로 가해지는 위협을 방어하기

Wird das behufs der Abwendung des Untergangs auf den Strand gesetzte Schiff nicht abgebracht oder nach der Abbringung reparaturunfähig befunden (§ 479), so findet eine Havereiverteilung nicht statt.

Strandet das Schiff, ohne daß die Strandung zur Rettung von Schiff und Ladung vorsätzlich herbeigeführt ist, so gehören zwar nicht die durch die Strandung veranlaßten Schäden, wohl aber die auf die Abbringung verwendeten Kosten und die zu diesem Zweck dem Schiff oder der Ladung absichtlich zugefügten Schäden zur großen Haverei.

4. Wenn das Schiff zur Vermeidung einer dem Schiff und der Ladung im Falle der Fortsetzung der Reise drohenden gemeinsamen Gefahr in einen Nothafen einläuft, insbesondere wenn das Einlaufen zur notwendigen Ausbesserung eines Schadens erfolgt, den das Schiff während der Reise erlitten hat.

Es gehören in diesem Fall zur großen Haverei die Kosten des Einlaufens und des Auslaufens, die das Schiff selbst treffenden Aufenthaltskosten, die der Schiffsbesatzung während des Aufenthalts gebührende Heuer und Kost, die Auslagen für die Unterbringung der Schiffsbesatzung am Land, solange die Besatzung nicht an Bord verbleiben kann, ferner, falls die Ladung wegen des Grundes, welcher das Einlaufen in den Nothafen herbeigeführt hat, gelöscht werden muß, die Kosten des Verbringens von Bord und an Bord sowie die Kosten der Aufbewahrung der Ladung am Land bis zu dem Zeitpunkt, in welchem sie wieder an Bord gebracht werden kann.

Die sämtlichen Aufenthaltskosten kommen nur für die Zeit der Fortdauer des Grundes in Rechnung, der das Einlaufen in den Nothafen herbeigeführt hat. Liegt der Grund in einer notwendigen Ausbesserung des Schiffes, so kommen außerdem die Aufenthaltskosten nur bis zu dem Zeitpunkt in Rechnung, in welchem die Ausbesserung hätte vollendet sein können.

Die Kosten der Ausbesserung des Schiffes gehören nur insoweit zur großen Haverei, als der auszubessernde Schaden selbst große Haverei ist.

5. Wenn das Schiff gegen Feinde oder Seeräuber verteidigt wird.

Die bei der Verteidigung dem Schiff oder der Ladung zugefügten Beschädigungen, der dabei verbrauchte Schießbedarf und, falls eine Person der Schiffsbesatzung bei der Verteidigung verwundet oder getötet wird, die Heilungs- und Begräbniskosten

위해 선박이 피난항에 입항한 때, 특히 항해 도중에 선박이 입은 손해를 불가피하게 수리하기 위해 입항한 때.

이 경우에 있어서, 입항과 출항의 비용, 선박 자체의 체재 비용, 체재 중 선원의 임금과 급식, 및 선상에 머물 수 없어 상륙한 선원의 숙박 비용은 공동해손에 해당되고, 나아가 피난항에 입항으로 인해 적하를 양륙하였어야 했던 경우에 그 양륙 및 재선적 비용과 다시 선적할 때까지 육지에서의 적하의 보관비용도 공동해손에 해당된다.

모든 체재비용은 피난항에 입항을 야기한 사유가 지속되는 범위 내에서만 이를 공동해손에 산입한다. 불가결하게 선박을 수선할 필요가 있는 경우, 그 외에도, 선박의 수선이 완전히 종료되었어야 할 시점까지의 체재비도 이를 산입한다.

선박의 수선비는 수선할 손해 그 자체가 공동해손에 해당되는 경우에만 공동해손에 해당된다.

　　5. 적이나 해적으로부터 선박을 방어한 때.

방어를 하면서 선박이나 적하에 발생시킨 손해 및 거기에 사용한 탄약과, 방어하다가 선원이 상해를 입거나 사망을 한 경우, 그 치료나 장례비용 및 본법 제553조 및 제554조와 선원령 제49조 및 제51조에 따라 지급할 보상금【1957년 삭제; 및 본법 제553조 및 제554조와 선원령 제49조 및 제51조에 따라 지급할 보상금】도 공동해손이 된다.

　　6. 적이나 해적에 의해 선박이 억류된 후 선박 및 적하에 관해 속환이 이루어진 경우.

속환금으로 지급한 금액은 물론 인질 석방 및 보호에 의해 발생한 비용도 공동해손이 된다.

　　7. 항해 중에 공동해손을 감당하기 위해 필요한 자금을 마련하기 위해 손실과 비용이 생긴 때, 혹은 이해관계인 사이에서 정산하기 위해 비용이 발생한 때.

이 손실과 비용은 마찬가지로 공동해손에 해당한다.

여기에 특히 항해 중에 "매각된 화물에 발생한 손실을 산입하여야 하며; 필요한 자금을 모험대차로 마련한 경우, 그 특별이윤과, 그렇지 않는 때에는 지출한 자금을 부보하기 위한 보험료"【" " 안의 규정 1972년 변경; 매각되거나 입질된 화물에 발생한 손실을 산입하여야 하고】, 또 손해를 사정하고 공동해손에 관해 계산서를 작성(해손정산)하기 위한 비용도 산입하여야 한다.

sowie die nach den §§ 553, 554 dieses Gesetzbuchs und den §§ 49, 51 der Seemannsordnung zu zahlenden Belohnungen [gestrichen in 1957; sowie die nach den §§
553, 554 dieses Gesetzbuchs und den §§ 49, 51 der Seemannsordnung zu zahlenden
Belohnungen] bilden die große Haverei.

    6. Wenn im Falle der Anhaltung des Schiffes durch Feinde oder Seeräuber Schiff
und Ladung losgekauft werden.

Was zum Loskauf gegeben ist, bildet nebst den durch den Unterhalt und die
Auslösung der Geiseln entstehenden Kosten die große Haverei.

    7. Wenn die Beschaffung der zur Deckung der großen Haverei während der
Reise erforderlichen Gelder Verluste und Kosten verursacht oder wenn durch
die Auseinandersetzung unter den Beteiligten Kosten entstehen.

Diese Verluste und Kosten gehören gleichfalls zur großen Haverei.

Dahin werden insbesondere gezählt der Verlust an den während der Reise
"verkauften Gütern; die Bodmereiprämie, wenn das erforderliche Geld durch
Bodmerei aufgenommen wird, und wenn dies nicht der Fall ist, die Prämie für
die Versicherung des aufgewendeten Geldes", die Kosten [ersetzt in 1972 die
Vorschriften in " " durch; der Reise "veräußerten oder verpfändeten Gütern sowie"
die Kosten] für die Ermittelung der Schäden und für die Aufmachung der Rechnung
über die große Haverei (Dispache).

§ 707   Nicht als große Haverei, sondern als besondere Haverei werden angesehen:

    1. die Verluste und Kosten, welche, wenn auch während der Reise, aus der infolge
einer besonderen Haverei nötig gewordenen Beschaffung von Geld entstehen;

    2. die Reklamekosten, auch wenn Schiff und Ladung zusammen und beide mit
Erfolg reklamiert werden;

    3. die durch Prangen verursachte Beschädigung des Schiffes, seines Zubehörs und
der Ladung, selbst wenn, um der Strandung oder Nehmung zu entgehen, geprangt
worden ist.

§ 708   In den Fällen der großen Haverei bleiben bei der Schadensberechnung die
Beschädigungen und Verluste außer Ansatz, welche die nachstehenden Gegenstände
betreffen:

    1. nicht unter Deck geladene Güter; diese Vorschrift findet jedoch bei der

제707조 다음은 공동해손이 아니라 단독해손으로 본다.

1. 단독해손의 결과로 필요하게 된 자금의 공급에 의하여 발생한 손실과 비용으로 이는 비록 항해 도중에 발생했다고 하더라도 마찬가지이다.

2. 반환청구비용으로 선박과 적하를 함께 반환 청구를 하고 이 모두에 대해 성공적으로 반환이 이루어진 경우에도 마찬가지이다.

3. 한도까지 돛을 올려 선박, 그 속구 혹은 적하에 발생한 손해로서 비록 해변 유기나 선박 나포를 모면하기 위해 한도까지 닻을 올렸다고 하더라도 마찬가지이다.

제708조 공동해손의 경우에 그 손해산정에 있어 아래 목적물에 가해진 훼손이나 멸실은 이를 산입하지 아니한다.

1. 갑판 하에 선적하지 않는 화물; 이 규정은 연안항해에서 갑판적이 주법에 의해 허용되어 있다면 적용되지 않는다(제566조).

2. 선하증권이 발행되지도 않았고 적하목록이나 적하명세서에도 표시가 없는 화물;

3. 고가물, 예술품, 현금 및 유가증권으로서 선장에게 적절하게 고지되지 않은 물건(제607조)【1937년 삭제; (제607조)】.

제709조 (1) 선박이나 그 속구에 공동해손에 해당하는 손해가 발생하면, 감정인이 손해를 검정하고 그 금액을 추산하여야 하며, 이 검정과 추산은, 항해 도중에 수선을 하는 경우, 수선할 장소에서 수선 전에 실시하여야 하며, 여타의 경우, 항해가 종료된 장소에서 이를 실시하여야 한다. 사정가에는 필요한 수선의 비용에 관한 견적이 포함되어야 한다. 항해 도중에 수선이 이루어진 경우, 실제 수선비용이 견적 금액보다 적지 않는 한, 손해정산은 이 사정가에 의하여 한다. 사정가를 내는 것이 실행 불가능한 경우, 필요한 수선에 실제 지출한 금액에 의하여 이를 정한다.

(2) 수선이 항해 중에 이루어지지 않는 경우에는, 손해정산은 오로지 평가 금액에 의하여 한다.

Küstenschifffahrt insofern keine Anwendung, als Deckladungen durch die Landesgesetze für zulässig erklärt sind (§ 566);

2. Güter, über die weder ein Konnossement ausgestellt ist noch das Manifest oder Ladebuch Auskunft gibt;

3. Kostbarkeiten, Kunstgegenstände, Geld und Wertpapiere, die dem Kapitän nicht gehörig bezeichnet worden sind(§607) 【gestrichen in 1937; (§607)】.

§ 709   (1) Der an dem Schiff oder dem Zubehör des Schiffes entstandene, zur großen Haverei gehörige Schaden ist, wenn die Ausbesserung während der Reise erfolgt, am Ort der Ausbesserung und vor dieser, sonst an dem Ort, wo die Reise endet, durch Sachverständige zu ermitteln und zu schätzen. Die Taxe muß die Veranschlagung der erforderlichen Ausbesserungskosten enthalten. Sie ist, wenn während der Reise ausgebessert wird, für die Schadensberechnung insoweit maßgebend, als nicht die Ausführungskosten unter den Anschlagssummen bleiben. War die Aufnahme einer Taxe nicht ausführbar, so entscheidet der Betrag der auf die erforderlichen Ausbesserungen wirklich verwendeten Kosten.

(2) Soweit die Ausbesserung nicht während der Reise geschieht, ist die Abschätzung für die Schadensberechnung ausschließlich maßgebend.

§ 710   (1) Der nach Maßgabe des § 709 ermittelte volle Betrag der Ausbesserungskosten bestimmt die zu leistende Vergütung, wenn das Schiff zur Zeit der Beschädigung noch nicht ein volles Jahr zu Wasser war.

(2) Dasselbe gilt von der Vergütung für einzelne Teile des Schiffes, namentlich für die Metallhaut, sowie für einzelne Teile des Zubehörs, wenn solche Teile noch nicht ein volles Jahr in Gebrauch waren.

(3) In den übrigen Fällen wird von dem vollen Betrag wegen des Unterschieds zwischen alt und neu ein Drittel, bei den Ankerketten ein Sechstel, bei den Ankern jedoch nichts abgezogen.

(4) Von dem vollen Betrag kommen ferner in Abzug der volle Erlös oder Wert der noch vorhandenen alten Stücke, welche durch neue ersetzt sind oder zu ersetzen sind.

(5) Findet ein solcher Abzug und zugleich der Abzug wegen des Unterschieds zwischen alt und neu statt, so ist zuerst dieser letztere und sodann von dem verbleibenden Betrag der andere Abzug zu machen.

제710조   (1) 선박이 손해를 당할 시기에 아직 1년 이상 수상에 머물러 있었지 않았던 경우, 제709조의 규정에 따른 검증의 결과에 의한 수선비 금액 전부에 의하여 지급할 보상을 정한다.

   (2) 선박의 일부 부분, 특히 금속 외벽, 및 속구의 개별 부분의 보상에 있어서도, 그 일부 부분이 아직 1년 이상 사용되지 않았던 경우, 동일한 원칙이 적용된다.

   (3) 여타의 경우에 있어서는 신구 차이 때문에 금액 총액에서 3분지 1을 공제하며, 닻사슬의 경우, 6분지 1을 공제하며, 닻의 경우 전혀 공제를 하지 않는다.

   (4) 나아가 금액 총액으로부터, 아직도 존재하지만, 새 물건으로 이미 대체되었거나 앞으로 대체될, 구 물건의 대금이나 가액도 공제한다.

   (5) 이러한 공제와 신구 차이에 의한 공제가 동시에 이루어지는 경우, 먼저 후자에 의한 공제를 하고 그 다음 잔액에서 다른 공제를 한다.

제711조   (1) 공동해손으로 희생당한 화물에 대한 보상은 목적지에서 선박이 양륙을 개시할 때에 동일한 종류와 상태의 화물이 갖는 시장가격에 의하여 이를 정한다.

   (2) 이러한 시장가격이 아예 없거나, 혹은 이러한 시장가격이나 그 적용에 있어, 특히 그 화물의 상태에 비추어, 의문이 있는 경우, 그 가격은 감정인이 이를 평가하여 산정한다.

   (3) 이러한 가격으로부터, 화물이 멸실된 결과 절약된 운임, 관세 및 비용은 이를 공제하여야 한다.

   (4) 공동해손을 감당하기 위해 매각된 화물도 마찬가지로 희생된 화물에 속한다 (제706조 7호).

제712조   공동해손에 속하는 훼손을 입은 화물에 대한 보상은, 목적지에서 선박이 양륙을 개시할 때에 훼손된 상태의 화물에 대해 감정인이 평가한 매각 가액과, 제711조에서 규정한 가격에서, 손해의 결과 관세와 비용이 절약되었으면 이를 공제한 금액의 차이를 기초로 이를 정한다.

§ 711 (1) Die Vergütung für aufgeopferte Güter wird durch den Marktpreis bestimmt, welchen Güter derselben Art und Beschaffenheit am Bestimmungsort bei dem Beginn der Löschung des Schiffes haben.

(2) In Ermangelung eines Marktpreises oder sofern über den Marktpreis oder dessen Anwendung, insbesondere mit Rücksicht auf die Beschaffenheit der Güter, Zweifel bestehen, wird der Preis durch Sachverständige ermittelt.

(3) Von dem Preis kommt in Abzug, was an Fracht, Zöllen und Kosten infolge des Verlusts der Güter erspart wird.

(4) Zu den aufgeopferten Gütern gehören auch diejenigen, welche zur Deckung der großen Haverei verkauft worden sind (§ 706 Nr. 7).

§ 712 Die Vergütung für Güter, die eine zur großen Haverei gehörige Beschädigung erlitten haben, wird bestimmt durch den Unterschied zwischen dem durch Sachverständige zu ermittelnden Verkaufswert, welchen die Güter im beschädigten Zustand am Bestimmungsort bei dem Beginn der Löschung des Schiffes haben, und dem in § 711 bezeichneten Preis nach Abzug der Zölle und Kosten, soweit sie infolge der Beschädigung erspart sind.

§ 713 Die vor, bei oder nach dem Havereifall entstandenen, zur großen Haverei nicht gehörenden Wertverringerungen und Verluste sind bei der Berechnung der Vergütung (§§ 711 und 712) in Abzug zu bringen.

§ 714 Endet die Reise für Schiff und Ladung nicht im Bestimmungshafen, sondern an einem anderen Ort, so tritt dieser letztere, endet sie durch Verlust des Schiffes, so tritt der Ort, wohin die Ladung in Sicherheit gebracht ist, für die Ermittelung der Vergütung an die Stelle des Bestimmungsorts.

§ 715 Die Vergütung für entgangene Fracht wird bestimmt durch den Frachtbetrag, welcher für die aufgeopferten Güter zu entrichten gewesen sein würde, wenn sie mit dem Schiff an dem Ort ihrer Bestimmung oder, wenn dieser von dem Schiff nicht erreicht wird, an dem Ort angelangt wären, wo die Reise endet.

§ 716 Der gesamte Schaden, welcher die große Haverei bildet, wird über das Schiff, die Ladung und die Fracht nach dem Verhältnis des Wertes des Schiffes und der Ladung und des Betrags der Fracht verteilt.

§ 717 (1) Das Schiff nebst Zubehör trägt bei:

제713조 해손사고 이전, 동시 혹은 이후에 발생한, 공동해손에 속하지 아니하는 가격 감소 및 멸실은 보상할 손해를 산정함에 있어(제711조 및 제712조) 이를 공제하여야 한다.

제714조 보상할 손해를 산정함에 있어, 선박과 적하가 목적항이 아니라 다른 곳에서 항해를 종료했다면, 목적지 대신에 그 다른 곳을 기준으로 하고, 선박이 멸실되어 항해를 종료했다면, 목적지 대신에 적하를 안전하게 가지고 나온 곳을 기준으로 한다.

제715조 소멸된 운임에 대한 보상은 공동해손으로 희생된 화물이 선박과 함께 그 목적지에 도착했을 때에 지급되었을 운임 금액을 기준으로 정하고, 선박이 여기까지 도달하지 못한 때에는 선박이 항해를 종료한 곳에 화물이 도착했을 때에 지급되었을 운임 금액을 기준으로 정한다.

제716조 공동해손을 구성하는 손해 총액은 선박, 적하 및 운임이 선박 및 적하의 가액과 운임의 금액의 비율로 이를 분담한다.

제717조 (1) 선박은 그 속구와 함께 다음 금액에 기해 공동해손을 분담한다.:
    1. 항해의 종료 시의 상태로 양륙을 개시한 때 그 가격;
    2. 공동해손으로 계산되는 선박과 속구의 손해.
  (2) 해손사고 이후에 이루어진 수선과 공급은, 그 가격이 아직 존재하면, 위 제1항 1호 금액에서 그 가격을 공제하여야 한다.

제718조 적하는 다음에 기해 공동해손을 분담한다.:
    1. 항해가 종료되어 양륙을 개시한 때에 남아 있는 화물, 혹은 선박이 멸실되어 항해가 종료되었다면(제714조) 안전하게 가지고 나온 화물. 어느 경우이든 해손사고 당시에 그 화물이 선박 혹은 부선(제706조 2호)상에 있었어야 한다.;
    2. 희생된 화물(제711조).

1. mit dem Wert, welchen es in dem Zustand am Ende der Reise bei dem Beginn der Löschung hat;

2. mit dem als große Haverei in Rechnung kommenden Schaden an Schiff und Zubehör.

(2) Von dem in Absatz 1 Nr. 1 bezeichneten Wert ist der noch vorhandene Wert derjenigen Ausbesserungen und Anschaffungen abzuziehen, welche erst nach dem Havereifall erfolgt sind.

§ 718 Die Ladung trägt bei:

1. mit den am Ende der Reise bei dem Beginn der Löschung noch vorhandenen Gütern oder, wenn die Reise durch den Verlust des Schiffes endet (§ 714), mit den in Sicherheit gebrachten Gütern, soweit in beiden Fällen diese Güter sich zur Zeit des Havereifalls an Bord des Schiffes oder eines Leichterfahrzeugs (§ 706 Nr. 2) befunden haben;

2. mit den aufgeopferten Gütern (§ 711).

§ 719 Bei der Ermittelung des Beitrags kommt in Ansatz:

1. für Güter, die unversehrt sind, der Marktpreis oder der durch Sachverständige zu ermittelnde Preis (§ 711), welchen sie am Ende der Reise bei dem Beginn und am Ort der Löschung des Schiffes, oder, wenn die Reise durch Verlust des Schiffes endet (§ 714), zur Zeit und am Ort der Bergung haben, nach Abzug der Fracht, Zölle und sonstigen Kosten;

2. für Güter, die während der Reise verdorben sind oder eine zur großen Haverei nicht gehörige Beschädigung erlitten haben, der durch Sachverständige zu ermittelnde Verkaufswert (§ 712), welchen die Güter im beschädigten Zustand zu der in Nummer 1 erwähnten Zeit und an dem dort bezeichneten Ort haben, nach Abzug der Fracht, Zölle und sonstigen Kosten;

3. für Güter, die aufgeopfert worden sind, der Betrag, welcher dafür nach § 711 als große Haverei in Rechnung kommt;

4. für Güter, die eine zur großen Haverei gehörige Beschädigung erlitten haben, der nach Nummer 2 zu ermittelnde Wert, welchen die Güter im beschädigten Zustand haben, und der Wertunterschied, welcher nach § 712 für die Beschädigung als große Haverei in Rechnung kommt.

제719조   분담금을 계산함에 있어 다음을 기초로 계산한다.:
1. 훼손되지 않는 화물의 경우, 항해가 종료되어 선박이 양륙을 하는 장소에서 그 개시 시점에 시장가격이나 감정인의 평가 가격에 의하고(제711조), 만일 선박이 멸실되어 항해가 종료되면(제714조) 구조의 시기와 장소에서의 시장가격이나 감정인의 평가 가격에 의하며, 여기에서 다시 운임, 관세 및 기타 비용을 공제한 금액;
2. 항해 도중에 부패한 화물, 혹은 공동해손에 속하지 않은 훼손을 당한 화물의 경우, 위 제1호에서 말하는 시기에 거기에 기재된 장소에서 훼손된 상태로 감정인이 평가한 매각 가격(제712조)에서 운임, 관세 및 기타 비용을 공제한 금액;
3. 항해 도중에 희생되었던 화물의 경우, 제711조의 규정에 따라 공동해손으로 산정된 금액;
4. 공동해손에 해당하는 훼손을 당한 화물의 경우, 훼손된 상태의 화물을 위 제2호의 규정에 따라 평가한 금액과, 위 제712조의 규정에 따라 그 훼손에 대해 공동해손으로 산입한 차이 가액;

제720조   화물이 투기된 경우, 이후에 화물이 구조되면, 그 구조된 화물은 그 소유자가 공동해손으로 보상을 청구한 때에 한해, 동시 혹은 이후 발생한 공동해손에 대해 손해를 분담한다.

제721조   (1) 운임 금액은 다음 금액의 3분지 2를 가지고 손해를 분담한다.
1. 획득한 총운임 금액;
2. 제715조의 규정에 의하여 공동해손으로 산정된 금액

(2) 여객운임은 선박이 멸실되었다면 상실하였을 금액(제670조)에서 그렇게 되었을 때에 절약되었을 비용을 공제한 금액.

【1972년 삽입】제721조의 (a)   공동해손사고가 발생한 다음, 항해를 종료하고 양륙을 개시하기 이전에, 공동해손 분담의무가 있는 목적물이 멸실된 경우에는, 멸실로 인해 발생한 제3자에 대한 손해배상청구권이 그 가격을 가지고 멸실된 목적물을 대신하여 공동해손을 분담한다. 공동해손을 분담할 목적물이 부분적으로 멸실되거나 혹은 그 가격이 감소된 경우, 분담액을 산정함에 있어서, 부분적인 멸실

§ 720 Sind Güter geworfen, so haben sie zu der gleichzeitigen oder einer späteren großen Haverei im Falle ihrer Bergung nur beizutragen, wenn der Eigentümer eine Vergütung verlangt.

§ 721 (1) Die Frachtgelder tragen bei mit zwei Dritteln:

1. des Bruttobetrags, welcher verdient ist;

2. des Betrags, welcher nach § 715 als große Haverei in Rechnung kommt.

(2) Überfahrtsgelder tragen bei mit dem Betrag, welcher im Falle des Verlusts des Schiffes eingebüßt wäre (§ 670), nach Abzug der Kosten, die alsdann erspart sein würden.

[eingefügt in 1972] § 721a Geht nach dem Havereifall und bis zum Beginn der Löschung am Ende der Reise ein beitragspflichtiger Gegenstand verloren, so trägt an Stelle des Gegenstands ein wegen des Verlusts gegen einen Dritten bestehender Ersatzanspruch mit seinem Wert bei. Geht ein beitragspflichtiger Gegenstand teilweise verloren oder wird er im Wert verringert, so ist bei der Ermittlung des Beitrags dem Wert des Gegenstands der Wert eines Ersatzanspruchs hinzuzurechnen, der wegen des teilweisen Verlusts oder der Wertverringerung gegen einen Dritten besteht.

§ 722 Haftet auf einem beitragspflichtigen Gegenstand eine durch einen späteren Notfall begründete Forderung, so trägt der Gegenstand nur mit seinem Werte nach Abzug dieser Forderung bei.

[neu gefaßt in 1972] § 722 Wird nach dem Havereifall und vor dem Beginn der Löschung am Ende der Reise die Haftung eines beitragspflichtigen Gegenstands für eine durch einen Notfall entstandene Forderung begründet, so trägt der Gegenstand nur mit seinem Wert nach Abzug dieser Forderung bei.

§ 723 (1) Zur großen Haverei tragen nicht bei:

1. die Kriegs- und Mundvorräte des Schiffes;

2. die Heuer und die Habe der Schiffsbesatzung;

3. das Reisegut der Reisenden.

(2) Sind Sachen dieser Art aufgeopfert oder haben sie eine zur großen Haverei gehörige Beschädigung erlitten, so wird dafür nach Maßgabe der §§ 711 bis 715 Vergütung gewährt; für Kostbarkeiten, Kunstgegenstände, Geld und Wertpapiere wird jedoch nur dann Vergütung gewährt, wenn sie dem Kapitän gehörig bezeichnet worden sind (§ 607) [ersetzt in 1937; (§ 673 Abs. 2)]. Sachen, für die eine

혹은 가격 감소로 인해 제3자에 대해 갖는 손해배상청구권의 가액을 목적물의 가액에 추가하여 계산한다.

제722조 공동해손을 분담할 의무를 지는 목적물이, 그 이후에 발생한 긴급 상황에 기한 채권에 대해 책임을 지게 되는 경우, 그 목적물은 이 채권을 공제한 나머지 가격에 기해 공동해손을 분담한다.

【1972년 개정】 제722조 공동해손사고가 발생한 다음, 항해를 종료하고 양륙을 개시하기 이전에, 공동해손 분담의무가 있는 목적물이 긴급한 사고로 인해 발생한 채권에 의해 부담을 지게 된 경우, 그 목적물은 이 채권을 공제한 가액으로 공동해손을 분담한다.

제723조 (1) 다음 열거된 것은 공동해손을 분담할 책임이 없다.:
　　1. 선박의 무기 및 식료품
　　2. 급료 및 선원의 소지품
　　3. 여객의 수하물
　(2) 이러한 종류의 물건이 희생된다든가 혹은 공동해손에 해당하는 손해를 입은 경우에는, 그에 대해 제711조 내지 제715조의 규정에 따라 보상이 제공된다.; 그러나 고가물, 예술품, 현금 및 유가증권에 대하여는, 선장에게 적절하게 고지가 된 때에 한해, 보상이 제공된다(607조)**【1937년 조문 표시 변경; (제673조 제2항)】**. 보상이 이루어지는 물건은 공동해손으로 산입되는 가액이나 차액을 가지고 공동해손을 분담하여야 한다.
　(3) 제708조에 열거된 목적물은 구조되면 해손을 분담할 의무를 진다.
　【1972년 삭제】(4) 모험대차 금액은 공동해손을 분담할 의무가 없다.

제724조 (1) 공동해손사고가 발생하고 난 다음, 항해를 종료하고 양륙을 개시하기 이전에, 공동해손 분담의무가 있는 목적물이 전부(제704조) 또는 일부 멸실되거나 혹은 그 가격이 감소되고, 특히 제722조의 규정에 따라 새로운 채권에 의해 부담을 안게 되면, 나머지 목적물은 지급해야 할 해손분담액이 그 비율에 따라 증가한다. **【1972년 이하 추가】**다만 이는 그 멸실 또는 가격감소가 손해배상청구권으로 대치되지 않는 것을(제721조의 (a)) 전제로 한다.

Vergütung gewährt wird, tragen mit dem Wert oder dem Wertunterschied bei, welcher als große Haverei in Rechnung kommt.

(3) Die in § 708 erwähnten Gegenstände sind beitragspflichtig, soweit sie gerettet sind.

[aufgehoben in 1972] (4) Die Bodmereigelder sind nicht beitragspflichtig.

§ 724 (1) Wenn nach dem Havereifall und bis zum Beginne der Löschung am Ende der Reise ein beitragspflichtiger Gegenstand ganz verloren geht (§ 704) oder zu einem Teile verloren geht oder im Werte verringert, insbesondere gemäß § 722 mit einer Forderung belastet wird, so tritt eine verhältnißmäßige Erhöhung der von den übrigen Gegenständen zu entrichtenden Beiträge ein. **[einfügt Folgende in 1972]** soweit nicht der Verlust oder die Wertverringerung durch eine Schadensersatzforderung (§ 721a) ausgeglichen wird.

(2) Ist der Verlust oder die Wertsverringerung erst nach dem Beginn der Löschung erfolgt, so geht der Beitrag, welcher auf den Gegenstand fällt, soweit dieser zur Berichtigung des Beitrags unzureichend geworden ist, den Vergütungsberechtigten verloren.

[geändert in 1972] (2) Ist der Verlust oder die Wertverringerung erst nach dem Beginn der Löschung erfolgt, so hat dies auf die Verteilung des Schadens, welcher die große Haverei bildet, keinen Einfluß.

§ 725 Die Vergütungsberechtigten haben wegen der von dem Schiffe und der Fracht zu entrichtenden Beiträge die Rechte von Schiffsgläubigern. Auch in Ansehung der beitragspflichtigen Güter steht ihnen an den einzelnen Gütern wegen des von diesen zu entrichtenden Beitrags ein Pfandrecht zu. Das Pfandrecht kann jedoch nach der Auslieferung der Güter nicht zum Nachteile des dritten Erwerbers, welcher den Besitz in gutem Glauben erlangt hat, geltend gemacht werden.

[neu gefaßt in 1972] § 725 (1) Zur Zahlung des von dem Schiff zu entrichtenden Beitrags ist der Schiffseigentümer, zur Zahlung des von der Ladung zu entrichtenden Beitrags ist der Eigentümer der Ladung verpflichtet. Maßgebend ist das Eigentum im Zeitpunkt des Beginns der Löschung am Ende der Reise.

(2) Zur Zahlung des von den Fracht- oder Überfahrtsgeldern zu entrichtenden Beitrags ist der Verfrachter verpflichtet. Ist vereinbart, daß die Fracht auch im Falle des Verlusts der Güter zu zahlen ist, so trifft die Verpflichtung zur Zahlung des auf

(2) 목적물의 멸실이나 그 가격 감소가 양륙을 개시한 다음에 비로소 발생하면, 그 목적물이 부담할 해손분담금은, 그 목적물을 가지고 분담금을 변제하기에 충분하지 않게 된 범위 내에서, 보상을 청구하는 권리자가 그 분담청구권을 상실한다.

【1972년 변경】(2) 목적물의 멸실이나 그 가격 감소가 양륙을 개시한 다음에 비로소 발생하면, 이는 공동해손을 구성하는 손해의 분담에 대해 아무런 영향이 없다.

제725조 공동해손의 보상청구권자는 선박 및 운임이 지급할 분담금에 기해 선박채권자로서 권리를 가진다. 또 분담금의 지급의무를 지고 있는 화물과 관련하여, 보상청구권자는 개별 화물이 지급할 분담금에 기해 그 개별 화물에 대해 질권을 갖는다. 그러나 이 질권은 화물을 인도하여 준 다음에는 선의로 그 점유를 취득한 제3자의 권리와 배치되게 이를 행사할 수 없다.

【1972년 개정】제725조 (1) 선주는 선박이 지급할 분담금을, 적하 소유자는 적하가 지급할 분담금을 각각 지급할 의무가 있다. 소유권은 항해를 종료하고 양륙을 개시한 시점을 기준으로 한다.

(2) 물건운송운임 및 여객운송운임이 지급할 분담금은 운송인이 이를 지급할 의무가 있다. 화물이 멸실된다고 하더라도 운임을 지급한다는 약정이 있는 경우, 구조된 화물에 대한 운임이 부담할 분담금은 화물의 소유자가 이를 부담한다.; 위 제1항 2문의 규정은 여기에 준용한다.

(3) 위 제1항 또는 제2항의 규정에 의해 분담금을 지급할 의무를 지고 있는 사람은 분담 의무를 발생시킨 구조된 목적물의 가액을 한도로 책임을 진다. 목적물의 가격은 항해를 종료하고 양륙을 개시한 때를 기준으로 한다.; 제717조 제2항, 제719조 1호 및 2호, 제721조, 제721조의 (a) 및 제722조가 여기에 적용된다.

제726조 (1) 분담금을 지급해야 할 인적인 책임은 공동해손 자체만으로는 성립하지 않는다.

(2) 그러나 분담금의 지급의무를 지는 화물의 경우, 수하인이 화물을 수령할 때에 그 화물이 분담금을 지급할 의무를 지고 있다는 것을 알았다면, 화물을 인도하여 줄 때의 그 화물의 가격을 한도로, 화물을 인도하여 주지 않았다면 그 화물로

die Fracht für die geretteten Güter entfallenden Beitrags den Eigentümer der Güter; Absatz 1 Satz 2 gilt entsprechend.

(3) Der nach Absatz 1 oder 2 zur Zahlung des Beitrags Verpflichtete haftet nur bis zur Höhe des Wertes der geretteten Gegenstände, mit denen er beitragspflichtig ist. Maßgebend ist der Wert der Gegenstände bei Beginn der Löschung am Ende der Reise; § 717 Abs. 2, § 719 Nr. 1 und 2, §§ 721, 721a und 722 sind anzuwenden.

§ 726 (1) Eine persönliche Verpflichtung zur Entrichtung des Beitrags wird durch den Havereifall an sich nicht begründet.

(2) Der Empfänger beitragspflichtiger Güter wird jedoch, wenn ihm bei der Annahme der Güter bekannt ist, daß davon ein Beitrag zu entrichten ist, für den letzteren bis zu dem Werte, welchen die Güter zur Zeit ihrer Auslieferung haben, insoweit persönlich verpflichtet, als der Beitrag, falls die Auslieferung nicht erfolgt wäre, aus den Gütern hätte geleistet werden können.

[neu gefaßt in 1972] § 726 (1) Wegen der von dem Schiff und der Fracht zu entrichtenden Beiträge haben die Vergütungsberechtigten an dem Schiff die Rechte von Schiffsgläubigern.

(2) Auch an den beitragspflichtigen Gütern steht den Vergütungsberechtigten wegen des von den Gütern zu entrichtenden Beitrags ein Pfandrecht zu.

[eingefügt in 1972] § 726a (1) Pfandrechte an den beitragspflichtigen Gütern nach § 726 Abs. 2 haben den Vorrang vor allen anderen an den Gütern begründeten Pfandrechten, auch wenn diese früher entstanden sind. **[gestrichen Folgende in 1990]** Sie gehen jedoch Pfandrechten nach § 25 der Strandungsordnung nach.

(2) Bestehen an einer Sache mehrere Pfandrechte nach § 726 Abs. 2, so geht das wegen der später entstandenen Forderung dem wegen der früher entstandenen Forderung vor; Pfandrechte wegen gleichzeitig entstandener Forderungen sind gleichberechtigt; § 762 Abs. 3 gilt entsprechend. Das gleiche gilt im Verhältnis von Pfandrechten nach § 726 Abs. 2 zu Pfandrechten nach § 752 Abs. 2.

(3) Pfandrechte an den beitragspflichtigen Gütern nach § 726 Abs. 2 erlöschen nach einem Jahr seit der Entstehung des Anspruchs; § 759 Abs. 2 gilt entsprechend.

§ 727 Die Feststellung und Verteilung der Schäden erfolgt an dem Bestimmungsort und, wenn dieser nicht erreicht wird, in dem Hafen, wo die Reise endet.

부터 추심하였을 분담금의 범위 내에서, 수취인은 분담금에 대해 인적인 책임을 진다.

【1972년 개정】제726조　(1) 선박 및 운임이 지급할 공동해손 분담금에 기해, 분담금 청구권자는 선박에 대해 해사채권자로서 권리를 갖는다.

(2) 화물이 지급할 공동해손 분담금에 기해, 분담금 청구권자는 의무를 지는 화물에 대해 질권을 갖는다.

【1972년 삽입】제726조의 (a)　(1) 위 제726조 제2항에 의해 해손을 분담할 화물에 대해 갖는 질권은 그 화물에 대해 갖는 다른 모든 질권보다, 비록 그 질권이 이전에 발생했다고 하더라도, 우선하는 효력을 갖는다.【1990년 이하 삭제】그러나 이 질권은 선박유기령 제25조에 의한 질권보다 후순위의 효력을 갖는다.

(2) 하나의 물건 위에 제726조 제2항에 의한 질권이 다수 존재하는 경우, 후에 발생한 채권에 기한 질권이 전에 발생한 채권에 기한 질권보다 우선한다.; 동시에 발생한 채권에 기한 질권은 동일한 권리를 가진다.; 제762조 제3항이 준용된다. 제726조 제2항에 의한 질권의 제752조 제2항에 의한 질권과의 관계에 있어서도 동일하게 적용된다.

(3) 제726조 제2항에 의해 공동해손 분담의무를 지는 화물에 대한 질권은 채권이 발생한 후 1년이 경과하면 소멸한다.; 제759조 제2항이 여기에 준용된다.

제727조　손해의 확정 및 그 분배는 목적지에서 이를 실시하고, 선박이 여기에까지 이르지 못한 경우, 항해가 종료된 항구에서 이를 실시한다.

제728조　(1) 선장은 지체 없이 정산서를 작성하게 하여야 한다. 선장이 이에 위반하여 처리를 하면 그 선장은 모든 이해관계인에게 손해배상책임이 있다.

(2) 정산서를 적기에 작성하게 하지 않으면, 모든 이해관계인은 그 작성을 요청하고 작성을 촉구할 수 있다.

§ 728 (1) Der Kapitän ist verpflichtet, die Aufmachung der Dispache ohne Verzug zu veranlassen. Handelt er dieser Verpflichtung zuwider, so macht er sich jedem Beteiligten verantwortlich.

(2) Wird die Aufmachung der Dispache nicht rechtzeitig veranlaßt, so kann jeder Beteiligte die Aufmachung in Antrag bringen und betreiben.

§ 729 (1) Im Gebiet dieses Gesetzbuchs wird die Dispache durch die ein für allemal bestellten oder in deren Ermangelung durch die vom Gericht besonders ernannten Personen (Dispacheure) aufgemacht.

(2) Jeder Beteiligte ist verpflichtet, die zur Aufmachung der Dispache erforderlichen Urkunden, soweit er sie zu seiner Verfügung hat, namentlich Chartepartien, Konnossemente und Fakturen, dem Dispacheur mitzuteilen.

§ 730 Für die von dem Schiff zu leistenden Beiträge ist den Ladungsbeteiligten Sicherheit zu bestellen, bevor das Schiff den Hafen verlassen darf, in welchem nach § 727 die Feststellung und Verteilung der Schäden zu erfolgen hat.

§ 731 (1) Der Kapitän darf Güter, auf denen Havereibeiträge haften, vor der Berichtigung oder Sicherstellung der letzteren (§ 615) nicht ausliefern, [gestrichen Folgende in 1972] widrigenfalls er, unbeschadet der Haftung der Güter, für die Beiträge persönlich verantwortlich wird.

[aufgehoben in 1972] (2) Hat der Reeder die Handlungsweise des Kapitäns angeordnet, so kommen die Vorschriften des § 512 Abs. 2, 3 zur Anwendung.

(3) [Nr. geändert in 1972; (2)] Das an den beitragspflichtigen Gütern den Vergütungsberechtigten zustehende Pfandrecht wird für diese durch den Verfrachter ausgeübt. Die Geltendmachung des Pfandrechts durch den Verfrachter erfolgt nach Maßgabe der Vorschriften, die für das Pfandrecht des Verfrachters wegen der Fracht und der Auslagen gelten.

§ 732 (1) Hat der Kapitän zur Fortsetzung der Reise, jedoch zum Zwecke einer nicht zur großen Haverei gehörenden Aufwendung, die Ladung verbodmet oder über einen Teil der Ladung durch Verkauf oder Verwendung verfügt, so ist der Verlust, den ein Ladungsbeteiligter dadurch erleidet, daß er wegenseiner Ersatzansprüche aus Schiff und Fracht gar nicht oder nicht vollständig befriedigt werden kann (§§ 540, 541, 612), von sämmtlichen Ladungsbeteiligten nach den Grundsätzen der großen

제729조 (1) 본법이 적용되는 지역 내에서는, 정산서는 이를 위해 정규적으로 선임된 사람이나 또는 이러한 사람이 없어서 법원이 특별히 임명한 사람(정산인)에 의하여 작성된다.

 (2) 모든 이해관계인은 정산서를 작성하는 데 필요한 서류, 특히 용선계약서, 선하증권 및 송장과 같은 서류가, 자기 관리 하에 있으면, 이를 정산인에게 제출하여야 한다.

제730조 선박은, 제727조에 따라 손해의 확정과 분배를 실시할 항구를 떠나기 전에, 선박이 지급할 공동해손 분담금에 대해 적하 이해관계인에게 담보를 제공하여야 한다.

제731조 (1) 분담금의 지급의무를 지는 화물이 있으면, 선장은 그에 대해 변제를 받거나 담보를 제공하기 이전에는(제615조) 그 화물을 인도하여 주어서는 아니 되며, 【1972년 이하 삭제】 이와 달리 처리한 경우, 그 화물의 책임과 상관없이, 선장은 그 분담금에 대해 인적인 책임이 있다.

 【1972년 삭제】(2) 선주가 선장의 처리 방법에 대해 지시를 한 경우, 제512조 제2항 및 제3항이 적용된다.

 (3)【1972년 항수 변경; (2)】 보상청구권자가 분담금 지급의무를 지는 화물에 대해 갖는 질권은 해상운송인이 보상청구권자를 위해 이를 행사한다. 이 질권은, 해상운송인의 운임과 비용에 기한 질권에 적용될 규정에 따라, 해상운송인이 이를 행사한다.

제732조 (1) 비록 공동해손에 해당되지 않는 목적으로 사용하지만, 선장이 항해를 계속하기 위해, 적하를 모험대차의 담보로 제공하거나, 혹은 매각이나 사용하는 방식으로 일부 적하를 처분한 경우, 그 적하 이해관계인이 보상청구권에 기해 선박과 운임으로부터 전혀 혹은 완전한 보상을 받지 못한 때에는(제540조, 제541조 및 제612조), 그로 인해 그 적하 이해관계인이 입은 손실은 모든 적하 이해관계인이 공동해손의 규칙에 따라 이를 분담한다.

 【1972년 변경】(1) 비록 공동해손에 해당되지 않는 목적으로 사용하지만, 선장이 항해를 계속하기 위해, 양도, 입질 혹은 사용을 하는 방식으로 일부 적하를 처분한 경우, 그 적하 이해관계인이 보상청구권(제540조 및 제541조)에 기해 보상을

Haverei zu tragen.

[geändert in 1972] (1) Hat der Kapitän zur Fortsetzung der Reise, jedoch zum Zwecke einer nicht zur großen Haverei gehörenden Aufwendung, über einen Teil der Ladung durch Veräußerung, Verpfändung oder Verwendung verfügt, so ist der Verlust, den ein Ladungsbeteiligter dadurch erleidet, daß er wegen seines Ersatzanspruchs (§§ 540, 541) keine Befriedigung finden kann, von sämtlichen Ladungsbeteiligten nach den Grundsätzen der großen Haverei zu tragen.

(2) Bei der Ermittelung des Verlustes ist im Verhältnisse zu den Ladungsbeteiligten in allen Fällen, namentlich auch im Falle des § 612 Abs. 2 **[ersetzt in 1937; des §** 541 Abs. 2 Satz 2**]**, die im § 711 bezeichnete Vergütung maßgebend. Mit dem Werte, durch welchen diese Vergütung bestimmt wird, tragen die verkauften Güter auch zu einer etwa eintretenden großen Haverei bei (§ 718).

§ 733   Die in den Fällen der §§ 635 und 732 zu entrichtenden Beiträge und eintretenden Vergütungen stehen in allen rechtlichen Beziehungen den Beiträgen und Vergütungen in den Fällen der großen Haverei gleich.

Zweiter Titel. Schaden durch Zusammenstoß von Schiffen.

§ 734   (1) Wenn zwei Schiffe zusammenstoßen und entweder auf einer oder auf beiden Seiten durch den Stoß Schiff oder Ladung allein oder Schiff und Ladung beschädigt werden oder ganz verloren gehen, so ist, falls eine Person der Besatzung des einen Schiffes durch ihr Verschulden den Zusammenstoß herbeigeführt hat, der Reeder dieses Schiffes nach Maßgabe der §§ 485, 486 verpflichtet, den durch den Zusammenstoß dem anderen Schiffe und dessen Ladung zugefügten Schaden zu ersetzen.

(2) Die Eigenthümer der Ladung beider Schiffe sind nicht verpflichtet, zum Ersatze des Schadens beizutragen.

(3) Die persönliche Verpflichtung der zur Schiffsbesatzung gehörigen Personen, für die Folgen ihres Verschuldens aufzukommen, wird durch diese Vorschriften nicht berührt.

[neu gefaßt in 1913] § 734   Im Falle eines Zusammenstoßes von Schiffen findet, wenn der Zusammenstoß durch Zufall oder höhere Gewalt herbeigeführt ist oder

받지 못함으로 인해 입은 손실은 모든 적하 이해관계인이 공동해손의 규칙에 따라 이를 분담한다.

(2) 모든 경우, 적하이해관계인에 대한 관계에서 손실의 산출에 대해서는, 특히 제612조 제2항【1937년 변경; 제541조 제2항 2문】의 경우에도, 제711조에 표시된 보상을 기준으로 한다. 매각된 화물은 이러한 보상이 이루어질 가액을 기초로 공동해손을 분담하여야 한다(제718조).

제733조 제635조 및 제732조의 경우에 지급할 분담금과 발생한 보상금은 모든 법적인 관계에서 공동해손에서의 분담금 및 보상금과 마찬가지라고 본다.

제2절 선박의 충돌로 인한 손해

제734조 (1) 두 선박이 충돌하고, 충돌로 인해 어느 일방 또는 쌍방의 선박이나 적하 또는 선박 및 적하가 훼손되거나 혹은 완전히 멸실되고, 충돌이 어느 한 선박 선원의 귀책사유로 일어난 경우, 그 선박의 소유자는 제485조 및 제486조의 규정에 따라 충돌로 인해 다른 선박과 그 선상 적하가 입은 손해를 배상할 책임이 있다.

(2) 양 선박의 적하 소유자는 손해를 분담하여 배상할 의무가 없다.

(3) 선원에 해당되는 사람이 자기의 귀책사유로 생긴 결과에 대해 져야 하는 개인적인 책임은 이 규정에 의하여 영향을 받지 않는다.

【1913년 개정】제734조 선박이 상호 충돌한 경우, 충돌이 우연한 사고 또는 불가항력으로 발생한 때, 혹은 충돌의 원인을 알 수 없는 때에는, 충돌로 인해 선박 및 선상에 있던 사람이나 물건에 발생한 손해에 대해 배상을 청구할 권리가 없다.

Ungewißheit über seine Ursachen besteht, kein Anspruch auf Ersatz des Schadens statt, der den Schiffen oder den an Bord befindlichen Personen oder Sachen durch den Zusammenstoß zugefügt ist.

§ 735 (1) Fällt keiner Person der Besatzung des einen oder des anderen Schiffes ein Verschulden zur Last, so findet ein Anspruch auf Ersatz des dem einen oder anderen oder beiden Schiffen zugefügten Schadens nicht statt.

(2) Ist der Zusammenstoß durch beiderseitiges Verschulden herbeigeführt, so hängt die Verpflichtung zum Ersatze sowie der Umfang des zu leistenden Ersatzes von den Umständen, insbesondere davon ab, inwieweit der Zusammenstoß vorwiegend von Personen der einen oder der anderen Besatzung verursacht worden ist.

[neu gefaßt in 1913] § 735 Ist der Zusammenstoß durch Verschulden der Besatzung eines der Schiffe herbeigeführt, so ist der Reeder dieses Schiffes zum Ersatz des Schadens verpflichtet.

§ 736 Die Vorschriften der §§ 734, 735 kommen zur Anwendung ohne Unterschied, ob beide Schiffe oder das eine oder das andere sich in der Fahrt oder im Treiben befinden oder vor Anker oder am Lande befestigt liegen.

[neu gefaßt in 1913] § 736 (1) Ist der Zusammenstoß durch gemeinsames Verschulden der Besatzung der beteiligten Schiffe herbeigeführt, so sind die Reeder dieser Schiffe zum Ersatz des Schadens, der durch den Zusammenstoß den Schiffen oder den an Bord befindlichen Sachen zugefügt wird, nach Verhältnis der Schwere des auf jeder Seite obwaltenden Verschuldens verpflichtet. Kann nach den Umständen ein solches Verhältnis nicht festgesetzt werden oder erscheint das auf jeder Seite obwaltende Verschulden als gleich schwer, so sind die Reeder zu gleichen Teilen ersatzpflichtig.

(2) Für den Schaden, der durch die Tötung oder die Verletzung des Körpers oder der Gesundheit einer an Bord befindlichen Person entstanden ist, haften die Reeder der Schiffe, wenn der Zusammenstoß durch gemeinsames Verschulden herbeigeführt ist, dem Verletzten als Gesamtschuldner. Im Verhältnis der Reeder zueinander gelten auch für einen solchen Schaden die Vorschriften des Absatzes 1.

§ 737 Ist ein durch den Zusammenstoß beschädigtes Schiff gesunken, bevor es einen Hafen erreichen konnte, so wird vermutet, daß der Untergang des Schiffes eine

제735조 (1) 어느 한 선박의 선원에게도 귀책사유가 없는 경우, 어느 한 선박이나 양 선박에 발생한 손해에 대해 배상청구권이 전혀 생기지 않는다.

  (2) 선박 충돌이 쌍방의 귀책사유로 발생한 경우, 배상의 책임과 보상할 범위는 상황에 달려 있고, 특히 어느 범위에서 어느 한 선박의 선원이 주로 충돌을 유발하였는지에 달려 있다.

【1913년 개정】 제735조 선박 충돌이 어느 한 선박의 선원의 귀책사유로 발생한 경우, 그 선박의 선주는 그로 인한 손해를 배상할 책임이 있다.

제736조 위 제734조 및 제735조의 규정은, 어느 한 선박 또는 양 선박이, 항해 중이거나 표류 중이든, 또 정박되어 있거나 육지에 고정되어 있든, 상관없이 적용된다.

【1913년 개정】 제736조 (1) 선박 충돌이 관련 선박 선원 쌍방의 귀책사유로 발생한 경우, 이 선박들의 선주들은 충돌로 인해 선박들과 그 선상 물건에 발생한 손해를 각 측에 존재하는 귀책사유의 경중에 비례하여 이를 배상할 의무가 있다. 상황에 의해 그러한 비율을 확정할 수 없거나, 혹은 각 측에 존재한 귀책사유가 경중이 동일한 것이 입증된 경우, 선주들은 동일한 분량으로 손해를 배상하여야 한다.

  (2) 선상에 있던 사람의 사망으로 인한 혹은 신체나 건강의 침해로 인한 손해에 대하여는, 쌍방의 귀책사유로 충돌이 발생한 때에는, 선박들의 소유자들은 피해자에 대해 연대채무자로서 책임을 진다. 선주들 상호간 관계에서는 그러한 손해에 대해 위 제1항의 규정이 적용된다.

제737조 선박충돌로 인해 훼손된 선박이 어느 한 항구에 도달하기 이전에 가라앉은 경우, 그 선박은 충돌의 결과로 침몰한 것으로 추정한다.

Folge des Zusammenstoßes war.

[neu gefaßt in 1913] § 737   Hat sich das Schiff unter der Führung eines Zwangslotsen befunden, so ist der Reeder des Schiffes für den von dem Lotsen verschuldeten Zusammenstoß nicht verantwortlich, es sei denn, daß die zur Schiffsbesatzung gehörigen Personen die ihnen obliegenden Pflichten nicht erfüllt haben.

[neu gefaßt in 1972] § 737   (1) Unberührt bleiben die Vorschriften über die Beschränkung der Haftung des Reeders und über seine Haftung aus Verträgen sowie die Vorschriften, nach denen die zur Schiffsbesatzung gehörenden Personen verpflichtet sind, für die Folgen ihres Verschuldens aufzukommen.

(2) Bei der Anwendung der §§ 735, 736 steht das Verschulden eines an Bord tätigen Seelotsen **[geändert in 1986;** tätigen Lotsen**]** dem Verschulden eines Mitglieds der Schiffsbesatzung gleich.

§ 738   Hat sich das Schiff unter der Führung eines Zwangslootsen befunden und haben die zur Schiffsbesatzung gehörigen Personen die ihnen obliegenden Pflichten erfüllt, so ist der Reeder des Schiffes von der Verantwortung für den Schaden frei, welcher durch den von dem Lootsen verschuldeten Zusammenstoß entstanden ist

[neu gefaßt in 1913] § 738   Fügt ein Schiff durch Ausführung oder Unterlassung eines Manövers oder durch Nichtbeobachtung einer Verordnung einem anderen Schiffe oder den an Bord der Schiffe befindlichen Personen oder Sachen einen Schaden zu, ohne daß ein Zusammenstoß stattfindet, so finden die Vorschriften dieses Titels entsprechende Anwendung.

[neu gefaßt in 1972] § 738   (1) Für Klagen auf Schadensersatz, die auf die Vorschriften dieses Titels oder auf entsprechende ausländische Rechtsvorschriften gestützt werden, ist das Gericht zuständig,

1. in dessen Bezirk der Beklagte seinen gewöhnlichen Aufenthalt oder eine gewerbliche Niederlassung hat;

2. in dessen Bezirk sich der Zusammenstoß ereignet hat, wenn er im Gebiet eines Hafens oder in Binnengewässern stattgefunden hat;

3. in dessen Bezirk ein Arrest in ein Schiff des Beklagten vollzogen oder die Vollziehung eines Arrests durch Sicherheitsleistung gehemmt worden ist;

4. bei dem bereits eine Klage auf Grund desselben Zusammenstoßes gegen

【1913년 개정】제737조   선박이 강제도선 도선사에 의해 지휘되고 있었던 경우, 선주는 도선사의 귀책사유로 인한 선박충돌에 대해 책임이 없고, 다만 선원에 속하는 사람이 그에게 부관된 의무를 이행하지 않았던 때에는 그러하지 않는다.[19]

【1972년 개정】제737조   (1) 선주의 책임을 제한하는 규정 및 계약으로 인하여 발생하는 책임에 관한 규정은 물론 선원에 해당되는 사람들이 자기 귀책사유로 발생한 결과에 대해 책임을 질 의무에 관한 규정은 이로 인하여 영향을 받지 않는다.
   (2) 제735조 및 제736조를 적용함에 있어 선상에서 근무하는 해상도선사【1986년 변경; 근무 도선사】[20]의 귀책사유는 어느 선원의 귀책사유와 마찬가지로 본다.

제738조   선박이 강제도선 도선사의 지휘 하에 있었고, 선원에 속하는 사람들은 모두 그에게 부여된 의무를 이행했던 경우, 선주는 도선사에게 귀책사유가 있는 선박충돌로 인해 발생한 손해에 대해 책임이 없다.

【1913년 개정】제738조   선박이 기동을 하거나 하지 아니하여, 혹은 법규를 준수하지 아니하여, 다른 선박 또는 선박 위에 있는 사람이나 물건에 손해를 가했지만, 실제로 선박 사이에 상호 충돌은 일어나지 않은 경우에도 본절의 규정을 준용한다.

【1972년 개정】제738조   (1) 본절의 규정 또는 이에 상응하는 외국 법규에 근거한 손해배상청구의 소에 대해서는 다음 법원이 관할권을 갖는다.
   1. 피고가 주소 혹은 거소를 관할 구역 내에 가지고 있는 법원;
   2. 충돌이 항구 구역 내 또는 내수에서 일어난 때에 그 충돌지를 관할하는 법원;

---

19) 개정 이전 제738조 규정과 동일한 취지이다.
20) 용어의 정리에 지나지 않는다.

denselben Beklagten anhängig ist oder war.

Andere Gerichte sind örtlich nicht zuständig; §§ 33, 38, 39 der Zivilprozeßordnung bleiben unberührt.

(2) Gegen einen Angehörigen eines fremden Staates kann die Klage auch in anderen Gerichtsständen erhoben werden, wenn nach den Gesetzen dieses Staates die Zuständigkeit für die Klage eines Deutschen im gleichen Fall nicht entsprechend Absatz 1 geregelt ist.

(3) Klagen auf Ersatz des Schadens, der den Schiffen oder den an Bord befindlichen Personen oder Sachen durch einen Zusammenstoß zugefügt worden ist, können in den Gerichtsständen des Absatzes 1 Satz 1 auch dann erhoben werden, wenn die Ansprüche weder auf die Vorschriften dieses Titels noch auf entsprechende ausländische Rechtsvorschriften gestützt werden.

[eingefügt in 1972] § 738a (1) Ist eine Klage auf Schadensersatz, die auf die Vorschriften dieses Titels oder auf entsprechende ausländische Rechtsvorschriften gestützt wird, bei einem ausländischen Gericht anhängig, so hat die Klage die in § 261 Abs.3 Nr.1 [ersetzt in 1976; in §263 Abs.2 Nr.1] der Zivilprozeßordnung bestimmte Wirkung der Rechtshängigkeit, wenn die Zuständigkeit des Gerichts auf einer dem § 738 Abs. 1 entsprechenden Regelung beruht und wenn das Gericht des Staates, vor dem die Klage auf Schadensersatz anhängig ist, im Falle einer vor einem deutschen Gericht anhängigen Klage die Wirkungen der Rechtshängigkeit anerkennen würde.

(2) Hat ein Kläger vor einem ausländischen Gericht eine Klage gemäß Absatz 1 durchgeführt, so kann er wegen desselben Anspruchs gegen denselben Beklagten bei einem anderen nach § 738 Abs. 1 zuständigen Gericht nicht erneut Klage erheben. Dies gilt nicht, soweit das Verfahren vor dem ausländischen Gericht zu seinen Gunsten durchgeführt worden ist und er auf seine Rechte aus diesem Verfahren verzichtet. Satz 1 ist nur anzuwenden, wenn die Gegenseitigkeit verbürgt ist.

[eingefügt in 1972] § 738b Die Vorschriften der §§ 738 und 738a gelten nicht, wenn sich der Zusammenstoß auf dem Rhein oder auf der Mosel ereignet hat.

[eingefügt in 1972] § 738c Fügt ein Schiff durch Ausführung oder Unterlassung eines Manövers oder durch Nichtbeobachtung einer Verordnung einem anderen Schiff

3. 피고의 선박에 대한 압류 혹은 선박압류를 방지하기 위한 담보 제공이 관할 구역 내에서 이루어진 법원;

4. 동일한 충돌에 기해 동일한 피고를 상대로 소송이 이미 계속 중이거나 계속 중이었던 법원.

지역적으로 그 외 다른 법원은 관할권이 없다.; 민사소송법 제33조, 제38조 및 제39조는 이로 인하여 영향을 받지 않는다.

(2) 외국 국민에 대하여는, 그 국가 법률에 의하면 독일 국민의 제소에 대해 동일한 경우에 관할권이 위 제1항에 상응하게 규율되지 않는 때에는, 다른 관할 법원에 제소할 수 있다.

(3) 선박의 충돌로 인하여 선박 또는 선상에 있던 사람이나 물건에 가한 손해배상청구의 소는 그 채권이 본장의 규정이나 상응하는 외국 법규에 근거하지 않는다고 하더라도 위 제1항 1호의 관할 구역에서 제소할 수 있다.

【1972년 추가】제738조의 (a) (1) 본절의 규정 또는 이에 상응하는 외국 법규에 근거한 손해배상청구의 소가 외국 법원에 계속 중인 경우, 그 법원의 관할권이 제738조 제1항에 상응하는 규정에 근거하고 있고, 또 손해배상청구의 소가 계속 중인 국가 법원이 독일 법원에 계속 중인 소에 대해 소송 계속의 효력을 인정하였을 것인 때에는, 그 소는 민사소송령 제261조 제3항 1호**【1976년 변경; 제263조 제2항 1호】**에 규정된 소송 계속의 효력을 갖는다.

(2) 원고가 위 제1항에 따라 외국 법원에서 소송을 수행 중인 경우, 그는 동일한 채권을 가지고 동일한 피고를 상대로 제738조 제1항에 의해 관할권이 있는 다른 법원에 중복하여 제소할 수 없다. 외국 법원에서 원고에게 유리하게 절차가 진행되고 있고, 그럼에도 불구하고 그가 그 절차로부터 생기는 권리를 포기한 경우에는, 이 규정은 적용되지 아니한다. 본항 제1문의 규정은 오로지 상호성이 보장되는 때에 한해 적용된다.

【1972년 추가】제738조의 (b) 위 제738조 및 제738조의 (a)의 규정은 선박 충돌이 라인강 혹은 모젤강에서 발생한 때에는 이를 적용하지 않는다.

486

oder den an Bord der Schiffe befindlichen Personen oder Sachen einen Schaden zu, ohne daß ein Zusammenstoß stattfindet, so finden die Vorschriften dieses Titels entsprechende Anwendung.

§ 739 (1) Die Vorschriften dieses Titels kommen auch zur Anwendung, wenn mehr als zwei Schiffe zusammenstoßen.

(2) Ist in einem solchen Falle der Zusammenstoßdurch eine Person der Besatzung des einen Schiffes verschuldet, so haftet der Reeder des letzteren auch für den Schaden, welcher daraus entsteht, daß durch den Zusammenstoß dieses Schiffes mit einem anderen der Zusammenstoß dieses anderen Schiffes mit einem dritten verursacht ist.

【neu gefaßt in 1913】 § 739 (1) Die Vorschriften dieses Titels gelten auch dann, wenn bei dem Unfall ein der Binnenschifffahrt dienendes Schiff beteiligt ist.

【aufgehoben in 1972】 (2) Unberührt bleiben die Vorschriften über die Beschränkng der Haftung des Reeders auf Schiff und Fracht und über seine Haftung aus Verträgen sowie die Vorschriften, nach denen die zur Schiffsbesatzung gehörigen Personen verpflichtet sind, für die Folgen ihres Verschuldens aufzukommen.

Achter Abschnitt. Bergung und Hilfsleistung in Seenot.
[Überschrift geändert in 2001; Bergung]

§ 740 (1) Wird in einer Seenot ein Schiff oder dessen Ladung ganz oder teilweise, nachdem sie der Verfügung der Schiffsbesatzung entzogen oder von ihr verlassen waren, von dritten Personen an sich genommen und in Sicherheit gebracht, so haben diese Personen Anspruch auf Bergelohn.

(2) Wird außer dem vorstehenden Falle ein Schiff oder dessen Ladung durch Hilfe dritter Personen aus einer Seenot gerettet, so haben diese nur Anspruch auf Hilfslohn.

(3) Der Schiffsbesatzung des verunglückten oder gefährdeten Schiffes steht ein Anspruch auf Berge- oder Hilfslohn nicht zu.

【1972년 추가】제738조의 (c)[21] 선박이 기동을 하거나 하지 아니하여 혹은 법규를 준수하지 아니하여, 다른 선박 또는 선박 위에 있는 사람이나 물건에 손해를 가했지만, 실제로 선박이 상호 충돌은 하지 않은 경우에도 본절의 규정을 준용한다.

제739조 (1) 본절의 규정은 두 선박 이상의 선박이 충돌한 경우에도 적용된다.

(2) 이러한 경우에 있어서는, 충돌에 대해 어느 한 선박의 선원에게 귀책사유가 있으면, 그 선박의 소유자는, 다른 선박과의 충돌의 결과로 다시 그 다른 선박과 제3의 선박 사이에 충돌이 발생하면, 그 제3의 선박과의 충돌로 인해 발생한 손해에 대하여도 책임이 있다.

【1913년 개정】제739조 (1)[22] 본절의 규정은 어느 한 내수항행선이 사고에 관여된 때에도 적용된다.

【1972년 삭제】(2)[23] 선주의 책임을 선박 및 운임으로 제한하는 것에 관한 규정과 선주의 계약상 책임에 관한 규정은 물론, 선원에 속하는 사람이 자기의 귀책사유로 발생한 결과에 대해 책임을 져야 한다는 규정은, 본절의 규정에 의하여 영향을 받지 아니한다.

제8장 해난에서 구조 및 원조
[2001년 장(章) 명칭변경: 제8장 해난구조]

제740조 (1) 해난을 당하여 선원이 통제를 상실하거나 아예 포기한 선박이나 적하를, 그 전부나 일부, 제3자가 취득하여 안전하게 가져나온 경우, 이 제3자는 구조료 청구권을 갖는다.

(2) 이 경우 외에도, 선박 혹은 적하가 제3자의 원조에 의하여 해난으로부터 구조되면, 그 제3자는 원조료 청구권을 갖는다.

---

21) 이 규정은 1913년 개정된, 1972년 개정 전 제738조 규정이다.
22) 1972년에 제2항이 삭제되어 항의 번호 (1)도 불필요하게 되어 삭제되었다.
23) 이 규정은 1972년 개정 시에 제737조 제1항으로 이동하였다.

§ 741 Wird noch während der Gefahr ein Vertrag über die Höhe des Berge- oder Hilfslohns geschlossen, so kann der Vertrag wegen erheblichen Übermaßes der zugesicherten Vergütung angefochten und die Herabsetzung der letzteren auf das den Umständen entsprechende Maß verlangt werden.

§ 742 In Ermangelung einer Vereinbarung ist die Höhe des Berge- oder Hilfslohns unter Berücksichtigung aller Umstände des Falles nach billigem Ermessen in Geld festzusetzen.

§ 743 (1) Der Berge- oder Hilfslohn umfaßt zugleich die Vergütung für die Aufwendungen, welche zum Zwecke des Bergens und Rettens geschehen.

(2) Nicht darin enthalten sind die Kosten und Gebühren der Behörden, die von den geborgenen oder geretteten Gegenständen zu entrichtenden Zölle und sonstigen Abgaben sowie die Kosten zum Zwecke der Aufbewahrung, Erhaltung, Abschätzung und Veräußerung dieser Gegenstände.

§ 744 Bei der Bestimmung des Betrags des Berge- oder Hilfslohns kommen insbesondere in Anschlag der bewiesene Eifer, die verwendete Zeit, die geleisteten Dienste, die geschehenen Aufwendungen, die Zahl der tätig gewesenen Personen, die Gefahr, der sie ihre Person und ihre Fahrzeuge unterzogen haben, sowie die Gefahr, die den geborgenen oder geretteten Gegenständen gedroht hat, und der nach Abzug der Kosten (§ 743 Abs. 2) verbliebene Wert der letzteren.

§ 745 Der Berge- oder Hilfslohn darf ohne den übereinstimmenden Antrag der Parteien nicht auf einen Bruchteil des Wertes der geborgenen oder geretteten Gegenstände festgesetzt werden.

§ 746 (1) Der Betrag des Bergelohns soll den dritten Teil des Wertes der geborgenen Gegenstände (§ 744) nicht übersteigen.

(2) Nur ausnahmsweise, wenn die Bergung mit ungewöhnlichen Anstrengungen und Gefahren verbunden war und jener Wert zugleich ein geringer ist, kann der Betrag bis zur Hälfte des Wertes erhöht werden.

§ 747 Der Hilfslohn ist stets unter dem Betrage festzusetzen, welchen der Bergelohn unter sonst gleichen Umständen erreicht haben würde. Auf den Wert der geretteten Gegenstände ist bei der Bestimmung des Hilfslohns nur eine untergeordnete Rücksicht zu nehmen.

(3) 난파되거나 위험에 처한 선박의 선원은 구조료 청구권이나 원조료 청구권이 없다.

제741조 위험이 지속되는 동안에 구조료나 원조료의 금액에 관해 계약이 체결된 경우, 그에 의해 약정한 보수가 현저하게 과도하다는 것을 이유로 그 계약을 취소한 다음, 상황에 비추어 적정한 금액으로 감액할 것을 청구할 수 있다.

제742조 별도의 약정이 없으면, 구조료 또는 원조료는 사안의 모든 상황을 고려하여 공정하게 평가하여 금액을 정한다.

제743조 구조료와 원조료에는 동시에 구조나 원조의 목적으로 지출한 비용에 대한 보상이 포함된 것으로 본다.
  그러나 관계기관의 비용과 요금, 구조나 원조를 받은 목적물이 부담할 관세 및 기타 공과금과 목적물의 보관, 보존, 평가 및 양도를 위해 지출한 비용은 여기에 포함되지 않는다.

제744조 구조료나 원조료의 금액을 정함에 있어서는, 특히 보여준 열정, 사용한 시간, 제공한 노력, 발생한 비용, 수고한 사람의 수, 이들이 신체상 혹은 운송 용구를 가지고 감수한 위험, 구조나 원조를 받은 목적물이 처해진 위험, 및 비용(제743조 제2항)을 공제하고 남은 목적물의 가액 등을 참작하여야 한다.

제745조 구조료나 원조료는, 당사자의 일치된 요청이 없는 한, 구조 또는 원조를 받은 목적물의 가액의 일정한 비율로 정할 수 없다.

제746조 (1) 구조료의 금액은 구조된 목적물(제744조)의 가격의 3분지 1을 초과할 수 없다.
  (2) 아주 예외적으로 구조에 통상적이지 아니한 노력과 위험이 개재되었고, 동시에 각각의 가격이 아주 적은 때에는, 구조료의 금액이 그 가액의 반액까지 증가될 수 있다.

제747조 원조료는 동일한 상황 하에서 구조료에 이를 것이라고 예상되는 금액

§ 748 (1) Beteiligen sich mehrere Personen an der Bergung oder Hilfsleistung, so wird der Berge- oder Hilfslohn unter sie nach Maßgabe der persönlichen und sachlichen Leistungen der einzelnen und im Zweifel nach der Kopfzahl verteilt.

(2) Zur gleichmäßigen Teilnahme sind auch diejenigen berechtigt, welche sich in derselben Gefahr der Rettung von Menschen unterziehen.

§ 749 Wird ein Schiff oder dessen Ladung ganz oder Teilweise von einem anderen Schiffe geborgen oder gerettet, so wird der Berge- oder Hilfslohn zwischen dem Reeder, dem Kapitän und der übrigen Besatzung des anderen Schiffes, sofern nicht durch Vertrag unter ihnen ein Anderes bestimmt ist, in der Art verteilt, daß der Reeder die Hälfte, der Kapitän ein Vierteil und die übrige Besatzung zusammen gleichfalls ein Vierteil erhalten. Die Verteilung unter die letztere erfolgt nach dem Verhältnisse der Heuer, die dem Einzelnen gebührt oder seinem Range nach gebühren würde.

§ 750 Auf Berge- und Hilfslohn hat keinen Anspruch:

1. wer seine Dienste aufdrängt, insbesondere ohne Erlaubniß des anwesenden Kapitäns das Schiff betritt;

2. wer von den geborgenen Gegenständen dem Kapitän, dem Eigentümer oder der zuständigen Behörde nicht sofort Anzeige macht.

§ 751 (1) Wegen der Bergungs- und Hilfskosten, insbesondere auch wegen des Berge- und Hilfslohns, steht dem Gläubiger ein Pfandrecht an den geborgenen oder geretteten Gegenständen, an den geborgenen Gegenständen bis zur Sicherheitsleistung zugleich das Zurückbehaltungsrecht zu.

(2) Auf die Geltendmachung des Pfandrechts finden die Vorschriften des § 696 entsprechende Anwendung.

§ 752 (1) Der Kapitän darf die Güter vor der Befriedigung oder Sicherstellung des Gläubigers weder ganz noch teilweise ausliefern, widrigenfalls er dem Gläubiger insoweit persönlich verpflichtet wird, als dieser aus den ausgelieferten Gütern zur Zeit der Auslieferung hätte befriedigt werden können.

(2) Hat der Reeder die Handlungsweise des Kapitäns angeordnet, so kommen die Vorschriften des § 512 Abs. 2, 3 zur Anwendung.

§ 753 (1) Eine persönliche Verpflichtung zur Entrichtung der Bergungs- und Hilfskosten wird durch die Bergung oder Rettung an sich nicht begründet.

보다 항상 적은 금액이어야 한다. 원조료를 산정함에 있어서는 구조된 목적물의 가격은 오로지 부수적 고려 사항에 지나지 않는다고 본다.

제748조 (1) 다수 사람이 구조나 원조에 참여한 경우, 이들은 구조료나 원조료를 각자의 개인적, 실질적 기여에 따라 이를 분배하고, 이러한 것이 분명하지 않는 때에는 사람의 수에 의하여 이를 분배한다.

(2) 사람을 구조하는 데에 마찬가지 위험을 감수하였던 사람도 동일한 금액으로 분배를 청구할 권리가 있다.

제749조 선박 혹은 화물이, 전부나 일부, 다른 선박에 의해 구조나 원조를 받은 경우, 구조료 혹은 원조료는 선주, 선장 및 여타 선원이 이를 분배하며, 계약으로 달리 정하지 않는 한, 선주가 절반, 선장이 4분지 1, 나머지 선원이 함께 동일한 4분지 1의 비율로 분배한다. 선원들은 개별적인 급료 또는 급수에 따라 부여될 급료의 비율로 이를 분배한다.

제750조 다음의 사람은 구조료 및 원조료에 관한 권리가 없다.
1. 자기의 기여를 강요한 사람, 특히 선장이 있음에도 불구하고 그의 허락 없이 선상에 올라온 사람;
2. 구조된 목적물에 관해 선장, 소유자 혹은 관할 당국에 신고를 즉시 하지 않은 사람.

제751조 (1) 구조비용 및 원조비용에 관해, 특히 구조료 및 원조료에 관하여도 마찬가지로, 채권자는 구조된 목적물이나 원조를 받은 목적물에 대해 질권을 가지며, 동시에 구조된 목적물에 대하여는 담보를 제공할 때까지 유치권을 가진다.

(2) 이러한 질권의 행사에 관하여는 위 제696조의 규정이 준용된다.

제752조 (1) 선장은 채권자에게 변제를 하거나 담보를 제공하기 이전에는 화물을 인도하여 줄 수 없고, 그렇지 않으면 그 선장은 채권자에 대해 인도하여 준 때에 인도하여 준 화물로부터 지급받았을 금액의 범위 내에서 개인적으로 책임을 진다.

(2) 선주가 선장에게 그 처리 방식에 관해 지시를 한 경우, 위 제512조 제2항 및 제3항의 규정이 적용된다.

(2) Der Empfänger von Gütern wird jedoch, wenn ihm bei der Annahme der Güter bekannt ist, daß davon Bergungs- oder Hilfskosten zu berichtigen sind, für diese Kosten insoweit persönlich verpflichtet, als sie, falls die Auslieferung nicht erfolgt wäre, aus den Gütern hätten berichtigt werden können.

(3) Sind noch andere Gegenstände gemeinschaftlich mit den ausgelieferten Gütern geborgen oder gerettet, so geht die persönliche Haftung des Empfängers über den Betrag nicht hinaus, welcher bei einer Verteilung der Kosten über sämmtliche Gegenstände auf die ausgelieferten Güter fällt.

Neugefaßt gesamt in 1913: §740~§750

[neu gefaßt in 1913] § 740   Wenn in Seenot ein Schiff oder die an Bord befindlichen Sachen von dritten Personen in Besitz genommen und in Sicherheit gebracht werden, nachdem die Schiffsbesatzung die Verfügung darüber verloren hatte (Bergung), oder wenn außer dem bezeichneten Fall ein Schiff oder die an Bord befindlichen Sachen aus einer Seenot durch die Hilfe dritter Personen gerettet werden (Hilfsleistung), so ist ein Anspruch auf Berge- oder Hilfslohn nach Maßgabe der Vorschriften dieses Titels begründet. Ein solcher Anspruch ist auch dann begründet, wenn von einem den Vorschriften des Handelsgesetzbuchs unterliegenden Schiff ein der Binnenschifffahrt dienendes Schiff geborgen oder einem solchen Schiff Hilfe geleistet wird.

[neu gefaßt in 1913] § 741   (1) Sind die geleisteten Dienste ohne Erfolg geblieben, so kann kein Berge- oder Hilfslohn beansprucht werden.

(2) Der zu zahlende Betrag darf in keinem Fall den Wert der geborgenen oder geretteten Gegenstände übersteigen.

[neu gefaßt in 1913] § 742   (1) Wer einem Schiff gegen das ausdrückliche Verbot des Kapitäns Beistand geleistet hat, kann Berge- oder Hilfslohn nicht beanspruchen, es sei denn, daß das Verbot unverständig war.

(2) Auch der Schiffsbesatzung des in Gefahr befindlichen Schiffes steht ein solcher Anspruch nicht zu.

(3) Der Schlepper kann für die Bergung oder Rettung des von ihm geschleppten

제753조 (1) 구조나 원조를 했다고 하더라도 그 자체만으로 구조나 원조의 비용을 지급할 개인적 책임이 생기는 것은 아니다.

(2) 그러나 화물의 수하인은, 수령 시에 화물이 구조비용 혹은 원조비용을 부담하고 있다는 것을 알았을 때에는, 이 비용에 관해, 화물을 인도하여 주지 않았다면 화물로부터 변제를 받을 수 있었던 금액의 범위 내에서, 개인적으로 지급할 의무가 있다.

(3) 인도하여 준 화물과 함께 다른 물건도 구조되거나 원조를 받은 경우, 수하인의 개인적인 책임은, 모든 물건에 대한 비용을 분배했을 때에 인도하여 준 화물이 부담할 금액을 초과하지 아니한다.

1913년 제740조 내지 제750조 일괄개정

【1913년 개정】제740조 선박이나 선상 물건이 해난을 당하여 선원이 그에 대한 통제를 상실한 다음에 제3자가 그 점유를 취득하여 안전하게 만든 때 (구조), 혹은 이러한 경우 이외에 선박이나 선상 물건이 제3자의 원조에 의하여 해난으로부터 구조가 된 때에 (원조), 본장의 규정에 의하여 구조료 또는 원조료 청구권이 발생한다. 이러한 청구권은 상법의 적용 대상인 선박이 내수항행선을 구조하거나 내수항행선에 원조를 제공한 때에도 발생한다.

【1913년 개정】제741조 (1) 수행한 작업이 성공을 거두지 못한 때에는 아무런 구조료나 원조료를 청구할 수 없다.

(2) 여하한 경우에도, 지급할 금액은 구조가 되거나 원조로 안전하게 된 대상물의 가액을 초과할 수 없다.

【1913년 개정】제742조 (1) 선장의 명시적인 거부에도 불구하고, 선박에 원조를 제공한 사람은 구조료 또는 원조료를 청구할 수 없고, 다만 선장의 거부가 무분별한 것이었던 경우에는 그러하지 않다.

(2) 위험에 처한 선박에 있었던 선원도 마찬가지로 이러한 청구를 할 권리가 없다.

Schiffes oder dessen Ladung Berge- oder Hilfslohn nur beanspruchen, wenn er außergewöhnliche Dienste geleistet hat, die nicht als zur Erfüllung des Schleppvertrags gehörig angesehen werden können.

【neu gefaßt in 1913】 § 743 Berge- oder Hilfslohn kann auch beansprucht werden, wenn die Bergung oder Hilfsleistung zwischen mehreren Schiffen desselben Reeder 【geändert in 1972; desselben Eigentümers】 stattgefunden hat.

【neu gefaßt in 1913】 § 744 (1) In Ermangelung einer Vereinbarung der Parteien ist der Betrag des Berge- oder Hilfslohns unter Berücksichtigung der Umstände des Falles nach billigem Ermessen zu bestimmen.

(2) Das gleiche gilt, unbeschadet der Vorschrift des § 749, von dem Verhältnis, in dem der Berge- oder Hilfslohn unter mehrere an der Bergung oder Hilfsleistung Beteiligte zu verteilen ist.

(3) Der Berge- oder Hilfslohn ist in Geld festzusetzen. Er darf ohne den übereinstimmenden Antrag der Beteiligten nicht auf einen Bruchteil des Wertes der geborgenen oder geretteten Gegenstände festgesetzt werden.

【neu gefaßt in 1913】 § 745 (1) Bei der Bestimmung des Betrags des Berge- oder Hilfslohns kommen insbesondere in Anschlag:

der erzielte Erfolg, die Anstrengungen und Verdienste der tätig gewesenen Personen, die Gefahr, die dem geborgenen oder geretteten Schiff und den darauf befindlichen Personen oder Sachen gedroht hat, die Gefahr, welcher die an der Bergung oder Rettung Beteiligten sich und ihre Fahrzeuge ausgesetzt haben, die verwendete Zeit, die entstandenen Kosten und Schäden, die Gefahr einer Haftung oder anderer Nachteile, der sich die an der Bergung oder Rettung Beteiligten unterzogen haben, der Wert des von ihnen in Gefahr gebrachten Materials, gegebenenfalls auch die besondere Zweckbestimmung des bergenden oder rettenden Schiffes.

(2) Der Wert der geborgenen oder geretteten Gegenstände, mit Einschluß des erhalten gebliebenen Anspruchs auf Fracht- und Überfahrtsgelder, ist nur an zweiter Stelle zu berücksichtigen.

(3) Auf die in § 744 Abs. 2 vorgesehene Verteilung finden diese Vorschriften entsprechende Anwendung.

【neu gefaßt in 1913】 § 746 In dem Berge- oder Hilfslohn sind nicht enthalten

(3) 예인선은 예인계약의 이행에 해당된다고 볼 수 없는 비상한 노력을 한 때에 한해 피예인 선박 또는 그 선상 화물의 구조 또는 원조를 이유로 구조료 또는 원조료를 청구할 수 있다.

【1913년 개정】제743조　구조료 또는 원조료는 구조 또는 원조가 동일한 선주의 【1972년 변경; 동일한 소유자의】다수 선박 사이에서 이루어진 때에도 이를 청구할 수 있다.

【1913년 개정】제744조　(1) 당사자의 합의가 없으면, 구조료 또는 원조료의 금액은 사안의 모든 상황을 고려하여 공정하게 금전으로 평가하여 이를 정한다.[24]

(2) 제749조의 규정은 이를 별론으로 하고, 구조나 원조에 참여한 다수 관련자가 구조료나 원조료를 분배하는 비율에 관하여도 동일한 법칙이 적용된다.

(3) 구조료나 원조료는 금전으로 확정하여야 한다. 관계인이 일치하여 요청하지 않는 한, 구조료나 원조료는 구조되거나 원조를 받은 대상물의 가액을 할당하여 정할 수 없다.[25]

【1913년 개정】제745조　(1) 구조료 또는 원조료를 정함에 있어 특히 다음 사항을 참고한다.:

이룩한 성공, 실제로 참가한 사람의 노력과 수고, 구조되거나 원조를 받은 선박 또는 선상에 있던 사람이나 물건이 처한 위험, 구조나 원조에 참가한 사람이나 그 운송 용구가 감수했던 위험, 구조에 사용했던 시간, 발생한 비용과 손해, 구조나 원조에 참여한 사람이 놓여 있었던 책임 기타 피해의 위험, 구조자가 위험을 감수하고 가지고 나온 물자의 가격 및 사안에 따라 구조나 원조를 한 선박의 특별한 사용 목적.

(2) 보존되어 존재하는 화물운임채권 및 여객운임채권을 포함한 구조되거나 원

---

24) 1913년 이전 제742조와 거의 동일함.
25) 1913년 개정 이전에는 제745조에 동일한 내용이 있었다.

die Kosten und Gebühren der Behörden, die von den geborgenen oder geretteten Gegenständen zu entrichtenden Zölle und sonstigen Abgaben sowie die Kosten zum Zwecke der Aufbewahrung, Erhaltung, Abschätzung und Veräußerung dieser Gegenstände.

[neu gefaßt in 1913] § 747 Ein über die Bergung oder Hilfsleistung geschlossener Vertrag kann von dem Gericht auf Antrag geändert oder für nichtig erklärt werden, wenn der Vertrag zur Zeit und unter dem Einfluß der Gefahr geschlossen ist und die vereinbarten Bedingungen unbillig sind. Das gleiche gilt, wenn einer der Vertragschließenden zu dem Vertragsschluß durch arglistige Täuschung bestimmt worden ist oder der Berge- oder Hilfslohn in einem außerordentlichen Maß nach der einen oder anderen Richtung außer Verhältnis zu den geleisteten Diensten steht.

[neu gefaßt in 1913] § 748 Der Berge- oder Hilfslohn kann herabgesetzt oder gänzlich versagt werden, wenn die Berger oder Retter die Notwendigkeit der Bergung oder Hilfsleistung durch ihre Schuld herbeigeführt oder sich des Diebstahls, der Verheimlichung oder anderer unredlicher Handlungen schuldig gemacht haben.

[neu gefaßt in 1902] § 749 (1) Wird ein Schiff oder dessen Ladung ganz oder teilweise von einem anderen Schiff geborgen oder gerettet, so wird der Berge- oder Hilfslohn zwischen dem Reeder, dem Kapitän und der übrigen Besatzung des anderen Schiffes in der Weise verteilt, daß zunächst dem Reeder die Schäden am Schiff und Betriebsmehrkosten ersetzt werden, welche durch die Bergung oder Rettung entstanden sind, und daß von dem Rest der Reeder eines Dampfschiffs zwei Drittel, eines Segelschiffs die Hälfte, der Kapitän und die übrige Besatzung eines Dampfschiffs je ein Sechstel, eines Segelschiffs je ein Viertel erhalten [geändert in 1972; daß von dem Rest der Reeder zwei Drittel, der Kapitän und die übrige Besatzung je ein Sechstel erhalten].

(2) Der auf die Schiffsbesatzung mit Ausnahme des Kapitäns entfallende Betrag wird unter alle Mitglieder derselben mit besonderer Berücksichtigung der sachlichen und persönlichen Leistungen eines jeden verteilt. Die Verteilung erfolgt durch den Kapitän mittels eines vor Beendigung der Reise der Besatzung bekanntzugebenden Verteilungsplans, der den jedem Beteiligten zukommenden Bruchteil festsetzt.

(3) Gegen den Verteilungsplan ist Einspruch bei demjenigen Seemannsamt

조를 받은 대상물의 가액은 오로지 부차적으로 고려하여야 한다.

(3) 이 규정은 제744조 제2항에서 본 분배에 대하여도 준용한다.

【1913년 개정】제746조   구조료 또는 원조료에는, 해당 관청에 지급할 비용 및 수수료, 구조되거나 원조를 받은 대상물이 지급할 관세 기타 공과금 및 대상물의 보관, 보존, 감정 및 양도를 위한 비용은 포함되지 않는다.

【1913년 개정】제747조   구조 또는 원조에 관한 계약이 위험한 시기에 그 영향 하에서 체결되었고, 약정한 조건이 정당하다고 볼 수 없는 때에는 당사자의 신청이 있으면 법원이 그 계약의 무효를 선언하거나 혹은 계약 조건을 변경할 수 있다. 계약 체결자가 악의의 사기에 의해 계약 체결에 들어가거나, 혹은 구조료 또는 원조료가 비정상적인 금액으로 어느 관점에서나 제공한 작업에 비례하지 않는 때에도 마찬가지 법리가 적용된다.

【1913년 개정】제748조   구조자 또는 원조자가, 구조나 원조를 불가피하게 만든 귀책사유가 있는 때, 혹은 절도, 은닉 기타 부정행위를 저지른 때에는 구조료 또는 원조료는 감액이 되거나 완전히 부인될 수 있다.

【1902년 개정】제749조   (1) 선박이나 그 적하가 다른 선박에 의해 구조되거나 원조를 받은 경우, 그 다른 선박의 선주와 선장이나 선원 사이에 있어서, 구조료 또는 원조료는, 먼저 구조나 원조에 의해 발생한 선박의 손해 및 추가 운영비용을 보전하고 나서, 나머지를 가지고 기선의 선주는 3분지 2를, 범선의 소유자는 절반을, 기선의 선장 및 여타 선원은 각각 6분지 1을, 범선의 선장 및 여타 선원은 각각 4분지 1씩을【1972년 개정; 나머지를 가지고 선주가 3분지 2를 받고, 선박 및 여타 선원이 각각 6분지 1씩을】받는 방식으로 분배한다.,

(2) 선장을 제외한 선원에게 돌아갈 금액은 모든 선원 구성원 사이에 각자 인적 및 물적인 기여를 특별히 고려하여 이를 분배한다. 분배는 항해 종료 이전에 선원

zulässig, welches nach Bekanntgabe des Planes zuerst angegangen werden kann. Das Seemannsamt entscheidet nach Anhörung der Beteiligten endgultig, unter Ausschluss des Rechtswegs, [gestrichen in 1972; endgultig, unter Ausschluss des Rechtswegs,] über den Einspruch und eine etwaige andere Verteilung. Beglaubigte Abschrift der Entscheidung ist dem Reeder vom Seemannsamt mit tunlichster Beschleunigung mitzuteilen.

(4) Vereinbarungen, welche den Vorschriften der Absätze 1 und zuwiderlaufen, sind nichtig.

(5) Diese Vorschriften finden für den Fall der Bergung oder Rettung durch Bergungs- oder Schleppdampfer keine Anwendung.

[neu gefaßt in 1913] § 750 (1) Wer sich bei Gelegenheit des Unfalls, der den Anlaß zur Bergung oder Hilfsleistung gibt, der Rettung von Menschenleben unterzieht, kann einen billigen Anteil an der Vergütung beanspruchen, die den Personen zusteht, welche das Schiff oder die an Bord befindlichen Sachen gerettet haben.

(2) Die geretteten Personen haben Berge oder Hilfslohn nicht zu entrichten.

Neugefaßt gesamt in 1972: §750~§753

[neu gefaßt in 1972] § 750 (1) Zur Zahlung der Bergungs- und Hilfskosten, insbesondere auch des Berge- und Hilfslohns, sind die Eigentümer der geborgenen oder geretteten Gegenstände als Gesamtschuldner verpflichtet. Jeder von ihnen haftet jedoch nur bis zur Höhe des Wertes der für ihn geborgenen oder geretteten Gegenstände.

(2) Die Ausgleichung im Verhältnis mehrerer Verpflichteter untereinander findet nach dem Verhältnis des Wertes der geborgenen oder geretteten Gegenstände statt, soweit nicht ein Fall der großen Haverei vorliegt.

[neu gefaßt in 1972] § 751 (1) Wer sich bei Gelegenheit des Unfalls, der den Anlaß zur Bergung oder Hilfsleistung gibt, der Rettung von Menschenleben unterzieht, kann von den Personen, welche das Schiff oder die an Bord befindlichen Sachen geborgen oder gerettet haben, einen billigen Anteil an der diesen Personen zustehenden Vergütung verlangen.

에게 고지된 것으로 관계인들이 각자 수령할 할당액을 확정한 분배계획서에 의해 선장이 이를 실시한다.

(3) 분배계획서에 대해서는 계획서가 고지된 다음 최초로 신고할 수 있는 선원청에 이의를 할 수 있다. 선원청은 관계인의 청문을 거쳐 법적인 절차를 배제하고 최종적으로【1972년 삭제; 법적인 절차를 배제하고 최종적으로】이의에 대해 결정을 하고 다른 분배를 정할 수도 있다. 선원청은 가능한 한 신속히 선주에게 그 결정의 인증 사본을 송부하여야 한다.

(4) 위 제1항 및 제2항의 규정과 상치되는 약정은 그 효력이 없다.

(5) 이 규정은 구조선 또는 예인선에 의한 구조 또는 원조의 경우에 대해서는 적용되지 않는다.

【1913년 개정】제750조　(1) 구조나 원조의 계기가 된 사고의 기회에 임하여, 인명 구조에 진력한 사람은, 선박 또는 선상 물건을 구조나 원조한 사람에 대하여, 그 사람에 속하는 보상의 상당한 지분을 요구할 수 있다.[26]

(2) 구조를 받은 사람은 구조료 또는 원조료를 지급할 필요가 없다.[27]

1972년 제750조 내지 제753조 일괄개정

【1972년 개정】제750조　(1) 구조비용 및 원조비용, 특히 구조료 및 원조료에 대해, 구조되거나 원조를 받은 대상물들의 소유자들은 이를 연대하여 지급할 의무가 있다. 그러나 각자 구조되거나 원조를 받은 대상물의 가액을 한도로 책임을 진다.

(2) 다수 의무자 사이의 상호 관계에서 구상은, 공동해손에 해당되지 않으면, 구조되거나 원조를 받은 대상물의 가액에 비례하여 이루어진다.

【제1972년 개정】제751조　(1) 구조나 원조의 계기가 된 사고의 기회에 임하여, 인명 구조에 진력한 사람은, 선박 또는 선상 물건을 구조나 원조한 사람에 대하여,

---

26) 1972년 개정과 동시에 제751조 제1항이 되었다.
27) 1972년 개정과 동시에 제751조 제3항이 되었다.

(2) Steht den Personen, welche das Schiff oder die an Bord befindlichen Sachen geborgen oder gerettet haben, aus den in § 748 genannten Gründen keine oder nur eine verminderte Vergütung zu, so haben die Personen, die sich der Rettung von Menschenleben unterzogen haben, insoweit, als ihnen infolgedessen der Anteil nach Absatz 1 entgeht, einen unmittelbaren Anspruch gegen den Eigentümer der geborgenen oder geretteten Gegenstände. § 750 gilt entsprechend.

(3) Die geretteten Personen haben Berge- oder Hilfslohn nicht zu entrichten.

[neu gefaßt in 1972] § 752 (1) Wegen der Bergungs- und Hilfskosten, insbesondere auch wegen des Berge- und Hilfslohns, hat der Gläubiger an dem geborgenen oder geretteten Schiff die Rechte eines Schiffsgläubigers.

(2) Auch an den übrigen geborgenen oder geretteten Sachen steht dem Gläubiger ein Pfandrecht zu.

(3) An den geborgenen Sachen hat der Gläubiger bis zur Sicherheitsleistung auch ein Zurückbehaltungsrecht.

[eingefügt in 1972: aufgehoben in 2001] § 752a (1) Pfandrechte an den geborgenen oder geretteten Sachen nach § 752 Abs. 2 haben den Vorrang vor allen anderen an den Sachen begründeten Pfandrechten, auch wenn diese früher entstanden sind. [gestrichen in 1990] Sie gehen jedoch Pfandrechten nach § 25 der Strandungsordnung nach.

(2) Bestehen an einer Sache mehrere Pfandrechte nach § 752 Abs. 2, so geht das wegen der später entstandenen Forderung dem wegen der früher entstandenen Forderung vor; Pfandrechte wegen gleichzeitig entstandener Forderungen sind gleichberechtigt; § 762 Abs. 3 gilt entsprechend. Das gleiche gilt im Verhältnis von Pfandrechten nach § 752 Abs. 2 zu Pfandrechten nach § 726 Abs. 2.

(3) Pfandrechte an den geborgenen oder geretteten Sachen nach § 752 Abs. 2 erlöschen nach einem Jahr seit der Entstehung des Anspruchs; § 759 Abs. 2 gilt entsprechend.

(4) Die Befriedigung des Gläubigers aus den geborgenen oder geretteten Sachen wegen des Pfandrechts nach § 752 Abs. 2 erfolgt nach den für die Zwangsvollstreckung geltenden Vorschriften. Die Klage ist bei Gütern, die noch nicht ausgeliefert sind, gegen den Kapitän zu richten; das gegen den Kapitän ergangene Urteil ist auch

그 사람에 속하는 보상의 상당한 지분을 요구할 수 있다.[28]

(2) 선박이나 선상 물건을 구조한 사람이 제748조에 열거된 사유로 보상을 전혀 청구할 수 없거나 축소된 보상만 청구할 수 있을 경우, 인명구조에 진력한 사람이 그 결과로 위 제1항의 지분이 박탈되었다면, 그는 구조되거나 원조를 받은 대상물의 소유자에 대해 직접 그 지분을 청구할 수 있다. 제750조 규정이 여기에 준용된다.

(3) 구조를 받은 사람은 구조료 또는 원조료를 지급할 필요가 없다.[29]

【1972년 개정】제752조 (1) 구조비용 및 원조비용, 특히 구조료 및 원조료에 기해, 채권자는 구조되거나 원조를 받은 선박에 대해 선박채권자로서 권리를 가진다.

(2) 다른 구조되거나 원조를 받은 물건에 대하여도 채권자는 질권을 취득한다.

(3) 구조된 물건에 대해 채권자는 담보를 제공할 때까지 유치권을 가진다.

【1972년 추가: 2001년 삭제】제752조의 (a) (1) 제752조 제2항에 의해 구조된 물건에 대해 갖는 질권은 그 물건에 설정된 다른 모든 질권보다 우선하며, 이는 그 질권이 보다 이전에 설정되었다고 하더라도 마찬가지이다. **【1990년 삭제】**그러나 이 질권은 선박좌초령 제25조에 의한 질권보다 후순위가 된다.

(2) 하나의 물건에 제752조 제2항에 의한 질권이 다수 설정된 경우, 후에 발생한 청구권에 기한 질권이 전에 발생한 청구권에 기한 질권보다 우선한다.; 동시에 발생한 채권에 기한 질권은 동일한 권리를 갖는다.; 제762조 제3항이 여기에 준용된다. 제752조 제2항에 의한 질권과 제726조 제2항에 의한 질권의 관계에 대하여도 동일한 원칙이 적용된다.

(3) 제752조 제2항에 의한 구조된 물건에 대한 질권은 채권이 발생하고 1년 후에는 소멸한다.; 제759조 제2항이 여기에 준용된다.

(4) 제752조 제2항에 의한 질권에 기해 구조된 물건으로부터 채권자에 대한 변제는 강제집행에 적용될 규정에 따라 이를 실현한다. 이 소송은 아직 인도하여 주지 아니한 화물에 있어서는 선장을 상대로 한다.; 선장을 상대로 한 판결은 소유자

---

28) 1972년 개정 이전에는 제750조 제1항이었다.
29) 1972년 개정 이전에는 제750조 제2항이었다.

gegenüber dem Eigentümer wirksam.

〔neu gefaßt in 1972〕 § 753 (1) Der Kapitän darf die Güter vor der Befriedigung oder Sicherstellung des Gläubigers weder ganz noch teilweise ausliefern. Verstößt er schuldhaft gegen dieses Verbot, so haftet er dem Gläubiger für einen diesem dadurch entstehenden Schaden.

(2) Hat der Reeder die Handlungsweise des Kapitäns angeordnet, so sind die Vorschriften des § 512 Abs. 2 und 3 anzuwenden.

Neugefaßt gesamt in 2001: §740~§753(a)

〔neu gefaßt in 2001〕 § 740 (1) Wer einem in Seegewässern in Gefahr befindlichen See- oder Binnenschiff oder sonstigen Vermögensgegenstand, einem in Binnengewässern in Gefahr befindlichen Seeschiff oder von einem Seeschiff aus einem in Binnengewässern in Gefahr befindlichen Binnenschiff oder sonstigen Vermögensgegenstand Hilfe leistet (Berger), ist gegenüber dem Eigentümer des Schiffes sowie dem Eigentümer des sonstigen Vermögensgegenstandes verpflichtet, die Bergungsmaßnahmen mit der gebotenen Sorgfalt durchzuführen, andere Berger um Unterstützung zu bitten, wenn die Umstände dies bei vernünftiger Betrachtungsweise erfordern, und das Eingreifen anderer Berger hinzunehmen, wenn von dem Schiffer oder Kapitän oder dem Eigentümer des in Gefahr befindlichen Schiffes oder dem Eigentümer des sonstigen in Gefahr befindlichen Vermögensgegenstandes vernünftigerweise darum ersucht wird.

(2) Der Eigentümer und der Schiffer oder Kapitän des in Gefahr befindlichen Schiffes sowie der Eigentümer eines sonstigen in Gefahr befindlichen Vermögensgegenstandes sind gegenüber dem Berger verpflichtet, mit diesem während der Bergungsmaßnahmen in jeder Hinsicht zusammenzuarbeiten. Wurde das Schiff oder ein sonstiger Vermögensgegenstand in Sicherheit gebracht, so sind sie ferner auf vernünftiges Ersuchen des Bergers verpflichtet, das Schiff oder den sonstigen Vermögensgegenstand zurückzunehmen.

(3) Als Schiff im Sinne dieses Abschnitts ist auch ein schwimmendes Gerät oder schwimmfähiges Bauwerk anzusehen. Vermögensgegenstand im Sinne dieses

에 대하여도 효력이 있다.

【1972년 개정】제753조　(1) 선장은 채권자에게 변제를 하거나 담보를 제공하기 이전에는 화물을, 전부든 일부든, 인도하여 줄 수 없다. 책임 있는 사유로 이러한 규정을 위반한 선장은, 채권자에 대해 그로 인해 발생한 손해를 배상할 책임이 있다.

　(2) 선주가 선장의 조치 방법에 대해 지시를 한 경우, 제512조 제2항 및 제3항의 규정이 적용된다.

2001년 제740조 내지 제753조의(a) 일괄개정

【2001년 개정】제740조　(1) 해상에서 위험에 처한 항해선, 내수항행선 및 기타 재산적 대상물에 대해, 내수에서 위험에 처한 항해선에 대해, 혹은 항해선을 가지고 내수에서 위험에 처한 내수항행선 기타 재산적 대상물에 대해, 원조를 제공한 사람(구조자)은, 선박 및 기타 재산적 대상물의 소유자에 대해, 거기에서 요구되는 주의를 다하여 구조 작업을 수행할 의무가 있고, 합리적 관점에서 상황을 판단할 때에 필요하다고 생각되면, 다른 구조자의 지원을 요청할 의무가 있으며, 또 위험에 처한 선박 또는 기타 재산적 대상물의 소유자 혹은 선장이 합리적으로 요청을 하면, 다른 구조자의 참여를 허용할 의무가 있다.

　(2) 위험에 처한 선박의 소유자 및 선장은 물론 위험에 처한 기타 재산적 대상물의 소유자는 구조자에 대해, 구조 작업을 수행하는 동안, 모든 관점에서 구조자와 협력할 의무를 진다. 나아가 선박 혹은 기타 재산적 대상물이 안전하게 된 다음에는, 구조자의 합리적 요청이 있으면, 이들은 선박 또는 기타 재산적 대상물을 환수할 의무도 있다.

　(3) 유동 기구 혹은 유동성이 있는 구조물도 본장의 의미로는 이를 선박으로 본다. 마찬가지로 위험에 처한 운임청구권도 본장의 의미로 이를 재산적 대상물로 본다. 그러나 다음의 것에 대하여는 이를 본장에서 의미하는 선박이나 기타 재산적 대상물로 보지 아니한다.

　　1. 해안 혹은 연안에 의도적으로 장기간 고정된 물건 및

　　2. 고정성 혹은 유동성 플랫폼, 혹은 해양 지면의 광물을 탐사, 채굴 혹은 채광하기 위해 투입되어 해안에 놓여 있는 이동성 채굴 장비.

Abschnitts ist auch ein gefährdeter Anspruch auf Fracht. Nicht als Schiff oder Vermögensgegenstand im Sinne dieses Abschnitts gelten dagegen

1. eine auf Dauer und absichtlich an der Küste oder am Ufer befestigte Sache sowie

2. eine feste oder schwimmende Plattform oder eine der Küste vorgelagerte bewegliche Bohreinrichtung, die sich zur Erforschung, Ausbeutung oder Gewinnung mineralischer Ressourcen des Meeresbodens vor Ort im Einsatz befindet.

[neu gefaßt in 2001] § 741 (1) Der Berger ist gegenüber dem Eigentümer des in Gefahr befindlichen Schiffes sowie dem Eigentümer eines sonstigen in Gefahr befindlichen Vermögensgegenstandes verpflichtet, während der Bergungsmaßnahmen die gebotene Sorgfalt anzuwenden, um Umweltschäden zu verhüten oder zu begrenzen. Die gleiche Pflicht trifft den Eigentümer und den Schiffer oder Kapitän des in Gefahr befindlichen Schiffes sowie den Eigentümer eines sonstigen in Gefahr befindlichen Vermögensgegenstandes gegenüber dem Berger. Eine abweichende Vereinbarung ist nichtig.

(2) Ein Umweltschaden ist eine erhebliche physische Schädigung der menschlichen Gesundheit oder der Tier- und Pflanzenwelt des Meeres oder der Meeresressourcen in Küsten- und Binnengewässern oder angrenzenden Gebieten, die durch Verschmutzung, Verseuchung, Feur, Explosion oder ähnliche schwerwiegende Ereignisse verursacht wird.

[neu gefaßt in 2001] § 742 (1) Waren die Bergungsmaßnahmen erfolgreich, hat der Berger einen Anspruch auf Zahlung eines Bergelohns. Der Anspruch besteht auch dann, wenn das geborgene Schiff und das Schiff, von dem aus die Bergungsmaßnahmen durchgeführt wurden, demselben Eigentümer gehören.

(2) Der Bergelohn umfasst zugleich den Ersatz der Aufwendungen, die zum Zweck des Bergens gemacht wurden. Nicht im Bergelohn enthalten sind Kosten und Gebühren der Behörden, zu entrichtende Zölle und sonstige Abgaben, Kosten zum Zweck der Aufbewahrung, Erhaltung, Abschätzung und Veräußerung der geborgenen Gegenstände (Bergungskosten).

(3) Zur Zahlung des Bergelohns und der Bergungskosten sind der Schiffseigentümer sowie die Eigentümer der sonstigen geborgenen Vermögensgegenstände im Verhältnis des Wertes dieser Gegenstände zueinander anteilig verpflichtet.

【2001년 개정】제741조   (1) 구조자는, 위험에 처한 선박의 소유자 및 위험에 처한 기타 재산적 대상물의 소유자에 대하여, 구조 작업을 수행하는 동안, 환경 손해를 방지하거나 축소하기 위해 상당한 주의를 할 의무가 있다. 위험에 처한 선박의 소유자 및 선장과 위험에 처한 기타 재산적 대상물의 소유자도 구조자에 대하여 동일한 의무가 있다. 이와 상치된 약정은 그 효력이 없다.

(2) 환경 손해라 함은 인간 건강의 현저한 육체적 피해, 혹은 해안, 내수 및 그 인근 지역에 있는 해양 동물 및 식물 혹은 해양 자원의 현저한 물질적 피해로서, 오염, 감염, 화재, 폭발 기타 이와 유사한 중대한 사고로 인하여 발생한 것을 말한다.

【2001년 개정】제742조   (1) 구조자는 구조 작업이 성공한 경우에 한해 구조료의 지급을 청구할 수 있다. 이 채권은 구조를 받은 선박과 구조 작업을 수행한 선박이 동일한 사람의 소유라 할지라도 성립한다.

(2) 구조료에는 구조를 목적으로 지출한 비용에 대한 보전을 포함한다. 그러나 해당 관청의 비용이나 요금, 지급할 관세 및 기타 공과금과, 구조된 목적물의 보관, 보존, 평가 및 양도를 위한 비용(구조비용)은 구조료에 포함되지 않는다.

(3) 구조료와 구조비용을 변제하기 위해, 선박의 소유자 및 다른 구조된 재산적 대상물의 소유자는, 각자 그 가격에 비례하여 이를 분담하여야 한다.

【2001년 개정】제743조   (1) 구조료는, 당사자가 그 금액을 약정하지 아니한 경우, 구조 작업의 장려가 형성되게 금액을 확정한다. 동시에 금액을 확정함에 있어서는 다음의 기준을, 아래에 열거된 순서와 상관없이, 참고하여야 한다.:

1. 구조된 선박 및 구조된 기타 재산적 대상물의 가격;

2. 환경손해의 방지 및 축소에 관한 구조자의 노력과 전문지식(제741조 제2항);

3. 구조자에 의해 달성한 성공의 범위;

4. 위험의 성격과 심각성;

【**neu gefaßt in 2001**】 § 743 (1) Der Bergelohn ist, wenn die Parteien seine Höhe nicht vereinbart haben, so festzusetzen, dass er einen Anreiz für Bergungsmaßnahmen schafft. Bei der Festsetzung sind zugleich die folgenden Kriterien ohne Rücksicht auf die nachstehend aufgeführte Reihenfolge zu berücksichtigen:

1. der Wert des geborgenen Schiffes und der sonstigen geborgenen Vermögensgegenstände;

2. die Sachkunde und die Anstrengungen des Bergers in Bezug auf die Verhütung oder Begrenzung von Umweltschäden (§ 741 Abs. 2);

3. das Ausmaß des vom Berger erzielten Erfolgs;

4. Art und Erheblichkeit der Gefahr;

5. die Sachkunde und die Anstrengungen des Bergers in Bezug auf die Bergung des Schiffes und der sonstigen Vermögensgegenstände sowie die Rettung von Menschenleben;

6. die vom Berger aufgewendete Zeit sowie die ihm entstandenen Unkosten und Verluste;

7. die Haftungs- oder sonstige Gefahr, der der Berger oder seine Ausrüstung ausgesetzt war;

8. die Unverzüglichkeit, mit der die Leistungen erbracht wurden;

9. die Verfügbarkeit und der Einsatz von Schiffen oder anderen Ausrüstungsgegenständen, die für Bergungsmaßnahmen bestimmt waren;

10. die Einsatzbereitschaft und Tauglichkeit der Ausrüstung des Bergers sowie deren Wert.

(2) Der Bergelohn ohne Zinsen, Bergungskosten und erstattungsfähige Verfahrenskosten darf den Wert des geborgenen Schiffes und der sonstigen geborgenen Vermögensgegenstände nicht übersteigen.

【**neu gefaßt in 2001**】 § 744 (1) Hat der Berger Bergungsmaßnahmen für ein Schiff durchgeführt, das als solches oder durch seine Ladung eine Gefahr für die Umwelt darstellte, so kann er von dem Eigentümer des Schiffes die Zahlung einer Sondervergütung verlangen, soweit diese den dem Berger zustehenden Bergelohn übersteigt. Der Anspruch auf Sondervergütung besteht auch dann, wenn das geborgene Schiff und das Schiff, von dem aus die Bergungsmaßnahmen durchgeführt

5. 선박 및 기타 재산적 대상물의 구조와 인명의 구조에 관한 노력과 전문지
식;

6. 구조자가 소비한 시간과 그에게 발생한 부수 경비 및 손실;

7. 구조자나 그의 장비가 감수했던 책임과 위험;

8. 급부를 실현하는 데 있어서의 신속성;

9. 구조 활동을 위해 투입된 선박이나 기타 장비의 가용성과 그 배치;

10. 구조자의 구조 장비의 투입 준비성 및 유용성과 그 가격.

(2) 이자, 구조비용 및 보전할 절차비용을 제외한 구조료는 구조된 선박 및 구조
된 여타 재산적 대상물의 가격을 초과할 수 없다.

【2001년 개정】제744조 (1) 선박 자체나 선상 적하가 환경에 대한 위험을 내포하
고 있는 선박에 대해 구조자가 구조 작업을 하는 경우, 선박의 소유자에 대해 그에
대한 특별보상을 요구할 수 있으며, 다만 이는 특별보상이 구조자가 받을 구조료
를 초과하는 것을 전제로 한다. 이러한 특별보상청구권은 구조가 된 선박과 구조
작업을 수행한 선박이 동일한 사람의 소유인 때에도 발생한다.

(2) 특별보상이란 구조자에게 발생한 실비를 말한다. 제1문에서 실비란 구조 작
업의 범주에서 합리적으로 지출한 비용 및 합리적으로 판단하여 구조 작업에 실
제로 투입된 인력과 장비를 적정하게 평가한 금액을 말한다. 장비 및 인력에 부여
한 금액의 적정성을 평가함에 있어서는 제743조 제1항 2문 8호 내지 10호에 열거
된 기준을 참고하여야 한다.

(3) 구조자가 구조 작업을 통해 환경손해(제741조 제2항)의 방지 혹은 감소를 실
현한 경우, 제2항에 의해 부여될 특별보상은 30%까지 증액될 수 있다. 특별보상
은 제743조 제1항 2문에 열거된 기준을 고려할 때에 공정하고 정당하다고 판단되
면 제1문의 한도를 벗어나 100%까지도 증액될 수 있다.

wurden, demselben Eigentümer gehören.

(2) Die Sondervergütung entspricht den dem Berger entstandenen Unkosten. Unkosten im Sinne von Satz 1 sind die im Rahmen der Bergungsmaßnahmen vernünftigerweise aufgewendeten Auslagen sowie ein angemessener Betrag für Ausrüstung und Personal, die tatsächlich und vernünftigerweise für die Bergungsmaßnahme eingesetzt worden sind. Bei der Bestimmung der Angemessenheit des für Ausrüstung und Personal anzusetzenden Betrages sind die in § 743 Abs. 1 Satz 2 Nr. 8 bis 10 genannten Kriterien zu berücksichtigen.

(3) Hat der Berger durch seine Bergungsmaßnahmen einen Umweltschaden (§ 741 Abs. 2) verhütet oder begrenzt, so kann die nach Absatz 2 festzusetzende Sondervergütung um bis zu 30 Prozent erhöht werden. Abweichend von Satz 1 kann die Sondervergütung unter Berücksichtigung der in § 743 Abs. 1 Satz 2 genannten Kriterien um bis zu 100 Prozent erhöht werden, wenn dies billig und gerecht erscheint.

[neu gefaßt in 2001] § 745 (1) Der Berger kann für durchgeführte Bergungsmaßnahmen keine Vergütung nach den Vorschriften dieses Abschnitts verlangen, soweit die Maßnahmen nicht über das hinausgehen, was bei vernünftiger Betrachtung als ordnungsgemäße Erfüllung eines vor Eintritt der Gefahr eingegangenen Vertrags angesehen werden kann.

(2) Der Berger kann ferner dann keine Vergütung nach den Vorschriften dieses Abschnitts verlangen, wenn er entgegen dem ausdrücklichen und vernünftigen Verbot des Eigentümers oder des Schiffers oder Kapitäns des Schiffes oder des Eigentümers eines sonstigen in Gefahr befindlichen Vermögensgegenstandes, der sich nicht an Bord des Schiffes befindet oder befunden hat, Bergungsmaßnahmen durchführt.

[neu gefaßt in 2001] § 746 (1) Der Bergelohn kann herabgesetzt oder gänzlich versagt werden, wenn die Bergungsmaßnahmen durch Verschulden des Bergers notwendig oder schwieriger geworden sind oder wenn sich der Berger des Betrugs oder eines anderen unredlichen Verhaltens schuldig gemacht hat.

(2) Die Sondervergütung kann ganz oder teilweise versagt werden, wenn einer der in Absatz 1 genannten Gründe vorliegt oder wenn der Berger nachlässig gehandelt und es dadurch versäumt hat, Umweltschäden (§ 741 Abs. 2) zu verhüten oder zu begrenzen.

[neu gefaßt in 2001] § 747 (1) Wird ein Schiff oder dessen Ladung ganz oder

【2001년 개정】제745조   (1) 구조자가 수행한 구조 작업이, 위험이 개시되기 이전에 체결된 계약의 통상적 이행의 범주를 넘지 않는다면, 그 구조 작업에 대해서는 구조자가 본장의 규정에 의한 보상을 청구할 수 없다.

   (2) 나아가 선박의 소유자나 선장의, 또는 선상에 있지 않거나 있었지 않았던 재산적 대상물의 소유자의, 명시적이고 합리적인 거부에도 불구하고, 구조 작업을 수행한 구조자는 본장의 규정에 의하여 보상을 청구하지 못한다.

【2001년 개정】제746조   (1) 구조 작업이 구조자의 귀책사유로 인해 불가피하게 되거나 또는 더욱 어렵게 된 때, 혹은 구조자가 사기 또는 다른 부정한 행동을 범한 때에는 구조료가 감액되거나 부인될 수 있다.

   (2) 위 제1항에서 열거한 이유가 있는 때, 혹은 구조자가 부주의하게 행동했고 그로 인해 환경손해(제741조 제2항)의 방지나 제한에 지장을 가져온 때에는, 위에서 본 특별보상은 그 전부가 혹은 부분적으로 부인될 수 있다.

【2001년 개정】제747조   (1) 선박 또는 그 적하의 전부 또는 일부가 다른 선박에 의해 구조된 경우, 구조료 및 특별보수는 선주, 선장 및 선원 사이에서는 먼저 선박이 입은 손해와 지출한 실비를 선주에게 보전하고 그 나머지 중에서 선주가 3분지 2를 갖고, 선장 및 여타 선원이 각각 6분지 1을 갖는다.

   (2) 선장을 제외한 선원에게 돌아갈 금액은, 모든 선원 구성원 사이에서, 각자 인적 및 물적 기여를 특별히 고려하여 이를 분배한다. 분배는 항해 종료 이전에 선원에게 고지된 것으로, 관계인들이 각자 수령할 할당 금액을 담은 분배계획서에 의해, 선장이 이를 실시한다.

   (3) 위 제1항 및 제2항의 규정과 상치되는 약정은 선장 또는 여타 선원에 불리하면 그 효력이 없다.

   (4) 위 제1항 내지 제3항의 규정은, 구조 작업이 구조선 또는 예인선에 의하여

teilweise von einem anderen Schiff geborgen, so wird der Bergelohn oder die Sondervergütung zwischen dem Schiffseigner oder Reeder, dem Kapitän oder Kapitän und der übrigen Besatzung des anderen Schiffes in der Weise verteilt, dass zunächst dem Schiffseigner oder Reeder die Schäden am Schiff und die Unkosten ersetzt werden, und dass von dem Rest der Schiffseigner oder Reeder zwei Drittel, der Kapitän oder Kapitän und die übrige Besatzung je ein Sechstel erhalten.

(2) Der auf die Schiffsbesatzung mit Ausnahme des Kapitäns oder Kapitäns entfallende Betrag wird unter alle Mitglieder derselben unter besonderer Berücksichtigung der sachlichen und persönlichen Leistungen eines jeden verteilt. Die Verteilung erfolgt durch den Schiffer oder Kapitän mittels eines vor Beendigung der Reise der Besatzung bekannt zu gebenden Verteilungsplans, in dem der Bruchteil festgesetzt ist, der jedem Beteiligten zukommt.

(3) Von den Absätzen 1 und 2 abweichende Vereinbarungen zu Lasten des Schiffers oder Kapitäns oder der übrigen Schiffsbesatzung sind nichtig.

(4) Die Absätze 1 bis 3 sind nicht anzuwenden, wenn die Bergungsmaßnahmen von einem Bergungs- oder Schleppschiff aus durchgeführt werden.

[neu gefaßt in 2001] § 748 (1) Wirken mehrere Berger an der Bergung mit, so kann jeder Berger nur einen Anteil am Bergelohn verlangen. Auf die Bestimmung des Verhältnisses der Anteile der Berger am Bergelohn zueinander ist § 743 Abs. 1 entsprechend anzuwenden; § 747 bleibt unberührt.

(2) Abweichend von Absatz 1 kann jedoch ein Berger Bergelohn in voller Höhe verlangen, wenn er das Eingreifen der anderen Berger auf Ersuchen des Eigentümers des in Gefahr befindlichen Schiffes oder eines sonstigen in Gefahr befindlichen Vermögensgegenstandes hingenommen hat und sich das Ersuchen als nicht vernünftig erweist.

[neu gefaßt in 2001] § 749 (1) Menschen, denen das Leben gerettet worden ist, haben weder einen Bergelohn noch eine Sondervergütung zu entrichten.

(2) Wer bei Bergungsmaßnahmen Handlungen zur Rettung von Menschenleben unternimmt, kann jedoch von dem Berger einen angemessenen Anteil an der diesem für die Bergung des Schiffes oder eines sonstigen Vermögensgegenstandes oder für die Verhütung oder Begrenzung von Umweltschäden (§ 741 Abs. 2) nach den Vorschriften dieses Abschnitts zuerkannten Vergütung verlangen. Steht dem Berger aus den in

이루어진 때에는 적용되지 아니한다.

【2001년 개정】 제748조 (1) 다수 구조자가 구조에 협력을 한 경우, 각 구조자는 구조료의 일정 지분을 청구할 수 있다. 구조료에 대한 구조자 상호간 지분의 비율에 대하여는 제743조 제1항의 규정이 준용된다.; 제747조 규정은 이로 인해 영향을 받지 아니한다.

  (2) 그러나 위험에 처한 선박 또는 위험에 처한 다른 재산적 대상물이 요청을 하여 구조자가 다른 구조자의 참여를 받아들였고, 이러한 요청이 합리적인 것이 아니었다는 것이 입증된 때에는, 위 제1항과 달리 구조자는 구조료 전액을 청구할 수 있다.

【2001년 개정】 제749조 (1) 생명을 구조받은 사람은 구조료 또는 특별보상을 지급하지 아니한다.

  (2) 구조 작업을 하면서, 인명의 구조를 위해 필요한 조치를 수행한 사람도, 선박이나 다른 재산적 대상물의 구조를 이유로 또는 환경 손해의 방지 또는 제한을 이유로(제741조 제2항) 본장의 규정에 의하여 인정되는 보상의 상당한 지분을 구조자에 대해 청구할 수 있다. 제746조에 열거된 사유로 구조자가 구조료를 전혀 청구할 수 없거나 축소되어 청구할 수밖에 없는 경우, 인명구조자는 이처럼 축소된 보상 금액에 대한 상당한 지분을 구조된 선박의 소유자에 대해 직접 청구할 수 있고, 또 구조 조치가 성공한 것을 전제로 하여 기타 재산적 대상물의 소유자에 대해서도 직접 청구할 수 있다.; 제742조 제3항을 준용한다.

§ 746 genannten Gründen keine oder nur eine verminderte Vergütung zu, kann der Anspruch auf einen angemessenen Anteil an der Vergütung in Höhe des Betrages, um den er sich mindert, unmittelbar gegen den Eigentümer des Schiffes und, soweit die Bergungsmaßnahmen erfolgreich waren, gegen die Eigentümer der geborgenen Vermögensgegenstände geltend gemacht werden; § 742 Abs. 3 gilt entsprechend.

【neu gefaßt in 2001】 § 750 (1) Sowohl der Eigentümer als auch der Kapitän des in Gefahr befindlichen Schiffes sind berechtigt, im Namen der Eigentümer der an Bord des Schiffes befindlichen Vermögensgegenstände Verträge über Bergungsmaßnahmen abzuschließen. Der Kapitän oder Kapitän dieses Schiffes ist darüber hinaus berechtigt, auch in Namen des Schiffseigentümers Verträge über Bergungsmaßnahmen abzuschließen.

(2) Der Bergungsvertrag oder einzelne seiner Bestimmungen können auf Antrag durch Urteil für nichtig erklärt oder abgeändert werden;

1. wenn der Vertrag infolge unzulässiger Beeinflussung oder unter dem Einfluss der Gefahr eingegangen worden ist und seine Bestimmungen unbillig sind oder

2. wenn die vertraglich vereinbarte Vergütung im Verhältnis zu den tatsächlich erbrachten Leistungen übermäßig hoch oder übermäßig gering ist.

【neu gefaßt in 2001】 § 751 (1) Der Gläubiger hat für seine Forderung auf Bergelohn oder Sondervergütung einschließlich Bergungskosten die Rechte eines Schiffsgläubigers an dem geborgenen Schiff.

(2) An den übrigen geborgenen Sachen steht dem Gläubiger für seine Forderung auf Bergelohn einschließlich Bergungskosten ein Pfandrecht zu und, soweit der Gläubiger Alleinbesitzer der Sache ist, auch ein Zurückbehaltungsrecht.

(3) Der Gläubiger darf das nach Absatz 1 oder 2 gewährte Pfand- und Zurückbe-haltungsrecht nicht geltend machen oder ausüben,

1. wenn ihm für seine Forderung einschließlich Zinsen und Kosten ausreichende Sicherheit in gehöriger Weise angeboten oder geleistet worden ist,

2. soweit das geborgene Schiff oder die sonstige geborgene Sache einem Staat gehört oder, im Falle eines Schiffes, von einem Staat betrieben wird, und das Schiff oder die sonstige Sache nichtgewerblichen Zwecken dient und im Zeitpunkt der Bergungsmaßnahmen nach den allgemein anerkannten

【2001년 개정】제750조   (1) 위험에 처한 선박의 소유자는 물론 선장도 선상에 있는 재산적 대상물의 소유자의 명의로 구조 작업에 관한 계약을 체결할 권리가 있다. 선장은 거기에 더하여 선박의 소유자의 명의로 구조 작업에 관한 계약을 체결할 권리가 있다.

(2) 구조계약이나 그 개별 조항은 다음의 경우에 신청이 있으면 판결로 그 무효를 선언하거나 그 내용을 변경할 수 있다.:

   1. 계약이 허용되지 않는 영향의 결과로 혹은 위험의 영향을 받아 체결되었고 그 규정이 정당하다고 볼 수 없을 때, 혹은,

   2. 약정한 보상이 실제로 제공된 급부에 비하여 과도하게 많거나 적은 때.

【2001년 개정】제751조   (1) 구조비용을 포함한 구조료나 특별보상 청구권에 의해 채권자는 구조된 선박에 대해 선박채권자의 권리를 갖는다.

(2) 구조비용을 포함한 구조료 청구권에 의해 채권자는 구조된 여타 물건에 대해 질권을 갖고, 채권자가 그 물건을 단독으로 점유하고 있으면 유치권도 갖는다.

(3) 채권자는 제1항과 제2항에 의하여 부여된 질권과 유치권을 다음 경우에는 실행하거나 행사하지 못한다,

   1. 채권자에게 이자와 비용을 포함한 청구권에 대한 충분한 담보가 적의한 방법으로 제공되거나 공여된 때

   2. 구조된 선박이나 기타 구조된 물건이 어느 한 국가에 속하거나 혹은 구조된 선박이 국가에 의하여 운영되고, 그 선박이나 물건이 비영리 목적에 종사하고 있었으며, 또 구조 작업 시점에 일반적으로 인정되는 국제법의 원칙에 의해 국가 면책의 특권을 누리는 경우

   3. 적하가 구조된 경우로서, 어느 국가에 의하여 인도적인 목적으로 보내진 것으로, 그 국가가 그 적하와 관련 수행한 구조 조치에 대해 변제할 의사를 이미 표시한 경우.

Grundsätzen des Völkerrechts Staatenimmunität genießt,

3. soweit es sich um geborgene Ladung handelt, die von einem Staat für humanitäre Zwecke gespendet wurde, vorausgesetzt, der Staat hat sich bereit erklärt, die im Hinblick auf diese Ladung erbrachten Bergungsleistungen zu bezahlen.

【neu gefaßt in 2001】 § 752   (1) Pfandrechte an den geborgenen Sachen nach § 751 Abs. 2 haben den Vorrang vor allen anderen an den Sachen begründeten Pfandrechten, auch wenn diese früher entstanden sind.

(2) Bestehen an einer Sache mehrere Pfandrechte nach § 751 Abs. 2, so geht das Pfandrecht für die später entstandene Forderung dem für die früher entstandene Forderung vor; Pfandrechte für gleichzeitig entstandene Forderungen sind gleichberechtigt; § 762 Abs. 3 gilt entsprechend. Das Gleiche gilt im Verhältnis von Pfandrechten nach § 751 Abs. 2 zu Pfandrechten nach § 726 Abs. 2.

(3) Pfandrechte an den geborgenen Sachen nach § 751 Abs. 2 erlöschen nach einem Jahr seit der Entstehung der Forderung; § 759 Abs. 2 gilt entsprechend.

(4) Die Befriedigung des Gläubigers aus den geborgenen Sachen wegen des Pfandrechts nach § 751 Abs. 2 erfolgt nach den für die Zwangsvollstreckung geltenden Vorschriften. Die Klage ist bei Gütern, die noch nicht ausgeliefert sind, gegen den Kapitän oder Kapitän zu richten; das gegen den Kapitän oder Kapitän ergangene Urteil ist auch gegenüber dem Eigentümer wirksam.

【neu gefaßt in 2001】 § 753   (1) Der Berger kann für seine Forderung auf Bergelohn oder Sondervergütung einschließlich Zinsen und Kosten von dem Schuldner der Forderung die Leistung einer ausreichenden Sicherheit verlangen. Satz 1 gilt jedoch nicht, wenn die Bergungsmaßnahmen für ein Schiff durchgeführt wurden, das einem Staat gehört oder von ihm betrieben wird, nichtgewerblichen Zwecken dient und im Zeitpunkt der Bergungsmaßnahmen nach den allgemein anerkannten Grundsätzen des Völkerrechts Staatenimmunität genießt.

(2) Der Eigentümer des geborgenen Schiffes hat unbeschadet des Absatzes 1 nach besten Kräften sicherzustellen, dass die Eigentümer der Ladung für die gegen sie gerichteten Forderungen einschließlich Zinsen und Kosten eine ausreichende Sicherheit leisten, bevor die Ladung freigegeben wird.

(3) Das geborgene Schiff und die sonstigen geborgenen Sachen dürfen vor

【2001년 개정】제752조 (1) 제751조 제2항에 의해 구조된 물건에 대해 갖는 질권은 그 물건에 성립한 다른 모든 질권보다 우선하며, 이는 그 질권이 보다 이전에 발생했다고 하더라도 마찬가지이다.

(2) 하나의 물건에 제751조 제2항에 의한 질권이 다수 설정된 경우, 후에 발생한 청구권에 기한 질권이 전에 발생한 청구권에 기한 질권보다 우선한다.; 동시에 발생한 채권에 기한 질권은 동일한 권리를 갖는다.; 제762조 제3항이 여기에 준용된다. 제751조 제2항에 의한 질권과 제726조 제2항에 의한 질권의 관계에 대하여도 동일한 원칙이 적용된다.

(3) 제751조 제2항에 의한 구조된 물건에 대한 질권은 채권이 발생하고 1년 후에는 소멸한다.; 제759조 제2항이 여기에 준용된다.

(4) 제751조 제2항에 의한 질권에 기해 구조된 물건으로부터 채권자에 대한 변제는 강제집행에 적용될 규정에 따라 이를 실현한다. 이 소송은 아직 인도하여 주지 아니한 화물에 있어서는 선장을 상대로 한다.; 선장을 상대로 한 판결은 소유자에 대하여도 효력이 있다.

【제2001년 개정】제753조 (1) 구조자는 이자와 비용을 포함한 구조료 또는 특별보상 청구권에 대해 충분한 담보의 제공을 요구할 수 있다. 그러나 국가의 소유에 속하거나 국가에 의하여 운영되고, 비영리 목적에 종사하는 선박이며, 또 구조 작업의 시점에 일반적으로 인정되는 국제법에 의하여 국가 면책을 향유하는 선박에 대해 구조 작업이 시행된 때에는 앞 제1문은 적용되지 않는다.

(2) 위 제1항과는 별도로, 구조된 선박의 소유자는, 적하가 부담할 이자와 비용이 포함된 청구권에 대해, 화물을 인도하여 주기 전에, 충분한 담보의 제공을 최대한 확보하여야 한다.

(3) 구조된 선박 및 기타 구조된 물건은 구조자의 청구권을 변제하거나 이를 위해 담보를 제공하기 이전에는 그의 동의 없이 구조 작업이 종료되고 난 다음 최초로 도착한 항구나 장소로부터 다른 곳으로 가져갈 수 없다.

(4) 내수항행선 선장이나 항해선 선장이 위 제3항에 반하여 적하를 인도하여 준 경우, 그의 귀책사유로 인해 구조자에게 발생한 손해를 배상할 책임이 있다. 내수

Befriedigung oder Sicherstellung der Forderungen des Bergers nicht ohne dessen Zustimmung von dem Hafen oder Ort, den sie nach Beendigung der Bergungsmaßnahmen zuerst erreicht haben, entfernt werden.

(4) Liefert der Schiffer oder Kapitän entgegen Absatz 3 geborgene Ladung aus, so haftet er für den durch sein Verschulden dem Berger entstandenen Schaden. Hat der Schiffer auf Anweisung des Schiffseigners oder der Kapitän auf Anweisung des Reeders gehandelt, so ist bei Anweisung des Schiffseigners § 7 Abs. 2 und 3 des Binnenschifffahrtsgesetzes, sonst § 512 Abs. 2 und 3 anzuwenden.

【einfügt in 2001】 § 753a   Auf Antrag des Bergers kann das für die Hauptsache zuständige Gericht unter Berücksichtigung der Umstände des Falles nach billigem Ermessen durch einstweilige Verfügung regeln, dass der Schuldner des Anspruchs auf Bergelohn oder Sondervergütung dem Berger einen als billig und gerecht zu erachtenden Betrag als Abschlagszahlung zu leisten hat und zu welchen Bedingungen die Leistung zu erbringen ist. Die einstweilige Verfügung kann erlassen werden, auch wenn die in den §§ 935, 940 der Zivilprozessordnung bezeichneten Voraussetzungen nicht zutreffen.

Neunter Abschnitt. Schiffsgläubiger.

§ 754   Die nachbenannten Forderungen gewähren die Rechte eines Schiffsgläubigers:

1. die zu den Kosten der Zwangsvollstreckung nicht gehörenden Kosten der Bewachung und Verwahrung des Schiffes und seines Zubehörs seit der Einbringung des Schiffes in den letzten Hafen, falls das Schiff im Wege der Zwangsvollstreckung verkauft wird;

2. die öffentlichen Schiffs-, Schifffahrts- und Hafenabgaben, insbesondere die Tonnen-, Leuchtfeuer-, Quarantäne- und Hafengelder;

3. die aus den Dienst- und Heuerverträgen herrührenden Forderungen der Schiffsbesatzung;

4. die Lotsengelder sowie die Bergungs-, Hilfs-, Loskaufs- und Reklamekosten;

5. die Beiträge des Schiffes zur großen Haverei;

6. die Forderungen der Bodmereigläubiger, welchen das Schiff verbodmet ist,

항행선 선장이나 항해선 선장이 내수항행선 선주나 항해선 선주의 지시에 의해 그러한 행위를 한 경우에는 내수항행선 선주의 지시에 있어서는 내수항행법 제7조 제2항이, 여타의 경우에는 제512조 제2항 및 제3항이 각각 적용된다.

【2001년 삽입】 제753조의 (a) 구조자의 신청이 있으면 주된 물건에 관할권을 갖는 법원은 사건의 사정을 고려하고 공정한 평가를 한 다음 임시처분을 통하여 구조료 또는 특별보수 채권의 채무자가 구조자에게 공정하고 정당하다고 생각되는 금액을 할부로 지급하게 할 수 있고 어떠한 조건으로 변제할 것인지 정할 수 있다. 이러한 임시처분은 민사소송령 제935조 및 제940조에 있는 요건을 충족하지 못한 때에도 이를 명할 수 있다.

제9장 선박채권자

제754조 다음의 채권은 선박채권자로서 권리가 부여된다.

1. 선박이 강제집행절차에 의해 매각된 경우에, 최후 항구에 입항한 이후 발생한 선박 및 그 속구의 감시 및 보관의 비용으로 강제집해의 비용에 속하지 않는 것;
2. 선박, 항해 및 항구 관련 공과금, 특히 톤세, 등대료, 검역료 및 항세;
3. 선원계약에 의해 발생하는 선원의 청구권;
4. 도선료, 원조비, 구조비, 속환비 및 회수비;
5. 선박이 부담할 공동해손분담금;
6. 선박을 담보로 한 모험대차에서의 채권자의 청구권 및 선박이 선적항 외에 체재하는 동안 조난을 당하여 선장이 체결한 신용거래에 기한 채권(제528조 및 제541조)으로, 선장이 선박의 공유자 혹은 그 단독 소유자인 경우에도 마찬가지이다.; 선박이 선적항 이외에 체재하는 동안에 해난을 당하여 선

sowie die Forderungen aus sonstigen Kreditgeschäften, die der Kapitän als solcher während des Aufenthalts des Schiffes außerhalb des Heimatshafens in Notfällen abgeschlossen hat (§§ 528, 541), auch wenn er Miteigentümer oder Alleineigentümer des Schiffes ist; den Forderungen aus solchen Kreditgeschäften stehen die Forderungen wegen Lieferungen oder Leistungen gleich, die ohne Gewährung eines Kredits dem Kapitän als solchem während des Aufenthalts des Schiffes außerhalb des Heimathshafens in Notfällen zur Erhaltung des Schiffes oder zur Ausführung der Reise gemacht sind, soweit diese Lieferungen oder Leistungen zur Befriedigung des Bedürfnisses erforderlich waren;

7. die Forderungen wegen Nichtablieferung oder Beschädigung der Ladungsgüter und des im § 673 Abs. 2 erwähnten Reiseguts, [eingefügt Folgende in 1937] auch wenn der Verfrachter nicht zugleich der Reeder ist;

8. die nicht unter eine der vorigen Nummern fallenden Forderungen aus Rechtsgeschäften, die der Kapitän als solcher kraft seiner gesetzlichen Befugnisse und nicht mit Bezug auf eine besondere Vollmacht geschlossen hat (§ 486 Abs. 1 Nr. 1), sowie die nicht unter eine der vorigen Nummern fallenden Forderungen wegen Nichterfüllung oder wegen unvollständiger oder mangelhafter Erfüllung eines von dem Reeder abgeschlossenen Vertrags, insofern die Ausführung des letzteren zu den Dienstobliegenheiten des Kapitäns gehört hat (§ 486 Abs. 1 Nr. 2);

9. die Forderungen aus dem Verschulden einer Person der Schiffsbesatzung (§ 485, § 486 Abs. 1 Nr. 3), auch wenn diese Person zugleich Miteigentümer oder Alleineigentümer des Schiffes ist;

10. die Forderungen, welche der Berufsgenossenschaft nach den Vorschriften über die Unfallversicherung und der Versicherungsanstalt nach den Vorschriften über die Invalidenversicherung gegen den Reeder zustehen.

§ 755 (1) Den Schiffsgläubigern, welchen das Schiff nicht schon durch Verbodmung verpfändet ist, steht ein gesetzliches Pfandrecht an dem Schiffe und dem Zubehöre des Schiffes zu.

(2) Das Pfandrecht ist gegen jeden dritten Besitzer des Schiffes verfolgbar.

박을 보존하거나 항해를 지속하기 위해 선장의 신용에 의하지 않고서 물자를 공급하거나 작업을 수행하여 발생한 채권도 그 작업과 물자가 긴급한 상황을 해결하기 위하여 필요했던 범위 내에서 위와 같은 신용거래로 인한 채권과 마찬가지 지위를 가진다.;

7. 적하인 화물 및 제673조 제2항에서 말하는 수하물의 미인도 또는 훼손으로 인한 채권. 【1937년 이하 추가】 이는 해상운송인이 동시에 선주가 아닌 때에도 마찬가지이다.;

8. 위 각호에 해당하는 채권이 아니면서 선장이 그에게 부여한 특별 수권이 아니라 선장으로 법적인 권한에 의해(제486조 제1항 1호) 행한 법률행위에 기한 채권과, 위 각호에 해당되는 채권이 아니면서 선주가 체결한 계약의 불이행에 기하거나 혹은 불완전하거나 하자 있는 이행에 기한 채권으로, 그 계약의 이행이 선장의 직무범위 내에 속하는 때(제486조 제1항 2호);

9. 선원의 귀책사유로(제485조, 제486조 제1항 3호) 인하여 발생한 채권으로, 그 선원이 동시에 단독 선주라든가 선박공유자라 하더라도 마찬가지이다.;

10. 선주에 대하여, 근로자사상동업조합이 사고보험에 관한 규정에 의하여 가지는 채권 및 보험단이 폐질보험에 관한 규정에 의하여 가지는 채권.

제755조 (1) 선박채권자는, 모험대차를 통하여 선박에 대해 이미 질권을 가지고 있지 않다면, 선박과 그 속구에 대해 법정 질권을 가진다.
　(2) 이 질권은 선박을 점유한 모든 제3자에 대한 추급권을 동반한다.

제756조 모든 선박채권자의 법정 질권은, 그 외에도 채권이 발생한 그 항해에서 발생하는 총 운임에 대하여도 그 효력이 미친다.

제757조 선박이 어느 항해를 위해 의장을 한 때, 또는 새로운 운송계약에 기해 혹은 적하를 모두 양륙하고 나서 항해를 개시한 때에, 그 항해를 본장에서 말하는 새로운 항해라고 본다.

§ 756 Das gesetzliche Pfandrecht eines jeden dieser Schiffsgläubiger erstreckt sich außerdem auf die Bruttofracht derjenigen Reise, aus welcher seine Forderung entstanden ist.

§ 757 Als eine Reise im Sinne dieses Abschnitts wird diejenige angesehen, zu welcher das Schiff von neuem ausgerüstet oder welche entweder auf Grund eines neuen Frachtvertrags oder nach vollständiger Löschung der Ladung angetreten wird.

§ 758 Den im § 754 unter Nr. 3 aufgeführten Schiffsgläubigern steht wegen der aus einer späteren Reise entstandenen Forderungen zugleich ein gesetzliches Pfandrecht an der Fracht der früheren Reisen zu, sofern die verschiedenen Reisen unter denselben Dienst- und Heuervertrag fallen.

§ 759 (1) Auf das dem Bodmereigläubiger nach § 679 zustehende Pfandrecht finden dieselben Vorschriften Anwendung, welche für das gesetzliche Pfandrecht der übrigen Schiffsgläubiger gelten.

(2) Der Umfang des Pfandrechts des Bodmereigläubigers bestimmt sich jedoch nach dem Inhalte des Bodmereivertrags (§ 680).

§ 760 Das einem Schiffsgläubiger zustehende Pfandrecht gilt in gleichem Maße für Kapital, Zinsen, Bodmereiprämie und Kosten.

§ 761 (1) Die Befriedigung des Schiffsgläubigers aus dem Schiffe und der Fracht erfolgt nach den für die Zwangsvollstreckung geltenden Vorschriften.

(2) Die Klage kann sowohl gegen den Reeder als gegen den Kapitän gerichtet werden, gegen den letzteren auch dann, wenn sich das Schiff im Heimatshafen (§ 480) befindet; das gegen den Kapitän ergangene Urteil ist auch gegenüber dem Reeder wirksam

§ 762 (1) Auf die Rechte eines Schiffsgläubigers hat es keinen Einfluß, daß der Reeder für die Forderung bei deren Entstehung oder später zugleich persönlich verpflichtet wird.

(2) Diese Vorschrift findet insbesondere auf die Forderungen der Schiffsbesatzung aus den Dienst- und Heuerverträgen Anwendung.

§ 763 Gehört das Schiff einer Reederei, so haften das Schiff und die Fracht den Schiffsgläubigern in gleicher Weise, als wenn das Schiff nur einem Reeder gehörte.

§ 764 (1) Das Pfandrecht der Schiffsgläubiger am Schiffe erlischt außer dem

제758조   제754조 3호에 열거된 채권자의 경우, 전후 다른 두 항해가 동일한 선원계약 하에 놓여 있었다면, 후 항해에 의해 발생한 채권을 가지고 전 항해에서 발생한 운임에 대해 마찬가지로 법정 질권을 갖는다.

제759조   (1) 제679조에 따라 모험대차 채권자가 갖는 질권에 대해, 다른 선박채권자가 갖는 법정 질권에 적용될 규정이 마찬가지로 적용된다.
  (2) 그러나 모험대차 채권자가 갖는 질권의 범위는 모험대차계약의 내용(제680조)에 따라 정하여진다.

제760조   선박채권자가 갖는 채권은 원본, 이자, 모험대차의 특별이윤 및 비용이 동일한 범위로 질권에 효력이 미친다.

제761조   (1) 선박 및 운임에 의한 변제는 강제집행에 적용될 규정에 따라 실행한다.
  (2) 소송은 선주를 상대로 제기할 수도 있고 선장을 상대로 제기할 수도 있으며, 선박이 선적항에 있다고 하더라도(제480조) 선장을 상대로 제소할 수 있다.; 선장을 상대로 내려진 판결은 선주에 대하여도 그 효력이 있다.

제762조   (1) 채권에 대해 선주가, 그 발생 시부터 혹은 그 이후에, 동시에 개인적으로 책임을 진다는 것은 위와 같은 선박채권자의 권리에 아무런 영향이 없다.
  (2) 이 규정은 특히 선원계약에 기한 선원의 채권에 대하여도 적용된다.

제763조   선박이 선박공유[30]에 해당하더라도 선박과 운임은, 그 선박이 선주 단독 소유에 속한 때와 마찬가지 방법으로, 선박채권자에 대해 책임을 진다.

---

30) 제2장 참조.

Falle der im Inland erfolgten Zwangsversteigerung des Schiffes auch durch den von dem Kapitän im Falle zwingender Notwendigkeit auf Grund seiner gesetzlichen Befugnisse bewirkten Verkauf des Schiffes (§ 530); an die Stelle des Schiffes tritt für die Schiffsgläubiger das Kaufgeld, solange es bei dem Käufer aussteht oder noch in den Händen des Kapitäns ist.

(2) Diese Vorschriften finden auch auf sonstige Pfandrechte am Schiffe Anwendung.

Neugefaßt gesamt in 1972: §754~§764

[neu gefaßt in 1972] § 754 (1) Folgende Forderungen gewähren die Rechte eines Schiffsgläubigers:

1. Heuerforderungen des Kapitäns und der übrigen Personen der Schiffsbesatzung;

2. öffentliche Schiffs-, Schifffahrts- und Hafenabgaben sowie Lotsgelder;

3. Schadensersatzforderungen wegen der Tötung oder Verletzung von Menschen sowie wegen des Verlusts oder der Beschädigung von Sachen, sofern diese Forderungen aus der Verwendung des Schiffes entstanden sind; ausgenommen sind jedoch Forderungen wegen des Verlusts oder der Beschädigung von Sachen, die aus einem Vertrag hergeleitet werden oder auch aus einem Vertrag hergeleitet werden können;

4. Bergungs- und Hilfskosten, auch im Falle des § 743 **[geändert in 2001;** Forderungen auf Bergelohn oder auf Sondervergütung einschließlich Bergungskosten**]**; Beiträge des Schiffes und der Fracht zur großen Haverei; Forderungen wegen der Beseitigung des Wracks;

5. Forderungen der Träger der Sozialversicherung einschließlich der Arbeitslosenversicherung gegen den Reeder.

(2) Absatz 1 Nr. 3 findet keine Anwendung auf Ansprüche, die auf die radioaktiven Eigenschaften oder eine Verbindung der radioaktiven Eigenschaften mit giftigen, explosiven oder sonstigen gefährlichen Eigenschaften von Kernbrennstoffen oder radioaktiven Erzeugnissen oder Abfällen zurückzuführen sind.

[neu gefaßt in 1972] § 755 (1) Die Schiffsgläubiger haben für ihre Forderungen ein gesetzliches Pfandrecht an dem Schiff. Das Pfandrecht kann gegen jeden Besitzer

제764조 (1) 선박채권자의 선박에 대한 질권은, 국내에서 선박에 대해 실시한 강제경매 이외에, 긴급히 필요한 경우에 선장이 그 법적인 권한에 기해 선박을 매각하면(제530조) 소멸한다.; 매수인이 대금을 아직 지급하지 않거나 혹은 선장이 대금을 보유하고 있는 동안에는 그 대금이 선박을 대신한다.

(2) 이 규정은 선박에 대한 다른 질권에 대하여도 적용된다.

1972년 제754조 내지 제764조 일괄개정

【1972년 개정】제754조 (1) 다음의 채권은 선박채권자로서 권리가 부여된다.:

1. 선장 및 다른 선원의 임금 채권;
2. 공적인 성격의 선박, 항해, 항구 관련 공과금 및 도선료;
3. 사람의 사망이나 상해 및 물건의 멸실이나 훼손을 이유로 한 손해배상채권으로 채권이 선박의 사용으로부터 발생한 것; 그러나 물건의 멸실이나 훼손을 이유로 한 채권이지만 계약에 기해 발생한 혹은 계약에 기해 발생할 수 있는 채권은 제외한다;
4. 구조비용 및 원조비용. 제743조의 경우에도 마찬가지이다【2001년 변경; 구조비용을 포함한 구조료 또는 특별보수에 대한 채권】; 선박 및 운임의 공동해손분담금; 난파물의 제거에 관한 채권;
5. 실업보험을 포함한 사회보험 기관의 선주에 대한 채권.

(2) 제1항 3호는 핵연료 또는 방사능 생산물이나 쓰레기의 방사능적 성질 또는 방사능적 성질과 유독성, 폭발성 기타 위험한 성질의 결합에 원인이 있는 채권에 대하여는 적용되지 않는다.

【1972년 개정】제755조 (1) 선박채권자는 채권을 위해 선박에 대해 법정 질권을 갖는다. 이 질권은 모든 점유자에 대해 추급적 효력이 있다.

(2) 선박은 채권에 대한 법정 이자와 선박을 가지고 변제에 이르기 위한 소추 비용에 대하여도 책임이 있다.

des Schiffes verfolgt werden.

(2) Das Schiff haftet auch für die gesetzlichen Zinsen der Forderungen sowie für die Kosten der die Befriedigung aus dem Schiff bezweckenden Rechtsverfolgung.

[neu gefaßt in 1972] § 756 (1) Das Pfandrecht der Schiffsgläubiger erstreckt sich auf das Zubehör des Schiffes mit Ausnahme der Zubehörstücke, die nicht in das Eigentum des Schiffseigentümers gelangt sind.

(2) Das Pfandrecht erstreckt sich auch auf einen Ersatzanspruch, der dem Reeder wegen des Verlusts oder der Beschädigung des Schiffes gegen einen Dritten zusteht. Das gleiche gilt hinsichtlich der Vergütung für Schäden am Schiff in Fällen der großen Haverei.

(3) Das Pfandrecht erstreckt sich nicht auf eine Forderung aus einer Versicherung, die der Reeder für das Schiff genommen hat.

[neu gefaßt in 1972] § 757 Gehört das Schiff einer Reederei, so haftet es den Schiffsgläubigern in gleicher Weise, als wenn es nur einem Reeder gehörte.

[neu gefaßt in 1972] § 758 Erlischt die durch das Pfandrecht eines Schiffsgläubigers gesicherte Forderung, so erlischt auch das Pfandrecht.

[neu gefaßt in 1972] § 759 (1) Das Pfandrecht eines Schiffsgläubigers erlischt nach Ablauf eines Jahres seit der Entstehung der Forderung.

(2) Das Pfandrecht erlischt nicht, wenn der Gläubiger innerhalb der Frist des Absatzes 1 die Beschlagnahme des Schiffes wegen des Pfandrechts erwirkt, sofern das Schiff später im Wege der Zwangsvollstreckung veräußert wird, ohne daß das Schiff in der Zwischenzeit von einer Beschlagnahme zugunsten dieses Gläubigers frei geworden ist. Das gleiche gilt für das Pfandrecht eines Gläubigers, der wegen seines Pfandrechts dem Zwangsvollstreckungsverfahren innerhalb dieser Frist beitritt.

(3) Ein Zeitraum, während dessen ein Gläubiger rechtlich daran gehindert ist, sich aus dem Schiff zu befriedigen, wird in die Frist nicht eingerechnet. Eine Hemmung oder Unterbrechung der Frist aus anderen Gründen findet nicht statt. [geändert in 2001; Eine Hemmung, eine Ablaufhemmung oder ein Neubeginn der Frist aus anderen Gründen findet nicht statt]

[neu gefaßt in 1972] § 760 (1) Die Befriedigung des Schiffsgläubigers aus dem Schiff erfolgt nach den Vorschriften über die Zwangsvollstreckung.

【1972년 개정】제756조 (1) 선박채권자의 질권의 효력은 선박의 속구에 미치며, 다만 선주의 소유에 속하지 않은 속구 물건은 이를 예외로 한다.

(2) 질권의 효력은 선박의 멸실 또는 훼손을 이유로 제3자에 대해 갖는 손해배상청구권에도 미친다. 공동해손의 경우에 선박의 손해에 대한 보상에 대하여도 마찬가지이다.

(3) 질권은 선주가 선박에 가입한 보험에 기한 채권에는 미치지 않는다.

【1972년 개정】제757조 선박이 선박공유에 속하는 경우, 그 선박은 선박채권자에 대해 단독 선주에 속하는 때와 마찬가지 방법으로 책임을 진다.

【1972년 개정】제758조 선박채권자의 질권에 의하여 담보되는 채권이 소멸하면 질권도 마찬가지로 소멸한다.

【1972년 개정】제759조 (1) 선박채권자의 질권은 채권이 발생하고 난 다음 1년이 경과하면 소멸한다.

(2) 채권자가 제1항의 기간 내에 자기의 질권을 근거로 선박을 압류한 때에는 질권은 소멸하지 않으며, 다만 이는 그 선박이 추후에 강제집행 방법으로 양도되며 또 그 사이에 채권자를 위한 선박의 압류가 해제되지 않아야 한다. 채권자가 자기 질권을 가지고 이 기간 내에 강제집행절차에 참여한 때에도 그 질권은 마찬가지로 소멸하지 않는다.

(3) 채권자가 선박으로부터 변제를 받는 것에 법적으로 방해를 받은 기간은 이 소멸기간에 산입하지 않는다. 다른 이유로 인한 기간의 중지 또는 중단은 없다 **【2001년 변경; 다른 이유로 인한 기간의 정지, 완성유예 및 갱신은 없다】**.

【1972년 개정】제760조 (1) 선박을 통한 선박채권자의 변제는 강제집행에 관한 규정에 의하여 이를 실시한다.

(2) 강제집행 허용의 소는 선주 외에도 의장자 또는 선장을 상대로 제기할 수 있

(2) Die Klage auf Duldung der Zwangsvollstreckung kann außer gegen den Eigentümer des Schiffes auch gegen den Ausrüster oder gegen den Kapitän gerichtet werden. Das gegen den Ausrüster oder gegen den Kapitän gerichtete Urteil ist auch gegenüber dem Eigentümer wirksam.

(3) Bei der Verfolgung des Pfandrechts des Schiffsgläubigers gilt zugunsten des Gläubigers als Eigentümer, wer im Schiffsregister als Eigentümer eingetragen ist. Das Recht des nicht eingetragenen Eigentümers, die ihm gegen das Pfandrecht zustehenden Einwendungen geltend zu machen, bleibt unberührt.

[neu gefaßt in 1972] § 761   Die Pfandrechte der Schiffsgläubiger haben den Vorrang vor allen anderen Pfandrechten am Schiff. [gestrichen Folgende in 1994] Sie haben Vorrang auch insoweit, als zoll- und steuerpflichtige Sachen nach gesetzlichen Vorschriften als Sicherheit für öffentliche Abgaben dienen.

[neu gefaßt in 1972] § 762   (1) Die Rangordnung der Pfandrechte der Schiffsgläubiger bestimmt sich nach der Reihenfolge der Nummern, unter denen die Forderungen in § 754 aufgeführt sind.

(2) Die Pfandrechte für die in § 754 Abs. 1 Nr. 4 aufgeführten Forderungen haben jedoch den Vorrang vor den Pfandrechten aller anderen Schiffsgläubiger, deren Forderungen früher entstanden sind.

(3) Beitragsforderungen zur großen Haverei gelten als im Zeitpunkt des Havereifalls, Forderungen "auf Bergungs- und Hilfskosten" [geändert in 2001; auf Bergelohn oder Sondervergütung einschließlich Bergungskosten] als im Zeitpunkt der Beendigung der Bergungsmaßnahmen und Forderungen wegen der Beseitigung des Wracks als im Zeitpunkt der Beendigung der Wrackbeseitigung entstanden.

[neu gefaßt in 1972] § 763   (1) Von den Pfandrechten für die in § 754 Abs. 1 Nr. 1 bis 3, 5 aufgeführten Forderungen haben die Pfandrechte für die unter derselben Nummer genannten Forderungen ohne Rücksicht auf den Zeitpunkt ihrer Entstehung den gleichen Rang.

(2) Pfandrechte für die in § 754 Abs. 1 Nr. 3 aufgeführten Forderungen wegen Personenschäden gehen jedoch Pfandrechten für die unter derselben Nummer aufgeführten Forderungen wegen Sachschäden vor.

[neu gefaßt in 1972] § 764   Von den Pfandrechten für die in § 754 Abs. 1 Nr. 4

다. 의장자 또는 선장을 상대로 한 판결은 선주에 대해서도 효력이 있다.

　(3) 선박채권자의 질권의 실행에 있어서는 선박등록부에 소유자로 등재된 사람은 선박채권자와의 관계에 있어서 선박의 소유자로 본다. 그러나 등재되지 않은 소유자가 가지는 질권에 대한 이의권은 이로 인하여 그 행사에 영향을 받지 아니한다.

【1972년 개정】제761조　선박채권자의 질권은 선박에 대한 다른 모든 질권에 우선한다. 【1994년 이하 삭제】이 질권은 관세 또는 세금을 부담할 물건이 법률의 규정에 의하여 공과금에 대한 담보의 역할을 하는 한에도 마찬가지로 우선권이 있다.

【1972년 개정】제762조　(1) 선박채권자의 질권의 우선순위는 제754조에 열거된 채권의 숫자 순서에 의하여 정해진다.

　(2) 그러나 제754조 제1항 4호에 열거된 채권에 기한 질권은 이전에 발생한 모든 채권 채권자의 질권에 우선한다.

　(3) 공동해손 분담채권은 해손사고 시점에, "구조비용 및 원조비용"【2001년 변경; 구조비용을 포함한 구조료 또는 특별보수】청구권은 구조 작업의 완료 시점에, 난파물제거 채권은 난파물제거 작업의 완료시점에 각각 생기는 것으로 본다.

【1972년 개정】제763조　(1) 제754조 제1항 1호 내지 3호 및 5호에 열거된 채권에 있어서는 동일한 번호 하에 언급된 채권에 기한 질권은 그 발생 시점과 상관없이 동일한 우선순위를 갖는다.

　(2) 그러나 제754조 제1항 3호에 열거된 채권 중 인적 손해에 기한 채권에 의한 질권은 동일한 3호에 열거된 채권 중 물적 손해에 기한 채권에 의한 질권에 우선한다.

【1972년 개정】제764조　제754조 제1항 4호에 열거된 채권에 기한 질권에 있어서

aufgeführten Forderungen geht das für die später entstandene Forderung dem für die früher entstandene Forderung vor. Pfandrechte wegen gleichzeitig enstandener Forderungen sind gleichberechtigt.

Neugefaßt §754~§764 gesamt in 1972: Ende

[aufgehoben in 1972] § 765   Wird außer den im § 764 bezeichneten Fällen das Schiff veräußert, so ist der Erwerber berechtigt, die Ausschließung der unbekannten Schiffsgläubiger mit ihren Pfandrechten im Wege des Aufgebotsverfahrens zu beantragen.

[aufgehoben in 1972] § 766   In Ansehung des Schiffes haben die Bewachungs- und Verwahrungskosten seit der Einbringung in den letzten Hafen (§ 754 Nr. 1) vor allen anderen Forderungen der Schiffsgläubiger den Vorzug.

[aufgehoben in 1972] § 767   (1) Von den im § 754 unter Nr. 2 bis 9 aufgeführten Forderungen gehen die die letzte Reise (§ 757) betreffenden Forderungen, zu welchen auch die nach der Beendigung der letzten Reise entstandenen Forderungen gerechnet werden, den Forderungen vor, welche die früheren Reisen betreffen.

(2) Von den Forderungen, welche nicht die letzte Reise betreffen, gehen die eine spätere Reise betreffenden denjenigen vor, welche eine frühere Reise betreffen.

(3) Den im § 754 unter Nr. 3 aufgeführten Schiffsgläubigern gebührt jedoch wegen der eine frühere Reise betreffenden Forderungen dasselbe Vorzugsrecht, welches ihnen wegen der eine spätere Reise betreffenden Forderungen zusteht, sofern die verschiedenen Reisen unter denselben Dienst- oder Heuervertrag fallen.

(4) Wenn die Bodmereireise mehrere Reisen im Sinne des § 757 umfaßt, so steht der Bodmereigläubiger denjenigen Schiffsgläubigern nach, deren Forderungen die nach der Vollendung der ersten dieser Reisen angetretenen späteren Reisen betreffen.

[aufgehoben in 1972] § 768   Die Forderungen, welche dieselbe Reise betreffen, sowie diejenigen, welche als dieselbe Reise betreffend anzusehen sind (§ 767), werden in nachstehender Ordnung berichtigt:

1. die öffentlichen Schiffs-, Schifffahrts- und Hafenabgaben (§ 754 Nr. 2);

2. die aus den Dienst- und Heuerverträgen herrührenden Forderungen der

는 후에 발생한 채권에 기한 질권이 전에 발생한 채권에 기한 질권에 우선한다. 동시에 발생한 채권에 기한 질권은 동일한 권리를 갖는다.

1972년 제754조 내지 제764조 일괄개정 종료

【1972년 삭제】제765조   제764조에 게기한 경우 이외에, 선박이 양도된 경우, 공시최고의 절차를 통해, 그 취득자는 부지의 질권을 가진 선박채권자의 배제를 청구할 권리가 있다.

【1972년 삭제】제766조   선박에 관하여, 최종 항구에 입항한 이후의 선박 감시비용 및 보관비용(제754조 제1호.)은 다른 모든 선박채권보다 우선한다.

【1972년 삭제】제767조   (1) 제754조 2호 내지 9호에 열거된 채권 중에서, 최종항해의 종료 이후에 발생한 채권을 포함한, 최종항해(제757조)에 관한 채권은, 이전 항해와 관련하여 발생한 채권보다 순위에 있어 우선한다.
  (2) 최종항해와 관련된 것이 아닌 채권 중에서는 후의 항해와 관련된 채권이 전의 항해와 관련된 채권보다 순위에 있어 우선한다.
  (3) 그러나 제754조 3호에 열거된 채권자는, 비록 이전 항해와 관련된 채권이지만, 만일 이후 항해와 이전 항해가 동일한 선원계약 하에서 수행된다면, 이후 항해와 관련된 채권과 동일한 우선권을 가진다.
  (4) 모험대차의 항해가 제757조의 의미에서 다수 항해를 포함하고 있는 경우, 모험대차 채권자는 처음 항해가 완전히 종료한 다음에 개시된 후의 항해와 관련된 채권의 선박채권자보다 후순위에 놓인다.

【1972년 삭제】제768조   동일한 항해와 관련된 채권과, 또 동일한 항해와 관련된다고 보는 채권(제767조)은, 다음 순서에 따라 변제를 받는다.:
  1. 선박, 항해 및 항구 관련 공과금(제754조 2호);

Schiffsbesatzung (§ 754 Nr. 3);

3. die Lotsengelder sowie die Bergungs-, Hilfs-, Loskaufs- und Reklamekosten (§ 754 Nr. 4), die Beiträge des Schiffes zur großen Haverei (§ 754 Nr. 5), die Forderungen aus den von dem Kapitän in Notfällen abgeschlossenen Bodmerei- und sonstigen Kreditgeschäften sowie die diesen Forderungen gleichzuachtenden Forderungen (§ 754 Nr. 6);

4. die Forderungen wegen Nichtablieferung oder Beschädigung von Ladungsgütern und Reisegut (§ 754 Nr. 7);

5. die im § 754 unter Nr. 8, 9 aufgeführten Forderungen.

[aufgehoben in 1972] § 769 (1) Von den im § 768 unter Nr. 1, 2, 4, 5 aufgeführten Forderungen sind die dort unter derselben Nummer aufgeführten gleichberechtigt.

(2) Von den im § 768 unter Nr. 3 aufgeführten Forderungen geht dagegen die später entstandene der früher entstandenen vor; die gleichzeitig entstandenen sind gleichberechtigt.

(3) Hat der Kapitän aus Anlaß desselben Notfalls verschiedene Geschäfte abgeschlossen (§ 754 Nr. 6), so gelten die daraus herrührenden Forderungen als gleichzeitig entstanden.

(4) Forderungen aus Kreditgeschäften, namentlich aus Bodmereiverträgen, die von dem Kapitän zur Berichtigung früherer unter § 768 Nr. 3 fallender Forderungen eingegangen sind, sowie Forderungen aus Verträgen, die von ihm behufs einer Verlängerung der Zahlungszeit oder behufs der Anerkennung oder Erneuerung solcher früheren Forderungen abgeschlossen sind, haben auch dann, wenn das Kreditgeschäft oder der Vertrag zur Fortsetzung der Reise notwendig war, nur dasjenige Vorzugsrecht, welches der früheren Forderung zustand.

[aufgehoben in 1972] § 770 Die im § 754 unter Nr. 10 bezeichneten Forderungen stehen allen übrigen Forderungen von Schiffsgläubigern ohne Rücksicht auf die Zeit ihrer Entstehung nach.

[aufgehoben in 1972] § 771 (1) Das Pfandrecht der Schiffsgläubiger an der Fracht (§ 756) ist nur so lange wirksam, als die Fracht noch aussteht oder die Frachtgelder in den Händen des Kapitäns sind.

(2) Auch auf dieses Pfandrecht finden die Vorschriften der §§ 766 bis 770 über die

  2. 선원계약에 기한 선원의 채권(제754조 3호);

  3. 도선료, 원조 및 구조료, 속환비 및 회수비(제754조 4호), 선박의 공동해손분담금(제754조 5호), 위난에 조우하여 선장이 체결한 모험대차계약 여타 신용거래 채권 및 이러한 채권과 동시되는 채권(제754조 6호);

  4. 적하 및 수하물의 미인도 또는 훼손을 이유로 한 채권(제754조 7호);

  5. 제754조 8호 및 9호에 열거된 채권.

【1972년 삭제】 제769조　(1) 제768조 1호., 2호., 4호 및 5호에 열거된 채권의 경우, 거기에서 동일한 하나의 번호에 열거된 채권들은 모두 동일한 권리를 가진다.

  (2) 제768조 3호에 열거된 채권의 경우, 이와 달리 후의 채권이 전의 채권보다 우선한다.; 동시에 발생한 채권들은 모두 동일한 권리를 가진다.

  (3) 동일한 위난에 조우하여 선장이 여러 신용거래를 한 경우에는(제754조 6호), 그로 인하여 발생하는 채권들은 동시에 발생했다고 본다.

  (4) 제768조 3호에 해당하는 이전 채권의 변제를 위하여 선장이 한 신용거래. 특히 모험대차에 의한 채권과, 이러한 이전 채권에 관해 그 변제기를 연장하거나 혹은 그 승인이나 갱개를 하기 위하여 선장이 체결한 계약에 기한 채권은, 이전 채권이 가졌던 우선권과 동일한 우선권을 가지며, 이는 그 신용거래나 계약이 항해를 지속하기 위하여 불가결했다고 하더라도 마찬가지이다.

【1972년 삭제】 제770조　제754조 10호에 게기된 채권들은, 그 발생 시간과 상관없이, 다른 모든 선박채권자들의 선박채권보다 후순위에 선다.

【1972년 삭제】 제771조　(1) 선박채권자의 운임에 대한 질권(제756조)은 운임이 아직 지급되지 않은 경우 혹은 운임 금액이 선장의 수중에 있는 경우에 한해 존속한다.

  (2) 이러한 질권에 대하여도 우선순위에 관한 위 제766조 내지 제770조 규정이 적용된다.

  (3) 운임이 양도된 경우에도, 운임이 아직 지급되지 않았다든가 혹은 운임 금액

Rangordnung Anwendung.

(3) Im Falle der Abtretung der Fracht kann das Pfandrecht der Schiffsgläubiger, solange die Fracht noch aussteht oder die Frachtgelder in den Händen des Kapitäns sind, auch dem neuen Gläubiger gegenüber geltend gemacht werden

(4) Soweit der Reeder die Fracht einzieht, haftet er den Schiffsgläubigern, welchen das Pfandrecht dadurch ganz oder zu einem Teile entgeht, persönlich und zwar einem jeden in Höhe desjenigen Betrags, welcher sich für ihn bei einer Verteilung des eingezogenen Betrags nach der gesetzlichen Rangordnung ergiebt.

(5) Dieselbe persönliche Haftung des Reeders tritt ein in Ansehung der am Abladungsorte zur Abladungszeit üblichen Fracht für die Güter, welche für seine Rechnung abgeladen sind.

【aufgehoben in 1972】 § 772　Verwendet der Reeder die Fracht zur Befriedigung eines oder mehrerer Gläubiger, denen ein Pfandrecht an der Fracht zusteht, so ist er den Gläubigern, welchen der Vorzug gebührt hatte, nur insoweit verantwortlich, als er sie wissentlich verkürzt hat.

【aufgehoben in 1972】 § 773　Soweit der Reeder in den Fällen der §§ 764, 765 das Kaufgeld einzieht, haftet er den Schiffsgläubigern, deren Pfandrechte in Folge der Zwangsversteigerung, des Verkaufs oder des Aufgebotsverfahrens erloschen sind, in gleicher Weise persönlich wie den Gläubigern einer Reise im Falle der Einziehung der Fracht (§§ 771, 772).

【aufgehoben in 1972】(1) § 774　Sendet der Reeder, nachdem er von der Forderung eines Schiffsgläubigers, für die er nur mit Schiff und Fracht haftet, Kenntniß erhalten hat, das Schiff zu einer neuen Reise (§ 757) in See, ohne daß das Interesse des Schiffsgläubigers es gebietet, so wird er für die Forderung in Höhe desjenigen Betrags zugleich persönlich verpflichtet, welcher sich für den Gläubiger ergeben haben würde, falls der Wert, den das Schiff bei dem Antritte der Reise hatte, unter die Schiffsgläubiger nach der gesetzlichen Rangordnung verteilt worden wäre.

(2) Es wird vermutet, daß der Gläubiger bei dieser Verteilung seine vollständige Befriedigung erlangt haben würde.

(3) Die persönliche Verpflichtung des Reeders, welche aus der Einziehung der dem Gläubiger haftenden Fracht entsteht (§ 771), wird durch diese Vorschriften nicht

이 선장의 수중에 있는 한, 선박채권자는 새로운 채권자에 대하여도 그 질권을 행사할 수 있다.

(4) 선주가 운임을 수취한 때에는, 그로 인하여 질권의 전부 혹은 일부를 잃은 선박채권자에 대해, 선주는 선박채권자 각자에 대해 그가 수령한 금액을 법적인 우선순위에 따라 분배했을 때에 가졌을 금액을 한도로 인적인 책임을 진다.

(5) 선주는 자기의 계산으로 선적한 화물에 대해 선적 시와 선적지에서 통상의 운임의 범위 내에서 마찬가지로 인적 책임을 진다.

【1972년 삭제】제772조　선주가 운임에 질권을 가진 어느 하나 혹은 다수 선박채권자의 채무를 변제하기 위해 운임을 사용한 경우, 선주는 그보다 우선권을 향유했던 선박채권자에 대해 오로지 고의로 그 선박채권자를 해하였을 때에 한해 책임이 있다.

【1972년 삭제】제773조　제764조 및 제765조의 경우에 대금을 수취한 선주는 강제경매, 매각 혹은 공시최고절차의 결과로 질권을 상실한 선박채권자에게, 운임을 수취한 때에 어느 항해의 선박채권자에게 지는 것(제771조 및 제772조)과 동일한 방식으로, 인적 책임을 진다.

【1972년 삭제】제774조　(1) 선주가, 오로지 선박 및 적하로 책임을 지는 어느 선박채권자의 채권을 인지한 다음에, 선박채권자의 이익을 위해 필요한 것이 아닌데도 불구하고, 선박을 새로운 항해(제757조)에 보낸 경우, 항해의 개시 시에 가졌던 선박의 가격을 우선순위에 따라 선박채권자들이 분배하였다면 그 선박채권자가 가졌을 금액의 범위 내에서, 선주는 마찬가지로 인적 책임을 진다.

(2) 이 경우 그 채권자는 이러한 분배를 통하여 그의 채권을 모두 변제받을 수 있었다고 추정한다.

(3) 선박채권자에게 부담을 안고 있는 운임을 수령하여 발생하는 선주의 인적 책임(제771조)은 본조의 규정에 의하여 영향을 받지 않는다.

berührt.

【aufgehoben in 1972】§ 775　(1) Die Vergütung für Aufopferung oder Beschädigung in Fällen der großen Haverei tritt für die Schiffsgläubiger an die Stelle desjenigen, wofür die Vergütung bestimmt ist.

(2) Dasselbe gilt von der Entschädigung, die im Falle des Verlustes oder der Beschädigung des Schiffes oder wegen entzogener Fracht im Falle des Verlustes oder der Beschädigung von Gütern dem Reeder von demjenigen zu zahlen ist, welcher den Schaden durch eine rechtswidrige Handlung verursacht hat.

(3) Ist die Vergütung oder Entschädigung von dem Reeder eingezogen, so haftet er in Höhe des eingezogenen Betrags den Schiffsgläubigern in gleicher Weise persönlich wie den Gläubigern einer Reise im Falle der Einziehung der Fracht (§§ 771, 772).

【aufgehoben in 1972】§ 776　Treffen Schiffsgläubiger, die ihr Pfandrecht verfolgen, mit anderen Pfandgläubigern oder sonstigen Gläubigern zusammen, so haben die Schiffsgläubiger den Vorzug.

【aufgehoben in 1972】§ 777　(1) Von den auf den Gütern wegen der Fracht, der Bodmereigelder, der Beiträge zur großen Haverei und der Bergungs- und Hilfskosten (§§ 623, 679, 725, 751) haftenden Pfandrechten steht das wegen der Fracht allen übrigen nach; unter diesen ③ rigen hat das später entstandene vor dem früher entstandenen den Vorzug; die gleichzeitig entstandenen sind gleichberechtigt. Die Forderungen aus den von dem Kapitän aus Anlaß desselben Notfalls abgeschlossenen Geschäften gelten als gleichzeitig entstanden.

(2) In den Fällen der großen Haverei und des Verlustes oder der Beschädigung durch rechtswidrige Handlungen kommen die Vorschriften des § 775 und im Falle des von dem Kapitän zur Abwendung oder Verringerung eines Verlustes nach Maßgabe des § 535 Abs. 3 bewirkten Verkaufs die Vorschriften des § 764 und, wenn derjenige, für dessen Rechnung der Verkauf geschehen ist, das Kaufgeld einzieht, auch die Vorschrift des § 773 zur Anwendung.

【1972년 삭제】제775조   (1) 공동해손에 의해 희생되거나 훼손이 되어 그에 대한 보상이 주어진 경우, 선박채권자와의 관계에 있어서는 그 보상은 보상이 주어진 목적물을 대신한다.

  (2) 선박이 멸실이나 훼손된 경우에, 혹은 적하가 멸실이나 훼손된 경우에 운임이 소멸되었기 때문에, 그 불법행위에 의해 손해를 가한 사람이 선주에게 지급할 손해배상에 대해서도 동일한 법리가 적용된다.

  (3) 선주가 이러한 보상이나 배상을 받은 경우, 선주는, 운임을 받은 때에 어느 항해의 채권자에 대해 인적 책임을 지는 것과 마찬가지 방식으로(제771조 및 제772조), 받은 금액의 범위 내에서, 선박채권자에게 인적 책임을 진다.

【1972년 삭제】제776조   선박채권자가 그의 질권을 행사하던 중 다른 질권 채권자 또는 여타 채권자와 경합하게 되는 경우, 선박채권자가 우선권을 가진다.

【1972년 삭제】제777조   (1) 운임, 모험대차 금액, 공동해손분담금, 구조료 및 원조료(제623조, 제679조, 725조 및 751조) 등에 의한 적하에 대한 질권 중에서 운임에 의한 질권은 다른 나머지 채권에 기한 질권보다 후순위로 한다.; 나머지 질권 사이에서는 후에 발생한 질권이 전에 발생한 질권에 우선한다.; 동시에 발생한 질권들은 동일한 권리를 가진다. 동일한 조난을 당하여 선장이 행한 거래에 기한 채권은 동시에 발생했다고 본다.

  (2) 공동해손 및 불법행위에 의한 멸실이나 훼손의 경우, 제775조의 규정이 적용되고, 멸실을 회피하거나 축소하기 위하여 제535조 제3항의 규정에 따라 선장이 매각을 한 경우, 제764조의 규정이 적용되며, 자기의 계산으로 이루어진 매각에 기해 본인이 그 대금을 수령한 때에는 제773조 규정이 적용된다.

Zehnter Abschnitt. Versicherung gegen die Gefahren der Seeschifffahrt.

(Abschnitt aufgehoben alle zusammen in 2007)

Erster Titel. Allgemeine Vorschriften.

〔aufgehoben in 2007〕 § 778   Jedes in Geld schätzbare Interesse, welches jemand daran hat, daß Schiff oder Ladung die Gefahren der Seeschifffahrt besteht, kann Gegenstand der Seeversicherung sein.

〔aufgehoben in 2007〕 § 779   (1) Es können insbesondere versichert werden:

das Schiff;

die Fracht;

die Überfahrtsgelder;

die Güter;

die Bodmereigelder;

die Havereigelder;

andere Forderungen, zu deren Deckung Schiff, Fracht, Überfahrtsgelder oder Güter dienen;

der von der Ankunft der Güter am Bestimmungsort erwartete Gewinn (imaginäre Gewinn);

die zu verdienende Provision;

die von dem Versicherer übernommene Gefahr (Rückversicherung).

(2) In der einen dieser Versicherungen ist die andere nicht enthalten.

〔aufgehoben in 2007〕 § 780   Die Heuerforderung des Kapitäns und der Schiffsmannschaft kann nicht versichert werden.

〔aufgehoben in 2007〕 § 781   (1) Der Versicherungsnehmer kann entweder sein eigenes Interesse (Versicherung für eigene Rechnung) oder das Interesse eines Dritten (Versicherung für fremde Rechnung) und im letzteren Fall mit oder ohne Bezeichnung der Person des Versicherten unter Versicherung bringen.

(2) Es kann im Vertrag auch unbestimmt gelassen werden, ob die Versicherung für eigene oder für fremde Rechnung genommen wird (für Rechnung "wen es angeht").

제10장 항해의 위험에 대한 보험
[2007년 장 전체 삭제]

제1절 총 칙

【2007년 삭제】제778조 어느 사람이든 항해의 위험에 노출된 선박 또는 적하에 금전으로 평가할 수 있는 이익이 있다면, 그 이익은 무엇이든 해상보험의 대상이 될 수 있다.

【2007년 삭제】제779조 (1) 특히 다음 것은 해상보험에 부보할 수 있다.:

선박;

화물운임;

여객운임;

화물;

모험대차 금액;

해손비;

선박, 화물운임, 여객운임 혹은 화물이 그 변제에 제공되는 채권;

화물의 목적지 도착으로 기대되는 이익(기대이익);

취득할 수수료;

보험자에 의하여 인수한 위험(재보험).

(2) 이러한 보험 중 어느 하나에 다른 어느 하나의 보험은 포함되지 아니한다.

【2007년 삭제】제780조 선장과 해원의 임금채권은 부보할 수 없다.

【2007년 삭제】제781조 (1) 보험계약자는 자기 이익을 부보할 수도 있고(자기계산보험) 혹은 제3자의 이익을 부보할 수도 있으며(타인계산보험), 후자의 경우에는 피보험자의 성명을 표시하거나 표시하지 않고 부보할 수 있다.

Ergibt sich bei einer Versicherung für Rechnung "wen es angeht", daß sie für fremde Rechnung genommen ist, so kommen die Vorschriften über die Versicherung für fremde Rechnung zur Anwendung.

(3) Die Versicherung gilt als für eigene Rechnung des Versicherungsnehmers geschlossen, wenn der Vertrag nicht ergibt, daß sie für fremde Rechnung oder für Rechnung "wen es angeht" genommen ist.

[aufgehoben in 1908] § 782　(1) Die Versicherung für fremde Rechnung ist für den Versicherer nur verbindlich, wenn entweder der Versicherungsnehmer zur Eingehung der Versicherung von dem Versicherten beauftragt war oder wenn der Mangel eines solchen Auftrags von dem Versicherungsnehmer bei dem Abschlusse des Vertrags dem Versicherer angezeigt wird.

(2) Ist die Anzeige unterlassen, so kann der Mangel des Auftrags dadurch nicht ersetzt werden, daß der Versicherte der Versicherung nachträglich zustimmt.

(3) Ist die Anzeige erfolgt, so ist die Verbindlichkeit der Versicherung für den Versicherer von der nachträglichen Zustimmung des Versicherten nicht abhängig.

(4) Der Versicherer, für welchen nach diesen Vorschriften der Versicherungsvertrag unverbindlich ist, kann, auch wenn er die Unverbindlichkeit des Vertrags geltend macht, die volle Prämie beanspruchen.

[aufgehoben in 2007] § 783　(1) Wird die Versicherung von einem Bevollmächtigten, einem Geschäftsführer ohne Auftrag oder einem sonstigen Vertreter des Versicherten in dessen Namen geschlossen, so ist im Sinne dieses Gesetzbuchs weder der Vertreter Versicherungsnehmer noch die Versicherung selbst eine Versicherung für fremde Rechnung.

(2) Im Zweifel wird angenommen, daß selbst die auf das Interesse eines benannten Dritten sich beziehende Versicherung eine Versicherung für fremde Rechnung sei.

[aufgehoben in 2007] § 784　Der Versicherer ist verpflichtet, eine von ihm unterzeichnete Urkunde (Police) über den Versicherungsvertrag dem Versicherungs-nehmer auf dessen Verlangen auszuhändigen.

[aufgehoben in 2007] § 785　(1) Auf die Gültigkeit des Versicherungsvertrags hat es keinen Einfluß, daß zur Zeit des Abschlusses die Möglichkeit des Eintritts eines zu ersetzenden Schadens schon ausgeschlossen oder der zu ersetzende Schaden bereits

　(2) 보험계약에서는 자기의 계산으로 부보를 하는지 혹은 다른 사람의 계산으로 부보를 하는지를 미정인 상태로 남겨둘 수도 있다(관계인 계산보험). 관계인의 계산으로 하는 부보에서, 실제로 제3자의 계산으로 하는 부보가 있었다면, 제3자의 계산으로 하는 부보에 적용될 규정이 그 부보에 적용된다.

　(3) 제3자의 계산으로 부보하거나 혹은 관계인의 계산으로 부보하는 것이 보험계약에 나타나지 않으면, 그 부보는 보험계약자의 계산으로 이루어진 것으로 본다.

【1908년 삭제】제782조　(1) 타인의 계산으로 한 부보는, 피보험자가 보험계약자에게 부보를 위임하였던 때, 또는 이러한 위임이 없었다는 것을 보험계약자가 보험계약의 체결 전에 보험자에게 고지한 때에만, 보험자가 그에 구속된다.

　(2) 이러한 고지가 없는 경우에는, 피보험자가 추후에 그 부보에 동의한다고 하더라도, 이를 가지고 위임의 부재를 대체할 수 없다.

　(3) 이러한 고지를 한 경우에는, 부보의 보험자에 대한 효력은 피보험자의 추후 추인 여부에 달려 있지 않다.

　(4) 이러한 규정에 의해 보험계약이 보험자에게 구속력이 없는 때에, 보험자는, 비록 그가 보험계약의 무효를 주장한다고 하더라도, 보험료 전액을 청구할 수 있다.

【2007년 삭제】제783조　(1) 임의대리인이, 위임 없이 사무관리인이, 또는 기타 피보험자의 대리인이 피보험자 명의로 보험계약을 체결한 경우, 이 경우의 대리인은 본법에서 의미로 보험계약자가 아니고, 또 부보 자체도 타인의 계산으로 한 부보가 아니다.

　(2) 의문이 있을 때에는, 특정한 제3자의 이익에 대해 부보가 되면, 타인의 계산으로 하는 부보라고 본다.

【2007년 삭제】제784조　보험계약자의 요청이 있으면, 보험자는 보험계약에 관한 서면 증서(보험증서)를 스스로 서명하여 그에게 교부하여야 한다.

eingetreten ist.

(2) Waren jedoch beide Teile von dem Sachverhältnis unterrichtet, so ist der Vertrag als Versicherungsvertrag ungültig.

(3) Wußte nur der Versicherer, daß die Möglichkeit des Eintritts eines zu ersetzenden Schadens schon ausgeschlossen war, oder wußte nur der Versicherungsnehmer, daß der zu ersetzende Schaden schon eingetreten war, so ist der Vertrag für den anderen, von dem Sachverhältnis nicht unterrichteten Teil unverbindlich. Im zweiten Fall kann der Versicherer, auch wenn er die Unverbindlichkeit des Vertrags geltend macht, die volle Prämie beanspruchen.

(4) Im Falle, daß der Vertrag für den Versicherungsnehmer durch einen Vertreter abgeschlossen wird, kommt die Vorschrift des § 806 Abs. 2, im Falle der Versicherung für fremde Rechnung die Vorschrift des § 807 und im Falle der Versicherung mehrerer Gegenstände oder einer Gesamtheit von Gegenständen die Vorschrift des § 810 zur Anwendung.

【aufgehoben in 2007】 § 786 (1) Der volle Wert des versicherten Gegenstands ist der Versicherungswert.

(2) Die Versicherungssumme kann den Versicherungswert nicht übersteigen.

(3) Soweit die Versicherungssumme den Versicherungswert übersteigt (Überversicherung), hat die Versicherung keine rechtliche Geltung.

【aufgehoben in 2007】 § 787 (1) Übersteigt im Falle einer gleichzeitigen Abschließung verschiedener Versicherungsverträge der Gesammtbetrag der Versicherungssummen den Versicherungswert, so haften alle Versicherer zusammen nur in Hohe des Versicherungswerts, und zwar jeder einzelne für so viele Prozente des Versicherungswerts, als seine Versicherungssumme Prozente des Gesammtbetrags der Versicherungssummen bildet. Hierbei wird vermutet, daß die Verträge gleichzeitig abgeschlossen seien.

(2) Mehrere Versicherungsverträge, über die eine gemeinschaftliche Polize erteilt ist, sowie mehrere Versicherungsverträge, die an demselben Tage abgeschlossen sind, gelten als gleichzeitig abgeschlossen.

【neu gefaßt in 1908: aufgehoben in 2007】 § 787 (1) Ist ein Gegenstand gegen dieselbe Gefahr bei mehreren Versicherern versichert und übersteigen die Versicherungssummen zusammen den Versicherungswert (Doppelversicherung),

【2007년 삭제】제785조   (1) 보험계약의 효력은, 보험계약의 체결 시에, 보상할 손해가 발생할 가능성이 배제되었다거나, 혹은 보상할 손해가 이미 발생하였다는 것으로 인하여, 영향을 받지 않는다.

(2) 그러나 양 당사자가 모두 실제로 이 사정을 알았다면 그 계약은 보험계약으로서의 효력이 없다.

(3) 보상할 손해가 발생할 가능성이 이미 배제되었다는 것을 오로지 보험자만이 안다든가, 혹은 보상할 손해가 이미 발생하였다는 것을 오로지 보험계약자만 안 경우에는, 그 계약은 실제 사정을 몰랐던 다른 당사자에 대하여 구속력이 없다. 이 두 번째 경우에 있어서 보험자는, 비록 그가 보험계약의 무효를 주장한다고 하더라도, 보험료 전액을 청구할 수 있다.

(4) 보험계약자의 대리인에 의하여 보험계약이 체결된 경우 제806조 제2항이, 타인의 계산으로 하는 부보의 경우 제807조의 규정이, 부보가 다수 목적물 혹은 집합물의 일체를 대상으로 하는 경우 제810조의 규정이, 각각 적용된다.

【2007년 삭제】제786조   (1) 부보된 목적물의 가격 전액이 보험가액이 된다.

(2) 보험금액은 보험가액을 초과할 수 없다.

(3) 보험금액이 보험가액을 초과하는 범위 내에서(초과보험) 그 부보는 아무런 법적 효력이 없다.

제787조   (1) 동시에 체결된 다수 보험계약에서 그 보험금액 총액이 보험가액을 초과하는 경우, 모든 보험자들은 합하여 오로지 보험가액의 범위 내에서 책임이 있고, 보험자는 각자 자기 보험의 보험금액의 다수 보험의 보험금액 총액에 대한 비율로 보험가액의 일부에 대해 책임이 있다. 여기에서 수개의 계약은 동시에 체결되었다고 추정한다.

(2) 수개의 보험계약에 관해 하나의 공통 보험증권이 발행된 경우 및 수개의 보험계약이 동일한 일자에 체결된 경우, 그 보험계약들은 동시에 체결되었다고 본다.

so sind die Versicherer in der Weise als Gesamtschuldner verpflichtet, daß dem Versicherten jeder Versicherer für den Betrag haftet, dessen Zahlung ihm nach seinem Vertrag obliegt, der Versicherte aber im ganzen nicht mehr als den Betrag des Schadens verlangen kann.

(2) Die Versicherer sind im Verhältnis zÜinander zu Anteilen nach Maßgabe der Beträge verpflichtet, deren Zahlung ihnen dem Versicherten gegenüber vertragsmäßig obliegt. Findet auf eine der Versicherungen ausländisches Recht Anwendung, so kann der Versicherer, für den das ausländische Recht gilt, gegen den anderen Versicherer einen Anspruch auf Ausgleichung nur geltend machen, wenn er selbst nach dem für ihn maßgebenden Recht zur Ausgleichung verpflichtet ist.

(3) Hat der Versicherte eine Doppelversicherung in der Absicht genommen, sich dadurch einen rechtswidrigen Vermögensvorteil zu verschaffen, so ist jeder in dieser Absicht geschlossene Vertrag nichtig; der Versicherer kann die ganze Prämie verlangen, sofern er nicht bei der Schließung des Vertrags von der Nichtigkeit Kenntnis hatte.

§ 788 (1) Wird ein Gegenstand, der bereits zum vollen Werte versichert ist, nochmals versichert, so hat die spätere Versicherung insoweit keine rechtliche Geltung, als der Gegenstand auf dieselbe Zeit und gegen dieselbe Gefahr bereits versichert ist (Doppelversicherung).

(2) Ist durch die frühere Versicherung nicht der volle Wert versichert, so gilt die spätere Versicherung, soweit sie auf dieselbe Zeit und gegen dieselbe Gefahr genommen ist, nur für den noch nicht versicherten Teil des Wertes.

〖neu gefaßt in 1908: aufgehoben in 2007〗 § 788 (1) Hat der Versicherungsnehmer den Vertrag, durch den die Doppelversicherung entstanden ist, ohne Kenntnis von der anderen Versicherung geschlossen, so kann er von jedem Versicherer verlangen, daß die Versicherungssumme, unter verhältnismäßiger Minderung der Prämie, auf den Betrag des Anteils herabgesetzt wird, den der Versicherer im Verhältnis zu dem anderen Versicherer zu tragen hat.

(2) Die Herabsetzung der Versicherungssumme und der Prämie wirkt von dem Beginn der Versicherung an. Hatte die Gefahr für den einen Versicherer schon zu laufen begonnen, bevor der Vertrag mit dem anderen Versicherer geschlossen wurde,

【1908년 개정: 2007년 삭제】제787조 (1) 하나의 목적물에 대해 동일한 위험이 다수 보험에 의해 부보되고 그 다수 보험의 보험금액이 합하여 보험가액을 초과하는 경우(중복보험), 보험자는 피보험자에 대해 각자 자기의 보험계약에 의해 지급할 금액에 대해 책임을 지는 방식으로 연대채무를 지고, 다만 피보험자는 이를 모두 합하여 손해 금액 이상을 청구할 수 없다.

(2) 보험자들은 상호 내부관계에 있어 각자 피보험자에게 지급할 의무가 있는 금액의 비율로 이를 분담할 의무가 있다. 어느 보험에 외국법이 적용되는 경우, 외국법이 적용되는 보험의 보험자는, 오로지 그에게 효력이 있는 그 외국법에 의하여 구상 의무를 지는 때에 한해, 다른 보험자를 상대로 구상권을 행사할 수 있다.

(3) 피보험자가 재산적 이익을 불법적으로 취득할 목적을 가지고 중복보험에 가입한 경우, 그 보험계약은 모두 무효로 한다.; 그러나 보험자는 보험계약을 체결하면서 그 무효를 알지 못했다면 보험료 전액을 청구할 수 있다.

제788조 어느 목적물에 그 보험가액 전액에 이르는 부보가 이미 되어 있음에도 불구하고, 다시 그 목적물에 부보를 한 경우, 이미 부보된 보험과 보험기간과 보험사고가 동일하게 다시 부보하였다면, 후의 부보는 그 법적인 효력이 없다(중복보험).

이전 부보가 보험가액 전액을 부보한 것이 아닌 경우, 동일한 보험기간과 동일한 보험사고를 가진 후의 보험은, 보험가액 중 아직 부보되지 않은 부분에 한하여, 그 효력이 있다.

【1908년 개정: 2007년 삭제】제788조 (1) 보험계약자가 다른 보험에 대해 알지 못하고 중복보험이 되는 보험계약을 체결한 경우, 그 보험계약자는 그 보험자가 다른 보험자와의 관계에서 부담해야 할 지분에 해당하는 금액으로 보험금액의 감액 및 비율적인 보험료의 감액을 모든 보험자에 대해 청구할 수 있다.

(2) 보험금액 및 보험료의 감액은 부보의 개시로부터 그 효력이 생긴다. 다른 보험자와 보험계약이 체결되기 이전에 이미 어느 보험자에 대해 위험이 진행되기 시작하였다면, 먼저 보험자에 대한 감액은 감액을 요청한 시점부터 그 효력이 생긴다.

so wird dem ersten Versicherer gegenüber die Herabsetzung erst mit dem Zeitpunkt wirksam, in welchem sie verlangt wird.

(3) Dem Versicherer steht eine angemessene Ristornogebühr zu.

(4) Das Recht, die Herabsetzung zu verlangen, erlischt, wenn der Versicherungsnehmer es nicht unverzüglich geltend macht, nachdem er von der Doppelversicherung Kenntnis erlangt hat.

§ 789 Die spätere Versicherung hat jedoch ungeachtet der Eingehung der früheren Versicherung rechtliche Geltung:

1. wenn bei dem Abschlüsse des späteren Vertrags mit dem Versicherer vereinbart wird, daß ihm die Rechte aus der früheren Versicherung abzutreten sind;

2. wenn die spätere Versicherung unter der Bedingung geschlossen wird, daß der Versicherer nur insoweit haftet, als der Versicherte sich wegen Zahlungsunfähigkeit des früheren Versicherers an diesem nicht zu erholen vermag oder als die frühere Versicherung nicht zu Recht besteht;

3. wenn der frühere Versicherer mittelst Verzichtsanzeige seiner Verpflichtung insoweit entlassen wird, als zur Vermeidung einer Doppelversicherung nötig ist, und der spätere Versicherer bei der Eingehung der späteren Versicherung hiervon benachrichtigt wird. Dem früheren Versicherer gebührt in diesem Falle, obgleich er von seiner Verpflichtung befreit wird, die volle Prämie.

[neu gefaßt in 1908: aufgehoben in 2007] § 789 Wer für ein Interesse gegen dieselbe Gefahr bei mehreren Versicherern Versicherung nimmt, hat jedem Versicherer von der anderen Versicherung unverzüglich Mitteilung zu machen.

[aufgehoben in 1908] § 790 (1) Im Falle der Doppelversicherung hat nicht die zuerst genommene, sondern die später genommene Versicherung rechtliche Geltung, wenn die frühere Versicherung für fremde Rechnung ohne Auftrag genommen ist, die spätere dagegen von dem Versicherten selbst genommen wird, sofern in einem solchen Falle der Versicherte entweder bei der Eingehung der späteren Versicherung von der früheren noch nicht unterrichtet war oder bei der Eingehung der späteren Versicherung dem Versicherer anzeigt, daß er die frühere Versicherung zurückweise.

(2) Die Rechte des früheren Versicherers in Ansehung der Prämie bestimmen sich in diesen Fällen nach den Vorschriften der §§ 895, 896.

(3) 보험자는 상당한 금액의 해약수수료를 청구할 수 있다.

(4) 보험계약자가 중복보험에 관해 알고 난 다음 지체 없이 감액청구권을 행사하지 않으면 감액청구권은 소멸한다.

제789조   다음의 경우에는, 위 규정에도 불구하고, 전 보험과 상관없이, 후 보험이 법적으로 효력을 갖는다.;

1. 후의 부보를 하면서 보험자와 사이에 전 부보로 발생하는 권리를 그 보험자에게 양도한다는 약정을 한 때;

2. 전 보험자가 지급불능에 빠져 피보험자가 그에 대해 권리를 실현할 수 없는 때, 혹은 전의 부보가 법적으로 효력이 없는 때에, 그 범위 내에서 보험자가 책임을 진다는 조건으로 후의 보험계약을 체결한 때;

3. 이전 보험의 보험자가, 중복보험을 피하기 위하여 필요한 범위 내에서, 포기통지를 통하여 그 책임이 면제되고, 나아가 후의 보험의 부보에 들어가면서 그 보험자에게 이에 관해 고지한 때. 이 경우에는 이전 보험의 보험자는, 비록 그 책임으로부터 면제를 받았지만, 보험료 전액을 청구할 수 있다.

【1908년 개정: 2007년 삭제】제789조   어느 한 이익을 위해 동일한 위험에 대해 다수 보험자와 보험계약을 체결한 사람은 모든 보험자에 대해 다른 보험에 관해 지체 없이 통지하여야 한다.

【1908년 삭제】제790조   (1) 중복보험에 있어서, 전의 보험이 위임 없이 제3자의 계산으로 체결되었고, 그에 반해 후의 보험은 피보험자가 스스로 체결하였던 경우, 이러한 사안에서, 만일 후의 보험에 가입할 때에 피보험자가 아직 전의 보험에 관해 알지 못했다던가, 혹은 후의 보험에 가입할 때에 피보험자가 보험자에게 자기는 이전 보험을 부인한다는 것을 고지하였던 때에는, 먼저 체결된 보험이 아니라 후에 체결된 보험이 법적인 효력을 갖는다.

(2) 이 경우에 전 보험의 보험자가 갖는 보험료에 관한 권리는 제895조 및 제896조의 규정에 의하여 정한다.

546

【aufgehoben in 1908】 § 791　Sind mehrere Versicherungen gleichzeitig oder nach einander geschlossen worden, so hat ein späterer Verzicht auf die gegen den einen Versicherer begründeten Rechte keinen Einfluß auf die Rechte und Verpflichtungen der übrigen Versicherer.

【aufgehoben in 2007】 § 792　Erreicht die Versicherungssumme den Versicherungswert nicht, so haftet der Versicherer im Falle eines teilweisen Schadens für den Betrag des letzteren nur nach dem Verhältnis der Versicherungssumme zum Versicherungswert.

【aufgehoben in 2007】 § 793　(1) Wird durch Vereinbarung der Parteien der Versicherungswert auf eine bestimmte Summe (Taxe) festgestellt (taxierte Police), so ist die Taxe unter den Parteien für den Versicherungswert maßgebend.

(2) Der Versicherer kann jedoch eine Herabsetzung der Taxe fordern, wenn sie wesentlich übersetzt ist; ist imaginärer Gewinn taxiert, so kann der Versicherer eine Herabsetzung der Taxe fordern, wenn sie den Gewinn übersteigt, der zur Zeit des Abschlusses des Vertrags nach kaufmännischer Berechnung möglicherweise zu erwarten war.

(3) Eine Police mit der Bestimmung: "vorläufig taxiert" wird, solange die Taxe nicht in eine feste verwandelt ist, einer nicht taxierten Police (offenen Police) gleichgeachtet.

(4) Bei der Versicherung von Fracht ist die Taxe in bezug auf einen von dem Versicherer zu ersetzenden Schaden nur maßgebend, wenn es besonders bedungen ist.

【aufgehoben in 2007】 § 794　Wenn in einem Vertrag mehrere Gegenstände oder eine Gesamtheit von Gegenständen unter einer Versicherungssumme begriffen, aber für einzelne dieser Gegenstände besondere Taxen vereinbart sind, so gelten die Gegenstände, welche besonders taxiert sind, auch als abgesondert versichert.

【aufgehoben in 2007】 § 795　(1) Als Versicherungswert des Schiffes gilt, wenn die Parteien nicht eine andere Grundlage für die Schätzung vereinbaren, der Wert, welchen das Schiff in dem Zeitpunkt hat, in welchem die Gefahr für den Versicherer zu laufen beginnt.

(2) Diese Vorschrift kommt auch zur Anwendung, wenn der Versicherungswert des Schiffes taxiert ist.

【1908년 삭제】제791조 다수의 보험이 동시에 혹은 순차로 가입된 경우, 어느 보험자에 대한 권리를 포기한다고 하더라는 이는 다른 보험자의 권리 및 의무에 아무런 영향이 없다.

【2007년 삭제】제792조 보험금액이 보험가액에 이르지 아니하는 경우, 부분 손해가 발생하면, 보험자는 오로지 보험금액의 보험가액에 대한 비율로 그 손해 금액의 일부에 대해 책임을 진다.

【2007년 삭제】제793조 (1) 당사자가 합의를 통해 일정한 금액으로(평가금액) 보험가액을 확정한 경우(기평가 보험증권), 그 평가금액은 당사자 사이에서는 보험가액으로서 효력이 있다.

(2) 그러나 평가금액이 현저하게 과도하게 정해진 경우, 보험자는 그 감액을 청구할 수 있다.; 기대이익이 평가된 때에는, 그 금액이 계약 체결 시에 상인적 계산에 의해 가능하다고 기대되는 수익을 초과하면, 보험자는 그 평가금액의 감액을 청구할 수 있다.

(3) "임시로 평가된"이라는 문구가 있는 보험증권은, 평가금액이 확정된 것으로 변경되지 않는 한, 이를 평가되지 않은 보험증권(미평가 보험증권)과 마찬가지로 본다.

(4) 운임보험에 있어서 평가금액은 보험자가 보상할 손해와 관련하여서는 그러한 특별한 합의가 있는 때에 한하여 그 효력이 있다.

【2007년 삭제】제794조 어느 보험계약에서 하나의 보험금액 하에 다수 목적물 혹은 집합된 목적물이 포함되어 있고 목적물에 관해 개별적으로 특별히 보험가액에 대한 합의가 있는 경우, 개별적으로 특별히 평가된 목적물은 개별적으로 부보된 것으로 본다.

【2007년 삭제】제795조 (1) 선박의 경우, 당사자가 평가를 위해 다른 기준을 합의하지 않는 한, 부보된 위험이 개시되는 시점에서 선박의 가격을 그 보험가액이라고 본다.

(2) 이 규정은 선박의 보험가액에 대한 합의가 있는 때에도 적용된다.

§ 796 Die Ausrüstungskosten, die Heuer und die Versicherungskosten können zugleich mit dem Schiffe oder besonders versichert werden, soweit sie nicht bereits durch die Versicherung der Bruttofracht versichert sind. Sie gelten nur dann als mit dem Schiffe versichert, wenn es vereinbart ist.

【neu gefaßt in 1908: aufgehoben in 2007】 § 796 Die Ausrüstungskosten, die Heuer und die Versicherungskosten können zugleich mit dem Schiff oder durch Versicherung der Bruttofracht oder besonders versichert werden. Sie gelten nur dann als mit dem Schiff versichert, wenn es besonders vereinbart ist.

【aufgehoben in 2007】 § 797 (1) Die Fracht kann bis zu ihrem Bruttobetrage versichert werden, soweit sie nicht bereits durch die Versicherung der Ausrüstungskosten, der Heuer und der Versicherungskosten versichert ist.

【geändert in 1908】 (1) Die Fracht kann bis zu ihrem Bruttobetrag versichert werden.

(2) Als Versicherungswert der Fracht gilt der Betrag der in den Frachtverträgen bedungenen Fracht und, wenn eine bestimmte Fracht nicht bedungen ist oder soweit Güter für Rechnung des Reeders verschifft sind, der Betrag der üblichen Fracht (§ 619).

【aufgehoben in 2007】 § 798 (1) Ist bei der Versicherung der Fracht nicht bestimmt, ob sie ganz oder ob nur ein Teil versichert werden soll, so gilt die ganze Fracht als versichert.

(2) Ist nicht bestimmt, ob die Brutto- oder die Nettofracht versichert werden soll, so gilt die Bruttofracht als versichert.

(3) Sind die Fracht der Hinreise und die Fracht der Rückreise unter einer Versicherungssumme versichert, ohne daß bestimmt ist, welcher Teil der Versicherungssumme auf die Fracht der Hinreise und welcher Teil auf die Fracht der Rückreise fallen soll, so wird die Hälfte auf die Fracht der Hinreise, die Hälfte auf die Fracht der Rückreise gerechnet.

【aufgehoben in 2007】 § 799 (1) Als Versicherungswert der Güter gilt, wenn die Parteien nicht eine andere Grundlage für die Schätzung vereinbaren, derjenige Wert, welchen die Güter am Ort und zur Zeit der Abladung haben, unter Hinzurechnung aller Kosten bis an Bord einschließlich der Versicherungskosten.

(2) Die Fracht sowie die Kosten während der Reise und am Bestimmungsort werden nur hinzugerechnet, sofern es vereinbart ist.

제796조　의장비용, 선원급료 및 부보비용은, 이들이 이미 총운임보험에 의해 부보되어 있지 않는 한, 선박과 함께 혹은 개별적으로 부보될 수 있다. 이들은 별도의 합의가 있는 때에 한해 선박과 함께 부보된 것으로 본다.

【1908년 개정: 2007년 삭제】제796조　의장비용, 선원급료 및 부보비용은, 선박과 함께, 또는 총운임보험을 통하여, 혹은 개별적으로 부보될 수 있다. 이들은 별도의 합의가 있는 때에 한해 선박과 함께 부보된 것으로 본다.

【2007년 삭제】제797조　(1) 운임이 의장비용, 선원급료 및 보험비용의 보험에 의하여 이미 부보되어 있지 않는 한, 운임은 운임 총액에 해당하는 금액까지 부보할 수 있다.

　　【1908년 변경】(1) 운임은 그 운임 총액의 금액까지 부보할 수 있다.

　　(2) 운임보험에서는 운송계약에서 약정한 운임을 보험가액으로 보고, 운임의 확정 금액에 관해 약정이 없는 때, 혹은 선주의 계산으로 화물을 선적한 경우, 통상의 운임 금액을 보험가액으로 본다(제619조).

【2007년 삭제】제798조　(1) 운임보험에서, 운임 전부가 부보되었는지, 일부가 부보되었는지, 정하지 않는 경우, 운임 전부가 부보된 것으로 본다.

　　(2) 총운임이 부보되었는지 순운임이 부보되었는지 정하지 않은 경우, 총운임이 부보된 것으로 본다.

　　(3) 진행항해의 운임과 귀환항해의 운임이 단일 보험금액 하에 부보되고, 보험금액 중 얼마 부분이 진행항해에 해당되고 얼마 부분이 귀환항해에 해당되는지 정하여 있지 않는 경우, 그 절반은 진행항해에, 다른 절반은 귀환항해에 속하는 것으로 계산한다.

【2007년 삭제】제799조　(1) 화물보험의 경우, 당사자가 달리 평가의 기준을 정하지 않는 한, 선적 시기와 장소에서 화물의 가격에, 보험료를 포함하여 선적까지 모든 비용을 더한 금액을 보험가액으로 본다.

　　(2) 운임과 항해 중이거나 목적지에서의 비용은 그러한 취지의 별도 합의가 있는 때에만 포함된다고 본다.

　　(3) 이러한 규정은 보험가액에 대한 합의가 있는 때에도 적용된다.

(3) Diese Vorschriften kommen auch zur Anwendung, wenn der Versicherungswert der Güter taxiert ist.

【aufgehoben in 2007】 § 800   Sind die Ausrüstungskosten oder die Heuer, sei es selbständig, sei es durch Versicherung der Bruttofracht, versichert oder sind bei der Versicherung von Gütern die Fracht oder die Kosten während der Reise und am Bestimmungsort versichert, so leistet der Versicherer für denjenigen Teil der Kosten, der Heuer oder der Fracht keinen Ersatz, welcher infolge eines Unfalls erspart wird.

【aufgehoben in 2007】 § 801   (1) Bei der Versicherung von Gütern ist der imaginäre Gewinn oder die Provision, auch wenn der Versicherungswert der Güter taxiert ist, als mitversichert nur anzusehen, sofern es im Vertrag bestimmt ist.

(2) Ist im Falle der Mitversicherung des imaginären Gewinns der Versicherungswert taxiert, aber nicht bestimmt, welcher Teil der Taxe sich auf den imaginären Gewinn beziehen soll, so wird angenommen, daß zehn Prozent der Taxe auf den imaginären Gewinn fallen. Wenn im Falle der Mitversicherung des imaginären Gewinns der Versicherungswert nicht taxiert ist, so werden als imaginärer Gewinn zehn Prozent des Versicherungswerts der Güter (【aufgehoben in 2007】 § 799) als versichert betrachtet.

(3) Die Vorschriften des Absatzes 2 kommen auch im Falle der Mitversicherung der Provision mit der Maßgabe zur Anwendung, daß an die Stelle der zehn Prozent zwei Prozent treten.

【aufgehoben in 2007】 § 802   Ist der imaginäre Gewinn oder die Provision selbständig versichert, der Versicherungswert jedoch nicht taxiert, so wird im Zweifel angenommen, daß die Versicherungssumme zugleich als Taxe des Versicherungswerts gelten soll.

【aufgehoben in 2007】 § 803   (1) Die Bodmereigelder können einschließlich der Bodmereiprämie für den Bodmereigläubiger versichert werden.

(2) Ist bei der Versicherung von Bodmereigeldern nicht angegeben, welche Gegenstände verbodmet sind, so wird angenommen, daß Bodmereigelder auf Schiff, Fracht und Ladung versichert sind. Hierauf kann sich, wenn in Wirklichkeit nicht alle diese Gegenstände verbodmet sind, nur der Versicherer berufen.

【aufgehoben in 2007】 § 804   (1) Hat der Versicherer seine Verpflichtungen erfüllt,

【2007년 삭제】제800조 의장비용 또는 선원급료가 독자적으로 혹은 총운임 보험을 통하여 부보된 경우, 혹은 화물보험에서 운임이나 운송 도중 및 목적지에서의 비용이 부보된 경우, 보험자는 비용, 급료 혹은 운임 중에서 사고의 결과로 절약된 부분은 이를 보상하지 않는다.

【2007년 삭제】제801조 (1) 화물보험에서, 기대이익과 수수료는, 비록 화물에 대한 보험가액에 대한 합의가 있다고 하더라도, 보험계약에서 그러한 취지의 정함이 있는 때에만, 화물과 함께 부보되었다고 본다.

   (2) 기대이익이 포함된 화물보험에서, 화물의 보험가액에 대한 합의를 하였지만, 가액 중에서 기대이익에 관련되는 금액을 정하지 않은 경우, 보험가액의 10%가 기대이익에 해당된다고 본다. 기대이익이 포함된 화물보험에서, 보험가격에 대한 합의를 하지 않은 경우, 화물의 보험가액【2007년 삭제; (제799조)】의 10%가 기대이익으로 부보되었다고 본다.

   (3) 수수료가 포함된 화물보험에 있어서도 위 제2항의 규정이 적용되며, 다만 그 비율은 10% 대신에 2%로 변경한다.

【2007년 삭제】제802조 기대이익 또는 수수료가 독자적으로 부보되었지만 보험가액에 대해 별도로 합의를 하지 않은 경우, 불명확한 때에는 보험금액이 동시에 보험가액으로 효력을 갖는다고 본다.

【2007년 삭제】제803조[31] (1) 모험대차 원본은 그 특별이윤을 포함하여 모험대차 채권자를 위하여 부보할 수 있다.

   (2) 모험대차 금액의 보험에서 어느 목적물을 담보로 모험대차를 하는지 언급이 없는 경우 선박, 운임 및 적하를 담보로 한 모험대차 원본이 부보된 것이라고 본다. 실제로 이러한 목적물이 전부 담보의 목적이 아닌 때에는 오로지 보험자만이 이 규정을 원용할 수 있다.

【2007년 삭제】제804조 (1) 보험자가 그의 의무를 이행했을 경우, 피보험자가 제

---

31) 모험대차 제도는 1972년 개정으로 폐지되었지만, 그 보험은 2013년에 1897년 법이 완전히 변경될 때까지 법전에 있었다.

so tritt er, soweit er einen Schaden vergütet hat, dessen Erstattung der Versicherte von einem Dritten zu fordern befugt ist, in die Rechte des Versicherten gegen den Dritten ein, jedoch unbeschadet der Vorschriften des § 775 Abs. 2 und des § 777 Abs. 2.

(2) Der Versicherte ist verpflichtet, dem Versicherer, wenn er es verlangt, auf dessen Kosten eine öffentlich beglaubigte Anerkennungsurkunde über den Eintritt in die Rechte gegen den Dritten zu erteilen.

(3) Der Versicherte ist verantwortlich für jede Handlung, durch die er jene Rechte beeinträchtigt.

【aufgehoben in 2007】 § 805 (1) Ist eine Forderung versichert, zu deren Deckung eine den Gefahren der See ausgesetzte Sache dient, so ist der Versicherte im Falle eines Schadens verpflichtet, dem Versicherer, nachdem dieser seine Verpflichtungen erfüllt hat, seine Rechte gegen den Schuldner insoweit abzutreten, als der Versicherer Ersatz geleistet hat.

(2) Der Versicherte ist nicht verpflichtet, die ihm gegen den Schuldner zustehenden Rechte geltend zu machen, bevor er den Versicherer in Anspruch nimmt.

Zweiter Titel. Anzeigen bei dem Abschluß des Vertrags.

【aufgehoben in 2007】 § 806 (1) Der Versicherungsnehmer ist sowohl im Falle der Versicherung für eigene Rechnung als im Falle der Versicherung für fremde Rechnung verpflichtet, bei dem Abschluß des Vertrags dem Versicherer alle ihm bekannten Umstände anzuzeigen, die wegen ihrer Erheblichkeit für die Beurteilung der von dem Versicherer zu tragenden Gefahr geeignet sind, auf den Entschluß des letzteren, sich auf den Vertrag überhaupt oder unter denselben Bestimmungen einzulassen, Einfluß zu üben.

(2) Wenn der Vertrag für den Versicherungsnehmer durch einen Vertreter abgeschlossen wird, so sind auch die dem Vertreter bekannten Umstände anzuzeigen.

【aufgehoben in 2007】 § 807 (1) Im Falle der Versicherung für fremde Rechnung müssen dem Versicherer bei dem Abschluß des Vertrags auch diejenigen Umstände angezeigt werden, welche dem Versicherten selbst oder einem Zwischenbeauftragten bekannt sind.

3자에게 그 손해의 배상을 청구할 수 있었다면, 보험자는 그가 피보험자의 손해를 보상한 범위 내에서 피보험자의 제3자에 대한 권리를 대위하며, 다만 이로 인하여 제775조 제2항 및 제777조 제2항의 규정은 영향을 받지 않는다.

　(2) 피보험자는, 보험자의 청구가 있으면 그의 비용으로, 제3자에 대한 권리의 대위에 관해 공적으로 인증된 확인서를 교부하여야 한다.

　(3) 피보험자는 보험자의 이러한 권리를 침해하는 모든 그의 행위에 대해 손해배상책임이 있다.

【2007년 삭제】제805조   (1) 해상위험에 노출된 물건에 의해 담보된 채권이 부보된 경우, 손해가 발생해서 보험자가 그의 보상의무를 이행하면, 피보험자는 보험자가 보상을 한 범위 내에서 채무자에 대한 그의 권리를 양도하여야 한다.

　(2) 피보험자는 보험자에 대해 권리를 행사하기 이전에 먼저 채무자에 대해 권리를 행사할 의무는 없다.

제2절 계약체결 시 고지의무

【2007년 삭제】제806조   (1) 보험계약자는, 자기의 계산으로 하는 보험이든 타인의 계산으로 하는 보험이든, 보험자가 인수할 위험의 평가에서 그 중요성 때문에, 보험자가 위험을 인수할지 여부 혹은 동일한 조건으로 인수할지 여부의 결정에 영향이 있는 성질의, 그에게 알려진 모든 상황을, 보험계약 체결시에, 보험자에게 고지하여야 한다.

　(2) 대리인이 보험계약자를 위해 보험계약을 체결하는 경우, 그 대리인에게 알려진 모든 상황도 고지하여야 한다.

【2007년 삭제】제807조   (1) 타인의 계산으로 하는 보험의 경우, 보험계약을 체결할 때에 피보험자 자신이나 중간 수임인이 알고 있는 모든 상황도 보험자에게 고지하여야 한다.

　(2) 그러나 그 상황이 피보험자나 중간수임인에게 너무 늦게 알려져서 비상수

(2) Die Kenntnis des Versicherten oder eines Zwischenbeauftragten kommt jedoch nicht in Betracht, wenn ihnen der Umstand so spät bekannt wird, daß sie den Versicherungsnehmer ohne Anwendung außergewöhnlicher Maßregeln vor dem Abschluß des Vertrags nicht mehr davon benachrichtigen können.

(3) Die Kenntniß des Versicherten kommt auch dann nicht in Betracht, wenn die Versicherung ohne seinen Auftrag und ohne sein Wissen genommen **[einfügt Folgende in 1908]**; ⌐und der Mangel des Auftrags bei dem Abschluß des Vertrags dem Versicherer angezeigt worden⌐ ist.

§ 808   (1) Wird die in den §§ 806, 807 bezeichnete Verpflichtung nicht erfüllt, so ist der Vertrag für den Versicherer unverbindlich.

(2) Diese Vorschrift findet jedoch keine Anwendung, wenn der nicht angezeigte Umstand dem Versicherer bekannt war oder als ihm bekannt vorausgesetzt werden dürfte.

[neu gefaßt in 1908: aufgehoben in 2007] § 808   (1) Der Versicherer kann von dem Vertrag zurücktreten, wenn den Vorschriften der §§ 806 und 807 zuwider die Anzeige eines erheblichen Umstands unterblieben ist. Das gleiche gilt, wenn die Anzeige eines erheblichen Umstands deshalb unterblieben ist, weil sich der Versicherungsnehmer oder ein Beteiligter, dessen Kenntnis nach § 806 Abs. 2 oder nach § 807 erheblich ist, der Kenntnis des Umstands arglistig entzogen hat.

(2) Der Rücktritt ist ausgeschlossen, wenn der Versicherer den nicht angezeigten Umstand kannte oder wenn die Anzeige ohne Verschulden unterblieben ist.

§ 809   (1) Wird von dem Versicherungsnehmer bei dem Abschlusse des Vertrags in Bezug auf einen erheblichen Umstand (§ 806) eine unrichtige Anzeige gemacht, so ist der Vertrag für den Versicherer unverbindlich, es sei denn, daß diesem die Unrichtigkeit der Anzeige bekannt war.

(2) Diese Vorschrift kommt zur Anwendung ohne Unterschied, ob die Anzeige wissentlich oder aus Irrtum, ob sie mit oder ohne Verschulden unrichtig gemacht wird.

[neu gefaßt in 1908: aufgehoben in 2007] § 809   (1) Der Versicherer kann von dem Vertrag auch dann zurücktreten, wenn über einen erheblichen Umstand eine unrichtige Anzeige gemacht worden ist.

(2) Der Rücktritt ist ausgeschlossen, wenn die Unrichtigkeit dem Versicherer bekannt war oder die Anzeige ohne Verschulden unrichtig gemacht worden ist.

단을 동원하지 않고서는 보험계약의 체결 이전에 보험계약자에게 이를 통지할 수 없었던 경우에는, 이들이 알고 있었던 것은 이를 불문한다.

(3) 피보험자의 위임이 있어 보험에 가입한 경우, 혹은 피보험자의 인식 없이 보험에 가입하고【1908년 이하 추가】「계약을 체결하면서 위임이 없었다는 것을 보험자에게 고지한」경우, 마찬가지로 피보험자가 알고 있었던 것은 이를 불문한다.

제808조 (1) 제806조 및 제807조에 게시된 의무를 이행하지 않으면, 보험계약은 보험자에 대해 구속력이 없다.

(2) 그러나 고지하지 않은 상황을 보험자가 알거나 알았다고 간주될 수 있는 때에는 이 규정이 적용되지 않는다.

【1908년 개정: 2007년 삭제】제808조 (1) 제806조 및 제807조의 규정에 반하여 중요한 사항에 관해 고지를 하지 않은 경우, 보험자는 보험계약을 해제할 수 있다. 보험계약자, 또는 제806조 제2항이나 제807조에 의해 그의 인지가 중요한 관계인이, 악의로 상황의 인지를 회피하였기 때문에 중요한 상황에 관한 고지가 이루어지지 않는 때에도 마찬가지 법칙이 적용된다.

(2) 보험자가 고지되지 않은 그 상황을 알고 있었던 때, 혹은 이러한 고지가 귀책사유 없이 이루어지지 않았던 때에는 해제할 수 없다.

제809조 (1) 보험계약자가 보험계약을 체결할 때에 중요한 상황에 관해(제806조) 부정확한 고지를 한 경우, 그 보험계약은 보험자에게 구속력이 없고, 다만 보험자가 고지가 부정확하다는 것을 알았던 때에는 그러하지 않다.

(2) 이 규정은, 부정확한 고지를 알고서 혹은 착오로 하였는지, 귀책사유가 있는지 혹은 없는지, 이를 모두 불문하고 적용한다.

【1908년 개정; 2007년 삭제】제809조 (1) 중요한 상황에 관해 부정확한 고지를 한 때에도 보험자는 보험계약을 해제할 수 있다.

§ 810 Wird bei einer Versicherung mehrerer Gegenstände oder einer Gesammtheit von Gegenständen den Vorschriften der §§ 806 bis 809 in Ansehung eines Umstandes zuwidergehandelt, der nur einen Teil der versicherten Gegenstände betrifft, so bleibt der Vertrag für den Versicherer in Ansehung des übrigen Teiles verbindlich. Der Vertrag ist jedoch auch in Ansehung des übrigen Teiles für den Versicherer unverbindlich, wenn anzunehmen ist, daß der Versicherer diesen Teil allein unter denselben Bestimmungen nicht versichert haben würde.

[neu gefaßt in 1908: aufgehoben in 2007] § 810 Liegen die Voraussetzungen, unter denen der Versicherer zum Rücktritt berechtigt ist, in Ansehung eines Teiles der Gegenstände vor, auf welche sich die Versicherung bezieht, so steht dem Versicherer das Recht des Rücktritts für den übrigen Teil nur zu, wenn anzunehmen ist, daß für diesen allein der Versicherer den Vertrag unter den gleichen Bestimmungen nicht geschlossen haben würde.

§ 811 Dem Versicherer gebührt in den Fällen der §§, 806 bis 810, auch wenn er die gänzliche oder teilweise Unverbindlichkeit des Vertrags geltend macht, die volle Prämie.

[neu gefaßt in 1908: aufgehoben in 2007] § 811 (1) Der Rücktritt kann nur innerhalb einer Woche erfolgen. Die Frist beginnt mit dem Zeitpunkt, in welchem der Versicherer von der Verletzung der Anzeigepflicht Kenntnis erlangt.

(2) Der Rücktritt erfolgt durch Erklärung gegenüber dem Versicherungsnehmer. Tritt der Versicherer zurück, so gebührt ihm gleichwohl die ganze Prämie; die empfangene Entschädigungssumme ist zurückzugewähren und von der Zeit des Empfangs an zu verzinsen.

(3) Tritt der Versicherer zurück, nachdem ein Unfall, für den der Versicherer haftet, eingetreten ist, so bleibt die Verpflichtung des Versicherers zur Zahlung der Entschädigung bestehen, wenn der Umstand, in Ansehung dessen die Anzeigepflicht verletzt ist, keinen Einfluß auf den Eintritt des Versicherungsfalls und auf den Umfang der Leistung des Versicherers gehabt hat.

[eingefügt in 1908: aufgehoben in 2007] § 811a (1) Ist die Anzeigepflicht verletzt worden, das Rücktrittsrecht des Versicherers aber ausgeschlossen, weil dem anderen Teil ein Verschulden nicht zur Last fällt, so kann der Versicherer, falls mit Rücksicht auf die höhere Gefahr eine höhere Prämie angemessen ist, die höhere

(2) 부정확하다는 것을 보험자가 알았던 때 혹은 귀책사유가 없이 고지를 부정확하게 한 때에는 계약을 해제할 수 없다.

제810조 다수 목적물이나 집합 목적물의 보험에서, 오로지 부보의 목적물의 일부와 연관된 상황에 관해 제806조 내지 제809조에 위반하는 행위가 있는 경우, 그 보험계약은 나머지 부분에 관해서는 보험자에게 구속력이 있다. 그러나 그 나머지 부분에 한정된다면 보험자가 동일한 조건으로 보험을 인수하지 않았을 것이라고 추정되는 때에는, 보험계약은 그 나머지 부분에 대하여도 보험자에게 구속력이 없다.

【1908년 개정: 2007년 삭제】제810조 보험과 관련된 목적물 일부에 대해, 보험자가 계약을 해제할 수 있는 권리를 갖는 조건이 갖추어진 경우, 보험자가 그 일부만 가지고 동일한 조건으로 보험계약을 체결하지 않았을 것으로 보여지는 때에는 보험자는 나머지 부분에 대한 보험도 이를 해제할 수 있다.

제811조 제806조 내지 제810조의 경우에, 보험자는, 비록 보험계약이 전부 혹은 일부가 무효라는 것을 원용한다고 하더라도, 보험료 전액을 청구할 수 있다.

【1908년 개정: 2007년 삭제】제811조 (1) 해제는 오로지 1주 내에 한해 할 수 있다. 이 기간은 보험자가 고지의무의 위반을 알게 된 시점부터 개시된다.

(2) 해제는 보험계약자에 대한 의사표시로 이를 행한다. 보험자가 해제를 한다고 하더라도 마찬가지로 보험자는 보험료 전액을 청구할 수 있다.; 수령한 보험금이 있으면 이를 반환하여야 하고 수령 시부터 이자를 지급하여야 한다.

(3) 보험자에게 책임이 있는 사고가 발생한 다음 보험자가 계약을 해제한 경우, 고지를 하지 않아 위반이 되었던 그 상황이 보험사고의 발생 및 보험자가 보상할 범위에 대해 아무런 영향이 없었던 때에는 보험자는 계속 보상할 의무를 부담한다.

Prämie verlangen. Das gleiche gilt, wenn bei der Schließung des Vertrags ein für die Übernahme der Gefahr erheblicher Umstand dem Versicherer nicht angezeigt worden ist, weil er dem anderen Teil nicht bekannt war.

(2) Der Anspruch auf die höhere Prämie erlischt, wenn er nicht innerhalb einer Woche von dem Zeitpunkt an geltend gemacht wird, in welchem der Versicherer von der Verletzung der Anzeigepflicht oder von dem nicht angezeigten Umstand Kenntnis erlangt.

〔eingefügt in 1908: aufgehoben in 2007〕 § 811b Das Recht des Versicherers, den Vertrag wegen arglistiger Täuschung anzufechten, bleibt unberührt.

Dritter Titel.
Verpflichtungen des Versicherten aus dem Versicherungsvertrag.

〔aufgehoben in 2007〕 § 812 (1) Die Prämie ist, sofern nicht ein anderes vereinbart ist, sofort nach dem Abschluß des Vertrags und, wenn eine Police verlangt wird, gegen Auslieferung der Police zu zahlen.

(2) Zur Zahlung der Prämie ist der Versicherungsnehmer verpflichtet.

〔aufgehoben in 1908〕 (3) Wenn bei der Versicherung für fremde Rechnung der Versicherungsnehmer zahlungsunfähig geworden ist und die Prämie von dem Versicherten noch nicht erhalten hat, so kann der Versicherer auch den Versicherten auf Zahlung der Prämie in Anspruch nehmen.

〔aufgehoben in 2007〕 § 813 (1) Wird statt der versicherten Reise, bevor die Gefahr für den Versicherer zu laufen begonnen hat, eine andere Reise angetreten, so ist der Versicherer bei der Versicherung von Schiff und Fracht von jeder Haftung frei, bei anderen Versicherungen trägt er die Gefahr für die andere Reise nur dann, wenn die Veränderung der Reise weder von dem Versicherten noch in dessen Auftrag oder mit dessen Zustimmung bewirkt ist.

(2) Wird die versicherte Reise verändert, nachdem die Gefahr für den Versicherer zu laufen begonnen hat, so haftet der Versicherer nicht für die nach der Veränderung

【1908년 추가: 2007년 삭제】**제811조의 (a)** (1) 상대방이 귀책사유가 없기 때문에 보험자의 해제권이 배제된 경우, 만일 더욱 높은 위험에 비추어 더욱 고액의 보험료가 적정하다면, 보험자는 그 고액의 보험료를 청구할 수 있다. 위험의 인수에 있어 중대한 상황이 상대방에게 알려지지 않았기 때문에 이를 보험자에게 고지하지 않았던 경우에도 이는 마찬가지이다.

 (2) 보험료 증액청구권은 보험자가 고지의무의 위반 혹은 고지되지 않은 그 상황을 알게 된 시점부터 1주간 이내에 이를 행사하지 않으면 소멸한다.

【1908년 추가: 2007년 삭제】**제811조의 (b)** 보험자가 고의에 의한 사기를 이유로 계약을 취소하는 권리는 아무런 영향 없이 존속한다.

제3절 보험계약에 기한 피보험자의 의무

【2007년 삭제】**제812조** (1) 보험료는 다른 약정이 없으면 보험계약의 체결 후 즉시 지급하여야 하며, 보험증권의 발행을 요청한 때에는 그 교부와 상환으로 지급하여야 한다.

 (2) 보험계약자가 보험료를 지급할 의무가 있다.

 【1908년 삭제】(3) 타인의 계산으로 하는 보험에서, 보험계약자가 지급불능에 빠지고 그가 아직 피보험자로부터 보험료를 받지 않은 때에는, 보험자는 피보험자에 대하여도 보험료의 지급을 청구할 수 있다.

【2007년 삭제】**제813조** (1) 보험자가 인수한 위험이 개시되기 이전에, 부보한 항해 대신 다른 항해를 개시한 경우, 선박 및 운임 보험에서는, 보험자는 모든 책임을 면하고, 다른 보험에서는, 그 항해의 변경이 피보험자에 의하여 이루어지거나 혹은 그의 위임이나 동의하에 이루어진 것이 아닌 때에는, 보험자는 그 다른 항해로 인한 위험에 대해서도 책임을 진다.

 (2) 보험자가 인수한 위험이 개시된 다음에 부보된 항해가 변경된 경우, 보험자는 변경 후 발생한 사고에 대해 책임이 없다. 그러나 보험자는 그 변경이 피보험자

der Reise eintretenden Unfälle. Er haftet jedoch für diese Unfälle, wenn die Veränderung weder von dem Versicherten noch in dessen Auftrag oder mit dessen Zustimmung bewirkt oder wenn sie durch einen Notfall verursacht ist, es sei denn, daß sich der Notfall auf eine Gefahr gründet, die der Versicherer nicht zu tragen hat.

(3) Die Reise ist verändert, sobald der Entschluß, sie nach einem anderen Bestimmungshafen zu richten, zur Ausführung gebracht wird, sollten sich auch die Wege nach beiden Bestimmungshäfen noch nicht geschieden haben. Diese Vorschrift gilt sowohl für die Fälle des Absatzes 1 als für die Fälle des Absatzes 2.

[aufgehoben in 2007] § 814 (1) Wenn von dem Versicherten oder in dessen Auftrag oder mit dessen Zustimmung der Antritt oder die Vollendung der Reise ungebührlich verzögert, von dem der versicherten Reise entsprechenden Weg abgewichen oder ein Hafen angelaufen wird, dessen Angehung als in der versicherten Reise begriffen nicht erachtet werden kann, oder wenn der Versicherte in anderer Weise eine Vergrößerung oder Veränderung der Gefahr veranlaßt, namentlich eine in dieser Beziehung erteilte besondere Zusage nicht erfüllt, so haftet der Versicherer nicht für die später sich ereignenden Unfälle.

(2) Diese Wirkung tritt jedoch nicht ein:

    1. wenn anzunehmen ist, daß die Vergrößerung oder Veränderung der Gefahr keinen Einfluß auf den späteren Unfall hat üben können;

    2. wenn die Vergrößerung oder Veränderung der Gefahr, nachdem die Gefahr für den Versicherer bereits zu laufen begonnen hat, durch einen Notfall verursacht ist, es sei denn, daß sich der Notfall auf eine Gefahr gründet, die der Versicherer nicht zu tragen hat;

    3. wenn der Kapitän zu der Abweichung von dem Weg durch das Gebot der Menschlichkeit genötigt worden ist.

[aufgehoben in 2007] § 815 Wird bei dem Abschluß des Vertrags der Kapitän bezeichnet, so ist in dieser Bezeichnung allein noch nicht die Zusage enthalten, daß der benannte Kapitän die Führung des Schiffes behalten werde.

[aufgehoben in 2007] § 816 Bei der Versicherung von Gütern haftet der Versicherer für keinen Unfall; soweit die Beförderung der Güter nicht mit dem dazu bestimmten Schiff geschieht. Er haftet jedoch nach Maßgabe des Vertrags,

에 의하여 이루어지거나 혹은 그의 위임이나 동의하에 이루어진 것이 아닌 때에는 책임이 있고, 또 보험자는 위난으로 인하여 변경이 유발된 때에도 책임을 지며, 다만 그 위난이 보험자가 부담하는 위험에 의하여 발생한 것이 아닌 때에는 그러하지 않다.

(3) 선박이 다른 목적항으로 향하려는 결정이 실행되면, 비록 양 목적항으로 향하는 항로가 아직 분리되지 않았다고 하더라도, 바로 항해의 변경이 있다고 본다. 이 규정은 위 제1항의 경우뿐만 아니라 제2항의 경우에도 적용된다.

【2007년 삭제】제814조 (1) 항해의 개시 또는 종료가 피보험자 자신이나 또는 그의 위임이나 동의하에 부당하게 지연된 때, 부보된 항해에 상응하는 항로를 이탈하거나 혹은 부보된 항해에 포함된다고 볼 수 없는 항구에 기항한 때, 또는 피보험자가 기타 방법으로 위험의 증가 또는 변경을 가져온 때, 특히 이와 관련하여 언약한 특별 보증을 이행하지 않은 때에는, 보험자는 이후에 발생한 사고에 대해 책임을 지지 않는다.

(2) 그러나 다음의 경우에는 이러한 효력이 생기지 않는다.
   1. 위험의 증가 또는 변경이 추후 사고에 아무런 영향을 미치지 못했다고 인정되는 때
   2. 위험의 증가 또는 변경이, 보험자가 인수한 위험이 개시된 다음에, 위난으로 인하여 야기된 때, 다만 그 위난이 보험자가 책임지지 않는 위험으로 인하여 발생된 때에는 그러하지 않다.
   3. 인도적 요구에 의해 선장의 항로 이탈이 필요했던 때

【2007년 삭제】제815조   보험계약을 체결함에 있어, 선장이 거기에 지정되어 있다고 하더라도, 지정 그 자체만으로 거기에 특정된 선장이 선박의 지휘를 지속한다는 특별 보증이 포함되는 것은 아니다.

【2007년 삭제】제816조   화물보험에서, 화물의 운송이 이를 위해 지정된 선박에 의하여 이루어지지 않은 경우; 보험자는 여하한 사고에 대하여도 책임이 없다. 그

wenn die Güter, nachdem die Gefahr für ihn bereits zu laufen begonnen hat, ohne Auftrag und ohne Zustimmung des Versicherten in anderer Art als mit dem zur Beförderung bestimmten Schiff weiter befördert werden oder wenn dies infolge eines Unfalls geschieht, es sei denn, daß sich der Unfall auf eine Gefahr gründet, die der Versicherer nicht zu tragen hat.

[aufgehoben in 2007] § 817 (1) Bei der Versicherung von Gütern ohne Bezeichnung des Schiffes oder der Schiffe (in unbestimmten oder unbenannten Schiffen) hat der Versicherte, sobald er Nachricht erhält, in welches Schiff versicherte Güter abgeladen sind, diese Nachricht dem Versicherer mitzuteilen.

(2) Im Falle der Nichterfüllung dieser Verpflichtung haftet der Versicherer für keinen Unfall, der den abgeladenen Gütern zustößt.

[aufgehoben in 2007] § 818 Jeder Unfall ist, sobald der Versicherungsnehmer oder der Versicherte, wenn dieser von der Versicherung Kenntnis hat, Nachricht von dem Unfall erhält, dem Versicherer anzuzeigen, widrigenfalls der Versicherer befugt ist, von der Entschädigungssumme den Betrag abzuziehen, um den sie sich bei rechtzeitiger Anzeige gemindert hätte.

[aufgehoben in 2007] § 819 (1) Der Versicherte ist verpflichtet, wenn sich ein Unfall zuträgt, sowohl für die Rettung der versicherten Sachen als für die Abwendung größerer Nachteile tunlichst zu sorgen.

(2) Er hat jedoch, wenn tunlich, über die erforderlichen Maßregeln vorher mit dem Versicherer Rücksprache zu nehmen.

Vierter Titel. Umfang der Gefahr.

[aufgehoben in 2007] § 820 (1) Der Versicherer trägt alle Gefahren, denen Schiff oder Ladung während der Dauer der Versicherung ausgesetzt sind, soweit nicht durch die nachfolgenden Vorschriften oder durch Vertrag ein anderes bestimmt ist.

러나 보험자가 인수한 위험이 이미 개시된 다음에, 피보험자의 위임 및 동의 없이 운송을 위해 지정된 선박과 다른 방법으로 추가로 운송이 이루어진 때에는 보험자는 계약에 따라 책임이 있고, 또 사고로 인하여 이러한 일이 발생한 때에도 보험자는 계약에 따라 책임이 있으며, 다만 보험자가 책임을 지지 않는 위험에 기해 사고가 생긴 때에는 그러하지 않다.

【2007년 삭제】제817조 (1) 어느 한 선박이나 여러 특정 선박들을 지정하지 않은 화물보험(선박 미표시 혹은 미지정 보험)에서, 피보험자는 부보된 화물이 어느 선박에 선적되었는지 소식을 들으면 즉시 그 소식을 보험자에게 통지하여야 한다.
  (2) 이러한 의무를 이행하지 않은 경우, 보험자는 선적된 화물이 당한 여하한 사고에 대하여도 책임이 없다.

【2007년 삭제】제818조 보험계약자는 물론, 보험에 관해 알고 있었던 피보험자도 사고에 관한 소식을 접하면 즉시 그 사고를 보험자에게 통지하여야 하고, 이를 위반하면 보험자는 적기에 통지를 했다면 축소시킬 수 있었을 금액을 보상금액으로부터 공제할 수 있다.

【2007년 삭제】제819조 (1) 사고가 발생하면 피보험자는 부보된 물건을 구조하기 위하여서뿐만 아니라 더 큰 손해를 회피하기 위하여 가능한 한 주의를 다하여야 한다.
  그러나 그는 가능한 한 필요한 조치에 관해 사전에 보험자와 협의를 하여야 한다.

제4절 위험의 범위

【2007년 삭제】제820조 (1) 아래 규정이나 또는 계약에서 달리 정하고 있지 않는 한, 보험자는 선박과 적하가 보험기간 중에 노출된 모든 위험을 부담하며,
  (2) 보험자는 특히 다음의 위험을 부담한다.:

(2) Er trägt insbesondere:

1. die Gefahr der Naturereignisse und der sonstigen Seeunfälle, auch wenn diese durch das Verschulden eines Dritten veranlaßt sind, wie Eindringen des Seewassers, Strandung, Schiffbruch, Sinken, Feuer, Explosion, Blitz, Erdbeben, Beschädigung durch Eis usw.;

2. die Gefahr des Krieges und der Verfügungen von hoher Hand;

3. die Gefahr des auf Antrag eines Dritten angeordneten, von dem Versicherten nicht verschuldeten Arrests;

4. die Gefahr des Diebstahls sowie die Gefahr des Seeraubs, der Plünderung und sonstiger Gewalttätigkeiten;

5. die Gefahr der Verbodmung der versicherten Güter zur Fortsetzung der Reise oder der Verfügung über die Güter durch Verkauf oder durch Verwendung zu gleichem Zweck (§§ 538 bis 541 und 732);

6. die Gefahr der Unredlichkeit oder des Verschuldens einer Person der Schiffsbesatzung, sofern daraus für den versicherten Gegenstand ein Schaden entsteht;

7. die Gefahr des Zusammenstoßes von Schiffen, und zwar ohne Unterschied, ob der Versicherte infolge des Zusammenstoßes unmittelbar oder ob er mittelbar dadurch einen Schaden erleidet, daß er den einem Dritten zugefügten Schaden zu ersetzen hat.

【aufgehoben in 2007】 § 821 Dem Versicherer fallen die nachstehend bezeichneten Schäden nicht zur Last:

1. bei der Versicherung von Schiff oder Fracht:

der Schaden, welcher daraus entsteht, daß das Schiff in einem nicht seetüchtigen Zustand oder nicht gehörig ausgerüstet oder bemannt oder ohne die erforderlichen Papiere (§ 513) in See gesandt ist; der Schaden, welcher außer dem Fall des Zusammenstoßes von Schiffen daraus entsteht, daß der Reeder für den durch eine Person der Schiffsbesatzung einem Dritten zugefügten Schaden haften muß (§§ 485 und 486);

2. bei einer auf das Schiff sich beziehenden Versicherung:

der Schaden an Schiff und Zubehör, welcher nur eine Folge der Abnutzung des

1. 해수의 침입, 좌초, 난파, 침몰, 화재, 폭발, 낙뢰, 지진, 유빙으로 인한 훼손과 같은 자연재해 및 기타 해상사고의 위험. 이러한 것이 제3자의 귀책사유에 의해 발생한 때에도 마찬가지이며;
2. 전쟁 및 국가의 처분으로 인한 위험;
3. 제3자의 신청에 의하여 발령되었고 피보험자에게는 책임이 없는 선박 가압류의 위험;
4. 절도의 위험은 물론 해적, 약탈, 기타 폭력행위의 위험;
5. 항해를 계속하기 위한 부보 화물의 모험대차의 위험 및 동일한 목적으로 화물의 매각이나 사용을 통한 처분으로 인한 위험(제538조 내지 제541조, 제732조);
6. 선원의 부정행위나 귀책행위에 의해 부보된 목적물에 손해가 발생하는 위험;
7. 선박의 충돌로 인한 위험. 피보험자가 선박 충돌의 결과로 직접적으로 손해를 입었는지, 혹은 피보험자가 충돌의 결과로 제3자에게 발생한 손해를 보상하여야 해서 간접적으로 손해를 입었는지를 불문한다.

【2007년 삭제】제821조 보험자는 아래에 게기한 손해에 대하여는 책임이 없다.:
   1. 선박보험이나 운임보험에서:
  감항능력을 갖추지 못한 상태에서, 적절하게 의장이나 충원을 하지 않고, 또는 필요한 서류를 갖추지 않고서(제513조), 선박을 바다로 내보내서 발생한 손해; 선박충돌의 경우를 제외하고서, 선원이 제3자에게 가한 손해에 대해 선주가 책임을 져야 했기 때문에 발생한 손해(제485조 및 제486조);
   2. 선박과 관련된 보험에서:
  통상적인 사용을 통한 선박의 마모의 결과로 선박 및 그 속구에 발생한 손해; 노후, 부패 및 해충으로 인해 선박 및 그 속구에 발생한 손해;
   3. 화물이나 운임과 관련된 보험에서:
  화물 본래의 성질, 특히 내적 부패, 수축, 통상의 유출 및 이와 같은 것에 의하거나 혹은 화물의 하자 있는 포장에 의하여 발생한 손해, 및 쥐에 의해 화물에 발생한 손해; 그러나 보험자가 책임을 질 사고로 인하여 항해가 현저히 지체된 때에는

Schiffes im gewöhnlichen Gebrauch ist; der Schaden an Schiff und Zubehör, welcher nur durch Alter, Fäulnis oder Wurmfraß verursacht wird;

3. bei einer auf Güter oder Fracht sich beziehenden Versicherung der Schaden, welcher durch die natürliche Beschaffenheit der Güter, namentlich durch inneren Verderb, Schwinden, gewöhnliche Leckage und dergleichen, oder durch mangelhafte Verpackung der Güter entsteht oder an diesen durch Ratten oder Mäuse verursacht wird; wenn jedoch die Reise durch einen Unfall, für den der Versicherer haftet, ungewöhnlich verzögert wird, so hat der Versicherer den unter dieser Nummer bezeichneten Schaden in dem Maß zu ersetzen, in welchem die Verzögerung dessen Ursache ist;

4. der Schaden, welcher sich auf ein Verschulden des Versicherten gründet, und bei der Versicherung von Gütern oder imaginärem Gewinn auch der Schaden, welcher durch ein dem Ablader, Empfänger oder Kargadeur in dieser ihrer Eigenschaft zur Last fallendes Verschulden entsteht.

[geändert in 1908] 4. der Schaden, welcher von dem Versicherten vorsätzlich oder fahrlässig verursacht wird; der Versicherer hat jedoch den von dem Versicherten durch die fehlerhafte Führung des Schiffes verursachten Schaden zu ersetzen, es sei denn, daß dem Versicherten eine bösliche Handlungsweise zur Last fällt;

[einfügt in 1908] 5. bei der Versicherung von Gütern oder imaginärem Gewinn der Schaden, welcher von dem Ablader, Empfänger oder Kargadeur in dieser Eigenschaft vorsätzlich oder fahrlässig verursacht wird.

[aufgehoben in 2007] § 822 Die Verpflichtung des Versicherers zum Ersatz eines Schadens tritt auch dann ein, wenn dem Versicherten ein Anspruch auf dessen Vergütung gegen den Kapitän oder eine andere Person zusteht. Der Versicherte kann sich wegen des Ersatzes des Schadens zunächst an den Versicherer halten. Er hat jedoch dem Versicherer die zur wirksamen Verfolgung eines solchen Anspruchs etwa erforderliche Hilfe zu gewähren, auch für die Sicherstellung des Anspruchs durch Einbehaltung der Fracht, Erwirkung des Arrests in das Schiff oder sonst in geeigneter Weise auf Kosten des Versicherers die nach den Umständen angemessene Sorge zu tragen (§ 819).

[aufgehoben in 2007] § 823 (1) Bei der Versicherung des Schiffes für eine Reise

보험자는 본조에 게기된 손해를 그 지연이 발생 원인인 범위 내에서 보상하여야 한다.

4. 피보험자의 귀책사유로 발생한 손해 및 화물 및 기대이익의 보험에서, 선적인, 수하인 혹은 적하동행자가 그 지위에서 책임을 져야 할 귀책사유로 인하여 발생한 손해.

【1908년 변경】 4. 피보험자의 고의 또는 과실로 발생한 손해; 그러나 보험자는 피보험자의 하자 있는 선박의 조종으로 인해 발생한 손해는 보상하여야 하며, 다만 악의로 조치를 한 것에 피보험자에게 책임이 있는 때에는 그러하지 않다.

【1908년 삽입】 5. 화물 및 기대이익의 보험에서, 선적인, 수하인 혹은 적하동행자가 그 지위에서 고의나 과실로 발생시킨 손해.

【2007년 삭제】 제822조 피보험자가 선장이나 다른 사람에 대해 배상을 청구할 권리가 있다고 하더라도, 보험자는 피보험자의 손해를 보상할 책임이 있다. 피보험자는 보험자에 대해 먼저 손해를 보상할 것을 요구할 수 있다. 그러나 피보험자는 그러한 권리를 효과적으로 실현하는 데 필요한 지원을 보험자에게 제공하여야 하고, 또 운임을 유보하여, 선박을 가압류하여, 또는 기타 적당한 방법으로, 채권을 보전하기 위해 보험자의 비용으로 상황에 적합한 모든 조치를 취하여야 한다 (제819조).

【2007년 삭제】 제823조 (1) 항해를 단위로 하는 선박보험에서, 보험자가 부담하는 위험은 적하나 저하의 수령을 시작하는 시점에 개시되며, 적하나 저하를 수령하지 않는 때에는 선박이 발항하는 시점에 개시된다. 그리고 보험자의 위험은 적하나 저하의 양륙을 완료하는 시점에 종료한다.

(2) 피보험자가 양륙을 부당하게 지체하면 그러한 지체가 없었다면 양륙이 종료되었을 시점에 보험자의 위험이 종료한다.

(3) 양륙을 완료하기 전에 새로운 항해를 위해 적하 또는 저하를 수령하는 경우, 새로이 적하나 저하의 수령을 개시하는 시점에 보험자의 위험은 종료한다.

beginnt die Gefahr für den Versicherer mit dem Zeitpunkt, in welchem mit der Einnahme der Ladung oder des Ballasts angefangen wird, oder, wenn weder Ladung noch Ballast einzunehmen ist, mit dem Zeitpunkt der Abfahrt des Schiffes. Sie endet mit dem Zeitpunkt, in welchem die Löschung der Ladung oder des Ballasts im Bestimmungshafen beendigt ist.

(2) Wird die Löschung von dem Versicherten ungebührlich verzögert, so endet die Gefahr mit dem Zeitpunkt, in welchem die Löschung beendigt sein würde, falls ein solcher Verzug nicht stattgefunden hätte.

(3) Wird vor der Beendigung der Löschung für eine neue Reise Ladung oder Ballast eingenommen, so endet die Gefahr mit dem Zeitpunkt, in welchem mit der Einnahme der Ladung oder des Ballasts begonnen wird.

[aufgehoben in 2007] § 824 (1) Sind Güter, imaginärer Gewinn oder die von verschifften Gütern zu verdienende Provision versichert, so beginnt die Gefahr mit dem Zeitpunkt, in welchem die Güter zum Zwecke der Einladung in das Schiff oder in die Leichterfahrzeuge vom Land scheiden; sie endet mit dem Zeitpunkt, in welchem die Güter im Bestimmungshafen wieder an das Land gelangen.

(2) Wird die Löschung von dem Versicherten oder bei der Versicherung von Gütern oder imaginärem Gewinn von dem Versicherten oder von einer der in § 821 Nr. 4[Nr. ersetzt in 1908; Nr. 5] bezeichneten Personen ungebührlich verzögert, so endet die Gefahr mit dem Zeitpunkt, in welchem die Löschung beendigt sein würde, falls ein solcher Verzug nicht stattgefunden hätte.

(3) Bei der Einladung und Ausladung trägt der Versicherer die Gefahr der ortsgebräuchlichen Benutzung von Leichterfahrzeugen.

[aufgehoben in 2007] § 825 (1) Bei der Versicherung der Fracht beginnt und endet die Gefahr in Ansehung der Unfälle, denen das Schiff und dadurch die Fracht ausgesetzt ist, mit demselben Zeitpunkt, in welchem die Gefahr bei der Versicherung des Schiffes für dieselbe Reise beginnen und enden würde, in Ansehung der Unfälle, denen die Güter und dadurch die Fracht ausgesetzt sind, mit demselben Zeitpunkt, in welchem die Gefahr bei der Versicherung der Güter für dieselbe Reise beginnen und enden würde.

(2) Bei der Versicherung von Überfahrtsgeldern beginnt und endet die Gefahr

【2007년 삭제】제824조 (1) 화물, 기대이익, 또는 선적된 화물로 인해 벌어들일 수수료가 부보된 경우, 보험자가 부담할 위험은, 선박 혹은 부선에 선적할 목적으로, 화물이 육지로부터 분리되는 시점에 개시된다.; 보험자의 위험은 목적항에서 화물이 다시 육지에 놓여질 때에 종료한다.

 (2) 피보험자에 의하여 양륙이 부당하게 지체되는 경우, 혹은 화물이나 기대이익의 보험에서 피보험자 또는 제821조 4호【1908년 호수 대체; 5호】에 기재된 사람에 의해 양륙이 부당하게 지체되는 경우, 이러한 지체가 없었다면 양륙이 종료되었을 시점에 보험자의 위험이 종료된다.

 (3) 선적 및 양륙을 함에 있어, 현지 관습에 의한 부선의 이용에 따르는 위험은 보험자가 이를 부담하여야 한다.

【2007년 삭제】제825조 (1) 운임보험에 있어서, 사고로 인하여 선박과 그에 따른 운임이 당할 위험은 동일한 항해를 위한 선박보험에서 위험이 개시되고 종료될 시점에 개시되고 종료되며, 또 사고로 인하여 화물과 그에 따른 운임이 당할 위험은 동일한 항해를 위한 화물보험에서 위험이 개시되고 종료될 시점에 개시되고 종료된다.

 (2) 여객운임의 보험에 있어서, 위험은 선박보험에서 위험이 개시되고 종료될 시점에 개시되고 종료된다.

 (3) 화물운임 및 여객운임의 보험에서, 보험자는 선박이 당하는 사고에 대해 이미 화물운송계약이나 여객운송계약이 체결된 때에만 책임을 지고, 만일 선주가 자기의 계산으로 화물을 선적하였다면 선박이나 부선에 선적하기 위하여 화물이 이미 육지로부터 분리된 때에만 보험자가 책임을 진다.

【2007년 삭제】제826조 모험대차 금액 및 해손 금액의 보험에서, 위험은 금전을 교부한 시점에 개시되며, 피보험자 자신이 해손 금액을 제공한 때에는 그 금액이 사용되는 시점에 위험이 개시된다.; 위험은 모험대차에 의해 담보된 목적물 또는 해손 금액이 사용된 목적물의 보험에서 위험이 종료될 시점에 종료된다.

mit demselben Zeitpunkt, in welchem die Gefahr bei der Versicherung des Schiffes beginnen und enden würde.

(3) Der Versicherer von Fracht- und Überfahrtsgeldern haftet für einen Unfall, von dem das Schiff betroffen wird, nur insoweit, als Fracht- oder Überfahrtsverträge bereits abgeschlossen sind, und wenn der Reeder Güter für seine Rechnung verschifft, nur insoweit, als diese zum Zwecke der Einladung in das Schiff oder in die Leichterfahrzeuge bereits vom Land geschieden sind.

【aufgehoben in 2007】§ 826   Bei der Versicherung von Bodmerei- und Havereigeldern beginnt die Gefahr mit dem Zeitpunkt, in welchem die Gelder vorgeschossen sind, oder, wenn der Versicherte selbst die Havereigelder verausgabt hat, mit dem Zeitpunkt, in welchem sie verwendet sind; sie endet mit dem Zeitpunkt, in welchem sie bei einer Versicherung der Gegenstände, welche verbodmet oder auf welche die Havereigelder verwendet sind, enden würde.

【aufgehoben in 2007】§ 827   (1) Die begonnene Gefahr läuft für den Versicherer während der bedungenen Zeit oder der versicherten Reise ununterbrochen fort. Der Versicherer trägt insbesondere die Gefahr auch während des Aufenthalts in einem Not- oder Zwischenhafen und im Falle der Versicherung für die Hinreise und Rückreise während des Aufenthalts des Schiffes in dem Bestimmungshafen der Hinreise.

(2) Müssen die Güter einstweilen gelöscht werden oder wird das Schiff zur Ausbesserung an das Land gebracht, so trägt der Versicherer die Gefahr auch für die Zeit, während welcher sich die Güter oder das Schiff am Land befinden.

【aufgehoben in 2007】§ 828   (1) Wird nach dem Beginn der Gefahr die versicherte Reise freiwillig oder gezwungen aufgegeben, so tritt in Ansehung der Beendigung der Gefahr der Hafen, in welchem die Reise beendigt wird, an die Stelle des Bestimmungshafens.

(2) Werden die Güter, nachdem die Reise des Schiffes aufgegeben ist, in anderer Art als mit dem zur Beförderung bestimmten Schiff nach dem Bestimmungshafen weiter befördert, so läuft in betreff der Güter die begonnene Gefahr fort, auch wenn die Weiterbeförderung ganz oder zu einem Teil zu Lande geschieht. Der Versicherer trägt in solchen Fällen zugleich die Kosten der früheren Löschung, die Kosten der

【2007년 삭제】제827조 (1) 시작된 위험은 보험자와의 관계에서 약정한 기간 또는 부보된 항해 동안 중단 없이 지속된다. 특히 선박이 피난항에 또는 중간 기착항에 체류하는 동안 및 진행항해와 귀환항해를 위한 보험에서 진행항해의 목적항에서 선박이 체류하는 동안에, 보험자는 위험을 부담하여야 한다.

(2) 화물을 일시 양륙하여야만 하는 경우, 혹은 수선을 위해 선박을 육지로 예인하는 경우에도, 그 화물이나 선박이 육지에 있는 기간 동안에도, 보험자는 위험을 부담한다.

【2007년 삭제】제828조 (1) 위험이 개시된 다음에, 자유의사에 의하든 부득이한 사유에 의하든, 부보된 항해를 포기하면, 위험의 종료와 관련하여서는, 항해가 종료된 항구를 목적항을 대신하는 항구로 본다.

(2) 선박이 항해를 포기한 다음, 운송을 위해 지정된 선박이 아닌 다른 방법으로 다시 목적항으로 운송을 한 경우, 그 화물과 관련하여 시작된 위험은 지속되며, 대체 운송이 전부 혹은 일부 육지에서 이루어지는 때에도 이는 마찬가지이다. 이 경우 보험자는 이적 이전의 양륙비용, 일시적 보관비용 및 대체 운송의 추가비용도 동시에 부담하여야 하며, 이는 이러한 것이 육지에서 이루어졌다고 하더라도 마찬가지이다.

【2007년 삭제】제829조 제827조 및 제828조의 규정은 오로지 제814조 및 제816조의 규정과 상충되지 않는 범위 내에서 적용된다.

【2007년 삭제】제830조 (1) 보험의 기간이 일, 주, 월 및 연으로 정하여진 경우, 시간은 세력에 의하여 이를 계산하고, 일은 자정부터 자정까지 계산한다. 보험자는 개시일과 종료일의 위험을 부담한다.

【1908년 변경】(1) 보험의 기간이, 일, 주, 월에 의해 혹은 수개월을 포함한 기간

572

einstweiligen Lagerung und die Mehrkosten der Weiterbeförderung, auch wenn diese zu Lande erfolgt.

〔aufgehoben in 2007〕 § 829 Die Vorschriften der §§ 827 und 828 gelten nur unbeschadet der Vorschriften der §§ 814 und 816.

〔aufgehoben in 2007〕 § 830 (1) Ist die Dauer der Versicherung nach Tagen, Wochen, Monaten oder Jahren bestimmt, so wird die Zeit nach dem Kalender und der Tag von Mitternacht zu Mitternacht berechnet. Der Versicherer trägt die Gefahr während des Anfangstags und des Schlußtags.

〔geändert in 1908〕 (1) Ist die Dauer der Versicherung nach Tagen, Wochen, Monaten oder nach einem mehrere Monate umfassenden Zeitraum bestimmt, so beginnt die Versicherung am Mittag des Tages, an welchem der Vertrag geschlossen wird. Sie endigt am Mittag des letzten Tages der Frist.

(2) Bei der Berechnung der Zeit ist der Ort, wo sich das Schiff befindet, maßgebend.

〔aufgehoben in 2007〕 § 831 (1) Ist im Falle der Versicherung des Schiffes auf Zeit das Schiff bei dem Ablauf der im Vertrag festgesetzten Versicherungszeit unterwegs, so gilt die Versicherung in Ermangelung einer entgegenstehenden Vereinbarung als verlängert bis zur Ankunft des Schiffes im nächsten Bestimmungshafen und, falls in diesem gelöscht wird, bis zur Beendigung der Löschung (§ 823). Der Versicherte ist jedoch befugt, die Verlängerung durch eine dem Versicherer, solange das Schiff noch nicht unterwegs ist, kundzugebende Erklärung auszuschließen.

(2) Im Falle der Verlängerung hat der Versicherte für deren Dauer und, wenn die Verschollenheit des Schiffes eintritt, bis zum Ablauf der Verschollenheitsfrist die vereinbarte Zeitprämie fortzuentrichten.

(3) Ist die Verlängerung ausgeschlossen, so kann der Versicherer, wenn die Verschollenheitsfrist über die Versicherungszeit hinausläuft, auf Grund der Verschollenheit nicht in Anspruch genommen werden.

〔aufgehoben in 2007〕 § 832 Bei einer Versicherung nach einem oder dem anderen unter mehreren Häfen ist dem Versicherten gestattet, einen dieser Häfen zu wählen; bei einer Versicherung nach einem und einem anderen oder nach einem und mehreren anderen Häfen ist der Versicherte zum Besuch eines jeden der bezeichneten Häfen befugt.

동안으로 정하여져 있는 경우, 보험은 보험계약이 체결된 날의 정오에 개시된다. 이 기간은 정해진 기간의 최종일 정오에 종료한다.

(2) 시간을 계산함에 있어서는 선박이 있는 장소를 기준으로 한다.

【2007년 삭제】제831조　(1) 기간보험인 선박보험에서 계약에서 정한 보험기간이 종료할 때에 선박이 항해 중인 경우, 반대의 약정이 없으면 그 보험은 그 선박이 다음 목적항에 도착할 때까지 보험기간이 연장되고, 만일 그 항구에서 적하를 양륙하면 그 양륙이 종료될 때까지(제823조) 연장된다. 선박이 아직 항해 중이 아닌 때에는, 보험자에 대한 불연장의 의사표시를 통해, 피보험자는 이러한 연장을 배제할 수 있다.

(2) 연장의 경우, 피보험자는 연장된 기간 동안의, 만일 선박이 행방불명되면 행방불명기간의 만료시까지, 약정한 기간보험료를 계속 지급하여야 한다.

(3) 이처럼 연장이 배제되는 경우, 행방불명기간이 보험기간을 도과하는 때에는 그 행방불명을 이유로 보험자에게 보험금을 청구할 수 없다.

【2007년 삭제】제832조　수개 항구 중에서 어느 하나 혹은 다른 항구로 된 보험의 경우, 여러 항구 중 어느 하나를 피보험자가 선택하는 것이 허용되며; 어느 하나 및 다른 어느 하나, 또는 어느 하나 및 다른 여러 항구로 된 보험의 경우, 피보험자는 표시된 모든 항구에 기항할 권리가 있다.

【2007년 삭제】제833조　(1) 다수의 항구로 가는 보험이 체결되거나 혹은 피보험자에게 다수 항구에 기항할 권리가 유보된 경우, 피보험자는 오로지 약정한 순서에 따라 기항이 허용되고, 이러한 합의가 없으면 오로지 항해 상황에 적합한 순서로 기항이 허용된다.; 그러나 피보험자가 개별 항구에 모두 기항할 의무가 있는 것은 아니다.

【aufgehoben in 2007】 § 833   (1) Ist die Versicherung nach mehreren Häfen geschlossen oder dem Versicherten das Recht vorbehalten, mehrere Häfen anzulaufen, so ist dem Versicherten nur gestattet, die Häfen nach der vereinbarten oder in Ermangelung einer Vereinbarung nach der den Schifffahrtsverhältnissen entsprechenden Reihenfolge zu besuchen; er ist jedoch zum Besuch aller einzelnen Häfen nicht verpflichtet.

(2) Die in der Police enthaltene Reihenfolge wird, soweit nicht ein anderes sich ergibt, als die vereinbarte angesehen.

【aufgehoben in 2007】 § 834   Dem Versicherer fallen zur Last:

1. die Beiträge zur großen Haverei mit Einschluß derjenigen, welche der Versicherte selbst wegen eines von ihm erlittenen Schadens zu tragen hat; die in Gemäßheit der §§ 635 und 732 nach den Grundsätzen der großen Haverei zu beurteilenden Beiträge werden den Beiträgen zur großen Haverei gleichgeachtet;

2. die Aufopferungen, welche zur großen Haverei gehören würden, wenn das Schiff Güter, und zwar andere als Güter des Reeders an Bord gehabt hätte;

3. die sonstigen zur Rettung sowie zur Abwendung größerer Nachteile notwendig oder zweckmäßig aufgewendeten Kosten (§ 819), selbst wenn die ergriffenen Maßregeln erfolglos geblieben sind;

4. die zur Ermittlung und Feststellung des dem Versicherer zur Last fallenden Schadens erforderlichen Kosten, insbesondere die Kosten der Besichtigung, der Abschätzung, des Verkaufs und der Anfertigung der Dispache.

【aufgehoben in 2007】 § 835   (1) In Ansehung der Beiträge zur großen Haverei und der nach den Grundsätzen der großen Haverei zu beurteilenden Beiträge bestimmen sich die Verpflichtungen des Versicherers nach der am gehörigen Ort im Inland oder im Ausland, im Einklang mit dem am Ort der Aufmachung geltenden Recht aufgemachten Dispache. Insbesondere ist der Versicherte, der einen zur großen Haverei gehörenden Schaden erlitten hat, nicht berechtigt, von dem Versicherer mehr als den Betrag zu fordern, zu welchem der Schaden in der Dispache berechnet ist; andererseits haftet der Versicherer für diesen ganzen Betrag, ohne daß namentlich der Versicherungswert maßgebend ist.

(2) 보험증권에 나타난 순서는, 거기에 다른 것이 없으면, 이를 약정한 순서로 본다.

【2007년 삭제】 제834조   보험자는 다음 사항에 대하여 책임이 있다.

1. 공동해손에 있어서 분담금으로, 피보험자가 당한 손해로 공동해손으로 스스로 부담해야 할 부분을 포함한다.; 제635조 및 제732조에 따라 공동해손의 원칙에 의해 평가할 분담금도 이를 공동해손 분담금과 마찬가지로 본다;
2. 선박이 화물을, 특히 선주의 화물이 아닌 것으로, 선상에 가지고 있었다면 공동해손에 해당되었을 희생;
3. 구조를 목적으로 하거나 더욱 큰 손해를 방지하기 위하여 부득이 하게 혹은 목적에 적합하게 지출한 비용으로(제819조), 취한 조치가 실제로 효과가 없다고 하더라도 마찬가지이다;
4. 보험자가 부담할 손해를 조사하고 확정하기 위하여 필요한 비용으로, 특히 검사, 평가, 매각, 및 정산서의 작성 등의 비용.

【2007년 삭제】 제835조   (1) 공동해손의 분담금과 관련된 및 공동해손의 원칙에 따라 인정되는 분담금과 관련된 보험자의 의무는, 작성지에서 시행되는 법에 따라, 국내이든 국외이든, 정당한 장소에서 작성한 정산서에 의해 결정된다. 특히 공동해손에 해당되는 피해를 당한 피보험자는 정산서에서 손해라고 산정된 금액 이상의 금액을 보험자에게 청구할 권리가 없다.; 다른 한편 보험자는, 특히 보험가액이 적용되는지 여부와 상관없이, 이 금액 전부에 대해 책임이 있다.

(2) 작성지의 법에 의해 공동해손으로 볼 수 없는 손해를 가지고, 다른 법 특히 부보지의 법에 의해 공동해손에 해당된다는 이유를 들어, 피보험자는 보험자에게 손해의 보상을 청구할 수 없다.

576

(2) Auch kann der Versicherte, wenn der Schaden nach dem am Ort der Aufmachung geltenden Recht als große Haverei nicht anzusehen ist, den Ersatz des Schadens von dem Versicherer nicht aus dem Grund fordern, weil der Schaden nach einem anderen Recht, insbesondere nach dem Recht des Versicherungsorts, große Haverei sei.

【aufgehoben in 2007】 § 836   Der Versicherer haftet jedoch für die in 【aufgehoben in 2007】 § 835 erwähnten Beiträge nicht, soweit sie sich auf einen Unfall gründen, für den der Versicherer nach dem Versicherungsvertrag nicht haftet.

【aufgehoben in 2007】 § 837   (1) Ist die Dispache von einer durch Gesetz oder Gebrauch dazu berufenen Person aufgemacht worden, so kann der Versicherer sie wegen Nichtübereinstimmung mit dem am Ort der Aufmachung geltenden Recht und der dadurch bewirkten Benachteiligung des Versicherten nicht anfechten, es sei denn, daß der Versicherte durch mangelhafte Wahrnehmung seiner Rechte die Benachteiligung verschuldet hat.

(2) Dem Versicherten liegt jedoch ob, die Ansprüche gegen die zu seinem Nachteil Begünstigten dem Versicherer abzutreten.

(3) Dagegen ist der Versicherer befugt, in allen Fällen die Dispache dem Versicherten gegenüber insoweit anzufechten, als ein von dem Versicherten selbst erlittener Schaden, für den ihm nach dem am Ort der Aufmachung der Dispache geltenden Recht eine Vergütung nicht gebührt hätte, gleichwohl als große Haverei behandelt worden ist.

【aufgehoben in 2007】 § 838   Wegen eines von dem Versicherten erlittenen, zur großen Haverei gehörenden oder nach den Grundsätzen der letzteren zu beurteilenden Schadens haftet der Versicherer, wenn die Einleitung des die Feststellung und Verteilung des Schadens bezweckenden ordnungsmäßigen Verfahrens stattgefunden hat, in Ansehung der Beiträge, welche dem Versicherten zu entrichten sind, nur insoweit, als der Versicherte die ihm gebührende Vergütung auch im Rechtsweg, sofern er diesen füglich betreten konnte, nicht erhalten hat.

【aufgehoben in 2007】 § 839   Ist die Einleitung des Verfahrens ohne Verschulden des Versicherten unterblieben, so kann er den Versicherer wegen des ganzen Schadens nach Maßgabe des Versicherungsvertrags unmittelbar in Anspruch nehmen.

【aufgehoben in 2007】 § 840   (1) Der Versicherer haftet für den Schaden nur bis zur

【2007년 삭제】제836조 그러나 만일 제835조에서 말하는 분담금이, 보험계약에 의해 보험자가 책임을 지지 않는 사고로 인해 발생한 것이면, 보험자는 그 분담금에 대해 책임이 없다.

【2007년 삭제】제837조 (1) 정산서가 법률이나 관습에 의하여 권한이 있는 사람에 의하여 작성된 경우, 보험자는 그 정산서가 작성지의 법에 저촉되고 또 그로 인하여 피보험자가 손해를 입은 것으로 되었다는 것을 이유로 그 정산서를 부인할 수 없고, 다만 피보험자가 자기의 권리에 대해 주의를 태만히 하여 그에 대해 책임이 있는 때에는 그러하지 않다.

(2) 그러나 피보험자는 자신의 피해로 인해 수혜를 받은 사람에 대한 권리를 보험자에게 양도할 의무가 있다.

(3) 이와 반대로, 모든 경우에 있어, 정산지의 법에 의하면 그 전보가 인정되지 않는 피보험자 본인이 입은 손해를 그럼에도 불구하고 공동해손으로 취급한 때에는, 보험자는 피보험자에 대해 그 정산서를 부인할 권리가 있다.

【2007년 삭제】제838조 피보험자가 입은 공동해손에 해당하는 손해 혹은 공동해손의 원칙에 의해 처리되는 손해에 관해, 그 손해를 확정하고 분배하는 것을 목적으로 하는 절차가 정상적으로 개시되면, 피보험자가 수령할 분담금에 관해 정당하게 제소할 수 있었던 경우에는 그 소송에서마저 피보험자가 그에게 부여된 보상을 받지 못한 때에 그 범위 내에서 비로소 보험자는 보상할 책임이 있다.

【2007년 삭제】제839조 절차의 개시가 피보험자의 귀책사유 없이 이루어지지 않는 경우, 피보험자는 보험자에게 보험계약에 따라 손해 전부에 대해 직접 보상을 청구할 수 있다.

Höhe der Versicherungssumme.

(2) Er hat jedoch die in § 834 Nr. 3 und 4 erwähnten Kosten vollständig zu erstatten, wenngleich die hiernach im ganzen zu zahlende Vergütung die Versicherungssumme übersteigt.

(3) Sind infolge eines Unfalls solche Kosten bereits aufgewendet, zum Beispiel Loskaufs- oder Reklamekosten verausgabt, oder sind zur Wiederherstellung oder Ausbesserung der durch den Unfall beschädigten Sache bereits Verwendungen geschehen, zum Beispiel zu einem solchen Zweck Havereigelder verausgabt, oder sind von dem Versicherten Beiträge zur großen Haverei bereits entrichtet oder ist eine persönliche Verpflichtung des Versicherten zur Entrichtung solcher Beiträge bereits entstanden und ereignet sich später ein neuer Unfall, so haftet der Versicherer für den durch den späteren Unfall entstehenden Schaden bis zur Höhe der ganzen Versicherungssumme ohne Rücksicht auf die ihm zur Last fallenden früheren Aufwendungen und Beiträge.

[aufgehoben in 2007] § 841   (1) Der Versicherer ist nach dem Eintritt eines Unfalls berechtigt, sich durch Zahlung der vollen Versicherungssumme von allen weiteren Verbindlichkeiten aus dem Versicherungsvertrag zu befreien, insbesondere von der Verpflichtung, die Kosten zu erstatten, welche zur Rettung, Erhaltung und Wiederherstellung der versicherten Sachen erforderlich sind.

(2) War zur Zeit des Eintritts des Unfalls ein Teil der versicherten Sachen der vom Versicherer zu tragenden Gefahr bereits entzogen, so hat der Versicherer, welcher von dem Recht des Absatzes 1 Gebrauch macht, den auf jenen Teil fallenden Teil der Versicherungssumme nicht zu entrichten.

(3) Der Versicherer erlangt durch Zahlung der Versicherungssumme keinen Anspruch auf die versicherten Sachen.

(4) Ungeachtet der Zahlung der Versicherungssumme bleibt der Versicherer zum Ersatz derjenigen Kosten verpflichtet, welche auf die Rettung, Erhaltung oder Wiederherstellung der versicherten Sachen verwendet worden sind, bevor seine Erklärung, von dem Recht Gebrauch zu machen, dem Versicherten zugegangen ist.

[aufgehoben in 2007] § 842   Der Versicherer muß seinen Entschluß, von dem in § 841 bezeichneten Recht Gebrauch zu machen, bei Verlust dieses Rechtes dem

【2007년 삭제】제840조　(1) 보험자는 보험금액의 범위 내에서 손해를 보상할 책임이 있다.

(2) 그러나 제834조 3호 및 4호에 열거된 비용은, 그에 따라 전부 지급할 보상이 보험금액을 초과한다고 하더라도. 이를 전부 보상하여야 한다.

(3) 사고의 결과 그러한 비용이 이미 지출된 경우, 예컨대 속환 혹은 환수 비용이 이미 지출된 경우, 혹은 사고로 훼손된 물건을 회복하거나 수선하기 위해 이미 사용이 된 경우, 예건대 이러한 목적으로 해손비용이 이미 지급된 경우, 혹은 피보험자가 이미 공동해손분담금을 지급하거나 이러한 분담금을 지급할 개인적인 채무가 발생한 경우에, 다시 이후에 다른 사고가 발생한 때에는, 보험자는 그가 부담한 이전의 지출 및 분담금을 고려함이 없이, 보험금액 전액의 범위 내에서 후의 사고로 인하여 발생한 손해를 보상할 책임이 있다.

【2007년 삭제】제841조　(1) 사고의 발생 후에 보험자는 보험금액 전액을 지급하고 보험계약으로부터 발생하는 모든 추가 채무를 면할 권리가 있고, 특히 부보된 물건을 구조하고, 유지하고, 혹은 회복하기 위해 필요했던 비용을 보전할 의무를 면할 수 있다.

(2) 보험사고가 발생한 때에, 부보된 물건의 일부가 보험자가 부담할 위험으로부터 이미 면제되었던 경우, 보험자는 위 제1항의 권리를 행사함에 있어, 그 일부에 해당되는 보험금액 일부를 지급할 필요가 없다.

(3) 보험자는 보험금액의 지급에 기해 부보된 물건에 대해 아무런 권리도 취득하지 아니한다.

(4) 보험금액의 지급과 상관없이, 이 권리를 행사하려는 의사표시가 피보험자에게 도달하기 이전에, 부보된 물건을 구조하고, 유지하고, 혹은 회복하기 위해 지출했던 비용은 이를 보험자가 피보험자에게 보전할 의무가 있다.

【2007년 삭제】제842조　피보험자가 사고를 그 성격 및 직접적인 결과를 적시하여 보험자에게 고지하고 피보험자에게 알려진 사고와 관련된 모든 상황을 보험자

Versicherten spätestens am dritten Tag nach dem Ablauf desjenigen Tages erklären, an welchem ihm der Versicherte den Unfall unter Bezeichnung seiner Beschaffenheit und seiner unmittelbaren Folgen angezeigt und alle sonstigen auf den Unfall sich beziehenden Umstände mitgeteilt hat, soweit die letzteren dem Versicherten bekannt sind.

〔aufgehoben in 2007〕 § 843 Ist nicht zum vollen Wert versichert, so haftet der Versicherer für die in § 834 erwähnten Beiträge, Aufopferungen und Kosten nur nach dem Verhältnis der Versicherungssumme zum Versicherungswert.

〔aufgehoben in 2007〕 § 844 Die Verpflichtung des Versicherers, einen Schaden zu ersetzen, wird dadurch nicht wieder aufgehoben oder geändert, daß später infolge einer Gefahr, die der Versicherer nicht zu tragen hat, ein neuer Schaden und selbst ein Totalverlust eintritt.

〔aufgehoben in 2007〕 § 845 (1) Besondere Havereien hat der Versicherer nicht zu ersetzen, wenn sie ohne die Kosten der Ermittelung und Feststellung des Schadens (§ 834 Nr. 4) drei Prozent des Versicherungswerts nicht übersteigen; betragen sie mehr als drei Prozent, so sind sie ohne Abzug der drei Prozent zu vergüten.

(2) Ist das Schiff auf Zeit oder auf mehrere Reisen versichert, so sind die drei Prozent für jede einzelne Reise zu berechnen. Der Begriff der Reise bestimmt sich nach § 757.

〔aufgehoben in 2007〕 § 846 Die in § 834 unter Nummer 1 bis 3 erwähnten Beiträge, Aufopferungen und Kosten muß der Versicherer ersetzen, auch wenn sie drei Prozent des Versicherungswerts nicht erreichen. Sie kommen jedoch bei der Ermittelung der in § 845 bezeichneten drei Prozent nicht in Berechnung.

〔aufgehoben in 2007〕 § 847 Ist vereinbart, daß der Versicherer von bestimmten Prozenten frei sein soll, so kommen die Vorschriften der §§ 845 und 846 mit der Maßgabe zur Anwendung, daß an die Stelle der dort erwähnten drei Prozent die im Vertrag angegebene Anzahl von Prozenten tritt.

〔aufgehoben in 2007〕 § 848 (1) Ist vereinbart, daß der Versicherer die Kriegsgefahr nicht übernimmt, auch die Versicherung rücksichtlich der übrigen Gefahren nur bis zum Eintritt einer Kriegsbelästigung dauern soll, so endet die Gefahr für den Versicherer mit dem Zeitpunkt, in welchem die Kriegsgefahr auf

에게 통지한 날이 경과하고 난 다음 늦어도 3일 이내에는, 보험자는 제841조에 게기된 권리를 행사한다는 결정을 피보험자에게 표시하여야 하고, 그렇게 하지 아니하면 보험자는 그 권리를 잃는다.

【2007년 삭제】제843조 보험가액 전부를 부보하지 않은 경우, 제834조에서 말하는 분담금, 희생 및 비용에 대해, 보험자는 보험금액의 보험가액에 대한 비율로 오로지 그 일부를 보상할 책임이 있다.

【2007년 삭제】제844조 손해를 전보할 보험자의 의무는, 이후에 보험자가 부담하지 않은 위험의 결과로 새로운 손해나 완전 멸실까지 발생한다고 하더라도, 그로 인하여 소멸하거나 변경되지 않는다.

【2007년 삭제】제845조 (1) 단독해손은, 손해의 조사 및 확정의 비용(제834조 제4호)을 제외한 손해가 보험가액의 3%를 초과하지 않는 경우, 보험자가 이를 보전하지 않는다.; 손해가 3% 이상에 이르면 3%를 공제하지 않고 전액을 보상한다.
  (2) 선박이 기간보험에 혹은 다수 항해의 항해보험에 부보된 경우, 개별적으로 각각의 항해에 대해 3%를 계산한다. 항해의 개념은 제757조에 의하여 정한다.

【2007년 삭제】제846조 제834조 1호 내지 3호에 열거된 분담금, 희생 및 비용은 비록 보험가액의 3%에 이르지 않았다고 하더라도 보험자가 이를 보전하여야 한다. 그러나 이러한 것들은 제845조에 표시된 3%를 산정함에 있어서 이를 산입하지 않는다.

582

die Reise Einfluß zu üben beginnt, insbesondere also, wenn der Antritt oder die Fortsetzung der Reise durch Kriegsschiffe, Kaper oder Blockade behindert oder zur Vermeidung der Kriegsgefahr aufgeschoben wird, wenn das Schiff aus einem solchen Grund von seinem Weg abweicht oder wenn der Kapitän durch Kriegsbelästigung die freie Führung des Schiffes verliert.

(2) Eine Vereinbarung der in Absatz 1 bezeichneten Art wird namentlich angenommen, wenn der Vertrag mit der Klausel: "frei von Kriegsmolest" abgeschlossen ist.

【aufgehoben in 2007】§ 849 (1) Ist vereinbart, daß der Versicherer zwar nicht die Kriegsgefahr übernimmt, alle übrigen Gefahren aber auch nach dem Eintritt einer Kriegsbelästigung tragen soll, so endet die Gefahr für den Versicherer erst mit der Kondemnation der versicherten Sache oder sobald sie geendet hätte, wenn die Kriegsgefahr nicht ausgenommen worden wäre; der Versicherer haftet aber nicht für die zunächst durch Kriegsgefahr verursachten Schäden, also insbesondere nicht:

für Konfiskation durch kriegführende Mächte;

für Nehmung, Beschädigung, Vernichtung und Plünderung durch Kriegsschiffe und Kaper;

für die Kosten, welche entstehen aus der Anhaltung und Reklamierung, aus der Blockade des Aufenthaltshafens oder der Zurückweisung von einem blockierten Hafen oder aus dem freiwilligen Aufenthalt wegen Kriegsgefahr;

für die nachstehenden Folgen eines solchen Aufenthalts: Verderb und Verminderung der Güter, Kosten und Gefahr ihrer Entlöschung und Lagerung, Kosten ihrer Weiterbeförderung.

(2) Im Zweifel wird angenommen, daß ein eingetretener Schaden durch Kriegsgefahr nicht verursacht sei.

(3) Eine Vereinbarung der in Absatz 1 bezeichneten Art wird namentlich angenommen, wenn der Vertrag mit der Klausel: "nur für Seegefahr" abgeschlossen ist.

【aufgehoben in 2007】§ 850 (1) Ist der Vertrag mit der Klausel: "für behaltene Ankunft" abgeschlossen, so endet die Gefahr für den Versicherer schon mit dem Zeitpunkt, in welchem das Schiff im Bestimmungshafen am gebräuchlichen oder gehörigen Platz den Anker hat fallen lassen oder befestigt ist.

【2007년 삭제】제847조   보험자가 특정한 퍼센트의 손해에 대해 책임을 지지 않는다는 약정이 있는 경우, 제845조 및 제846조의 규정은 계약에서 제시하는 수치의 퍼센트가 그 규정에서 정한 3%를 대신하는 것을 전제로 적용된다.

【2007년 삭제】제848조   (1) 전쟁위험은 보험자가 이를 인수하지 않고 또 나머지 위험에 관하여도 오로지 전쟁 장애가 시작되는 때까지 보험이 지속된다고 약정한 경우, 보험자에 있어 위험은 전쟁위험이 항해에 영향을 미치는 시점에 종료하며, 특히 항해의 개시나 계속이 전함, 사략선 또는 봉쇄에 의해 지장을 받거나 전쟁위험을 피하기 위해 지체되는 때, 선박이 이러한 이유로 본래 항로를 이탈하는 때, 혹은 전쟁 장애로 인해 선장이 선박의 자유로운 지휘를 상실한 때에, 보험자의 위험이 종료한다.

   (2) 특히 보험계약이 "전쟁재해부담보" 조항을 가지고 체결된 때에는 위 제1항에 표시된 종류의 약정이 있었다고 본다.

【2007년 삭제】제849조   (1) 보험자가 전쟁위험은 인수하지 않지만, 전쟁 재해가 발생한 다음이라 하더라도, 다른 위험은 이를 부담하기로 약정한 경우, 부보된 물건의 포획이 판결로 확정된 때, 또는 만일 전쟁위험이 제외되지 않았다면 위험이 종료되었을 때에, 보험자의 위험이 종료한다.; 보험자는 직접적으로 전쟁 위험에 의하여 발생한 손해에 대하여는 책임이 없고, 특히 다음의 경우에 그 책임이 없다.:

   전쟁 수행 권력에 의한 몰수;

   군함 및 사략선에 의한 나포, 훼손, 훼멸, 및 약탈;

   억류 및 반환, 정박항의 봉쇄나 봉쇄항으로부터의 귀환 지시, 전쟁 때문에 임의로 하는 정박 등에 의해 발생하는 비용;

   이러한 정박으로 인해 발생하는 다음의 결과: 화물의 부패와 감소, 양륙과 보관의 비용과 위험. 계속 운송의 비용.

   (2) 의심스러운 경우, 생성된 손해는 전쟁으로 인해 발생한 것이 아니라고 추정한다.

(2) Auch haftet der Versicherer nur:

1. bei der auf das Schiff sich beziehenden Versicherung, wenn entweder ein Totalverlust eintritt oder wenn das Schiff abandonniert (§ 861) oder infolge eines Unfalls vor der Erreichung des Bestimmungshafens wegen Reparaturunfähigkeit oder wegen Reparaturunwürdigkeit verkauft wird (§ 873);

2. bei der auf Güter sich beziehenden Versicherung, wenn die Güter oder ein Teil der Güter infolge eines Unfalls den Bestimmungshafen nicht erreichen, insbesondere wenn sie vor der Erreichung des Bestimmungshafens infolge eines Unfalls verkauft werden. Erreichen die Güter den Bestimmungshafen, so haftet der Versicherer weder für eine Beschädigung noch für einen Verlust, der die Folge einer Beschädigung ist.

(3) Überdies hat der Versicherer in keinem Fall die in § 834 erwähnten Beiträge, Aufopferungen und Kosten zu tragen.

[aufgehoben in 2007] § 851 (1) Ist der Vertrag mit der Klausel: "frei von Beschädigung außer im Strandungsfall" abgeschlossen, so haftet der Versicherer nicht für einen Schaden, der aus einer Beschädigung entsteht, ohne Unterschied, ob der Schaden in einer Wertverringerung oder in einem gänzlichen oder teilweisen Verlust und insbesondere darin besteht, daß die versicherten Güter gänzlich verdorben und in ihrer ursprünglichen Beschaffenheit zerstört den Bestimmungshafen erreichen oder während der Reise wegen Beschädigung und drohenden Verderbs verkauft worden sind, es sei denn, daß das Schiff oder das Leichterfahrzeug, in welchem sich die versicherten Güter befanden, gestrandet ist. Der Strandung werden folgende Seeunfälle gleichgeachtet: Kentern, Sinken, Zerbrechen des Rumpfes, Scheitern und jeder Seeunfall, durch den das Schiff oder das Leichterfahrzeug reparaturunfähig geworden ist.

(2) Hat sich eine Strandung oder ein dieser gleichzuachtender anderer Seeunfall ereignet, so haftet der Versicherer für jede drei Prozent (§ 845) übersteigende Beschädigung, die infolge eines solchen Seeunfalls entstanden ist, nicht aber für eine sonstige Beschädigung. Es wird vermutet, daß eine Beschädigung, die möglicherweise Folge des eingetretenen Seeunfalls sein kann, infolge des Unfalls

(3) 특히, 계약이 "해상위험 한정부담"이라는 문구를 가지고 체결되면, 위 제1항에 적시된 종류의 약정이 있다고 추정한다.

【2007년 삭제】제850조　(1) 보험계약이 "개체보존도착을 위해"라는 문구와 함께 체결된 경우, 보험자에 있어 위험은 선박이 목적항 내 관습상 혹은 적당한 장소에서 닻을 내리거나 또는 계선을 할 시점에 종료한다.

(2) 보험자는 또 다음에 대하여 책임이 있다.:

　　1. 선박과 관련된 보험에서, 선박이 완전한 멸실에 이르게 된 때, 선박을 위부하여 포기한 때(제861조), 혹은 사고의 결과 목적항에 도착하기 이전에 수선불가능 또는 수선무가치로 선박을 매각한 때(제873조);

　　2. 화물과 관련된 보험에서 화물이나 화물의 일부가 목적항에 도착하지 아니한 때, 특히 목적항에 도착하기 이전에 사고의 결과 화물을 매각한 때. 화물이 목적항에 도착한 경우, 보험자는 화물의 훼손이나 또는 훼손의 결과로 생긴 멸실에 대해 책임이 없다.

(3) 나아가 보험자는 여하한 경우라도 제834조에서 말하는 분담금, 희생 및 비용에 대하여 책임을 지지 않는다.

【2007년 삭제】제851조　(1) "좌초제외 분손무담보"의 문구를 넣어 보험계약을 체결한 경우, 보험자는 그 손해가 가격 감소에 의하든 혹은 전부나 부분적인 멸실에 의하든 구별하지 않고 훼손으로 인해 발생하는 손해에 대해 책임이 없으며, 특히 손해가 부보된 목적물이 완전히 부패하여 원래 성질을 잃고 목적항에 도착하거나, 혹은 항해 도중에 화물이 훼손되고 난 다음 부패의 위협 때문에 매각이 이루어진 때에도 보험자는 책임이 없으며, 다만 부보된 화물이 선적되어 있었던 선박이나 부선이 좌초된 때에는 그러하지 않다. 여기에서 다음 해난은 이를 좌초와 마찬가지로 간주한다.: 전복, 침몰, 선체 파괴, 난파 및 기타 선박이나 부선을 수선불가능하게 하는 모든 해난.

(2) 좌초 혹은 이와 동시되는 다른 사고가 발생한 경우, 보험자는 그러한 해난

entstanden sei.

(3) Für jeden Schaden, der nicht aus einer Beschädigung entsteht, haftet der Versicherer, ohne Unterschied, ob sich eine Strandung oder ein anderer der erwähnten Unfälle zugetragen hat oder nicht, in derselben Weise, als wenn der Vertrag ohne die Klausel abgeschlossen wäre. Jedenfalls haftet er für die in § 834 unter Nummer 1, 2 und 4 erwähnten Beiträge, Aufopferungen und Kosten, für die in § 834 unter Nummer 3 erwähnten Kosten aber nur dann, wenn sie zur Abwendung eines ihm zur Last fallenden Verlusts verausgabt worden sind.

(4) Eine Beschädigung, die ohne Selbstentzündung durch Feuer oder durch Löschung eines solchen Feuers oder durch Beschießen entstanden ist, wird als eine solche Beschädigung, von welcher der Versicherer durch die Klausel befreit wird, nicht angesehen.

〔aufgehoben in 2007〕 § 852   Wenn der Vertrag mit der Klausel: "frei von Bruch außer im Strandungsfall" abgeschlossen ist, so finden die Vorschriften des § 851 mit der Maßgabe Anwendung, daß der Versicherer für Bruch insoweit haftet, als er nach § 851 für Beschädigung aufzukommen hat.

〔aufgehoben in 2007〕 § 853   Eine Strandung im Sinne der § 851 und 852 ist vorhanden, wenn das Schiff unter nicht gewöhnlichen Verhältnissen der Seeschifffahrt auf den Grund festgerät und nicht wieder flott wird, oder zwar wieder flott wird, jedoch entweder

1. nur unter Anwendung ungewöhnlicher Maßregeln, wie Kappen der Masten, Werfen oder Löschung eines Teiles der Ladung und dergleichen, oder durch den Eintritt einer ungewöhnlich hohen Flut, nicht aber ausschließlich durch Anwendung gewöhnlicher Maßregeln, wie Winden auf den Anker, Backstellen der Segel und dergleichen, oder

2. erst nachdem das Schiff durch das Festgeraten einen erheblichen Schaden am Schiffskörper erlitten hat.

의 결과로 발생하는 3%(제845조)를 초과하는 모든 훼손에 대해 책임이 있지만, 여타의 훼손에 대하여는 책임이 없다. 어느 훼손이, 이미 발생하였던 어느 한 해난의 가능한 한 결과로 볼 수 있다면, 그 훼손은 해난의 결과로 발생했다고 추정한다.

(3) 훼손에 의하여 발생한 손해가 아닌 모든 손해에 대해서는, 좌초 또는 이와 동시되는 다른 사고가 발생했는지 아닌지와 상관없이, 보험자는 이 조항 없이 보험계약이 체결된 때와 마찬가지 방법으로 그 책임을 진다. 여하한 경우에도 보험자는 제834조 1호, 2호 및 4호에 열거된 분담금, 희생 및 비용에 대해 책임을 지지만, 제834조 3호에 열거된 비용에 대해서는 보험자가 부담할 손실을 방지하기 위해 그 비용이 지출된 때에만 책임을 진다.

(4) 자연 연소 없이 화재로 인해, 이러한 화재의 소방으로 인해, 혹은 포격으로 인해 발생한 훼손은, 위 조항을 통하여 보험자가 책임을 면하는 성질의 손해라고 보지 않는다.

【2007년 삭제】 제852조   "좌초제외 파손무담보" 문구를 가지고 보험계약이 체결된 경우, 보험자가 훼손에 대해 제851조에 따라 책임을 지는 것과 동일한 범위로 보험자가 파손에 대해 책임을 지는 것을 전제로, 위 제851조 규정이 동일하게 적용된다.

【2007년 삭제】 제853조   항해에 있어 통상적인 상황이 아닌 상황 하에서 선박이 지면에 부딪히고 난 다음 다시 부양되지 않은 때, 및 부양이 되었지만 그 부양이 다음의 경우에 해당되는 때에, 위 제851조 및 제852조의 의미에서 좌초가 있다고 본다.

   1. 돛대의 절단, 적하의 일부의 투기나 양륙, 기타 이와 동시되는 비상한 조치를 취하여, 혹은 특별히 높은 만조의 발생을 통하여, 부양이 이루어진 경우로 닻의 인양, 돛의 역전 및 기타 이와 동시되는 오로지 통상의 조치를 통하여 부양이 이루어진 것이 아닌 경우, 혹은

   2. 선박이 지면과 충돌을 통해 선체에 상당한 손해를 입은 다음에 비로소 부양이 이루어진 경우.

Fünfter Titel. Umfang des Schadens.

〔aufgehoben in 2007〕 § 854   Ein Totalverlust des Schiffes oder der Güter liegt vor, wenn das Schiff oder die Güter zu Grunde gegangen oder dem Versicherten ohne Aussicht auf Wiedererlangung entzogen sind, namentlich wenn sie unrettbar gesunken oder in ihrer ursprünglichen Beschaffenheit zerstört oder für gute Prise erklärt sind. Ein Totalverlust des Schiffes wird dadurch nicht ausgeschlossen, daß einzelne Teile des Wrackes oder des Inventars gerettet sind.

〔aufgehoben in 2007〕 § 855   Ein Totalverlust in Ansehung der Fracht liegt vor, wenn die ganze Fracht verlorengegangen ist.

〔aufgehoben in 2007〕 § 856   Ein Totalverlust in Ansehung des imaginären Gewinns oder in Ansehung der Provision, welche von der Ankunft der Güter am Bestimmungsort erwartet werden, liegt vor, wenn die Güter den Bestimmungsort nicht erreicht haben.

〔aufgehoben in 2007〕 § 857   Ein Totalverlust in Ansehung der Bodmerei- und Havereigelder liegt vor, wenn die Gegenstände, welche verbodmet oder für welche die Havereigelder vorgeschossen oder verausgabt sind, entweder von einem Totalverlust oder dergestalt von anderen Unfällen betroffen sind, daß infolge der dadurch herbeigeführten Beschädigungen, Verbodmungen oder sonstigen Belastungen zur Deckung jener Gelder nichts übriggeblieben ist.

〔aufgehoben in 2007〕 § 858   Im Falle des Totalverlusts hat der Versicherer die Versicherungssumme zum vollen Betrag zu zahlen, jedoch unbeschadet der nach § 800 etwa zu machenden Abzüge.

〔aufgehoben in 2007〕 § 859   (1) Ist im Falle des Totalverlusts vor der Zahlung der Versicherungssumme etwas gerettet, so kommt der Erlös des Geretteten von der Versicherungssumme in Abzug. War nicht zum vollen Wert versichert, so wird nur ein verhältnismäßiger Teil des Geretteten von der Versicherungssumme abgezogen.

(2) Mit der Zahlung der Versicherungssumme gehen die Rechte des Versicherten an der versicherten Sache auf den Versicherer über.

(3) Erfolgt erst nach der Zahlung der Versicherungssumme eine vollständige oder teilweise Rettung, so hat auf das nachträglich Gerettete nur der Versicherer

제5절 손해의 범위

【2007년 삭제】제854조　선박 또는 적하가 침몰한 때, 혹은 회수의 가망 없이 피보험자의 점유를 이탈한 때, 특히 이들이 구조의 가망 없이 가라앉은 때, 파괴되어 그 원래 성질을 상실한 때, 혹은 합법적인 포획의 선고가 있는 때에, 그 선박 또는 적하에 전손이 발생했다고 본다. 선박의 경우 그 난파 선체의 일부나 속구가 일부 분리되어 구조되었다고 하더라도 그로 인하여 전손이 부인되는 것은 아니다.

【2007년 삭제】제855조　운임에 관하여, 그 전액이 상실되면, 그에 대해 전손이 발생했다고 본다.

【2007년 삭제】제856조　화물이 목적항에 도착하면 기대되는 기대이익 혹은 수수료에 관하여, 그 화물이 목적지에 도착하지 않으면 그에 대해 전손이 발생했다고 본다.

【2007년 삭제】제857조　모험대차 금액과 해손 금액에 관하여. 모험대차에 의해 담보된 목적물 또는 해손 금액의 교부나 지출의 목적이 된 목적물이 전손에 이르게 된 때, 혹은 이 목적물이 다른 사고로 인한 훼손 때문에 그 금액의 변제를 감당할 모험대차나 다른 담보가 더 이상 존속하지 않게 된 때에, 그 모험대차 금액과 해손 금액에 전손이 발생했다고 본다.

【2007년 삭제】제858조　전손의 경우, 보험자는 보험금액 전액을 지급하여야 하며, 다만 제800조에 의해 이루어질 감액은 이로 인하여 영향이 없다.

【2007년 삭제】제859조　전손이 발생한 경우, 보험금액을 지급하기 전에 어떤 물건이 구조되었다면, 그 물건의 매각 대금을 보험금액에서 공제한다. 보험가액 전

Anspruch. War nicht zum vollen Wert versichert, so gebührt dem Versicherer nur ein verhältnismäßiger Teil des Geretteten.

[aufgehoben in 2007] § 860 Sind bei einem Totalverlust in Ansehung des imaginären Gewinns (§ 856) die Güter während der Reise so günstig verkauft, daß der Reinerlös mehr beträgt als der Versicherungswert der Güter, oder ist für die Güter, wenn sie in Fällen der großen Haverei aufgeopfert worden sind oder wenn dafür nach Maßgabe der §§ 611, 612 [ersetzt in 1937; der §§ 541 und 658] Ersatz geleistet werden muß, mehr als jener Wert vergütet, so kommt von der Versicherungssumme des imaginären Gewinns der Überschuß in Abzug.

[aufgehoben in 2007] § 861 (1) Der Versicherte ist befugt, die Zahlung der Versicherungssumme zum vollen Betrag gegen Abtretung der in Ansehung des versicherten Gegenstands ihm zustehenden Rechte in folgenden Fällen zu verlangen (Abandon):

  1. wenn das Schiff verschollen ist;

  2. wenn der Gegenstand der Versicherung dadurch bedroht ist, daß das Schiff oder die Güter unter Embargo gelegt, von einer kriegführenden Macht aufgebracht, auf andere Weise durch Verfügung von hoher Hand angehalten oder durch Seeräuber genommen und während einer Frist von sechs, neun oder zwölf Monaten nicht freigegeben sind, je nachdem die Aufbringung, Anhaltung oder Nehmung geschehen ist:

     a) in einem europäischen Hafen oder in einem europäischen Meer einschließlich aller Häfen oder Teile des Mittelländischen, Schwarzen und Asowschen Meeres oder

     b) in einem anderen Gewässer, jedoch diesseits des Vorgebirges der guten Hoffnung und des Kap Horn, oder

     c) in einem Gewässer jenseits des einen jener Vorgebirge.

(2) Die Fristen werden von dem Tag an berechnet, an welchem dem Versicherer der Unfall durch den Versicherten angezeigt wird (§ 818).

[aufgehoben in 2007] § 862 (1) Ein Schiff, welches eine Reise angetreten hat, ist als verschollen anzusehen, wenn es innerhalb der Verschollenheitsfrist den Bestimmungshafen nicht erreicht hat, auch innerhalb dieser Frist den Beteiligten

부에 대해 부보를 한 것이 아닌 경우, 그에 비례하여 구조된 물건의 일부를 보험금액에서 공제한다.

보험금액을 지급함과 동시에, 피보험자가 부보된 목적물에 대해 가졌던 권리는 보험자에게 이전한다.

보험금액을 지급한 연후에 비로소 일부 혹은 전부의 구조가 이루어지면, 오로지 보험자만이 이후 구조된 물건에 대해 권리를 주장할 수 있다. 보험가액 전부에 대해 부보를 한 것이 아닌 경우, 오로지 그에 비례하여 구조된 물건 일부가 보험자에게 귀속된다.

【2007년 삭제】제860조 기대이익과 관련한 전손에 있어서, 항해 도중에 화물이 아주 유리하게 매각되어 그 대금이 화물의 보험가액을 초과하는 경우, 또는 공동해손으로 화물이 희생되어 보전이 이루어지거나 혹은 제611조 및 제612조【1937년 대체; 제541조 및 제658조】의 규정에 의하여 화물에 대한 보전에 이루어져야 하는 때에, 그로 인해 이루어지는 보상이 그 화물의 보험가액을 초과하는 경우에, 이 초과분은 기대이익의 보험금액에서 공제한다.

【2007년 삭제】제861조 (1) 피보험자는, 다음의 경우에, 부보된 목적물에 대한 자기의 권리를 양도하고서, 보험금액 전액의 지급을 청구할 수 있다(보험위부):

1. 선박이 행방불명된 때;
2. 선박이나 화물이 전쟁 수행 권력에 의해 나포되어 출입항이 금지되거나, 다른 방법으로 정부의 처분에 의하여 억류되거나, 혹은 해적에 의하여 약탈되는 위험에 처하고, 이러한 나포, 억류 혹은 약탈이 있고 난 다음 a), b), 혹은 c) 지역 중 어느 지역에서 발생했는지에 따라 각각 6개월, 9개월, 12개월 동안 석방되지 못한 때:
   a) 어느 한 유럽의 항구, 또는 지중해, 흑해, 아조프해의 모든 항구와 지역을 포함한 유럽해,
   b) 희망봉 및 혼 갑으로부터 이쪽 안쪽 해역
   c) 위 두 곳을 너머 있는 저쪽 바깥쪽 해역.

(2) 이 기간은 보험자가 피보험자로부터 사고에 관한 통지를 받은 날로부터 기

keine Nachrichten über das Schiff zugegangen sind.

(2) Die Verschollenheitsfrist beträgt:

1. wenn sowohl der Abgangshafen als der Bestimmungshafen ein europäischer Hafen ist, bei Segelschiffen sechs, bei Dampfschiffen vier Monate;

2. wenn entweder nur der Abgangshafen oder nur der Bestimmungshafen ein außereuropäischer Hafen ist, falls er diesseits des Vorgebirges der guten Hoffnung und des Kap Horn belegen ist, bei Segel- und Dampfschiffen neun Monate, falls er jenseits des einen jener Vorgebirge belegen ist, bei Segel- und Dampfschiffen zwölf Monate;

3. wenn sowohl der Abgangs- als der Bestimmungshafen ein außereuropäischer Hafen ist, bei Segel- und Dampfschiffen sechs, neun oder zwölf Monate, je nachdem die Durchschnittsdauer der Reise nicht über zwei oder nicht über drei oder mehr als drei Monate beträgt.

(3) Im Zweifel ist die längere Frist abzuwarten.

[aufgehoben in 2007] § 863 Die Verschollenheitsfrist wird von dem Tag an berechnet, an welchem das Schiff die Reise angetreten hat. Sind jedoch seit dessen Abgang Nachrichten von ihm angelangt, so wird von dem Tag an, bis zu welchem die letzte Nachricht reicht, diejenige Frist berechnet, welche maßgebend sein würde, wenn das Schiff von dem Punkt, an welchem es sich nach sicherer Nachricht zuletzt befunden hat, abgegangen wäre.

[aufgehoben in 2007] § 864 (1) Die Abandonerklärung muß dem Versicherer innerhalb der Abandonfrist zugegangen sein.

(2) Die Abandonfrist beträgt sechs Monate, wenn im Falle der Verschollenheit (§ 861 Abs. 1 Nr. 1) der Bestimmungshafen ein europäischer Hafen ist und wenn im Falle der Aufbringung, Anhaltung oder Nehmung (§ 861 Abs. 1 Nr. 2) der Unfall sich in einem europäischen Hafen oder in einem europäischen Meer einschließlich aller Häfen oder Teile des Mittelländischen, Schwarzen und Asowschen Meeres zugetragen hat. In den übrigen Fällen beträgt die Abandonfrist neun Monate. Die Abandonfrist beginnt mit dem Ablauf der in den §§ 861 und 862 bezeichneten Fristen.

(3) Bei der Rückversicherung beginnt die Abandonfrist mit dem Ablauf des Tages, an welchem dem Rückversicherten von dem Versicherten der Abandon erklärt

산한다(제818조).

【2007년 삭제】제862조 (1) 항해를 개시한 선박이 행방불명 기간 내에 목적항에 도착하지 않고, 이 기간 내에 선박에 관해 아무런 소식도 관계인에게 도달하지 않은 때에, 그 선박은 행방불명되었다고 본다.

  (2) 행방불명 기간은 다음의 기간으로 한다.:

    1. 출발항과 목적항이 모두 유럽 내 항구인 때에는 범선은 6개월, 증기선은 4개월이고;

    2. 오로지 출발항 혹은 목적항만 유럽 외 항구인 경우 그 유럽 외 항구가 희망봉 및 혼 갑 안쪽에 있다면, 범선이든 증기선이든 9개월이고, 그 항구가 그곳 바깥쪽에 있다면, 범선이든 증기선이든 12개월이다.;

    3. 출발항과 목적항이 모두 유럽 외 항구인 때에는, 범선이든 증기선이든, 평균 항해기간이 2개월 이하, 3개월 이하, 혹은 3개월 초과인지 여부에 따라 행방불명기간이 각각 6개월, 9개월 혹은 12개월이다.

  (3) 의문이 있는 경우에는, 이 중 더욱 장기의 기간 동안 기다려야 한다.

【2007년 삭제】제863조 행방불명 기간은 선박이 항해를 개시한 날로부터 계산한다. 그러나 선박이 출발한 이후 그에 관한 소식들이 있었던 경우, 마지막 확실한 소식에 의하면 선박이 있었다고 하는 그 지점을 선박이 출발했었다면 적용되었을 행방불병 기간을 기준으로, 마지막 소식이 도달한 날로부터 그 기간을 계산한다.

【2007년 삭제】제864조 (1) 보험위부의 의사표시는 위부기간 내에 보험자에게 도달하여야 한다.

  (2) 선박이 행방불명된 경우에(제861조 제1항 1호) 선박의 목적항이 유럽 항구인 때 및 나포, 억류 혹은 약탈의 경우에(제861조 제1항 2호) 사고가 유럽 항구 내에서 혹은 지중해, 흑해 및 아조프해의 항구나 지역을 포함한 유럽해 내에서 발생한 때에는, 위부기간은 6개월이다. 다른 모든 경우, 위부기간은 9개월이다. 위부기간은 위 제861조 및 제862조에 표시된 기간이 경과하면 개시된다.

worden ist.

〔aufgehoben in 2007〕 § 865   (1) Nach dem Ablauf der Abandonfrist ist der Abandon unstatthaft, unbeschadet des Rechtes des Versicherten, nach Maßgabe der sonstigen Grundsätze Vergütung eines Schadens in Anspruch zu nehmen.

(2) Ist im Falle der Verschollenheit des Schiffes die Abandonfrist versäumt, so kann der Versicherte zwar den Ersatz eines Totalschadens fordern; er hat jedoch, wenn die versicherte Sache wieder zum Vorschein kommt und sich dabei ergibt, daß ein Totalverlust nicht vorliegt, auf Verlangen des Versicherers gegen Verzicht des letzteren auf die infolge der Zahlung der Versicherungssumme nach § 859 ihm zustehenden Rechte die Versicherungssumme zu erstatten und sich mit dem Ersatz eines etwa erlittenen teilweisen Schadens zu begnügen.

〔aufgehoben in 2007〕 § 866   (1) Die Abandonerklärung muß, um gültig zu sein, ohne Vorbehalt oder Bedingung erfolgen und sich auf den ganzen versicherten Gegenstand erstrecken, soweit dieser zur Zeit des Unfalls den Gefahren der See ausgesetzt war.

(2) Wenn jedoch nicht zum vollen Wert versichert war, so ist der Versicherte nur den verhältnismäßigen Teil des versicherten Gegenstands zu abandonnieren verpflichtet.

(3) Die Abandonerklärung ist unwiderruflich.

〔aufgehoben in 2007〕 § 867   Die Abandonerklärung ist ohne rechtliche Wirkung, wenn die Tatsachen, auf welche sie gestützt wird, sich nicht bestätigen oder zur Zeit der Mitteilung der Erklärung nicht mehr bestehen. Dagegen bleibt sie für beide Teile verbindlich, auch wenn sich später Umstände ereignen, deren früherer Eintritt das Recht zum Abandon ausgeschlossen haben würde.

〔aufgehoben in 2007〕 § 868   (1) Durch Abandonerklärung gehen auf den Versicherer alle Rechte über, die dem Versicherten in Ansehung des abandonnierten Gegenstands zustanden.

(2) Der Versicherte hat dem Versicherer Gewähr zu leisten wegen der auf dem abandonnierten Gegenstand zur Zeit der Abandonerklärung haftenden dinglichen Rechte, es sei denn, daß sich diese auf Gefahren gründen, für die der Versicherer nach dem Versicherungsvertrag aufzukommen hat.

(3) 재보험에서 위부기간은 원보험 피보험자가 원보험 보험자에게 위부의 의사표시를 한 날이 경과하면 개시된다.

【2007년 삭제】제865조　(1) 위부기간이 경과하면 위부는 허용되지 않지만, 다른 원칙에 의해 피보험자가 손해의 보상을 청구하는 권리는 이로 인하여 영향을 받지 않는다.

　(2) 선박이 행방불명된 경우, 위부기간을 지키지 못한 때에도, 피보험자는 전손을 이유로 한 보전을 청구할 수 있다.; 그러나 부보된 물건이 다시 나타나고 전손이 존재하지 않았다는 것이 밝혀지는 때에는, 만일 보험자가 제859조에 따라 보험금액을 지급한 결과 그가 가졌던 권리를 포기하고서 청구를 하면, 피보험자는 보험금액을 반환하여야 하고, 그로 인해 부분적으로 손해를 입었다면 그 보전으로 만족하여야 한다.

【2007년 삭제】제866조　(1) 위부의 의사표시가 유효하려면 유보나 조건이 없어야 하며, 또 사고 당시에 부보된 목적물 전부가 해상 위험에 노출되어 있다면, 위부의 의사표시는 그 전부에 대해 효력이 미치도록 하여야 한다.

　(2) 그러나 보험가액 전부를 부보한 것이 아닌 때에는, 피보험자는 그 비율에 따라 부보된 목적물의 일부에 한해 이를 위부하여야 한다.

　(3) 위부의 의사표시는 이를 철회할 수 없다.

【2007년 삭제】제867조　위부의 의사표시는, 위부의 근거가 된 기초 사실이 확인되지 않거나 혹은 통지 당시에 더 이상 존재하지 않으면 그 효력이 없다. 이와 반대로 이전에 나타났다면 위부의 권리가 배제되었을 상황이 이후에 나타났다고 하더라도 위부는 양 당사자에 대해 변함없이 구속력을 가진다.

【2007년 삭제】제868조　(1) 위부통지를 하면 위부된 목적물에 관한 피보험자에게 속한 모든 권리가 피보험자로부터 보험자에게 이전된다.

(3) Wird das Schiff abandonniert, so gebührt dem Versicherer des Schiffes die Nettofracht der Reise, auf welcher sich der Unfall zugetragen hat, soweit die Fracht erst nach der Abandonerklärung verdient ist. Dieser Teil der Fracht wird nach den für die Ermittelung der Distanzfracht geltenden Vorschriften berechnet.

(4) Den hiernach für den Versicherten entstehenden Verlust hat, wenn die Fracht selbständig versichert ist, der Versicherer der Fracht zu tragen.

[aufgehoben in 2007] § 869 (1) Die Zahlung der Versicherungssumme kann erst verlangt werden, nachdem die zur Rechtfertigung des Abandons dienenden Urkunden dem Versicherer mitgeteilt sind und eine angemessene Frist zu deren Prüfung abgelaufen ist. Wird wegen Verschollenheit des Schiffes abandonniert, so gehören zu den mitzuteilenden Urkunden glaubhafte Bescheinigungen über die Zeit, in welcher das Schiff den Abgangshafen verlassen hat, und über die Nichtankunft des Schiffes im Bestimmungshafen während der Verschollenheitsfrist.

(2) Der Versicherte ist verpflichtet, bei der Abandonerklärung, soweit er dazu imstande ist, dem Versicherer anzuzeigen, ob und welche andere den abandonnierten Gegenstand betreffende Versicherungen genommen sind sowie ob und welche Bodmereischulden oder sonstige Belastungen darauf haften. Ist die Anzeige unterblieben, so kann der Versicherer die Zahlung der Versicherungssumme so lange verweigern, bis die Anzeige nachträglich geschehen ist; wenn eine Zahlungsfrist bedungen ist, so beginnt diese erst mit dem Zeitpunkt, in welchem die Anzeige nachgeholt wird.

[aufgehoben in 2007] § 870 (1) Der Versicherte ist verpflichtet, auch nach der Abandonerklärung für die Rettung der versicherten Sachen und für die Abwendung größerer Nachteile nach § 819, und zwar so lange zu sorgen, bis der Versicherer selbst dazu imstande ist.

(2) Erfährt der Versicherte, daß ein für verloren erachteter Gegenstand wieder zum Vorschein gekommen ist, so muß er dies dem Versicherer sofort anzeigen und ihm auf Verlangen die zur Erlangung oder Verwertung des Gegenstands erforderliche Hilfe leisten.

(3) Die Kosten hat der Versicherer zu ersetzen; auch hat er den Versicherten auf Verlangen mit einem angemessenen Vorschuß zu versehen.

[aufgehoben in 2007] § 871 Der Versicherte muß dem Versicherer, wenn dieser

　　(2) 피보험자는 보험자에 대해 위부의 시점에 위부된 목적물에 부담이 되는 모든 물권으로부터 무사함을 보장하여야 하고, 다만 그러한 권리가 보험계약에 의해 보험자에게 책임이 있는 위험으로 발생한 것이라면 그러하지 않다.

　　(3) 선박이 위부된 경우, 사고가 발생한 그 항해의 순운임은, 그 운임이 위부통지를 한 다음에 취득한 것이라면, 보험자에게 귀속한다. 이 부분의 운임은 거리운임의 산정에 적용될 규정에 따라 이를 계산한다.

　　(4) 그 이후에 피보험자에 발생한 손실은, 운임이 독립하여 별도로 부보된 때에 한해 운임보험자가 이를 보상한다.

【2007년 삭제】제869조　　(1) 보험금액의 지급은, 위부를 정당화할 수 있는 문서를 보험자에게 제출하고, 보험자가 그 문서를 검토할 상당한 기간이 경과한 다음에 비로소 이를 청구할 수 있다. 선박의 행방불명을 이유로 위부가 이루어진 경우, 선박이 출발항을 떠난 시기 및 선박이 행방불명 기간 동안 목적항에 도착하지 않았다는 것에 관해 신빙성이 있는 증서를 보험자에게 제출하여야 한다.

　　(2) 피보험자는 위부통지를 함에 있어, 가능하다면, 위부된 목적물과 관련하여 다른 보험에 가입하였는지 여부와 가입하였다면 어떤 보험에 가입하였는지를 보험자에게 통지하여야 하고, 나아가 그 목적물과 관련하여 모험대차 채무를 지고 있는지 및 목적물이 그 외 다른 부담을 지고 있는지 여부와 지고 있다면 어떤 채무나 부담을 지고 있는지를 보험자에게 통지하여야 한다. 이러한 통지가 이루어지지 않으면 보험자는 추후에 통지가 이루어질 때까지 보험금액의 지급을 거절할 수 있다.; 지급기간이 약정되어 있다면, 그 기간은 이러한 통지를 한 시점에 비로소 개시된다.

【2007년 삭제】제870조　　(1) 피보험자는, 위부의 의사표시를 한 다음에도, 부보된 목적물을 구조하고 피해의 확대를 방지하기 위해, 보험자가 이에 임할 수 있을 때까지, 제819조에 따라 주의를 다할 의무가 있다.

　　(2) 멸실되었다고 간주되던 목적물이 다시 나타난 것을 피보험자가 알게 되면, 피보험자는 이를 즉시 보험자에게 고지하여야 하고, 보험자의 요청이 있으면 그에게 목적물의 취득 또는 환가에 필요한 협조를 하여야 한다.

die Rechtmäßigkeit des Abandons anerkennt, auf dessen Verlangen und auf dessen Kosten über den nach § 868 durch die Abandonerklärung eingetretenen Übergang der Rechte eine öffentlich beglaubigte Anerkennungsurkunde (Abandonrevers) erteilen und die auf die abandonnierten Gegenstände sich beziehenden Urkunden ausliefern.

[aufgehoben in 2007] § 872 Bei einem teilweisen Schaden am Schiff besteht der Schaden in dem nach den §§ 709 und 710 zu ermittelnden Betrag der Ausbesserungskosten, soweit diese die Beschädigungen betreffen, welche dem Versicherer zur Last fallen.

[aufgehoben in 2007] § 873 (1) Ist die Reparaturunfähigkeit oder Reparaturunwürdigkeit des Schiffes (§ 479) auf dem im § 530 vorgeschriebenen Wege **[gestrichen in 1972;** auf dem im § 530 vorgeschriebenen Wege**]** festgestellt, so ist der Versicherte dem Versicherer gegenüber befugt, das Schiff oder das Wrack zum öffentlichen Verkauf zu bringen; im Falle des Verkaufs besteht der Schaden in dem Unterschied zwischen dem Reinerlös und dem Versicherungswert.

(2) Die übernommene Gefahr endet für den Versicherer erst mit dem Verkauf des Schiffes oder des Wrackes; auch haftet der Versicherer für den Eingang des Kaufpreises.

(3) Bei der zur Ermittelung der Reparaturunwürdigkeit erforderlichen Feststellung des Wertes des Schiffes im unbeschädigten Zustand bleibt dessen Versicherungswert, gleichviel ob er taxiert ist oder nicht, außer Betracht.

[aufgehoben in 2007] § 874 (1) Der Beginn der Ausbesserung schließt die Ausübung des in § 873 dem Versicherten eingeräumten Rechtes nicht aus, wenn erst später erhebliche Schäden entdeckt werden, die dem Versicherten ohne sein Verschulden unbekannt geblieben waren.

(2) Macht der Versicherte von dem Recht nachträglich Gebrauch, so muß der Versicherer die bereits aufgewendeten Ausbesserungskosten insoweit besonders vergüten, als durch die Ausbesserung bei dem Verkauf des Schiffes ein höherer Erlös erzielt worden ist.

[aufgehoben in 2007] § 875 (1) Bei Gütern, die beschädigt im Bestimmungshafen ankommen, ist durch Vergleichung des Bruttowerts, den sie daselbst im beschädigten Zustand haben, mit dem Bruttowert, welchen sie dort im unbeschädigten Zustand haben

(3) 보험자는 그에 따른 비용을 보전하여야 한다.; 보험자는 피보험자에게 그의 요청이 있으면 상당한 선급도 하여야 한다.

【2007년 삭제】제871조   보험자가 위부의 적법성을 인정하는 때에는, 피보험자는 보험자의 요청이 있으면 그의 비용으로 위부의 의사표시를 통해 제868조에 따라 발생하는 권리 이전에 관해 공적으로 인증된 증서(위부증서)를 보험자에게 교부하여야 하고, 위부된 목적물과 관련된 문서도 보험자에게 인도하여야 한다.

【2007년 삭제】제872조   선박의 일부 손해에 있어서는, 제709조 및 제710조에 의거 산정한 수선비용은, 그 수선비용이 보험자가 위험을 부담한 훼손에 관한 것임을 전제로, 보험자가 보상할 손해가 된다.

【2007년 삭제】제873조   (1) 선박의 수선불가능성 또는 수선무가치성(제479조)이 제530조에 규정된 방식으로**【1972년 삭제; 제530조에 규정된 방식으로】**확정되는 경우, 피보험자는 보험자와의 관계에 있어서 선박 혹은 그 난파물을 공매에 붙일 수 있는 권한이 있다.; 공매에 붙여지면 순 매각대금과 보험가액의 차이가 손해가 된다.

   (2) 보험자가 인수한 위험은 선박이나 그 난파물이 매각과 함께 비로소 종료한다.; 보험자는 매매대금의 지급에 대하여도 책임이 있다.

   (3) 수선무가치성을 평가하기 위해 훼손되지 않은 상태의 선박가액을 확정함에 있어서는, 그 보험가액은, 평가된 것이든 아니든 상관없이, 이를 고려하지 않는다.

【2007년 삭제】제874조   (1) 수선을 개시하였다고 하더라도, 피보험자가 귀책사유 없이 알지 못했던 현저한 손해가 추후에 비로소 발견되면, 제873조에 의해 피보험자에게 부여된 권리의 행사가 배제되는 것은 아니다.

   (2) 피보험자가 이 권리를 추후에 행사하는 경우, 만일 수선을 통해 선박 매각에서 더욱 고액의 대금이 지급되었다면 그 범위 내에서, 보험자는 이미 지출한 수선비도 별도로 보상하여야 한다.

600

würden, zu ermitteln, wie viele Prozente des Wertes der Güter verloren sind. Ebenso viele Prozente des Versicherungswerts sind als der Betrag des Schadens anzusehen.

(2) Die Ermittelung des Wertes, welchen die Güter im beschädigten Zustand haben, erfolgt durch öffentlichen Verkauf oder, wenn der Versicherer einwilligt, durch Abschätzung. Der Wert, welchen die Güter im unbeschädigten Zustand haben würden, bestimmt sich nach § 611 Abs. 1 [ersetzt in 1937; nach § 658 Abs. 1].

(3) Der Versicherer hat außerdem die Besichtigungs-, Abschätzungs- und Verkaufskosten zu tragen.

[aufgehoben in 2007] § 876   Geht ein Teil der Güter auf der Reise verloren, so besteht der Schaden in ebenso vielen Prozenten des Versicherungswerts, als Prozente des Wertes der Güter verlorengegangen sind.

[aufgehoben in 2007] § 877   (1) Sind Güter auf der Reise infolge eines Unfalls verkauft worden, so besteht der Schaden in dem Unterschied zwischen dem nach Abzug der Fracht, der Zölle und Verkaufskosten sich ergebenden Reinerlös der Güter und deren Versicherungswert.

(2) Die übernommene Gefahr endet für den Versicherer erst mit dem Verkauf der Güter; auch haftet der Versicherer für den Eingang des Kaufpreises.

(3) Die Vorschriften der §§ 834 bis 838 bleiben unberührt.

[aufgehoben in 2007] § 878   (1) Bei einem teilweisen Verlust der Fracht besteht der Schaden in demjenigen Teil der bedungenen oder in deren Ermangelung der üblichen Fracht, welcher verlorengegangen ist.

(2) Ist die Fracht taxiert und die Taxe nach § 793 Abs. 4 in bezug auf einen von dem Versicherer zu ersetzenden Schaden maßgebend, so besteht der Schaden in ebenso vielen Prozenten der Taxe, als Prozente der bedungenen oder üblichen Fracht verloren sind.

[aufgehoben in 2007] § 879   (1) Bei einem imaginären Gewinn oder einer Provision, die von der Ankunft der Güter erwartet werden, besteht der Schaden, wenn die Güter in beschädigtem Zustand ankommen, in ebenso vielen Prozenten des als Gewinn oder Provision versicherten Betrags, als der nach § 875 zu ermittelnde Schaden an den Gütern Prozente des Versicherungswerts der letzteren beträgt.

(2) Erreicht ein Teil der Güter den Bestimmungshafen nicht, so besteht der Schaden

【2007년 삭제】제875조   (1) 화물이 훼손되어 목적항에 도착하면, 훼손된 상태로 그곳에서 화물이 갖는 총가격과 훼손되지 않은 상태로 거기에서 가졌을 총가격을 비교하여 화물이 가격을 상실한 비율을 산정한다. 보험가액에 이 비율을 적용한 금액을 손해금액이라고 본다.

   (2) 훼손된 상태의 화물 가격의 산정은 공매를 통하여 정하고, 보험자가 동의하면 감정을 통하여 정한다. 훼손되지 않은 상태의 화물의 가격은 제611조 제1항 【1937년 대체; 제658조 제1항】에 따라 이를 정한다.

   (3) 그 외에도 보험자는 검사, 평가 및 매각의 비용을 부담한다.

【2007년 삭제】제876조   항해 중에 화물의 일부를 멸실한 경우, 멸실된 화물의 가격의 비율과 동일한 비율의 보험가액이 손해가 된다.

【2007년 삭제】제877조   (1) 항해 중 사고의 결과 화물을 매각한 경우, 운임, 관세 및 매각비용을 공제한 매각대금과 화물의 보험가액의 차이가 손해가 된다.

   (2) 보험자에 있어 인수한 위험은 화물의 매각에 의해 비로소 종료한다.; 보험자는 매각대금의 수령에 대하여도 책임이 있다.

   (3) 제834조 내지 제838조의 규정은 영향을 받지 않고 적용된다.

【2007년 삭제】제878조   (1) 운임의 일부 손실에 있어서는 약정한 운임 혹은 약정이 없으면 관습상 운임에서 소멸한 부분을 손해로 본다.

   (2) 운임에 관해 당사자가 평가금액을 정하고, 제793조 제4항에 따라 보험자가 보전할 손해에 관해 그 평가금액이 적용되는 경우, 소멸된 운임의 약정한 혹은 관습상 운임에 대한 비율을 기초로, 동일한 비율의 평가액이 손해가 된다.

【2007년 삭제】제879조   (1) 화물이 도착하면 기대되는 기대이익 혹은 수수료의 보험에 있어서, 화물이 훼손된 상태로 도착한 때에는, 제875조에 따라 산정한 손해의 그 화물의 보험가액에 대한 비율을 산정하고 이와 동일한 비율의 기대이익

in ebenso vielen Prozenten des als Gewinn oder Provision versicherten Betrags, als der Wert des in dem Bestimmungshafen nicht angelangten Teiles der Güter Prozente des Wertes aller Güter beträgt.

(3) Sind bei der Versicherung des imaginären Gewinns in Ansehung des nicht angelangten Teiles der Güter die Voraussetzungen des § 860 vorhanden, so kommt von dem Schaden der in § 860 bezeichnete Überschuß in Abzug.

【aufgehoben in 2007】 § 880   Bei Bodmerei- oder Havereigeldern besteht im Falle eines teilweisen Verlusts der Schaden in dem Ausfall, welcher sich darauf gründet, daß der Gegenstand, der verbodmet oder für den die Havereigelder vorgeschossen oder verausgabt sind, zur Deckung der Bodmerei- oder Havereigelder infolge späterer Unfälle nicht mehr genügt.

【aufgehoben in 2007】 § 881   Der Versicherer hat den nach den §§ 872 bis 880 zu berechnenden Schaden vollständig zu vergüten, wenn zum vollen Wert versichert war, jedoch unbeschadet der Vorschrift des § 800; war nicht zum vollen Werte versichert, so hat er nach Maßgabe des § 792 nur einen verhältnismäßigen Teil dieses Schadens zu vergüten.

Sechster Titel. Bezahlung des Schadens.

【aufgehoben in 2007】 § 882   (1) Der Versicherte hat, um den Ersatz eines Schadens fordern zu können, eine Schadensberechnung dem Versicherer mitzuteilen.

(2) Er muß zugleich durch genügende Belege dem Versicherer dartun:

    1. sein Interesse;

    2. daß der versicherte Gegenstand den Gefahren der See ausgesetzt worden ist;

    3. den Unfall, auf den der Anspruch gestützt wird;

    4. den Schaden und dessen Umfang.

【aufgehoben in 2007】 § 883   Bei der Versicherung für fremde Rechnung hat sich außerdem der Versicherte darüber auszuweisen, daß er dem Versicherungsnehmer zum Abschluß des Vertrags Auftrag erteilt hat. Ist die Versicherung ohne Auftrag

이나 수수료의 보험가액이 그 손해가 된다.

(2) 화물의 일부가 목적항에 도착하지 않는 경우, 목적항에 도착하지 않는 일부 화물의 가격의 모든 화물의 가격에 대한 비율과 동일한 비율의 기대이익이나 수수료로 부보된 금액이 그 손해가 된다.

(3) 기대이익의 보험에서 도착하지 않은 일부 화물과 관련하여 제860조의 요건을 갖춘 경우, 제860조에서 말하는 잉여분은 손해에서 공제하여야 한다.

【2007년 삭제】제880조 모험대차 금액 및 해손 금액에서, 일부 멸실의 경우에, 대차의 담보가 된, 혹은 해손 금액의 선급이나 지출의 목적이 된, 대상물이 후에 발생한 사고의 결과 대차 금액이나 해손 금액을 감당하기에 불충분하게 된 것에 기인한 부족액이 그 손해가 된다.

【2007년 삭제】제881조 보험가액 전부를 부보한 때에는 보험자는 제872조 내지 제880조에 의거 계산한 손해 전부를 보상하여야 하며, 다만 제800조의 규정은 이로 인하여 영향을 받지 않는다.; 보험가액 전부를 부보하지 않은 때에는 제792조의 규정에 의해 그 비율에 따라 단지 일부 손해를 보상한다.

제6절 보험금의 지급

【2007년 삭제】제882조 (1) 손해의 보상을 청구하기 위해 피험자는 손해계산서를 보험자에게 제출하여야 한다.

(2) 피보험자는 동시에 보험자에게 충분한 증빙서류를 갖추어 다음 사항을 증명하여야 한다.

1. 자기의 이익
2. 부보된 목적물이 해상위험에 노정되었다는 것.
3. 청구의 근거가 된 사고
4. 손해와 그 범위

geschlossen(§ 782)【gestrichen in 1908; (§ 782)】, so muß der Versicherte die Umstände dartun, aus welchen hervorgeht, daß die Versicherung in seinem Interesse genommen ist.

【aufgehoben in 2007】 § 884   Als genügende Belege sind im allgemeinen solche Belege anzusehen, die im Handelsverkehr, namentlich wegen der Schwierigkeit der Beschaffung anderer Beweise, nicht beanstandet zu werden pflegen, insbesondere

1. zum Nachweis des Interesses:

bei der Versicherung des Schiffes die üblichen Eigentumsurkunden;

bei der Versicherung von Gütern die Fakturen und Konnossemente, sofern nach deren Inhalt der Versicherte zur Verfügung über die Güter befugt erscheint;

bei der Versicherung der Fracht die Chartepartien und Konnossemente;

2. zum Nachweis der Verladung der Güter die Konnossemente;

3. zum Nachweis des Unfalls die Verklarung und das Tagebuch, in Kondemnationsfällen das Erkenntnis des Prisengerichts, in Verschollenheitsfällen glaubhafte Bescheinigungen über die Zeit, in welcher das Schiff den Abgangshafen verlassen hat, und über die Nichtankunft des Schiffes im Bestimmungshafen während der Verschollenheitsfrist;

4. zum Nachweis des Schadens und dessen Umfangs die den Gesetzen oder Gebräuchen des Ortes der Schadensermittelung entsprechenden Besichtigungs-, Abschätzungs- und Versteigerungsurkunden sowie die Kostenanschläge der Sachverständigen, ferner die quittierten Rechnungen über die ausgeführten Ausbesserungen und andere Quittungen über geleistete Zahlungen; in Ansehung eines teilweisen Schadens am Schiff (§§ 872 und 873) genügen jedoch die Besichtigungs- und Abschätzungsurkunden sowie die Kostenanschläge nur dann, wenn die etwaigen Schäden, die sich auf Abnutzung, Alter, Fäulnis oder Wurmfraß gründen, gehörig ausgeschieden sind und wenn zugleich, soweit es ausführbar war, solche Sachverständige zugezogen worden sind, die entweder ein für allemal obrigkeitlich bestellt oder von dem Ortsgericht oder dem deutschen Konsul und, in deren Ermangelung oder sofern deren Mitwirkung sich nicht erlangen ließ, von einer anderen Behörde besonders ernannt waren.

【aufgehoben in 2007】 § 885   (1) Eine Vereinbarung, durch die der Versicherte von

【2007년 삭제】제883조   타인의 계산으로 하는 보험에 있어서는, 그 외에도, 피보험자는 자기가 보험계약자에게 계약의 체결을 위임하였다는 것을 입증하여야 한다. 위임 없이 보험계약이 체결된 경우(제782조)【1908년 삭제; (제782조)】, 피보험자는 자기의 이익을 위해 보험에 가입하게 된 원인이 된 상황을 증명하여야 한다.

【2007년 삭제】제884조   상거래에서, 특히 다른 증거의 제시에 어려움 때문에, 통상 이의가 제기되지 않는 그러한 증빙서류는 일반적으로 이를 충분한 증빙서류에 해당된다고 본다. 특히

    1. 이익을 증명하기 위하여;

       선박보험에서 관행적인 소유권증서;

       화물보험에서 그 내용에 의해 피보험자가 그 화물을 처분할 권한이 있다는 것이 명백해 보이는 송장 및 선하증권;

       운임보험에서 용선계약서 및 선하증권;

    2. 화물이 선적되었다는 것을 증명하기 위하여, 선하증권;

    3. 사고를 증명하기 위하여, 해난신고서 및 항해일지, 포획몰수의 경우 포획법원의 결정, 행방불명의 경우 선박이 출발항을 떠난 시기에 관한 믿을 만한 증서 및 선박이 행방불명기간 내에 목적항에 도착하지 않은 것에 관한 믿을 만한 증서;

    4. 손해 및 그 범위를 증명하기 위하여, 손해산정의 장소의 법률이나 관습에 맞는 검사, 평가, 경매의 증서 및 감정인의 비용 견적서, 나아가 수행한 수선에 관해 지급한 계산서 및 기타 지급에 관한 영수증; 선박의 일부 손해에 관하여는(제872조 및 873조) 검사, 평가의 증서 및 비용견적서는 마모, 노후, 부식 및 해충으로 인한 손해가 적절히 분리되어 제외되어야 하고, 동시에 가능한 한 항구적으로 정식적으로 임명된 감정인이 고용되거나 혹은 지역 법원 또는 독일 영사에 의해, 이들이 없거나 이들의 협조를 받을 수 없을 때에는, 지방관청에 의하여 특별히 지명된 감정인이 고용된 때에 한하여, 비로소 이러한 서류로 충분하다.

【2007년 삭제】제885조   (1) 제882조에 열거한 상황 또는 그러한 상황의 일부에

dem Nachweis der in § 882 erwähnten Umstände oder eines Teiles dieser Umstände befreit wird, ist gültig, jedoch unbeschadet des Rechtes des Versicherers, das Gegenteil zu beweisen.

(2) Die bei der Versicherung von Gütern getroffene Vereinbarung, daß das Konnossement nicht vorzulegen ist, befreit nur von dem Nachweis der Verladung.

【aufgehoben in 2007】 § 886 (1) Bei der Versicherung für fremde Rechnung ist der Versicherungsnehmer ohne Beibringung einer Vollmacht des Versicherten legitimirt, über die Rechte, die im Versicherungsvertrage für den Versicherten ausbedungen sind, zu verfügen sowie die Versicherungsgelder zu erheben und einzuklagen. Diese Vorschrift gilt jedoch im Falle der Erteilung einer Polize nur dann, wenn der Versicherungsnehmer die Polize beibringt.

(2) Ist die Versicherung ohne Auftrag genommen, so bedarf der Versicherungnehmer zur Erhebung oder Einklagung der Versicherungsgelder der Zustimmung des Versicherten.

【neu gefaßt in 1908: aufgehoben in 2007】 § 886 (1) Bei der Versicherung für fremde Rechnung stehen die Rechte aus dem Versicherungsvertrag dem Versicherten zu. Die Aushändigung einer Polize kann jedoch nur der Versicherungsnehmer verlangen.

(2) Der Versicherte kann ohne Zustimmung des Versicherungsnehmers über seine Rechte nur verfügen und diese Rechte nur gerichtlich geltend machen, wenn er im Besitz einer Polize ist.

§ 887 Im Falle der Erteilung einer Polize hat der Versicherer die Versicherungsgelder dem Versicherten zu zahlen, wenn dieser die Polize beibringt.

【neu gefaßt in 1908: aufgehoben in 2007】 § 887 (1) Der Versicherungsnehmer kann über die Rechte, welche dem Versicherten aus dem Versicherungsvertrag zustehen, im eigenen Namen verfügen.

(2) Ist eine Polize ausgestellt, so ist der Versicherungsnehmer ohne Zustimmung des Versicherten zur Annahme der Zahlung sowie zur Übertragung der Rechte des Versicherten nur befugt, wenn er im Besitz der Polize ist.

(3) Der Versicherer ist zur Zahlung an den Versicherungsnehmer nur verpflichtet, wenn dieser ihm gegenüber nachweist, daß der Versicherte seine Zustimmung zu der Versicherung erteilt hat.

관해 피보험자의 입증책임을 면제하는 약정은 유효하고, 다만 이로 인하여 반대 사실을 보험자가 입증하는 권리에는 영향이 없다.

　(2) 화물보험에서 선하증권을 제시할 필요가 없다는 약정은 오로지 선적을 증명할 책임을 면제하는 효력이 있다.

제886조　(1) 타인을 위한 보험에서 보험계약자는 피보험자의 위임장을 제시하지 않고도 보험계약에서 피보험자에게 부여된 권리를 처분하고 나아가 보험금을 수령하고 소추하는 법적인 권한이 있다. 보험증권이 발행된 경우, 보험계약자가 보험증권을 제시한 때에 한해, 비로소 이 규정이 적용된다.

　(2) 위임 없이 보험에 가입한 경우, 보험계약자가 보험금을 청구하고 소추하려면 피보험자의 동의가 필요하다.

【1908년 개정: 2007년 삭제】 제886조　(1) 타인을 위한 보험에 있어서 보험계약에 기한 권리는 피보험자에게 귀속한다. 다만 보험증권은 보험계약자만이 그 교부를 청구할 수 있다.

　(2) 피보험자는, 그가 보험증권을 보유하고 있는 때에 한해, 보험계약자의 동의 없이 그의 권리를 처분할 수 있고 또 그 권리를 법원에서 행사할 수 있다.

제887조　보험증권을 발행한 경우, 보험자는 피보험자가 보험증권을 제시한 때에는 그 피보험자에게 보험금을 지급해야 한다.

【1908년 개정: 2007년 삭제】 제887조　(1) 보험계약자는 보험계약에 의해 피보험자에게 속하는 권리를 자기 자신의 명의로 처분할 수 있다.

　(2) 보험증권이 발행된 경우, 보험계약자는 그가 보험증권을 소지하고 있는 때에 한해, 피보험자의 동의 없이 지급을 받고 피보험자의 권리를 양도하는 권한이 있다.

　(3) 피보험자가 부보에 동의하였다는 것을 보험계약자가 보험자에게 입증하는 때에 한해, 보험자는 보험계약자에게 지급할 의무가 있다.

【aufgehoben in 2007】§ 888   Der Versicherungsnehmer ist nicht verpflichtet, die Police dem Versicherten oder den Gläubigern oder der Konkurmasse 【geändert in 1994; der Insolvenzmasse】 des Versicherten auszuliefern, bevor er wegen der gegen den Versicherten in Bezug auf den versicherten Gegenstand ihm zustehenden Ansprüche befriedigt ist. Im Falle eines Schadens kann der Versicherungsnehmer sich wegen dieser Ansprüche aus der Forderung, welche gegen den Versicherer begründet ist, und nach Einziehung der Versicherungsgelder aus den letzteren vorzugsweise vor dem Versicherten und vor dessen Gläubigern befriedigen.

【aufgehoben in 2007】§ 889   (1) Der Versicherer macht sich dem Versicherungsnehmer verantwortlich, wenn er, während sich dieser noch im Besitz der Police befindet, durch Zahlungen, die er dem Versicherten oder den Gläubigern oder der Konkurmasse 【geändert in 1994; der Insolvenzmasse】 des Versicherten leistet, oder durch Verträge, die er mit ihnen schließt, das in § 888 bezeichnete Recht des Versicherungsnehmers beeinträchtigt.

(2) Inwiefern sich der Versicherer einem Dritten, welchem Rechte aus der Police eingeräumt sind, dadurch verantwortlich macht, daß er über diese Rechte Verträge schließt oder Versicherungsgelder zahlt, ohne sich die Police zurückgeben zu lassen oder sie mit der erforderlichen Bemerkung zu versehen, bestimmt sich nach den Vorschriften des bürgerlichen Rechtes.

§ 890   Wird der Versicherer auf Zahlung der Versicherungsgelder in Anspruch genommen, so kann er bei der Versicherung für fremde Rechnung Forderungen, die ihm gegen den Versicherungsnehmer zustehen, nicht aufrechnen.

【neu gefaßt in 1908: aufgehoben in 2007】§ 890   Der Versicherer kann gegen die Entschädigungsforderung eine Forderung, die ihm gegen den Versicherungsnehmer zusteht, insoweit aufrechnen, als sie auf der für den Versicherten genommenen Versicherung beruht.

【aufgehoben in 2007】§ 891   Der Versicherte ist befugt, nicht nur die aus einem bereits eingetretenen Unfall ihm zustehenden, sondern auch die künftigen Entschädigungsansprüche einem Dritten abzutreten. Ist die Police nach § 363 Abs. 2 an Order gestellt, so ist bei der Versicherung für fremde Rechnung zur Gültigkeit der ersten Übertragung das Indossament des Versicherungsnehmers genügend.

【2007년 삭제】 제888조   보험계약자는, 부보된 목적물과 관련하여 피보험자에 대해 그가 가지는 채권이 만족을 얻기 전에는, 보험증권을 피보험자 또는 그의 채권자나 분배재단【1994년 변경; 파산재단】에 인도하여 줄 의무가 없다. 손해가 발생한 경우에 보험계약자는, 보험자에 대해 가지는 보험금 청구권으로부터 보험금을 추심한 다음에는 그 보험금으로부터 피보험자나 그의 채권자에 앞서 우선적으로 변제를 받을 수 있다.

【2007년 삭제】 제889조   (1) 보험계약자가 보험증권을 소지하고 있는 동안에, 보험자가 피보험자 혹은 그의 채권자나 분배재단【1994년 변경; 파산재단】에 변제를 함으로써, 혹은 보험자가 이들과 계약을 체결함으로써, 위 제888조에 언급된 보험계약자의 권리를 침해한 때에는, 보험자는 보험계약자에게 그로 인한 손해를 배상할 책임이 있다.
   (2) 보험증권에 기해 권리가 부여된 제3자에 대해, 보험증권을 반환하게 하거나 거기에 필요한 표시를 하지 않고서 그 권리에 관해 계약을 체결하고 보험금을 지급한 보험자가 어느 정도 책임을 지는지는 민법의 규정에 의하여 정한다.

제890조   타인을 위한 보험에서, 보험금의 지급을 요청받은 보험자는 그가 보험계약자에 대해 가지는 청구권을 가지고 상계할 수 없다.

【1908년 개정: 2007년 삭제】 제890조   보험계약자에 대해 채권을 가지는 보험자는, 그 채권이 피보험자를 위해 가입한 보험에 근거한 때에 한해, 이를 가지고 손해의 보상청구권에 대해 상계할 수 있다.

【2007년 삭제】 제891조   피보험자는, 이미 발생한 사고로 인해 그가 가진 보상청구권뿐만 아니라 장래 발생할 보상청구권도 이를 제3자에게 양도할 수 있다. 보험증권이 제363조 제2항에 따라 지시식으로 발행된 경우, 제3자를 위한 보험에서는 보험계약자의 배서가 있으면 최초 양도는 그것으로 충분히 유효하다.

[aufgehoben in 2007] § 892 Wenn nach dem Ablauf von zwei Monaten seit der Anzeige des Unfalls die Schadensberechnung (§ 882) ohne Verschulden des Versicherten noch nicht vorgelegt, wohl aber durch ungefähre Ermittelung die Summe festgestellt worden ist, welche dem Versicherer mindestens zur Last fällt, so hat der letztere diese Summe in Anrechnung auf seine Schuld vorläufig zu zahlen, jedoch nicht vor dem Ablauf der etwa für die Zahlung der Versicherungsgelder bedungenen Frist. Soll die Zahlungsfrist mit dem Zeitpunkt beginnen, in welchem dem Versicherer die Schadensberechnung mitgeteilt ist, so wird sie in dem bezeichneten Fall von der Zeit an berechnet, in welcher dem Versicherer die vorläufige Ermittelung mitgeteilt ist.

[aufgehoben in 2007] § 893 Der Versicherer hat:

1. in Havereifällen zu den für die Rettung, Erhaltung oder Wiederherstellung der versicherten Sache nötigen Ausgaben in Anrechnung auf seine später festzustellende Schuld zwei Drittel des ihm zur Last fallenden Betrags,

2. bei Aufbringung des Schiffes oder der Güter den vollen Betrag der ihm zur Last fallenden Kosten des Reklameprozesses, sowie sie erforderlich werden, vorzuschießen.

Siebenter Titel.
Aufhebung der Versicherung und Rückzahlung der Prämie.

[aufgehoben in 2007] § 894 (1) Wird die Unternehmung, auf welche sich die Versicherung bezieht, ganz oder zu einem Teil von dem Versicherten aufgegeben oder wird ohne sein Zutun die ganze versicherte Sache oder ein Teil dieser Sache der von dem Versicherer übernommenen Gefahr nicht ausgesetzt, so kann die Prämie ganz oder zu dem verhältnismäßigen Teil bis auf eine dem Versicherer gebührende Vergütung zurückgefordert oder einbehalten werden (Ristorno).

(2) Die Vergütung (Ristornogebühr) besteht, sofern nicht ein anderer Betrag vereinbart oder am Ort der Versicherung üblich ist, in einem halben Prozent der ganzen oder des entsprechenden Teiles der Versicherungssumme, wenn aber die Prämie nicht ein Prozent der Versicherungssumme erreicht, in der Hälfte der ganzen oder des verhältnismäßigen Teiles der Prämie.

【2007년 삭제】제892조　사고의 통지로부터 2개월이 경과한 후에도 피보험자의 귀책사유 없이 손해계산서(제882조)가 아직 제출되지 않은 경우, 한편 대략적인 평가를 통해 보험자가 부담할 최소 금액은 이미 확정된 때에는, 보험자는 그의 채무에 산입하는 것을 전제로 그 금액을 임시로 지급하여야 하며, 다만 보험금의 지급을 위해 당사자가 약정한 기간을 아직 도과하지 않은 때에는 그러하지 않다. 지급기간이 손해계산서를 보험자에게 교부한 시점에 개시되는 때에는, 여기에서 말하는 경우에 있어서는, 보험자에게 임시평가서를 교부한 때부터 그 기간을 계산한다.

【2007년 삭제】제893조　보험자는 다음 금액에 대하여는 선급하여야 한다.
1. 해손의 경우에, 부보된 물건의 구조, 보존 및 회복을 위해 필요한 비용은, 추후에 확정될 보험자의 채무에 산입할 것을 전제로, 보험자가 부담할 금액의 3분지 2.
2. 선박이나 화물의 나포에 있어 필요한 경우에 보험자가 부담할 회수절차의 비용은 그 전액.

제7절 보험의 실효와 보험료의 반환

【2007년 삭제】제894조　(1) 보험의 기초가 된 기업 활동의 전부 또는 일부를 피보험자가 포기하거나, 혹은 피보험자의 관여 없이 부보된 물건의 전부 또는 일부가 보험자가 인수한 위험에 노출되지 않게 된 경우에, 보험료는, 보험자에게 부여된 보상을 공제하고, 그 전부 혹은 비례한 일부에 대해 반환을 청구하고 지급을 유보할 수 있다(해약).
　(2) 보상(해약수수료)은, 다른 금액이 약정되어 있거나 혹은 지역 관행이 있지 않는 한, 실효가 전부인지 일부인지에 따라, 보험금액의 전부 또는 상응하는 일부의 0.5%로 하고, 보험료가 보험금액의 1%에 이르지 않을 때에는 보험료 전액 또는 비례하는 일부의 절반으로 한다.

【aufgehoben in 2007】 § 895   Ist die Versicherung wegen Mangels des versicherten Interesses (§ 778) oder wegen Überversicherung (§ 786) oder Doppelversicherung(§ 778) 【gestrichen in 1908; oder Doppelversicherung(§ 778)】 unwirksam und hat sich der Versicherungsnehmer bei dem Abschluß des Vertrags und im Falle der Versicherung für fremde Rechnung auch der Versicherte bei der Erteilung des Auftrags in gutem Glauben befunden, so kann die Prämie gleichfalls bis auf die in § 894 bezeichnete Ristornogebühr zurückgefordert oder einbehalten werden.

【aufgehoben in 2007】 § 896   Die Anwendung der Vorschriften der §§ 894 und 895 wird dadurch nicht ausgeschlossen, daß der Versicherungsvertrag für den Versicherer wegen Verletzung der Anzeigepflicht oder aus anderen Gründen unverbindlich ist, selbst wenn der Versicherer ungeachtet dieser Unverbindlichkeit auf die volle Prämie Anspruch hätte.

【aufgehoben in 2007】 § 897   Ein Ristorno findet nicht statt, wenn die Gefahr für den Versicherer bereits zu laufen begonnen hat.

【aufgehoben in 2007】 § 898   Wenn der Versicherer zahlungsunfähig geworden ist, so ist der Versicherte befugt, nach seiner Wahl entweder von dem Vertrag zurückzutreten und die ganze Prämie zurückzufordern oder einzubehalten oder auf Kosten des Versicherers nach Maßgabe des § 789 【gestrichen in 1908; nach Maßgabe des § 789】 eine neue Versicherung zu nehmen. Dieses Recht steht ihm jedoch nicht zu, wenn ihm wegen der Erfüllung der Verpflichtungen des Versicherers genügende Sicherheit bestellt wird, bevor er von dem Vertrag zurückgetreten ist oder die neue Versicherung genommen hat.

§ 899   (1) Wird der versicherte Gegenstand veräußert, so können dem Erwerber die dem Versicherten nach dem Versicherungsvertrag auch in Bezug auf künftige Unfälle zustehenden Rechte mit der Wirkung abgetreten werden, daß der Erwerber den Versicherer ebenso in Anspruch zu nehmen befugt ist, als wenn die Veräußerung nicht stattgefunden hätte und der Versicherte selbst den Anspruch erhöbe.

(2) Der Versicherer bleibt von der Haftung für die Gefahren befreit, welche nicht eingetreten sein würden, wenn die Veräußerung unterblieben wäre.

(3) Er kann sich nicht nur der Einreden und Gegenforderungen bedienen, welche ihm unmittelbar gegen den Erwerber zustehen, sondern auch derjenigen, welche er

【2007년 삭제】제895조   보험이 부보이익의 부재(제778조), 초과보험(제786조) 또는 중복보험(제778조)【1908년 삭제; 또는 중복보험(제778조)】때문에 그 효력이 없고, 또 보험계약 체결 시에 보험계약자가, 또 타인을 위한 보험에서 위임을 할 때에 피보험자도, 각각 선의이었던 경우, 보험료는, 제894조에서 말하는 해약수수료를 공제하고, 마찬가지로 그 반환을 청구하고 지급을 유보할 수 있다.

【2007년 삭제】제896조   보험계약이 고지의무를 위반하거나 기타의 사유로 보험자에 대해 구속력이 없다고 하더라도, 제894조 및 제895조의 규정은 이로 인하여 그 적용이 배제되지 않으며, 이는 이처럼 구속력이 없는 것과 상관없이 보험자가 보험료 전액을 청구할 수 있었던 때에도 마찬가지이다.

【2007년 삭제】제897조   보험자에 대해 위험이 진행되기 시작된 때에는, 해약이 허용되지 않는다.

【2007년 삭제】제898조   보험자가 지급불능에 이르면, 피보험자는, 보험계약을 해제한 다음 보험료 전액의 반환을 청구하거나 지급을 유보하든지, 혹은 제789조의 규정에 따라【1908년 삭제; 제789조의 규정에 따라】보험자의 비용으로 새로이 보험에 가입하든지 선택할 수 있다. 그러나 피보험자가 계약을 해제하거나 새로운 보험에 가입하기 전에, 보험자의 의무 이행을 보장하기에 충분한 담보가 그에게 제공된 때에는, 피보험자는 이러한 권리를 갖지 못한다.

제899조   (1) 부보된 목적물이 양도된 경우, 보험계약에 따라 장래 사고와 관련하여 피보험자가 가지는 권리를 양수인에게 양도할 수 있고, 그러면 그 효력으로 양도가 없었더라면 피보험자가 청구할 수 있었을 것과 마찬가지로 양수인이 보험자에게 청구할 수 있다.
    (2) 보험자는 양도가 없었다면 발생하지 않았을 위험에 대해서는 책임을 지지 않는다.

dem Versicherten hätte entgegenstellen können, der aus dem Versicherungsvertrage nicht hergeleiteten jedoch nur insofern, als sie bereits vor der Anzeige der Übertragung entstanden sind.

(4) Durch diese Vorschriften werden die rechtlichen Wirkungen der mittelst Indossaments erfolgten Übertragung einer Polize, die an Order lautet, nicht berührt.

[neu gefaßt in 1908: aufgehoben in 2007] § 899 (1) Wird die versicherte Sache von dem Versicherten veräußert, so tritt anstelle des Veräußerers der Erwerber in die sich während der Dauer seines Eigentums aus dem Versicherungsverhältnis ergebenden Rechte und Pflichten des Versicherten ein. Für die Prämie haften der Veräußerer und der Erwerber als Gesamtschuldner.

(2) Der Versicherer hat in Ansehung der durch das Versicherungsverhältnis gegen ihn begründeten Forderungen die Veräußerung erst dann gegen sich gelten zu lassen, wenn er von ihr Kenntnis erlangt; die Vorschriften der §§ 406 bis 408 des Bürgerlichen Gesetzbuchs finden entsprechende Anwendung.

(3) Der Versicherer haftet nicht für die Gefahren, welche nicht eingetreten sein würden, wenn die Veräußerung unterblieben wäre.

(4) Der Erwerber ist berechtigt, das Versicherungsverhältnis ohne Einhaltung einer Kündigungsfrist zu kündigen. Das Kündigungsrecht erlischt, wenn es nicht innerhalb eines Monats nach dem Erwerb ausgeübt wird; hatte der Erwerber von der Versicherung keine Kenntnis, so bleibt das Kündigungsrecht bis zum Ablauf eines Monats von dem Zeitpunkt an bestehen, in welchem der Erwerber von der Versicherung Kenntnis erlangt. Kündigt der Erwerber, so haftet er für die Prämie nicht.

(5) Bei einer Zwangsversteigerung der versicherten Sache finden die Vorschriften der Absätze 1 bis 4 entsprechende Anwendung.

[aufgehoben in 2007] § 900 (1) Die Vorschriften des § 899 gelten auch im Falle der Versicherung einer Schiffspart.

(2) Ist das Schiff selbst versichert, so kommen sie nur zur Anwendung, wenn das Schiff während einer Reise veräußert wird. Der Anfang und das Ende der Reise bestimmen sich nach § 823. Ist das Schiff auf Zeit oder für mehrere Reisen (§ 757) versichert, so dauert die Versicherung im Falle der Veräußerung während einer Reise nur bis zur Entlöschung des Schiffes im nächsten Bestimmungshafen (§ 823).

(3) 보험자는 그가 양수인에 대해 직접 가진 권리에 기해 항변 및 반소를 제기할 수 있음은 물론 그가 피보험자에게 제기할 수 있었을 항변 및 반소를 제기할 수 있고, 다만 보험계약에 기해 발생한 것이 아닌 항변과 반소는, 이들이 이전의 통지가 있기 이전에 이미 존재했던 때에 한하여, 이를 제기할 수 있다.

(4) 지시식으로 발행된 보험증권이 배서를 통해 양도되어 발생하는 법적 효력은 본조의 규정에 의하여 그 영향을 받지 않는다.

【1908년 개정: 2007년 삭제】제899조 (1) 부보된 물건이 피보험자에 의하여 양도된 경우, 양수인의 소유권이 지속되는 동안 보험관계에서 생기는 권리와 의무에 있어 양수인이 양도인을 대신한다. 보험료에 관한 한 양도인과 양수인은 연대하여 이를 지급할 책임이 있다.

(2) 보험관계에 기해 발생하는 보험자에 대한 채권에 관하여, 보험자는 그 양도에 관해 알게 된 때에는 양도의 효력을 인정하여야 한다.; 민법 제406조 내지 408조의 규정이 여기에 준용된다.

(3) 양도를 하지 않았다면 발생하지 않았을 위험에 대하여 보험자는 책임이 없다.

(4) 취득자는 해지기간을 준수함이 없이 보험관계를 해지할 권리가 있다. 이 해지권은 취득 후 1월 이내에 행사하지 않으면 소멸한다.; 취득자가 보험에 관해 알지 못한 경우, 취득자가 보험에 관해 알게 된 시점부터 1월이 경과할 때까지 해지권이 존속한다. 취득자가 해지하면 그는 보험료에 대해 책임이 없다.

(5) 부보된 물건이 강제경매가 된 때에도 위 제1항 내지 제4항의 규정이 준용된다.

【2007년 삭제】제900조 (1) 제899조의 규정은 선박 지분이 부보된 경우에도 적용된다.

(2) 선박 자체가 부보된 경우, 항해 중에 선박이 양도된 때에 한해, 이 규정이 적용된다. 항해의 개시와 종료는 제823조의 규정에 의해 정한다. 선박이 일정 기간 혹은 다수 항해를 기준으로 부보된 경우(제757조), 항해 중에 선박이 양도되면 보험은 다음 목적항에서 선박이 양륙을 종료할 때까지(제823조) 존속한다.

Elfter Abschnitt. Verjährung.

§ 901   Die im § 754 Nr. 1 bis 9 aufgeführten Forderungen verjähren in einem Jahre. Es beträgt jedoch die Verjährungsfrist zwei Jahre:

1. für die aus den Dienst- und Heuerverträgen herrührenden Forderungen der Schiffsbesatzung, wenn die Entlassung jenseits des Vorgebirges der guten Hoffnung oder des Kap Horn erfolgt ist;

2. für die aus dem Zusammenstoße von Schiffen hergeleiteten Entschädigungsforderungen.

   【geändert in 1913】 2. für die Entschädigungsforderungen aus einem Zusammenstoße von Schiffen oder aus einem unter § 738 fallenden Ereignis sowie für die Forderungen auf Berge- oder Hilfslohn.

【neu gefaßt in 1972】 § 901   Folgende Forderungen verjähren in einem Jahr:

1. öffentliche Schiffs-, Schifffahrts- und Hafenabgaben;

2. Lotsgelder;

3. Beiträge zur großen Haverei;

   【aufgehoben in 2001】 4. Forderungen gegen den Verfrachter aus Frachtver-trägen sowie aus Konnossementen oder deren Ausstellung; § 612 bleibt unberührt;

   【Nr geändert in 2001; 4.】 5. Rückgriffsforderungen, die den Reedern untereinander nach § 736 Abs. 2 zustehen.

§ 902   Die nach § 901 eintretende Verjährung bezieht sich zugleich auf die persönlichen Ansprüche, die dem Gläubiger etwa gegen den Reeder oder eine Person der Schiffsbesatzung zustehen. 【eingefugt Folgende in 1937】 § 612 wird hierdurch nicht berührt.

【neu gefaßt in 1972】 § 902   (1) Folgende Forderungen verjähren in zwei Jahren:

【aufgehoben in 2006】 1. Forderungen gegen den Verfrachter aus Verträgen über die Beförderung von Reisenden;

2. Schadensersatzforderungen aus dem Zusammenstoß von Schiffen oder aus einem unter § 738c fallenden Ereignis;

3. Bergungs- und Hilfskosten, insbesondere auch der Berge- und Hilfslohn,

제11장 시 효

제901조 제754조 1호 내지 9호에 열거된 채권은 1년이면 시효가 완성된다. 그러나 다음 채권에 대한 시효기간은 2년으로 한다.:

   1. 선원계약에 기해 발생하는 선원의 채권으로 면직이 희망봉 및 혼 갑 바깥 쪽에서 이루어진 경우;

   2. 선박이 충돌하여 발생하는 손해배상청구권.

   【1913년 변경】 2. 선박이 충돌 또는 제738조에 해당하는 사고로 인하여 발생하는 손해배상청구권 및 구조료나 원조료의 청구권.

【1972년 개정】제901조 다음 채권은 1년이면 시효가 완성된다.:

   1. 선박, 항해 및 항구 관련 공과금;

   2. 도선료;

   3. 공동해손분담금;

   【2001년 삭제】 4. 운송계약 및 선하증권에 기한 및 선하증권의 발행에 기한 운송인에 대한 채권; 제612조는 영향이 없다.

   【2001년 호수 4로 변경】 5. 선주가 제736조 제2항에 의해 상호간 갖는 구상권.

제902조 제901조에서 다루는 시효는 채권자가 선주 또는 선원에 대해 갖는 개인적인 채권에 대하여도 그 효력이 있다. **【1937년 이하 추가】** 제612조는 이로 인하여 영향을 받지 않는다.

【1972년 개정】제902조 (1) 다음 채권은 2년의 시효로 인하여 소멸한다.

   【2006년 삭제】 1. 여객운송계약에 기한 여객운송인에 대한 채권;

sowie Forderungen aus der Beseitigung eines Wracks

〔geändert in 2001〕 3. Forderungen auf Bergelohn oder Sondervergütung einschließlich Bergungskosten;

〔einfügt in 2001〕 4. Forderungen wegen der Beseitigung eines Wracks.

〔einfügt in 2001: aufgehoben in 2004〕 (2) Während des Laufs der Verjährungsfrist kann derjenige, der wegen einer in Absatz 1 Nr. 3 genannten Forderung in Anspruch genommen wird, die Verjährungsfrist durch eine Erklärung gegenüber dem Gläubiger verlängern. Eine weitere Verlängerung der Frist ist zulässig.

§ 903 Die Verjährung beginnt:

1. in Ansehung der Forderungen der Schiffsbesatzung (§ 754 Nr. 3) mit dem Ablaufe des Jahres, in welchem das Dienst- oder Heuerverhältniß endet, und, falls die Anstellung der Klage früher möglich und zulässig ist, mit dem Ablaufe des Jahres, in welchem diese Voraussetzung eintritt; jedoch kommt das Recht, Vorschuß- und Abschlagszahlungen zu verlangen, für den Beginn der Verjährung nicht in Betracht;

2. in Ansehung der Forderungen wegen Beschädigung oder verspäteter Ablieferung von Ladungsgütern und Reisegut (§ 754 Nr. 7, 9) und wegen der Beiträge zur großen Haverei (§ 754 Nr. 5) mit dem Ablaufe des Jahres, in welchem die Ablieferung erfolgt ist, in Ansehung der Forderungen wegen Nichtablieferung von Gütern mit dem Ablaufe des Jahres, in welchem das Schiff den Hafen erreicht, wo die Ablieferung erfolgen sollte, und wenn dieser Hafen nicht erreicht wird, mit dem Ablaufe des Jahres, in welchem der Beteiligte sowohl hiervon als auch von dem Schaden zuerst Kenntniß erlangt;

〔geändert in 1937〕 2. in Ansehung der Forderungen wegen Beschädigung oder verspäteter Ablieferung von Ladungsgütern und Reisegut (§ 754 Nr. 7, 9) und wegen der Beiträge zur großen Haverei (§ 754 Nr. 5) mit der auslieferung der Güter (§ 611 Abs. 1 Satz 1), in Ansehung der Forderungen wegen Nichtablieferung von Gütern mit dem Zeitpunkt, zu dem die Güter hätten ausgeliefert werden müssen;

3. in Ansehung der nicht unter Nr. 2 fallenden Forderungen ans dem Verschulden einer Person der Schiffsbesatzung (§ 754 Nr. 9) mit dem Ablaufe des Jahres, in

2. 선박충돌 또는 제738조의 (c)에 해당하는 사고로 인한 손해배상채권;

3. 구조 및 원조 비용, 특히 구조료 및 원조료, 난파물제거에 관한 채권.

【2001년 변경】3. 구조비용을 포함한 구조료 또는 특별보수 청구권;

【2001년 삽입】4. 난파물의 제거에 기한 채권.

【2001년 삽입: 2004년 삭제】(2) 시효기간의 진행 중에 제1항 3호에 열거된 채권을 행사하는 사람은 채권자에 대한 선언을 통해 시효기간을 연장할 수 있다. 추가로 시효기간을 연장하는 것도 허용된다.

제903조   시효기간은 다음과 같이 개시된다.:

1. 선원의 채권에 관해서는(제754조 3호) 근로관계나 승선관계가 종료하는 해가 경과하는 때에 개시되고, 그 이전에 제소가 가능하고 허용되는 경우, 이러한 조건이 성취되는 해가 경과한 때에 개시된다.; 선급 혹은 분할지급을 요구할 수 있는 권리는 시효기간의 개시에 있어서 이를 고려하지 아니한다;

2. 적하 및 수하물의 훼손 혹은 연착으로 인한 채권(제754조 7호 및 9호) 및 공동해손의 분담금에 관한 채권(제754조 5호)에 있어서는 인도가 이루어진 해가 경과하는 때에 개시되며, 화물의 미인도에 기한 채권은, 인도가 이루어져야 할 항구에 선박이 도착한 해가 경과한 때에 개시되며, 선박이 이러한 항구에 도착하지 않은 경우에는, 이러한 것에 관하여서뿐만 아니라 손해에 관해서도 이해관계인이 처음으로 알게 된 해가 경과한 때에 개시된다.

【1937년 변경】2. 적하 및 수하물의 훼손 혹은 연착으로 인한 채권(제754조 7호 및 9호), 및 공동해손의 분담금에 관한 채권(제754조 5호)에 있어서는 인도가 이루어진 때에(제611조 제1항 1문) 개시되며, 화물의 미인도에 기한 채권은 화물의 인도가 이루어졌어야 할 시점에 개시된다.

3. 위 2호에 속하지 않는, 선원의 귀책사유로 인해 발생한 채권(제754조 9호)은 이해관계인이 손해에 관해 알게 된 해가 경과한 때에 개시되고, 이와 달리 선박충돌로 인한 손해배상채권은 충돌이 발생한 해가 경과한 때에 개시된다.;

【1913년 변경】3. 위 2호에 속하지 않는, 선원의 귀책사유로 인해 발생한 채권

welchem der Beteiligte von dem Schaden Kenntniß erlangt hat, in Ansehung der Entschädigungsforderungen wegen des Zusammenstoßes von Schiffen jedoch mit dem Ablaufe des Jahres, in welchem der Zusammenstoß stattgefunden hat;

【geändert in 1913】 3. in Ansehung der nicht unter Nr. 2 fallenden Forderungen ans dem Verschulden einer Person der Schiffsbesatzung (§ 754 Nr. 9) mit dem Ablaufe des Jahres, in welchem der Beteiligte von dem Schaden Kenntniß erlangt hat, jedoch in Ansehung der Entschädigungsforderungen aus dem Zusammenstoße von Schiffen oder aus einem unter § 738 fallenden Ereignis mit dem Ablauf des Tages, an welchem das Ereignis stattgefunden hat.

【eingefügt in 1913】 3a. in Ansehung der Forderungen auf Berge- und Hilfslohn mit dem Ablauf des Tages, an welchem das Bergungs- und Hilfsleistungswerk beendigt worden ist.

4. in Ansehung aller anderen Forderungen mit dem Ablaufe des Jahres, in welchem die Forderung fällig geworden ist.

【neu gefaßt in 1972】 § 903 (1) Die Verjährung beginnt mit dem Schluß des Jahres, in welchem die Forderung fällig geworden ist.

(2) Die Verjährung der Schadensersatzforderungen aus dem Zusammenstoß von Schiffen oder aus einem unter § 738c fallenden Ereignis (§ 902 Nr. 2) beginnt mit dem Ablauf des Tages, an welchem das Ereignis stattgefunden hat.

(3) Die Verjährung der Forderungen auf Bergungs- und Hilfskosten sowie wegen der Beseitigung eines Wracks (§ 902 Nr. 3) beginnt mit dem Ablauf des Tages, an welchem das Bergungs- und Hilfsleistungswerk oder die Wrackbeseitigung beendet worden ist.

【geändert in 2001】 (3) Die Verjährung der in § 902 Abs. 1 Nr. 3 und 4 【geändert in 2004; in § 902 Nr. 3 und 4】 genannten Forderungen beginnt mit dem Ablauf des Tages, an welchem die Bergungs- oder Wrackbeseitigungsmaßnahmen beendet worden sind. Die Verjährung von Rückgriffsansprüchen des Schuldners dieser Forderungen beginnt jedoch erst mit dem Tag des Eintritts der Rechtskraft des Urteils gegen ihn oder, wenn kein rechtskräftiges Urteil vorliegt, mit dem Tag, an dem er den Anspruch befriedigt hat, es sei denn, der Rückgriffsschuldner wurde nicht innerhalb von drei Monaten, nachdem der Rückgriffsgläubiger Kenntnis von dem Schaden und der Person des Rückgriffsschuldners erlangt hat, über diesen Schaden unterrichtet

(제754조 9호)은 이해관계인이 손해에 관해 알게 된 해가 경과한 때에 개시되고, 이와 달리 선박충돌 또는 제738조에 해당하는 사고로 인한 손해배상채권은 사고가 발생한 날이 경과한 때에 개시된다.;

【1913년 추가】 3의 (a). 구조료 및 원조료의 청구권에 관하여서는 구조 및 원조의 작업이 종료한 날이 경과한 때에 개시된다.

4. 다른 모든 채권과 관련하여서는 채권이 이행기에 도달한 해가 경과한 때에 개시된다.

【1972년 개정】 제903조   (1) 시효기간은 채권이 이행기에 도달한 해가 종료함과 동시에 개시된다.

(2) 선박충돌 또는 제738조의 (c)에 해당하는 사고(제902조 2호)로 인한 손해배상 청구권의 시효기간은 사고가 발생한 날이 경과하면 개시된다.

(3) 구조비와 원조비 청구권 및 난파물제거로 인한 청구권(제902조 3호)은 구조와 원조 작업, 혹은 난파물 제거가 종료한 날이 경과하면 시효기간이 개시된다.

【2001년 개정】 (3) 제902조 제1항 3호 및 4호【2004년 변경; 제902조 3호 및 4호】에 열거된 채권은 구조 작업 혹은 난파물 제거 작업이 종료한 날이 경과하면 시효기간이 개시된다. 그러나 이러한 채권의 채무자의 구상권은 그에 대해 판결의 기판력이 발효되는 날, 이러한 기판력을 가진 판결이 없다면 그가 채권을 변제한 날에 시효기간이 개시되며, 다만 구상채권자가 손해와 구상채무자에 관해 알게 된 후 3개월 내에 구상채무자에게 이러한 손해에 대해 알리지 않은 때에는 그러하지 않다.

제904조   (1) 모험대차 금액, 공동해손분담금, 구조비 및 원조비로서 화물이 부담하고 있는 채권은 물론 이러한 대차금액, 분담금 및 구조료에 기초한 개인적인 채권도 1년에 시효가 완성된다.

(2) 공동해손 분담금에 관해, 시효기간은 분담의무를 지는 화물이 인도된 해가 경과한 때에 개시되고, 나머지 채권과 관련하여서는 이행기에 도달한 해가 경과

§ 904 (1) Ferner verjähren in einem Jahre die auf den Gütern wegen der Bodmereigelder, der Beiträge zur großen Haverei und der Bergungs- und Hilfskosten haftenden Forderungen sowie die wegen dieser Gelder, Beiträge und Kosten begründeten persönlichen Ansprüche.

(2) Die Verjährung beginnt in Ansehung der Beiträge zur großen Haverei mit dem Ablaufe des Jahres, in welchem die beitragspflichtigen Güter abgeliefert sind, in Ansehung der übrigen Forderungen mit dem Ablaufe des Jahres, in welchem die Fälligkeit eingetreten, ist.

[neu gefaßt in 1913: aufgehoben in 1972] § 904 (1) Die Rückgriffsforderungen, die den Reedern untereinander nach der § 736 Abs. 2 zustehen, verjähren in einem Jahre. Die Verjährung beginnt mit dem Ablauf des Tages, an welchem die den Rückgriff begründende Zahlung erfolgt ist.

(2) Ferner verjähren in einem Jahre die auf den Gütern wegen der Bodmereigelder und der Beiträge zur großen Haverei haftenden Forderungen sowie die wegen dieser Gelder und Beiträge begründeten persönlichen Ansprüche.

(3) Die Verjährung beginnt in Ansehung der Bodmereigelder mit dem Ablaufe des Jahres, in welchem die Fälligkeit eingetreten, ist, in Ansehung der Beiträge zur großen Haverei mit dem Ablaufe des Jahres, in welchem die beitragspflichtigen Güter abgeliefert sind.

(4) Die auf den Gütern wegen der Bergungs- und Hilfskosten haftenden Forderungen sowie die wegen dieser Kosten begründeten persönlichen Ansprüche verjähren in zwei Jahren. Die Verjährung beginnt mit dem Ablauf des Tages, an welchem das Bergungs- und Hilfeleistungwerk beendigt worden ist.

[aufgehoben in 2004] § 905 (1) Es verjähren in fünf Jahren die Forderungen des Versicherers und des Versicherten aus dem Versicherungsverträge.

(2) Die Verjährung beginnt mit dem Ablaufe des Jahres, in welchem die versicherte Reise beendigt ist, und bei der Versicherung auf Zeit mit dem Ablaufe des Tages, an welchem die Versicherungzeit endet. Sie beginnt, wenn das Schiff verschollen ist, mit dem Ablaufe des Tages, an welchem die Verschollenheitsfrist endet.

한 때에 개시된다.

【1913년 변경: 1972년 삭제】제904조   (1) 선주가 제736조 제2항에 의해 상호간 갖는 구상권은 1년에 시효가 완성된다. 이 시효기간은 구상의 근거가 되는 지급이 이루어진 날이 경과하면 개시된다.

  (2) 나아가 모험대차 금액 및 공동해손 분담금에 기해 화물이 부담을 지는 채권 및 이러한 금액이나 분담금에 기한 개인적인 채권도 1년에 시효가 완성된다.

  (3) 시효기간은 모험대차 금액에 관하여는 그 금액이 이행기에 이른 해가 경과하면 개시되고, 공동해손 분담금에 관하여는 해손의 부담을 지고 있는 화물을 인도하여준 해가 경과하면 개시된다.

  (4) 구조비 및 원조비에 기해 화물이 부담을 지는 채권 및 이러한 비용에 기한 개인적인 채권은 2년에 그 시효가 완성된다. 시효기간은 구조작업 및 원조작업이 종료한 날이 경과하면 개시된다.

【2004년 삭제】제905조   (1) 보험계약에 기한 보험자 및 피보험자의 채권은 5년의 기간이 경과하면 시효기간이 만료된다.

  (2) 시효기간은 부보된 항해가 종료된 해가 경과한 때에 개시되고, 기간보험에 있어서는 부보기간이 종료한 날이 경과하면 개시된다. 선박이 행방불명된 때에는 행방불명기간이 종료한 날이 경과하면 시효기간이 개시된다.

Handelsgesetzbuch 1897;
wie geändert in 2013

2013년 개정된
1897년 독일 상법

Handelsgesetzbuch 1897; wie geändert in 2013

Fünftes Buch. Seehandel.

Erster Abschnitt. Personen der Schifffahrt.

§ 476 〖Reeder〗   Reeder ist der Eigentümer eines von ihm zum Erwerb durch Seefahrt betriebenen Schiffes.

§ 477 〖Ausrüster〗   (1) Ausrüster ist, wer ein ihm nicht gehörendes Schiff zum Erwerb durch Seefahrt betreibt.

(2) Der Ausrüster wird im Verhältnis zu Dritten als Reeder angesehen.

(3) Wird der Eigentümer eines Schiffes von einem Dritten als Reeder in Anspruch genommen, so kann er sich dem Dritten gegenüber nur dann darauf berufen, dass nicht er, sondern ein Ausrüster das Schiff zum Erwerb durch Seefahrt betreibt, wenn er dem Dritten unverzüglich nach Geltendmachung des Anspruchs den Namen und die Anschrift des Ausrüsters mitteilt.

§ 478 〖Schiffsbesatzung〗   Die Schiffsbesatzung besteht aus dem Kapitän, den Schiffsoffizieren, der Schiffsmannschaft sowie allen sonstigen im Rahmen des Schiffsbetriebs tätigen Personen, die vom Reeder oder Ausrüster des Schiffes angestellt sind oder dem Reeder oder Ausrüster von einem Dritten zur Arbeitsleistung im Rahmen des Schiffsbetriebs überlassen werden und die den Anordnungen des Kapitäns unterstellt sind.

§ 479 〖Rechte des Kapitäns. Tagebuch〗   (1) Der Kapitän ist befugt, für den

2013년 개정된 1897년 독일 상법

제5편 해 상[1]

제1장 해상운송 인원

제476조【선주】 선주란 영리를 목적으로 항해에 제공되는 선박의 소유자를 말한다.

제477조【의장자】 (1) 의장자란, 자기에게 속하지 않는 선박을, 항해를 통해 이익을 얻을 목적으로, 운영하는 사람을 말한다.

(2) 의장자는 제3자와의 관계에서는 이를 선주로 본다.

(3) 선박의 소유자가 제3자로부터 선주로서 청구를 당한 경우, 채권을 행사한 다음 지체 없이 그 제3자에게 의장자의 성명과 주소를 통지하여야만, 그 소유자는 자기가 아니라 의장자가 영리를 목적으로 선박을 항해에 제공한 것을 가지고 그 제3자에게 대항할 수 있다.

제478조【선원】 선원은 선장, 사관, 부원은 물론 기타 선박의 운영에 관여하는 모든 사람으로서, 선주나 의장자에 의하여 임명되거나, 혹은 선박의 운영을 위해 노무를 제공받을 목적으로 선주나 의장자가 제3자로부터 인계받아서, 선장의 지

---

1) 본 번역을 한 다음 일본 해법회지 복간 제57호(2013년), 12면 내지 68면에 松井秀征 외 3인이 번역한 것이 있어 이를 가지고 다시 한 번 필자의 번역과 대조하였다. 동인들에게 감사의 말씀을 드린다.

Reeder alle Geschäfte und Rechtshandlungen vorzunehmen, die der Betrieb des Schiffes gewöhnlich mit sich bringt. Diese Befugnis erstreckt sich auch auf den Abschluss von Frachtverträgen und die Ausstellung von Konnossementen. Eine Beschränkung dieser Befugnis braucht ein Dritter nur dann gegen sich gelten zu lassen, wenn er sie kannte oder kennen musste.

(2) Ist auf dem Schiff ein Tagebuch zu führen, so hat der Kapitän alle Unfälle einzutragen, die sich während der Reise ereignen und die das Schiff, Personen oder die Ladung betreffen oder sonst einen Vermögensnachteil zur Folge haben können. Die Unfälle sind unter Angabe der Mittel zu beschreiben, die zur Abwendung oder Verringerung der Nachteile angewendet wurden. Die durch den Unfall Betroffenen können eine Abschrift der Eintragungen zum Unfall sowie eine Beglaubigung dieser Abschrift verlangen.

§ 480 〔Verantwortlichkeit des Reeders für Schiffsbesatzung und Lotsen〕　Hat sich ein Mitglied der Schiffsbesatzung oder ein an Bord tätiger Lotse in Ausübung seiner Tätigkeit einem Dritten gegenüber schadensersatzpflichtig gemacht, so haftet auch der Reeder für den Schaden. Der Reeder haftet jedoch einem Ladungsbeteiligten für einen Schaden wegen Verlust oder Beschädigung von Gut, das mit dem Schiff befördert wird, nur so, als wäre er der Verfrachter; § 509 ist entsprechend anzuwenden.

Zweiter Abschnitt. Beförderungsverträge.

Erster Unterabschnitt. Seefrachtverträge.

Erster Titel. Stückgutfrachtvertrag.

Erster Untertitel. Allgemeine Vorschriften.

§ 481 〔Hauptpflichten. Anwendungsbereich〕　(1) Durch den Stückgutfrachtvertrag wird der Verfrachter verpflichtet, das Gut mit einem Schiff über See zum Bestimmungsort zu befördern und dort dem Empfänger abzuliefern.

시 하에 놓여 있는 사람을 말한다.

제479조【선장의 권한, 항해일지】   (1) 선장은 선주를 위하여 선박의 운영에 통상 수반되는 모든 거래 및 법률행위를 할 수 있는 권한이 있다. 이러한 권한은 운송계약의 체결 및 선하증권의 발행에 미친다. 이러한 권한에 대한 제한은 제3자가 이를 알거나 알았어야 했던 때에 한해 제3자에게 대항할 수 있다.

(2) 선박에 항해일지를 보유하여야 하는 경우, 선장은 항해 중에 발생한 선박, 사람 혹은 적하에 영향이 있거나 기타 재산상 손해를 야기할 수 있는 모든 사고를 기록하여야 한다. 사고에 관하여 손해의 방지 혹은 축소를 위해 취했던 조치를 반드시 기술하여야 한다. 사고로 인해 피해를 입은 사람은 사고 기록의 사본 및 이러한 사본의 인증을 요구할 수 있다.

제480조【선원과 도선사에 대한 선주의 책임】   선원의 구성원 또는 선상에서 활동하는 도선사가 그 직무를 수행하면서 제3자에게 손해배상책임을 지게 된 경우, 그 손해에 대해 선주도 책임이 있다. 다만 선박을 가지고 운송한 화물의 멸실이나 훼손으로 인한 손해에 대해서는 선주는 적하관계인에게 그가 운송인이었다면 졌을 책임만 진다.; 이때에 제509조가 준용된다.

제2장 운송계약

제1절 해상물품운송계약

제1관 개품운송계약

제1항 총 칙

제481조【주된 의무 및 적용 범위】   (1) 개품운송계약에 의해 운송인은 선박을 가지고 화물을 목적지까지 해상으로 운송하여 수하인에게 인도하여 줄 의무를 진다.

(2) 송하인은 약정한 운임을 지급할 의무를 진다.

(2) Der Befrachter wird verpflichtet, die vereinbarte Fracht zu zahlen.

(3) Die Vorschriften dieses Titels gelten, wenn die Beförderung zum Betrieb eines gewerblichen Unternehmens gehört. Erfordert das Unternehmen nach Art oder Umfang einen in kaufmännischer Weise eingerichteten Geschäftsbetrieb nicht und ist die Firma des Unternehmens auch nicht nach § 2 in das Handelsregister eingetragen, so sind in Ansehung des Stückgutfrachtvertrags auch insoweit die Vorschriften des Ersten Abschnitts des Vierten Buches ergänzend anzuwenden; dies gilt jedoch nicht für die §§ 348 bis 350.

§ 482 〔Allgemeine Angaben zum Gut〕 (1) Der Befrachter hat dem Verfrachter vor Übergabe des Gutes die für die Durchführung der Beförderung erforderlichen Angaben zum Gut zu machen. Insbesondere hat der Befrachter in Textform Angaben über Maß, Zahl oder Gewicht sowie über Merkzeichen und die Art des Gutes zu machen.

(2) Übergibt ein vom Befrachter benannter Dritter dem Verfrachter das Gut zur Beförderung, so kann der Verfrachter auch von diesem die in Absatz 1 Satz 2 genannten Angaben verlangen.

§ 483 〔Gefährliches Gut〕 (1) Soll gefährliches Gut befördert werden, so haben der Befrachter und der in § 482 Absatz 2 genannte Dritte dem Verfrachter rechtzeitig in Textform die genaue Art der Gefahr und, soweit erforderlich, zu ergreifende Vorsichtsmaßnahmen mitzuteilen.

(2) Der Verfrachter kann, sofern ihm, dem Kapitän oder dem Schiffsagenten nicht bei Übernahme des Gutes die Art der Gefahr bekannt war oder jedenfalls mitgeteilt worden ist, gefährliches Gut ausladen, einlagern, zurückbefördern oder, soweit erforderlich, vernichten oder unschädlich machen, ohne dem Befrachter deshalb ersatzpflichtig zu werden. War dem Verfrachter, dem Kapitän oder dem Schiffsagenten bei Übernahme des Gutes die Art der Gefahr bekannt oder war sie ihm jedenfalls mitgeteilt worden, so kann der Verfrachter nur dann die Maßnahmen nach Satz 1 ergreifen, ohne dem Befrachter deshalb ersatzpflichtig zu werden, wenn das gefährliche Gut Schiff oder Ladung gefährdet und die Gefahr nicht durch ein Verschulden des Verfrachters herbeigeführt worden ist.

(3) Der Verfrachter kann vom Befrachter und dem in § 482 Absatz 2 genannten Dritten, sofern dieser bei der Abladung unrichtige oder unvollständige Angaben

(3) 운송이 영리적 기업의 활동에 해당되면 본관의 규정이 적용된다. 그 업소가 그 성격과 규모에 있어 상인적 방법으로 설비를 갖춘 영업 행위를 요구하지 않고,[2] 또 그 기업의 주체가 본법 제2조에 기한 상업등기부에 등록도 되어 있지 않는 경우에도,[3] 그 개품운송계약에 대해 마찬가지로 제4편 제1장 총칙 규정이 가능한 한 보충적으로 적용된다.: 그러나 제348조 내지 제350조의 규정은 그러하지 않다.

제482조【일반적 화물신고】　(1) 송하인은 화물을 인도하기 이전에 운송인에게 운송의 실행을 위해 필요한 화물신고를 하여야 한다. 특히 송하인은 화물의 용적, 개수 혹은 중량은 물론 그 기호표시 및 성질을 문자로[4] 하여 신고하여야 한다.

(2) 송하인이 지정한 제3자가 운송을 위해 화물을 운송인에게 인도한 경우, 운송인은 그 제3자에게도 위 제1항 제2문에서 말하는 신고를 요구할 수 있다.

제483조【위험 화물】　(1) 위험한 화물을 운송하여야 하는 경우, 송하인 및 제482조 제2항에서 말하는 제3자는 위험의 정확한 성격과 필요하다면 취할 예방조치까지 적기에 운송인에게 문자로 통지하여야 한다.

(2) 화물을 인도하기까지 그 위험한 성격이 운송인, 선장 혹은 선박대리점에 알려지지 않고 통지도 하지 않은 경우, 운송인은 송하인에 대해 아무런 손해배상책임을 지지 않고, 운송인은 그 화물을 양륙, 보관 혹은 반송할 수 있고, 나아가 필요하다면 운송인은 이를 훼멸하거나 무해 조치할 수 있다. 화물을 인도하기까지 운송인, 선장 또는 선박대리점에게 위험의 성격이 알려졌거나 혹은 통지까지 한 경우에도, 위험한 화물이 선박 또는 다른 화물을 위험하게 하고 그 위험이 운송인의 귀책사유로 야기된 것이 아닌 때에는, 운송인은 손해배상책임을 지지 않고서 위 제1문과 같은 조치를 취할 수 있다.

---

2) 독일상법 제1조 참조.

3) 독일상법 제2조 참조.

4) "in Textform"이란 서면 또는 서명된 서면은 아니라 하더라도 각종 수단을 통해 문자로 의사표명을 하면 족하다. 독일민법 126조의 (b) 참조.

gemacht hat, wegen der nach Absatz 2 Satz 1 ergriffenen Maßnahmen Ersatz der erforderlichen Aufwendungen verlangen.

§ 484 [Verpackung. Kennzeichnung]   Der Befrachter hat das Gut, soweit dessen Natur unter Berücksichtigung der vereinbarten Beförderung eine Verpackung erfordert, so zu verpacken, dass es vor Verlust und Beschädigung geschützt ist und dass auch dem Verfrachter keine Schäden entstehen. Soll das Gut in einem Container, auf einer Palette oder in oder auf einem sonstigen Lademittel zur Beförderung übergeben werden, das zur Zusammenfassung von Frachtstücken verwendet wird, hat der Befrachter das Gut auch in oder auf dem Lademittel beförderungssicher zu stauen und zu sichern. Der Befrachter hat das Gut ferner, soweit dessen vertragsgemäße Behandlung dies erfordert, zu kennzeichnen.

§ 485 [See- und Ladungstüchtigkeit]   Der Verfrachter hat dafür zu sorgen, dass das Schiff in seetüchtigem Stand, gehörig eingerichtet, ausgerüstet, bemannt und mit genügenden Vorräten versehen ist (Seetüchtigkeit) sowie dass sich die Laderäume einschließlich der Kühl- und Gefrierräume sowie alle anderen Teile des Schiffs, in oder auf denen Güter verladen werden, in dem für die Aufnahme, Beförderung und Erhaltung der Güter erforderlichen Zustand befinden (Ladungstüchtigkeit).

§ 486 [Abladen. Verladen. Umladen. Löschen]   (1) Der Befrachter hat die Übergabe des Gutes an den Verfrachter zur Beförderung (Abladung) innerhalb der vertraglich vereinbarten Zeit zu bewirken. Der Verfrachter hat demjenigen, der das Gut ablädt, auf dessen Verlangen ein schriftliches Empfangsbekenntnis zu erteilen Das Empfangsbekenntnis kann auch in einem Konnossement oder Seefrachtbrief erteilt werden.

(2) Soweit sich aus den Umständen oder der Verkehrssitte nichts anderes ergibt, hat der Verfrachter das Gut in das Schiff zu laden und dort zu stauen und zu sichern (verladen) sowie das Gut zu löschen.

(3) Befindet sich das Gut in einem Container, ist der Verfrachter befugt, den Container umzuladen.

(4) Der Verfrachter darf das Gut ohne Zustimmung des Befrachters nicht auf Deck verladen. Wird ein Konnossement ausgestellt, ist die Zustimmung des Abladers (§ 513 Absatz 2) erforderlich. Das Gut darf jedoch ohne Zustimmung auf

(3) 운송인은 송하인 및 제482조 제2항에서 말한 제3자가 화물을 인도함에 있어 부정확하거나 불완전한 화물신고를 하여 취한 위 제2항 제1문에 따른 조치로 인해 필요하게 된 비용의 상환을 이들에게 요구할 수 있다.

제484조 【포장 및 기호표시】   약정한 운송에 비추어 화물의 성질상 포장이 요구되는 경우, 송하인은 화물이 멸실이나 훼손으로부터 보호되고 운송인에게 손해를 발생시키지 않도록 이를 포장하여야 한다. 화물을 컨테이너, 팰릿 혹은 기타 개별 물건의 집합에 이용된 운송용기에 내장하여 운송을 위해 인도한 경우, 송하인은 안전하게 운송이 될 수 있도록 운송용기 내에 화물을 적재하고 고정하여야 한다. 나아가 송하인은 계약에 따라 처리하는 데 필요하다면 화물에 기호표시를 하여야 한다.

제485조 【감항능력과 감하능력】   운송인은 선박이 항해능력이 있는 상태에 있을 뿐만 아니라 적절히 설비를 갖추고, 의장을 하며, 인원을 확보하고 또 물자를 충분히 공급받아야 하며(감항능력), 나아가 냉장 및 냉동 공간을 포함한 선창 기타 그 위 또는 내에 화물을 적재하는 모든 선박 공간이 화물을 수령, 운송 및 보존하는 데 필요한 상태로 있어야 한다(감하능력)는 것에 주의를 다하여야 한다.

제486조 【인도, 선적, 환적 및 양륙】   (1) 송하인은 계약으로 정한 기간 내에 운송을 위해 운송인에게 화물을 인도하여야 한다(인도). 운송인은 화물을 인도하는 사람에게 그가 요청하면 서면으로 된 수령확인서를 교부하여야 한다. 수령확인서는 선하증권 혹은 해상운송장의 형식으로 교부할 수도 있다.
   (2) 상황이나 거래 관습에 의해 달리 보여지지 않으면, 운송인이 선박에 화물을 싣고, 거기에 적부와 고정도 하여야 하고(선적), 또 양륙도 하여야 한다.
   (3) 화물이 컨테이너에 내장되어 있는 경우, 운송인은 그 컨테이너를 다른 선박

Deck verladen werden, wenn es sich in oder auf einem Lademittel befindet, das für die Beförderung auf Deck tauglich ist, und wenn das Deck für die Beförderung eines solchen Lademittels ausgerüstet ist.

§ 487 〔Begleitpapiere〕 (1) Der Befrachter hat dem Verfrachter alle Urkunden zur Verfügung zu stellen und Auskünfte zu erteilen, die für eine amtliche Behandlung, insbesondere eine Zollabfertigung, vor der Ablieferung erforderlich sind.

(2) Der Verfrachter ist für den Schaden verantwortlich, der durch Verlust oder Beschädigung der ihm übergebenen Urkunden oder durch deren unrichtige Verwendung verursacht worden ist, es sei denn, der Schaden hätte durch die Sorgfalt eines ordentlichen Verfrachters nicht abgewendet werden können. Die Haftung ist auf den Betrag begrenzt, der bei Verlust des Gutes zu zahlen wäre. Eine Vereinbarung, durch die die Haftung erweitert oder weiter verringert wird, ist nur wirksam, wenn sie im Einzelnen ausgehandelt wird, auch wenn sie für eine Mehrzahl von gleichartigen Verträgen zwischen denselben Vertragsparteien getroffen wird. Eine Bestimmung im Konnossement, durch die die Haftung weiter verringert wird, ist jedoch Dritten gegenüber unwirksam.

§ 488 〔Haftung des Befrachters und Dritter〕 (1) Der Befrachter hat dem Verfrachter Schäden und Aufwendungen zu ersetzen, die verursacht werden durch.

1. Unrichtigkeit oder Unvollständigkeit der erforderlichen Angaben zum Gut,

2. Unterlassen der Mitteilung über die Gefährlichkeit des Gutes,

3. ungenügende Verpackung oder Kennzeichnung oder

4. Fehlen, Unvollständigkeit oder Unrichtigkeit der in § 487 Absatz 1 genannten Urkunden oder Auskünfte.

Der Befrachter ist jedoch von seiner Haftung befreit, wenn er die Pflichtverletzung nicht zu vertreten hat.

(2) Macht der in § 482 Absatz 2 genannte Dritte unrichtige oder unvollständige Angaben bei der Abladung oder unterlässt er es, den Verfrachter über die Gefährlichkeit des Gutes zu unterrichten, so kann der Verfrachter auch von diesem Ersatz der hierdurch verursachten Schäden und Aufwendungen verlangen. Dies gilt nicht, wenn der Dritte die Pflichtverletzung nicht zu vertreten hat.

(3) Wird ein Konnossement ausgestellt, so haben der Befrachter und der Ablader

에 환적할 수 있다.

(4) 운송인은 송하인의 동의가 없으면 화물을 갑판에 선적할 수 없다. 선하증권이 발행된 경우 선적인의 동의(제513조 제2항)가 필요하다. 그러나 화물이 갑판의 운송을 견딜 수 있는 운송용구에 내장되어 있고, 갑판이 그러한 운송용구의 운송에 필요한 의장을 갖춘 때에는, 이러한 동의 없이도 화물을 갑판에 선적할 수 있다.

제487조【부속서류】   (1) 송하인은 화물을 인도하여 주기 전에 운송인에게 공적인 절차, 특히 통관에 필요한 모든 서류를 교부하고 정보를 제공하여야 한다.

(2) 운송인은 그에게 교부한 서류의 멸실이나 훼손 혹은 그 부당 사용에 의해 발생한 손해를 배상할 책임이 있고, 다만 운송인으로 통상의 주의를 다했다 하더라도 피할 수 없었던 손해는 그러하지 않다. 이 책임은 화물이 멸실되었을 때에 지급할 금액으로 제한할 수 있다. 이러한 책임을 더욱 확장 혹은 축소하려는 약정은, 비록 그 약정이 동일한 당사자 사이에 동종의 다수 계약에 관한 것이라 할지라도, 당사자가 교섭을 하여 정한 때에는, 그 효력이 있다. 그러나 운송인의 책임을 더욱 제한하는 선하증권의 규정은 제3자에 대하여 효력이 없다.

제488조【송하인과 제3자의 책임】   (1) 송하인은 다음 사유로 운송인에게 발생한 손해 및 비용을 보상하여야 한다.

1. 화물 신고의 부정확 또는 불충분,
2. 화물의 위험성에 대한 통지 부재,
3. 불충분한 포장 또는 기호표시,
4. 제487조 제1항에 언급된 서류 또는 정보의 탈루, 불충분 또는 부정확.

그러나 송하인이 의무 위반에 대해 귀책사유가 없는 때에는 이러한 책임을 면한다.

(2) 제482조 제2항에 언급된 제3자가 화물을 인도함에 있어 부정확하거나 불충분한 신고를 하거나 혹은 운송인에게 화물의 위험성을 고지하지 아니한 경우, 운

(§ 513 Absatz 2), auch wenn sie kein Verschulden trifft, dem Verfrachter Schäden und Aufwendungen zu ersetzen, die verursacht werden durch,

1. Unrichtigkeit oder Unvollständigkeit der in das Konnossement aufgenommenen Angaben nach § 515 Absatz 1 Nummer 8 über Maß, Zahl oder Gewicht sowie über Merkzeichen des Gutes oder

2. Unterlassen der Mitteilung über die Gefährlichkeit des Gutes.

Jeder von ihnen haftet jedoch dem Verfrachter nur für die Schäden und Aufwendungen, die aus der Unrichtigkeit oder Unvollständigkeit seiner jeweiligen Angaben entstehen.

(4) Hat bei der Verursachung der Schäden oder Aufwendungen ein Verhalten des Verfrachters mitgewirkt, so hängen die Verpflichtung des Befrachters und des Abladers nach Absatz 3 zum Ersatz sowie der Umfang des zu leistenden Ersatzes davon ab, inwieweit dieses Verhalten zu den Schäden und Aufwendungen beigetragen hat.

(5) Eine Vereinbarung, durch die die Haftung nach Absatz 1, 2 oder 3 ausgeschlossen wird, ist nur wirksam, wenn sie im Einzelnen ausgehandelt wird, auch wenn sie für eine Mehrzahl von gleichartigen Verträgen zwischen denselben Vertragsparteien getroffen wird. Abweichend von Satz 1 kann jedoch die vom Befrachter oder Ablader zu leistende Entschädigung der Höhe nach auch durch vorformulierte Vertragsbedingungen beschränkt werden.

§ 489 [Kündigung durch den Befrachter]   (1) Der Befrachter kann den Stückgutfrachtvertrag jederzeit kündigen.

(2) Kündigt der Befrachter, so kann der Verfrachter Folgendes verlangen:

1. die vereinbarte Fracht sowie zu ersetzende Aufwendungen unter Anrechnung dessen, was der Verfrachter infolge der Aufhebung des Vertrags an Aufwendungen erspart oder anderweitig erwirbt oder zu erwerben böswillig unterlässt, oder

2. ein Drittel der vereinbarten Fracht (Fautfracht).

Beruht die Kündigung auf Gründen, die dem Risikobereich des Verfrachters zuzurechnen sind, so entfällt der Anspruch auf Fautfracht nach Satz 1 Nummer 2; in diesem Falle entfällt auch der Anspruch nach Satz 1 Nummer 1, soweit die Beförderung für den Befrachter nicht von Interesse ist.

(3) Wurde vor der Kündigung bereits Gut verladen, so kann der Verfrachter auf Kosten des Befrachters Maßnahmen entsprechend § 492 Absatz 3 Satz 2 bis 4

송인은 그에 대해 그로 인해 발생한 손해 및 비용의 보상을 청구할 수 있다. 그 제3자가 의무 위반에 대해 귀책사유가 없는 때에는 이 규정은 적용되지 않는다.

　(3) 선하증권이 발행된 경우, 송하인과 선적인(제513조 제2항)은, 자기에게 아무런 귀책사유가 없다 하더라도, 운송인에게 다음 사유로 인해 발생한 손해 및 비용을 보상하여야 한다.

　　1. 제515조 제1항 8호에 따른 화물의 용적, 개수 또는 중량과 기호표시에 관한
　　　선하증권상 기재의 부정확 혹은 불충분,
　　2. 화물의 위험성에 관한 통지 부재.

　그러나 이들은 각자 오로지 자기의 진술이 부정확하거나 불충분하여 발생한 손해 및 비용에 대하여 운송인에게 이러한 책임을 진다.

　(4) 손해 및 비용의 유발에 운송인의 행위가 관여된 경우, 위 제3항에 따라 송하인 혹은 선적인이 질 보상 의무와 보상 범위는 어느 정도 그러한 행위가 손해 및 비용의 발생에 기여를 하였는지에 의해 정한다.

　(5) 위 제1항, 제2항 또는 제3항에 따른 책임을 베제하는 약정은, 비록 그 약정이 동일한 당사자 사이에 동종의 다수 계약에 관한 것일지라도 당사자가 교섭을 하여 정한 때에는 그 효력이 있다. 그러나 이 제1문과 달리, 송하인 또는 선적인이 변제할 손해는 사전에 정형화된 계약조건에 의하여 그 한도를 축소할 수 있다.

제489조【송하인에 의한 계약해지】　　(1) 송하인은 개품운송계약을 언제든지 해지할 수 있다.

　(2) 송하인이 계약을 해지하면 운송인은 다음 중 하나를 요구할 수 있다.:

　　1. 계약 소멸의 결과 운송인이 절약한 비용 및 그 이외에 운송인이 취득한 이
　　　익 또는 취득할 수 있었으나 악의로 취득하지 않은 이익을 공제한 약정한
　　　운임 및 보전해 주어야 할 비용, 혹은,
　　2. 약정한 운임의 3분지 1 (공적운임).

　해지가 운송인이 부담할 위험의 범주 내에 속하는 사유에 근거한 경우, 위 제1문 2호에 기한 공적운임 청구권은 소멸하고; 이 경우에 운송이 송하인에게 아무런 이익을 가져다주지 않는다면 위 제1문 1호에 기한 청구권도 소멸한다.

　(3) 계약을 해지하기 이전에 이미 화물이 선적된 경우, 운송인은 송하인의 비용

638

ergreifen. Beruht die Kündigung auf Gründen, die dem Risikobereich des Verfrachters zuzurechnen sind, so sind abweichend von Satz 1 die Kosten vom Verfrachter zu tragen.

§ 490 〔Rechte des Verfrachters bei säumiger Abladung〕 (1) Bewirkt der Befrachter die Abladung des Gutes nicht oder nicht vollständig innerhalb der vertraglich vereinbarten Zeit, so kann der Verfrachter dem Befrachter eine angemessene Frist setzen, innerhalb derer das Gut abgeladen werden soll.

(2) Wird das Gut bis zum Ablauf der nach Absatz 1 gesetzten Frist nicht abgeladen oder ist offensichtlich, dass die Abladung innerhalb dieser Frist nicht bewirkt werden wird, so kann der Verfrachter den Vertrag kündigen und die Ansprüche nach § 489 Absatz 2 geltend machen.

(3) Wird das Gut bis zum Ablauf der nach Absatz 1 gesetzten Frist nur teilweise abgeladen, so kann der Verfrachter den bereits verladenen Teil des Gutes befördern und die volle Fracht sowie Ersatz der Aufwendungen verlangen, die ihm durch das Fehlen eines Teils des Gutes entstehen. Von der vollen Fracht ist jedoch die Fracht für die Beförderung desjenigen Gutes abzuziehen, welches der Verfrachter mit demselben Schiff anstelle des nicht verladenen Gutes befördert. Soweit dem Verfrachter durch das Fehlen eines Teils des Gutes die Sicherheit für die volle Fracht entgeht, kann er außerdem eine anderweitige Sicherheit verlangen.

(4) Der Verfrachter kann die Rechte nach Absatz 2 oder 3 auch ohne Fristsetzung ausüben, wenn der Befrachter oder der in § 482 Absatz 2 genannte Dritte die Abladung ernsthaft und endgültig verweigert. Er kann ferner den Vertrag nach Absatz 2 auch ohne Fristsetzung kündigen, wenn besondere Umstände vorliegen, die ihm unter Abwägung der beiderseitigen Interessen die Fortsetzung des Vertragsverhältnisses unzumutbar machen.

(5) Dem Verfrachter stehen die Rechte nicht zu, soweit das Gut aus Gründen, die dem Risikobereich des Verfrachters zuzurechnen sind, nicht innerhalb der vertraglich vereinbarten Zeit abgeladen wird.

§ 491 〔Nachträgliche Weisungen〕 (1) Soweit § 520 Absatz 1 nichts Abweichendes bestimmt, ist der Befrachter berechtigt, über das Gut zu verfügen. Er kann insbesondere verlangen, dass der Verfrachter das Gut nicht weiterbefördert, es zu einem anderen Bestimmungsort befördert oder es an einem anderen Löschplatz oder einem anderen

으로 제492조 제3항 제2문 내지 제4문에 상응하는 조치를 취할 수 있다. 해지의 근거 이유가 운송인의 위험 범위에 속하는 때에는, 본항 1문과 달리, 그 비용을 운송인이 부담하여야 한다.

제490조【인도 지체시 운송인의 권리】 (1) 송하인이 계약에서 정한 기간 내에 전혀 혹은 완전히 화물을 인도하여 주지 않는 경우, 운송인은 송하인이 반드시 그 기간 내에 화물을 인도하여 주어야 할 적당한 기간을 정할 수 있다.

(2) 위 제1항에 따라 정한 기간이 경과하도록 화물이 인도되지 않거나 혹은 이 기간 내에 인도가 이루어지지 않을 것이 명백하게 된 경우, 운송인은 계약을 해지하고 제489조 제2항에 따라 청구권을 행사할 수 있다.

(3) 제1항에서 정한 기간이 경과하도록 오로지 일부 화물밖에 인도되지 않은 경우, 운송인은 이미 선적된 일부 화물을 운송하고 운임 전액과 일부 화물의 탈루로 인해 발생한 비용의 보상을 청구할 수 있다. 그러나 선적을 하지 않은 화물 대신에, 운송인이 동일한 선박을 가지고 운송한 다른 화물에 대한 운임은 이를 송하인이 지급할 운임 총액에서 공제하여야 한다. 그 외에도 일부 화물의 부재로 인하여 운송인이 운임 전액에 대한 담보를 상실하게 된 경우, 운송인은 추가 담보를 요구할 수 있다.

(4) 송하인 또는 제482조 제2항에서 말하는 제3자가 명확하고 최종적으로 화물의 인도를 거절하는 때에는, 운송인은 기간을 지정함이 없이 바로 위 제2항 또는 제3항의 규정에 따라 권리를 행사할 수 있다. 나아가 당사자의 이해를 형량하여 볼 때에 계약관계를 지속하는 것을 기대할 수 없는 특별한 상황이 존재하는 경우에도, 운송인은 기간을 지정함이 없이 바로 위 제2항에 따라 계약을 해지할 수 있다.

(5) 운송인의 위험 범위에 해당하는 사유로 화물이 계약으로 정한 기간 내에 인도되지 않은 경우, 운송인은 이러한 권리가 없다.

제491조【사후 지시】 (1) 제520조 제1항에서 달리 정하지 않는 한, 송하인은 화

Empfänger abliefert. Der Verfrachter ist nur insoweit zur Befolgung solcher Weisungen verpflichtet, als deren Ausführung weder Nachteile für den Betrieb seines Unternehmens noch Schäden für die Befrachter oder Empfänger anderer Sendungen mit sich zu bringen droht. Er kann vom Befrachter Ersatz seiner durch die Ausführung der Weisung entstehenden Aufwendungen sowie eine angemessene Vergütung verlangen; der Verfrachter kann die Befolgung der Weisung von einem Vorschuss abhängig machen.

(2) Das Verfügungsrecht des Befrachters erlischt nach Ankunft des Gutes am Löschplatz. Von diesem Zeitpunkt an steht das Verfügungsrecht nach Absatz 1 dem Empfänger zu. Macht der Empfänger von diesem Recht Gebrauch, so hat er dem Verfrachter die dadurch entstehenden Aufwendungen zu ersetzen sowie eine angemessene Vergütung zu zahlen; der Verfrachter kann die Befolgung der Weisung von einem Vorschuss abhängig machen.

(3) Ist ein Seefrachtbrief ausgestellt worden, so kann der Befrachter sein Verfügungsrecht nur gegen Vorlage der für ihn bestimmten Ausfertigung des Seefrachtbriefs ausüben, sofern dies darin vorgeschrieben ist.

(4) Beabsichtigt der Verfrachter, eine ihm erteilte Weisung nicht zu befolgen, so hat er denjenigen, der die Weisung gegeben hat, unverzüglich zu benachrichtigen.

(5) Ist die Ausübung des Verfügungsrechts von der Vorlage eines Seefrachtbriefs abhängig gemacht worden und führt der Verfrachter eine Weisung aus, ohne sich die Ausfertigung des Seefrachtbriefs vorlegen zu lassen, so haftet er dem Berechtigten für den daraus entstehenden Schaden. Die Haftung ist auf den Betrag begrenzt, der bei Verlust des Gutes zu zahlen wäre. Eine Vereinbarung, durch die die Haftung erweitert oder weiter verringert wird, ist nur wirksam, wenn sie im Einzelnen ausgehandelt wird, auch wenn sie für eine Mehrzahl von gleichartigen Verträgen zwischen denselben Vertragsparteien getroffen wird.

§ 492 [Beförderungs- und Ablieferungshindernisse]   (1) Wird nach Übernahme des Gutes erkennbar, dass die Beförderung oder Ablieferung nicht vertragsgemäß durchgeführt werden kann, so hat der Verfrachter Weisungen des nach § 491 oder § 520 Verfügungsberechtigten einzuholen. Ist der Empfänger verfügungsberechtigt und ist er nicht zu ermitteln oder verweigert er die Annahme des Gutes, so ist,

물을 처분할 권한이 있다. 송하인은 특히 화물을 더 이상 운송하지 말거나, 다른 목적지로 운송하거나, 혹은 다른 양륙 장소에서 또는 다른 수하인에게 인도하라고, 운송인에게 요구할 수 있다. 운송인은 지시를 수행하는 것이 자기 기업 운영에 있어 피해를, 혹은 다른 운송의 송하인 또는 수하인에게 손해를 수반할 우려가 없는 때에 한해, 그러한 지시를 따를 의무가 있다. 운송인은 자기가 지시를 수행함으로 인해 발생한 비용의 보전과 그에 대한 상당한 보상을 청구할 수 있다.; 운송인은 사전에 선급을 조건으로 지시를 수행하는 것으로 할 수 있다.

(2) 송하인의 처분권은 화물이 양륙 장소에 도착하면 소멸한다. 이 시점부터 수하인이 제1항에 의한 처분권을 가진다. 수하인이 이 권한을 행사하면 운송인에게 그로 인해 발생한 비용을 보전하고, 그에 대해 상당한 보상을 지급하여야 한다.; 운송인은 사전에 선급을 조건으로 지시를 수행하는 것으로 할 수 있다.

(3) 해상운송장이 발행된 경우, 송하인은 자기를 지정하여 발행된 해상운송장 원본을 제시하고, 나아가 해상운송장에 그러한 규정이 있는 때에 한해, 이러한 처분권을 행사할 수 있다.

(4) 운송인은 자기에게 한 지시를 따르지 않으려고 할 때에는 지체 없이 지시를 한 사람에게 이를 통지하여야 한다.

(5) 처분권의 행사가 해상운송장의 제시 여부에 달려 있음에도 불구하고, 송하인이 해상운송장 원본을 제시하게 하지 않았는데 운송인이 지시를 수행한 경우, 운송인은 권리자에 대해 그로 인해 발생한 손해를 배상할 책임이 있다. 이 손해배상책임은 화물이 멸실되었을 때에 지급할 금액으로 한정된다. 이러한 책임을 확장하거나 더욱 축소하려는 약정은, 비록 동일한 당사자 사이의 동종의 다수 계약에 관한 것일지라도 개별적으로 교섭을 거쳐 정하여진 때에는, 그 효력이 있다.

제492조 【운송 및 인도 장애】 (1) 화물을 인도받은 후에 계약에 따라 운송 또는 인도를 수행할 수 없는 것이 명백하게 된 경우, 운송인은 제491조 또는 제520조에 의한 처분권자로부터의 지시를 구하여야 한다. 수하인이 처분권자이고 그 수하인을 확지할 수 없거나 수하인이 화물의 수령을 거절하는 경우, 선하증권도 발행되지 않은 때에는, 송하인이 제1문에 따라 처분권자가 된다.; 처분권의 행사가 해상운송장의 제시에 달려 있게 된 경우에도, 이때에는 권리 행사를 위해 해상운송장

wenn ein Konnossement nicht ausgestellt ist, Verfügungsberechtigter nach Satz 1 der Befrachter; ist die Ausübung des Verfügungsrechts von der Vorlage eines Seefrachtbriefs abhängig gemacht worden, so bedarf es der Vorlage des Seefrachtbriefs nicht. Der Verfrachter ist, wenn ihm Weisungen erteilt worden sind und das Hindernis nicht seinem Risikobereich zuzurechnen ist, berechtigt, Ansprüche nach § 491 Absatz 1 Satz 4 geltend zu machen.

(2) Tritt das Beförderungs- oder Ablieferungshindernis ein, nachdem der Empfänger auf Grund seiner Verfügungsbefugnis nach § 491 die Weisung erteilt hat, das Gut einem Dritten abzuliefern, so nimmt bei der Anwendung des Absatzes 1 der Empfänger die Stelle des Befrachters und der Dritte die des Empfängers ein.

(3) Kann der Verfrachter Weisungen, die er nach § 491 Absatz 1 Satz 3 befolgen müsste, innerhalb angemessener Zeit nicht erlangen, so hat er die Maßnahmen zu ergreifen, die im Interesse des Verfügungsberechtigten die besten zu sein scheinen. Er kann etwa das Gut löschen und verwahren, für Rechnung des nach § 491 oder § 520 Verfügungsberechtigten einem Dritten zur Verwahrung anvertrauen oder zurückbefördern; vertraut der Verfrachter das Gut einem Dritten an, so haftet er nur für die sorgfältige Auswahl des Dritten. Der Verfrachter kann das Gut auch gemäß § 373 Absatz 2 bis 4 verkaufen lassen, wenn es sich um verderbliche Ware handelt oder der Zustand des Gutes eine solche Maßnahme rechtfertigt oder wenn die andernfalls entstehenden Kosten in keinem angemessenen Verhältnis zum Wert des Gutes stehen. Unverwertbares Gut darf der Verfrachter vernichten. Nach dem Löschen des Gutes gilt die Beförderung als beendet.

(4) Der Verfrachter hat wegen der nach Absatz 3 ergriffenen Maßnahmen Anspruch auf Ersatz der erforderlichen Aufwendungen und auf angemessene Vergütung, es sei denn, dass das Hindernis seinem Risikobereich zuzurechnen ist.

§ 493 [Zahlung. Frachtberechnung] (1) Die Fracht ist bei Ablieferung des Gutes zu zahlen. Der Verfrachter hat über die Fracht hinaus einen Anspruch auf Ersatz von Aufwendungen, soweit diese für das Gut gemacht wurden und er sie den Umständen nach für erforderlich halten durfte.

(2) Der Anspruch auf die Fracht entfällt, soweit die Beförderung unmöglich ist. Wird die Beförderung infolge eines Beförderungs- oder Ablieferungshindernisses

의 제시가 필요 없다. 운송인이 지시를 수령하고 또 장애가 운송인이 부담할 위험 범위에 속하지 않은 때에는, 운송인은 제491조 제1항 제4문에 의한 권리를 행사할 수 있다.

　(2) 수하인이 제491조에 의한 처분권에 기해 제3자에게 화물을 인도하여 줄 것을 지시한 다음에, 운송 또는 인도에 장애가 발생한 경우, 위 제1항을 적용함에 있어 수하인은 송하인의 지위를, 제3자는 수하인의 지위를 갖는다.

　(3) 운송인이 제491조 제1항 제3문에 따라 수행해야 할 지시를 상당한 기간 내에 수령하지 못한 경우, 운송인은 처분권자의 이익을 위하여 최선이라고 보여지는 조치를 취하여야 한다. 예건대 운송인은 화물을 양륙하여 보관할 수도 있고, 제491조 또는 제520조에 의한 처분권자의 계산으로 보관을 위해 화물을 제3자에게 위탁할 수도 있고, 또는 화물을 도로 반송할 수도 있다.; 보관을 위해 화물을 제3자에게 위탁한 경우, 운송인은 오로지 그 선정에 있어 주의와 관련하여 책임을 진다. 부패할 상품이 문제가 되고 화물의 상태가 이를 정당화 하는 때, 혹은 그렇지 않으면 발생할 비용의 지출이 화물의 가격에 대비하여 과도하다고 인정될 때에는, 운송인은 제373조 제2항 내지 4항에 따라 이를 매각하게 할 수도 있다. 환가가 불가능한 화물은 운송인이 이를 훼멸할 수도 있다. 양륙이 완료되면 운송은 종료된 것으로 본다.

　(4) 운송인은 제3항에 따라 취한 조치에 관해 거기에 필요한 비용의 보전과 상당한 보상을 청구할 수 있고, 다만 그 장애가 운송인이 부담할 위험 범위 내에 있는 때에는 그러하지 않다.

제493조 【지급 및 운임의 계산】　(1) 운임은 화물을 인도하여 주면서 지급하여야 한다. 운송인은 운임 외에 화물을 위하여 지출하였던 비용도, 운송인이 상황에 비추어 필요하다고 볼 수 있었던 비용이면, 그 보전을 청구할 수 있다.

　(2) 운임청구권은 운송이 불가능하게 되면 소멸한다. 운송 또는 인도의 장애로 인해 운송이 조기에 종료된 경우, 운송인은 수행한 일부 운송이 송하인에게 이익이 되면 그에 대해 부분 운임을 청구할 수 있다.

　(3) 위 제2항과 별도로, 송하인이 지는 위험 범위 내의 사유로, 또는 송하인이 수령지체 중에 있는 때에 발생한 사유로, 운송이 불가능하게 된 때에는, 운송인은 운

vorzeitig beendet, so gebührt dem Verfrachter die anteilige Fracht für den zurückgelegten Teil der Beförderung, wenn diese für den Befrachter von Interesse ist.

(3) Abweichend von Absatz 2 behält der Verfrachter den Anspruch auf die Fracht, wenn die Beförderung aus Gründen unmöglich ist, die dem Risikobereich des Befrachters zuzurechnen sind oder die zu einer Zeit eintreten, zu welcher der Befrachter im Verzug der Annahme ist. Der Verfrachter muss sich jedoch das, was er an Aufwendungen erspart oder anderweitig erwirbt oder zu erwerben böswillig unterlässt, anrechnen lassen.

(4) Tritt nach Beginn der Beförderung und vor Ankunft am Löschplatz eine Verzögerung ein und beruht die Verzögerung auf Gründen, die dem Risikobereich des Befrachters zuzurechnen sind, so gebührt dem Verfrachter neben der Fracht eine angemessene Vergütung.

(5) Ist die Fracht nach Zahl, Gewicht oder anders angegebener Menge des Gutes vereinbart, so wird für die Berechnung der Fracht vermutet, dass Angaben hierzu im Seefrachtbrief oder Konnossement zutreffen; dies gilt auch dann, wenn zu diesen Angaben ein Vorbehalt eingetragen ist, der damit begründet ist, dass keine angemessenen Mittel zur Verfügung standen, die Richtigkeit der Angaben zu überprüfen.

§ 494 [Rechte des Empfängers. Zahlungspflicht] (1) Nach Ankunft des Gutes am Löschplatz ist der Empfänger berechtigt, vom Verfrachter zu verlangen, ihm das Gut gegen Erfüllung der Verpflichtungen aus dem Stückgutfrachtvertrag abzuliefern. Ist das Gut beschädigt oder verspätet abgeliefert worden oder verloren gegangen, so kann der Empfänger die Ansprüche aus dem Stückgutfrachtvertrag im eigenen Namen gegen den Verfrachter geltend machen; der Befrachter bleibt zur Geltendmachung dieser Ansprüche befugt. Dabei macht es keinen Unterschied, ob der Empfänger oder der Befrachter im eigenen oder fremden Interesse handelt.

(2) Der Empfänger, der sein Recht nach Absatz 1 Satz 1 geltend macht, hat die noch geschuldete Fracht bis zu dem Betrag zu zahlen, der aus dem Beförderungsdokument hervorgeht. Ist ein Beförderungsdokument nicht ausgestellt oder dem Empfänger nicht vorgelegt worden oder ergibt sich aus dem Beförderungsdokument nicht die Höhe der zu zahlenden Fracht, so hat der Empfänger die mit dem Befrachter vereinbarte Fracht zu zahlen, soweit diese nicht unangemessen ist.

(3) Der Empfänger, der sein Recht nach Absatz 1 Satz 1 geltend macht, hat ferner

임청구권을 보유한다. 그러나 운송인은 그가 절약한 비용과 달리 얻은 수익 또는 얻을 수 있었지만 악의로 포기한 수익을 운임에 산입하여야 한다.

(4) 운송의 개시 후 양륙지에 도착 이전에, 지체가 발생하고 이 지체가 송하인의 위험 범위에 속하는 사유에 기인한 경우, 운송인은 운임 이외에 상당한 보상을 요구할 수 있다.

(5) 운임이 화물의 개수, 중량 기타 수량에 의해 약정된 경우, 해상운송장 또는 선하증권상에 있는 이에 관한 기재는, 운임을 계산함에 있어, 정확하다고 추정한다.; 이 규정은 비록 그 기재가 정확한지 확인할 적당한 이용 수단이 없었다는 이유에 근거한 유보가 그 기재에 삽입되어 있는 때에도 이를 적용한다.

제494조 【수하인의 권리. 지급의무】　　(1) 화물이 양륙지에 도착하면 수하인은 개품운송계약상 의무 이행과 상환으로 자기에게 화물을 인도하여 줄 것을 운송인에게 요구할 권리가 있다. 화물이 훼손이나 지연되어 인도되거나 혹은 완전히 멸실된 경우에, 수하인은 자기 명의로 운송인에 대해 운송 계약상 권리를 행사할 수 있다.; 송하인도 계속 이 권리를 행사할 수 있다. 여기에서 수하인 혹은 송하인이 자기의 이익을 위하여 혹은 타인의 이익을 위하여 행동하는지는 아무런 상관이 없다.

(2) 위 제1항 제1문에 의한 권리를 행사하는 수하인은 운송증서에 나타난 금액의 범위 내에서 아직 미납인 운임을 지급하여야 한다. 운송증서가 발행되지 않은 경우, 운송증서가 수하인에게 제시되지 않은 경우, 혹은 운송증서에 지급할 운임의 금액이 나타나 있지 않은 경우, 송하인과 약정한 운임을, 그 금액이 부당하다고 여겨지지 않는 한, 수하인은 지급하여야 한다.

(3) 나아가 위 제1항 제1문에 의한 권리를 행사하는 수하인은 제493조 제4항에 의한 보상도, 화물을 인도하여 주면서 그에게 지급할 금액을 통지했던 때에는, 이를 변제하여야 한다.

(4) 송하인도 계속하여 계약에 따라 지고 있는 채무 금액에 대해 지급할 의무가 있다.

eine Vergütung nach § 493 Absatz 4 zu zahlen, wenn ihm der geschuldete Betrag bei Ablieferung des Gutes mitgeteilt worden ist.

(4) Der Befrachter bleibt zur Zahlung der nach dem Vertrag geschuldeten Beträge verpflichtet.

§ 495 [Pfandrecht des Verfrachters]　(1) Der Verfrachter hat für alle Forderungen aus dem Stückgutfrachtvertrag ein Pfandrecht an dem ihm zur Beförderung übergebenen Gut des Befrachters, des Abladers oder eines Dritten, der der Beförderung des Gutes zugestimmt hat. An dem Gut des Befrachters hat der Verfrachter auch ein Pfandrecht für alle unbestrittenen Forderungen aus anderen mit dem Befrachter abgeschlossenen Seefracht-, Fracht-, Speditions- und Lagerverträgen. Das Pfandrecht erstreckt sich auf die Begleitpapiere.

(2) Das Pfandrecht besteht, solange der Verfrachter das Gut in seinem Besitz hat, insbesondere solange er mittels Konnossements, Ladescheins oder Lagerscheins darüber verfügen kann.

(3) Das Pfandrecht besteht auch nach der Ablieferung fort, wenn der Verfrachter es innerhalb von zehn Tagen nach der Ablieferung gerichtlich geltend macht und das Gut noch im Besitz des Empfängers ist.

(4) Die in § 1234 Absatz 1 des Bürgerlichen Gesetzbuchs bezeichnete Androhung des Pfandverkaufs sowie die in den §§ 1237 und 1241 des Bürgerlichen Gesetzbuchs vorgesehenen Benachrichtigungen sind an den nach § 491 oder § 520 verfügungsberechtigten Empfänger zu richten. Ist dieser nicht zu ermitteln oder verweigert er die Annahme des Gutes, so sind die Androhung und die Benachrichtigungen an den Befrachter zu richten.

§ 496 [Nachfolgender Verfrachter]　(1) Hat im Falle der Beförderung durch mehrere Verfrachter der letzte bei der Ablieferung die Forderungen vorhergehender Verfrachter einzuziehen, so hat er die Rechte der vorhergehenden Verfrachter, insbesondere auch das Pfandrecht, auszuüben. Das Pfandrecht jedes vorhergehenden Verfrachters bleibt so lange bestehen wie das Pfandrecht des letzten Verfrachters.

(2) Wird ein vorhergehender Verfrachter von einem nachfolgenden befriedigt, so gehen Forderung und Pfandrecht des ersteren auf den letzteren über.

(3) Die Absätze 1 und 2 gelten auch für die Forderungen und Rechte eines Spediteurs, der an der Beförderung mitgewirkt hat.

제495조【운송인의 질권】　(1) 운송인은 개품운송계약에 의한 모든 채권에 관해 송하인, 선적인 혹은 운송에 동의한 제3자가 운송을 위해 그에게 인도한 화물에 대해 질권을 갖는다. 운송인이 송하인과 체결한 다른 해상운송계약, 운송계약, 주선계약 및 보관계약에 기한 다툼이 없는 채권에 관해서도, 운송인은 송하인의 화물에 대해 질권을 갖는다. 질권은 질물을 수반한 증서에 대하여도 그 효력이 미친다.

(2) 질권은 운송인이 화물을 점유하고 있는 동안 존속하고, 특히 선하증권, 선적증서 또는 창고증권에 의하여 화물을 처분할 수 있는 동안 존속한다.

(3) 화물을 인도하여 주고 난 다음에도 만일 운송인이 인도 후 10일 이내에 법적인 절차를 밟아 권리를 행사하고, 화물이 아직 수하인의 점유 하에 놓여 있는 때에는, 질권은 존속한다.

(4) 민법 제1234조 제1항에 있는 질물 매각 예고 및 민법 제1237조 및 제1241조에서 예상한 통지는 본법 제491조 또는 제520조에 의해 처분권을 가진 수하인에게 하여야 한다. 이러한 사람을 확지할 수 없거나 이러한 사람이 수령을 거절하는 경우, 예고와 통지는 송하인에게 하여야 한다.

제496조【순차 운송인】　(1) 다수 운송인에 의한 운송에서 최종 운송인이 화물을 인도하여 주면서 이전 운송인의 채권을 행사해야 하는 경우, 최종 운송인은 이전 운송인의 권리, 특히 질권도 행사하여야 한다. 모든 이전 채권자의 질권은 최종 운송인의 질권과 같은 기간 존속한다.

(2) 후 운송인이 전 운송인에게 변제하면 전 운송인의 채권과 질권은 후 운송인에게 이전된다.

(3) 위 제1항 및 제2항은 운송에 참여한 운송주선인의 채권 및 권리에 대하여도 적용된다.

제497조【다수 질권 사이의 우선순위】　동일한 화물에 제397조, 제440조, 제464조, 제475조의 (b) 및 제495조에 기한 질권이 다수 존재하는 경우, 이러한 채권 사

§ 497 〔Rang mehrerer Pfandrechte〕   Bestehen an demselben Gut mehrere nach den §§ 397, 440, 464, 475b und 495 begründete Pfandrechte, so bestimmt sich der Rang dieser Pfandrechte untereinander nach § 442.

Zweiter Untertitel. Haftung wegen Verlust oder Beschädigung des Gutes.

§ 498 〔Haftungsgrund〕   (1) Der Verfrachter haftet für den Schaden, der durch Verlust oder Beschädigung des Gutes in der Zeit von der Übernahme zur Beförderung bis zur Ablieferung entsteht.

(2) Der Verfrachter ist von seiner Haftung nach Absatz 1 befreit, soweit der Verlust oder die Beschädigung auf Umständen beruht, die durch die Sorgfalt eines ordentlichen Verfrachters nicht hätten abgewendet werden können. Wurde das Gut mit einem seeuntüchtigen oder ladungsuntüchtigen Schiff befördert und ist nach den Umständen des Falles wahrscheinlich, dass der Verlust oder die Beschädigung auf dem Mangel der See- oder Ladungstüchtigkeit beruht, so ist der Verfrachter jedoch nur dann nach Satz 1 von seiner Haftung befreit, wenn er auch beweist, dass der Mangel der See- oder Ladungstüchtigkeit bei Anwendung der Sorgfalt eines ordentlichen Verfrachters bis zum Antritt der Reise nicht zu entdecken war.

(3) Hat bei der Entstehung des Schadens ein Verschulden des Beschädigten mitgewirkt, so hängt die Verpflichtung zum Ersatz sowie der Umfang des zu leistenden Ersatzes von den Umständen, insbesondere davon ab, inwieweit der Schaden vorwiegend von dem einen oder dem anderen Teil verursacht worden ist.

§ 499 〔Besondere Schadensursachen〕   (1) Der Verfrachter haftet nicht, soweit der Verlust oder die Beschädigung auf einem der folgenden Umstände beruht:

    1. Gefahren oder Unfällen der See und anderer schiffbarer Gewässer,

    2. kriegerischen Ereignissen, Unruhen, Handlungen öffentlicher Feinde oder Verfügungen von hoher Hand sowie Quarantänebeschränkungen,

    3. gerichtlicher Beschlagnahme,

    4. Streik, Aussperrung oder sonstiger Arbeitsbehinderung,

    5. Handlungen oder Unterlassungen des Befrachters oder Abladers, insbesondere ungenügender Verpackung oder ungenügender Kennzeichnung der

이의 우열은 제442조에 의하여 정한다.

제2항 화물의 멸실 또는 훼손에 대한 책임

제498조【책임원칙】　(1) 운송인은 운송을 위해 화물을 인수한 때부터 이를 인도하여 줄 때까지 사이에 화물의 멸실 또는 훼손으로 인해 발생한 손해를 배상할 책임이 있다.

(2) 운송인으로 통상 요구되는 주의를 다한다 하더라도 피할 수 없었던 상황 하에서 멸실 또는 훼손이 발생한 경우에는, 운송인은 위 제1항의 책임을 면한다. 그러나 항해불감성 또는 적하불감성 선박을 가지고 화물을 운송하였고, 사건 전체 상황에 비추어 감항성 또는 감하성의 결여에 의하여 멸실 또는 훼손이 보통 발생할 수 있었다고 보여지는 경우, 운송인은 항해를 개시할 때까지 운송인으로서의 통상의 주의를 다한다 하더라도 그 감항성 또는 감하성의 결여를 발견할 수 없었다는 것을 입증한 때에, 비로소 위 제1문의 책임을 면한다.

(3) 피해자의 귀책사유가 손해의 발생에 관여된 경우, 보상 의무 및 보상할 범위는 상황, 특히 손해가 어느 정도, 어느 한쪽 혹은 다른 쪽 당사자에 의하여 주로 유발되었는지에 의해 결정한다.

제499조【특별한 사고 원인】　(1) 다음 중 어느 사유로 멸실 또는 훼손이 발생하면 운송인은 책임을 면한다.:

1. 해상 및 항행 가능 수면에서의 위험 또는 사고,
2. 전쟁 현상, 폭동, 적국의 행위, 국가의 처분 및 검역상 제한,
3. 재판상 압류,
4. 파업, 직장폐쇄, 기타 노동쟁의.
5. 송하인 또는 선적인의 작위 또는 부작위, 특히 송하인 또는 선적인에 의한 개품의 불충분한 포장 또는 불충분한 기호표시,
6. 특별히 손해가 발생하기 쉬운 화물의 원래 성격 또는 성질, 특히 파손, 녹,

Frachtstücke durch den Befrachter oder Ablader,

6. der natürlichen Art oder Beschaffenheit des Gutes, die besonders leicht zu Schäden, insbesondere durch Bruch, Rost, inneren Verderb, Austrocknen, Auslaufen, normalen Schwund an Raumgehalt oder Gewicht, führt,

7. der Beförderung lebender Tiere,

8. Maßnahmen zur Rettung von Menschen auf Seegewässern,

9. Bergungsmaßnahmen auf Seegewässern.

Satz 1 gilt nicht, wenn der Schaden durch die Sorgfalt eines ordentlichen Verfrachters hätte abgewendet werden können.

(2) Ist nach den Umständen des Falles wahrscheinlich, dass der Verlust oder die Beschädigung auf einem der in Absatz 1 Satz 1 aufgeführten Umstände beruht, so wird vermutet, dass der Schaden auf diesem Umstand beruht. Satz 1 gilt nicht, wenn das Gut mit einem seeuntüchtigen oder ladungsuntüchtigen Schiff befördert wurde.

(3) Ist der Verfrachter nach dem Stückgutfrachtvertrag verpflichtet, das Gut gegen die Einwirkung von Hitze, Kälte, Temperaturschwankungen, Luftfeuchtigkeit, Erschütterungen oder ähnlichen Einflüssen besonders zu schützen, so kann er sich auf Absatz 1 Satz 1 Nummer 6 nur berufen, wenn er alle ihm nach den Umständen obliegenden Maßnahmen, insbesondere hinsichtlich der Auswahl, Instandhaltung und Verwendung besonderer Einrichtungen, getroffen und besondere Weisungen beachtet hat.

(4) Der Verfrachter kann sich auf Absatz 1 Satz 1 Nummer 7 nur berufen, wenn er alle ihm nach den Umständen obliegenden Maßnahmen getroffen und besondere Weisungen beachtet hat.

§ 500 [Unerlaubte Verladung auf Deck] Hat der Verfrachter ohne die nach § 486 Absatz 4 erforderliche Zustimmung des Befrachters oder des Abladers Gut auf Deck verladen, haftet er, auch wenn ihn kein Verschulden trifft, für den Schaden, der dadurch entsteht, dass das Gut auf Grund der Verladung auf Deck verloren gegangen ist oder beschädigt wurde. Im Falle von Satz 1 wird vermutet, dass der Verlust oder die Beschädigung des Gutes darauf zurückzuführen ist, dass das Gut auf Deck verladen wurde.

§ 501 [Haftung für andere] Der Verfrachter hat ein Verschulden seiner Leute und der Schiffsbesatzung in gleichem Umfang zu vertreten wie eigenes Verschulden.

내적 부패, 건조, 유출, 통상의 용적 또는 중량 감소로 인한 것,

　7. 산 동물의 운송,

　8. 해상에서 인명의 구조를 위한 조치,

　9. 해상에서 구조 조치

위 제1문은 운송인이 통상의 주의를 다했다면 회피할 수 있었던 손해에 대하여는 적용되지 않는다.

　(2) 사건의 모든 상황에 비추어 멸실 또는 훼손이 위 제1항 제1문에 열거된 어느 한 사유에 기인하여 멸실 혹은 훼손이 보통 발생할 수 있었다고 보여 지는 경우, 그 손해는 그 사유로 발생했다고 추정한다. 본항 제1문은 항해불감성 혹은 적하불감성 선박에 의하여 화물이 운송된 때에는 적용되지 않는다.

　(3) 개품운송계약에 의해 운송인이 열기, 추위, 온도 변화, 습기, 진동 기타 유사한 영향으로부터 화물을 특별히 보호할 의무를 지는 경우, 운송인은 상황에 비추어 그에게 부과된 모든 조치, 특히 특별한 장비의 선정, 관리 및 이용에 관한 조치를 취하고, 특별한 지시를 준수한 때에 한해, 위 제1항 제1문 6호를 원용할 수 있다.

　(4) 운송인은, 상황에 비추어 그에게 부과된 모든 조치를 취하고, 특별한 지시를 준수한 때에 한해, 위 제1항 제1문 7호를 원용할 수 있다.

제500조【허용되지 않는 갑판 선적】　　운송인이 제486조 제4항에 따라 필요한 송하인 또는 선적인의 동의 없이 화물을 갑판에 선적한 경우, 운송인이 갑판에 선적하였기 때문에 화물이 멸실되고 훼손됨으로 인하여 발생한 손해는, 비록 그에게 귀책사유가 없다 하더라도, 이를 배상할 책임이 있다. 본조 제1문의 경우에 화물의 멸실이나 훼손은 화물을 갑판에 선적한 데 기인한다고 추정한다.

제501조【타인으로 인한 책임】　　운송인은 자기의 직원 및 선원의 귀책사유에 대해 자신의 귀책사유와 동일한 범위로 책임을 진다. 운송을 수행하기 위해 운송인이 사용한 다른 사람의 귀책사유에 대하여도 동일한 원칙이 적용된다.

Gleiches gilt für das Verschulden anderer Personen, deren er sich bei Ausführung der Beförderung bedient.

§ 502 [Wertersatz] (1) Hat der Verfrachter nach den Bestimmungen dieses Untertitels für gänzlichen oder teilweisen Verlust des Gutes Schadensersatz zu leisten, so ist der Wert zu ersetzen, den das verlorene Gut bei fristgemäßer Ablieferung am vertraglich vereinbarten Bestimmungsort gehabt hätte.

(2) Hat der Verfrachter nach den Bestimmungen dieses Untertitels für die Beschädigung des Gutes Schadensersatz zu leisten, so ist der Unterschied zwischen dem Wert des beschädigten Gutes am Ort und zur Zeit der Ablieferung und dem Wert zu ersetzen, den das unbeschädigte Gut am Ort und zur Zeit der Ablieferung gehabt hätte. Es wird vermutet, dass die zur Schadensminderung und Schadensbehebung aufzuwendenden Kosten dem nach Satz 1 zu ermittelnden Unterschiedsbetrag entsprechen.

(3) Der Wert des Gutes bestimmt sich nach dem Marktpreis, sonst nach dem gemeinen Wert von Gütern gleicher Art und Beschaffenheit. Ist das Gut unmittelbar vor der Übernahme zur Beförderung verkauft worden, so wird vermutet, dass der in der Rechnung des Verkäufers ausgewiesene Kaufpreis einschließlich darin enthaltener Beförderungskosten der Marktpreis ist.

(4) Von dem nach den vorstehenden Absätzen zu ersetzenden Wert ist der Betrag abzuziehen, der infolge des Verlusts oder der Beschädigung an Zöllen und sonstigen Kosten sowie im Falle des Verlusts an Fracht erspart ist.

§ 503 [Schadensfeststellungskosten] Bei Verlust oder Beschädigung des Gutes hat der Verfrachter über den nach § 502 zu leistenden Ersatz hinaus die Kosten der Feststellung des Schadens zu tragen.

§ 504 [Haftungshöchstbetrag bei Güterschäden] (1) Die nach den §§ 502 und 503 zu leistende Entschädigung wegen Verlust oder Beschädigung ist auf einen Betrag von 666,67 Rechnungseinheiten für das Stück oder die Einheit oder einen Betrag von 2 Rechnungseinheiten für das Kilogramm des Rohgewichts des Gutes begrenzt, je nachdem, welcher Betrag höher ist. Wird ein Container, eine Palette oder ein sonstiges Lademittel verwendet, das zur Zusammenfassung von Frachtstücken verwendet wird, so gilt jedes Stück und jede Einheit, welche in einem

제502조【가격 보상】　　(1) 본 항(項)의 규정에 의하여 운송인이 화물의 전부 혹은 일부 멸실에 대해 손해배상을 하는 경우, 계약에 의해 약정된 목적지에서 적기에 인도를 하여 줄 때에 소실된 적하가 가졌을 가격을 보상하여야 한다.

(2) 본 항의 규정에 따라 운송인이 화물의 훼손에 대해 손해배상을 하는 경우, 인도하여 주는 시점과 장소에서 훼손된 화물의 가격과 인도하여 주는 시점과 장소에서 훼손되지 않은 화물이 가졌을 가격의 차이를 보상하여야 한다. 손해의 감소 및 제거를 위해 지출한 비용은 제1문에 따라 산정한 금액 차이에 해당된다고 본다.

(3) 화물의 가격은 동일 품질의 동종 화물의 시장가격, 시장가격이 없으면 일반 가격에 의하여 정한다. 운송을 위해 인도하기 전에 화물을 직접 구입한 경우, 매도인의 송장에 나타난 가격과 거기에 포함된 운송비용을 추가하여 이를 시장가격으로 추정한다.

(4) 위에서 본 여러 항에 따른 보상 가격에서, 멸실 또는 훼손의 결과, 면제된 관세, 기타 비용 및 멸실 시 부지급 운임 등 절약된 금액은 이를 공제하여야 한다.

제503조【손해확정비용】　　화물이 멸실 혹은 훼손되면 운송인은 제502조에 따라 지급할 배상 이외에 손해의 확정비용도 부담하여야 한다.

제504조【화물 손해의 책임 한도】　　(1) 화물의 멸실 혹은 훼손을 이유로 제502조 및 제503조에 따라 이행할 손해배상은 화물의 개수나 단위당 666.67 계산단위의 금액과 화물의 총 중량 킬로그램당 2 계산단위에 해당되는 금액 중 어느 금액이든 높은 금액으로 그 책임을 제한할 수 있다. 컨테이너, 팰릿, 기타 다른 개별 물건을 집합하기 위한 선적용구가 사용된 경우, 운송증서에 그러한 선적용구에 포함되어 있다고 기재된 개수 및 단위는 본항 제1문의 의미에서 개수 또는 단위로 효력이 있다. 운송증서에 이러한 기재가 포함되어 있지 않은 경우, 선적용구가 개수 또는 단위로 효력을 가진다.

(2) 화물이 다수 물품(적하)으로 구성되어 있고 오로지 개별 물품이 멸실되거나

Beförderungsdokument als in einem solchen Lademittel enthalten angegeben sind, als Stück oder Einheit im Sinne des Satzes 1. Soweit das Beförderungsdokument solche Angaben nicht enthält, gilt das Lademittel als Stück oder Einheit.

(2) Besteht das Gut aus mehreren Frachtstücken (Ladung) und sind nur einzelne Frachtstücke verloren oder beschädigt worden, so ist der Berechnung der Begrenzung nach Absatz 1

1. die gesamte Ladung zu Grunde zu legen, wenn die gesamte Ladung entwertet ist, oder

2. der entwertete Teil der Ladung zu Grunde zu legen, wenn nur ein Teil der Ladung entwertet ist.

§ 505 [Rechnungseinheit] Die in diesem Untertitel genannte Rechnungseinheit ist das Sonderziehungsrecht des Internationalen Währungsfonds. Der Betrag wird in Euro entsprechend dem Wert des Euro gegenüber dem Sonderziehungsrecht am Tag der Ablieferung des Gutes oder an dem von den Parteien vereinbarten Tag umgerechnet. Der Wert des Euro gegenüber dem Sonderziehungsrecht wird nach der Berechnungsmethode ermittelt, die der Internationale Währungsfonds an dem betreffenden Tag für seine Operationen und Transaktionen anwendet.

§ 506 [Außervertragliche Ansprüche] (1) Die in diesem Untertitel und im Stückgutfrachtvertrag vorgesehenen Haftungsbefreiungen und Haftungsbegrenzungen gelten auch für einen außervertraglichen Anspruch des Befrachters oder des Empfängers gegen den Verfrachter wegen Verlust oder Beschädigung des Gutes.

(2) Der Verfrachter kann auch gegenüber außervertraglichen Ansprüchen Dritter wegen Verlust oder Beschädigung des Gutes die Einwendungen nach Absatz 1 geltend machen. Die Einwendungen können jedoch nicht geltend gemacht werden, wenn

1. sie auf eine Vereinbarung gestützt werden, die von den Vorschriften dieses Untertitels zu Lasten des Befrachters abweicht,

2. der Dritte der Beförderung nicht zugestimmt hat und der Verfrachter die fehlende Befugnis des Befrachters, das Gut zu versenden, kannte oder infolge grober Fahrlässigkeit nicht kannte oder

3. das Gut dem Dritten oder einer Person, die von diesem ihr Recht zum Besitz ableitet, vor Übernahme zur Beförderung abhanden gekommen ist.

소멸된 경우, 위 제1항에 따른 책임한도의 계산은

1. 모든 적하의 가치가 감소되면 모든 적하를 기초로 하고, 혹은
2. 일부 적하의 가치가 감소되면 그 감소된 부분의 적하를 기초로 한다.

제505조【계산단위】   본 항(項)에서 말하는 계산단위란 국제통화기금의 특별인출권을 말한다. 이 금액은 화물을 인도하여 주는 날짜 혹은 당사자가 합의한 날짜의 유로 가격을 적용하여 유로로 환산한다. 유로의 특별인출권에 대한 가격은 국제통화기금이 해당 날짜에 자기의 운영과 거래를 위해 적용하는 계산방법으로 산정한다.

제506조【비계약적 청구권】   (1) 본 항(項) 및 개품운송계약에서 정한 책임면제 및 책임제한은 송하인 또는 수하인이 운송인을 상대로 화물의 멸실 또는 훼손을 이유로 하는 비계약적 청구권에 대하여도 적용된다.

(2) 운송인은 화물의 멸실 또는 훼손을 이유로 한 제3자의 비계약적 청구권에 대하여도 이러한 대항을 할 수 있다. 그러나 다음의 경우에는 이러한 대항을 할 수 없다.

1. 그 대항이 합의에 기초하고 있고 그 합의가 본 항의 규정에 비하여 송하인에게 불리하게 변경하는 것인 때,
2. 제3자가 운송에 동의하지 않았고, 또 송하인이 화물을 발송할 권한이 없다는 것을 운송인이 알았거나 중대한 과실로 알지 못한 때, 혹은
3. 화물이, 운송을 위해 인도하기 이전에, 제3자 또는 그로부터 점유할 권리를 승계한 사람으로부터, 이미 없어지게 된 때.

그러나 본항 제2문 1호는, 선박을 지휘 기타 관리하는 행위에 의한 손해 또는 선상에서 일어난 화재 또는 폭발에 의한 손해로서, 그로 인한 운송인의 책임에 관해 제512조 제2항 1호에 의해 제한이 허용되는 합의에 대해서는 이를 적용하지 않는다.

Satz 2 Nummer 1 gilt jedoch nicht für eine nach § 512 Absatz 2 Nummer 1 zulässige Vereinbarung über die Haftung des Verfrachters für einen Schaden, der durch ein Verhalten bei der Führung oder der sonstigen Bedienung des Schiffes oder durch Feuer oder Explosion an Bord des Schiffes entstanden ist.

§ 507 〔Wegfall der Haftungsbefreiungen und –begrenzungen〕 Die in diesem Untertitel und im Stückgutfrachtvertrag vorgesehenen Haftungsbefreiungen und Haftungsbegrenzungen gelten nicht, wenn

1. der Schaden auf eine Handlung oder Unterlassung zurückzuführen ist, die der Verfrachter selbst vorsätzlich oder leichtfertig und in dem Bewusstsein begangen hat, dass ein Schaden mit Wahrscheinlichkeit eintreten werde, oder

2. der Verfrachter mit dem Befrachter oder dem Ablader vereinbart hat, dass das Gut unter Deck befördert wird, und der Schaden darauf zurückzuführen ist, dass das Gut auf Deck verladen wurde.

§ 508 〔Haftung der Leute und der Schiffsbesatzung〕 (1) Werden Ansprüche aus außervertraglicher Haftung wegen Verlust oder Beschädigung des Gutes gegen einen der Leute des Verfrachters geltend gemacht, so kann sich auch jener auf die in diesem Untertitel und im Stückgutfrachtvertrag vorgesehenen Haftungsbefreiungen und Haftungsbegrenzungen berufen. Gleiches gilt, wenn die Ansprüche gegen ein Mitglied der Schiffsbesatzung geltend gemacht werden.

(2) Eine Berufung auf die Haftungsbefreiungen und Haftungsbegrenzungen nach Absatz 1 ist ausgeschlossen, wenn der Schuldner vorsätzlich oder leichtfertig und in dem Bewusstsein gehandelt hat, dass ein Schaden mit Wahrscheinlichkeit eintreten werde.

(3) Sind für den Verlust oder die Beschädigung des Gutes sowohl der Verfrachter als auch eine der in Absatz 1 genannten Personen verantwortlich, so haften sie als Gesamtschuldner.

§ 509 〔Ausführender Verfrachter〕 (1) Wird die Beförderung ganz oder teilweise durch einen Dritten ausgeführt, der nicht der Verfrachter ist, so haftet der Dritte (ausführender Verfrachter) für den Schaden, der durch Verlust oder Beschädigung des Gutes während der durch ihn ausgeführten Beförderung entsteht, so, als wäre er der Verfrachter.

(2) Vertragliche Vereinbarungen mit dem Befrachter oder Empfänger, durch die der

제507조【책임면제 및 책임제한의 배제】   본 항(項) 또는 개품운송계약에서 규정한 책임면제 또는 책임제한은 다음의 경우에는 적용되지 않는다.

    1. 손해가 운송인 자신이 고의로, 혹은 손해가 발생할 수 있다는 사실을 알면서 무모하게 한 작위 또는 부작위에 기인한 때, 혹은

    2. 운송인이 송하인 또는 선적인과 화물을 갑판 하에 선적하기로 합의하였음에도 불구하고 이를 갑판 상에 선적하였고 이로 인하여 손해가 발생한 때.

제508조【사용인 및 선원의 책임】   (1) 화물의 멸실 또는 훼손을 이유로 운송인의 사용인에 대해 비계약적 책임에 기한 권리 행사를 하는 경우, 그 사람도 본 항(項) 또는 개품운송계약에서 정한 책임배제 또는 책임제한을 원용할 수 있다. 선원에 대해 권리를 행사하는 때에도 동일한 원칙이 적용된다.

    (2) 위 제1항에 의한 책임배제 또는 책임제한은, 그 채무자가 고의로 행위를 하였거나, 손해가 발생할 수 있다는 것을 알면서 무모하게 행위를 한 때에는, 그 적용이 배제된다.

    (3) 화물의 멸실 또는 훼손에 대해, 운송인뿐만 아니라 위 제1항에서 말한 사람도 책임을 지는 경우, 이들은 연대채무자로서 책임을 진다.

제509조【실제운송인】   (1) 운송의 전부 또는 일부가 운송인이 아닌 제3자에 의하여 실행되는 경우, 그 제3자(실제운송인)는 그가 운송을 실행하는 동안에 화물의 멸실 또는 훼손으로 인해 발생한 손해에 대해 그가 운송인인 것과 마찬가지로 책임이 있다.

    (2) 운송인의 책임을 확장하는 송하인 또는 수하인과의 계약상 약정은 오로지 실제운송인이 거기에 서면으로 동의를 한 경우에 한해 그에게 효력이 있다.

    (3) 실제운송인은 운송인이 가진 개품운송계약상 모든 대항과 항변을 행사할 수 있다.

Verfrachter seine Haftung erweitert, wirken gegen den ausführenden Verfrachter nur, soweit er ihnen schriftlich zugestimmt hat.

(3) Der ausführende Verfrachter kann alle Einwendungen und Einreden geltend machen, die dem Verfrachter aus dem Stückgutfrachtvertrag zustehen.

(4) Verfrachter und ausführender Verfrachter haften als Gesamtschuldner.

(5) Wird einer der Leute des ausführenden Verfrachters oder ein Mitglied der Schiffsbesatzung in Anspruch genommen, so ist § 508 entsprechend anzuwenden.

§ 510 〔Schadensanzeige〕　(1) Ist ein Verlust oder eine Beschädigung des Gutes äußerlich erkennbar und zeigt der Empfänger oder der Befrachter dem Verfrachter Verlust oder Beschädigung nicht spätestens bei Ablieferung des Gutes an, so wird vermutet, dass das Gut vollständig und unbeschädigt abgeliefert worden ist. Die Anzeige muss den Verlust oder die Beschädigung hinreichend deutlich kennzeichnen.

(2) Die Vermutung nach Absatz 1 gilt auch, wenn der Verlust oder die Beschädigung äußerlich nicht erkennbar war und nicht innerhalb von drei Tagen nach Ablieferung angezeigt worden ist.

(3) Die Schadensanzeige ist in Textform zu erstatten. Zur Wahrung der Frist genügt die rechtzeitige Absendung.

(4) Wird Verlust oder Beschädigung bei Ablieferung angezeigt, so genügt die Anzeige gegenüber demjenigen, der das Gut abliefert.

§ 511 〔Verlustvermutung〕　(1) Der Anspruchsberechtigte kann das Gut als verloren betrachten, wenn es nicht innerhalb eines Zeitraums abgeliefert wird, der dem Zweifachen der vereinbarten Lieferfrist entspricht, mindestens aber 30 Tage, bei einer grenzüberschreitenden Beförderung 60 Tage beträgt. Satz 1 gilt nicht, wenn der Verfrachter das Gut wegen eines Zurückbehaltungsrechts oder eines Pfandrechts nicht abzuliefern braucht oder wenn an dem Gut ein Pfandrecht für eine Forderung auf einen Beitrag zur Großen Haverei besteht und das Gut daher nicht ausgeliefert werden darf.

(2) Erhält der Anspruchsberechtigte eine Entschädigung für den Verlust des Gutes, so kann er bei deren Empfang verlangen, dass er unverzüglich benachrichtigt wird, wenn das Gut wieder aufgefunden wird.

(3) Der Anspruchsberechtigte kann innerhalb eines Monats nach Empfang der Benachrichtigung von dem Wiederauffinden des Gutes verlangen, dass ihm das Gut

(4) 운송인과 실제운송인은 연대채무자로서 책임을 진다.

(5) 실제운송인의 사용인 또는 어느 선원을 상대로 권리를 행사하는 경우, 제508조가 준용된다.

제510조【손해 통지】 (1) 화물의 멸실 또는 훼손이 외관상 명백함에도 불구하고, 송하인 또는 수하인이 화물을 수령하여 갈 때까지도 그 멸실 또는 훼손에 관해 운송인에게 통지를 하지 아니한 경우, 화물은 전부가 훼손 없이 인도되었다고 추정한다. 통지는 멸실 또는 훼손에 관해 명확하고 충분히 표시하여야 한다.

(2) 멸실 또는 훼손이 외관상 명백하지 않은 때에도, 인도 후 3일 이내에 그에 관한 통지가 없으면, 위 제1항에 따라 추정의 효력이 생긴다.

(3) 손해는 이를 문자로 하여 통지하여야 한다. 기간을 준수하기 위해서는 적기에 송부하면 그것으로 족하다.

(4) 적하를 인도하여 주면서 멸실 또는 훼손 통지를 하는 경우, 적하를 인도하여 주는 사람에게 통지를 하면 그것으로 족하다.

제511조【멸실 추정】 (1) 청구권자는, 최소 30일, 국경을 넘으면 최소 60일을 넘는 기간으로, 약정한 인도 기간의 2배에 해당하는 기간 내에, 화물이 인도되지 않으면, 그 화물이 멸실된 것으로 간주할 수 있다. 운송인이 유치권 또는 질권이 있어 화물을 인도하여 줄 필요가 없는 때, 혹은 공동해손 분담청구권으로 인해 운송인이 화물에 질권을 갖고 있고 이로 인해 화물 인도가 허용되지 않는 때에는, 제1문은 적용되지 않는다.

(2) 화물의 멸실에 대해 배상을 받은 청구권자는 그 수령을 할 때에 화물이 다시 발견되면 이를 지체 없이 자기에게 통지하여 달라고 요구할 수 있다.

(3) 화물의 회수에 관한 통지를 받은 후 1개월 내에는 청구권자는 받은 배상금을 반환하고, 만일 그 배상금에 포함된 비용이 있으면 이를 공제한 금액을 반환하

Zug um Zug gegen Erstattung der Entschädigung, gegebenenfalls abzüglich der in der Entschädigung enthaltenen Kosten, abgeliefert wird. Eine etwaige Pflicht zur Zahlung der Fracht sowie Ansprüche auf Schadensersatz bleiben unberührt.

(4) Wird das Gut nach Zahlung einer Entschädigung wieder aufgefunden und hat der Anspruchsberechtigte eine Benachrichtigung nicht verlangt oder macht er nach Benachrichtigung seinen Anspruch auf Ablieferung nicht geltend, so kann der Verfrachter über das Gut frei verfügen.

§ 512 [Abweichende Vereinbarungen]   (1) Von den Vorschriften dieses Untertitels kann nur durch Vereinbarung abgewichen werden, die im Einzelnen ausgehandelt wird, auch wenn sie für eine Mehrzahl von gleichartigen Verträgen zwischen denselben Vertragsparteien getroffen wird.

(2) Abweichend von Absatz 1, kann jedoch auch durch vorformulierte Vertragsbedingungen bestimmt werden, dass

1. der Verfrachter ein Verschulden seiner Leute und der Schiffsbesatzung nicht zu vertreten hat, wenn der Schaden durch ein Verhalten bei der Führung oder der sonstigen Bedienung des Schiffes, jedoch nicht bei der Durchführung von Maßnahmen, die überwiegend im Interesse der Ladung getroffen wurden, oder durch Feuer oder Explosion an Bord des Schiffes entstanden ist,

2. die Haftung des Verfrachters wegen Verlust oder Beschädigung auf höhere als die in § 504 vorgesehenen Beträge begrenzt ist.

Dritter Untertitel. Beförderungsdokumente.

§ 513 [Anspruch auf Ausstellung eines Konnossements]   (1) Der Verfrachter hat, sofern im Stückgutfrachtvertrag nicht etwas Abweichendes vereinbart ist, dem Ablader auf dessen Verlangen ein Orderkonnossement auszustellen, das nach Wahl des Abladers an dessen Order, an die Order des Empfängers oder lediglich an Order zu stellen ist; im letzteren Fall ist unter der Order die Order des Abladers zu verstehen. Der Kapitän und jeder andere zur Zeichnung von Konnossementen für den Reeder Befugte sind berechtigt, das Konnossement für den Verfrachter auszustellen.

(2) Ablader ist, wer das Gut dem Verfrachter zur Beförderung übergibt und vom

고, 그와 상환으로 회수된 화물을 그에게 인도하여 줄 것을 요구할 수 있다. 운임
지급의무 및 손해배상청구권은 이로 인하여 영향을 받지 않는다.

　(4) 배상을 받은 다음 화물이 다시 발견된 경우에도, 청구권자가 발견에 관한 보
고를 요구하지 않거나 혹은 그러한 보고를 받고도 반환청구권을 행사하지 않는
때에는, 운송인은 그 화물을 자유롭게 처분할 수 있다.

제512조【상치되는 약정】　(1) 개별적인 교섭을 거친 약정이 있는 때에 한해, 비
록 그 약정이 동일한 당사자 사이에 동종의 다수 계약에 관한 것일지라도, 비로소
본 항(項)의 규정과 달리 정할 수 있다.

　(2) 그러나 위 제1항과 달리 약관에 의해서도 다음과 같이 정할 수 있다.

　　1. 주로 적하의 이익에 관한 조치를 수행하는 행위가 아니라, 선박의 조종 기
　　　타 관리를 하는 행위에 의해 손해가 발생하거나 화재 또는 폭발로 인해 손
　　　해가 발생한 때에, 운송인이 그의 사용인 또는 선원의 귀책사유에 대해 책
　　　임을 지지 않는다는 약정.

　　2. 멸실 또는 훼손으로 인한 운송인의 책임을 제504조에서 규정한 금액보다
　　　더욱 고액으로 제한하는 약정.

제3항 운송증서

제513조【선하증권의 발행청구권】　(1) 개품운송계약에서 달리 약정하지 않는
한, 운송인은 선적인의 청구가 있으면 그에게 지시식 선하증권을 발행하여 주어
야 하며, 선하증권은 선적인의 선택에 좇아 선적인 앞으로, 수하인 앞으로, 혹은
단순히 그냥 지시식으로 발행한다.; 마지막의 경우에 지시는 선적인의 지시라고
본다. 선장 및 선주를 위해 선하증권에 서명할 권한을 가진 기타 모든 사람은 운송
인을 위해 선하증권을 발행할 권리가 있다.

　(2) 선적인은 운송을 위해 화물을 운송인에게 인도하여 주고 선하증권에 선적인
으로 기재하기 위해 송하인이 지명한 사람을 말한다. 선적인 이외 사람이 화물을

Befrachter als Ablader zur Eintragung in das Konnossement benannt ist. Übergibt ein anderer als der Ablader das Gut oder ist ein Ablader nicht benannt, gilt der Befrachter als Ablader.

§ 514 [Bord- und Übernahmekonnossement]   (1) Das Konnossement ist auszustellen, sobald der Verfrachter das Gut übernommen hat. Durch das Konnossement bestätigt der Verfrachter den Empfang des Gutes und verpflichtet sich, es zum Bestimmungsort zu befördern und dem aus dem Konnossement Berechtigten gegen Rückgabe des Konnossements abzuliefern.

(2) Ist das Gut an Bord genommen worden, so hat der Verfrachter das Konnossement mit der Angabe auszustellen, wann und in welches Schiff das Gut an Bord genommen wurde (Bordkonnossement). Ist bereits vor dem Zeitpunkt, in dem das Gut an Bord genommen wurde, ein Konnossement ausgestellt worden (Übernahmekonnossement), so hat der Verfrachter auf Verlangen des Abladers im Konnossement zu vermerken, wann und in welches Schiff das Gut an Bord genommen wurde, sobald dies geschehen ist (Bordvermerk).

(3) Das Konnossement ist in der vom Ablader geforderten Anzahl von Originalausfertigungen auszustellen.

§ 515 [Inhalt des Konnossements]   (1) Das Konnossement soll folgende Angaben enthalten:

1. Ort und Tag der Ausstellung,

2. Name und Anschrift des Abladers,

3. Name des Schiffes,

4. Name und Anschrift des Verfrachters,

5. Abladungshafen und Bestimmungsort,

6. Name und Anschrift des Empfängers und eine etwaige Meldeadresse,

7. Art des Gutes und dessen äußerlich erkennbare Verfassung und Beschaffenheit,

8. Maß, Zahl oder Gewicht des Gutes und dauerhafte und lesbare Merkzeichen,

9. die bei Ablieferung geschuldete Fracht, bis zur Ablieferung anfallende Kosten sowie einen Vermerk über die Frachtzahlung,

10. Zahl der Ausfertigungen.

(2) Die Angaben nach Absatz 1 Nummer 7 und 8 sind auf Verlangen des Abladers

인도하여 주거나 혹은 선적인이 아예 지명되지 않은 경우, 송하인을 선적인이라고 본다.

제514조 【선적선하증권 및 수령선하증권】 (1) 운송인이 화물을 인수하면 즉시 선하증권을 발행한다. 선하증권을 통하여 운송인은 화물의 수령을 확인하고, 나아가 운송인은 화물을 목적지까지 운송하여 선하증권상 권리자에게 선하증권과 상환으로 인도하여 줄 의무가 있다.

(2) 선상에까지 화물의 인수가 이루어진 경우, 운송인은 화물이 언제, 어느 선박상에서 인수가 이루어졌는지 이를 기재하여 선하증권을 발행하여야 한다. 선박에서 화물의 인수가 이루어지기 이전에 이미 선하증권이 발행되었던 경우(수령선하증권), 선박으로의 화물의 인수가 이루어지자마자 선적인의 요청이 있으면 운송인은 언제, 어느 선박에서 화물의 인수가 이루어졌는지를 선하증권에 부기하여야 한다(선적부기).

(3) 선하증권은 선적인이 요청하는 수의 복본으로 발행되어야 한다.

제515조 【선하증권의 내용】 (1) 선하증권에는 다음 사항의 기재가 포함되어야 한다.:

1. 발행 장소 및 날자,
2. 선적인의 성명과 주소,
3. 선명,
4. 운송인의 성명과 주소,
5. 선적항 및 목적지,
6. 수하인의 성명과 주소 및 통지처가 있으면 그 통지처,
7. 화물의 종류 및 그 외관상 명백한 상태와 특성,
8. 화물의 용적, 개수 또는 중량 및 지속 가능하고 읽을 수 있는 기호표시,

so aufzunehmen, wie er sie dem Verfrachter vor der Übernahme des Gutes in Textform mitgeteilt hat.

§ 516 [Form des Konnossements. Verordnungsermächtigung] (1) Das Konnossement ist vom Verfrachter zu unterzeichnen; eine Nachbildung der eigenhändigen Unterschrift durch Druck oder Stempel genügt.

(2) Dem Konnossement gleichgestellt ist eine elektronische Aufzeichnung, die dieselben Funktionen erfüllt wie das Konnossement, sofern sichergestellt ist, dass die Authentizität und die Integrität der Aufzeichnung gewahrt bleiben (elektronisches Konnossement).

(3) Das Bundesministerium der Justiz [eingefügt in 2015: und für Verbraucherschutz] wird ermächtigt, im Einvernehmen mit dem Bundesministerium des Innern durch Rechtsverordnung, die nicht der Zustimmung des Bundesrates bedarf, die Einzelheiten der Ausstellung, Vorlage, Rückgabe und Übertragung eines elektronischen Konnossements sowie die Einzelheiten des Verfahrens einer nachträglichen Eintragung in ein elektronisches Konnossement zu regeln.

§ 517 [Beweiskraft des Konnossements] (1) Das Konnossement begründet die Vermutung, dass der Verfrachter das Gut so übernommen hat, wie es nach § 515 Absatz 1 Nummer 7 und 8 beschrieben ist. Bezieht sich die Beschreibung auf den Inhalt eines geschlossenen Lademittels, so begründet das Konnossement jedoch nur dann die Vermutung nach Satz 1, wenn der Inhalt vom Verfrachter überprüft und das Ergebnis der Überprüfung im Konnossement eingetragen worden ist. Enthält das Konnossement keine Angabe über die äußerlich erkennbare Verfassung oder Beschaffenheit des Gutes, so begründet das Konnossement die Vermutung, dass der Verfrachter das Gut in äußerlich erkennbar guter Verfassung und Beschaffenheit übernommen hat.

(2) Das Konnossement begründet die Vermutung nach Absatz 1 nicht, soweit der Verfrachter einen Vorbehalt in das Konnossement eingetragen hat. Aus dem Vorbehalt muss sich ergeben,

1. in welcher Verfassung das Gut bei seiner Übernahme durch den Verfrachter war oder wie das Gut bei seiner Übernahme beschaffen war,

2. welche Angabe im Konnossement unrichtig ist und wie die richtige Angabe

9. 인도하여 줄 때에 지급할 운임 및 인도하여 줄 때까지 부담할 비용과 운임
   의 지급에 관한 부기,

10. 복본의 수.

(2) 제1항 7호 및 8호 기재 사항은, 선적인의 요청이 있으면, 화물을 넘겨주기 이
전에 그가 문자로 운송인에게 통지한 바에 따라 이를 기재하여야 한다.

제516조 【선하증권 형식, 명령 권한】   (1) 선하증권에는 운송인의 서명이 있어야
한다.; 친필 서명을 인쇄 또는 스탬프의 방법으로 복제하는 것으로도 충분하다.

(2) 선하증권은 그와 동일한 기능을 수행하는 전자적인 기억장치에 의해 마찬가
지로 발행될 수 있고, 다만 그 기억장치는 신빙성과 무결성의 유지가 보장되어야
한다(전자 선하증권).

(3) 법무부【2015년 추가: 및 소비자보호】는 연방 추밀원의 동의 없이, 내무부과
합의하여 명령으로 전자 선하증권의 발행, 제시, 반환 및 이전에 관한 세부사항은
물론 사후 선하증권의 기록 절차에 관한 세부사항을 정할 수 있다.

제517조 【선하증권의 증명력】   (1) 선하증권에 의해, 운송인은 제515조 제1항 7
호 및 8호에 의해 증권에 기재된 바와 같은 화물을 인수한 것으로 추정된다. 그러
나 그 기재가 밀폐된 선적용구의 내용물에 관한 것인 경우, 운송인이 그 내용물을
검사하고 그 결과가 선하증권에 기록되어 있는 때에 한해, 위 제1문의 추정력이
발생한다. 선하증권에 화물의 외관상 명백한 상태와 특징에 관한 언급이 없는 경
우, 선하증권에 의해 운송인은 외관상 명백히 양호한 상태와 특징의 화물을 수령
한 것으로 추정된다.

(2) 운송인이 선하증권에 유보 표시를 한 경우, 그 선하증권에 의해 위 제1항과
같은 추정의 효력이 발생하지 않는다. 유보에는 다음 사항을 표시하여야 한다.

1. 운송인이 화물을 인수할 때에 화물이 어떤 상태에 있었는지 및 인수할 때

lautet,

3. welchen Grund der Verfrachter zu der Annahme hatte, dass die Angabe unrichtig ist, oder

4. weshalb der Verfrachter keine ausreichende Gelegenheit hatte, die Angabe nachzuprüfen.

§ 518 [Stellung des Reeders bei mangelhafter Verfrachterangabe]   Ist in einem Konnossement, das vom Kapitän oder von einem anderen zur Zeichnung von Konnossementen für den Reeder Befugten ausgestellt wurde, der Verfrachter nicht angegeben oder ist in diesem Konnossement als Verfrachter eine Person angegeben, die nicht der Verfrachter ist, so ist aus dem Konnossement anstelle des Verfrachters der Reeder berechtigt und verpflichtet.

§ 519 [Berechtigung aus dem Konnossement. Legitimation]   Die im Konnossement verbrieften seefrachtvertraglichen Ansprüche können nur von dem aus dem Konnossement Berechtigten geltend gemacht werden. Zugunsten des legitimierten Besitzers des Konnossements wird vermutet, dass er der aus dem Konnossement Berechtigte ist. Legitimierter Besitzer des Konnossements ist, wer ein Konnossement besitzt, das

1. auf den Inhaber lautet,

2. an Order lautet und den Besitzer als Empfänger benennt oder durch eine ununterbrochene Reihe von Indossamenten ausweist oder

3. auf den Namen des Besitzers lautet.

§ 520 [Befolgung von Weisungen]   (1) Ist ein Konnossement ausgestellt, so steht das Verfügungsrecht nach den §§ 491 und 492 ausschließlich dem legitimierten Besitzer des Konnossements zu. Der Verfrachter darf Weisungen nur gegen Vorlage sämtlicher Ausfertigungen des Konnossements ausführen. Weisungen eines legitimierten Besitzers des Konnossements darf der Verfrachter jedoch nicht ausführen, wenn ihm bekannt oder infolge grober Fahrlässigkeit unbekannt ist, dass der legitimierte Besitzer des Konnossements nicht der aus dem Konnossement Berechtigte ist.

(2) Befolgt der Verfrachter Weisungen, ohne sich sämtliche Ausfertigungen des Konnossements vorlegen zu lassen, haftet er dem aus dem Konnossement

에 화물이 어떤 특성을 지녔는지,

2. 선하증권상 어느 기재가 부정확하고 정확한 기재의 내용이 무엇인지,

3. 무슨 근거로 운송인이 기재가 부정확하다고 인정하는지, 혹은

4. 왜 운송인이 그 기재를 확인할 충분한 기회를 갖지 못하였는지.

제518조 【하자 있는 운송인의 기재와 선주의 지위】　선장 또는 선주를 위해 선하증권에 서명할 권한을 가진 사람에 의해 발행된 선하증권에, 운송인이 전혀 기재되어 있지 않거나 운송인이 아닌 사람이 운송인으로 기재되어 있는 경우, 운송인 대신에 선주가 그 선하증권에 기해 권리를 갖고 의무를 부담한다.

제519조 【선하증권에 기한 권리, 적법화】　선하증권에 표창된 운송계약에 기한 청구권은 오로지 선하증권상 권리자가 이를 행사할 수 있다. 선하증권의 적법한 소지인이 되면, 그는 선하증권에 의해 권리자로 추정된다. 선하증권의 적법한 소지인이란 선하증권을 점유하고 있는 사람으로,

1. 그 선하증권이 소지인 출급식으로 발행된 경우,

2. 그 선하증권이 지시식으로 발행되고 소지인이 수하인으로 지정되어 있거나 혹은 배서의 연속에 의하여 권리자임이 증명되는 경우, 혹은

3. 소지인 명의 앞으로 발행된 경우를 말한다.

제520조 【지시의 이행】　(1) 선하증권이 발행된 경우, 제491조 및 제492조의 처분권은 오로지 선하증권의 합법적인 소지인에게 속한다. 선하증권 원본 전부를 제시한 때에 한해, 운송인이 그 지시를 따르는 것이 허용된다. 그러나 비록 선하증

Berechtigten für den Schaden, der diesem daraus entsteht. Die Haftung ist auf den Betrag begrenzt, der bei Verlust des Gutes zu zahlen wäre.

§ 521 [Ablieferung gegen Rückgabe des Konnossements] (1) Nach Ankunft des Gutes am Löschplatz ist der legitimierte Besitzer des Konnossements berechtigt, vom Verfrachter die Ablieferung des Gutes zu verlangen. Macht der legitimierte Besitzer des Konnossements von diesem Recht Gebrauch, ist er entsprechend § 494 Absatz 2 und 3 zur Zahlung der Fracht und einer sonstigen Vergütung verpflichtet.

(2) Der Verfrachter ist zur Ablieferung des Gutes nur gegen Rückgabe des Konnossements, auf dem die Ablieferung bescheinigt ist, und gegen Leistung der noch ausstehenden, nach § 494 Absatz 2 und 3 geschuldeten Zahlungen verpflichtet. Er darf das Gut jedoch nicht dem legitimierten Besitzer des Konnossements abliefern, wenn ihm bekannt oder infolge grober Fahrlässigkeit unbekannt ist, dass der legitimierte Besitzer des Konnossements nicht der aus dem Konnossement Berechtigte ist.

(3) Sind mehrere Ausfertigungen des Konnossements ausgestellt, so ist das Gut dem legitimierten Besitzer auch nur einer Ausfertigung des Konnossements abzuliefern. Melden sich mehrere legitimierte Besitzer, so hat der Verfrachter das Gut in einem öffentlichen Lagerhaus oder in sonst sicherer Weise zu hinterlegen und die Besitzer, die sich gemeldet haben, unter Angabe der Gründe seines Verfahrens hiervon zu benachrichtigen. Der Verfrachter kann in diesem Fall das Gut gemäß § 373 Absatz 2 bis 4 verkaufen lassen, wenn es sich um verderbliche Ware handelt oder der Zustand des Gutes eine solche Maßnahme rechtfertigt oder wenn die andernfalls zu erwartenden Kosten in keinem angemessenen Verhältnis zum Wert des Gutes stehen.

(4) Liefert der Verfrachter das Gut einem anderen als dem legitimierten Besitzer des Konnossements oder, im Falle des Absatzes 2 Satz 2, einem anderen als dem aus dem Konnossement Berechtigten ab, haftet er für den Schaden, der dem aus dem Konnossement Berechtigten daraus entsteht. Die Haftung ist auf den Betrag begrenzt, der bei Verlust des Gutes zu zahlen wäre.

§ 522 [Einwendungen] (1) Dem aus dem Konnossement Berechtigten kann der Verfrachter nur solche Einwendungen entgegensetzen, die die Gültigkeit der Erklärungen im Konnossement betreffen oder sich aus dem Inhalt des Konnossements

권의 합법적인 소지인의 지시라 할지라도, 운송인이 그 합법적인 소지인이 선하증권의 권리자가 아니라는 것을 알거나 중대한 과실로 알지 못한 때에는, 운송인은 그 지시를 이행할 수 없다.

(2) 모든 선하증권 복본을 제시하게 하지 않고서 지시를 이행한 운송인은 선하증권의 권리자에 대하여 그로 인해 권리자에게 발생한 손해를 배상할 책임이 있다. 이 책임은 화물이 멸실되면 지급했어야 할 금액으로 제한된다.

제521조 【선하증권과 상환으로 하는 인도】   (1) 화물이 양륙지에 도착하면 선하증권의 합법적 소지인은 운송인으로부터 화물의 인도를 청구할 권리가 있다. 선하증권의 합법적 소지인이 이 권리를 행사하는 경우, 그 소지인은 제494조 제2항 및 제3항에 따라 운임 및 기타 보상을 지급할 의무가 있다.

(2) 운송인은 오로지, 수령의 확인을 표시한 선하증권의 반환 및 아직 변제되지 아니한 제494조 제2항 및 제3항에 채무의 변제와 상환으로, 화물을 인도하여줄 의무가 있다. 그러나 선하증권의 합법적 소지인이라 할지라도, 그 합법적 소지인이 선하증권의 권리자가 아니라는 사실을 운송인이 알거나 중대한 과실로 알지 못한 때에는, 운송인은 그에게 화물을 인도를 하여 줄 수 없다.

(3) 선하증권 복본이 다수 발행된 경우, 선하증권의 합법적 소지인이라면, 비록 그가 어느 한 복본의 소지인에 불과하다 하더라도, 운송인은 그에게 화물을 인도하여 주어야 한다. 다수 합법적 소지인이 인도를 청구하면, 운송인은 화물을 공적인 창고 혹은 기타 안전한 방법으로 보관한 다음, 청구를 한 소지인에게 그의 조치에 대해 이유를 붙여 통지하여야 한다. 이러한 경우에, 화물이 용이하게 부패할 수 있는 상품인 때, 화물의 상태에 의하여 정당화될 수 있는 때, 혹은 예상되는 비용이 화물의 가격에 비하여 정당하게 균형을 이루고 있다고 볼 수 없는 때에는, 운송인은 제373조 제2항 내지 제4항에 따라 화물을 매각할 수 있다.

(4) 선하증권의 합법적 소지인이 아닌 사람에게, 또는 위 제2항 제2문의 경우 선하증권의 권리자가 아닌 사람에게 운송인이 화물을 인도하여 준 경우, 그 운송인은 그로 인해 선하증권의 권리자가 입은 손해를 배상하여야 한다. 이 책임은 화물이 멸실되면 지급해야 했을 금액으로 제한된다.

ergeben oder dem Verfrachter unmittelbar gegenüber dem aus dem Konnossement Berechtigten zustehen. Eine Vereinbarung, auf die im Konnossement lediglich verwiesen wird, ist nicht Inhalt des Konnossements.

(2) Gegenüber einem im Konnossement benannten Empfänger, an den das Konnossement begeben wurde, kann der Verfrachter die Vermutungen nach § 517 nicht widerlegen, es sei denn, dem Empfänger war im Zeitpunkt der Begebung des Konnossements bekannt oder infolge grober Fahrlässigkeit unbekannt, dass die Angaben im Konnossement unrichtig sind. Gleiches gilt gegenüber einem Dritten, dem das Konnossement übertragen wurde.

(3) Wird ein ausführender Verfrachter nach § 509 von dem aus dem Konnossement Berechtigten in Anspruch genommen, kann auch der ausführende Verfrachter die Einwendungen nach Absatz 1 geltend machen. Abweichend von Absatz 2 kann der ausführende Verfrachter darüber hinaus die Vermutungen nach § 517 widerlegen, wenn das Konnossement weder von ihm noch von einem für ihn zur Zeichnung von Konnossementen Befugten ausgestellt wurde.

§ 523 [Haftung für unrichtige Konnossementsangaben]   (1) Der Verfrachter haftet für den Schaden, der dem aus dem Konnossement Berechtigten dadurch entsteht, dass die in das Konnossement nach den §§ 515 und 517 Absatz 2 aufzunehmenden Angaben und Vorbehalte fehlen oder die in das Konnossement aufgenommenen Angaben oder Vorbehalte unrichtig sind. Dies gilt insbesondere dann, wenn das Gut bei Übernahme durch den Verfrachter nicht in äußerlich erkennbar guter Verfassung war und das Konnossement hierüber weder eine Angabe nach § 515 Absatz 1 Nummer 7 noch einen Vorbehalt nach § 517 Absatz 2 enthält. Die Haftung nach den Sätzen 1 und 2 entfällt, wenn der Verfrachter weder gewusst hat noch bei Anwendung der Sorgfalt eines ordentlichen Verfrachters hätte wissen müssen, dass die Angaben fehlen oder unrichtig oder unvollständig sind.

(2) Wird ein Bordkonnossement ausgestellt, bevor der Verfrachter das Gut übernommen hat, oder wird in das Übernahmekonnossement ein Bordvermerk aufgenommen, bevor das Gut an Bord genommen wurde, so haftet der Verfrachter, auch wenn ihn kein Verschulden trifft, für den Schaden, der dem aus dem Konnossement Berechtigten daraus entsteht.

제522조 【대항 사유】   (1) 선하증권에 기한 권리자에 대하여, 운송인은 오로지 그 사유가 선하증권상의 의사표시의 유효성에 관련이 있거나, 선하증권의 내용으로부터 나오는 것이거나, 혹은 운송인이 선하증권에 기한 권리자에 대하여 직접 가지고 있는 것인 경우에 한하여, 이를 가지고 대항할 수 있다. 단순히 특정하여 인용만 된 약정은 이를 선하증권의 내용으로 보지 않는다.

   (2) 선하증권에 수취인으로 지정되어 증권을 인도받은 수취인에 대하여, 운송인은 제517조에 의한 추정에 대해 반증을 댈 수 없으며, 다만 수하인이 선하증권을 인도받을 시점에 선하증권상 기재가 부정확하다는 것을 알았거나 중대한 과실로 알지 못했던 때에는 그러하지 않다. 선하증권을 양도받은 제3자에 대하여도 동일한 법칙이 적용된다.

   (3) 실제운송인이 제509조에 따라 선하증권의 권리자로부터 청구를 받은 경우, 실제운송인도 제1항에 따라 대항할 수 있다. 그러나 위 제2항과 달리, 실제운송인 자신에 의하거나 혹은 그를 위해 선하증권에 서명하는 권한을 부여받은 사람에 의하여 선하증권이 발행된 것이 아닌 때에는 그 실제운송인은 제517조에 의한 추정을 부인하는 반증을 댈 수 있다.

제523조 【선하증권의 부실 기재에 대한 책임】   (1) 제515조 및 제517조 제2항에 의거 선하증권에 삽입해야 할 기재 또는 유보가 결여되거나, 혹은 선하증권에 삽입된 기재 또는 유보가 부정확하면, 운송인은 그로 인해 선하증권의 권리자에게 발생한 손해를 배상할 책임이 있다. 이는 특히 운송인이 화물을 인수할 때에 외관상 양호한 상태에 있지 않았고, 선하증권에는 이에 관해 제515조 제1항 7호에 의한 기재나 제517조 제2항에 의한 유보가 포함되어 있지 아니한 때에 적용된다. 본항 제1문 및 제2문에 의한 책임은, 그 기재가 결여되고, 부정확하고 혹은 불충분한 것을 운송인이 알지 못하였고 운송인으로서의 통상의 주의를 다한다 하더라도 알 수 없었을 때에는 소멸한다.

   (2) 운송인이 화물을 인수하기도 전에 선적 선하증권을 발행하거나, 선상에서 화물을 인수하기도 전에 수령 선하증권에 선적표시를 삽입한 경우, 운송인은 비록 그에게 귀책사유가 없다 하더라도, 그로 인해 선하증권의 권리자에게 발생한

(3) Ist in einem Konnossement, das vom Kapitän oder von einem anderen zur Zeichnung von Konnossementen für den Reeder Befugten ausgestellt wurde, der Name des Verfrachters unrichtig angegeben, so haftet auch der Reeder für den Schaden, der dem aus dem Konnossement Berechtigten aus der Unrichtigkeit der Angabe entsteht. Die Haftung nach Satz 1 entfällt, wenn der Aussteller des Konnossements weder gewusst hat noch bei Anwendung der Sorgfalt eines ordentlichen Verfrachters hätte wissen müssen, dass der Name des Verfrachters nicht oder unrichtig angegeben ist.

(4) Die Haftung nach den Absätzen 1 bis 3 ist auf den Betrag begrenzt, der bei Verlust des Gutes zu zahlen wäre.

§ 524 [Traditionswirkung des Konnossements] Die Begebung des Konnossements an den darin benannten Empfänger hat, sofern der Verfrachter das Gut im Besitz hat, für den Erwerb von Rechten an dem Gut dieselben Wirkungen wie die Übergabe des Gutes. Gleiches gilt für die Übertragung des Konnossements an Dritte.

§ 525 [Abweichende Bestimmung im Konnossement] Eine Bestimmung im Konnossement, die von den Haftungsvorschriften in den §§ 498 bis 511 oder in § 520 Absatz 2, § 521 Absatz 4 oder § 523 abweicht, ist nur wirksam, wenn die Voraussetzungen des § 512 erfüllt sind. Der Verfrachter kann sich jedoch auf eine Bestimmung im Konnossement, die von den in Satz 1 genannten Haftungsvorschriften zu Lasten des aus dem Konnossement Berechtigten abweicht, nicht gegenüber einem im Konnossement benannten Empfänger, an den das Konnossement begeben wurde, sowie gegenüber einem Dritten, dem das Konnossement übertragen wurde, berufen. Satz 2 gilt nicht für eine Bestimmung nach § 512 Absatz 2 Nummer 1.

§ 526 [Seefrachtbrief. Verordnungsermächtigung] (1) Der Verfrachter kann, sofern er nicht ein Konnossement ausgestellt hat, einen Seefrachtbrief ausstellen. Auf den Inhalt des Seefrachtbriefs ist § 515 entsprechend anzuwenden mit der Maßgabe, dass an die Stelle des Abladers der Befrachter tritt.

(2) Der Seefrachtbrief dient bis zum Beweis des Gegenteils als Nachweis für Abschluss und Inhalt des Stückgutfrachtvertrages sowie für die Übernahme des Gutes durch den Verfrachter. § 517 ist entsprechend anzuwenden.

(3) Der Seefrachtbrief ist vom Verfrachter zu unterzeichnen; eine Nachbildung der

손해를 배상할 책임이 있다.

(3) 선장에 의하여, 혹은 선주를 위해 선하증권에 서명할 권한이 있는 다른 사람에 의하여, 발행된 선하증권에 운송인의 명칭이 부정확하게 기재되어 있는 때에는, 선주는 그 부정확한 기재로 인해 선하증권의 권리자에게 발생한 손해를 배상할 책임이 있다. 본항 제1문에 의한 책임은 선하증권 발행자가 운송인의 명칭이 기재되어 있지 않거나 부정확하게 기재된 것을 몰랐었고 또 운송인으로 통상의 주의를 다한다 하더라도 알 수 없었을 때에는 소멸한다.

(4) 제1항 내지 제3항에 의한 책임은 화물이 멸실되었다면 지급해야 했을 금액으로 제한된다.

제524조 【선하증권의 이전적 효력】   선하증권이 증권에 수하인으로 지정된 사람에게 교부되면, 운송인이 화물을 점유하고 있는 한, 화물에 대한 권리의 취득에 있어 화물을 인도한 것과 동일한 효과가 있다. 선하증권이 제3자에게 양도된 경우에도 마찬가지 효과가 있다.

제525조 【선하증권상의 상치 규정】   선하증권상 어느 규정이, 제498조 내지 제511조 또는 제520조 제2항, 제521조 제4항 또는 제523조에 있는 책임 규정과 상치되면, 제512조의 요건을 충족하는 때에 한해 비로소 그 효력이 있다. 그러나 운송인은 선하증권의 규정이 위 제1문에 열거된 책임 규정보다 선하증권의 권리자에게 불리하게 변경하는 것이면, 그 규정은 선하증권에 수하인으로 지정되어 선하증권을 교부받은 수하인은 물론 선하증권을 양도받은 제3자에 대해 이를 원용할 수 없다. 위 제2문은 제512조 제2항 1호에 의한 규정에 대하여는 적용되지 않는다.

eigenhändigen Unterschrift durch Druck oder Stempel genügt.

(4) Dem Seefrachtbrief gleichgestellt ist eine elektronische Aufzeichnung, die dieselben Funktionen erfüllt wie der Seefrachtbrief, sofern sichergestellt ist, dass die Authentizität und die Integrität der Aufzeichnung gewahrt bleiben (elektronischer Seefrachtbrief). Das Bundesministerium der Justiz[**eingefügt in 2015: und für** Verbraucherschutz] wird ermächtigt, im Einvernehmen mit dem Bundesministerium des Innern durch Rechtsverordnung, die nicht der Zustimmung des Bundesrates bedarf, die Einzelheiten der Ausstellung und der Vorlage eines elektronischen Seefrachtbriefs sowie die Einzelheiten des Verfahrens über nachträgliche Eintragungen in einen elektronischen Seefrachtbrief zu regeln.

Zweiter Titel. Reisefrachtvertrag.

§ 527 [Reisefrachtvertrag]   (1) Durch den Reisefrachtvertrag wird der Verfrachter verpflichtet, das Gut mit einem bestimmten Schiff im Ganzen, mit einem verhältnismäßigen Teil eines bestimmten Schiffes oder in einem bestimmt bezeichneten Raum eines solchen Schiffes auf einer oder mehreren bestimmten Reisen über See zum Bestimmungsort zu befördern und dort dem Empfänger abzuliefern. Jede Partei kann die schriftliche Beurkundung des Reisefrachtvertrags verlangen.

(2) Auf den Reisefrachtvertrag sind die §§ 481 bis 511 und 513 bis 525 entsprechend anzuwenden, soweit die §§ 528 bis 535 nichts anderes bestimmen.

§ 528 [Ladehafen. Ladeplatz]   (1) Der Verfrachter hat das Schiff zur Einnahme des Gutes an den im Reisefrachtvertrag benannten oder an den vom Befrachter nach Abschluss des Reisefrachtvertrags zu benennenden Ladeplatz hinzulegen.

(2) Ist ein Ladehafen oder ein Ladeplatz im Reisefrachtvertrag nicht benannt und hat der Befrachter den Ladehafen oder Ladeplatz nach Abschluss des Reisefrachtvertrags zu benennen, so muss er mit der gebotenen Sorgfalt einen sicheren Ladehafen oder Ladeplatz auswählen.

§ 529 [Anzeige der Ladebereitschaft]   (1) Der Verfrachter hat, sobald das Schiff

제526조【운송장, 명령 제정권】   (1) 운송인은, 선하증권을 발행하지 않은 것을 전제로, 운송장을 발행할 수 있다. 운송장의 내용에 관해서는 제515조가 준용되고, 다만 송하인이 선적인을 대신한다.

(2) 운송장은 반대 사실이 입증될 때까지 개품운송계약의 체결과 그 내용은 물론 운송인이 화물을 수령한 증거로서의 역할을 한다. 제517조가 여기에 준용된다.

(3) 운송인이 운송장에 서명하여야 한다.; 인쇄 또는 스탬프에 의한 친필 서명의 복제로도 족하다.

(4) 운송장은 그와 동일한 기능을 수행하는 전자적인 기억장치에 의해 마찬가지로 발행될 수 있고, 다만 그 기억장치는 신빙성과 무결성의 유지가 보장되어야 한다(전자 운송장). 법무부【2015년 추가: 및 소비자보호】는 연방 추밀원의 동의 없이 내무부과 합의하여 명령으로 전자 운송장의 발행 및 제시에 관한 세부사항은 물론 전자 운송장의 사후 등록 절차에 관한 세부사항을 정할 수 있다.

제2관 항해용선(운송)계약

제527조【항해용선계약】   (1) 항해용선계약에 의하여, 운송인은 특정한 선박의 전부, 일정 비율, 또는 특정 공간을 가지고, 1회이든 수회이든 특정한 항해를 목적으로, 목적지까지 화물을 운송하여 수하인에게 인도하여 줄 의무를 진다. 당사자는 각자 상대방에 대해 항해용선계약에 관한 계약서의 작성을 요구할 수 있다.

(2) 제481조 내지 제511조 및 제513조 내지 제525조의 규정은, 아래 제528조 내지 제535조에서 달리 규정하지 않는 한, 항해용선계약에 준용한다.

제528조【선적항구, 선적장소】   (1) 운송인은 용선계약에서 지정한 선적장소 또는 용선계약이 체결되고 난 다음 용선자가 지정한 선적장소에 화물을 수령하기 위해 선박을 계선하여야 한다.

(2) 항해용선계약에서 선적항구 또는 선적장소를 지정하지 않고 용선계약 체결 후 용선자가 선적항구 또는 선적장소를 지정해야 하는 경우, 용선자는 필요한 주의를 다하여 안전한 선적항구 또는 선적장소를 선정하여야 한다.

제529조【선적준비완료 통지】   (1) 운송인은 선박이 선적장소에서 화물을 수령할 준비가 완료되면 지체 없이 용선자에게 선적준비완료를 통지하여야 한다. 용

am Ladeplatz zur Einnahme des Gutes bereit ist, dem Befrachter die Ladebereitschaft anzuzeigen. Hat der Befrachter den Ladeplatz noch zu benennen, kann der Verfrachter die Ladebereitschaft bereits anzeigen, wenn das Schiff den Ladehafen erreicht hat.

(2) Die Ladebereitschaft muss während der am Ladeplatz üblichen Geschäftsstunden angezeigt werden. Wird die Ladebereitschaft außerhalb der ortsüblichen Geschäftsstunden angezeigt, so gilt die Anzeige mit Beginn der auf sie folgenden ortsüblichen Geschäftsstunde als zugegangen.

§ 530 [Ladezeit. Überliegezeit] (1) Mit dem auf die Anzeige folgenden Tag beginnt die Ladezeit.

(2) Für die Ladezeit kann, sofern nichts Abweichendes vereinbart ist, keine besondere Vergütung verlangt werden.

(3) Wartet der Verfrachter auf Grund vertraglicher Vereinbarung oder aus Gründen, die nicht seinem Risikobereich zuzurechnen sind, über die Ladezeit hinaus (Überliegezeit), so hat er Anspruch auf eine angemessene Vergütung (Liegegeld). Macht der Empfänger nach Ankunft des Schiffes am Löschplatz sein Recht entsprechend § 494 Absatz 1 Satz 1 geltend, so schuldet auch er das Liegegeld, wenn ihm der geschuldete Betrag bei Ablieferung des Gutes mitgeteilt worden ist.

(4) Die Ladezeit und die Überliegezeit bemessen sich mangels abweichender Vereinbarung nach einer den Umständen des Falles angemessenen Frist. Bei der Berechnung der Lade- und Überliegezeit werden die Tage in ununterbrochen fortlaufender Reihenfolge unter Einschluss der Sonntage und der Feiertage gezählt. Nicht in Ansatz kommt die Zeit, in der das Verladen des Gutes aus Gründen, die dem Risikobereich des Verfrachters zuzurechnen sind, unmöglich ist.

§ 531 [Verladen] (1) Soweit sich aus den Umständen oder der Verkehrssitte nicht etwas anderes ergibt, hat der Befrachter das Gut zu verladen. Die Verantwortung des Verfrachters für die Seetüchtigkeit des beladenen Schiffes bleibt unberührt.

(2) Der Verfrachter ist nicht befugt, das Gut umzuladen.

§ 532 [Kündigung durch den Befrachter] (1) Der Befrachter kann den Reisefrachtvertrag jederzeit kündigen.

(2) Kündigt der Befrachter, so kann der Verfrachter, wenn er einen Anspruch nach § 489 Absatz 2 Satz 1 Nummer 1 geltend macht, auch ein etwaiges Liegegeld

선자가 아직 선적장소를 지정하지 않고 있으면, 운송인은 선박이 선적항구에 도착하면 선적준비완료를 통지할 수 있다.

　(2) 선적준비완료는 선적장소에서 통상 근무시간에 통지하여야 한다. 선적준비완료를 지역 통상 근무시간을 넘어서 통지하면, 그 통지는 다음 근무일 지역 통상 근무시간의 개시 시점에 도달한 것으로 본다.

제530조【선적기간, 체선기간】　(1) 선적기간은 선적준비완료 통지가 있는 날의 다음 날 개시한다.

　(2) 선적기간에 대해서는, 달리 약정이 있지 않는 한, 특별한 보상을 청구할 수 없다.

　(3) 용선계약에서 약정한 것에 근거하여 혹은 운송인의 위험 범위에 속하지 않는 사유로, 운송인이 선적기간을 초과하여 선박이 대기한 경우(체선기간), 운송인은 상당한 보수(체선료)를 청구할 권리가 있다. 선박이 양륙지에 도착한 다음 수하인이 제494조 제1항 제1문에 해당하는 권리를 행사하면, 화물을 인도하면서 미지급된 체선료 금액을 그에게 통지하면, 수하인도 체선료에 대해 책임이 있다.

　(4) 선적기간과 체선기간은 다른 약정이 없으면 사안의 모든 상황을 고려하여 상당한 기간으로 이를 정한다. 선적기간과 체선기간을 계산함에 있어 날은 일요일과 공휴일을 포함한 단절 없이 연속하여 진행되는 것으로 계산한다. 이 계산에 운송인의 위험 범위에 속하는 사유로 선적이 불가능한 기간은 이를 산입하지 않는다.

제531조【선적】　(1) 제반 사정이나 거래 관행에 의하여 달리 정하여지지 않는 한, 용선자가 선적을 담당하여야 한다. 그러나 이로 인하여 선적한 선박의 감항능력 주의의무로 인한 운송인의 책임은 영향을 받지 않는다.

　(2) 운송인은 화물을 다른 선박에 이적할 권한이 없다.

제532조【용선자에 의한 해지】　(1) 용선자는 언제든지 항해용선계약을 해지할 수 있다.

　(2) 용선자가 항해용선계약을 해지한 다음에, 운송인이 제489조 제2항 제1문 1호에 의한 청구권을 행사하는 때에도, 체선료가 있으면 운송인은 이 체선료도 청구할 수 있다.

verlangen.

§ 533 〔Teilbeförderung〕   (1) Der Befrachter kann jederzeit verlangen, dass der Verfrachter nur einen Teil des Gutes befördert. Macht der Befrachter von diesem Recht Gebrauch, gebühren dem Verfrachter die volle Fracht, das etwaige Liegegeld sowie Ersatz der Aufwendungen, die ihm durch das Fehlen eines Teils des Gutes entstehen. Ist der Verfrachter nach dem Reisefrachtvertrag berechtigt, mit demselben Schiff anstelle der nicht verladenen Frachtstücke anderes Gut zu befördern, und macht er von diesem Recht Gebrauch, so ist von der vollen Fracht die Fracht für die Beförderung dieses anderen Gutes abzuziehen. Soweit dem Verfrachter durch das Fehlen eines Teils des Gutes die Sicherheit für die volle Fracht entgeht, kann er außerdem eine anderweitige Sicherheit verlangen. Unterbleibt die Beförderung der vollständigen Ladung aus Gründen, die dem Risikobereich des Verfrachters zuzurechnen sind, steht dem Verfrachter der Anspruch nach den Sätzen 2 bis 4 nur insoweit zu, als tatsächlich Gut befördert wird.

(2) Verlädt der Befrachter das Gut nicht oder nicht vollständig innerhalb der Ladezeit und einer vereinbarten Überliegezeit oder wird das Gut, wenn dem Befrachter die Verladung nicht obliegt, nicht oder nicht vollständig innerhalb dieser Zeit abgeladen, so kann der Verfrachter dem Befrachter eine angemessene Frist setzen, innerhalb derer das Gut verladen oder abgeladen werden soll. Wird das Gut bis zum Ablauf der Frist nur teilweise verladen oder abgeladen, kann der Verfrachter die bereits verladenen oder abgeladenen Frachtstücke befördern und die Ansprüche nach Absatz 1 Satz 2 bis 4 geltend machen. § 490 Absatz 4 ist entsprechend anzuwenden.

§ 534 〔Kündigung durch den Verfrachter〕   (1) Verlädt der Befrachter kein Gut innerhalb der Ladezeit und einer vereinbarten Überliegezeit oder wird, wenn dem Befrachter die Verladung nicht obliegt, kein Gut innerhalb dieser Zeit abgeladen, so kann der Verfrachter den Vertrag nach Maßgabe des § 490 kündigen und die Ansprüche nach § 489 Absatz 2 in Verbindung mit § 532 Absatz 2 geltend machen.

(2) Der Verfrachter kann den Vertrag bereits vor Ablauf der Ladezeit und einer vereinbarten Überliegezeit nach Maßgabe des § 490 kündigen, wenn offensichtlich ist, dass das Gut nicht verladen oder abgeladen wird.

§ 535 〔Löschen〕   (1) Die §§ 528 bis 531 über Ladehafen und Ladeplatz, Anzeige

2013년 개정된 1897년 독일 상법 679

제533조 【일부 운송】　(1) 용선자는, 비록 화물이 약정한 화물의 일부에 지나지 않는다 하더라도, 언제든지 그 운송을 요구할 수 있다. 용선자가 이 권리를 행사하는 경우, 운송인은 운임 전액 및 체선료가 발생했다면 그 체선료를 청구하고, 화물이 일부 부족하여 발생한 비용의 보상도 요구할 수 있다. 운송인은 동일한 선박으로 용선자가 선적하지 아니한 운송물 대신에 다른 화물을 운송할 권리가 있고, 운송인이 이 권리를 행사한 경우, 이 다른 화물을 운송하여 발생한 운임은 지급할 운임 전액에서 공제하여야 한다. 화물이 일부 부족하여 운임 전액에 대한 운송인의 담보가 결여된 경우, 운송인은 그 외에 추가로 담보를 요구할 수 있다. 운송인의 위험 범위에 해당되는 사유로 적하 전부가 운송되지 못한 경우, 오로지 실제로 운송이 이루어진 범위 내에서, 운송인이 위 제2문 내지 제4문의 청구를 할 권리가 있다.

(2) 용선자가 선적기간 혹은 약정한 체선기간이 있으면 이 체선기간 내에 화물을 전혀 선적하지 않거나 전부 선적하지 않는 경우, 혹은 용선자에게 선적 작업을 할 의무가 없는 때에는 이 기간 내에 용선자가 화물을 전혀 혹은 전부 인도하여 주지 않는 경우, 운송인은 용선자가 선적 또는 인도를 해야 할 상당한 기간을 정할 수 있다. 이 기간이 경과할 때까지 오로지 화물의 일부만 선적하거나 인도한 때에는, 운송인은 이미 선적이나 인도된 운송물을 운송하고 제1항 제2문 내지 제4문에 따라 청구할 수 있다. 제490조 제4항이 여기에 준용된다.

제534조 【운송인에 의한 해지】　(1) 용선자가, 선적기간 내에, 혹은 체선기간이 있으면 체선기간 내에, 전혀 화물을 선적하지 않는 때, 혹은 용선자가 선적 작업을 하지 않는 경우에는 이 기간 내에 용선자가 전혀 화물을 인도하여 주지 않는 때에는, 운송인은 제490조에 따라 용선계약을 해지할 수 있고, 제532조 제2항을 결합하여 제489조 제2항에 따라 청구를 할 수 있다.

(2) 선적기간이, 혹은 체선기간이 있으면 이 체선기간이 도과하기 이전이라 할지라도, 용선자가 이 기간 내에 화물을 선적하거나 인도하여 주지 아니할 것이 이미 명백한 때에는, 운송인은 제490조에 따라 용선계약을 해지할 수 있다.

제535조 【양륙】　(1) 선적항 및 선적장소, 선적준비완료 통지, 선적기간 및 선적에 관한 위 제528조 내지 제531조의 규정은 양륙항 및 양륙장소, 양륙준비완료 통지, 양륙기간 및 양륙에 준용한다. 그러나 제530조 제3항 제2문과 달리 수하인은,

der Ladebereitschaft, Ladezeit und Verladen sind entsprechend auf Löschhafen und Löschplatz, Anzeige der Löschbereitschaft, Löschzeit und Löschen anzuwenden. Abweichend von § 530 Absatz 3 Satz 2 schuldet der Empfänger jedoch auch dann Liegegeld wegen Überschreitung der Löschzeit, wenn ihm der geschuldete Betrag bei Ablieferung des Gutes nicht mitgeteilt worden ist.

(2) Ist der Empfänger dem Verfrachter unbekannt, so ist die Anzeige der Löschbereitschaft durch öffentliche Bekanntmachung in ortsüblicher Weise zu bewirken.

Zweiter Unterabschnitt. Personenbeförderungsverträge.

§ 536 [Anwendungsbereich]   (1) Für Schäden, die bei der Beförderung von Fahrgästen und ihrem Gepäck über See durch den Tod oder die Körperverletzung eines Fahrgasts oder durch den Verlust, die Beschädigung oder verspätete Aushändigung von Gepäck entstehen, haften der Beförderer und der ausführende Beförderer nach den Vorschriften dieses Unterabschnitts. Das Recht, eine Beschränkung der Haftung nach den §§ 611 bis 617 oder den §§ 4 bis 5m des Binnenschifffahrtsgesetzes geltend zu machen, bleibt unberührt.

(2) Die Vorschriften dieses Unterabschnitts gelten nicht, soweit die folgenden Regelungen maßgeblich sind:

1. unmittelbar anwendbare Regelungen der Europäischen Union in ihrer jeweils geltenden Fassung, insbesondere die Verordnung (EG) Nr 92/2009 des Europäischen Parlaments und des Rates vom 23. April 2009 über die Unfallhaftung von Beförderern von Reisenden auf See, oder

2. unmittelbar anwendbare Regelungen in völkerrechtlichen Übereinkünften.

Die Haftungsvorschriften dieses Unterabschnitts gelten ferner nicht, wenn der Schaden auf einem von einer Kernanlage ausgehenden nuklearen Ereignis beruht und der Inhaber der Kernanlage nach den Vorschriften des Übereinkommens vom 29. Juli 1960 über die Haftung gegenüber Dritten auf dem Gebiet der Kernenergie in der Fassung der Bekanntmachung vom 5. Februar 1976 und des Protokolls vom 16. November 1982 oder des Atomgesetzes haftet.

§ 537 [Begriffsbestimmungen]   Im Sinne dieses Unterabschnitts ist

비록 화물을 인도하여 줄 때에 그에게 채무 금액을 통지하여 주지 않았던 때에도, 양륙기간의 초과로 인한 체선료를 부담하여야 한다.

(2) 운송인이 수하인을 알 수 없는 때에는, 양륙준비완료는 그 지역의 관행적 방식으로 공시하는 방법으로 이를 통지한다.

제2절 해상여객운송계약

제536조【적용 범위】　(1) 운송인 및 실제운송인은 해상에서 여객을 운송하면서 발생한 여객의 사망 혹은 신체 상해로 인한 손해 및 수하물의 멸실, 훼손 및 인도 지연으로 인한 손해에 대해 본 절의 규정에 따라 책임이 있다. 제611조 내지 제617조, 혹은 내수항행법 제4조 내지 제5조의 (m)의 규정에 의해, 책임을 제한하는 권리는 이로 인하여 영향을 받지 않는다.

(2) 본 절의 규정은 다음 규정이 규율하는 범위 내에서 적용되지 않는다.:

　1. 해상여객운송 사고의 책임에 관해 직접적 효력을 갖는 유럽연합 규정, 특히 2009년 4월 23일자 유럽연합 의회 및 집행위원회 지시 (EG) 92/2009호, 혹은

　2. 직접적 적용의 효력을 가진 국제 협정.

그 외에도 본 절의 책임규정은, 핵시설에서 유출되는 원자력 사고로부터 손해가 발생하고 그 핵시설의 운영자가 원자력 분야에서 제3자에 대한 책임에 관한 1960년 7월 29일자 조약으로 1976년 2월 5일 공포된 내용의 규정 및 1982년 11월 16일자 그 개정의정서의 규정과 기타 원자력법의 규정에 의해 책임을 지는 때에는 적용되지 않는다.

제537조【정의】　본 절에서 사용되는 아래 용어는 다음과 같은 의미를 가진다.

　1. 운송인이란 여객의 해상운송을 위한 계약(해상여객운송계약)을 체결하는 사

1. ein Beförderer eine Person, die einen Vertrag über die Beförderung eines Fahrgasts über See (Personenbeförderungsvertrag) schließt;

2. ein Fahrgast eine Person, die a) auf Grund eines Personenbeförderungsvertrags befördert wird oder b) mit Zustimmung des Beförderers ein Fahrzeug oder lebende Tiere, die auf Grund eines Seefrachtvertrags befördert werden, begleitet;

3. Gepäck jeder Gegenstand, der auf Grund eines Personenbeförderungsvertrags befördert wird, ausgenommen lebende Tiere;

4. Kabinengepäck das Gepäck, das ein Fahrgast in seiner Kabine oder sonst in seinem Besitz hat, einschließlich des Gepäcks, das ein Fahrgast in oder auf seinem Fahrzeug hat;

5. ein Schifffahrtsereignis ein Schiffbruch, ein Kentern, ein Zusammenstoß oder eine Strandung des Schiffes, eine Explosion oder ein Feuer im Schiff oder ein Mangel des Schiffes;

6. ein Mangel des Schiffes eine Funktionsstörung, ein Versagen oder eine Nichteinhaltung von anwendbaren Sicherheitsvorschriften in Bezug auf einen Teil des Schiffes oder seiner Ausrüstung, wenn dieser Teil oder diese Ausrüstung verwendet wird a) für das Verlassen des Schiffes, die Evakuierung oder die Ein- und Ausschiffung der Fahrgäste, b) für den Schiffsantrieb, die Ruderanlage, die sichere Schiffsführung, das Festmachen, das Ankern, das Anlaufen oder Verlassen des Liege- oder Ankerplatzes oder die Lecksicherung nach Wassereinbruch oder c) für das Aussetzen von Rettungsmitteln.

§ 538 [Haftung des Beförderers für Personenschäden] (1) Der Beförderer haftet für den Schaden, der durch den Tod oder die Körperverletzung eines Fahrgasts entsteht, wenn das den Schaden verursachende Ereignis während der Beförderung eingetreten ist und auf einem Verschulden des Beförderers beruht. Ist das den Schaden verursachende Ereignis ein Schifffahrtsereignis, wird das Verschulden vermutet.

(2) Abweichend von Absatz 1 haftet der Beförderer ohne Verschulden für den Schaden, der durch den Tod oder die Körperverletzung eines Fahrgasts auf Grund eines Schifffahrtsereignisses während der Beförderung entsteht, soweit der Schaden den Betrag von 250 000 Rechnungseinheiten nicht übersteigt. Der Beförderer ist jedoch von dieser Haftung befreit, wenn das Ereignis

람을 말한다.;

2. 여객이란 a) 해상여객운송계약에 기하여 운송되는 사람 혹은 b) 운송인의 동의를 얻고서 해상화물운송계약에 의해 운송되는 차량 혹은 산 동물에 동반하여 가는 사람을 말한다.;

3. 수하물이란 해상여객운송계약에 기하여 운송되는, 산 동물을 제외한 모든 물건을 말한다.;

4. 휴대수하물이란 여객이 자기의 선실 내에 혹은 그 점유 하에 가지고 있는 수하물을 말하며, 여객이 차량 안에 혹은 위에 가지고 있는 수하물도 여기에 포함된다.;

5. 항해사고란 선박의 난파, 전복, 충돌, 좌초, 선박에서의 폭발, 화재 혹은 선박의 하자를 말한다.;

6. 선박의 하자란 선박의 일부 또는 그 의장의 기능 장애, 부작동 및 해당 안전규정 부준수로서, 그 선박의 일부 또는 의장이 a) 선박으로부터의 탈출 혹은 여객의 대피나 승하선을 위한 것이거나, b) 선박의 동력장치, 조타 설비, 안전 항해, 계류, 정박, 부두나 정박장에 접근 및 출발, 혹은 해수 침입 후 균열 방지를 위한 것이거나, 혹은 c) 구조장비의 진수를 위한 것인 경우를 말한다.

제538조【인적 손해에 대한 운송인의 책임】　(1) 여객의 사망 또는 신체의 상해로 인해 손해가 발생한 경우, 그 손해의 원인인 사고가 운송 도중에 발생했고 또 운송인의 귀책사유에 기인한 때에는, 운송인은 그 손해를 배상할 책임이 있다. 손해의 원인인 사고가 항해사고인 경우, 운송인에게 귀책사유가 있다고 추정한다.

　(2) 위 제1항과 달리, 운송 도중에 항해사고로 인해 승객의 사망 또는 신체의 상해로 인해 발생한 손해에 대해, 운송인은 비록 귀책사유가 없다 하더라도, 그 손해가 250.000 계산단위를 초과하지 않는 범위 내에서, 이를 배상할 책임이 있다. 다만 그 사고가 아래 어느 사고에 해당되면 운송인은 책임을 면한다.

1. 적국의 적대 행위, 전쟁 행위, 내란, 폭동 기타 방지 또는 회피가 불가능한 천재지변, 혹은

684

1. infolge von Feindseligkeiten, einer Kriegshandlung, eines Bürgerkriegs, eines Aufstands oder eines außergewöhnlichen, unvermeidlichen und unabwendbaren Naturereignisses eingetreten ist oder

2. ausschließlich durch eine Handlung oder Unterlassung verursacht wurde, die von einem Dritten in der Absicht, das Ereignis zu verursachen, begangen wurde.

(3) Die Beförderung im Sinne der Absätze 1 und 2 umfasst

1. den Zeitraum, in dem sich der Fahrgast an Bord des Schiffes befindet, einschließlich des Zeitraums, in dem er ein- und ausgeschifft wird, sowie

2. den Zeitraum, in dem der Fahrgast auf dem Wasserweg vom Land auf das Schiff oder umgekehrt befördert wird, wenn die Kosten dieser Beförderung im Beförderungsentgelt inbegriffen sind oder wenn das für diese zusätzliche Beförderung benutzte Wasserfahrzeug dem Fahrgast vom Beförderer zur Verfügung gestellt worden ist.

Nicht erfasst ist der Zeitraum, in dem sich der Fahrgast in einer Hafenstation, auf einem Kai oder in oder auf einer anderen Hafenanlage befindet.

§ 539 [Haftung des Beförderers für Gepäck- und Verspätungsschäden] (1) Der Beförderer haftet für den Schaden, der durch Verlust oder Beschädigung von Kabinengepäck oder von anderem Gepäck entsteht, wenn das den Schaden verursachende Ereignis während der Beförderung eingetreten ist und auf einem Verschulden des Beförderers beruht. Bei Verlust oder Beschädigung von Kabinengepäck auf Grund eines Schifffahrtsereignisses und bei Verlust oder Beschädigung anderen Gepäcks wird das Verschulden vermutet.

(2) Der Beförderer haftet entsprechend Absatz 1 auch für den Schaden, der daraus entsteht, dass das Gepäck dem Fahrgast nicht innerhalb einer angemessenen Frist nach Ankunft des Schiffes, auf dem das Gepäck befördert worden ist oder hätte befördert werden sollen, wieder ausgehändigt worden ist. Die Haftung ist jedoch ausgeschlossen, wenn die verspätete Aushändigung auf Arbeitsstreitigkeiten zurückzuführen ist.

(3) Abweichend von den Absätzen 1 und 2 haftet der Beförderer nicht für den Schaden, der durch Verlust, Beschädigung oder verspätete Aushändigung von Geld, begebbaren Wertpapieren, Gold, Silber, Juwelen, Schmuck, Kunstgegenständen

2. 오로지 사고를 유발할 목적을 가지고 제3자가 한 작위 또는 부작위에 의해
　　발생한 사고.
(3) 위 제1항 및 제2항에서 말하는 운송기간에는 아래 기간이 포함된다.
　1. 승선 및 하선을 포함하여 여객이 선상에 있는 기간, 및
　2. 여객이 수로에서 육지로부터 선박으로 혹은 선박에서 육지로 운송하는 기
　　간으로, 운송비용이 운임에 포함되어 있는 경우, 혹은 운송인이 부수적 운
　　송에 사용될 항행 용구를 여객에게 제공한 경우.
　그러나 여객이 항구 정류장, 부두, 기타 항만시설 내에 혹은 항만시설상에 머무
는 기간은 포함되지 않는다.

제539조【수하물 손해 및 인도 지연에 대한 운송인의 책임】　(1) 휴대수하물 또는
기타 수하물의 멸실 또는 훼손으로 인한 손해는, 그 손해를 유발한 사고가 운송 도
중에 발생하고 운송인의 귀책사유에 기인해 발생한 때에는, 운송인이 이를 배상
할 책임이 있다. 휴대수하물이 항해사고로 인해 멸실 또는 훼손된 경우 및 다른 수
하물이 멸실 혹은 훼손된 경우, 운송인에게 귀책사유가 있는 것으로 추정한다.
　(2) 수하물을 운송하였거나 운송했어야 할 선박이 도착한 다음 상당한 기간 내
에 여객에게 수하물이 반환되지 아니하여 발생하는 손해에 대해, 운송인은 위 제1
항에 따라 배상할 책임이 있다. 그러나 이 책임은 인도 지연이 노동 분쟁으로 인해
발생한 때에는 배제된다.
　(3) 위 제1항 및 제2항과 달리 금전, 양도성 유가증권, 금, 은, 보석, 장신구, 예술
품 기타 고가품은, 그 멸실, 훼손 또는 인도 지연으로 인한 손해에 대해 운송인은
이를 배상할 책임이 없으며, 다만 그러한 고가품을 안전하게 보관하기 위해 운송
인에게 위탁한 경우에는 그러하지 않다.
　(4) 위 제1조의 운송기간에는 다음 기간이 포함된다.:
　1. 여객이 차량 내에 또는 차량 위에 가지고 있는 수하물을 제외한 휴대수하
　　물에 관하여는 a) 휴대수하물이 선상에 있는 기간으로 휴대수화물을 선적
　　하고 양륙하는 기간을 포함하며, b) 휴대수하물이 육지에서 선박으로 또는
　　선박에서 육지로 수로에서 운송되는 기간으로, 그 운송비용이 운임에 포함

686

oder sonstigen Wertsachen entsteht, es sei denn, dass solche Wertsachen bei dem Beförderer zur sicheren Aufbewahrung hinterlegt worden sind.

(4) Die Beförderung im Sinne des Absatzes 1 umfasst folgende Zeiträume:

1. hinsichtlich des Kabinengepäcks mit Ausnahme des Gepäcks, das der Fahrgast in oder auf seinem Fahrzeug hat, a) den Zeitraum, in dem sich das Kabinengepäck an Bord des Schiffes befindet, einschließlich des Zeitraums, in dem das Kabinengepäck ein- und ausgeschifft wird, b) den Zeitraum, in dem das Kabinengepäck auf dem Wasserweg vom Land auf das Schiff oder umgekehrt befördert wird, wenn die Kosten dieser Beförderung im Beförderungspreis inbegriffen sind oder wenn das für diese zusätzliche Beförderung benutzte Wasserfahrzeug dem Fahrgast vom Beförderer zur Verfügung gestellt worden ist, sowie c) den Zeitraum, in dem sich der Fahrgast in einer Hafenstation, auf einem Kai oder in oder auf einer anderen Hafenanlage befindet, wenn das Kabinengepäck von dem Beförderer oder seinen Bediensteten oder Beauftragten übernommen und dem Fahrgast nicht wieder ausgehändigt worden ist;

2. hinsichtlich anderen Gepäcks als des in Nummer 1 genannten Kabinengepäcks den Zeitraum von der Übernahme durch den Beförderer an Land oder an Bord bis zur Wiederaushändigung.

§ 540 [Haftung für andere]   Der Beförderer hat ein Verschulden seiner Leute und der Schiffsbesatzung in gleichem Umfang zu vertreten wie eigenes Verschulden, wenn die Leute und die Schiffsbesatzung in Ausübung ihrer Verrichtungen handeln. Gleiches gilt für ein Verschulden anderer Personen, deren er sich bei der Ausführung der Beförderung bedient.

§ 541 [Haftungshöchstbetrag bei Personenschäden]   (1) Die Haftung des Beförderers wegen Tod oder Körperverletzung eines Fahrgasts ist in jedem Fall auf einen Betrag von 400 000 Rechnungseinheiten je Fahrgast und Schadensereignis beschränkt. Dies gilt auch für den Kapitalwert einer als Entschädigung zu leistenden Rente.

(2) Abweichend von Absatz 1 ist die Haftung des Beförderers auf einen Betrag von 250 000 Rechnungseinheiten je Fahrgast und Schadensereignis beschränkt, wenn der Tod oder die Körperverletzung auf einem der folgenden Umstände beruht:

되어 있는 때, 혹은 운송인이 부수적 운송에 사용될 항행 용구를 여객에게 제공한 때, 및 c) 여객이 항구 정류장, 부두, 기타 항만시설 내 혹은 항만시설상에 머무는 기간으로, 운송인, 그 피용자 혹은 수임인이 수하물을 인수하고 난 다음 이를 여객에게 반환하지 않는 때;

2. 위 1호에서 말하는 휴대수화물이 아닌 수화물에 관하여는, 운송인이 육지 혹은 선상에서 수령할 때부터 이를 반환할 때까지의 기간.

제540조【다른 사람으로 인한 책임】　운송인은, 그의 사용인 및 선원의 귀책사유에 대해, 그 직원 및 선원이 그 직무를 수행하던 중인 때에는, 그 자신의 귀책사유와 동일한 범위로 책임이 있다. 이는 운송을 수행하면서 사용한 다른 사람의 귀책사유에 대해서도 마찬가지이다.

제541조【인적 손해에 대한 책임한도액】　(1) 여객의 사망 또는 신체 상해로 인한 운송인의 책임은 여하한 경우에도 여객 및 사고마다 400,000 계산단위로 제한된다. 이는 손해배상으로 분할금이 지급될 때에 상응하는 일시금에 해당되는 금액에 대하여도 적용된다.

　(2) 위 제1항과 달리 사망 또는 신체 상해가 다음 사유로 발생한 때에는 여하한 경우이든 운송인의 책임은 여객 및 사고마다 250,000 계산단위로 제한된다.:

1. 전쟁, 내란, 혁명, 반란, 폭동 기타 이들로 인해 유발된 소요 혹은 전쟁 수행 중인 적국의 또는 적국에 대한 적대행위,

2. 압류, 유치, 가압류, 처분 제한 혹은 억류 및 이러한 행위의 결과 혹은 이를 향한 시도.

3. 유실된 지뢰, 어뢰, 폭탄 기타 유실된 전쟁 무기,

4. 테러리스트의 공격 및 악의를 가지고 혹은 정치적 동기로 하는 공격, 이러한 공격을 방지 혹은 대처하기 위해 취한 조치,

1. Krieg, Bürgerkrieg, Revolution, Aufruhr, Aufständen oder dadurch veranlassten inneren Unruhen oder feindlichen Handlungen durch oder gegen eine Krieg führende Macht,

2. Beschlagnahme, Pfändung, Arrest, Verfügungsbeschränkung oder Festhalten sowie deren Folgen oder dahingehenden Versuchen,

3. zurückgelassenen Minen, Torpedos, Bomben oder sonstigen zurückgelassenen Kriegswaffen,

4. Anschlägen von Terroristen oder Personen, die die Anschläge böswillig oder aus politischen Beweggründen begehen, und Maßnahmen, die zur Verhinderung oder Bekämpfung solcher Anschläge ergriffen werden,

5. Einziehung und Enteignung.

(3) Bei Tod oder Körperverletzung mehrerer Fahrgäste tritt bei Anwendung des Absatzes 2 an die Stelle des darin genannten Betrages von 250 000 Rechnungseinheiten je Fahrgast und Schadensereignis der Betrag von 340 Millionen Rechnungseinheiten je Schiff und Schadensereignis, wenn dieser Betrag niedriger ist und unter den Geschädigten im Verhältnis der Höhe ihrer Ansprüche und in Form einer einmaligen Zahlung oder in Form von Teilzahlungen aufgeteilt werden kann.

§ 542 [Haftungshöchstbetrag bei Gepäck- und Verspätungsschäden] (1) Die Haftung des Beförderers wegen Verlust, Beschädigung oder verspäteter Aushändigung von Kabinengepäck ist, soweit Absatz 2 nichts Abweichendes bestimmt, auf einen Betrag von 2 250 Rechnungseinheiten je Fahrgast und Beförderung beschränkt.

(2) Die Haftung des Beförderers wegen Verlust, Beschädigung oder verspäteter Aushändigung von Fahrzeugen, einschließlich des in oder auf dem Fahrzeug beförderten Gepäcks, ist auf einen Betrag von 12 700 Rechnungseinheiten je Fahrzeug und je Beförderung beschränkt.

(3) Die Haftung des Beförderers wegen Verlust, Beschädigung oder verspäteter Aushändigung allen anderen als des in den Absätzen 1 und 2 erwähnten Gepäcks ist auf einen Betrag von 3 375 Rechnungseinheiten je Fahrgast und je Beförderung beschränkt.

(4) Soweit nicht Wertsachen betroffen sind, die beim Beförderer zur sicheren Aufbewahrung hinterlegt sind, können der Beförderer und der Fahrgast vereinbaren,

5. 몰수 및 수용.

(3) 다수 여객이 사망 또는 신체 상해를 입은 경우, 위 제2항을 적용함에 있어, 거기에 있는 여객 및 사고마다 250,000 계산단위 대신에, 선박 및 사고마다 3억 4000만 계산단위를, 만일 이 금액이 더욱 적은 금액이라면, 한도금액으로 삼을 수 있고, 이를 피해자 사이에서 그 청구 금액에 비례하여 일시급 혹은 분할급의 형식으로 분배할 수 있다.

제542조【수하물 및 휴대수하물에 대한 책임한도액】　(1) 휴대수하물의 멸실, 훼손 및 인도 지연에 대한 운송인의 책임은, 아래 제2항에서 달리 정하지 않는 한, 여객 및 운송마다 2,250 계산단위로 제한된다.

(2) 차량 안이나 위에 운송 중인 수하물을 포함한 차량의 멸실, 훼손 및 인도 지연으로 인한 운송인의 책임은 차량당 및 운송마다 12,700 계산단위로 제한된다.

(3) 위 제1항 및 제2항에 열거되지 아니한 다른 수하물이 멸실, 훼손 및 지연인도로 인한 책임은 여객당 및 운송마다 3,375 계산단위로 제한된다.

(4) 안전한 보관을 위해 운송인에게 위탁한 고가품에 관한 것이 아닌 한, 운송인과 여객은 일부 손해에 대해 운송인이 보상을 하지 않는다고 약정할 수 있다. 그러나 보상을 하지 않을 부분은 차량의 훼손에 대해서는 330 계산단위, 다른 수하물의 멸실 훼손 및 인도 지연에 대해서는 149 계산단위를 초과할 수 없다.

(5) 위 제1항 내지 제4항과 상관없이, 이동에 제한이 있는 여객이 사용할 이동기구 기타 특수 장구가 멸실 또는 훼손된 경우, 운송인은 해당 장구의 대체 가격을, 또는 경우에 따라서는 수리비용을 보상하여야 한다.

제543조【이자 및 절차비용】　이자와 절차비용은 제538조, 제541조 및 제542조에서 말하는 책임한도액과 별도로 보상하여야 한다.

dass der Beförderer einen Teil des Schadens nicht zu erstatten hat. Dieser Teil darf jedoch bei Beschädigung eines Fahrzeugs den Betrag von 330 Rechnungseinheiten und bei Verlust, Beschädigung oder verspäteter Aushändigung anderen Gepäcks den Betrag von 149 Rechnungseinheiten nicht übersteigen.

(5) Abweichend von den Absätzen 1 bis 4 hat der Beförderer bei Verlust oder Beschädigung von Mobilitätshilfen oder anderer Spezialausrüstung, die von einem Fahrgast mit eingeschränkter Mobilität verwendet wird, den Wiederbeschaffungswert der betreffenden Ausrüstungen oder gegebenenfalls die Reparaturkosten zu ersetzen.

§ 543 [Zinsen und Verfahrenskosten]　Zinsen und Verfahrenskosten sind über die in den §§ 538, 541 und 542 genannten Haftungshöchstbeträge hinaus zu erstatten.

§ 544 [Rechnungseinheit]　Die in den §§ 538, 541 und 542 genannte Rechnungseinheit ist das Sonderziehungsrecht des Internationalen Währungsfonds. Der Betrag wird in Euro entsprechend dem Wert des Euro gegenüber dem Sonderziehungsrecht am Tag des Urteils oder an dem von den Parteien vereinbarten Tag umgerechnet. Der Wert des Euro gegenüber dem Sonderziehungsrecht wird nach der Berechnungsmethode ermittelt, die der Internationale Währungsfonds an dem betreffenden Tag für seine Operationen und Transaktionen anwendet.

§ 545 [Wegfall der Haftungsbeschränkung]　Die in den §§ 541 und 542 sowie im Personenbeförderungsvertrag vorgesehenen Haftungshöchstbeträge gelten nicht, wenn der Schaden auf eine Handlung oder Unterlassung zurückzuführen ist, die vom Beförderer selbst entweder in der Absicht, einen solchen Schaden herbeizuführen, oder leichtfertig und in dem Bewusstsein begangen wurde, dass ein solcher Schaden mit Wahrscheinlichkeit eintreten werde.

§ 546 [Ausführender Beförderer]　(1) Wird die Beförderung ganz oder teilweise durch einen Dritten ausgeführt, der nicht der Beförderer ist, so haftet der Dritte (ausführender Beförderer) für den Schaden, der durch den Tod oder die Körperverletzung eines Fahrgasts oder durch Verlust, Beschädigung oder verspätete Aushändigung von Gepäck eines Fahrgasts während der vom ausführenden Beförderer durchgeführten Beförderung entsteht, so, als wäre er der Beförderer. Vertragliche Vereinbarungen, durch die der Beförderer seine Haftung erweitert, wirken gegen den ausführenden Beförderer nur, soweit er ihnen schriftlich

제544조【계산단위】 제538조, 제541조 및 제542조에서 계산단위란 국제통화기금의 특별인출권을 말한다. 이 금액은 판결을 하는 날 혹은 당사자가 합의한 날의 유로 가격을 적용하여 유로로 환산한다. 유로의 특별인출권에 대한 가격은 국제통화기금이 해당 날짜에 자기의 운영과 거래를 위해 적용하는 계산방법으로 산정한다.

제545조【책임제한의 배제】 제541조 및 제542조와 여객운송계약에 있는 책임제한액은, 손해가, 운송인 자신이 그러한 손해를 발생시킬 의도로 하거나, 혹은 손해가 발생할 수 있다는 사실을 알면서 무모하게 하는, 작위 또는 부작위에 기인한 때에는 적용되지 않는다.

제546조【실제운송인】 (1) 운송의 일부 혹은 전부가 운송인이 아닌 제3자에 의하여 수행되는 경우, 그 제3자(실제운송인)는 자기가 운송을 수행하는 동안에 여객의 사망이나 신체의 상해에 의한 혹은 수하물의 멸실, 훼손 및 인도 지연에 의한 손해를, 그가 운송인이었던 것같이, 배상할 책임이 있다. 운송인이 자기의 책임을 확장하는 계약상 약정은 실제운송인이 서면으로 그에 동의한 경우에 한해 그에게 효력이 있다.

　(2) 실제운송인은 운송인이 여객운송계약에 기해 갖는 대항사유 및 항변사유를 원용할 수 있다.

　(3) 실제운송인과 운송인은 연대채무자로서 책임이 있다.

제547조【사용인의 책임】 (1) 운송인 또는 실제운송인의 사용인이 여객의 사망

zugestimmt hat.

(2) Der ausführende Beförderer kann alle Einwendungen und Einreden geltend machen, die dem Beförderer aus dem Personenbeförderungsvertrag zustehen.

(3) Der Beförderer und der ausführende Beförderer haften als Gesamtschuldner.

§ 547 〔Haftung der Leute und der Schiffsbesatzung〕 (1) Wird einer der Leute des Beförderers oder des ausführenden Beförderers wegen Tod oder Körperverletzung eines Fahrgasts oder wegen Verlust, Beschädigung oder verspäteter Aushändigung von Gepäck eines Fahrgasts in Anspruch genommen, so kann auch er sich auf die für den Beförderer oder den ausführenden Beförderer geltenden Einreden und Haftungsbeschränkungen berufen, wenn er in Ausübung seiner Verrichtungen gehandelt hat. Gleiches gilt, wenn ein Mitglied der Schiffsbesatzung in Anspruch genommen wird.

(2) Eine Berufung auf die Haftungsbeschränkungen nach Absatz 1 ist ausgeschlossen, wenn der Schuldner selbst vorsätzlich oder leichtfertig und in dem Bewusstsein gehandelt hat, dass ein solcher Schaden mit Wahrscheinlichkeit eintreten werde.

(3) Sind für den Schaden sowohl der Beförderer oder der ausführende Beförderer als auch eine der in Absatz 1 genannten Personen verantwortlich, haften sie als Gesamtschuldner.

§ 548 〔Konkurrierende Ansprüche〕 Ansprüche wegen Tod oder Körperverletzung eines Fahrgasts oder wegen Verlust, Beschädigung oder verspäteter Aushändigung von Gepäck können gegen den Beförderer oder den ausführenden Beförderer nur auf der Grundlage der Vorschriften dieses Unterabschnitts geltend gemacht werden.

§ 549 〔Schadensanzeige〕 (1) Zeigt der Fahrgast dem Beförderer eine Beschädigung oder einen Verlust seines Gepäcks nicht rechtzeitig an, so wird vermutet, dass er das Gepäck unbeschädigt erhalten hat. Einer Anzeige bedarf es jedoch nicht, wenn der Zustand des Gepäcks im Zeitpunkt seines Empfangs von den Parteien gemeinsam festgestellt oder geprüft worden ist.

(2) Die Anzeige ist rechtzeitig, wenn sie spätestens in folgendem Zeitpunkt erstattet wird:

　　1. bei äußerlich erkennbarer Beschädigung von Kabinengepäck im Zeitpunkt der Ausschiffung des Fahrgasts,

또는 신체 상해를 이유로 또는 수하물의 멸실, 훼손 또는 인도 지연을 이류로 청구를 당한 경우, 그것이 직무수행 중의 행위에 기인한 것이라면, 그 사용인은 운송인 또는 실제운송인이 갖는 항변 사유와 책임제한을 원용할 수 있다. 선원이 청구를 받은 경우에도 마찬가지이다.

(2) 위 제1항에 따른 책임제한의 원용은, 그 채무자 자신이 손해를 발생시킬 의도로 하거나, 혹은 손해가 발생할 수 있다는 사실을 알면서 무모하게 하는, 작위 또는 부작위에 기인한 때에는 허용되지 아니한다.

(3) 운송인 또는 실제운송인과 제1항에 열거된 사람이 모두 손해에 대해 책임을 지는 경우, 이들은 연대채무자로서 책임이 있다.

제548조 【경합적 청구권】 여객의 사망 또는 신체 상해로 인한 청구권 및 수하물의 멸실, 훼손 또는 인도 지연으로 인한 청구권은 오로지 본 절의 규정에 근거하여 운송인 또는 실제운송인에 대해 행사할 수 있다.

제549조 【손해 통지】 (1) 여객이 운송인에게 수하물의 훼손 또는 멸실을 적기에 통지하지 않는 경우, 여객이 수하물을 훼손 없이 수령한 것으로 추정한다. 그러나 화물을 수령할 당시에 당사자가 그 상태를 공동으로 확인하거나 점검한 때에는 이러한 통지를 할 필요가 없다.

(2) 통지가 늦어도 다음 시점 이내에 된 때에는 그 통지는 적기에 한 것으로 본다. :

1. 휴대수하물의 외관상 명백한 훼손의 경우, 여객이 하선하는 시점,
2. 휴대수하물 이외의 수하물의 외관상 명백한 훼손의 경우, 그 인도의 시점
3. 외관상 명백하지 않은 수하물의 훼손의 경우 또는 수하물의 멸실의 경우, 하선이나 인도의 시점 또는 인도를 하여 주었어야 할 시점으로부터 15일.

(3) 손해 통지는 문자로 하여야 한다. 적기에 발송을 하면 기간을 준수한 것으

2. bei äußerlich erkennbarer Beschädigung von anderem Gepäck als Kabinengepäck im Zeitpunkt seiner Aushändigung und

3. bei äußerlich nicht erkennbarer Beschädigung von Gepäck oder bei dessen Verlust 15 Tage nach der Ausschiffung oder Aushändigung oder nach dem Zeitpunkt, in dem die Aushändigung hätte erfolgen sollen.

(3) Die Schadensanzeige bedarf der Textform. Zur Wahrung der Frist genügt die rechtzeitige Absendung.

§ 550 [Erlöschen von Schadensersatzansprüchen] Ein Schadensersatzanspruch wegen Tod oder Körperverletzung eines Fahrgasts oder wegen Verlust, Beschädigung oder verspäteter Aushändigung von Gepäck erlischt, wenn er nicht innerhalb einer der folgenden Fristen gerichtlich geltend gemacht wird:

1. drei Jahre, gerechnet von dem Tag, an dem der Gläubiger von dem Tod oder der Körperverletzung oder von dem Verlust, der Beschädigung oder der verspäteten Aushändigung Kenntnis erlangt hat oder normalerweise hätte erlangen müssen, oder

2. fünf Jahre, gerechnet von dem Tag, an dem die Ausschiffung des Fahrgasts erfolgt ist oder hätte erfolgen sollen, je nachdem, welches der spätere Zeitpunkt ist.

§ 551 [Abweichende Vereinbarungen] Soweit in § 542 Absatz 4 nichts Abweichendes bestimmt ist, ist jede Vereinbarung unwirksam, die vor Eintritt des Ereignisses getroffen wird, das den Tod oder die Körperverletzung des Fahrgasts oder den Verlust, die Beschädigung oder die verspätete Aushändigung seines Gepäcks verursacht hat, und durch die die Haftung wegen Tod oder Körperverletzung des Fahrgasts oder wegen Verlust, Beschädigung oder verspäteter Aushändigung seines Gepäcks ausgeschlossen oder eingeschränkt wird.

§ 552 [Pfandrecht des Beförderers] (1) Der Beförderer hat für seine Forderung auf das Beförderungsentgelt ein Pfandrecht an dem Gepäck des Fahrgasts.

(2) Das Pfandrecht besteht nur, solange das Gepäck zurückbehalten oder hinterlegt ist.

로 본다.

제550조【손해배상청구권의 소멸】 여객의 사망 또는 신체의 상해를 이유로 하거나 혹은 수하물의 멸실, 훼손 또는 인도 지연을 이유로 하는 손해배상청구권은 다음 어느 하나의 기간 내에 제소를 하지 않으면 소멸한다.:
   1. 채권자가 여객의 사망 또는 신체 상해 혹은 수하물의 멸실, 훼손 또는 인도 지연을 알았거나 통상 알았어야 할 날로부터 계산하여 3년, 혹은.
   2. 하선이 이루어진 날 및 하선이 이루어졌어야 할 날 중 더 늦은 시점부터 5년

제551조【상치되는 약정】 제542조 제4항에 달리 규정되어 있지 않는 한, 여객의 사망 또는 신체 상해, 혹은 수하물의 멸실, 훼손 또는 인도 지연을 유발한 사고가 발생하기 이전에 합의한 약정으로 이를 통하여 여객의 사망 또는 신체 상해, 혹은 수하물의 멸실, 훼손 또는 인도 지연으로 인한 책임을 배제하거나 제한하는 모든 약정은 그 효력이 없다.

제552조【운송인의 질권】 (1) 운송인은 운임채권을 위해 수하물에 대해 질권을 갖는다.
   (2) 이 질권은 운송인이 수하물을 보유하고 있거나 보관하여 두고 있는 동안 존속한다.

Dritter Abschnitt. Schiffsüberlassungsverträge.

Erster Unterabschnitt. Schiffsmiete.

§ 553 〔Schiffsmietvertrag〕 (1) Durch den Schiffsmietvertrag (Bareboat Charter) wird der Vermieter verpflichtet, dem Mieter ein bestimmtes Seeschiff ohne Besatzung zu überlassen und ihm den Gebrauch dieses Schiffes während der Mietzeit zu gewähren.

(2) Der Mieter wird verpflichtet, die vereinbarte Miete zu zahlen. Die Miete ist mangels anderer Vereinbarung halbmonatlich im Voraus zu entrichten.

(3) Die Vorschriften dieses Unterabschnitts gelten, wenn der Mieter den Vertrag abschließt, um das Schiff zum Erwerb durch Seefahrt zu betreiben. Betreibt der Mieter kein Handelsgewerbe im Sinne von § 1 Absatz 2 und ist seine Firma auch nicht nach § 2 in das Handelsregister eingetragen, so sind in Ansehung des Schiffsmietvertrags auch insoweit die Vorschriften des Ersten Abschnitts des Vierten Buches ergänzend anzuwenden; dies gilt jedoch nicht für die §§ 348 bis 350.

§ 554 〔Übergabe und Rückgabe des Schiffes. Instandhaltung〕 (1) Der Vermieter hat dem Mieter das Schiff zur vereinbarten Zeit am vereinbarten Ort in einem zum vertragsgemäßen Gebrauch geeigneten Zustand zu übergeben.

(2) Der Mieter hat das Schiff während der Mietzeit in einem zum vertragsgemäßen Gebrauch geeigneten Zustand zu erhalten. Nach Beendigung des Mietverhältnisses ist er verpflichtet, das Schiff in demselben Zustand unter Berücksichtigung der Abnutzung infolge vertragsgemäßen Gebrauchs zurückzugeben.

§ 555 〔Sicherung der Rechte des Vermieters〕 Der Mieter hat die Rechte des Vermieters gegenüber Dritten für den Vermieter zu sichern.

§ 556 〔Kündigung〕 Ein auf unbestimmte Zeit eingegangenes Mietverhältnis kann spätestens am ersten Werktag einer Woche zum Ablauf des folgenden Sonnabends gekündigt werden. Ist die Miete nach Monaten oder längeren Zeitabschnitten bemessen, ist die ordentliche Kündigung zum Ablauf eines Kalendervierteljahrs zulässig.

제3장 선박인계계약

제1절 선체용선(선박임대차)

제553조【선체용선계약】   (1) 선박임대차계약(선체용선계약)에 의하여, 대선자는 용선자에게 선원이 없는 특정한 항해선 선박을 인도하고, 용선기간 동안 그 선박을 용선자가 사용할 수 있도록 할 의무가 있다.

(2) 용선자는 약정한 용선료를 지급할 의무가 있다. 용선료는 다른 약정이 없으면 반월 단위로 선급하여야 한다.

(3) 본절의 규정은 용선자가 해상운송을 통해 이익을 획득할 목적으로 선박을 운영하기 위해 용선계약을 체결한 경우에 적용된다. 용선자가 제1조 제2항에서 말하는 영업을 경영하지 않고, 또 그 기업이 제2조에 따라 상업등기부에 등록도 하지 않은 경우, 그 선체용선계약에 대해서는 제4편 제1장의 규정도 가능한 한 보충적으로 적용된다.; 그러나 제348조 내지 제350조의 경우에는 이러한 것이 적용되지 않는다.

제554조【인도 및 반환, 관리 유지】   (1) 대선자는 약정한 시간과 장소에서 용선자에게 계약상 목적으로 사용하기 적합한 상태의 선박을 인도하여 주어야 한다.

(2) 용선자는 용선기간 동안 계약상 목적으로 사용하기에 적합한 상태로 선박을 관리, 유지하여야 한다. 용선관계가 종료되면, 용선자는 계약에 따라 사용한 결과 생기는 마모를 별도로 고려하되, 원칙적으로 동일한 상태로 선박을 반환하여야 한다.

제555조【대선자의 권리 확보】   용선자는 대선자의 제3자에 대한 권리를 대선자를 위해 담보한다.

제556조【해지】   불확정 기간 진행되는 선체용선관계는 늦어도 어느 주 첫째 근무일에 통지하여 그 다음 토요일이 경과하면 해지될 수 있다. 용선료가 월 단위 혹은 더욱 장기를 단위로 산정되는 경우, 통상의 해지는 세력으로 분기의 경과로 허용이 된다.

Zweiter Unterabschnitt. Zeitcharter.

§ 557 [Zeitchartervertrag] (1) Durch den Zeitchartervertrag wird der Zeitvercharterer verpflichtet, dem Zeitcharterer zu dessen Verwendung ein bestimmtes Seeschiff mit Besatzung auf Zeit zu überlassen und mit diesem Schiff Güter oder Personen zu befördern oder andere vereinbarte Leistungen zu erbringen.

(2) Der Zeitcharterer wird verpflichtet, die vereinbarte Zeitfracht zu zahlen.

(3) Die Vorschriften dieses Unterabschnitts gelten, wenn der Zeitcharterer den Vertrag abschließt, um das Schiff zum Erwerb durch Seefahrt zu betreiben. Betreibt der Zeitcharterer kein Handelsgewerbe im Sinne von § 1 Absatz 2 und ist seine Firma auch nicht nach § 2 in das Handelsregister eingetragen, so sind in Ansehung des Zeitchartervertrags auch insoweit die Vorschriften des Ersten Abschnitts des Vierten Buches ergänzend anzuwenden; dies gilt jedoch nicht für die §§ 348 bis 350.

§ 558 [Beurkundung] Jede Partei des Zeitchartervertrags kann die schriftliche Beurkundung dieses Vertrags verlangen.

§ 559 [Bereitstellung des Schiffes] (1) Das Schiff ist dem Zeitcharterer zur vereinbarten Zeit am vereinbarten Ort in einem zum vertragsgemäßen Gebrauch geeigneten Zustand bereitzustellen.

(2) Ist vereinbart, dass das Schiff zu einem bestimmten Termin oder innerhalb einer bestimmten Frist bereitgestellt werden soll, so kann der Zeitcharterer ohne Fristsetzung vom Vertrag zurücktreten, wenn die Vereinbarung nicht erfüllt wird oder offensichtlich ist, dass sie nicht erfüllt werden wird.

§ 560 [Erhaltung des vertragsgemäßen Zustands des Schiffes] Der Zeitvercharterer hat das Schiff während der Dauer des Zeitchartervertrags in einem zum vertragsgemäßen Gebrauch geeigneten Zustand zu erhalten. Er hat insbesondere dafür zu sorgen, dass das Schiff seetüchtig und, wenn das Schiff zur Beförderung von Gütern verwendet wird, ladungstüchtig ist.

§ 561 [Verwendung des Schiffes] (1) Der Zeitcharterer bestimmt über die Verwendung des Schiffes. Er ist verpflichtet, mit der gebotenen Sorgfalt einen sicheren Hafen oder Liegeplatz auszuwählen, wenn er den Zeitvercharterer anweist, einen bestimmten Hafen oder Liegeplatz anzulaufen.

제2절 정기용선

제557조【정기용선계약】   (1) 정기용선계약에 의해, 대선자는 선원을 갖춘 특정한 항해선을 용선자로 하여금 사용하게 하기 위해 일정한 기간 동안 용선자에게 인계하고, 그 선박을 가지고 화물 또는 여객을 운송하거나 혹은 기타 다른 약정한 급부를 실현할 의무가 있다.

(2) 용선자는 약정한 용선료를 지급할 의무가 있다.

(3) 본 절의 규정은 용선자가 해상운송을 통해 이익을 획득할 목적으로 선박을 운영하기 위해 용선계약을 체결한 경우에 적용된다. 용선자가 제1조 제2항에서 말하는 영업을 경영하지 않고, 또 그 기업이 제2조에 따라 상업등기부에 등록도 하지 않은 경우, 그 정기용선계약에 대해서는 제4편 제1장의 규정도 가능한 범위 내에서 보충적으로 적용된다.; 그러나 이는 제348조 내지 제350조의 경우에는 적용되지 않는다.

제558조【증서 작성】   정기용선계약의 당사자는 각자 서면으로 된 계약서를 작성할 것을 요구할 수 있다.

제559조【선박의 제공】   (1) 선박은 약정된 시간과 장소에서 계약에 따라 사용할 수 있는 상태로 용선자에게 제공되어야 한다.

(2) 선박이 일정한 날짜 또는 일정한 기간 내에 제공되어야 한다고 약정한 경우, 용선자는 그 약정이 지켜지지 않았거나 지켜지지 않을 것이 명백한 때에는, 이행할 기간을 다시 지정하지 않고 바로 용선계약을 해제할 수 있다.

제560조【계약에 합당한 상태의 유지】   대선자는 정기용선계약 기간 동안 선박을 계약에 따라 사용하는 데 적합한 상태로 유지하여야 한다. 특히 그는 선박이 감항능력을 갖추고 있어야 하고, 또 선박이 화물의 운송에 사용되면 감하능력도 있어야 한다는 데에 상당한 주의를 하여야 한다.

제561조【선박의 사용】   (1) 선박의 사용에 관한 결정은 용선자가 한다. 용선자가 대선자에게 특정한 항구 또는 정박지를 지정하여 기항을 요구할 때에는, 용선자는 안전한 항구 또는 정박지를 선정하는 데에 있어 상당한 주의를 하여야 한다.

700

(2) Der Zeitvercharterer ist für die Führung und die sonstige Bedienung des Schiffes verantwortlich.

(3) Der Zeitcharterer ist berechtigt, das Schiff an einen Dritten zu verchartern.

§ 562 **[Unterrichtungspflichten]** Zeitvercharterer und Zeitcharterer sind verpflichtet, sich gegenseitig über alle das Schiff und die Reisen betreffenden Umstände von Bedeutung zu unterrichten.

§ 563 **[Verladen und Löschen]** (1) Der Zeitcharterer hat, wenn das Schiff zur Beförderung von Gütern verwendet wird, diese zu verladen und zu löschen.

(2) Der Zeitvercharterer hat dafür zu sorgen, dass die Verladung die Seetüchtigkeit des Schiffes nicht beeinträchtigt.

§ 564 **[Kosten für den Betrieb des Schiffes]** (1) Der Zeitvercharterer hat die fixen Kosten des Schiffsbetriebs zu tragen, insbesondere die Kosten der Besatzung, Ausrüstung, Unterhaltung und Versicherung des Schiffes.

(2) Der Zeitcharterer hat die variablen Kosten des Schiffsbetriebs zu tragen, insbesondere Hafengebühren, Lotsengelder, Schlepperhilfen und Prämien für eine weiter gehende Versicherung des Schiffes. Der Zeitcharterer hat ferner den für den Betrieb des Schiffes erforderlichen Treibstoff in handelsüblicher Qualität zu beschaffen.

§ 565 **[Zeitfracht]** (1) Die Zeitfracht ist mangels anderer Vereinbarung halbmonatlich im Voraus zu zahlen.

(2) Die Pflicht zur Zahlung der Zeitfracht entfällt für die Zeit, in der das Schiff infolge von Mängeln oder sonstigen Umständen, die dem Risikobereich des Zeitvercharterers zuzurechnen sind, dem Zeitcharterer nicht zur vertragsgemäßen Verwendung zur Verfügung steht. Ist die vertragsgemäße Verwendung des Schiffes gemindert, ist eine angemessen herabgesetzte Zeitfracht zu zahlen.

§ 566 **[Pfandrecht des Zeitvercharterers]** (1) Der Zeitvercharterer hat für seine Forderungen aus dem Zeitchartervertrag ein Pfandrecht an den an Bord des Schiffes befindlichen Sachen einschließlich des Treibstoffs, soweit diese Sachen im Eigentum des Zeitcharterers stehen. Die für den gutgläubigen Erwerb des Eigentums geltenden §§ 932, 934 und 935 des Bürgerlichen Gesetzbuchs sind nicht anzuwenden.

(2) Der Zeitvercharterer hat ferner für seine Forderungen aus dem Zeitchartervertrag

(2) 대선자는 선박의 지휘 기타 관리에 대해 책임이 있다.

(3) 용선자는 선박을 제3자에게 재용선하여 줄 권리가 있다.

제562조【정보제공의무】   용선자와 대선자는 서로 상대방에 대해 선박과 항해와 관련된 중요한 상황을 보고하여야 한다.

제563조【선적과 양륙】   (1) 선박이 화물의 운송에 사용되는 경우, 용선자가 화물의 선적을 하고 화물의 양륙을 하여야 한다.

(2) 대선자는 선박의 감항능력이 선적으로 인해 지장을 받지 않도록 상당한 주의를 하여야 한다.

제564조【선박의 운영에 관한 비용】   (1) 대선자는 선박의 운영에 필요한 고정비용을 부담하여야 하고, 특히 대선자는 선박의 선원, 의장, 유지 및 부보에 필요한 비용을 부담하여야 한다.

(2) 용선자는 선박의 운영에 필요한 가변비용을 부담하여야 하고, 특히 항비, 도선료, 예선료 및 추가 부보에 필요한 보험료를 부담하여야 한다. 나아가 용선자는 선박의 운영에 필요한 연료를 상관행에 합당한 품질로 공급하여야 한다.

제565조【용선료】   (1) 다른 약정이 없으면 용선료는 반월 단위로 선급하여야 한다.

(2) 대선자의 위험 범위에 속하는 하자 기타 상황에 의해, 용선자가 계약에 따라 선박을 사용되는 데에 제공될 수 없는 기간에 대해서는, 용선료의 지급의무가 발생하지 않는다. 선박을 계약에 따라 사용하는 데 있어 제한이 있는 경우, 상당한 금액이 축소된 감액 용선료를 지급하여야 한다.

제566조【대선자의 질권】   (1) 대선자는 정기용선계약에 기한 그의 채권을 위해 연료를 포함한 선상에 있는 물건에 대해, 그 물건이 용선자의 소유임을 전제로, 질권을 갖는다. 소유권의 선의취득에 적용될 민법 제932조, 제934조 및 제935조의 규정은 여기에 적용되지 않는다.

(2) 나아가 대선자는 정기용선계약에 의한 그의 채권에 기해, 용선자가 제3자와 체결하였고 용선된 선박에 의해 이행될 화물운송계약 및 재용선계약상 용선자의

ein Pfandrecht an den Forderungen des Zeitcharterers aus von diesem abgeschlossenen Fracht- und Unterzeitchartervertragen, die mit dem Schiff erfüllt werden. Der Schuldner der Forderung kann, sobald er Kenntnis von dem Pfandrecht hat, nur an den Zeitvercharterer leisten. Er ist jedoch zur Hinterlegung berechtigt, solange ihm der Zeitcharterer das Pfandrecht nicht anzeigt.

(3) Abweichend von den Absätzen 1 und 2 hat der Zeitvercharterer kein Pfandrecht für künftige Entschädigungsforderungen sowie für nicht fällige Ansprüche auf Zeitfracht.

§ 567 [Pflichtverletzung]   Verletzt eine Partei des Zeitchartervertrags eine Pflicht aus diesem Vertrag, so bestimmen sich die Rechtsfolgen nach den allgemeinen für Schuldverhältnisse geltenden Vorschriften des Bürgerlichen Gesetzbuchs, soweit nicht in diesem Unterabschnitt etwas anderes bestimmt ist.

§ 568 [Zurückbehaltungsrecht]   Der Zeitvercharterer kann die von ihm geschuldeten Leistungen, einschließlich der Einnahme von Gut und der Ausstellung von Konnossementen, verweigern, solange der Zeitcharterer einen fälligen Anspruch auf Zeitfracht nicht erfüllt.

§ 569 [Rückgabe des Schiffes]   (1) Nach Beendigung des Vertragsverhältnisses hat der Zeitcharterer das Schiff am vereinbarten Ort zurückzugeben.

(2) Wird das Vertragsverhältnis durch eine außerordentliche Kündigung beendet, so hat der Zeitcharterer abweichend von Absatz 1 das Schiff dort zurückzugeben, wo es sich in dem Zeitpunkt befindet, in dem die Kündigung wirksam wird. Die Partei, die den Grund für die außerordentliche Kündigung zu vertreten hat, hat jedoch der anderen Partei den durch die vorzeitige Beendigung des Vertragsverhältnisses entstandenen Schaden zu ersetzen.

Vierter Abschnitt. Schiffsnotlagen.

Erster Unterabschnitt. Schiffszusammenstoß.

§ 570 [Schadensersatzpflicht]   Im Falle eines Zusammenstoßes von Seeschiffen

채권에 대해 질권을 갖는다. 채권의 채무자는 질권에 관해 알고 있으면 오로지 대선자에게 채무를 이행하여야 한다. 그러나 용선자가 그에게 질권에 관한 통지를 하지 않는 한, 채무자는 이를 공탁할 수 있다.

(3) 위 제1항 및 제2항과 달리, 대선자는 장래 손해배상채권에 기해 또는 아직 이행기에 도달하지 않은 용선료에 기해 질권을 주장하지 못한다.

제567조【의무위반】 정기용선계약의 당사자 일방이 그 계약상 의무를 위반한 경우에 그 법률 효과는, 본 절에서 달리 정하고 있지 않는 한, 민법상 채무관계에 적용될 일반 규정에 의하여 정한다.

제568조【이행거절권】 용선자가 이행기에 도달한 용선료를 지급하지 않는 경우, 대선자는 화물의 인수 및 선하증권의 발행을 포함한 그가 지고 있는 급부의 이행을 거절할 수 있다.

제569조【선박의 반환】 (1) 계약관계가 종료되면 용선자는 약정한 장소에서 선박을 반환하여야 한다.

(2) 계약관계가 특별해지권에 기해 종료된 경우, 용선자는 위 제1항과 상관없이, 해지의 효과가 발생하는 시점에 선박이 있는 장소에서 선박을 반환하여야 한다. 특별해지권의 발생 이유에 대해 책임이 있는 당사자는 계약관계가 사전에 종료됨으로 인해 발생한 손해를 배상하여야 한다.

제4장 해 난

제1절 선박충돌

제570조【손해배상책임】 항해 선박이 충돌한 경우, 충돌을 일으킨 선박의 선주

haftet der Reeder des Schiffes, das den Zusammenstoß verursacht hat, für den Schaden, der durch den Zusammenstoß an dem anderen Schiff und den an Bord der Schiffe befindlichen Personen und Sachen verursacht wurde. Die Ersatzpflicht tritt jedoch nur ein, wenn den Reeder jenes Schiffes oder eine in § 480 genannte Person ein Verschulden trifft.

§ 571 [Mitverschulden] (1) Sind die Reeder mehrerer am Zusammenstoß beteiligter Schiffe zum Schadensersatz verpflichtet, so bestimmt sich der Umfang des von einem Reeder zu leistenden Ersatzes nach dem Verhältnis der Schwere seines Verschuldens zu dem der anderen Reeder. Kann ein solches Verhältnis nicht festgesetzt werden, so haften die Reeder zu gleichen Teilen.

(2) Abweichend von Absatz 1 haften die Reeder mehrerer am Zusammenstoß beteiligter Schiffe für den Schaden, der durch den Tod oder die Körperverletzung einer an Bord befindlichen Person entsteht, als Gesamtschuldner. Im Verhältnis zueinander sind die Reeder nach Maßgabe des Absatzes 1 verpflichtet.

§ 572 [Fernschädigung] Fügt ein Schiff durch Ausführung oder Unterlassung eines Manövers oder durch Nichtbeachtung einer Schifffahrtsregel einem anderen Schiff oder den an Bord der Schiffe befindlichen Personen oder Sachen einen Schaden zu, ohne dass ein Zusammenstoß stattfindet, so sind die §§ 570 und 571 entsprechend anzuwenden.

§ 573 [Beteiligung eines Binnenschiffs] Die Vorschriften dieses Unterabschnitts sind entsprechend anzuwenden, wenn an dem Unfall ein Binnenschiff beteiligt ist.

Zweiter Unterabschnitt. Bergung.

§ 574 [Pflichten des Bergers und sonstiger Personen] (1) Berger ist, wer folgenden Schiffen oder Vermögensgegenständen Hilfe leistet:

1. einem in Seegewässern in Gefahr befindlichen See- oder Binnenschiff oder sonstigen Vermögensgegenstand,

2. einem in Binnengewässern in Gefahr befindlichen Seeschiff oder

3. einem in Binnengewässern in Gefahr befindlichen Binnenschiff oder sonstigen Vermögensgegenstand, wenn ihm von einem Seeschiff aus Hilfe geleistet wird.

는 충돌로 인해 다른 선박은 물론 자기 선박상에 있었던 사람과 물건에 발생한 손해를 배상할 책임이 있다. 그러나 이러한 배상책임은, 충돌을 일으킨 그 선박의 선주 또는 제480조에 열거된 사람에게 귀책사유가 있는 때에 한해, 발생한다.

제571조【경합과실】　(1) 충돌에 관여한 다수 선박의 선주가 손해배상책임을 지는 경우, 어느 선박의 선주가 질 배상의 범위는 그의 귀책사유의 다른 선주의 귀책사유에 대비한 경중의 비율에 의하여 이를 정한다. 이러한 비율을 확정할 수 없는 때에는 선주들은 동일한 비율로 손해배상책임을 진다.
　(2) 위 제1항과 상관없이, 충돌에 관여된 다수 선박의 선주는 선상에 있던 사람의 사망 또는 신체의 상해로 인해 발생한 손해를 연대채무자로서 배상할 책임이 있다. 선주는 그 상호간 관계에 있어서는 위 제1항에 따라 배상책임이 있다.

제572조【이격 가해】　선박이 어떠한 거동을 수행하거나 결여하여 혹은 항해 규칙을 준수하지 아니하여, 선박 사이에 충돌이 없이, 다른 선박 또는 양 선박 상에 있던 사람 또는 물건에 손해를 발생시킨 경우에도, 위 제570조 및 제571조를 준용한다.

제573조【내수항행선의 관여】　본 절의 규정은 어느 한 내수항행선이 사고에 관여된 때에도 이를 준용한다.

제2절 해난구조

제574조【구조자 및 기타 사람의 의무】　(1) 구조자란 다음 선박 또는 재산적 목적물에 원조를 제공한 사람을 말한다.:
　1. 해상에서 위험에 처한 항해선, 내수 항행선 및 기타 재산적 목적물,
　2. 내수에서 위험에 처한 항해선,
　3. 내수에 있는 위험에 처한 내수항행선 또는 기타 재산적 목적물에 항해선이 원조를 제공한 경우.
　(2) 유동성 기구 및 유동성 구조물도 이를 제1항에서 말하는 선박으로 본다. 위

(2) Als Schiff im Sinne von Absatz 1 ist auch ein schwimmendes Gerät oder schwimmfähiges Bauwerk anzusehen. Vermögensgegenstand im Sinne von Absatz 1 ist auch ein gefährdeter Anspruch auf Fracht. Nicht als Schiff oder Vermögensgegenstand im Sinne von Absatz 1 gelten dagegen

1. eine auf Dauer und absichtlich an der Küste oder am Ufer befestigte Sache sowie

2. eine feste oder schwimmende Plattform oder eine der Küste vorgelagerte bewegliche Bohreinrichtung, die sich zur Erforschung, Ausbeutung oder Gewinnung mineralischer Ressourcen des Meeresbodens vor Ort im Einsatz befindet.

(3) Der Berger ist gegenüber den Eigentümern des Schiffes sowie der sonstigen Vermögensgegenstände, denen er Hilfe leistet, verpflichtet, die Leistung mit der gebotenen Sorgfalt durchzuführen, andere Berger um Unterstützung zu bitten, wenn die Umstände dies bei vernünftiger Betrachtungsweise erfordern, und das Eingreifen anderer Berger hinzunehmen, wenn von dem Schiffer oder Kapitän oder dem Eigentümer des in Gefahr befindlichen Schiffes oder dem Eigentümer des sonstigen in Gefahr befindlichen Vermögensgegenstands vernünftigerweise darum ersucht wird.

(4) Der Eigentümer und der Schiffer oder Kapitän eines in Gefahr befindlichen Schiffes sowie der Eigentümer eines sonstigen in Gefahr befindlichen Vermögensgegenstands sind gegenüber dem Berger verpflichtet, mit diesem während der Bergungsmaßnahmen in jeder Hinsicht zusammenzuarbeiten. Wurde das Schiff oder ein sonstiger Vermögensgegenstand in Sicherheit gebracht, so sind die in Satz 1 genannten Personen auf vernünftiges Ersuchen des Bergers auch verpflichtet, das Schiff oder den sonstigen Vermögensgegenstand zurückzunehmen.

§ 575 [Verhütung oder Begrenzung von Umweltschäden] (1) Der Berger ist gegenüber dem Eigentümer des in Gefahr befindlichen Schiffes sowie gegenüber dem Eigentümer eines sonstigen in Gefahr befindlichen Vermögensgegenstands verpflichtet, während der Bergungsmaßnahmen die gebotene Sorgfalt anzuwenden, um Umweltschäden zu verhüten oder zu begrenzen. Die gleiche Pflicht trifft den Eigentümer und den Schiffer oder Kapitän des in Gefahr befindlichen Schiffes sowie den Eigentümer eines sonstigen in Gefahr befindlichen Vermögensgegenstands

험에 처한 운임청구권도 이를 제1항에서 말하는 재산적 목적물로 본다. 그러나 아래에 열거한 것은 위 제1항에서 말하는 선박 또는 재산적 목적물로 보지 않는다.

    1. 해안 또는 강안에 의도적, 항구적으로 고정된 물건,

    2. 광물자원의 탐사, 채굴 및 생산에 종사하는 고정성 혹은 유동성 플랫폼 또는 해안 주변에 놓여 있는 유동성 굴착 설비.

  (3) 구조자는 그가 원조를 제공하는 선박 기타 재산적 목적물의 소유자에 대하여 상당한 주의를 하여 급부를 수행하여야 하고, 상황을 합리적으로 판단하여 필요하다면 다른 구조자에게 지원을 요청하여야 하고, 또 위험에 처한 선박 기타 재산적 목적물의 선장 또는 소유자가 요청하면 다른 구조자의 참여를 수용하여야 할 의무가 있다.

  (4) 위험에 처한 선박의 소유자 및 선장[5]과 위험에 처한 기타 재산적 목적물의 소유자는 구조자에 대하여 구조 작업을 하는 동안에 구조자와 모든 관점에서 협력하여야 할 의무가 있다. 선박 기타 재산적 목적물을 안전한 장소에 가져다 놓은 때에는 구조자가 합리적으로 요청을 하면 위 제1항에 열거된 사람은 이를 다시 인수하여 갈 의무가 있다.

제575조【환경손해의 방지와 감축】   (1) 구조자는 위험에 처한 선박의 소유자 및 위험에 처한 다른 재산적 목적물의 소유자에 대하여 구조 작업 중에 환경손해를 방지하거나 감축하기 위해 상당한 주의를 할 의무가 있다. 위험에 처한 선박의 소유자 및 선장도 구조자에 대하여 동일한 의무가 있다. 이와 상치되는 당사자의 약정은 그 효력이 없다.

  (2) 환경손해란 오염, 감염, 화재, 폭발 기타 이와 유사한 심대한 사고로 인해 발생하는, 인간의 건강 및 해양 동식물계에 대한 것은 물론, 연안 해수, 내수 또는 그

---

5) 제2절은 선장을 Schiffer와 Kapitän으로 구분하고 선박소유자를 Schiffseigners와 Reeder로 구분한다. 이는 선박이 내수 항해용인지 또는 항해용인지에 따른 분류로서 본서에서는 독자의 편의를 위해 이러한 구분을 함이 없이 이를 모두 단순히 선장으로 번역한다. 1897년 상법은 원래 이를 모두 Schiffer라고 불렀으나 1972년 이를 모두 Kapitän으로 변경하였음은 이미 1897년 상법을 보면서 보았다.; 제619조 참조.

gegenüber dem Berger. Eine abweichende Vereinbarung ist nichtig.

(2) Ein Umweltschaden ist eine erhebliche physische Schädigung der menschlichen Gesundheit oder der Tier- und Pflanzenwelt des Meeres oder der Meeresressourcen in Küsten- und Binnengewässern oder angrenzenden Gebieten, die durch Verschmutzung, Verseuchung, Feuer, Explosion oder ähnliche schwerwiegende Ereignisse verursacht wird.

§ 576 〔Bergelohnanspruch〕 (1) Sind die Bergungsmaßnahmen erfolgreich, hat der Berger einen Anspruch auf Zahlung eines Bergelohns. Der Anspruch besteht auch dann, wenn sowohl das geborgene Schiff als auch das Schiff, von dem aus die Bergungsmaßnahmen durchgeführt wurden, demselben Eigentümer gehören.

(2) Der Bergelohn umfasst zugleich den Ersatz der Aufwendungen, die zum Zweck des Bergens gemacht wurden. Nicht im Bergelohn enthalten sind Kosten und Gebühren der Behörden, zu entrichtende Zölle und sonstige Abgaben, Kosten der Aufbewahrung, Erhaltung, Abschätzung und Veräußerung der geborgenen Gegenstände (Bergungskosten).

(3) Zur Zahlung des Bergelohns und der Bergungskosten sind der Schiffseigentümer sowie die Eigentümer der sonstigen geborgenen Vermögensgegenstände im Verhältnis des Wertes des Schiffes und der Vermögensgegenstände zueinander anteilig verpflichtet.

§ 577 〔Höhe des Bergelohns〕 (1) Bergelohn ist, wenn die Parteien seine Höhe nicht vereinbart haben, so festzusetzen, dass er einen Anreiz für Bergungsmaßnahmen schafft. Bei der Festsetzung sind zugleich die folgenden Kriterien ohne Rücksicht auf die nachstehend aufgeführte Reihenfolge zu berücksichtigen:

1. der Wert des geborgenen Schiffes und der sonstigen geborgenen Vermögensgegenstände;

2. die Sachkunde und die Anstrengungen des Bergers in Bezug auf die Verhütung oder Begrenzung von Umweltschäden (§ 575 Absatz 2);

3. das Ausmaß des vom Berger erzielten Erfolgs;

4. Art und Erheblichkeit der Gefahr;

5. die Sachkunde und die Anstrengungen des Bergers in Bezug auf die Bergung des Schiffes und der sonstigen Vermögensgegenstände sowie auf die Rettung

인근 지역에 있는 해양자원에 대한, 상당한 물리적인 훼손을 말한다.

제576조【구조료 청구권】 (1) 구조작업이 성공하면 구조자는 구조료지급청구권을 갖는다. 이 청구권은 구조된 선박과 구조 작업을 수행한 선박이 동일인의 소유라 하더라도 성립한다.

(2) 구조료는 구조를 위해 지출한 비용의 보전을 포함한다. 그러나 해당 관청의 비용 및 수수료, 지급할 관세 기타 공과금, 구조된 목적물의 보관, 유지, 감정 및 양도의 비용(구조비)은 구조료에 포함되지 않는다(구조비용).

(3) 구조료 및 구조비는 선박의 소유자 및 기타 구조된 재산적 목적물의 소유자가 선박 및 기타 재산적 목적물의 가격에 비례하여 상호간 이를 분담하여야 한다.

제577조【구조료 금액】 (1) 당사자가 이에 합의하지 않는 때에는, 구조료는 장래 구조 작업을 장려하는 금액으로 정하여야 한다. 구조료를 확정함에 있어서는 동시에 아래에 있는 사항을 그 열거된 순서와 상관없이 참고하여야 한다.:

1. 구조된 선박 및 기타 구조된 재산적 목적물의 가격;
2. 환경손해의 방지 또는 감축과 관련된 구조자의 전문지식과 노력(제575조 제2항);
3. 구조자가 이룩한 성과의 크기;
4. 위험의 성격과 정도;
5. 선박의 구조 및 기타 재산적 목적물의 구조와 관련된 것은 물론 인명의 구조와 관련된 구조자의 전문 지식 및 노력;
6. 구조자가 사용한 시간 및 그에게 발생한 경비 및 손실;
7. 구조자 혹은 그의 장비가 감수해야 했던 책임 및 기타 위험;
8. 급부를 실현하는 데 있어 신속성;
9. 구조 작업을 목적으로 한 선박 및 기타 장비의 대비와 투입;

von Menschenleben;

6. die vom Berger aufgewendete Zeit sowie die ihm entstandenen Unkosten und Verluste;

7. die Haftungs- oder sonstige Gefahr, der der Berger oder seine Ausrüstung ausgesetzt war;

8. die Unverzüglichkeit, mit der die Leistungen erbracht wurden;

9. die Verfügbarkeit und der Einsatz von Schiffen oder anderen Ausrüstungsgegenständen, die für Bergungsmaßnahmen bestimmt waren;

10. die Einsatzbereitschaft und Tauglichkeit der Ausrüstung des Bergers sowie deren Wert.

(2) Der Bergelohn ohne Zinsen, Bergungskosten und erstattungsfähige Verfahrenskosten darf den Wert des geborgenen Schiffes und der sonstigen geborgenen Vermögensgegenstände nicht übersteigen.

§ 578 [Sondervergütung] (1) Hat der Berger Bergungsmaßnahmen für ein Schiff durchgeführt, das als solches oder durch seine Ladung eine Gefahr für die Umwelt darstellte, so kann er von dem Eigentümer des Schiffes die Zahlung einer Sondervergütung verlangen, soweit diese den Bergelohn übersteigt, der dem Berger zusteht. Der Anspruch auf Sondervergütung besteht auch dann, wenn das geborgene Schiff und das Schiff, von dem aus die Bergungsmaßnahmen durchgeführt wurden, demselben Eigentümer gehören.

(2) Die Sondervergütung entspricht den dem Berger entstandenen Unkosten. Unkosten im Sinne von Satz 1 sind die im Rahmen der Bergungsmaßnahmen vernünftigerweise aufgewendeten Auslagen sowie ein angemessener Betrag für Ausrüstung und Personal, die tatsächlich und vernünftigerweise für die Bergungsmaßnahme eingesetzt worden sind. Bei der Bestimmung der Angemessenheit des für Ausrüstung und Personal anzusetzenden Betrages sind die in § 577 Absatz 1 Satz 2 Nummer 8 bis 10 genannten Kriterien zu berücksichtigen.

(3) Hat der Berger durch seine Bergungsmaßnahmen einen Umweltschaden (§ 575 Absatz 2) verhütet oder begrenzt, so kann die nach Absatz 2 festzusetzende Sondervergütung um bis zu 30 Prozent erhöht werden. Abweichend von Satz 1 kann die Sondervergütung unter Berücksichtigung der in § 577 Absatz 1 Satz 2 genannten

10. 구조 장비의 준비 상태 및 그 효능과 가격.

(2) 이자, 구조비[6] 및 상환받을 절차비용을 제외한 구조료는 구조된 선박 및 다른 구조된 재산적 목적물의 가액을 초과할 수 없다.

제578조 【특별보수】　(1) 선박 자체로 혹은 그 화물에 의해, 환경 위험을 내포하고 있는 선박을 위해 구조 작업을 수행한 경우, 구조자는, 그가 청구할 수 있는 구조료를 초과하는 범위 내에서, 특별보수의 지급을 청구할 수 있다. 특별보수청구권은 구조된 선박과 구조 작업을 수행한 선박이 동일인의 소유인 때에도 발생한다.

(2) 특별보수는 구조자에게 발생한 경비 상당 금액이다. 본 항 제1문에서 말하는 경비란 구조 작업의 일환으로 합리적으로 지출된 비용 및 구조 작업에 합리적으로 실제 투입된 장비와 인원에 대한 상당한 금액을 말한다. 장비와 인원에 대해 산입한 금액이 상당한지 여부는 제577조 제1항 제2문 8호 내지 10호에 열거된 사항을 참고하여 결정한다.

(3) 구조 작업을 통해 구조자가 환경손해(제575조 제2항)를 실제로 방지 혹은 감축한 경우, 위 제2항에 의해 확정한 특별보수를 30 퍼센트까지 증액할 수 있다. 본 항 제1문과 달리 제577조 제1항 제2문에 열거된 사항을 고려하여, 만일 그것이 상당하고 정당하다고 판단되면, 특별보수를 100 퍼센트까지 증액할 수 있다.

제579조 【보상청구권의 배제】　(1) 합리적 판단을 했을 때에 수행한 작업이 위험 발생 이전에 체결한 계약의 통상적인 이행 행위에 지나지 않는 때에는, 구조자는 구조 작업을 이유로 본 절의 규정에 의한 여하한 보상도 청구할 수 없다.

---

6) 1989년 구조조약 제13조 3항에는 없다. 그러나 그 취지는 동일하게 해석되나 약간의 조정이 필요하다고 생각된다.

Kriterien um bis zu 100 Prozent erhöht werden, wenn dies billig und gerecht erscheint.

§ 579 〔Ausschluss des Vergütungsanspruchs〕 (1) Der Berger kann für durchgeführte Bergungsmaßnahmen keine Vergütung nach den Vorschriften dieses Unterabschnitts verlangen, soweit die Maßnahmen nicht über das hinausgehen, was bei vernünftiger Betrachtung als ordnungsgemäße Erfüllung eines vor Eintritt der Gefahr eingegangenen Vertrags angesehen werden kann.

(2) Der Berger kann ferner dann keine Vergütung nach den Vorschriften dieses Unterabschnitts verlangen, wenn er entgegen dem ausdrücklichen und vernünftigen Verbot des Eigentümers, Schiffers oder Kapitäns des Schiffes oder des Eigentümers eines sonstigen in Gefahr befindlichen Vermögensgegenstands, der sich nicht an Bord des Schiffes befindet oder befunden hat, Bergungsmaßnahmen durchführt.

§ 580 〔Fehlverhalten des Bergers〕 (1) Der Bergelohn kann herabgesetzt oder gänzlich versagt werden, wenn Bergungsmaßnahmen durch Verschulden des Bergers notwendig oder schwieriger geworden sind oder wenn sich der Berger des Betrugs oder eines anderen unredlichen Verhaltens schuldig gemacht hat.

(2) Die Sondervergütung kann ganz oder teilweise versagt werden, wenn einer der in Absatz 1 genannten Gründe vorliegt oder wenn der Berger nachlässig gehandelt und es dadurch versäumt hat, Umweltschäden (§ 575 Absatz 2) zu verhüten oder zu begrenzen.

§ 581 〔Ausgleichsanspruch〕 (1) Wird ein Schiff oder dessen Ladung ganz oder teilweise von einem anderen Schiff geborgen, so wird der Bergelohn oder die Sondervergütung zwischen dem Schiffseigner oder Reeder, dem Schiffer oder Kapitän und der übrigen Besatzung des anderen Schiffes in der Weise verteilt, dass zunächst dem Schiffseigner oder Reeder die Schäden am Schiff und die Unkosten ersetzt werden und dass von dem Rest der Schiffseigner oder Reeder zwei Drittel, der Schiffer oder Kapitän und die übrige Besatzung je ein Sechstel erhalten.

(2) Der auf die Schiffsbesatzung mit Ausnahme des Schiffers oder Kapitäns entfallende Betrag wird unter besonderer Berücksichtigung der sachlichen und persönlichen Leistungen eines jeden Mitglieds der Schiffsbesatzung verteilt. Die Verteilung erfolgt durch den Schiffer oder Kapitän mittels eines Verteilungsplans. Darin wird der Bruchteil festgesetzt, der jedem Beteiligten zukommt. Der Verteilungsplan ist vor Beendigung der Reise der Besatzung bekannt zu geben.

(2) 나아가, 선박의 소유자 또는 선장의, 혹은 선상에 있지 않거나[7] 있지 않았던 위험에 처한 다른 재산적 목적물의 소유자의, 합리적이고 명시적인 금지에도 불구하고 구조 작업을 수행한 사람은 본 절의 규정에 의한 여하한 보상도 청구할 수 없다.

제580조【구조자의 부당행위】 (1) 구조작업이 구조자의 귀책사유로 필요하게 되었거나 더욱 곤란하게 된 때, 또는 구조자가 사기 또는 기타 부정직한 행위를 저지른 때에는, 구조료가 감액되거나 혹은 완전히 부인될 수 있다.

(2) 위 제1항에서 말하는 사유가 있는 때, 혹은 구조자가 구조행위를 함에 있어 과실이 있고 이로 인하여 환경손해(제575조 제2항)의 방지 또는 감축에 지장을 가져온 때에는, 구조자에게 지급할 특별 보수가 전부 혹은 부분적으로 부인될 수 있다.

제581조【분배청구권】 (1) 선박 또는 그 화물이 전부 혹은 일부 다른 선박에 의하여 구조된 경우, 구조료 또는 특별보수는 먼저 다른 선박의 선주에게 발생한 선박의 손해 및 경비를 우선적으로 보상하고, 그 나머지를 3분지 2는 선주가, 6분지 1은 선장이, 6분지 1을 선원이 각각 갖는 방식으로, 다른 선박의 선주, 선장 및 나머지 선원들이 이를 분배한다.

(2) 선장을 제외한 선원에게 분배된 금액은 각 선원이 개인적으로 실제로 기여한 것을 고려하여 분배한다. 분배는 선장이 분배계획서를 통해 이를 실시한다. 분배계획서 내에는 관계자가 각각 수령할 할당액을 확정하여야 한다. 분배계획서는 항해가 종료되기 전에 선원에게 공지하여야 한다.

(3) 위 제1항 및 제2항과 다른 선장 혹은 다른 선원에게 불리한 약정은 그 효력이 없다.

---

7) 1989년 구조조약에는 and인데 독일어에는 or(oder)로 되어 있음.

(3) Von den Absätzen 1 und 2 abweichende Vereinbarungen zu Lasten des Schiffers oder Kapitäns oder der übrigen Schiffsbesatzung sind nichtig.

(4) Die Absätze 1 bis 3 sind nicht anzuwenden, wenn die Bergungsmaßnahmen von einem Bergungs- oder Schleppschiff aus durchgeführt werden.

§ 582 [Mehrheit von Bergern] (1) Wirken mehrere Berger an der Bergung mit, so kann jeder Berger nur einen Anteil am Bergelohn verlangen. Auf die Bestimmung des Verhältnisses der Anteile der Berger am Bergelohn zueinander ist § 577 Absatz 1 entsprechend anzuwenden; § 581 bleibt unberührt.

(2) Abweichend von Absatz 1 kann jedoch ein Berger Bergelohn in voller Höhe verlangen, wenn er das Eingreifen der anderen Berger auf Ersuchen des Eigentümers des in Gefahr befindlichen Schiffes oder eines sonstigen in Gefahr befindlichen Vermögensgegenstands hingenommen hat und sich das Ersuchen als nicht vernünftig erweist.

§ 583 [Rettung von Menschen] (1) Menschen, denen das Leben gerettet worden ist, haben weder einen Bergelohn noch eine Sondervergütung zu entrichten.

(2) Abweichend von Absatz 1 kann derjenige, der bei Bergungsmaßnahmen Handlungen zur Rettung von Menschenleben unternimmt, von dem Berger, dem für die Bergung des Schiffes oder eines sonstigen Vermögensgegenstands oder für die Verhütung oder Begrenzung von Umweltschäden (§ 575 Absatz 2) nach den Vorschriften dieses Unterabschnitts eine Vergütung zusteht, einen angemessenen Anteil an der Vergütung verlangen. Steht dem Berger aus den in § 580 genannten Gründen keine oder nur eine verminderte Vergütung zu, kann der Anspruch auf einen angemessenen Anteil an der Vergütung in Höhe des Betrags, um den sich der Anteil mindert, unmittelbar gegen die Eigentümer des geborgenen Schiffes und der sonstigen geborgenen Vermögensgegenstände geltend gemacht werden; § 576 Absatz 3 ist entsprechend anzuwenden.

§ 584 [Abschluss und Inhaltskontrolle eines Bergungsvertrags] (1) Sowohl der Eigentümer als auch der Schiffer oder Kapitän des in Gefahr befindlichen Schiffes sind berechtigt, im Namen der Eigentümer der an Bord des Schiffes befindlichen Vermögensgegenstände Verträge über Bergungsmaßnahmen abzuschließen. Der Schiffer oder Kapitän dieses Schiffes ist darüber hinaus berechtigt, auch im Namen

(4) 위 제1항 내지 제3항의 규정은 구조선 또는 예인선이 구조 작업을 수행한 때에는 이를 적용하지 않는다.

제582조【다수 구조자】　(1) 다수 구조자가 구조에 공동으로 참여한 경우, 구조자는 각각 오로지 구조료의 일부 지분을 청구할 수 있다. 각 구조자 사이에서 지분의 비율을 정함에 있어서는 제577조 제1항이 준용된다.; 제581조는 이로 인하여 영향을 받지 않는다.

(2) 위 제1항과 달리, 구조자가 위험에 처한 선박의 소유자, 또는 위험에 처한 기타 재산적 목적물 소유자가 요청하여 다른 구조자의 참여를 승낙하였고, 그 요청이 정당하다고 볼 수 없는 것이 증명된 경우, 구조자는 구조료 전액을 청구할 수 있다.

제583조【인명구조】　(1) 생명을 구조받은 사람은 구조료 또는 특별보수를 지급할 의무가 없다.

(2) 위 제1항과 달리, 구조 작업을 하는 데 있어 인명구조의 행위를 수행한 사람은, 선박 또는 다른 재산적 목적물의 구조 혹은 환경손해의 방지 또는 감축(제575조 제2항)을 이유로 본 절의 규정에 기해 보상을 청구할 수 있는 구조자에 대해, 그 보상의 상당한 지분을 청구할 수 있다. 제580조에 열거된 이유로 인해 구조자가 보상을 전혀 청구할 수 없거나 오로지 축소된 보상만 청구할 수 있는 경우에도, 보상에 대해 상당한 지분을 청구할 수 있는 인명 구조자는, 지분의 감축으로 인해 생긴 차액을 선박의 소유자 또는 기타 재산적 목적물의 소유자에게 직접 청구할 수 있다.; 제576조 제3항이 여기에 준용된다.

716

des Schiffseigentümers Verträge über Bergungsmaßnahmen abzuschließen.

(2) Der Bergungsvertrag oder einzelne seiner Bestimmungen können auf Antrag durch Urteil für nichtig erklärt oder abgeändert werden, wenn

1. der Vertrag infolge unzulässiger Beeinflussung oder unter dem Einfluss der Gefahr eingegangen worden ist und seine Bestimmungen unbillig sind oder

2. die vertraglich vereinbarte Vergütung im Verhältnis zu den tatsächlich erbrachten Leistungen übermäßig hoch oder übermäßig gering ist.

§ 585 [Pfandrecht. Zurückbehaltungsrecht] (1) Der Gläubiger einer Forderung auf Bergelohn, auf Sondervergütung oder auf Bergungskosten hat nach § 596 Absatz 1 Nummer 4 für seine Forderung die Rechte eines Schiffsgläubigers an dem geborgenen Schiff.

(2) An den übrigen geborgenen Sachen steht dem Gläubiger für seine Forderung auf Bergelohn oder Bergungskosten ein Pfandrecht zu und, soweit der Gläubiger Alleinbesitzer der Sache ist, auch ein Zurückbehaltungsrecht.

(3) Der Gläubiger darf das nach Absatz 1 oder 2 gewährte Pfandrecht und Zurückbehaltungsrecht nicht geltend machen oder ausüben,

1 wenn ihm für seine Forderung einschließlich Zinsen und Kosten ausreichende Sicherheit in gehöriger Weise angeboten oder geleistet worden ist,

2. soweit das geborgene Schiff oder die sonstige geborgene Sache einem Staat gehört oder, im Falle eines Schiffes, von einem Staat betrieben wird, und das Schiff oder die sonstige Sache nichtgewerblichen Zwecken dient und im Zeitpunkt der Bergungsmaßnahmen nach den allgemein anerkannten Grundsätzen des Völkerrechts Staatenimmunität genießt,

3. soweit es sich um geborgene Ladung handelt, die von einem Staat für humanitäre Zwecke gespendet wurde, vorausgesetzt, der Staat hat sich bereit erklärt, die im Hinblick auf diese Ladung erbrachten Bergungsleistungen zu bezahlen.

§ 586 [Rangfolge der Pfandrechte] (1) Pfandrechte an den geborgenen Sachen nach § 585 Absatz 2 haben den Vorrang vor allen anderen an den Sachen begründeten Pfandrechten, auch wenn diese früher entstanden sind.

(2) Bestehen an einer Sache mehrere Pfandrechte nach § 585 Absatz 2, so geht das Pfandrecht für die später entstandene Forderung dem für die früher entstandene

제584조【구조계약의 체결과 내용 통제】 (1) 위험에 처한 선박의 소유자 및 선장은 선상에 있는 재산적 목적물의 소유자 명의로 구조 작업에 관한 계약을 체결할 권리가 있다. 그 외에도, 선장은 선박의 소유자 명의로 구조 작업에 관한 계약을 체결할 권리가 있다.

(2) 구조계약 또는 그 개별 조항은 다음의 경우에 신청이 있으면 판결을 통해 그 무효를 선언하거나 변경될 수 있다.

  1. 구조계약이 허용될 수 없는 영향력에 의해 또는 위험의 영향 하에 체결되고 그 규정이 정당하지 않다고 판단되는 때, 혹은

  2. 계약으로 정한 보상이 실제 제공된 급부에 비해 과도하게 많거나 적은 때

제585조【질권. 유치권】 (1) 구조료, 특별보수 및 구조비의 채권을 가진 채권자는 제596조 제1항 4호에 따라 그 채권에 기해 구조된 선박에 대해 선박채권자로서의 권리를 갖는다.

(2) 그 이외에 구조된 여타 물건에 대해, 구조료 또는 구조비의 채권을 가진 채권자는 질권을 갖고, 만일 채권자가 그 단독 점유자라면 유치권도 갖는다.

(3) 다음의 경우, 채권자는 위 제1항 또는 제2항에 의해 부여되는 질권을 실행하거나 유치권을 행사할 수 없다.

  1. 이자 및 비용을 포함한 채권에 대해 적당한 방법으로 충분한 담보가 제공되거나 설정된 때,

  2. 구조된 선박 또는 구조된 여타 물건이 어느 국가에 속하거나 혹은 구조된 선박이 어느 국가에 의하여 운영되고, 또 그 선박 또는 여타 물건이 비영리 목적에 종사하고 있었고 구조 작업의 시점에 일반적으로 인정되는 국제법의 원칙에 의해 국가면책을 향유하는 경우,

  3. 어느 국가가 인도적 목적으로 증여한 화물이 구조된 때로, 국가가 그 화물에 제공한 구조조치에 대해 보상을 한다고 이미 선언한 경우.

Forderung vor; Pfandrechte für gleichzeitig entstandene Forderungen sind gleichberechtigt; § 603 Absatz 3 gilt entsprechend. Das Gleiche gilt im Verhältnis eines Pfandrechts nach § 585 Absatz 2 zu einem wegen desselben Ereignisses begründeten Pfandrechts für eine Forderung auf einen Beitrag zur Großen Haverei nach § 594 Absatz 1.

(3) Pfandrechte an den geborgenen Sachen nach § 585 Absatz 2 erlöschen ein Jahr nach Entstehung der Forderung; § 600 Absatz 2 gilt entsprechend.

(4) Die Befriedigung des Gläubigers aus den geborgenen Sachen wegen des Pfandrechts nach § 585 Absatz 2 erfolgt nach den für die Zwangsvollstreckung geltenden Vorschriften. Die Klage ist bei Sachen, die noch nicht ausgeliefert sind, gegen den Schiffer oder Kapitän zu richten; das gegen den Schiffer oder Kapitän ergangene Urteil ist auch gegenüber dem Eigentümer wirksam.

§ 587 【Sicherheitsleistung】 (1) Der Berger kann für seine Forderung auf Bergelohn oder Sondervergütung einschließlich Zinsen und Kosten von dem Schuldner die Leistung einer ausreichenden Sicherheit verlangen. Satz 1 gilt jedoch nicht, wenn die Bergungsmaßnahmen für ein Schiff durchgeführt wurden, das einem Staat gehört oder von ihm betrieben wird, nichtgewerblichen Zwecken dient und im Zeitpunkt der Bergungsmaßnahmen nach den allgemein anerkannten Grundsätzen des Völkerrechts Staatenimmunität genießt.

(2) Der Eigentümer des geborgenen Schiffes hat unbeschadet des Absatzes 1 nach besten Kräften sicherzustellen, dass die Eigentümer der Ladung eine ausreichende Sicherheit für die gegen sie gerichteten Forderungen einschließlich Zinsen und Kosten leisten, bevor die Ladung freigegeben wird.

(3) Das geborgene Schiff und die sonstigen geborgenen Sachen dürfen vor Befriedigung oder Sicherstellung der Forderungen des Bergers nicht ohne dessen Zustimmung von dem Hafen oder Ort entfernt werden, den sie nach Beendigung der Bergungsmaßnahmen zuerst erreicht haben.

(4) Liefert der Schiffer oder Kapitän entgegen Absatz 3 geborgene Ladung aus, so haftet er für den Schaden, der durch sein Verschulden dem Berger entsteht. Dies gilt auch dann, wenn der Schiffer auf Anweisung des Schiffseigners oder der Kapitän auf Anweisung des Reeders gehandelt hat.

제586조【질권 사이의 우선 순위】　(1) 제585조 제2항에 의한 구조된 물건에 대한 질권은 그 물건에 설정된 다른 모든 질권에 우선하며, 이는 그 질권이 먼저 성립된 경우에도 마찬가지이다.

(2) 어느 한 물건에 대해 제585조 제2항에 의한 질권이 다수 존재하는 경우, 후에 발생한 채권에 기한 질권이 전에 발생한 채권에 기한 질권에 우선한다.; 동시에 발생한 채권에 기한 질권은 동일한 권리를 갖는다.; 제603조 제3항이 여기에 준용된다. 이는 제585조 제2항에 의한 질권과 동일한 사고에 의해 발생한, 제594조 제1항에 의한, 공동해손분담금청구권에 기한 질권과의 관계에 있어서도 마찬가지로 적용된다.

(3) 제585조 제2항에 의해 구조된 물건에 대해 갖는 질권은 채권이 발생하고 1년이 경과하면 소멸한다.; 제600조 제2항이 여기에 준용된다.

(4) 제585조 제2항에 의한 질권에 기한 채권의 변제는 강제집행에 적용될 규정에 의하여 이를 실현한다. 물건을 아직 인도하여 주지 않았다면 선장을 상대로 제소하여야 한다.; 선장을 상대로 선고된 판결은 소유자에 대하여도 효력이 있다.

제587조【담보 제공】　(1) 구조자는 채무자에게 이자와 비용[8]을 포함한 구조료 및 특별보수의 채권을 위한 충분한 담보의 제공을 요구할 수 있다. 그러나 어느 국가에 속하거나 혹은 어느 국가에 의하여 운영되고, 비영리 목적에 종사하고 있고 또 구조 작업의 시점에 일반적으로 인정되는 국제법 원칙에 의해 국가면책을 향유하는 선박에 대해 구조 작업을 한 경우에는 제1문은 적용되지 않는다.

(2) 구조된 선박의 소유자는, 위 제1항과 상관없이, 화물의 소유자가 화물을 넘겨받기 이전에, 그 화물이 부담할 이자와 비용을 포함한 채권에 대해, 충분한 담보의 제공을 최선을 다해 확보하여야 한다.

(3) 구조된 선박 또는 구조된 기타 물건은, 구조자의 채권을 변제하거나 이를 위해 담보를 제공하기 전에는, 구조작업이 종료된 후 그 물건이 최초로 도착한 항구

---

8) 여기 제1항 및 제2항에서 말하는 비용은 제576조에서 말하는 구조비를 의미하는 것이 아닌가 생각된다.

Dritter Unterabschnitt. Große Haverei.

§ 588 [Errettung aus gemeinsamer Gefahr] (1) Werden das Schiff, der Treibstoff, die Ladung oder mehrere dieser Sachen zur Errettung aus einer gemeinsamen Gefahr auf Anordnung des Kapitäns vorsätzlich beschädigt oder aufgeopfert oder werden zu diesem Zweck auf Anordnung des Kapitäns Aufwendungen gemacht (Große Haverei), so werden die hierdurch entstandenen Schäden und Aufwendungen von den Beteiligten gemeinschaftlich getragen.

(2) Beteiligter ist derjenige, der im Zeitpunkt des Havereifalls Eigentümer des Schiffes oder Eigentümer des Treibstoffs ist oder der die Gefahr trägt, dass ein zur Ladung gehörendes Frachtstück oder eine Frachtforderung untergeht.

§ 589 [Verschulden eines Beteiligten oder eines Dritten] (1) Die Anwendung der Vorschriften über die Große Haverei wird nicht dadurch ausgeschlossen, dass die Gefahr durch Verschulden eines Beteiligten oder eines Dritten herbeigeführt ist. Der Beteiligte, dem ein solches Verschulden zur Last fällt, kann jedoch wegen eines ihm entstandenen Schadens keine Vergütung verlangen.

(2) Ist die Gefahr durch ein Verschulden eines Beteiligten herbeigeführt worden, so ist dieser den Beitragspflichtigen zum Ersatz des Schadens verpflichtet, den sie dadurch erleiden, dass sie die Schäden und Aufwendungen, die zur Errettung aus der Gefahr entstanden sind, gemeinschaftlich tragen müssen.

§ 590 [Bemessung der Vergütung] (1) Die Vergütung für die Aufopferung des Schiffes, dessen Zubehörs, des Treibstoffs und der zur Ladung gehörenden Frachtstücke bemisst sich nach dem Verkehrswert, den die Sachen am Ort und zur Zeit der Beendigung der Reise gehabt hätten.

(2) Die Vergütung für die Beschädigung der in Absatz 1 genannten Sachen bemisst sich nach dem Unterschied zwischen dem Verkehrswert der beschädigten Sachen am

또는 장소로부터 구조자의 동의 없이 이를 가져갈 수 없다.

(4) 선장이 위 제3항에 반하여 구조된 적하를 인도하여 준 경우, 선장은 그의 귀책사유로 인해 구조자가 입은 손해를 배상할 책임이 있다. 선주의 지시에 의해 선장이 그러한 행위를 한 때에도 이는 마찬가지이다.

제3절 공동해손

제588조【공동위험에서 구조】　(1) 공동의 위험으로부터 구출하기 위해 선장의 지시에 따라 선박, 연료, 적하 혹은 이러한 물건의 다수를 의도적으로 가해하거나 희생한 경우 및 이러한 목적으로 선장의 지시에 따라 비용을 지출한 경우(공동해손)에, 이로 인해 발생한 손해 및 비용은 관계인이 공동으로 분담한다.

(2) 관계인은, 해손사고가 발생할 당시에 선박의 소유자 또는 연료의 소유자와, 적하에 속하는 운송물 또는 운임청구권의 멸실의 위험을 부담하는 사람을 말한다.

제589조【관계인 또는 제3자의 귀책사유】　(1) 공동해손에 관한 규정은 관계인 또는 제3자의 귀책사유로 인해 위험이 초래되었다고 하여 그 적용이 배제되지 않는다. 그러나 그러한 귀책사유가 있는 관계인은 자기에게 발생한 손해를 이유로는 전혀 보상을 청구할 수 없다.

(2) 위험이 어느 관계인의 귀책사유에 의해 초래된 경우, 그 관계인은 위험으로부터 탈출하기 위한 구조 작업에 의해 발생한 손해 및 비용을 공동으로 분담해야 했기 때문에 공동해손 분담자가 입은 손해를 배상할 의무가 있다.

제590조【보상금의 산정】　(1) 선박, 그 속구, 연료 및 적하에 속하는 운송물의 희생에 대한 보상은 항해가 종료된 장소와 일시에 그 물건이 가졌을 시장가격에 의하여 산정한다.

(2) 위 제1항에서 말하는 물건의 가해에 대한 보상은 항해가 종료된 장소와 일시에서 훼손된 물건의 가격과 훼손되지 않았으면 가졌을 물건의 가격의 차액에 의하여 산정한다. 해손사고 이후에 물건이 수선된 경우, 물건의 수선에 사용된 비용이 상실한 가격에 해당된다고 추정한다.

(3) 운임채권의 소멸에 대한 보상은 해손사고의 결과 더 이상 운송인에게 지급

Ort und zur Zeit der Beendigung der Reise und dem Verkehrswert, den die Sachen in unbeschädigtem Zustand an diesem Ort und zu dieser Zeit gehabt hätten. Sind Sachen nach dem Havereifall repariert worden, so wird vermutet, dass die für eine Reparatur der Sachen aufgewendeten Kosten dem Wertverlust entsprechen.

(3) Die Vergütung für den Untergang einer Frachtforderung bemisst sich nach dem Betrag, der dem Verfrachter infolge der Großen Haverei nicht geschuldet ist.

(4) War die aufgeopferte oder beschädigte Sache unmittelbar vor Beginn der Reise Gegenstand eines Kaufvertrags, so wird vermutet, dass der in der Rechnung des Verkäufers ausgewiesene Kaufpreis der Verkehrswert dieser Sache ist.

§ 591 〔Beitrag〕   (1) Die Beteiligten, mit Ausnahme der Schiffsbesatzung und der Fahrgäste, haben zur Zahlung der Vergütung einen Beitrag zu leisten.

(2) Die Beiträge zur Großen Haverei bemessen sich nach dem Wert der Gegenstände, die sich in gemeinsamer Gefahr befanden. Maßgebend für den Wert des Schiffes, des Treibstoffs und der zur Ladung gehörenden Frachtstücke ist der Verkehrswert am Ende der Reise zuzüglich einer etwaigen Vergütung für eine Beschädigung oder Aufopferung der betreffenden Sache in Großer Haverei. Maßgebend für den Wert einer Frachtforderung ist der Bruttobetrag der am Ende der Reise geschuldeten Fracht zuzüglich einer etwaigen Vergütung für einen Untergang der Frachtforderung wegen Havereimaßnahmen.

§ 592 〔Verteilung〕   (1) Die Höhe der Vergütung, die ein Beteiligter wegen der Aufopferung oder Beschädigung eines ihm nach § 588 Absatz 2 zuzurechnenden Gegenstands beanspruchen kann, sowie die Höhe des Beitrags, den ein Beteiligter zu zahlen hat, bestimmen sich nach dem Verhältnis der gesamten, allen Beteiligten zustehenden Vergütung zu der Summe der von allen Beteiligten zu leistenden Beiträge. Liegt ein nach § 590 ermittelter anteiliger Wertverlust über dem nach Satz 1 errechneten Anteil, so hat der von dem Wertverlust betroffene Beteiligte in Höhe der Differenz Anspruch auf eine Vergütung. Liegt ein nach § 590 ermittelter anteiliger Wertverlust unter dem nach Satz 1 errechneten Anteil, muss der von dem Wertverlust betroffene Beteiligte in Höhe der Differenz einen Beitrag zahlen.

(2) Jeder Beitragspflichtige haftet jedoch nur bis zur Höhe des Wertes des geretteten Gegenstands, der ihm nach § 588 Absatz 2 zuzurechnen ist.

§ 593 〔Schiffsgläubigerrecht〕   Die Vergütungsberechtigten haben nach § 596

할 의무가 없게 된 금액에 의하여 산정한다.

(4) 희생 혹은 가해의 대상인 물건이 항해를 개시하기 직전에 매매의 목적물이 었던 경우, 매도인의 계산서에 나타난 매매가격을 그 물건의 시장가격이라고 추정한다.

제591조【분담금】 (1) 선원 및 여객을 제외한 관계인은 보상의 실현을 위해 분담금을 부담하여야 한다.

(2) 공동해손의 분담금은 공동 위험에 처하였던 목적물의 가격에 의하여 산정한다. 선박, 연료 및 적하에 속하는 운송물의 가격의 경우, 항해 종료 시 시장가격에, 공동해손으로 가해 또는 희생을 당한 물건에 대해서는 그 보상액을 더한 금액을 기준으로 한다. 운임채권의 가격의 경우, 항해 종료 시 지급해야 할 총운임 금액에, 해손 조치로 인해 운임채권이 소멸하여 지급할 보상액을 더한 금액을 기준으로 한다.

제592조【분배】 (1) 제588조 제2항에 의하여 어느 관계인에 속하는 목적물의 희생 또는 가해를 이유로 그 관계인이 청구할 수 있는 보상 금액 및 어느 관계인이 지급할 분담금의 금액은, 모든 관계인이 갖는 보상의 총액과 모든 관계인이 부담할 분담액의 총액의 비율에 의하여 이를 산정한다. 제590조에 따라 평가한 부분적 가격 상실이 본 항 제1문에 의해 산정한 지분을 초과하는 경우, 그 부분적 가격 상실의 해당 관계인은 그 차이에 해당하는 금액에 대해 보상을 청구할 수 있다. 제590조에 따라 평가한 부분적 상실 가격이 본 항 제1문에 의해 산정한 지분에 미달하는 경우, 그 부분적 가격 상실의 해당 관계인은 그 차이에 해당하는 금액에 대해 분담금을 지급하여야 한다.

(2) 모든 공동해손 분담의무자는 제588조 제2항에 의해 자기에게 속하는 구조된 목적물의 가격을 한도로 책임을 진다.

제593조【선박채권자로서의 권리】 공동해손으로 인한 보상청구권자는 제596조 제1항 4호에 따라 선박의 소유자 및 운임의 채권자에 대한 보상청구권에 기해 선박에 대한 선박채권자로서의 권리를 갖는다.

제594조【공동해손 분담청구권자의 질권. 인도의 금지】 (1) 공동해손 분담청구

Absatz 1 Nummer 4 für ihre Beitragsforderungen gegen den Eigentümer des Schiffes sowie den Gläubiger der Fracht die Rechte eines Schiffsgläubigers an dem Schiff.

§ 594 〔Pfandrecht der Vergütungsberechtigten. Nichtauslieferung〕 (1) Die Vergütungsberechtigten haben für ihre Beitragsforderungen ein Pfandrecht an dem Treibstoff und der Ladung der Beitragspflichtigen.

(2) Das Pfandrecht hat Vorrang vor allen anderen an diesen Sachen begründeten Pfandrechten, auch wenn diese früher entstanden sind. Bestehen an einer Sache mehrere Pfandrechte nach Absatz 1 oder besteht an einer Sache auch ein Pfandrecht nach § 585 Absatz 2, so geht das Pfandrecht für die später entstandene Forderung dem für die früher entstandene Forderung vor. Pfandrechte für gleichzeitig entstandene Forderungen sind gleichberechtigt. § 603 Absatz 3 ist entsprechend anzuwenden.

(3) Pfandrechte nach Absatz 1 erlöschen ein Jahr nach Entstehung der Forderung. § 600 Absatz 2 ist entsprechend anzuwenden.

(4) Das Pfandrecht wird für die Vergütungsberechtigten durch den Reeder ausgeübt. Auf die Geltendmachung des Pfandrechts an der Ladung sind die §§ 368 und 495 Absatz 4 entsprechend anzuwenden.

(5) Der Kapitän darf die Sachen, an denen Pfandrechte nach Absatz 1 bestehen, vor der Berichtigung oder Sicherstellung der Beiträge nicht ausliefern. Liefert der Kapitän die Sachen entgegen Satz 1 aus, so haftet er für den Schaden, der den Vergütungsberechtigten durch sein Verschulden entsteht. Dies gilt auch dann, wenn der Kapitän auf Anweisung des Reeders gehandelt hat.

§ 595 〔Aufmachung der Dispache〕 (1) Jeder Beteiligte ist berechtigt, die Aufmachung der Dispache am Bestimmungsort oder, wenn dieser nicht erreicht wird, in dem Hafen, in dem die Reise endet, zu veranlassen. Wurde Treibstoff oder Ladung vorsätzlich beschädigt oder aufgeopfert, ist der Reeder verpflichtet, die Aufmachung der Dispache an dem in Satz 1 genannten Ort unverzüglich zu veranlassen; unterlässt er dies, so ist er den Beteiligten für den daraus entstehenden Schaden verantwortlich.

(2) Die Dispache wird durch einen öffentlich bestellten Sachverständigen oder eine vom Gericht besonders ernannte sachverständige Person (Dispacheur) aufgemacht.

(3) Jeder Beteiligte hat die in seinen Händen befindlichen Urkunden, die zur Aufmachung der Dispache erforderlich sind, dem Dispacheur zur Verfügung zu stellen.

권자는 그의 공동해손 분담금청구권에 기해 분담의무자의 연료 및 적하에 질권을 갖는다.

(2) 이 질권은 그 물건에 설정된 다른 모든 질권에 우선하며, 이는 그 질권이 먼저 성립된 경우에도 마찬가지이다. 어느 한 물건에 제1항에 기한 질권이 다수 존재하거나 혹은 어느 한 물건에 제585조 제2항에 의한 질권도 존재하는 경우, 후에 발생한 채권에 기한 질권이 전에 발생한 채권에 기한 질권에 우선한다. 동시에 발생한 채권에 기한 질권은 동일한 권리를 갖는다. 제603조 제3항이 여기에 준용된다.

(3) 제1항에 의한 질권은 채권이 발생한 후 1년이 경과하면 소멸한다. 제600조 제2항이 여기에 준용된다.

(4) 질권은 선주가 공동해손 분담청구권자를 위해 이를 행사한다. 적하에 대한 질권의 행사에 대해서는 제368조 및 제495조 제4항이 준용된다.

(5) 선장은 위 제1항에 의해 질권이 성립한 물건을 그 공동해손 분담금에 관해 이를 변제하거나 담보를 제공함이 없이 인도하여 줄 수 없다. 이 제1문에 위반하여 적하를 인도하여 준 선장은 자신의 귀책사유로 인해 공동해손 분담청구권자에게 발생한 손해를 배상할 책임이 있다. 이는 선장이 선주의 지시를 받고서 이러한 행위를 한 때에도 마찬가지이다.

제595조【정산서의 작성】　(1) 모든 관계인은 목적지에서, 혹은 목적지에 도달하지 못한 때에는 항해가 종료한 항구에서, 정산서의 작성을 개시할 권리가 있다. 연료 또는 적하가 의도적으로 가해를 입거나 희생을 당한 경우, 선주는 제1문에서 말하는 장소에서 지체 없이 정산서의 작성을 개시할 의무가 있다.; 선주가 이를 해태하면 관계인에 대해 그로 인한 손해를 배상할 책임이 있다.

(2) 정산서는 공적으로 임명된 감정인 또는 법원에 의해 감정을 위해 임명된 사람(정산인)에 의하여 작성된다.

(3) 모든 관계인은 자기가 보유한 정산서의 작성에 필요한 모든 문서를 정산인에게 제공하여야 한다.

Fünfter Abschnitt. Schiffsgläubiger.

§ 596 〔Gesicherte Forderungen〕   (1) Die Gläubiger folgender Forderungen haben die Rechte eines Schiffsgläubigers:

1. Heuerforderungen des Kapitäns und der übrigen Personen der Schiffsbesatzung;

2. öffentliche Schiffs-, Schifffahrts- und Hafenabgaben sowie Lotsgelder;

3. Schadensersatzforderungen wegen der Tötung oder Verletzung von Menschen sowie wegen des Verlusts oder der Beschädigung von Sachen, sofern diese Forderungen aus der Verwendung des Schiffes entstanden sind; ausgenommen sind jedoch Forderungen wegen des Verlusts oder der Beschädigung von Sachen, wenn die Forderungen aus einem Vertrag hergeleitet werden oder auch aus einem Vertrag hergeleitet werden können;

4. Forderungen auf Bergelohn, auf Sondervergütung und auf Bergungskosten; Forderungen gegen den Eigentümer des Schiffes und gegen den Gläubiger der Fracht auf einen Beitrag zur Großen Haverei; Forderungen wegen der Beseitigung des Wracks;

5. Forderungen der Träger der Sozialversicherung einschließlich der Arbeitslosenversicherung gegen den Reeder.

(2) Absatz 1 Nummer 3 ist nicht auf Ansprüche anzuwenden, die auf die radioaktiven Eigenschaften oder eine Verbindung der radioaktiven Eigenschaften mit giftigen, explosiven oder sonstigen gefährlichen Eigenschaften von Kernbrennstoffen oder radioaktiven Erzeugnissen oder Abfällen zurückzuführen sind.

§ 597 〔Pfandrecht der Schiffsgläubiger〕   (1) Die Schiffsgläubiger haben für ihre Forderungen ein gesetzliches Pfandrecht an dem Schiff. Das Pfandrecht kann gegen jeden Besitzer des Schiffes verfolgt werden.

(2) Das Schiff haftet auch für die gesetzlichen Zinsen der Forderungen sowie für die Kosten der die Befriedigung aus dem Schiff bezweckenden Rechtsverfolgung.

§ 598 〔Gegenstand des Pfandrechts der Schiffsgläubiger〕   (1) Das Pfandrecht der Schiffsgläubiger erstreckt sich auf das Zubehör des Schiffes mit Ausnahme der

제5장 선박채권자

제596조 【피담보 채권】   (1) 다음 채권의 채권자는 선박채권자의 권리를 가진 다.:

1. 선장 기타 선원의 임금 채권;
2. 선박, 항해, 항구 관련 공과금 및 도선료;
3. 사람의 사망 또는 상해 및 물건의 멸실 또는 훼손으로 인한 손해배상청구 권으로, 그 채권이 선박의 이용으로 인해 발생한 경우; 그러나 물건이 멸실 또는 훼손으로 인해 발생한 채권으로 그 채권이 계약에 기하여 발생했거나 계약에 의하여 발생할 수도 있는 때에는 이를 제외한다.;
4. 해난구조료, 특별보수 및 해난구조비 채권; 공동해손분담금채권에 기한 선 박의 소유자 및 운임의 채권자에 대한 채권; 난파물의 제거를 이유로 한 채 권;
5. 실업보험을 포함한 사회보험 당국의 선주에 대한 채권.

(2) 위 제1항 3호는 핵연료물질 및 방사능 생산물 또는 폐기물의 방사능적 성질, 또는 방사능적 성질과 유독성, 폭발성 기타 위험한 성질의 결합에 의해 발생한 채 권에는 적용되지 않는다.

제597조 【선박채권자의 질권】   (1) 선박채권자는 자기 채권을 담보하기 위해 선 박에 대해 법정 질권을 갖는다. 이 질권은 모든 선박점유자에게 추급하여 효력을 가진다.

(2) 선박은 채권에 대한 법정 이자뿐만 아니라 선박으로 변제를 받기 위한 소추 비용에 대하여도 책임을 진다.

제598조 【선박채권자의 질권의 목적물】   (1) 선박채권자의 질권은 선박의 속구 에도 그 효력이 미치며, 다만 선박의 소유자의 소유에 속하지 않는 속구는 이를 예 외로 한다.

(2) 이 질권은 선박의 멸실 또는 훼손으로 인해 선주가 제3자에 대해 갖는 손해

Zubehörstücke, die nicht in das Eigentum des Schiffseigentümers gelangt sind.

(2) Das Pfandrecht erstreckt sich auch auf einen Ersatzanspruch, der dem Reeder wegen des Verlusts oder der Beschädigung des Schiffes gegen einen Dritten zusteht. Das Gleiche gilt hinsichtlich der Vergütung für Schäden am Schiff in Fällen der Großen Haverei.

(3) Das Pfandrecht erstreckt sich nicht auf eine Forderung aus einer Versicherung, die der Reeder für das Schiff genommen hat.

§ 599 [Erlöschen der Forderung]　Erlischt die durch das Pfandrecht eines Schiffsgläubigers gesicherte Forderung, so erlischt auch das Pfandrecht.

§ 600 [Zeitablauf]　(1) Das Pfandrecht eines Schiffsgläubigers erlischt ein Jahr nach Entstehung der Forderung.

(2) Das Pfandrecht erlischt nicht, wenn der Gläubiger innerhalb der Frist des Absatzes 1 die Beschlagnahme des Schiffes wegen des Pfandrechts erwirkt, sofern das Schiff später im Wege der Zwangsvollstreckung veräußert wird, ohne dass das Schiff in der Zwischenzeit von einer Beschlagnahme zugunsten dieses Gläubigers frei geworden ist. Das Gleiche gilt für das Pfandrecht eines Gläubigers, der wegen seines Pfandrechts dem Zwangsvollstreckungsverfahren innerhalb dieser Frist beitritt.

(3) Ein Zeitraum, währenddessen ein Gläubiger rechtlich daran gehindert ist, sich aus dem Schiff zu befriedigen, wird in die Frist nicht eingerechnet. Eine Hemmung, eine Ablaufhemmung oder ein Neubeginn der Frist aus anderen Gründen ist ausgeschlossen.

§ 601 [Befriedigung des Schiffsgläubigers]　(1) Die Befriedigung des Schiffsgläubigers aus dem Schiff erfolgt nach den Vorschriften über die Zwangsvollstreckung.

(2) Die Klage auf Duldung der Zwangsvollstreckung kann außer gegen den Eigentümer des Schiffes auch gegen den Ausrüster gerichtet werden. Das gegen den Ausrüster gerichtete Urteil ist auch gegenüber dem Eigentümer wirksam.

(3) Zugunsten des Schiffsgläubigers gilt als Eigentümer, wer im Schiffsregister als Eigentümer eingetragen ist. Das Recht des nicht eingetragenen Eigentümers, die ihm gegen das Pfandrecht zustehenden Einwendungen geltend zu machen, bleibt unberührt.

§ 602 [Vorrang der Pfandrechte der Schiffsgläubiger]　Die Pfandrechte der

배상청구권에 대해서도 그 효력이 미친다. 이는 공동해손의 경우에 선박의 손해로 인한 보상에 대하여도 마찬가지이다.

(3) 이 질권은 선주가 가입한 보험에 기한 채권에 대하여는 그 효력이 미치지 않는다.

제599조【채권의 소멸】 질권에 의하여 담보되는 채권이 소멸하면 질권도 마찬가지로 소멸한다.

제600조【제척 기간】 (1) 선박채권자의 질권은 채권이 성립한 후 1년이 경과하면 소멸한다.

(2) 질권은 선박채권자가 위 제1항의 기간 내에 질권에 기해 선박을 압류한 때에는 소멸하지 않으며, 다만 이는 추후에 선박이 강제경매절차를 통해 매각되고 그사이에 그 선박채권자를 위한 선박의 압류가 해제되지 않는 것을 전제로 한다. 이는 선박채권자가 자기의 채권을 가지고 이 기간 내에 강제집행절차에 참가한 경우에도 마찬가지이다.

(3) 선박을 가지고 변제를 받는 것이 법적으로 지장을 받는 기간은 위 제척기간에 산입하지 않는다. 다른 근거에 기한 이 기간의 정지, 완료 유예 및 갱신은 배제된다.

제601조【선박채권자의 변제】 (1) 선박채권자는 강제집행에 관한 규정에 따라 선박으로부터 변제를 실현한다.

(2) 강제집행의 허가를 구하는 소는 선박의 소유자 외에도 의장자를 상대로 제기할 수 있다. 의장자를 상대로 한 판결은 소유자에 대하여도 효력이 있다.

(3) 선박등록부에 소유자로 등록되어 있는 사람은 선박채권자와의 관계에 있어서 선박의 소유자로 본다. 등록을 하지 않은 선박의 소유자가 질권에 대한 항변사유를 원용하는 권리는 이로 인하여 영향을 받지 않는다.

Schiffsgläubiger haben Vorrang vor allen anderen Pfandrechten am Schiff. Sie haben Vorrang auch insoweit, als zoll- und steuerpflichtige Sachen nach gesetzlichen Vorschriften als Sicherheit für öffentliche Abgaben dienen.

§ 603 〔Allgemeine Rangordnung der Pfandrechte der Schiffsgläubiger〕 (1) Die Rangordnung der Pfandrechte der Schiffsgläubiger bestimmt sich nach der Reihenfolge der Nummern, unter denen die Forderungen in § 596 aufgeführt sind.

(2) Die Pfandrechte für die in § 596 Absatz 1 Nummer 4 aufgeführten Forderungen haben jedoch den Vorrang vor den Pfandrechten aller anderen Schiffsgläubiger, deren Forderungen früher entstanden sind.

(3) Beitragsforderungen zur Großen Haverei gelten als im Zeitpunkt des Havereifalls, Forderungen auf Bergelohn, auf Sondervergütung und auf Bergungskosten als im Zeitpunkt der Beendigung der Bergungsmaßnahmen und Forderungen wegen der Beseitigung des Wracks als im Zeitpunkt der Beendigung der Wrackbeseitigung entstanden.

§ 604 〔Rangordnung der Pfandrechte unter derselben Nummer〕 (1) Von den Pfandrechten für die in § 596 Absatz 1 Nummer 1 bis 3 und 5 aufgeführten Forderungen haben die Pfandrechte für die unter derselben Nummer genannten Forderungen ohne Rücksicht auf den Zeitpunkt ihrer Entstehung den gleichen Rang.

(2) Pfandrechte für die in § 596 Absatz 1 Nummer 3 aufgeführten Forderungen wegen Personenschäden gehen Pfandrechten für die unter derselben Nummer aufgeführten Forderungen wegen Sachschäden vor.

(3) Von den Pfandrechten für die in § 596 Absatz 1 Nummer 4 aufgeführten Forderungen geht das für die später entstandene Forderung dem für die früher entstandene Forderung vor. Pfandrechte wegen gleichzeitig entstandener Forderungen sind gleichberechtigt.

Sechster Abschnitt. Verjährung.

§ 605 〔Einjährige Verjährungsfrist〕 Folgende Ansprüche verjähren in einem Jahr:

제602조 【선박채권자의 질권의 우선순위】 선박채권자의 질권은 다른 모든 질권에 우선한다. 또한 이 질권은, 관세 혹은 국세 부담 물건이 법규에 의해 공적 부과금이 담보로서 기능을 하는 경우에도, 그 범위 내에서 우선권이 있다.

제603조 【선박채권자의 질권의 일반적인 우선순위】 (1) 선박채권자의 질권의 우선 순위는 제596조에 열거된 채권의 번호의 순서에 의하여 결정된다.

(2) 그러나 제596조 제1항 4호에 열거된 채권에 기한 질권은 이전에 발생한 다른 모든 채권에 기한 질권에 우선한다.

(3) 공동해손 분담청구권은 해손사고 당시에, 구조료, 특별보수 및 구조비 청구권은 구조 작업 종료 시에, 난파물의 제거로 인한 청구권은 난파물의 제거가 종료된 시점에, 각각 발생했다고 본다.

제604조 【동일한 번호에 속하는 질권의 우선순위】 (1) 제596조 제1항 1호 내지 3호 및 5호에 열거된 채권에 기한 질권의 경우, 동일한 번호에서 말하는 채권에 기한 질권 사이에서는 그 발생 시점과 상관없이 모두 동일한 우선순위를 갖는다.

(2) 제596조 제1항 3호에 열거된 채권 중 인적손해를 이유로 한 채권에 기한 질권은 동일한 호에 열거된 채권 중 물적손해를 이유로 한 채권에 기한 질권에 우선한다.

(3) 제596조 제1항 4호에 열거된 채권에 기한 질권의 경우, 후에 발생한 채권에 기한 질권이 전에 발생한 채권에 기한 질권에 우선한다. 동시에 발생한 채권에 기한 질권은 동일한 권리를 갖는다.

제6장 시 효

제605조 【1년의 시효기간】 다음 청구권은 1년의 시효기간이 경과하면 소멸한다.:

1. Ansprüche aus einem Seefrachtvertrag und aus einem Konnossement;

2. Ansprüche aus Schiffsüberlassungsverträgen;

3. Ansprüche auf Beiträge zur Großen Haverei;

4. Ansprüche, die den Reedern untereinander nach § 571 Absatz 2 zustehen.

§ 606 [Zweijährige Verjährungsfrist]   Folgende Ansprüche verjähren in zwei Jahren:

1. Schadensersatzansprüche wegen Tod oder Körperverletzung eines Fahrgasts oder wegen Verlust, Beschädigung oder verspäteter Aushändigung von Gepäck, soweit die Ansprüche den Vorschriften dieses Buches unterworfen sind;

2. Schadensersatzansprüche aus dem Zusammenstoß von Schiffen oder aus einem unter § 572 fallenden Ereignis;

3. Ansprüche auf Bergelohn, auf Sondervergütung und auf Bergungskosten;

4. Ansprüche wegen der Beseitigung eines Wracks.

§ 607 [Beginn der Verjährungsfristen]   (1) Die Verjährungsfrist für die in § 605 Nummer 1 genannten Ansprüche beginnt mit dem Tag, an dem das Gut abgeliefert wurde, oder, wenn das Gut nicht abgeliefert wurde, mit dem Tag, an dem das Gut hätte abgeliefert werden müssen. Handelt es sich um Ansprüche aus einem Reisefrachtvertrag, ist auf das Gut abzustellen, das am Ende der letzten Reise abgeliefert wurde oder hätte abgeliefert werden müssen.

(2) Abweichend von Absatz 1 beginnt die Verjährungsfrist für Rückgriffsansprüche des Schuldners eines in § 605 Nummer 1 genannten Anspruchs mit dem Tag des Eintritts der Rechtskraft des Urteils gegen den Rückgriffsgläubiger oder, wenn kein rechtskräftiges Urteil vorliegt, mit dem Tag, an dem der Rückgriffsgläubiger den Anspruch befriedigt hat. Satz 1 gilt nicht, wenn der Rückgriffsschuldner innerhalb von drei Monaten, nachdem der Rückgriffsgläubiger Kenntnis von dem Schaden und der Person des Rückgriffsschuldners erlangt hat, nicht über diesen Schaden unterrichtet wurde.

(3) Die Verjährungsfrist für die in § 605 Nummer 2 genannten Ansprüche aus Schiffsüberlassungsverträgen beginnt mit dem Schluss des Jahres, in dem der Anspruch entstanden ist. Auf die Verjährung von Rückgriffsansprüchen des Schuldners eines Anspruchs aus einem Zeitchartervertrag ist Absatz 2 entsprechend

1. 해상화물운송계약 및 선하증권에 기한 채권;
2. 선박인계계약에 기한 채권;
3. 공동해손분담청구권;
4. 제571조 제2항에 의해 선주가 상호 갖는 청구권.

제606조【2년의 시효기간】   다음의 채권을 2년의 시효기간이 경과하면 소멸한다.

1. 여객의 사망 또는 상해 및 수하물의 멸실, 훼손 및 인도 지연으로 인한 손해배상청구권으로 그 청구권이 본편 규정의 적용 대상인 경우;
2. 선박 충돌 또는 제572조에 해당되는 사고로 인한 손해배상청구권;
3. 해난 구조료, 특별보수 및 구조비 청구권;
4. 난파물의 제거를 이유로 한 청구권.

제607조【시효기간의 개시】   (1) 제605조 1호에 열거된 채권은 화물을 인도하여 주었던 날, 혹은 화물을 인도하여 주지 않았던 때에는 화물을 인도하여 주었어야 할 날에 시효기간이 개시된다. 항해용선계약에 기한 청구권이라면 최후의 항해가 종료되고 화물을 인도하여 주었거나 인도하여 주었어야 했던 날에 맞추어 개시된다.

(2) 위 제1항과 달리, 제605조 1호에 열거된 청구권의 채무자의 구상권은, 그 시효기간이 구상권자에 대한 판결이 확정되는 날, 혹은 확정된 판결이 없으면 구상권자가 채무를 변제한 날에 개시된다. 그러나 이 제1문은 구상채권자가 손해와 구상채무자의 신원을 알고 난 다음 3개월 내에 구상채무자에게 손해를 통지하지 않은 때에는 적용되지 않는다.

(3) 제605조 2호에 열거된 선박인계계약에 기한 청구권은 청구권이 발생한 해의 종료와 함께 개시된다. 위 제2항의 규정은, 정기용선에 기한 채무자의 구상권의 시효기간에 대해, 이를 준용한다.

(4) 제605조 3호 및 4호에 열거된 청구권은 그 청구권이 발생한 해의 종료와 함

anzuwenden.

(4) Die Verjährungsfrist für die in § 605 Nummer 3 und 4 genannten Ansprüche beginnt mit dem Schluss des Jahres, in dem der Anspruch entstanden ist.

(5) Die Verjährungsfrist für die in § 606 Nummer 1 genannten Schadensersatzansprüche beginnt wie folgt:

1. für Ansprüche wegen Körperverletzung eines Fahrgasts mit dem Tag der Ausschiffung des Fahrgasts;

2. für Ansprüche wegen des Todes eines Fahrgasts mit dem Tag, an dem der Fahrgast hätte ausgeschifft werden sollen, oder, wenn der Tod nach der Ausschiffung eingetreten ist, mit dem Tag des Todes, spätestens jedoch ein Jahr nach der Ausschiffung des Fahrgasts;

3. für Ansprüche wegen Verlust, Beschädigung oder verspäteter Auslieferung von Gepäck mit dem Tag der Ausschiffung oder mit dem Tag, an dem die Ausschiffung hätte erfolgen sollen, je nachdem, welches der spätere Zeitpunkt ist.

(6) Die Verjährungsfrist für die in § 606 Nummer 2 genannten Schadensersatzansprüche aus einem Zusammenstoß von Schiffen oder aus einem unter § 572 fallenden Ereignis beginnt mit dem den Schaden auslösenden Ereignis.

(7) Die Verjährungsfrist für die in § 606 Nummer 3 und 4 genannten Ansprüche beginnt mit Beendigung der Bergungs- oder Wrackbeseitigungsmaßnahmen. Auf die Verjährung von Rückgriffsansprüchen des Schuldners dieser Ansprüche ist Absatz 2 entsprechend anzuwenden.

§ 608 [Hemmung der Verjährung] Die Verjährung der in den §§ 605 und 606 genannten Ansprüche wird auch durch eine Erklärung des Gläubigers, mit der dieser Ersatzansprüche erhebt, bis zu dem Zeitpunkt gehemmt, in dem der Schuldner die Erfüllung des Anspruchs ablehnt. Die Erhebung der Ansprüche sowie die Ablehnung bedürfen der Textform. Eine weitere Erklärung, die denselben Ersatzanspruch zum Gegenstand hat, hemmt die Verjährung nicht erneut.

§ 609 [Vereinbarungen über die Verjährung] (1) Die Verjährung von Schadensersatzansprüchen aus einem Stückgutfrachtvertrag oder aus einem Konnossement wegen Verlust oder Beschädigung von Gut kann nur durch Vereinbarung, die im Einzelnen ausgehandelt ist, auch wenn sie für eine Mehrzahl von

께 시효기간이 개시된다.

(5) 제606조 1호에 열거된 손해배상청구권은 다음과 같이 시효기간이 개시된 다.:

1. 여객의 신체 상해로 인한 청구권의 경우 여객이 하선한 날;

2. 여객의 사망으로 인한 청구권의 경우, 그 여객이 하선했어야 할 날, 혹은 하 선한 후에 사망한 때에는 사망한 날, 다만 늦어도 여객이 하선한 날로부터 1년이 경과한 날;

3. 수하물의 멸실, 훼손 및 인도 지연으로 인한 청구권은 하선한 날 혹은 하선 했어야 한 날 중 더 늦은 시점.

(6) 제606조 2호에 열거된 선박의 충돌 또는 제572조에 해당되는 사고로 인한 손해배상청구권은 손해를 발생시킨 사고의 시로부터 개시된다.

(7) 제606조 3호 및 4호에 열거된 청구권은 구조작업 또는 제거작업의 종료와 함께 개시된다. 이 청구권의 채무자의 구상권의 시효에 대하여는 위 제2항이 준용 된다.

제608조【시효의 정지】 제605조 및 제606조에 열거된 청구권의 시효는, 채권자 가 손해배상을 요구하는 의사표시를 하는 것에 의해, 채무자가 청구의 이행을 거 절하는 시점까지, 그 진행이 정지된다. 배상의 요구 및 이행의 거절은 문자로 하여 야 한다. 동일한 배상청구권을 목적으로 하여 추가로 하는 의사표시는 새로이 시 효의 진행을 정지하는 효력이 없다.

제609조【시효에 관한 약정】 (1) 화물의 멸실 또는 훼손을 이유로 하는 개품운 송계약 또는 선하증권에 기한 손해배상청구권의 시효는, 개별적으로 협의를 거친 약정에 의하여, 비록 그것이 동일한 당사자 사이에 동종의 다수 계약에 관한 것이 라 할지라도, 그 기간이 축소되거나 확장될 수 있다. 그러나 손해배상청구권의 시 효기간을 축소하는 선하증권의 규정은 제3자에 대해 그 효력이 없다.

(2) 인명, 수하물 또는 연착으로 인한 손해를 이유로 하는 제606조 1호에 열거된

gleichartigen Verträgen zwischen denselben Vertragsparteien getroffen ist, erleichtert oder erschwert werden. Eine Bestimmung im Konnossement, die die Verjährung der Schadensersatzansprüche erleichtert, ist jedoch Dritten gegenüber unwirksam.

(2) Die Verjährung der in § 606 Nummer 1 genannten Ansprüche wegen Personen-, Gepäck- oder Verspätungsschäden kann nur durch Erklärung des Beförderers oder durch Vereinbarung der Parteien nach der Entstehung des Anspruchsgrunds verlängert werden. Erklärung und Vereinbarung bedürfen der Schriftform. Eine Erleichterung der Verjährung, insbesondere eine Verkürzung der Verjährungsfrist, ist unzulässig.

§ 610 [Konkurrierende Ansprüche]   Treffen vertragliche Schadensersatzansprüche, die den Vorschriften dieses Abschnitts unterworfen sind, mit konkurrierenden außervertraglichen Schadensersatzansprüchen zusammen, so gelten auch für die außervertraglichen Ansprüche die Vorschriften dieses Abschnitts.

Siebenter Abschnitt. Allgemeine Haftungsbeschränkung.

§ 611 [Übereinkommen über die Haftungsbeschränkung]   (1) Die Haftung für Seeforderungen kann nach den Bestimmungen des Übereinkommens vom 19. November 1976 über die Beschränkung der Haftung für Seeforderungen (BGBl. 1986 II S. 786), geändert durch das Protokoll vom 2. Mai 1996 (BGBl. 2000 II S. 790), in seiner jeweiligen für die Bundesrepublik Deutschland geltenden Fassung (Haftungs-beschränkungsübereinkommen) beschränkt werden. Dies gilt auch für die Haftung für Bunkerölverschmutzungsschäden nach dem Internationalen Übereinkommen von 2001 über die zivilrechtliche Haftung für Bunkerölverschmutzungsschäden (BGBl. 2006 II S. 578) (Bunkeröl-Übereinkommen).

(2) Die Haftung nach dem Internationalen Übereinkommen von 1992 über die zivilrechtliche Haftung für Ölverschmutzungsschäden (BGBl. 1994 II S. 1150, 1152) (Haftungsübereinkommen von 1992) kann nach den Bestimmungen dieses Übereinkommens beschränkt werden.

(3) Werden Ansprüche wegen Verschmutzungsschäden im Sinne des Artikels I Nummer 6 des Haftungsübereinkommens von 1992 geltend gemacht und ist das

2000톤 선박에 적용될 책임한도액의 반액으로 한다.

제614조【항만 및 수로에 대한 손해의 책임제한】 사망 또는 신체 상해로 인한 청구권에 관한 제6조 제2항(제611조 제1항 제1문)에 따른 권리는 영향이 없는 것을 전제로, 항만 설비, 정박 시설, 항행 수로 및 항해 보조 장치의 훼손으로 인한 청구권은 책임제한조약 제6조 제1항 (b)호에 의거한 다른 청구권보다 우선한다.

제615조【도선사의 책임제한】 (1) 책임제한조약 제6조 제1항 (a)호 및 (b)호(제611조 제1항 제1문)에 규정된 책임한도는 선상에서 활동하는 도선사에 대한 청구권에도 적용되며, 다만 도선되는 선박이 2000톤을 초과하는 경우, 도선사는 2000톤을 전제로 계산한 한도액으로 그 책임을 제한할 수 있다.

  (2) 책임제한조약 제7조 제1항에 규정된 책임한도는 선상에서 활동하는 도선사에 대한 청구권에도 적용되며, 다만 선박증서에 의해 12명 이상의 승객을 운송할 수 있는 선박의 경우 도선사는 허용된 여객수가 12명인 것을 전제로 계산한 한도액으로 그 책임을 제한할 수 있다.

  (3) 위 제1항 또는 제2항에 따라 계산한 한도 금액에 해당하는 기금을 설치하고 분배하는 것과 기금의 설치 효과는 책임제한조약 제11조의 기금의 설치, 분배, 및 기금 설치의 효력에 관한 규정에 의하여 정한다. 그러나 책임제한조약 제11조 제3항은 위 제1항의 경우에 도선되는 선박이 2000톤을 초과하는 때 또는 위 제2항의 경우에 선박증서에 의하면 그 선박이 12명 이상의 여객을 운송할 수 있는 때에는 적용되지 않는다.

  (4) 도선되는 선상에서 활동하지 않은 도선사는 책임제한조약 제2조에 열거된 청구권에 대해 제611조 제1항, 제3항 및 제4항과 제612조 내지 제614조 및 제617조를 준용하여 책임을 제한할 수 있고, 다만 이러한 채권에 대해 위 제1항 또는 제2항에 따라 계산한 별도의 책임한도가 적용되고 이 한도기금은 오로지 도선사에

schränkungsübereinkommens. Jedoch ist Artikel 11 Absatz 3 des Haftungsbeschränkungsübereinkommens nicht anzuwenden, wenn im Falle des Absatzes 1 der Raumgehalt des gelotsten Schiffes 2000 Tonnen übersteigt oder im Falle des Absatzes 2 das Schiff nach dem Schiffszeugnis mehr als zwölf Fahrgäste befördern darf.

(4) Ein Lotse, der nicht an Bord des gelotsten Schiffes tätig ist, kann seine Haftung für die in Artikel 2 des Haftungsbeschränkungsübereinkommens angeführten Ansprüche in entsprechender Anwendung des § 611 Absatz 1, 3 und 4 sowie der §§ 612 bis 614 und 617 mit der Maßgabe beschränken, dass für diese Ansprüche ein gesonderter Haftungshöchstbetrag gilt, der sich nach Absatz 1 oder 2 errechnet und der ausschließlich zur Befriedigung der Ansprüche gegen den Lotsen zur Verfügung steht.

§ 616 [Wegfall der Haftungsbeschränkung]   (1) Ist der Schuldner eine juristische Person oder eine Personenhandelsgesellschaft, so kann er seine Haftung nicht beschränken, wenn

1. der Schaden auf eine Handlung oder Unterlassung eines Mitglieds des zur Vertretung berechtigten Organs oder eines zur Vertretung berechtigten Gesellschafters zurückzuführen ist und

2. durch eine solche Handlung oder Unterlassung die Beschränkung der Haftung nach Artikel 4 des Haftungsbeschränkungsübereinkommens (§ 611 Absatz 1 Satz 1) oder nach Artikel V Absatz 2 des Haftungsübereinkommens von 1992 (§ 611 Absatz 2) ausgeschlossen ist.

Gleiches gilt, wenn der Schuldner ein Mitreeder ist und der Schaden auf eine Handlung oder Unterlassung des Korrespondentreeders zurückzuführen ist.

(2) Ist der Schuldner eine Personenhandelsgesellschaft, so kann jeder Gesellschafter seine persönliche Haftung für Ansprüche beschränken, für welche auch die Gesellschaft ihre Haftung beschränken kann.

§ 617 [Verfahren der Haftungsbeschränkung]   (1) Die Errichtung und Verteilung eines Fonds im Sinne des Artikels 11 des Haftungsbeschränkungsübereinkommens (§ 611 Absatz 1 Satz 1) oder im Sinne des Artikels V Absatz 3 des Haftungsübereinkommens von 1992 (§ 611 Absatz 2) bestimmt sich nach den Vorschriften der Schifffahrtsrechtlichen Verteilungsordnung.

(2) Die Beschränkung der Haftung nach dem Haftungsbeschränkungsüberein-